21世纪高等院校法学系列精品教材

案例刑法学

魏　东 著

中国人民大学出版社
·北京·

作者简介

魏东，1966年1月生，重庆市人，法学博士，四川大学法学院刑法学科带头人、刑法教研室主任、教授、博士生导师，四川大学刑事政策研究中心主任。兼任四川省刑法学研究会副会长，四川省法治文化研究会副会长，四川省法官检察官惩戒委员会委员，中国刑法学研究会理事，国际刑法学协会中国分会理事，中华全国律师协会刑事专业委员会委员。主要研究领域：刑法学、刑事政策学。

前　言

本教材选取120余个（件）真实判例[①]，分为18章进行案例刑法学研究和解释论研讨。应当说，“案例刑法学”在基本属性上是刑法学，必须以运用和研讨刑法学原理为己任，同时强调个案刑法解释与案例研究方法论特色，其尽管没有强调“整体刑法学”原理论述上的体系性和周全性，但是必须尽力突出“个案”和“类型性案件”法理阐释的理论深刻性、贯通性和语境性，而且后者恰恰更能体现出“案例刑法学”课程教学的突出特点，有利于弥补“刑法总论”课程和“刑法分论”课程的课堂教学之不足，有利于有效培育和提升法学类学生的法律实践能力，可谓价值巨大，殊值倡导。正如赵秉志教授指出，“案例分析方法，是理论联系实际的最好途径”，并且“可以增强学习研究者运用刑法理论解决实务问题的能力”[②]。因此，本书不但可以作为“案例刑法学”教材使用，而且可以作为法学爱好者、研究者和司法实务人员的重要参考书。

就案例刑法学的教学和研究而言，本教材努力追求和体现了以下三方面特色。

一、案例刑法学研究的解释性

案例刑法学研究的重要特色是刑法解释性、司法面向性与司法论的思考[③]，其基于刑法解释论和一定的司法公正观立场所得出的刑法解释结论及其对个案裁判结果的法理评判，有利于审验刑法教义学原理的妥当性和刑法解释论原理的阐释力，意义非凡，价值重大。以成都快递分拣员杨某窃取快递物品案（简称“成都分拣员案”）[④] 为例，该案出现两种不同裁判结果的现象表明，职务侵占罪案及相关案件的刑法解释适用存在较为突出的理论分歧和实务差异，需要进行刑法教义学、刑法解释论和刑法司法公正观的立体审查。从刑法解释论看，有学者指出，职务侵占行为定型的刑法解释应当坚持“综合手段说”和“业务便利肯定说”，亦即：职务侵占行为是指行为人（单位人员）利用职务上和业务上的便利条件，包括利用自己主管、管理、经营、经手单位财物的便利条件，以侵吞、窃取、骗取和其他方法将本单位财物非法占为己有的行为。[⑤] 从刑法司法公正观看，职务侵占罪的司法逻辑和刑法解释立场通常只能限定为基于刑法立法规定的司法公正观，而不能扩张为基于刑法立法目的（立法公正目的）的司法公正。就此而论，部分职务侵占行为和贪污行为可能因为司法解释文本规定的入罪和处罚标准较高而无法定罪或者无法重罚，这种解释结论本身因其并不违反罪刑法定原则等刑法教义学原理而具有合理性，因而其不能成为否定“综合手段说”并转而采用“侵占单一手段说”的理由。本书也认为，“成都分拣员案”二审法院改判杨某构成职务侵占但因尚未达到定罪标准而不构

---

① 此外还有若干教学案例。

② 赵秉志．刑法教学案例．北京：法律出版社，2007：1（编写说明）．

③ 陈兴良．教义刑法学．2版．北京：中国人民大学出版社，2014：2.

④ 该判例参见：四川省成都市中级人民法院刑事判决书（2014）成刑终字第293号。

⑤ 毕志强，肖介清．职务侵占罪研究．北京：人民法院出版社，2001：107-144.

成犯罪这一裁判结论是正确、合理、妥当的，既符合刑法教义学原理和刑法解释论原理，也符合刑法司法公正观的特殊要求。由此可见，案例刑法学研究的解释性方法论必须把握好以下两点。

第一，案例刑法学研究的基本立场，通常应限定为法律解释论和司法公正论。案例研究通常是为司法审判实践服务的，其主要研究内容是法律解释结论的合法性、客观性、正当性，促进个案司法裁判的公平合理性，以实现“努力让人民群众在每一个司法案件中都能感受到公平正义”的法治目标，并为此积累法律解释规则和司法裁判经验，这就决定了案例研究的基本立场通常应限定为法律解释论和司法公正论。法律解释的对象包括法律规范文本和具体案情事实，通过法律解释使得法律规范文本的含义明确而具体，同时使得具体案情事实与法律规范文本含义之间的涵摄关系予以明确。针对法律规范文本的法律解释，主要是阐明法律规范文本的具体含义和立法目的，依次运用法律的文义解释方法、论理解释方法和法社会学解释方法，以求得一个符合法律规范文本的文义“射程”范围内的、符合法理和司法公正要求的、具有良好法律效果和社会效果的确定的法律解释结论。就“成都分拣员案”的案例研究而言，将职务侵占行为定型的解释结论限定为（单位人员）利用职务上和业务上的便利，以侵吞、窃取、骗取和其他方法将本单位财物非法占为己有的行为，这一刑法解释结论是被限定在刑法规范文义之内的，完全符合刑法的文义解释原理，也符合基于职务侵占罪的行为定型理论和“背信＋财产损失说”原理的法理阐释所得出的论理解释结论，还符合基于法社会学解释方法（即刑法的刑事政策解释方法）所得出的法社会学解释结论（即刑事政策解释结论），符合刑法司法公正的要求。

案例研究中是否可以进行立法论研究？本书认为，立法论研究本身也有两个层面，一个层面是立法漏洞及其填补性研究（立法完善研究），另一个层面是立法原理阐释及回顾性研究。案例研究由于绝大多数情况下是法律解释论和司法公正论研究，这就决定了案例研究中可以针对刑法解释结论进行立法原理阐释及回顾性研究，而不是立法完善研究。这也表明，案例研究的基本立场尽管通常是法律解释论和司法公正论研究，但是其并不是完全排斥立法论研究，而是要视情况而定：在绝大多数情况下是法律解释论和司法公正论研究，这时可以适当展开针对刑法解释结论进行的立法原理阐释及回顾性研究，目的是“印证”法律解释结论本身的合法性、客观性和正当性；在极少数情况下是立法完善建议研究，通过案例研究揭示立法漏洞及其填补方案（立法完善方案），目的是“完善”立法规定本身而不是“印证”法律解释结论。

第二，案例刑法学研究的学术特色，通常是问题性研究与建构性研究相结合。案例研究基于法律解释论和司法公正论的研究立场，通常需要针对具体的案情事实和法律规范文本之间的涵摄关系予以阐明，因而需要抽象概括出某种或者若干种法律解释论问题并予以明确回答，体现出问题性研究与建构性研究相结合的学术特色。以“成都分拣员案”的案例研究为例，其需要从刑法解释论上抽象概括出职务侵占罪司法认定上的两个法律解释性争议问题：一是职务侵占的行为定型，是否可以限定为基于职务和业务上的取得财物？对此疑问主要有“综合手段说”与“侵占单一手段说”之争。二是职务侵占罪的司法逻辑，是只能限定为基于刑法立法规定的司法公正还是可以扩张为基于刑法立法目的的司法公正？对此疑问有“基于刑法立法规定的司法公正说”与“基于刑法立法目的的司法公正说”之争。这是问题性研究的适例。但是仅有问题性研究（即抽象概括出法律解释论问题）还不够，还需要进一步展开建构性研究，以期给出解决问题的适当答案。因此，“成都分拣员案”的案例研究就包括了针对前述两个法律解释性争议问题所给出的明确答案，即明确提出职务侵占行为定型的刑法解释应当坚持“综合手段说”和“业务便利肯定说”，明确将职务侵占行为定型的解释结论限定为（单位人员）利用职务上和业务上的便利，以侵吞、窃取、骗取和其他方法将本单位财物非法占为己有的行为，即明确建构职务侵占罪的解释规则和司法裁判规则，并对此予以充分的法律解释论阐释和学理论证，从而体现出案例研究的建构性特色。

当然也应注意，案例研究并不是绝对地排斥体系性研究与解构性研究，相反，有时还需要适当关照体系性研究与解构性研究，亦即对需要研究的问题及其答案有时也需要予以适当解构或者体系化，从而形成某种具体的或者体系化的裁判规则。同时，由于案例研究所涉部门法领域不同，可以区分为刑事案例研究、民事案例研究、行政案例研究、宪法案例研究以及综合性案例研究（如刑民交叉案例研究）等多种类别，所以案例研究有时还需要适当关照具体的部门法哲学特征。就刑事案例研究而言，其必须充分关注刑法哲学和刑法司法公正观的特殊性。就“成都分拣员案”的案例研究而言，还涉及罪刑法定原则、刑法谦抑性原则以及职务侵占罪与盗窃罪（或诈骗罪）的法条竞合论及其处断原则的法理阐释，鲜明的部门法哲学特征及具体法理的阐释运用，无疑也是得出妥当的法律解释结论的关键因素。

二、案例刑法学研究的深刻性

越是个案、具体的法理阐释，越能检验阐释者的理论知识体系化程度和创新阐释能力。笼统地叙说刑法理论知识，其实可能仍停留于“纸上谈兵”，只有在具体个案中恰当地提出解决法律问题的具体方案，深刻阐释法理根据，创新运用法理知识，方能彰显出法律学人“英雄本色”。应当说，案例刑法学研究就应当具有这种个案法理阐释的深刻性，其深刻性主要体现为两个方面，问题意识的深刻性、法理阐释的深刻性。

第一，问题意识必须具有抽象化的深刻性。问题意识是前提、基础，如果问题意识上不具有抽象化的深刻性，那么将严重制约案例研究的学术“格局”不大、理论深度不够、创新贡献不足。可以说，适当地归纳提出问题是理论研究成功的一半。例如，山东于欢防卫案、江苏昆山于海明防卫案、江苏常熟何强等人聚众斗殴案的法理问题到底应该如何提炼（抽象化），是就事论事地阐释法条含义和给出案件定性处理意见，还是更加深入地检讨正当防卫的正当化根据、正当防卫和特别防卫的成立条件及法理、防卫挑拨的法理、相互挑衅与聚众斗殴的界限及法理、防卫过当的法理，就反映了论者问题意识的抽象化能力和深刻性品格。从目前国内刑法学界针对上列刑事案件展开的理论研讨看，针对正当防卫提出的理论问题十分丰富而深刻，如：正当防卫的正当化根据是什么？针对非法拘禁行为、家庭暴力与持续侵害行为可以进行正当防卫吗？针对防卫挑拨行为、尤其是相互的防卫挑拨行为（相互挑衅）可以正当防卫吗？以及正当防卫与（聚众）斗殴的界限是什么？防卫意思（或者防卫意识与防卫动机）的体系性地位是什么？以及偶然防卫应当如何定性处理？逆防卫、正当防卫的第三者效果的法理是什么？特别防卫权与正当防卫的关系论是什么？防卫过当的归责原理是什么？等等。应当说，上列理论问题的提出，远远超出了就案论案、就法条论案、就教材论案的广度和深度，许多理论问题是我国传统刑法学教科书里所没有涉及的，这些理论问题的进一步归纳抽象奠定了良好的问题意识和研究基础。本书针对山东于欢防卫案以及其他相关案例所提出的理论问题就基本涵括了上列法理问题，并且对上列问题进行了适当的体系化抽象归纳，体现了问题意识的抽象化深刻性特点。除此以外的其他各章案例刑法学研究，如职务侵占案、侵占案、盗窃案、非法拘禁案、故意杀人案、以危险方法危害公共安全案、危险驾驶案、交通肇事案、非法经营案、合同诈骗案、虚开增值税专用发票案、毒品犯罪案、涉黑犯罪案、寻衅滋事案、受贿案等，同样也都程度不同地体现了问题意识的抽象化深刻性特点，在此不作详细列举。

第二，法理阐释必须确保体系化的深刻性。有针对性地提出解决问题的理论方案和法理论证是案例刑法学研究的关键。如果说问题意识的抽象化深刻性是前提、基础，那么体系化的深刻性法理论证就是关键、核心、重中之重。仍以山东于欢防卫案、江苏昆山于海明防卫案、江苏常熟何强等人聚众斗殴案的法理阐释为例，本书针对前述有关正当防卫理论及相关法理展开了较为深入的学术研讨，在主要借鉴吸纳德日英美刑法学正当防卫理论、运用我国传统刑法学正当防卫理论既有知识的基础上，首先，力图深入研讨正当防卫的正当化根据问题，提出了正当防卫的正当化根据之优越的利益保护原理和法确证原理“新二元论”（以区别于德国刑法学正当防卫的正当化根据二元论），对“新二元论”进行了较为适当的法理论证，并运用“新二元论”依次检讨了针对非法拘禁行为、针对没有责任或者责任减轻的攻击行为、针对防卫挑拨行为、针对轻微不法侵害行为、针对亲子或者夫妻之间的攻击行为、针对通过胁迫的勒索性攻击行为、针对不作为形式的不法侵害行为等的正当防卫问题，还运用“新二元论”检讨了正当防卫与互殴的界限问题；其次，力图深入研讨正当防卫的合法条件理论问题，在坚持我国传统刑法学正当防卫成立条件之“五条件说”的基础上，大量借鉴吸纳了德日英美刑法学正当防卫理论知识进行法理论证，如不法侵害的“开始”理论之直接面临不法侵害的紧迫危险说，不法侵害的“结束”理论之“结果形成时间说”和“有效的侵害停止时间说”相结合的“综合说”，必要限度之“合理需要说”，还在检讨防卫意识必要说与防卫意识不要说的理论争议的基础上提出了本书观点；再次，力图深入研讨防卫过当的归责原理以及特别防卫的解释适用问题，其中均尽力反映出当前国内外相关理论研究的最新成果。这里反复强调本书“力图”深入研讨正当防卫的相关理论问题并借鉴吸纳德日英美刑法学相关理论知识，其深意是希望读者明白本书所倡导和强调的一个重要态度，即案例刑法学研究中法理阐释必须确保体系化的深刻性，但是又不得不承认本书在这方面只是“力图”如此而实际上却做得并不到位，姑且算是互勉吧。

必须严肃指出，要实现我国刑法法理阐释的体系化、深刻性，我国传统刑法理论还任重道远。我国刑法理论欲实现发展创新和体系性深刻化（或者体系化深刻性），必须加强主体意识、本土化意识、开放和包容意识，尽快、大量、体系化地借鉴吸纳德日刑法理论知识和英美刑法理论知识，尽快、合理、创新性地构建具有中国特色的本土化刑法教义学原理，可以说这一重大理论工程建设已成为我国刑法学理论研究的当务之急。正如我在本书正文中论述防卫挑拨问题时所指出的那样，中国传统刑法学防卫挑拨理论相对来说显得太过于单薄，理论系统的质量和体量明显不够，在相当程度上无法为合理解决复杂多样的防卫挑拨司法实践提供必要的理论指导。而德国案例和德国理论对于我国是有启发性、借鉴性的，尽管德国正当防卫在全世界都是非常有名的“宽泛和凌厉”，但是其细密的理论构建和法理分析价值巨大。因此，当下中国刑法学借鉴吸纳德日刑法学防卫挑拨理论知识，可以逐步获得理论增量并走向成熟理性。管中窥豹，由此可见我国的整体刑法学理论知识，包括刑法论、犯罪论、刑罚论、罪刑关系论，均需要以更加开放包容的态度借鉴吸纳德日英美刑法学理论知识，切不可故步自封、停滞不前，否则难以胜任新时代的理论需要。毕竟“每个时代都必须重写它的法教义学”已然成为“法教义学共识”[①]，我国刑法教义学正在蹒跚起步，兼收并蓄才能增强理论阐释力并凝聚足够的理论共识。

三、案例刑法学研究（法理阐释）的融贯性和语境性

个案的案情事实、证据状况都是既定的，换言之其语境、情境是特定的，因此针对其提出的法律问题与法理阐释必须具有融贯性和语境性。

---

① 刘艳红．中国刑法教义学化过程中的五大误区．环球法律评论，2018（3）．

第一，法理阐释必须恪守融贯性。以成都孙伟铭醉驾致人死亡案为例，孙伟某的行为到底是构成交通肇事罪，还是构成以危险方法危害公共安全罪？应当承认这一疑问是客观存在的，因为，除了孙伟铭的辩护人提出将其行为定性为交通肇事罪的辩护意见外，理论界也有学者主张孙伟某的行为定性可以是交通肇事罪，而四川省和成都市两级人民法院均认定孙伟某的行为构成以危险方法危害公共安全罪，可见对这一疑问的直面正视与合理解决必须谨慎关照刑法原理尤其是刑法解释的融贯性。有学者指出，德沃金主张对法律的解释必须采取融贯性和整体性的立场①，以融贯论作为法律真理观，以罗尔斯的“反思性均衡”作为法律解释的方法，以信念之间、信念和经验之间的融贯性作为法律解释的标准，从而为“法律唯一正解”提供哲学上的正当化根据。② 有宪法学者指出，佩策尼克的融贯性理论要求理由之间的相互证立，德沃金的融贯性解释理论要求法官对法律的解释与体制中的价值观念相一致，法农的融贯性宪法解释理论要求不同的宪法论证尽量符合法治、政治民主性、通过尊重个人权利推动实质正义的价值要求。③ 法理学认为，法律体系的融贯性具有重要意义，它意味着法律体系各个部分之间的相互支持与证立，这是对于法律体系的道德要求，也是法治的目标之一。④ 可见，尽管理论界对法律解释的融贯性概念尚未给出一个大家公认的定义，但是其基本含义还是比较明确的，即法律解释的融贯性是指对法律的解释必须具有在整体法秩序上的一致性、贯通性和协调性，在各部门法之间、部门法内部各要素之间必须具有协调一致性、贯通性和相互证立性，而不至于出现法律解释过程和结论上无法解决的矛盾。就醉驾致人死亡行为的刑法解释结论而言，表面上看如前所述就可能存在违背法律解释融贯性的疑问，需要刑法解释论上“解决疑问”并论证解释结论的合法性、合理性和正当性，对此，刑法解释论上将孙伟某醉驾致人死亡的行为“解释”为故意（放任）致人死亡结果的发生，因而孙伟某的行为构成以危险方法危害公共安全罪，而将其他较多情形下醉驾致人死亡的行为“解释”为过失致人死亡结果的发生因而仅构成交通肇事罪。这种解释说理满足了刑法解释的融贯性要求，能够实现刑法解释的逻辑性自恰。当然，这种解释说理还必须充分运用刑法教义学原理，进一步说明“为什么”孙伟某醉驾致人死亡的行为是故意（心态和责任），而其他多数情形下醉驾致人死亡的行为是过失（心态和责任），有关论述请参看本书正文的相关内容。类似成都孙伟某醉驾致人死亡案一样地关涉法律解释的融贯性问题的案例还很多，如本书正文中讨论的成都分拣员案、深圳梁某机场拾金案、浙江叶某某盗窃案、眉山吴某强迫妇女“坐台”案、重庆宋某某购买毒品案、北京肖某某殴打打假人员案等，在刑法解释结论上均存在较为尖锐的分歧观点和突出的融贯性问题，从而要求我们在刑法解释说理和法理论证上均必须恪守融贯性要求。

第二，法理阐释必须契合语境性。仍以成都孙伟某醉驾致人死亡案为例，刑法解释论在关照融贯性的同时，还必须在法理上谨慎关照法理阐释的语境性。为什么孙伟某醉驾致人死亡的行为在法理上被“解释”为故意犯罪而不同于其他醉驾致人死亡的“过失”行为？正确答案就只能在法理阐释的“语境性”之中获得。语境性是从语言论意义上强调语义阐释时所限定的具体情境，在犯罪学上同“情境性”相联系，因此可以说法理阐释的语境性和情境性密切相关。孙伟某醉驾致人死亡的行为，发生在人员密集流动的闹市区（成都市区）之中，这一具体的语境性（情景性）就决定了孙伟某醉驾、严重超速行车、逆行尤其是恶劣跨越双实线逆行、连续

---

① 宋振保．法律解释方法的融贯运作及其规则——以最高院“指导案例 32 号”为切入点．法律科学，2016（3）：40.

② 王彬．论法律解释的融贯性——评德沃金的法律真理观．法制与社会发展，2007（5）：84.

③ 王锴．宪法解释的融贯性．当代法学，2012（1）：78.

④ 雷磊．融贯性与法律体系的建构——兼论当代中国法律体系的融贯化．法学家，2012（2）：1.

发生多起撞击行驶中的机动车和行人并致多人死亡和重伤的系列行为，由于在“这一”具体情境（语境）下孙伟某的行为根本就不具有或者说几乎不具有避免车毁人亡危害结果发生的现实可能性，或者说孙伟某的行为在“这一”具体情境（语境）下具有发生危害结果的风险已经升高至极以至于客观上不大可能有效防范危害结果发生，依法应当解释为“故意”放任危害结果的发生（即间接故意），而不应解释为“过失”。

关于风险升高理论，周光权教授指出，“对于交通肇事罪的认定，传统上认为超速行驶就提升了法益风险，行为就具有社会危害性，从而很容易得出被告人构成过失犯罪的结论。对这种判断逻辑必须进行反思。过失犯有不同于故意犯的客观构成要件，结果避免可能性是其中的核心内容，对此，新过失论和修正的旧过失论都予以承认。风险升高理论的功能极其有限，其对行为制造了法所禁止的风险这一点进行了揭示，但不能由此得出行为人一定实现了法所禁止的风险的结论。在超速驾驶提升法益风险的场合，对结果避免可能性是否存在需要仔细判断，抽象地认为行为提升了法益风险就可以成立过失犯的主张并不合理。在处理具体案件时，对被告人即便遵守规定，结果是否仍然也无法避免的关键事实无法查明，或不能证明结果发生的概率极高的，都不能将死亡结果算到行为人头上，只能做有利于被告的认定；控方只有证明到如果行为人合乎义务地行动，结果就近乎肯定会避免时，才符合事实清楚、证据确实充分的证明要求。”① 对此我必须指出，风险升高理论尽管通常适用于解释过失犯罪，但是，其完全可以借鉴吸纳为故意犯罪（包括间接故意犯罪和直接故意犯罪）的一种解释理论。诚如周光权所指出，“过失犯有不同于故意犯的客观构成要件，结果避免可能性是其中的核心内容”，如果说结果避免可能性不存在（或者存疑）是“客观情势”（尤其是客观环境条件）所决定的，而“抽象地认为行为提升了法益风险就可以成立过失犯的主张并不合理”；那么就可以说，如果结果避免可能性不存在或者几乎不存在是由于“行为人的行为”提升了法益风险所致，而非“客观情势”所决定的，则不但是“抽象地认为行为提升了法益风险就可以成立过失犯的主张并不合理”，更应当说抽象地否定行为人的行为“故意”放任危害结果发生而成立过意犯的主张就更不合理。由此可见，风险升高理论不但可以成为过失犯的解释理论，更应该将其改造成为故意犯（间接故意犯罪）的解释理论，将行为人的行为提升了法益风险以至于结果避免可能性不存在或者几乎不存在的，而最终导致危害结果发生的，依法认定为故意放任（间接故意犯罪）。简要归纳一下就是，这里强调法理阐释必须契合语境性，是指在具体阐释某种行为是否提升了法益风险、结果避免可能性不存在或者几乎不存在是由于客观情势所决定的还是由于行为人的行为所决定的，以及具体阐释行为定型和罪责类型为何的时候，必须谨慎审查具体语境（情境）：其一，如果结果避免可能性不存在（或者存疑）是“客观情势”（尤其是客观环境条件）所决定的，应依法认定行为人的行为不构成犯罪（包括不构成过失犯罪和故意犯罪）；其二，如果结果避免可能性不存在或者几乎不存在是由于“行为人的行为”提升了法益风险所致，而非“客观情势”所决定的，应依法认定行为人的行为构成故意犯罪；其三，如果结果避免可能性存在，“控方只有证明到如果行为人合乎义务地行动，结果就近乎肯定会避免时”，由于行为人的行为提升了法益风险而致危害结果发生的，应依法认定行为人的行为构成过失犯罪。对于上列第三种语境（情境）的行为，即一般情境下醉驾致人死亡的行为，尤其是在城市郊区或者野外情境下醉驾致人死亡的行为，由于客观上存在结果避免可能性（并且可能较大），仅仅因为行为人过于自信“轻信能够避免”而未能避免并最终导致危害结果发生的，构成作为过失犯罪的交通肇事罪。而对于上列第二种语境（情境）的行为，如孙伟某在城市闹市区严重超速、

① 周光权．风险升高理论与存疑有利于被告原则——兼论“赵达文交通肇事案”的定性．法学，2018（8）．

恶劣跨越双实线逆行、醉驾、连续多次撞击多辆正常行驶中的机动车并致多车多人车毁人亡的行为，因为（危害）结果避免可能性不存在或者几乎不存在是由于“行为人的行为”提升了法益风险所致，而非“客观情势”所决定的，应依法认定行为人的行为构成作为故意犯罪（间接故意犯罪）的以危险方法危害公共安全罪。

可以坚定地认为，个案法理阐释的融贯性和语境性是案例刑法学研究甚至是整个刑法学理论研究中必须适当注意的重要命题，不但在醉驾致人死亡行为的刑法解释论中凸显出其重要性，而且在正当防卫案、故意杀人案、盗窃案、侵占案、职务侵占案、非法经营案、合同诈骗案、虚开增值税专用发票案、寻衅滋事案、妨害公务案等的案例刑法学研究中均有充分体现，必须予以高度重视和适当运用。

魏 东

2019 年 5 月 10 日谨记于四川大学

目　录

细　目

第一章　成都快递分拣员杨某窃取快递物品案

（文义解释，论理解释，刑事政策解释，司法公正逻辑，法条竞合）

案例

成都快递分拣员杨某窃取快递物品案①

四川省成都市某快递公司分拣员杨某在上夜班分拣快递包裹时将自己经手分拣的一个装有价值1 999元的手机的快递包裹秘密窃走并占为己有。原一审法院判决杨某构成盗窃罪，后二审法院改判杨某构成职务侵占但因尚未达到定罪标准而不构成犯罪。

法理问题　个案研究方法，文义解释、论理解释、刑事政策解释，司法公正逻辑，法条竞合

通过成都快递分拣员杨某窃取快递物品案的分析研讨，笔者希望大家重视并且能够熟练运用个案研究方法，尤其是其中涉及的刑法解释论、刑法公正观、法条竞合论。关于刑法解释论，我们在本案讨论中依次运用了刑法的文义解释、论理解释、刑事政策解释，这种刑法解释方法"三分法"及其逻辑排序可能具有重要理论意义，值得刑法解释论关注，希望能够引起刑法学者和刑法实务界人员的思考和重视。针对本案的解释结论，理论界有盗窃论与侵占论之争，实务界观点有定罪与无罪之分歧。我倾向于侵占论，赞同人民法院针对本案所作出的无罪判决。

一、引言：判例、法理争议与基本立场

四川省成都市某快递公司分拣员杨某在上夜班分拣快递包裹时将自己经手分拣的一个装有价值1 999元的手机的快递包裹秘密窃走并占为己有的行为（简称"成都分拣员案"），原一审法院判决杨某构成盗窃罪，二审法院改判杨某构成职务侵占行为但因尚未达到定罪标准而不构成犯罪。② 此案的两种审判结论比较典型，较突出地展现了职务侵占罪的理论分歧和实务差异。

从刑法解释论上看，职务侵占罪司法认定上的争议问题主要有两点：其一，职务侵占的行为定型，是否可以限定为基于职务和业务上的取得财物？对此疑问主要有"综合手段说"与"侵占单一手段说"之争。其二，职务侵占罪的司法逻辑，是只能限定为基于刑法立法规定的司法公正还是可以扩张为基于刑法立法目的的司法公正？对此疑问有"基于刑法立法规定的司法公正说"与"基于刑法立法目的的司法公正说"之争。此两点理论争议应当说具有典型意义，不但涉及基础性的法理价值，而且有利于厘清贪污罪的相关法理疑难，因而很有必要加以深入的法理检讨。

---

① 案例来源：四川省成都市中级人民法院（2014）成刑终字第293号刑事判决书.

② 同①.

而根据《刑法》第271条规定，职务侵占罪的客观方面是指公司、企业或者其他单位的人员，“利用职务上的便利，将本单位财物非法占为己有”，数额较大的行为。亦即：职务侵占的行为定型是“利用职务上的便利，将本单位财物非法占为己有”。

关于职务侵占的行为定型，目前理论界存在较大争议，主要有以下一些看法：(1) 基于职务和业务上的取得财物说（简称“综合手段说”或者“全面肯定说”）。该说认为，职务侵占行为是指行为人（单位人员）利用职务上和业务上的便利条件，包括利用自己主管、管理、经营、经手单位财物的便利条件，以侵吞、窃取、骗取和其他方法将本单位财物非法占为己有的行为。① (2) 侵占单一手段说。该说认为，职务侵占行为是指行为人（单位人员）利用职务上的便利侵占本单位财物的行为。根据侵占单一手段说，“职务侵占罪的行为手段只包含侵占，不包含盗窃、诈骗等，分拣员利用职务便利窃取邮包，只能成立盗窃罪”②。值得注意的是，侵占单一手段说内部还存在细微差异，有的侵占单一手段说者主张“利用职务上的便利”可以作广义的理解，即包括行为人（单位人员）利用职务上和业务上（劳务上）的便利（即广义的侵占单一手段说）③；有的单一侵占手段说者则主张“利用职务上的便利”只能作狭义的理解，即只包括行为人（单位人员）利用职务上的便利，但是不能包括利用“业务上（劳务上）”的便利（即狭义的侵占单一手段说），因而行为人（单位人员）“利用暂时接触、经手邮包的便利条件窃取”单位财物的行为应定性为盗窃罪。④

可见，职务侵占（行为定型）的既有解释结论的争议，尽管可以简要概括为“综合手段说”与“侵占单一手段说”之争，但是其具体内容主要涉及“利用职务上的便利”和“将本单位财物非法占为己有”的解释性争议。

其中职务侵占罪中“利用职务上的便利”的解释结论，有的主张广义的理解，认为其包括行为人（单位人员）利用职务上和业务上（劳务上）的便利，此可谓“业务便利肯定说”、广义说⑤；有的主张只能作狭义的理解，即认为其只包括行为人（单位人员）利用职务上的便利，但是不能包括利用“业务上（劳务上）”的便利，此可谓“业务便利否定说”、狭义说。⑥对此，笔者认为“业务便利肯定说”、广义说更为符合法理，即应当将职务侵占罪中“利用职务上的便利”的解释结论限定为包括行为人（单位人员）利用职务上和业务上（劳务上）的便利，其合理性可以从文义解释、体系解释、历史解释、目的解释等各种解释方法获得确认。

正如有学者指出⑦，就职务侵占罪的职务而言，它与一般意义上所指“职务”的相同之处在于它也是对“特定职位”的称谓，但是它与国家机关工作人员“职务”确有其不同之处，作为非国家机关的公司、企业或者其他单位的“单位人员”，其“职务”是指其工作职责、工作任务甚至劳务，它“都是代表所在单位行使主管、管理、经手本单位财物的权利”。因此，职务侵占罪中“利用职务上的便利”，是指利用根据法律法规、单位章程以及单位有关负责人赋予的特定权力与权利之便利条件，包括直接利用本人职务上的便利、直接利用本人和他人各自职权的合力便利、利用职务上的管理与被管理的制约关系之便利、利用单位其他工作人员的职权之便利等多种情形。

---

① 毕志强，肖介清．职务侵占罪研究．北京：人民法院出版社，2001：107－144.

② 苏云，张理恒．快递公司分拣员窃取邮包行为定性分析——以杨某窃取邮包二审无罪案展开//魏东．刑法解释：第2卷．北京：法律出版社，2016：246－264.

③ 黎宏．刑法学．北京：法律出版社，2012：764；同②.

④ 同②.

⑤ 黎宏．刑法学．北京：法律出版社，2012：764；同②.

⑥ 同②.

⑦ 同① 107－118.

就成都分拣员案而言，杨某利用劳务上的便利可以被评价为“利用职务上的便利”（而窃取本单位财物），因为职务侵占罪主体包括像蓝领工人这类在非国有公司中从事劳务性工作的人员在内，由于蓝领工人属于职务侵占罪的主体范围同时其通常从事的工作仅限于劳务性工作，所以职务侵占罪中“利用职务上的便利”不仅指利用自己职务形成的权力或从事管理性工作并主管、管理、经管、经手本单位财物的便利（狭义上的“利用职务上的便利”），而且包括利用自己从事劳务性工作并暂时经手本单位财物的便利（广义的“利用职务上的便利”）。① 尽管《刑法》第271条采用的是“利用职务上的便利”的表述，但既然从事劳务者可以成为职务侵占罪主体，客观上也完全可能“经手”本单位财物，其也就具备了实施职务侵占的客观条件。在职务侵占罪的场合，一方面认为“经手”公共财物的方便条件也可以形成职务便利，另一方面又试图将“经手”限定为具有一定的权限和管理的属性，并不合理。这不仅因为在贪污罪司法解释的场合是将“经手”与“主管”“管理”相并列，还因为从文义解释的角度来说，“经手”原本也缺乏“权限”和“管理”的属性，这样，对《刑法》第271条中的“职务”作较为宽泛的理解、将一些通常认为是“劳务”的情形也纳入“职务”内涵之中，符合实质解释论的法益保护追求。② 这里可能需要注意的是，职务侵占罪中“利用职务上的便利”采实质解释并作出广义的理解，即认为其包括行为人（单位人员）利用职务上和业务上（劳务上）的便利，不但符合文义解释结论，符合法益保护追求，而且由于这种解释结论不至于“增加”被告人刑事责任而有利于被告人的人权保障，因而在法理上和刑事政策上均具有妥当性。

职务侵占罪中“将本单位财物非法占为己有”的刑法解释中，“综合手段说”与“侵占单一手段说”存在尖锐对立，在行为人（单位人员）盗骗本单位财物的案件中直接关涉行为人违法（违法类型）和责任（责任轻重）的评价，甚至关涉行为人有罪与无罪之别，如分拣员案中杨某就存在有罪与无罪两种判决结果，因而这是一个更为重要的法理问题。

笔者旗帜鲜明地主张“综合手段说”，重点阐释基于该说对“将本单位财物非法占为己有”进行刑法解释所得出的解释结论的合法性、合理性和正当性。

二、职务侵占的行为定型：基于“综合手段说”的解释结论及其法理阐释

针对成都分拣员案中杨某的行为定性问题，苏云检察长和张理恒博士明确主张职务侵占罪中“将本单位财物非法占为己有”的“侵占单一手段说”，认为“职务侵占行为客观上表现为单位人员（公司、企业或者其他单位人员）将本人基于业务上占有的本单位财物、易占有为所有转变成自己所有的侵占行为，行为手段上只限于侵占一种手段；单位人员窃取、骗取原本不归本人占有的本单位财物，应分别成立盗窃罪、诈骗罪，不成立职务侵占罪”③。苏云和张理恒的这种刑法解释结论与部分刑法学者的学术见解保持了一致性，如张明楷教授主张“侵占单一手段说”（或“盗骗否定说”），认为为了使职务侵占罪、贪污罪与盗窃罪、诈骗罪保持协调关系，应当将窃取、骗取行为排除在职务侵占罪之外（刑法有特别规定的除外）。④ 陈洪兵教授也主张“侵占单一手段说”并反对“综合手段说”，不赞成职务侵占罪的客观行为方式包括“窃取、骗取”之通说，认为我国刑法中的职务侵占罪相当于域外刑法中的业务侵占罪，仅限

---

① 苏云，张理恒．快递公司分拣员窃取邮包行为定性分析——以杨某窃取邮包二审无罪案展开//魏东．刑法解释：第2卷．北京：法律出版社，2016：246-264.

② 付立庆．交叉式法条竞合关系下的职务侵占罪与盗窃罪——基于刑事实体法与程序法一体化视角的思考．政治与法律，2016 (2).

③ 同①.

④ 张明楷．贪污贿赂罪的司法与立法发展方向．政法论坛，2017 (1).

于狭义的侵占，故所谓利用职务之便窃取、骗取本单位财物的，应以盗窃、诈骗罪定罪处罚。①

但是，在成都分拣员案二审判决中，法官显然坚持了职务侵占罪中“将本单位财物非法占为己有”的“综合手段说”和“全面肯定说”，即认为职务侵占行为包括了（行为人利用职务上和业务上的便利条件）以侵吞、窃取、骗取和其他方法将本单位财物非法占为己有的行为，并宣判杨某无罪。我国传统刑法理论是主张“综合手段说”的，认为《刑法》第270条侵占罪之“侵占”是狭义的，即仅指非法占有本人业已合法持有的财物②，但是职务侵占罪之“职务侵占”是广义的③，并不以合法占有为前提，认为“侵占的手段包括多种多样：利用职务之便窃取财物；以涂改账目、伪造单据等方法骗取财物；因执行职务而经手财物，应上交的不上交，加以侵吞”④；非法占有“可以采取侵吞、盗窃、骗取等各种手段”⑤。付立庆教授主张“综合手段说”，认为职务侵占罪中“将本单位财物非法占为己有”包括侵吞、盗窃、骗取等各种手段，但是同时认为“至少在职务侵占罪和盗窃罪的关系上，在坚持职务侵占罪并非侵占的单一手段而是包括盗窃、诈骗在内的综合手段的前提下，就应该认为两者是法条竞合而非想象竞合关系”⑥。关于付立庆教授所提出的侵占罪与盗窃罪的竞合关系及其处理问题，有待后文再作分析。

笔者赞同“综合手段说”（或“全面肯定说”），即主张：职务侵占罪中“将本单位财物非法占为己有”这一职务侵占行为定型，是指（行为人利用职务上和业务上的便利条件）以侵吞、窃取、骗取和其他方法将本单位财物非法占为己有的行为。理由在于：

（一）基于文义解释看“将本单位财物非法占为己有”的解释结论

文义解释，又叫文理解释⑦，是指根据刑法用语的文义及通常使用方式阐释刑法意义的解释方法。应当说，综合手段说主张将职务侵占行为（核心内容是“将本单位财物非法占为己有”）解释为采用侵吞、窃取、骗取和其他方法将本单位财物非法占为己有的行为，其解释结论被限定在刑法规范文义之内，完全符合刑法的文义解释原理。当然，“综合手段说”在坚持其自身符合文义解释原理的前提下，并不否认“侵占单一手段说”也符合文义解释原理，而仅仅是要求确证“其解释结论被限定在刑法规范文义之内”并且显然是名正言顺的解释结论。针对“侵占单一手段说”，我们即使承认“侵占单一手段说”——将职务侵占行为（核心内容是“将本单位财物非法占为己有”）限定为“变占有为所有”而不包括采用窃取、骗取等其他方法将本单位财物非法占为己有——也有一定的文义解释依据，有的学者甚至认为这种结论更具有平义解释的特征（而事实上这一论断本身存疑，其理由后述），也认为刑法解释论并非绝对地

① 陈洪兵．体系性诠释“利用职务上的便利”．法治研究，2015（4）.

② 需要指出的是：侵占罪之“侵占”，是否以“合法”占有为条件尚存争议，有学者认为其并非必须以“合法”占有为条件，对于基于“不法原因给付”的场合是否成立侵占罪在理论上存在肯定说与否定说的争议。周光权．刑法各论．北京：中国人民大学出版社，2008：149；魏东．侵占罪犯罪对象要素之解析检讨．中国刑事法杂志，2005（5）.

③ 高铭暄，马克昌．刑法学．2版．北京：北京大学出版社，高等教育出版社，2005：572；肖中华．也论贪污罪的“利用职务上的便利”．法学，2006（7）；赵秉志．刑法新教程．4版．北京：中国人民大学出版社，2012：501.

④ 高铭暄，马克昌．刑法学．2版．北京：北京大学出版社，高等教育出版社，2005：572.

⑤ 赵秉志．刑法新教程．4版．北京：中国人民大学出版社，2012：501.

⑥ 付立庆．交叉式法条竞合关系下的职务侵占罪与盗窃罪——基于刑事实体法与程序法一体化视角的思考．政治与法律，2016（2）.

⑦ 我国有学者指出，文理解释，是对法律条文的字义，包括单词、概念、术语，从文理上所作的解释。高铭暄，马克昌．刑法学．2版．北京：北京大学出版社，高等教育出版社，2005：24.

强调“平义解释优先性”，即不能简单地以此为据而否定“综合手段说”符合文义解释的要求。得出这种结论的解释论根据在于：语义解释的功能性定位仅限于确证“其解释结论被限定在刑法规范文义之内”，或者说仅限于确证其解释结论没有超出“文义射程”“语用解释限度”，仅此即为已足。否则，如果坚持以平义解释必然优于非平义解释为准则（即“平义解释优先性”）的话，就可能将法律解释学沦落为纯粹的语义学、训诂学甚至文字游戏，如此就显然贬低了法律解释学的学术品格。在刑法解释理论研讨和司法实践中，大量存在的现象并非是简单地采纳平义解释，而是主张在审查确证“其解释结论被限定在刑法规范文义之内”的基础上，进一步通过（狭义）论理解释和刑事政策解释以探求“更合理”的解释结论，这种“更合理”就是指更符合刑法规范法理和刑事政策原理，而不是简单地将平义解释视为“更合理”。仅以侵占罪的刑法解释为例，其中“代为保管的他人财物”“遗忘物”和“埋藏物”均涉及民事法与刑事法等不同意义上的文义差别：“代为保管的他人财物”的平义解释通常是指基于合法的委托保管关系所代为保管的他人财物，但是刑法解释论认为基于非合法委托的保管关系、非基于委托关系的实质保管关系之他人财物，均应解释为“代为保管的他人财物”，显然刑法解释论并没有坚持平义解释优先性；“遗忘物”最先规定于民法，因此“遗忘物”的平义解释是指暂时性遗忘于某特定场所之物并且应区别于“遗失物”，但是刑法解释论认为即使丢失时间较长、何时何地丢失都无法确认、丢失于非特定场所之物均可以解释为遗忘物，理论上和实践中均认可“广义的”遗忘物概念（即遗忘物与遗失物“区分不必要说”与“广义的遗忘物论”）而反对“平义的”遗忘物概念（即“狭义的”“纯粹民法意义上的”遗忘物概念）；“埋藏物”也是最先规定于民法，因此“埋藏物”的平义解释是指偶然发现的埋藏于地下或者其他物体之内、无法判明其所有权人之物（其民法意义在于“确权”），但是刑法解释论认为即使能够判明那些偶然发现的埋藏于地下或者其他物体之内的所有权人明确之物，仍然应当解释为埋藏物（其刑法意义在于“确认违法与责任”）。① 如果以作为更接近平义解释的生活经验甚至民法原理来判断，难说较多刑法学者公认的上列刑法解释结论符合平义解释的要求，但是刑法解释论在这里却理直气壮地“我行我素”并公然漠视平义解释结论。其刑法解释论根据何在呢？答案只能是刑法文义解释的功能性定位仅限于确证“其解释结论被限定在刑法规范文义之内”，而不是必须恪守平义解释优先性。

更进一步观察可以发现，难说“侵占单一手段说”就比“综合手段说”更具有平义解释的特征。“侵占单一手段说”认为其解释结论更符合平义解释（结论）的特征，其认为从《刑法》第270条（侵占罪）和第271条（职务侵占罪）二者之间的紧邻法条逻辑关系看（从立法体例上看），二者均表述为“非法占为己有，数额较大”这一罪状，既然侵占罪之“侵占”是无可争议的“侵占单一手段说”，那么紧邻其后的职务侵占罪之“侵占”也应该是无可争议的“侵占单一手段说”；其还认为从《刑法》第271条和第382条（贪污罪）二者之间的法条表述上看，《刑法》第271条的规定并没有像第382条那样表述为“利用职务上的便利，侵吞、窃取、骗取或者以其他手非法占有本单位财物”，因而也应当认为职务侵占罪之“侵占”只能采用“侵占单一手段说”②。表面看上列论述有道理，但是仔细分析其解释方法，却可以发现其并非文义解释（从而也就无从谈起平义解释），而是体系解释（或者逻辑解释），而体系解释本身就是区别于文义解释的，尽管二者均以探求法条“妥当”含义为目标。③ 不但如此，上列解释结

① 周光权．侵占罪疑难问题研究．法学研究，2002（3）；魏东．侵占罪犯罪对象要素之解析检讨．中国刑事法杂志，2005（5）．

② 张明楷．刑法学．5版：下．北京：法律出版社，2016：1021．

③ 王利明．法律解释学导论——以民法为视角．2版．北京：法律出版社，2017：292-295．

论其实在体系解释方法逻辑上仍然无法完全自圆其说，也就是说“侵占单一手段说”的上述解释结论并非真正符合体系解释原理。以《刑法》第183条的提示性规定为例，该条第1款规定“保险公司的工作人员利用职务上的便利，故意编造未曾发生的保险事故进行虚假理赔，骗取保险金归自己所有的，依照本法第二百七十一条的规定定罪处罚”，即其明确提示并规定“骗取”行为属于职务侵占行为定型；该条第2款规定“国有保险公司工作人员和国有保险公司委派到非国有保险公司从事公务的人员有前款行为的，依照本法第三百八十二条、第三百八十三条的规定定罪处罚”，也是明确提示并规定“骗取”行为属于贪污行为定型。那么，按照《刑法》第183条的提示性规定，“侵占单一手段说”论者就无法自证其平义解释结论的逻辑性，因为《刑法》第183条的提示性规定明显不符合“侵占单一手段说”而是采用了“综合手段说”。由此可见，“侵占单一手段说”不但在其主张“平义解释优先性”论断上存在有违刑法解释论原理的疑问，而且在其自诩平义解释（方法）的论断上也存在解释方法上的“误判”，其采用的解释方法实质上并非文义解释（方法）而是体系解释方法，并且在其采用体系解释方法时仍然存在“体系性”漏洞（遗漏了《刑法》第183条的提示性规定）和逻辑悖论，从而“侵占单一手段说”主张其更具有平义解释的特征（以及“平义解释优先性”）、更符合体系解释的逻辑等论断均不能获得自圆其说的论证效果。

根据上列分析，“侵占单一手段说”基于其自身立场可能得出“综合手段说”是一种“扩张”文义内涵的论断，而“综合手段说”则基于其自身立场也可能得出“侵占单一手段说”是一种“限缩”文义内涵的论断，从而造成二者“各执一词”的局面。从刑法解释论立场看，文义解释方法本身仅能在“符合文义解释结论”这一层面上解决“侵占单一手段说”与“综合手段说”的合法性问题，而根本就无法解决“孰优孰劣”和谁“更合理”这一价值判断层面上的问题。依据刑法解释原理，“侵占单一手段说”与“综合手段说”的价值合理性问题有待（狭义）论理解释和刑事政策解释来完成。法律解释论关于文义解释与（狭义）论理解释和刑事政策解释的功能性定位与关系原理是，在文义解释存在多种解释结论时，需要进一步进行（狭义）论理解释和刑事政策解释以说明其中“某一个”解释结论在法理上的合理性和在刑事政策上的正当性，而不是简单地主张“平义解释优先性”。因此，就“综合手段说”而言，其“批评”其对立面“侵占单一手段说”尽管也指出了这是一种明显限缩文义内涵的做法，但这并不是其批评“重点”，其主要是指出不能仅仅以“侵占单一手段说”为据就简单地否定“综合手段说”具有符合文义解释结论的属性，其所表达的真实意思是“综合手段说”能够确证“其解释结论被限定在刑法规范文义之内”并且“到此为止”“承认此点足矣”。换言之，即使承认“侵占单一手段说”和“综合手段说”均在不同程度上符合文义解释结论，甚至即使承认“侵占单一手段说”更具有平义解释特征（而事实上难以得出这一判断），那么仍然还需要进一步讨论，到底是采纳本原的文义解释结论还是被限缩的文义解释结论或者被扩张的文义解释结论更为妥当？对此争议，刑法解释论认为必须进一步运用刑法原理（即（狭义）论理解释方法）和刑事政策原理（即刑事政策解释方法）进行说理论证，方能得出更为恰当的刑法解释论。

（二）基于论理解释看“将本单位财物非法占为己有”的解释结论

论理解释[①]，是指以刑法用语的文义为基础底线，运用刑法原理、其他相关法理以及刑事政策原理阐释刑法意义的解释方法。可见，论理解释方法不同于文义解释，它更多地被解释者赋予了法理考量、价值判断甚至刑事政策审查，“讲法理、讲道理”是论理解释的重要特征。

① 我国有学者指出，论理解释，是按照立法精神，联系有关情况，从逻辑上所作的解释。高铭暄，马克昌．刑法学．2版．北京：北京大学出版社，高等教育出版社，2005：24.

这里有两个重要法理问题值得检讨和阐释。

1. 基于职务侵占罪的行为定型理论的法理阐释：地方性知识与历史文化性知识审查

按照罪刑法定原则的要求和大陆法系国家三阶层犯罪论的逻辑，行为定型是由刑法规定的（罪刑法定原则）、作为构成要件该当性（三阶层犯罪论）的规范判断，这种规范判断既是首要的（第一阶层的）、基础性的判断，更是依法的（罪之法定的）、立法论的判断。按照我国传统犯罪构成四要件理论的逻辑，行为定型是犯罪客观方面要件的规范判断，必须以刑法分则条文的明确规定作为依据，亦即其同样是依法的（罪之法定的）、立法论的判断。可以说，行为定型的规范判断、依法判断、立法论判断已经成为基于罪刑法定原则要求的中外犯罪论的共识，是对某种具体行为类型予以定罪处罚的前提和基础，动摇不得。在此意义上讲，大陆法系国家传统的三阶层犯罪论体系，由于其将行为定型的规范判断、依法判断、立法论判断置于首要的基础性地位，充分关注了行为定型的功能性价值，所形成的构成要件该当性（行为定型性）、违法性、有责性三阶层判断体系，远比新近进一步抽象化和价值化之后的“违法、有责”二阶层判断体系更为妥当。三阶层犯罪论体系与二阶层犯罪论体系在是否需要行为定型理论这个“点”上存在的理论分歧，被部分二阶层犯罪论者过度价值化、实质化和抽象化地“化解”于无形，可能并不妥当。刘艳红教授指出，我国学者提倡的三阶层犯罪论体系是以经验论为研究范式、以法实证主义“分离命题”为基础构建的，而构成要件的发展史、犯罪认定中事实与价值二分法的崩溃以及现代法律思维从实证论到本体论的转换，使“分离命题”的前提不再存在、内容难以成立、其方法论也难以维系，“分离命题”的破解使以经验论为基础的三阶层犯罪论体系难以维持，而以规范论为基础的二阶层犯罪论体系则值得提倡。① 而有的场合，例如受贿罪的认定，将受贿罪“价值化、实质化和抽象化地”解释为（国家工作人员）利用职务上的便利获得非法利益，就可能将部分违规经商并获益的行为解释为受贿罪，其表面上的法理根据就是基于“违法性”和“有责性”的过度价值化、实质化和抽象化判断，但是其致命缺陷恰恰在于其遮蔽了“该当性”（行为定型性）判断，直接导致解释结论的违法和失当。当然，毋庸讳言，一般性地（即笼统而抽象地）讲“行为定型”理论及其规范价值可能并不能充分说明职务侵占行为定型的具体内容，这里可能存在的疑问是：如果说基于职务侵占罪的行为定型理论的法理阐释可以成为“综合手段说”的理由，难道不可以说行为定型理论也可以成为“侵占单一手段说”的理由？为了回应这一疑问，刑法解释论还应注意和进一步明确的重要法理在于，某种具体行为定型的规范判断、依法判断、立法论判断，并非是纯粹“概念法学”的抽象判断，而是并且必须是具体国别的法规范体系内的“地方性知识”判断（即文义解释和体系解释）、历史文化传统判断（即历史解释）。因此，就职务侵占罪的行为定型性而言，除前述文义解释结论和体系解释结论的分析判断外，尤其值得注意的是基于职务侵占罪立法论的历史解释结论。对此，有学者指出，旧中国刑法与国外刑法所规定的侵占罪包括三种类型，即委托物侵占、脱离占有物的侵占以及职务（业务）侵占，其中的侵占均指狭义的侵占，而不包括盗窃与诈骗。② 但是，这里“旧中国刑法与国外刑法”的立法立场并不能代替《中华人民共和国刑法》本身的历史解释，诚如我国学者指出，从现行《刑法》所规定的职务侵占罪的立法演变过程看，我国1979年《刑法》并没有规定职务侵占罪，其后在1995年2月28日全国人大常委会制定的《关于惩治违反公司法的犯罪的决定》中增设了职务侵占罪并将职务侵占罪从贪污罪中分化出来，现行《刑法》在此基础上进一步将非国有单位中主管、经手、管理公共财物的工作

---

① 刘艳红．我国犯罪论体系之变革及刑法学研究范式之转型．法商研究，2014（5）．

② 张明楷．贪污贿赂罪的司法与立法发展方向．政法论坛，2017（1）．

人员归入职务侵占罪的主体范围，非法占为己有的方式包括侵吞、盗窃、骗取以及其他手段等四种类型。因此，“从职务侵占罪这一立法演变过程看，在刑法中，立法机关已将相当一部分原为贪污罪的主体划归职务侵占罪的主体范围之内，而对这些行为的方式却未加任何限制。根据立法精神，应当认为其行为方式仍然包括盗窃、侵吞、骗取等非法手段，而且从对非国有公司、企业、单位工作人员的职务侵占罪的行为方式的理解上看，有关司法解释以及刑法理论的通行观点也持此种见解”①。可见，基于职务侵占罪的行为定型理论（以及违法类型理论）、尤其是基于职务侵占罪立法论的历史解释结论的法理阐释，应当认为职务侵占行为定型的“综合手段说”（或“全面肯定说”）更符合法理。

2. 基于职务侵占罪“背信＋财产损失说”立场的法理阐释：周全性审查

一种观点认为，职务侵占行为是一种相对于“单位”而言的背信行为（背信说），故而“单位”人员实施职务侵占行为就辜负了“单位”对其信任并致“单位”遭受财产损失（背信＋财产损失说）。按照这一法理来解释单位人员“将本单位财物非法占为己有”，“侵占单一手段说”与“综合手段说”之中哪一种观点能够更周全地符合“背信＋财产损失说”立场？恰恰应当得出的结论是“综合手段说”更周全，即无论单位人员是采用侵吞、窃取、骗取的方法或者其他方法“将本单位财物非法占为己有”，均符合职务侵占“背信＋财产损失说”立场；反而难以得出“侵占单一手段说”——将职务侵占行为严格限定为“变占有为所有”而不包括采用窃取、骗取等其他方法将本单位财物非法占为己有——的结论及其合理性，即难以说明为何单位人员采用窃取、骗取等其他方法将本单位财物非法占为己有的行为反而不符合“背信＋财产损失说”立场。当然笔者也注意到，采用“侵占单一手段说”的论者针对前述悖论提出了进一步的说理：因为盗取、骗取等其他方法“将本单位财物非法占为己有”的行为可能触犯了盗窃罪、诈骗罪等罪名，而盗窃罪和诈骗罪等罪名由于司法解释规定了较低的入罪底线（即低于职务侵占罪的入罪底线），即司法解释规定的职务侵占罪的罪责比盗窃罪和诈骗罪等罪的罪责更轻，这样就导致单位人员采用盗取、骗取等其他方法“将本单位财物非法占为己有”的行为所承担的罪责——如果对其定性为职务侵占的话——明显轻于盗窃罪、诈骗罪等罪的罪责，甚至还可能因为达不到职务侵占罪的定罪数额标准而不承担罪责（因为职务侵占罪的入罪底线高于盗窃罪、诈骗罪等罪），这种状况不合理。但是，针对“侵占单一手段说”论者的这种说理，可能值得更进一步注意的法理在于：司法解释规定职务侵占罪的入罪底线与盗窃罪、诈骗罪等罪的入罪底线之间存在的这种差异本身是否合理，这是另一个需要反思检讨并需要回答的问题，我们认为不能因为司法解释规定的入罪底线差异就否定职务侵占的行为定型，更不能为了惩罚（入罪）、重惩罚（加重罪责）而人为地改变职务侵占的行为定型，否则即违背罪刑法定原则的要求，并损害刑法安定性。职务侵占罪的入罪底线相较于盗窃罪和诈骗罪的入罪底线来说更高，职务侵占罪的责任（以及刑罚处罚）也比盗窃罪和诈骗罪的责任更轻，是否有充分的法理依据？应当说这种疑问具有代表性，确有必要进行法理阐释和说明。笔者认为，刑法规定和司法解释规定已经赋予了职务侵占行为定型“封闭的特权条款”属性②和“团结社会的连带关系”属性。根据“封闭的特权条款”原理，应当认为“对于行为性质符合特别法条的构成特征，但因数额、数量未达到特别法条要求时，不能以普通法条定罪。此时，需要考虑立法上的预设、法益侵害原理、特别法条的立法必要性、特别法条定型化的构成要件观念、实质的刑

---

① 毕志强，肖介清．职务侵占罪研究．北京：人民法院出版社，2001：122-123.

② 张明楷．法条竞合中特别关系的确定与处理．法学家，2011（1）.

法方法论等问题"[①]。这种理论阐释的实质更接近于法条竞合论，后文将具体展开。

根据"团结社会的连带关系"原理，应当注意到在机械团结社会里"集体人格完全吸纳了个人人格"，而在有机团结的社会中，个人通过构成社会的各个部分依赖于社会，与个体发生连带关系的社会是由一些特别而又不同的职能通过相互间的确定关系结合成的组织体、系统，从而"每个人都拥有自己的行动范围，都能够自臻其境，都有自己的人格"[②]。团结社会里，活动于特定社会组织（如有限责任公司和国家机关等"单位"）的个人，其管理责任、社会责任均与特定社会组织具有一定连带关系和特别考量，可以说特定社会组织责任直接影响了该"个人"刑事责任的规范评价，这种责任评价的影响可以表现为责任减轻或者责任加重。这一原理可以较好地解释作为特定社会组织中"个人"的国家机关工作人员贪污入罪或者单位人员（即非国家机关工作人员）职务侵占入罪的数额底线标准高于普通侵财罪（但是贪污罪最高法定刑高于普通侵财罪，而职务侵占罪最高法定刑低于普通侵财罪）的法理妥当性。至于贪污罪最高法定刑高于普通侵财罪（贪污罪最高法定刑有死刑），其法理根据恰恰不能单纯地从"侵财性"之中寻找，而应从团结社会遭受"特别重大损失"（即《刑法》第 383 条第 1 款第 3 项规定"数额特别巨大，并使得国家和人民利益遭受特别重大损失的"）之中寻找。而职务侵占罪的最高法定刑（15 年有期徒刑）低于普通侵财罪的最高法定刑（如盗窃罪和诈骗罪的最高法定刑为无期徒刑），其法理根据同样可以从团结社会理论中获得，职务侵占罪基于单位人员管理责任、社会责任均与特定社会组织具有一定连带关系和特别考量，即使其职务侵占数额特别巨大，尽管这时我们不可否认其可能致使"本单位"遭受特别重大损失，但是应当承认"本单位"基于单位人员管理责任、社会责任的连带关系及其特别考量，这种特别考量就使得职务侵占罪的责任区别于盗窃罪或者诈骗罪，因而仍然可以说职务侵占罪的最高法定刑低于普通侵财罪的最高法定刑能够从团结社会理论中获得妥当法理。再如，团结社会理论对于作为业务过失的交通肇事致人死亡与作为普通过失的过失致人死亡之间的刑事责任规范评价关系也有解释力：前者构成交通肇事罪，尽管属于业务过失罪，但是通常情况下（以致一人死亡为例）其责任较轻，仅判处 3 年以下有期徒刑或者拘役；后者构成过失致人死亡罪，尽管其属于普通业务过失，但是通常情况下（以致一人死亡为例）其责任反而比交通肇事罪更重，一般应判处 3 年以上 7 年以下有期徒刑，仅在"情节较轻的，处三年以下有期徒刑"，出现这种外观上的"责任倒置"现象（业务过失的责任反而比普通过失的责任更轻）的法理在于团结社会理论关于"社会连带"的关系判断，尤其是汽车社会风险不可避免，社会要正常运行就必须容许汽车和汽车风险存在，作为团结社会的汽车社会里"个人"的驾驶人员的责任具有"社会连带"属性并获得特别关照（特别规定其更轻的责任）。与"驾驶人员"交通肇事罪法理相类似，单位人员职务侵占，无论是单纯的"（利用职务上的便利）变持有为所有"行为还是"（利用职务上的便利）窃取、骗取"等行为，法理上确认该职务侵占行为定型"封闭的特权条款"属性和"团结社会的连带关系"属性就具有妥当性，由此可以证成"综合手段说"的法理妥当性。至于周光权教授指出，既然职务侵占罪是行为人利用职务便利，以侵吞、盗窃、骗取或其他手段非法占有本单位财物的行为，那么，这里的保管、经手就不能仅仅理解为是"握有"单位财物，或者是财物仅仅从行为人手中"过一下"，而要求行为人对财物有占有、处分权限；否则，行为人至多是"占有辅助者"，其实质与那些仅因工作关系形成接近单位财物等方便所构成的盗窃罪完全相同，不应当成立职务侵占罪。[③] 周光权教授这里对于行为人利用职务便利而将公司财

---

① 周光权．法条竞合的特别关系研究——兼与张明楷教授商榷．中国法学，2010（3）．

② 涂尔干．社会分工论．渠东，译．北京：生活·读书·新知三联书店，2000：89－183．

③ 周光权．职务侵占罪客观要件争议问题研究．政治与法律，2018（7）．

物仅仅从行为人手中"过一下"（即"握有"）和"占有辅助者"的论理解释（过程和结论），不但明显违背了上列所述职务侵占行为定型"封闭的特权条款"属性和"团结社会的连带关系"属性之法理，而且在论证逻辑上明显存在将"握有"单位财物的行为直接偷换概念成为"接近"单位财物的行为这一逻辑错误，因而其论理解释（过程和结论）并不具有合理性。

当然，应当承认，欲更加深刻阐释"综合手段说"的法理妥当性，还需要从刑事政策论和法条竞合论上展开更进一步的释法说理。

（三）基于刑事政策解释看"将本单位财物非法占为己有"的解释结论

有论者指出，当前一段时间快递行业盗窃案件呈现出逐渐增多甚至"井喷"的趋势，如果对这类行为适用职务侵占罪的规定，无疑会极大地放纵快递运输业的"小偷小摸"现象，所以对这类案件统一适用盗窃罪从而保持对快递行业盗窃案件严厉打击的态势，为快递运输行业健康稳定发展保驾护航。① 这种见解应当说是基于刑事政策解释方法的分析论证。但是，应当注意刑事政策解释方法的功能性价值是限定刑法解释结论的刑事政策正当性。刑事政策原理强调人权保障（自由）至上，反对犯罪防控（秩序）至上，主张人权保障至上并兼顾犯罪防控；在自由与秩序的价值权衡（即人权保障与犯罪防控的价值权衡）中，将自由（即人权保障）放置于核心和根基的地位，由此形成了现代刑事法治所公认的罪刑法定原则、刑法谦抑性原则、刑法不得已性和最后手段性原则。② 我们注意到，在职务侵占行为"综合手段说"与"侵占单一手段说"之争中，"侵占单一手段说"主张的一个重要理据是有利于惩罚犯罪而不至于放纵犯罪。其实，职务侵占罪的罪责轻于盗窃罪和诈骗罪等（其中包括职务侵占罪的入罪底线较高），完全是由于司法解释（文本）规定所致（这里暂不讨论司法解释合理性问题），那么在这种情况下，司法上（刑法解释论上）是否应当基于"有利于惩罚犯罪"而作出不利于行为人（被告人）的刑法解释结论，这是一个论理解释"本身"的妥当性问题，同时也是一个刑事政策解释方法需要审查的问题。笔者认为，基于前述文义解释、论理解释以及刑事政策原理（刑事政策解释方法）的分析，"综合手段说"既符合刑法的文义解释、论理解释的结论，也符合刑事政策解释的正当性，而有利于被告人（行为人）不但不能成为证立"侵占单一手段说"的理据，反而应当成为质疑"侵占单一手段说"的理据。在立法论上，单纯的"有利于惩罚犯罪"并不能当然获得刑事政策正当性，而是既有利于保障人权、又符合刑法的"最后手段性"与"不得已性"之限定下的适度且合理的"有利于惩罚犯罪"才符合刑事政策正当性；在司法论上（解释论上），单纯的"有利于惩罚犯罪"同样不能当然获得刑事政策正当性，而是既符合罪刑法定原则和立法论原理、又符合司法逻辑并且兼顾被告人权保障的"有利于惩罚犯罪"才符合刑事政策正当性，以此立法论和司法论审查，应当说"综合手段说"更符合刑事政策正当性的价值诉求。至于有的场合，如在涉嫌职务侵占行为和贪污行为的场合，由于采用"综合手段说"可能导致某些涉案数额达不到司法解释规定的职务侵占罪和贪污罪之数额标准而不能定罪，从而直接导致被告人（行为人）被作出"出罪"解释处理，是否符合刑事政策正当性呢？答案仍然是肯定的。因为在司法论上（刑法解释论上），刑事政策原理主张"单向出罪的"刑事政策校正功能，即是说，即使在刑法已有犯罪规定并且行为人已经构成犯罪时，若根据刑事政策审查行为人的综合情节，如未成年人、在校生、限制刑事责任能力者等在犯罪情节较轻且有一系列从宽情节等情况下，可以依法、依刑事政策（如宽严相济刑事政策）而作出非罪处理，如不

① 苏云，张理恒．快递公司分拣员窃取邮包行为定性分析——以杨某窃取邮包二审无罪案展开//魏东．刑法解释：第2卷．北京：法律出版社，2016：246-264.

② 魏东．刑事政策原理．北京：中国社会科学出版社，2015：92-95.

起诉等，这时刑事政策对刑法发挥了校正功能并且只能是“单向出罪的”刑事政策校正功能。但是，在司法论上（刑法解释论上），刑事政策对刑法的校正功能不能是逆向的、入罪的功能，亦即在刑法缺乏相应的犯罪规定或者已有规定中存在出罪规定时，刑事政策论是不准许以“有利于惩罚犯罪”为由而作出司法上犯罪化处理的，依法不能在缺乏刑法规定时通过单纯的刑事政策入罪。不但职务侵占行为、贪污行为如此，其他行为也是如此。如肖传国殴打方舟子案，肖传国雇人殴打方舟子的行为依法只符合故意伤害行为定型，在其不具备司法解释规定的定罪标准“轻伤”之时，依法只能将该行为解释为无罪（不构成故意伤害罪），依法只能对该行为进行治安管理处罚。但是，肖传国的故意伤害行为是否可以“解释”为寻衅滋事罪呢？我们认为，这个问题一方面涉及故意伤害罪和寻衅滋事罪的刑法解释适用问题，通过对故意伤害罪和寻衅滋事罪的文义解释、论理解释，均只能得出肖传国行为无罪的解释结论，因为肖传国行为只符合故意伤害行为定型但是尚达不到故意伤害罪的定罪标准，并且肖传国行为因不符合寻衅滋事行为定型而依法不能解释为寻衅滋事罪。为什么说肖传国行为不符合寻衅滋事行为定型呢？因为肖传国的行为依法不能解释为“随意殴打他人”（《刑法》第 293 条第 1 款第 1 项），如果按照本案判决书所解释的结论那样“（肖传国）没有合理理由就随意殴打他人”，那么可以说我国基本上就不存在故意伤害罪了，因为除了防卫过当而构成故意伤害罪之外基本上就不存在“没有合理理由就随意殴打他人”而构成故意伤害罪的情况了。事实上，绝大多数故意伤害罪都是由于“没有合理理由就随意殴打他人”所形成的，那么为何要对肖传国一个人排除适用《刑法》第 4 条所规定的“对任何人犯罪，在适用法律上一律平等”呢？究其根本原因，可能还是基于“有利于惩罚犯罪”思想的误读误判。如前所述，针对分拣员案杨某是否被定罪的刑事政策审查中，就有一种观点认为如果不对分拣员杨某定罪，将不利于惩戒杨某本人也不利于教育其他分拣员，甚至不利于整个快递行业的健康发展，没有兼顾好审判的法律效果和社会效果。① 这种刑事政策审查结论其实是不合理的，主要理由除前面所述外还在于，刑事政策上并不主张超越法律规定进行特殊预防和一般预防，罪刑法定原则和刑法谦抑精神是不可突破的刑事法治理性；同时，预防违法犯罪的策略方法并不只是刑法，还可以依法动用行政的、经济的、民事的等多种手段来惩治违法犯罪行为，其中我国还有一种强有力的治安管理处罚法可以依法适用，完全能够满足特殊预防和一般预防的需要。就像过去发生的佛山容留他人手淫案被告人不被认定为容留卖淫罪一样，人民法院的依法裁判也面临着不少质疑，难道除了对被告人定罪就不能动用其他治理手段，难道不动用刑法手段就一定纵容了违法犯罪，就不能治理社会？显然不能得出这个结论。事实上，我国有较多的违法行为以及介于违法与犯罪之间的模糊行为，不一定非要动用刑法手段才合理，只有将刑法之手严格限定于刑法所规定的犯罪之内，才符合刑事法治理性，否则，难以防止发生深重的法治灾难。

综上，职务侵占行为定型的刑法解释应当坚持“综合手段说”和“业务便利肯定说”立场，将职务侵占行为定型的解释结论限定为（单位人员）利用职务上和业务上（劳务上）的便利，以侵吞、窃取、骗取和其他方法将本单位财物非法占为己有的行为。

三、职务侵占罪的司法逻辑：基于贪污罪解释论比较的法理阐释

司法公正可以有两种意义的界定：基于立法规定的司法公正与基于立法目的的司法公正。针对公权力的司法适用，应当强调公权法定并严格审查现行有效法律的明确规定，因而可以说

① 苏云，张理恒．快递公司分拣员窃取邮包行为定性分析——以杨某窃取邮包二审无罪案展开//魏东．刑法解释：第 2 卷．北京：法律出版社，2016：246-264.

其体现的司法公正是一种基于立法规定的司法公正。针对私权利的司法适用，应强调“法无禁止即自由”，因而可以说其体现的司法公正是一种基于立法目的的司法公正，尽管我们说针对私权利的司法适用也必须“依法”司法，但是在缺乏法律明确规定的场合，司法适用（司法审判）中通常不得以法无明文规定为由而对私权利进行“法律解释性”的削减甚至剥夺，而只能依据立法目的予以“依法”确认和裁判。因此，作为公法，按其立法规定所关涉的公权力与私权利之规范内容与规范实质，即应适当注意公权法定与（私）权利自由的法理，分别采取“公权力司法基于立法规定的司法公正说”与“（私）权利司法基于立法目的的司法公正说”之不同立场。作为公法的刑法，由于刑法的特殊性即基于刑法惩罚严厉性所引发的人权风险和刑事政策理念所要求的罪刑法定原则，刑法解释和刑法司法的公正性通常只能是基于刑法立法规定的司法公正，而不能准许仅仅基于立法目的就超越立法规定而对被告人予以入罪认定（因为“予以入罪认定”是作为公权力的司法裁判权，且相应地其必然限制或者剥夺私权利），而仅可以准许基于立法目的而对被告人予以出罪认定（因为“予以出罪认定”尽管也是作为公权力的司法裁判权，但是其实质内容具有保障私权利的性质）。这种立场可以说也是刑法安定性价值的内在要求，必须适当克制刑法妄动，以有效限定刑罚处罚界限并实现刑法的人权保障机能。

就职务侵占罪的司法逻辑而言，也存在这样两种司法公正观：一种是只能限定为基于刑法立法规定的司法公正，另一种是可以扩张为基于刑法立法目的的司法公正。按照前述作为公法的刑法之司法公正观，职务侵占罪的司法逻辑通常只能限定为基于刑法立法规定的司法公正观。这种刑法司法逻辑必须考察和充分尊重职务侵占罪的立法原理，只有通过立法论来考察解释论，才可能得出合理的解释结论。如前所述，基于职务侵占罪的立法论分析，如前述关于职务侵占的立法文义、立法历史沿革等的考察分析，职务侵占行为定型的解释结论应当限定为（单位人员）利用职务上和业务上（劳务上）的便利，以侵吞、窃取、骗取和其他方法将本单位财物非法占为己有的行为。关于职务侵占行为定型的这一解释结论，应当说同贪污罪之贪污行为定型的解释结论是基本一致的，即贪污行为定型的刑法解释结论应当遵从《刑法》第 382 条规定的（国家工作人员）“利用职务上的便利，侵吞、窃取、骗取或者以其他手段非法占有公共财物”的立法文义，采用“综合手段说”是当然结论。

至于张明楷教授指出：“《关于办理贪污贿赂刑事案件适用法律若干问题的解释》大幅度提高了贪污、受贿、职务侵占等罪的数额标准，但其理由并不充分，而且必然导致贪污、职务侵占罪与盗窃、诈骗罪之间的不协调。当下，需要思考贪污贿赂罪的司法与立法发展方向。”① 笔者认为张明楷教授这里提出的问题可能有一定道理，但是针对这个问题的解决方案却需要进行刑事法治理性和刑事政策观念的审查。从长远发展完善刑法立法的立场看，张明楷教授提出的解决方案中主张“从立法论上来说，将来应当将职务侵占罪与贪污罪合并成一个职务（业务）侵占罪，将其规定在侵犯财产罪中；应当根据法益侵害程度设计不同的受贿罪类型，将其置于渎职罪中”②，应当说是具有一定合理性的。但是应当注意，张明楷教授所提解决方案的正确性仅限于“立法论”层面之立法完善，而司法论层面应当有所节制。因此，问题在于“当下”，张明楷教授在其主张的立法完善建议尚未成为正式的刑法立法文本之前，其主张运用“活的法”原理而将现行刑法规范“解释”为“对于国家工作人员利用职务上的便利窃取、骗取公共财物，没有达到贪污罪的数额较大标准，但达到盗窃、诈骗罪的数额较大标准的案件，应当以盗窃、诈骗罪论处。为了使职务侵占罪、贪污罪与盗窃罪、诈骗罪保持协调关系，应当

---

① 张明楷．贪污贿赂罪的司法与立法发展方向．政法论坛，2017（1）．

② 同①．

将窃取、骗取行为排除在职务侵占罪之外（刑法有特别规定的除外）；对《刑法》第 382 条规定的利用职务上的便利的窃取、骗取行为，应当进行限制解释”①，是否符合刑法解释原理和刑法司法公正逻辑？亦即：张明楷教授以“应然的立法公正”作为现实的“刑法司法公正逻辑”是否合理？基于前述关于职务侵占行为定型的解释原理和解释结论基本相同的法理，应当说张明楷教授所主张采用的“侵占单一手段说”立场是不符合作为公法的刑法及其解释原理的特殊性的，有僭越“公权法定”和罪刑法定原则之嫌，有违背刑法司法逻辑和刑法教义学之不当。因而我们认为，张明楷教授以“应然的立法公正”、基于刑法立法目的的司法公正作为现实的“刑法司法公正逻辑”是存在很大疑问的，其严重违背了基于刑法立法规定的司法公正之基本立场。

张明楷教授所讨论的问题还可以细化为职务侵占与贪污、职务侵占与侵占的类型性责难，盗骗与职务侵占的违法责任比例难题，刑事政策的责难（即不利于防控劳务侵财行为）等。但是，其一，恰恰值得注意的问题是职务侵占与贪污、职务侵占与侵占的类型性责难化解中将会产生新矛盾。针对职务侵占与贪污、职务侵占与侵占的类型性责难，总体上看存在以刑法的“立法完善论”代替刑法的解释论、以“应然的刑法”立法论代替“现实的刑法”（现行有效的刑法）立法论和罪刑法定原则的新矛盾。职务侵占与贪污，尽管我国现行《刑法》第 382 条和第 271 条的法条文字表述存在细微差异，但是正如前文所述此两个法条的文义解释结论应当是一致的，在这种情况下将“盗窃”和“诈骗”从法条文义之中予以剔除是缺乏法律依据的，从而无法从“公权法定”和罪刑法定原则之中找到法理上的充分依据；尤其是这种“文义剔除”本身不但存在违背罪刑法定原则之硬伤，而且直接导致在对被告人可以解释为无罪时反而被解释为有罪、在对被告人可以解释为罪轻时反而被解释为罪重，其“追诉”色彩和重刑主义特点凸显，无法自证其正当性。至于职务侵占行为定型与侵占罪之侵占行为定型，有学者指出，将“窃取”与“骗取”从职务侵占罪客观行为方式中“踢出去”，恰恰维持了侵占犯罪的定型性，因为国内外理论与实务无可争议地认为，作为不转移占有的典型的侵占犯罪，与盗窃、诈骗等夺取罪（即转移占有的犯罪）的本质区别正在于，对象是否属于行为人已经占有下的财物，即将自己已经占有（不是基于非法方式取得占有）下的财物非法占为己有的，是侵占犯罪，而通过盗窃、诈骗等方式夺取他人占有的，成立盗窃、诈骗等夺取罪。② 但实际上，这种笼统针对“侵占犯罪”进行叙述的方法难以服人，因为针对职务侵占罪之职务侵占行为定型与侵占罪之侵占行为定型，本来在其各自立法论上就存在明显差别并且确定这种差别已有充足根据，即前者（即职务侵占罪之职务侵占行为定型）在立法论上是指包含变业务上占有为行为人所有、窃取、骗取等综合手段将本单位财物占为已有，而后者（即侵占罪之侵占行为定型）在立法论上本来就是指区别于盗窃和诈骗等取得罪之外的“变占有为所有”之行为定型，因此以侵占罪之侵占行为定型批驳职务侵占行为定型显而易见是无视立法论的解释论，是没有道理的。其二，盗骗与职务侵占的违法责任比例难题化解中也会产生新难题。针对职务侵占与盗骗的违法责任比例难题，部分原因是立法规定造成的，再有部分原因是司法解释（文本）造成的，比如原有《刑法》第 382 条直接规定了贪污罪的定罪起点数额标准远远高于盗窃罪和诈骗罪的定罪起点数额标准，而在《刑法修正案（九）》修改了贪污罪的定罪量刑数额标准之后又由“两高”司法解释直接继承了原有“立法缺陷”（但本章如前所述并不完全认同这是一个“立法缺陷”）而将贪污罪的定罪量刑数额标准“解释”为远远高于盗窃罪和诈骗罪的定罪量刑数额标准，因此

---

① 张明楷．贪污贿赂罪的司法与立法发展方向．政法论坛，2017（1）．

② 陈洪兵．体系性诠释“利用职务上的便利”．法治研究，2015（4）．

解铃还须系铃人，根本的解决办法还是有待于完善立法和恰当制定规范的司法解释文本。否则，通过违背传统刑法教义学、立法论和解释论的方法进行“再解释”来化解比例难题，将难免产生更多的解释难题和司法混乱，还会制造出更加严重的法治困境。其三，刑事政策论的责难实际上也难以成立。针对职务侵占“综合手段说”将导致实务上不利于防控劳务侵财行为的刑事政策责难，存在以防控犯罪价值至上而贬抑罪刑法定原则的人权保障机能、以避免（刑罚）处罚漏洞而忽略（犯罪）处断规则的价值误导。现代刑事政策原理并没有赋予片面追求犯罪防控的价值至上性，而是在犯罪防控与人权保障的价值权衡中赋予了人权保障的价值至上性，主张“人权保障至上”并兼顾“犯罪防控”，或者说主张“自由至上”并兼顾“秩序维护”，而不是相反。以此而论，职务侵占“综合手段说”尽管可能导致部分职务侵占行为因其危害程度较小——主要是指侵占财物数额尚未达到定罪标准——而不能依法被“解释”为犯罪（指职务侵占罪），同时因其行为定型被限定为职务侵占之后也不能被“解释”为盗窃罪与诈骗罪，如此一来确实可能造成某种意义上的“（刑罚）处罚漏洞”，导致某种意义上的不利于犯罪防控和秩序维护。但是，这种局面的形成只能“归咎于”立法论以及立法论之下的解释论，由于其完全合乎罪刑法定原则和刑法解释原理，充分体现了刑事法治理性，因而这种局面的形成应当说具有合理性，而并非不可接受；同时，这种局面的形成并不至于形成犯罪防控和秩序维护的“致命伤”，因为其仅仅限制了“（刑罚）处罚漏洞”而不能适用刑法，但是其并没有限制非刑事法措施如民法的、行政法的、尤其是《行政处罚法》和《治安管理处罚法》的适用以达致防控犯罪和秩序维护的价值诉求，并且综合运用刑事类措施与非刑事类措施以防控犯罪和维护秩序的立场正是现代刑事政策原理和广义刑事政策观的基本主张。

四、职务侵占罪的法条关系：基于法条竞合论的法理阐释

这里首先需要指出的是，有刑法学者所提出的“大竞合论”与绝对的重法优于轻法处断规则①，以及有的学者所主张的对于特别关系的竞合采用“在一定条件下应当适用重法优于轻法的原则”（即相对的重法优于轻法处断规则）②，其解释思路也是值得警惕的。如张明楷教授主张，当特别法不利于定罪或者不利于重罚之时转而求助于适用有利于定罪或者重罚的一般法，提出“对于特别关系，原则上采用特别法条优于普通法条的原则，但在一定条件下应当适用重法优于轻法的原则；某种行为没有达到司法解释确定的特别法条的定罪标准，但符合普通法条的定罪标准时，应当适用普通法条定罪量刑”③。付立庆教授在确认职务侵占和贪污的行为定型应采用“综合手段说”的前提下也采用了“相对的重法优于轻法处断规则”及其“解释思路”，指出，在行为同时符合职务侵占罪与盗窃罪时，由于在普通法条上关于盗窃罪的规定中并无“本法另有规定的，依照规定”的明文强制，就需要比较法定刑的轻重，按照重法优于轻法的原则处理；在行为不符合职务侵占罪这一特殊法条时，为了避免出现处罚上的漏洞，完全可以也应该按照盗窃罪（或者诈骗罪、侵占罪）等普通法条处理，这样的主张是罪责刑相适应原则（罪刑均衡原则）的要求，同时也不违反罪刑法定原则。④ 应当说，张明楷教授和付立庆教授所主张的对法条竞合关系可以采用“相对的重法优于轻法处断规则”，与大竞合论所主张的“绝对的重法优于轻法处断规则”一样均得出了可以适用作为重法的普通法条的解释结论，

① 陈洪兵．不必严格区分法条竞合与想象竞合：大竞合论之提倡．清华法学，2012（1）．

② 张明楷．刑法学．5版：上．北京：法律出版社，2016：471-474．

③ 张明楷．法条竞合中特别关系的确定与处理．法学家，2011（1）．

④ 付立庆．交叉式法条竞合关系下的职务侵占罪与盗窃罪——基于刑事实体法与程序法一体化视角的思考．政治与法律，2016（2）．

均可能存在以防控犯罪价值至上而贬抑罪刑法定原则的人权保障机能、以避免（刑罚）处罚漏洞而忽略（犯罪）处断规则的价值误导。例如，当职务侵占单位财物行为、贪污行为尚达不到职务侵占罪或者贪污罪的定罪数额标准时转而将其“解释”为盗窃罪、诈骗罪，当合同诈骗行为尚达不到合同诈骗罪的定罪数额标准时转而将其“解释”为（普通）诈骗罪，当故意伤害行为尚达不到故意伤害罪的定罪结果程度时转而将其“解释”为寻衅滋事罪，当交通肇事行为尚达不到重罚预设目标时转而将其“解释”为过失致人死亡罪，诸如此类的解释逻辑及结论，表面上看均可能在“大竞合论”“绝对的重法优于轻法处断规则”与“相对的重法优于轻法处断规则”的口号下被赋予了某种“合法性”和“合理性”，但实际上其法理根据却是存疑的，可能违背了刑法教义学并造成了刑法原理的体系性混乱，得不偿失，值得深思和适当检讨。

从刑法教义学原理看，“大竞合论”“绝对的重法优于轻法处断规则”与“相对的重法优于轻法处断规则”之法理检讨，可以从刑法中的行为定型论与法条竞合论两种立场（理论路径）予以展开。① 基于刑法中的行为定型论观察，在特别法对一般法所涵盖的行为作出特别的类型化规定之后，应当适用“特别法排斥一般法”的处断规则②，因为此时“一般法所涵盖的行为”已经被内化为特别法的一部分并在相当意义上已丧失了作为一般法的独立的行为定型的资格和条件，只有特别法所完整定型的行为才能成为特别法的评价对象，从而依法只能适用特别法而排斥一般法的适用（即“特别法排斥一般法”的处断规则）。可以说这是从行为定型论的立场来诠释法条竞合的特别关系及其处断规则所得出的基本结论。就法条竞合论而言，目前理论界对法条竞合的内涵界定及其处断规则确实存在较大争议③，确有必要进行简要检讨并以正视听。法条竞合，又叫法规竞合，是指一个行为同时符合数个法条规定的犯罪构成，但是数个法条之间在犯罪构成逻辑关系上存在单向包容的特别关系，只能适用特别法条而排斥其他法条适用的情形。因而法条竞合的基本特征是：存在一个完整的行为定型和犯罪构成事实；侵犯了特定的保护法益；表面上符合刑法分则的数个法条，但是数个法条之间存在单向包容的特别关系而不存在双向包容的互补关系；只能适用特别法条而排斥其他法条适用（即“特别法排斥普通法”处断规则）。基于法条竞合论的以上法理观察，可以得出以下结论：只有特别法与普通法之间、补充法与基本法之间的关系，属于单向包容的特别关系（即法条竞合关系）。④ 也就是说，单向包容的特别关系（即法条竞合关系）只包括两种具体情形：一种情形是特别法与普通法之间的关系，属于典型的单向包容的特别关系（即“单向包容的特别关系论”）与典型的法条竞合关系（即“法条竞合关系论”），如职务侵占罪与盗窃罪（或诈骗罪）之间、合同诈骗罪与诈骗罪之间的关系。另一种情形是补充法与基本法之间的关系，属于“可以被视为”的特别关系与法条竞合关系（即“可以被视为的特别关系论”），如《刑法》第114条与第115条第1款之间的关系。应当说，同属于单向包容的特别关系（即法条竞合关系）的这两种具体情形之间既有共通之处也有细微差异之处，需要细心体认。特别法与普通法之间的特别关系作为典型的法条竞合关系，由于其通常发生在数个法条及其对应规定的数个罪名之间（有时也可能发生在同一罪名内部的数个犯罪形态之间或者数个量刑情节之间），通常“只能”依赖于法条竞合论来解决其处断规则（但对于发生在同一罪名内部的数个犯罪形态之间或者数个量刑情节之间的特别关系则可以同时运用犯罪形态论与加重犯论等理论来解决其处断规则），并且“只能”

---

① 有关刑法中的行为定型论与法条竞合论的深刻检讨有待另文专述，本章囿于篇幅限制而对此两论不作深入论述。

② 魏东．刑法理性与解释论．北京：中国社会科学出版社，2015：225.

③ 张明楷．刑法学．5版：上．北京：法律出版社，2016：463－477.

④ 关于法条竞合的关系类型，大陆法系国家刑法理论认为其有特别关系、补充关系、吸收关系和择一关系等四种，而我国刑法学界对此问题存在较大争议。魏东．刑法．北京：中国民主法制出版社，2016：196.

适用特别法排斥普通法处断规则，这才是符合逻辑并能够实现逻辑自洽性的法条竞合论。而值得注意的是，补充法与基本法之间的特别关系，如《刑法》第114条与第115条第1款之间的关系，由于在法理上可以阐释为犯罪未完成形态（犯罪未完成形态论）与犯罪完成形态（犯罪既遂论）之间的关系，即《刑法》第114条与第115条第1款之间的关系实质上属于“同一罪名内部”的不同停止形态之间的关系，“与普通的结果犯相对应，第114条便是对第115条第1款的未遂犯的特别规定（也可谓对未遂犯的既遂犯化）”①，因而即使“没有”法条竞合论也可以依照“犯罪停止形态论”加以有效解决，如当作为补充法的犯罪未完成形态的行为（如《刑法》第114条）与作为基本法的犯罪完成形态的行为（如《刑法》第115条）之间出现了“补充法与基本法”之竞合关系时，作为补充法的犯罪未完成形态的行为之法条适用规则“本来”就可以依照犯罪未完成形态论予以有效解决，即由此可以得出只能适用补充法（犯罪未完成形态）的结论。可见，这里“只能适用补充法（犯罪未完成形态）”这一处断规则本来是即使“没有”法条竞合论也可以依照“犯罪停止形态论”而得出的，那么，将补充法与基本法之间的关系作为“可以被视为”的特别关系与法条竞合关系的法理意义就在于，这种“可以被视为”的特别关系与法条竞合关系有助于“印证”犯罪停止形态论所得出的“只能适用补充法（犯罪未完成形态）”这一处断规则之正确性与合理性。因此，相较于特别法与普通法之间的特别关系由于通常无法依据除法条竞合论之外的其他理论（如犯罪未完成形态论）获得有效解决办法，从而法条竞合论就在相当意义上成为有效解决特别法与普通法之间的关系的“唯一”的理论而具有典型性，因而我们将特别法与普通法之间的关系称为典型的特别关系（即“特别关系论”）与典型的法条竞合关系，相应地将补充法与基本法之间的关系作为“可以被视为”的特别关系（即“可以被视为的特别关系论”），二者的共通之处在于均可以得出此种情形应适用“特别法排斥普通法处断规则”这一正确结论，只不过“特别法排斥普通法”这一处断规则在补充法与基本法之间的关系下还可以转换为“补充法排斥基本法处断规则”。实际上，《刑法》第114条与第115条第1款之间的关系，也可以被阐释为危险犯（危险犯论）与实害犯（实害犯论）之间的关系②，还可以被阐释为基本犯与结果加重犯（加重犯论）之间的关系③，当我们将危险犯和基本犯阐释为“基本法”时，那么相应地实害犯和结果加重犯就应当被阐释为“补充法”，则仍然应坚持“补充法排斥基本法处断规则”。其法理逻辑相同于将《刑法》第114条与第115条第1款之间的关系阐释为犯罪未完成形态（犯罪未完成形态论）与犯罪完成形态（犯罪既遂论）之间的关系，完全可以“举一反三、触类旁通”，不再赘述。

至于双向的互补关系、互斥关系均不属于特别关系与法条竞合关系。这两种关系有时被部分学者错误地解读为法条竞合关系④，引起了法理上的体系性混乱。双向的互补关系，由于其不是“单向包容的补充关系”，其不属于法条竞合关系而属于想象竞合关系。如《刑法》第140条与第141条至第148条之间的关系，由于“《刑法》第140条规定了生产、销售伪劣产品罪，以销售金额5万元为成立条件，第141条至第148条规定了生产、销售特殊伪劣产品的犯罪，但不要求销售金额达到5万元，在此意义上说，第141条至第148条是第140条的补充法条。另外，第141条至第148条规定的犯罪大多将侵害结果或者具体危险作为构成要件要素（第141条与第144条除外），而第140条没有将侵害结果或者具体危险作为构成要件要素，在此意

① 张明楷．刑法学．5版：上．北京：法律出版社，2016：476，692.

② 胡东飞．危险犯的形态及其法条适用．西南政法大学学报，2005（6）.

③ 同① 692.

④ 同① 463-477.

义上说，第 140 条是第 141 条至第 148 条的补充法条”①，亦即第 140 条与第 141 条至第 148 条之间具有双向的互补关系而不同于“单向包容的补充关系”，不属于法条竞合关系而属于想象竞合关系，从而《刑法》第 149 条规定了“依照处罚较重的规定定罪处罚”（从一重处断规则）。有的学者简单地将《刑法》第 140 条与第 141 条至第 148 条之间的关系解释为补充关系或者特别关系②，没有精准地辨识出其属于“双向的互补关系”而并非真正的补充关系或者特别关系，进而得出其属于法条竞合关系及适用“重法优于轻法”处断规则的法律依据③，就可能存在误读误判。互斥关系，不属于法条竞合关系也不属于想象竞合关系，如《刑法》第 153 条与第 151 条至第 152 条之间的关系，其适用上应当各择其相应法条，不应存在法条适用上的争议。有的学者认为“第 153 条成为对各种走私犯罪的兜底规定”，第 153 条与第 151 条至第 152 条之间的关系“并不是互相排斥的关系，而是补充关系”，并且认为当某种行为表面上仅触犯第 151 条至第 152 条但是“偷逃关税的数额特别巨大，应当判处无期徒刑”时，“则应当否认补充关系，而应当认定为想象竞合”④，目的就是要“超越”第 151 条至第 152 条之明文规定并“认定为想象竞合”以便于适用第 151 条对行为人判处无期徒刑。这里，该学者将互斥关系“观念性地”解释为补充关系，然后又针对某些特殊情形将互斥关系“实质性地”解释为想象竞合关系，不但有违法条竞合论和刑法教义学原理的内在逻辑，而且给人制造了某种意义上的“动机不纯”（即为了给行为人判处无期徒刑）和“刑法恐怖主义”的印象，无端生发新的理论混乱，难说具有合法性与正当性。而事实上，当某种行为仅触犯第 151 条至第 152 条并且“偷逃关税的数额特别巨大，应当判处无期徒刑”时，完全没有必要主张“则应当否认补充关系，而应当认定为想象竞合”，而完全可以将“偷逃关税的数额特别巨大”解释为第 151 条所明确规定的“情节特别严重”与第 152 条所明确规定的“情节严重”并适用无期徒刑，如此，既可以尊重“互斥关系，不属于法条竞合关系也不属于想象竞合关系”这一客观实在的关系判断，又有利于维护法条竞合论和刑法教义学的内在逻辑，显然更好。

这里大费周章地讨论法条竞合关系判断，其意义在于有效防止职务侵占罪与盗骗犯罪（即盗窃罪和诈骗罪等具体罪）之间的关系判断中可能存在的误读误判。一是防止错误判断法条竞合关系及其处断规则，通过重申“只有特别法与普通法之间、补充法与基本法之间的关系，属于单向包容的特别关系（即法条竞合关系）”，说明“双向的互补关系、互斥关系均不属于特别关系与法条竞合关系”，阐明《刑法》第 140 条与第 141 条至第 148 条之间由于具有双向的互补关系而不同于“单向包容的补充关系”，从而其不属于法条竞合关系而属于想象竞合关系，《刑法》第 149 条规定的“依照处罚较重的规定定罪处罚”（从一重处断规则）仅可以成为想象竞合处断规则的法律依据而不能成为法条竞合处断规则的法律依据，从立法依据上、根本法理上否定法条竞合存在“依照处罚较重的规定定罪处罚”（从一重处断规则）的合法性。二是防止在将职务侵占罪与盗骗犯罪之间的关系确认为法条关系之后，仍然主张“某种行为没有达到司法解释确定的特别法条的定罪标准，但符合普通法条的定罪标准时，应当适用普通法条定罪量刑”（张明楷语），或者主张“在行为不符合职务侵占罪这一特殊法条时，为了避免出现处罚上的漏洞，完全可以也应该按照盗窃罪（或者诈骗罪、侵占罪）等普通法条处理，这样的主张是罪责刑相适应原则（罪刑均衡原则）的要求，同时也不违反罪刑法定原则”（付立庆语），因

---

① 张明楷．刑法学．5 版：上．北京：法律出版社，2016：475.

② 周光权．法条竞合的特别关系研究——兼与张明楷教授商榷．中国法学，2010 (3).

③ 时延安．法条评价范围的重合与竞合法律规范的选择——以规范目的为视角对法条竞合问题的重新审视．刑法论丛，2012 (2). 总第 30 卷.

④ 同①.

为法条竞合只能适用“特别法排斥一般法”处断规则。因此，就职务侵占的行为定型而言，由于行为人利用职务上的便利而采取侵吞、窃取、骗取或者其他方法非法占有本单位财物的行为已经被特别地定型为职务侵占，其中利用职务上的便利窃取、骗取本单位财物的行为已经丧失了其成为盗窃罪、诈骗罪的行为定型的“资格”，从而应当适用特别法（即将行为定型为职务侵占）并排斥盗窃罪和诈骗罪的适用，即应适用“特别法排斥一般法”处断规则。就职务侵占罪与盗窃罪（或诈骗罪）之间的法条竞合关系而言，职务侵占罪是特别法，盗窃罪（或诈骗罪）是普通法，依法条竞合论亦应适用“特别法排斥一般法”处断规则。以此而论，笔者也不赞成部分学者在主张职务侵占行为“综合手段说”的同时，又借用“大竞合论”“绝对的重法优于轻法处断规则”与“相对的重法优于轻法处断规则”的思路而得出的一些解释结论。

结语：上帝的归上帝，凯撒的归凯撒

职务侵占和贪污的行为定型必须以刑法立法论及其之下的刑法解释论为据才能得出恰当合理的刑法解释结论，尽管其中存在的解释性疑难具有客观性，比如部分职务侵占行为和贪污行为因为司法解释规定的入罪和处罚标准较高而可能导致无法定罪或者无法重罚，但是这种现象的客观存在不能成为否定“综合手段说”并转而采用“侵占单一手段说”“大竞合论”“绝对的重法优于轻法处断规则”与“相对的重法优于轻法处断规则”的充足理由。在处理刑法立法公正与刑法司法公正的关系问题上应当面对实现，理性从事。当刑法立法存在“真正的法律漏洞”[①] 而有失公正时应当适时修订刑法立法，但在刑法立法修订之前应当遵从刑法司法公正的相对性和合逻辑性，“上帝的归上帝，凯撒的归凯撒”，刑法解释适用必须尊崇应有的刑法司法逻辑和刑法教义学，尊重罪刑法定原则和刑事法治理性。当刑法立法本身是公正合理的但是由于司法解释文本规定引起新问题新矛盾之时，应当反思、及时修改司法解释文本规定以求得刑法司法公正，而不是固化刑法司法解释文本规定，更不应当以固化的刑法司法解释文本规定为据而“逆向解释”刑法立法甚至僭越罪刑法定，这样的刑法解释和理论探索只能说是上演了“刻舟求剑”一样的荒诞剧。

---

① 魏东．刑法理性与解释论．北京：中国社会科学出版社，2015：324－328.

第二章　眉山吴某强迫妇女“坐台”案

（罪刑法定原则，拐卖妇女罪，非法拘禁罪）

案例　**眉山吴某强迫妇女“坐台”案①**

2001年4月23日18时许，被告人吴某向被告人陈某提议弄几个小姐到OK厅上班并收取中介费，陈某同意后，由陈某驾车搭乘吴某和被告人李某（李某没有参加谋划）到成都厂北路某美容美发厅，吴某即以请吃饭为由将女青年刘某某、凌某某二女骗上车，并说要去找自己的朋友。车行至仁寿县杨柳镇一小桥附近，三被告人下车小解时，吴某告诉李某说准备骗被害人刘某某和凌某某到OK厅上班以便得“中介费”，李某听后说“这样做要不得”。三被告人上车后，凌某某问“你们带我们到哪里去”时，吴某回答说“今天带你们到OK厅上班”。凌某某明确表示不同意。吴某威胁说：“再闹就给你两耳光，送你到花茶铺，那里很黑暗，是卖淫窝点，10元钱就干一下。”被害人凌某某、刘某某被迫同三被告人同车到达仁寿县某度假村张某某经营的OK厅后，吴某、陈某即下车同张某某联系，对张某某说带了两个小姐到OK厅来上班，并要求张某某给800元钱。张某某回答说“这段时间查得严，不敢要小姐”。吴某提出“这么晚了，住一晚才走”，张某某同意。后被告人李某与被害人刘某某同居一室，并对刘某某进行了奸淫。三被告人当晚即被公安人员抓获归案。

法理问题　罪刑法定原则，拐卖妇女罪，非法拘禁罪

眉山吴某强迫妇女坐台案中的被告人吴某和陈某所实施的行为，是强迫妇女“做小姐”并收取中介服务费的行为。对于被告人吴某和陈某所实施的强迫妇女“做小姐”并收取中介服务费的行为如何定性的问题，大致有以下三种意见（至于被告人李某的奸淫行为之定性问题本章不予讨论）。

公诉人认为，被告人吴某和陈某的行为构成拐卖妇女罪，应当按照《刑法》第240条规定处罚。理由是：强迫中介虽然与典型的拐卖妇女有一定的差异，并且以400元钱的价格将妇女当作商品出售也明显属于“货价不符”，但在基本性质上仍然属于“拐卖妇女”。

辩护人认为，被告人吴某和陈某的行为不构成犯罪。理由是：被告人在主观上没有拐卖妇女或者出卖妇女的主观故意，在客观上也没有贩卖妇女的行为；至于被告人收取中介服务费，也说明被告人的行为不是拐卖。

笔者认为，被告人吴某和陈某的行为不宜作无罪处理，但也不宜以拐卖妇女罪定罪处罚。应当说，本案不定拐卖妇女罪，是罪刑法定原则的具体体现和运用。被告人吴某和陈某的行为构成非法拘禁罪，应当按照《刑法》第238条规定处罚，主要理由是：被告人所实施的强迫妇女“做小姐”并收取中介服务费的行为，无论从行为人主观恶意上看还是从客观危害上看都具

---

① 关于本案的案情、控辩审观点及作者本人观点，参见魏东．论罪刑法定原则的刑事司法意义．国家检察官学院学报，2003（2）．

有应受刑罚惩罚的性质，应当予以犯罪化处理，而不宜作无罪处理；被告人的这种行为不具有拐卖妇女罪所要求的主观故意内容和客观行为特征，不符合拐卖妇女罪的构成要件，因而不构成拐卖妇女罪；被告人的行为完全符合非法拘禁罪的构成要件，应当以非法拘禁罪定罪处罚。因此，本案所涉法理可以概括为三个关键词：罪刑法定原则，拐卖妇女罪，非法拘禁罪。

应当说对行为的定性处理是整个刑事司法活动的中心环节，其中定罪则是这个中心环节中的核心。作为刑事司法主导力量和中立裁判者的法官，如何在罪刑法定原则下对被控告行为进行理性主义的定性（定罪）处理，既是一个非常重要的现实问题，也是一个十分重大的理论课题。司法实践中对上述案件的定性处理具有一定的代表性：其一，公诉人、辩护人与学者对该案件的定性处理的见解各异、尖锐对立；其二，法院（法官）对该案件的处理方式和处理意见比较特殊、耐人寻味。因此，本章就从这起在定性上存在严重分歧意见的刑事案件的定罪问题谈起，针对法官在刑事司法活动中如何妥当地对行为进行定性（定罪）的问题发表一些学理见解。

针对本案中被告人行为的上述定性分歧，一审法院在审判中采纳了上述公诉人的意见，认定被告人行为构成拐卖妇女、儿童罪；同时，一审法院还认为，鉴于被告人所实施的这种强制中介行为与典型的拐卖妇女行为还有所差异，因此在量刑上应当有所考虑，宜从宽处罚。

为什么对于被告人所实施的同一行为的定性（定罪）问题，公诉人、辩护人与学者的见解尖锐分歧呢？这是一个十分值得探究的现象。作为刑事司法中的中立裁判者的法官，到底应当采纳哪一方的意见，应当以怎样的立场来对行为定性（定罪），更是一个值得我们思索并给予回答的问题。从上述案件的定性分歧来展开，笔者认为，法官在司法活动过程中对行为定性（定罪），必须坚持罪刑法定原则以及认识论上的相对主义与定罪理性主义的立场和态度。

一、罪刑法定原则下的司法立场

一般认为，罪刑法定原则的基本内容，就是犯罪与刑罚必须预先由法律明确加以规定。其基本内容主要体现在以下几项派生原则：一是法律主义原则，又称成文法原则、排斥习惯法原则。这一派生原则要求作为处罚根据的刑法必须是成文法，当然排斥习惯法的适用。根据成文法主义，如果不存在处罚行为的刑罚法规，就不能处罚该行为。二是禁止事后法原则，又称禁止重法溯及既往原则。这一派生原则的含义是，刑法只能适用于其施行之后的犯罪，而不能追溯适用于其施行之前的犯罪，这样才能适应国民预测可能性的要求。一般认为，刑法的溯及适用会破坏法的安定性，不当地侵害个人的自由，因为任何行为时合法的行为都有可能被将来的刑法规定为犯罪的危险。不过，出于有利于被告人的原则考虑，多数刑法在规定刑法溯及力问题时，都规定了“从旧兼从轻原则”。三是禁止类推解释原则。根据严格罪刑法定主义要求，对犯罪规范尤其是总体上不利于罪犯的规范不允许类推适用，且无论是根据法律的一般原则进行的类推，还是根据最相类似条文进行的类推，都在禁止之列。这是因为，类推适用在本质上是为填补法律漏洞而形成的一种“补充性立法”，从而违背了只有立法机关才能制定刑法的要求。但是，这一原则近年来有所发展变化，就是允许进行有利于被告的类推即无罪或罪轻的类推，因为这种类推有利于被告，有利于保障个人自由，从而符合罪刑法定原则的精神实质。四是法定刑明确性原则，又称禁止绝对不定期刑原则。因为罪刑法定原则的当然内容，就包括犯罪的法定与刑罚的法定，所以明确性原则就同时适用于犯罪与刑罚。法定刑的明确性原则，是指刑法对具体犯罪所规定的刑罚种类和幅度都必须明确；对于只规定行为应受处罚，或者虽规定了刑种但没有规定刑度，而将具体的刑度委任给法官进行裁量的刑罚法规，即规定“绝对不定期刑”的刑罚法规，是不允许存在的。一般认为，如果刑法的目的仅限于社会防卫，就应该采取绝对不定期刑；但如果从罪刑法定主义的人权保障机能出发，一定的犯罪决定刑罚的种类和幅度，那么，绝对不定期刑的刑罚就必须加以禁止。五是刑罚法规正当原则。由于罪刑法定原则的提出和法律规定，从一开始就是基于尊重人权的意旨而确定下来的，所以必须从实质上保障人权（即实质的人权保障原则），不允许侵犯人权的规定存在。所谓刑罚法规正当原则，就是指刑罚法规的形式与内容都必须正当，也就是所谓的“实体的正当”，它具体包括规范明确性原则和内容正当性原则。所谓规范明确性原则，是指规定犯罪的法律规范（条文）必须清楚明确，使人能够确切地了解违法行为的内容，能够准确地认定犯罪行为与非犯罪行为的范围，以保障该规范没有明文规定的所有行为都不会成为该规范适用的对象。所谓内容正当性原则，是指在刑罚法规中规定的犯罪与刑罚，必须有将该行为规定为犯罪的合理根据，并且所规定的刑罚与该犯罪必须适当或者相均衡。可见，内容正当性原则内在的要求，首先禁止处罚不当罚的行为，其次禁止残虐的、不均衡的刑罚。

不难看出，罪刑法定原则及其所内含的这五项派生原则，具有极其重大的刑事司法意义。在刑事审判阶段，所谓刑事司法意义，主要是指相对于法官所主导进行的刑事审判的意义（其次才是相对于公诉人所进行的公诉活动的意义，以及被告人及其辩护人所进行的辩护活动的意义）。笔者认为，从罪刑法定原则的基本立场出发，作为刑事司法主导力量的法官应当在刑事审判中坚持定罪理性主义，这种定罪理性主义的基本要求就是：法官要切实贯彻罪刑法定原则，坚持地位中立、价值中立，即应当严格从现行刑法的明确规定出发，在保护法治秩序与保障被告人权之间保持不偏不倚的中立地位，对被告人的是非曲直与定罪量刑进行价值中立的公正裁判。

定罪理性主义之所以要求作为刑事司法主导力量和中立裁判者的法官在刑事审判中坚持价值中立和地位中立的基本立场，既是由法官的中立地位的性质所决定，更是现代刑法本身特别是其所确立的罪刑法定原则在价值取向上具有中立性的内在要求。（但也有学者认为，刑法的价值不等于罪刑法定原则的价值。刑法的价值是“平衡的天平：杠杆的两头各有一小盘。一小盘放的是秩序，它靠刑罚权的发动来维持；另一小盘放的是（公民）权利，它靠刑罚权的制约来保障”。但是，“保护社会的价值在罪刑法定原则这里根本没有藏身之地，换句话说，罪刑法定原则的价值具有唯一性，即限制刑罚权的滥用、保障人权，而并不含有保护社会的价值”①。）

关于刑法的价值（以及价值取向）问题，我国刑法学者一般从两种意义上进行探讨和阐释：一种是应然的刑法价值，如将刑法哲学追求的三大价值目标归结为公正、谦抑和人道②；（另外，我国学者也有以公正与功利相结合为法律的价值取向的观点。再如，西方学者认为，秩序、公平和自由是西方社会法律制度中的最基本法律价值，严格讲也是从应然角度而言的。）另一种是实然的刑法价值，如根据刑法具有保护机能和保障机能的应然价值内容，分析并阐明我国 1979 年《刑法》的价值定位是社会保护优先，而 1997 年《刑法》的功能选择是突出权利保障等实然刑法的价值取向。③ 然而，在我们看来，罪刑法定原则下之现代刑法的价值定位应该是符合理性要求的最佳的价值整合状态，即便是存在严重的价值冲突——这种冲突的根源当

① 李国如．罪刑法定原则视野中的刑法解释．北京：中国方正出版社，2001：13，60－61.

② 陈兴良．刑法哲学．北京：中国政法大学出版社，1997：4.

③ 陈兴良，周光权．困惑中的超越与超越的中困惑——从价值观角度和立法技术层面的思考//陈兴良．刑事法评论：1998 年第 2 卷．北京：中国政法大学出版社，1998：1－103.

然是社会冲突，也应该如此。因为就现代刑法价值而言，其评判的视角可以是多棱的，对公正、自由和秩序等刑法所追求的价值目标的肯定，以及对保护机能和保障机能等刑法的机能性认识，都蕴涵着真知灼见；但这些价值目标内容和机能性冲突需要理性化的重新整合，以使其呈现出一种最佳的价值整合状态——我们称之为价值定位。这种价值定位之所以必须是理性的，是因为它既要全面（但并不彻底）实现各种价值目标内容，又要综合协调各种价值目标相互之间的矛盾关系，从而实现整体价值目标的最大化。这种理性的法律价值定位应该是法律价值中立。（我国已有学者提出，现代法律价值的理想定位，应该是在工具价值和目的价值合一基础上的法律价值中立。①）

所谓法律价值中立，是与价值非中立或者价值倾斜性相对立的价值定位，即指法律不倾向于任何个人、集团、党派、阶级的价值好恶，而是忠实地表达特定社会所有主体的共同价值需求，是对矛盾着的主体需求以共存为原则所作的共同化的抽象。② 现代法律的价值定位之所以必须是中立的，是由现代法律的本质特征所决定的。现代法律作为社会主体共同需求的规范化，是现代社会中一种最普通、最基本的社会规则；现代法律作为政治社会与市民社会为了平衡矛盾、减少摩擦而订立的“契约”，作为用以协调社会关系、平衡社会利益、社会价值和社会行为冲突的社会规则，是立法者以正义为界而对主体需求及行为所定的宽容规则，是社会据以限制国家权力和国家据以管理社会的基本规则，也是以主体自觉自愿的法律意识确保、并以国家强制力为后盾通过义务的履行以实现权利的社会规范，总之，现代法律是反映社会正义的价值中立的社会规则。③ 因此，作为现代法律体系中的基本法律的刑法及其所确立的罪刑法定原则，其价值定位必然遵循并充分反映和体现现代法律价值定位的一般规律，这就是价值中立。我们认为，刑法及其所确立的罪刑法定原则所内在要求的这种价值中立，其题中之意当包括以下三方面的基本内容：一是公正和功利的有机和谐，而不是只强调其一而不顾其他；二是保护机能与保障机能的合理兼顾，而不是顾此失彼或者重此轻彼；三是工具主义和目的主义的理性统一，而不是只注重世俗实用的工具主义。

刑法应该“中立地”对公正和功利给予关注和平衡，并且力求使两者处于一种理性和谐的整合状态。储槐植教授指出，公正和功利是人类的社会活动一直追求的两种价值，二者的结合是终极目标；要功利又要公正，这是国家被迫的选择。④ 关于功利，在我们看来主要有两项基本内容：一项是从个人角度看，功利意味着自由；另一项是就国家角度而言，功利意味着秩序。因此，公正和功利的平衡，主要指公正、自由和秩序的理性和谐。古希腊亚里士多德讲：“要使得事物合于正义，须有毫无偏私的权衡；法律恰恰是这样一个中道的权衡。”⑤ 刑法如何进行这种“中道的权衡”?

首先，刑法公正要无害于刑法功利（自由和秩序）。刑法若是公正的，则它必然是在不损害社会整体利益的前提下充分有效地赋予和保护了公民自由。美国学者甚至认为，在一个正义的社会里，基本的自由被看成是理所当然的。⑥ 因此，从实证主义角度讲，刑法的公正价值要求国家及其代表者在刑事立法和司法的整个过程中始终给予公民自由以极大关怀，赋予并尊重公民的自由权利，不得非法限制和剥夺、侵蚀公民自由。另外，如果公民无限制地扩大甚至滥

---

① 谢晖．法律信仰的理念与基础．济南：山东人民出版社，1997：229－230.

② 谢晖．价值重建与规范选择．济南：山东人民出版社，1998：34－39.

③ 同②.

④ 储槐植．刑事一体化与关系刑法论．北京：北京大学出版社，1997：258.

⑤ 亚里士多德．政治学．吴寿彭，译．北京：商务印书馆，1965：169.

⑥ 罗尔斯．正义论．何怀宏，等译．北京：中国社会科学出版社，1988：25.

用自己的自由权利而损害他人或者整个社会的权利，那么就会造成“过限的”自由损害公正价值的“不和谐”状态，因而公正对公民自由有制约的必要，但这种制约又必须以正义的法律所规定的范围为限。可见，刑法公正对公民自由是既给予充分保护又予以正当合法的制约，体现刑法价值中立。同时，刑法公正对于社会秩序而言，既有制约也有依赖。托夫勒认为，世界上既存的秩序有两种，即“社会必要秩序”和“剩余秩序”，其中后者是专为当权者谋利益的滥用秩序，它无益于社会。① 因而，刑法所保护之秩序，应该是“社会必要秩序”，并摒弃“剩余秩序”，以秩序的最小化去换取公民自由权利的最大化②，唯其如此，才符合刑法公正的要求。与此相适应，保护“社会必要秩序”的刑法，通过规范公民行为，惩治违法犯罪，能保障公正的实现。

其实，就功利本身而言，自由与秩序两者之间也是一种辩证统一的关系，也需要刑法予以不偏不倚的“中道的权衡”。“自由就是没有拘束，有多种抉择，不受固定的行为进程的限制”③，但“这自由的第一步实际是要求法治”④ 或者“一定程度的普遍限制”，这种限制就是法律。⑤ 这里的“普遍限制”和“法治”，正是在“秩序”意义上而言的。这些基本思想，反映在刑法价值上可以归结为两层意思⑥：一则秩序是自由的保障，刑法通过对侵害公民自由行为的禁止，维持一定秩序，确保公民自由的实现；二则自由以秩序为限，因为“政治上自由的个人仍必须服从规定其自由的法律上的约束”⑦。亦即刑法立法与刑事司法既是对公民自由的保护，同时也为公民自由范围划定一条最后界限。

其次，刑法功利也要求力求无损于公正。这种公正突出地体现在如下的命题之中：刑法必须“中立地”兼顾好保护机能和保障机能，促使两种机能协调和谐。刑法两种机能的冲突，在本质上与刑法公正和功利价值的冲突是具有同一性的，因此总的来说，刑法对这种冲突的解决，仍然必须进行“中道的权衡”，而不应该是厚此薄彼式的选择。但有学者指出，国家意志在本性上是功利性的，因而不可能在国家活动中形成功利与公正不偏不倚的对等局面；因此，功利优先，兼顾公正，这是刑法的功利与公正相结合的可能实现的唯一最佳方案。⑧ 还有学者认为，“刑法两大机能时常发生冲突……在权利保障机能和社会保护机能不能同时得到实现的情形下，恰当地安排它们的次序与确定它们的重要性便是十分必要和无可避免的”⑨。论者甚至以我国刑事立法为实例，认为我国 1979 年《刑法》的价值定位是社会保护优先，而 1997 年《刑法》的功能选择是突出权利保障，在修订后的《刑法》中，权利保障的刑法价值被突出到一个极其显要的位置上。⑩ 但是，这些看法似有不妥。何谓刑法两种机能“不能同时”得到实现？何谓“恰当的”次序与重要性？这些疑问，无法在论者的叙述中找到令人满意的答案。我们认为，刑法价值中立的根本要求，反映在刑法机能性认识上，就是必须理性地兼顾刑法两种机能，实现刑法两种机能协调和谐的最佳整合状态。这种最佳整合状态既是可能的，也是必要

---

① 托夫勒．权力的转移．刘江，等译．北京：中共中央党校出版社，1991：486－489.

② 谢望原．刑罚价值关系论．法学家，1998（3）.

③ 里奇拉克．发现自由意志与个人责任．许泽民，等译．贵阳：贵州人民出版社，1994：8.

④ 阿列克谢耶夫．法的一般理论．黄良平，译．北京：法律出版社，1988：9.

⑤ 霍布豪斯．自由主义．朱曾汶，译．北京：商务印书馆，1996：9.

⑥ 同②.

⑦ 同③.

⑧ 储槐植．刑事一体化与关系刑法论．北京：北京大学出版社，1997：258.

⑨ 陈兴良，周光权．困惑中的超越与超越中的困惑——从价值观角度和立法技术层面的思考//陈兴良．刑事法评论：1998 年第 2 卷．北京：中国政法大学出版社，1998：1－103.

⑩ 同⑨.

的。刑法保护机能与保障机能是一种相互制约、相互协调和对立统一的关系，从刑法价值中立的立场出发，刑法两种机能同等重要，而且都必须同时得到实现。我们不能只重保护机能，忽视保障机能。要不然，法西斯主义、专制主义就仍然有理论支撑，最终结果恐怕是“国将不国”“人将不仁”，整个社会自身难保。我们也不能只重保障机能而削弱保护机能，否则，整个社会将陷入灾难性的混乱之中，秩序无有，公理不存，人权和自由又从何谈起？所以，刑法两种机能有如鸟之两翼、车之两轮，缺一不可，同等重要。就我国 1979 年《刑法》与 1997 年《刑法》而言，我们不能简单地认为，前者的价值定位是社会优先，后者的价值定位是突出权利保障；而应该看到，两部《刑法》在实现刑法价值中立的“程度上”有比较明显的差异。1979 年《刑法》不但保障机能受到压抑（如规定了类推制度、刑法过度模糊等内容），而且保护机能的弘扬也不充分（如其后颁行 20 余个单行刑法所规定的犯罪以及其他尚未犯罪化的大量严重危害行为等，在 1979 年《刑法》中都没有规定，而且也无法运用“类推制度”予以解决）；当然，相比较而言，1979 年《刑法》对保障功能的压抑更为突出。1997 年《刑法》则明显前进了一大步，保护功能和保障机能都同时得到了强调，并且都在较大程度上得到体现，但仍然远不是完美无缺的，例如，《刑法》有些条文的规定还不够明确，尤其是在《刑法》分则罪名设置上未能实现一罪名一法条，等等，使刑法的明确性受到责难，而这是与体现保障机能的罪刑法定原则旨趣不相容的；但另一方面，例如《刑法》对“特殊防卫权”的限定不严、对部分罪刑关系规定不科学等，都潜存一种对良好社会秩序的不利影响。当然，刑法两种机能的充分实现和协调和谐，只是一种价值定位的理想状态，在现实生活中难免存在差距；但我们不能因此否认，刑法应该“中立地”兼顾好两种机能。

就上述案情的定性分歧而言，应当说其本质是一种价值取向上的根本差异。公诉方主张按照拐卖妇女罪定罪处理行为人，其价值取向上侧重于刑法的保护功能和功利目的；而辩护方主张按照无罪处理行为人，其价值取向则侧重于刑法的保障功能和公正目的。我认为这两种各执一端的主张都不是妥当的做法，其最大的不妥当就是背离了现代刑法及其所规定的罪刑法定原则所坚持的价值中立的立场。公诉方的主张让人联想到“类推制度”或者“类推解释”，超出了扩张解释的底线，因而在根本上违背了罪刑法定原则的要求。（理论上一般也认为，很难区分扩张解释与类推解释之间的界限，并且这也是刑法学界争论的焦点问题之一。有不少学者认为，应当以“法条的字面含义所包含的意思”为标准来区分扩张解释与类推解释二者的界限：凡是所作的解释是“法条的字面含义所包含的意思”，就是扩张解释；反之，凡是所作的解释不是“法条的字面含义所包含的意思”，则不是扩张解释，就可能是类推解释。事实上，根据资料反映，有的国家就是因为扩张解释难于与类推解释相区分，因而干脆就将扩张解释连同类推解释一起列入禁止之列。）因为，不管怎么说，“拐卖”的含义是相对明确的。从文字含义上看，“拐”意同“拐骗”，是“使用欺骗手段弄走（人或财物）”的意思；而“卖”与“买”相对，其含义是“拿东西换钱”。从物权法上讲，“卖”或“出卖”，是指一种转移财物所有权的行为，因此，只有在把人当做财物转移所有权的行为才是法律意义上的“拐卖”行为。从法律规定和司法解释上看，《刑法》第 240 条明确规定：“拐卖妇女、儿童是指以出卖为目的，有拐骗、绑架、收买、贩卖、接送、中转妇女、儿童的行为之一的。”“两高”等六单位于 2000 年 3 月 20 日联合发布的《关于打击拐卖妇女儿童犯罪有关问题的通知》第 4 条也明确规定：“凡是拐卖妇女儿童的，不论是哪个环节，只要是以出卖为目的，有拐骗、绑架、收买、贩卖、接送、中转、窝藏妇女、儿童的行为之一的，不论拐卖人数多少，是否获利，均应以拐卖妇女、儿童罪追究刑事责任。”上述这些分析表明，有偿中介“人的劳务”行为，并不具有“拐卖”人口的性质，从而不能在二者之间画等号。显然，从现代刑法及其所规定的罪刑法定原则所坚持的价值中立的立场出发，公诉人和辩护人关于本案被告人行为的定性意见（定拐卖妇女、儿童罪或者定无罪）都是不妥的。

二、认识论与定罪方法问题

如上所述，法官在刑事司法活动过程中对行为定性（定罪）必须坚持罪刑法定原则的基本立场。除此以外，法官对行为定性（定罪）还必须坚持认识论上的相对主义与理性主义的态度。

认识论上的相对主义主张，作为反映人的认识结果的法律规范只具有相对真理性（相对的合理性、相对的滞后性），并且认为这种相对真理性是客观存在的、相对合理的，因而它应当得到司法上的充分尊重。在刑事司法中，既然刑事法律规范是相对滞后的，那么，只要它具有相对的合理性，它就值得我们法官去尊重。因此，作为刑事司法中的中立裁判者的法官，在罪刑法定原则价值中立的理性之下，当然没有特权对刑法规范进行超法规的过剩解释和任意定罪。对于一些实践中出现的新情况新问题，如果刑法规范由于反映滞后需要改进，也只能通过修改刑法立法的方式来进行，而法官不宜、也不能采取司法立法或者司法犯罪化的方式来破坏法治。理论上认为，一般而言，犯罪化不得以法律化之外的方法实施，即什么样的行为是犯罪，对其应当科处什么样的刑罚，均应在国家立法机关所制定的法律即狭义的法律中加以明确规定。因为，根据罪刑法定原则的基本精神，在刑法没有明确规定某种行为构成犯罪的场合，即使该行为有处罚的合理性和必要性，而且不论国民的处罚要求如何强烈，也不得认可以刑事司法上的类推解释为根据的犯罪化①；从而，法官也无权违反罪刑法定原则的刚性要求，对法无明文规定的行为任意定罪，或者对法律明文规定为此罪的行为任意认定为构成他罪。

与认识论上的相对主义相联系，法官在定罪方法论上应当坚持定罪理性主义。法官所采取的定罪方法无论是“法条主义式的”还是“法魂主义式的”，都必须符合有利于限制刑罚权并且不得超法规加重被告人的刑事责任这种定罪理性主义的要求——这也是罪刑法定原则所坚持的价值取向中立的立场在刑事司法中的必然要求。为什么这样说呢？因为，国家刑罚权的存在本身，就带有倾向于保护公共秩序的特点，确立罪刑法定原则的基本根据，就是以限制刑罚权的方式来实现刑法价值中立的内在精神，而法官超法规加重被告人的刑事责任的做法，却在根本上背离了刑法价值中立的立场。从法条主义的定罪方法来看，有关拐卖妇女、儿童的法条本身的含义是明确的，有偿中介人的劳务的行为，并不具有《刑法》所规定的“拐卖”人口行为的性质和特征。从法魂主义的定罪方法来看，有关禁止拐卖妇女、儿童的刑法规范本身，并不必然包含禁止有偿中介人的劳务行为的精神；如果行为人使用暴力、胁迫手段来实施有偿中介人的劳务的行为，其行为也不符合禁止拐卖妇女、儿童的刑法规范（但是该行为符合禁止非法拘禁的刑法规范）。由此，我们可以得出的结论只能是：对于行为人使用暴力、胁迫手段来有偿中介人的劳务的行为，不能以拐卖妇女、儿童罪论处，而只能以非法拘禁罪定罪处罚。

再有，对于法官而言，公诉机关的认识只是相对的可参考的意见，它不应当成为法官认识和决定案件处理结果的依据——在这个意义上，法官是可以以刑法规范为据而改变起诉罪名（控诉罪名）的；成为问题的只是，应当合理设计罪名改变程序。在刑事诉讼中法院判决能否改变指控罪名，目前理论界仍然存在比较大的争议。从目前的司法解释来看，应当说是承认法院具有改变指控罪名的权力的。即使如此，理论上一般认为，法院直接改变罪名的做法有悖法理，因而应当合理设计罪名改变程序。龙宗智教授认为，在我国刑事诉讼中，法院无权未经事

---

① 大谷实．刑事政策学．黎宏，译．北京：法律出版社，2000：87－88.

先通知，未提供对可能改变的罪名进行辩论（包括有关的举证）的机会就在判决中突袭式地直接改变罪名。因此，应当合理设计一个罪名改变通知程序。改变罪名事先通知的方式，最好的办法是商请检察机关改变指控，在检察机关改变指控后法院再安排必要的调查、辩论。如果法院、检察院协商无效，检察机关仍坚持其原指控罪名，在这种情况下，可以借鉴某些国家的做法，启动一个罪名改变通知程序。即合议庭在经过评议后，直接通知控辩双方合议庭对犯罪性质及罪名的认定意见，要求双方就法院的认定发表意见，如果双方需要准备，法院可以批准。在控辩双方发表意见的基础上，法院参酌双方意见作出判决。① 当然，作为被控告方的辩护人的意见，也只是具有相对的参考价值，法官对此历来都能处理自如，没有必要多作强调。

① 龙宗智．刑事庭审制度研究．北京：中国政法大学出版社，2001：409－414.

第三章　山东于欢防卫案

（正当防卫，正当防卫的正当化根据，防卫挑拨，防卫过当）

案例

山东于欢防卫案①

2014年7月，山东某工贸公司负责人苏某向赵某借款100万元，双方口头约定月息10%。2016年4月14日16时许，赵某以欠款未还清为由纠集郭某、程某、严某等十余人先后到该工贸有限公司催要欠款。当日21时50分，杜某等多人来到苏某及其子被告人于欢所在的办公楼一楼接待室内催要欠款，并对二人有侮辱言行。约22时10分，冠县公安局经济开发区派出所民警接警后到达接待室，询问情况后到院内进一步了解情况，于欢、苏某欲随民警离开接待室，杜某等人阻拦，并强迫于欢坐下，于欢拒绝。杜某等人卡于欢项部，将于欢推拉至接待室东南角。于欢持刃长15.3厘米的单刃尖刀，警告杜某等人不要靠近。杜某出言挑衅并逼近于欢，于欢遂捅刺杜某腹部一刀，又捅刺围逼在其身边的程某胸部、严某腹部、郭某背部各一刀。杜某因失血性休克于次日2时许死亡，严某、郭某伤情构成重伤二级，程某伤情构成轻伤二级。

原审法院认为，被告人于欢面对众多讨债人的长时间纠缠，不能正确处理冲突，持尖刀捅刺多人，致一人死亡、二人重伤、一人轻伤，其行为构成故意伤害罪。于欢捅刺被害人不存在正当防卫意义上的不法侵害前提，其所犯故意伤害罪后果严重，应当承担与其犯罪危害后果相当的法律责任。鉴于本案系由被害人一方纠集多人，采取影响企业正常经营秩序、限制他人人身自由、侮辱谩骂他人的不当方式讨债引发，被害人具有过错，且于欢归案后能如实供述自己的罪行，可从轻处罚。原审法院以故意伤害罪判处被告人于欢无期徒刑，剥夺政治权利终身。

二审法院认为，于欢持刀捅刺杜某等四人，属于制止正在进行的不法侵害，其行为具有防卫性质；其防卫行为造成一人死亡、二人重伤、一人轻伤的严重后果，明显超过必要限度造成重大损害，构成故意伤害罪，依法应负刑事责任。鉴于于欢的行为属于防卫过当，于欢归案后能够如实供述主要罪行，且被害方有以恶劣手段侮辱于欢之母的严重过错等情节，对于欢依法应当减轻处罚。故二审法院改判于欢犯故意伤害罪，判处有期徒刑五年。

法理问题　违法性与违法阻却性，正当防卫、正当防卫的正当化根据、防卫过当

本案中于欢的行为属于防卫行为，这一刑法解释结论尽管在本案原一审期间可能存在争议，但自本案二审以来已经成为没有争议的问题，这一行为性质判断在阶层论犯罪论中直接关系到行为的违法性与违法阻却性审查判断，因为正当防卫是一项重要的违法阻却事由。但是，对于于欢案应认定为正当防卫还是防卫过当的问题，目前理论界尚存在较大争议，这方面争议的具体内容涉及正当防卫的正当化根据论、成立条件论以及防卫过当论等刑法教义学原理，本章将具体研讨。本书倾向于认为，本案中于欢的防卫行为构成防卫过当，本案二审法院的判决

---

①　案例来源：山东省高级人民法院刑事附带民事判决书（2017）鲁刑终字第151号.

是恰当的。

通常情况下，某种行为具备了犯罪客观方面要件，亦即具备了由刑法分则所具体规定的、能够具体体现某种犯罪所侵犯的具体法益的行为事实特征，就可以判断该行为具备了犯罪的客观方面违法性。但是，行为的价值判断由于具有其自身特殊性，有时某种行为即使在客观上具备了一定行为事实特征，但是仍然可能存在排除其违法性的特殊情况，对此特殊情况即应排除其违法性。刑法理论上将此排除违法性的特殊情况，称为违法阻却事由。违法阻却事由，理论上又叫正当化事由，我国传统刑法理论上还称为排除犯罪性事由、排除社会危害性事由，其主要是指某种行为在实质上不具有违法性与犯罪性、反而具有正当性的属性，如正当防卫、紧急避险、法令行为、正当业务行为、被害人承诺、自救行为、自损行为、义务冲突等。其中正当防卫和紧急避险是我国《刑法》第20条和第21条所明确规定的正当行为（正当化事由、违法阻却事由）。

我国《刑法》第20条明确规定了正当防卫制度，根据该法条规定，正当防卫是指为了使国家、公共利益、本人或者他人的人身、财产和其他权利免受正在进行的不法侵害，而对不法侵害者实施的制止其不法侵害且未明显超过必要限度造成重大损害的行为。我国刑法理论通说认为，正当防卫的合法条件是主观意图与客观行为的统一[①]，具体而言有以下五个方面（即"五条件说"）：必须存在现实的不法侵害行为（起因条件）；必须是不法侵害正在进行（时间条件）；必须针对不法侵害人本人进行防卫（对象条件）；必须有防卫意识（主观条件）；必须是没有明显超过必要限度造成重大损害（限度条件）。[②] 应当说，正当防卫的刑法规定尽管表面上看似明确，但是在理论上和实践中却存在较多争议。从理论阐释看，通说理论业已形成了某种意义上的刑法教义学（"五条件说"），但是现在，通说这种法教义学原理本身又开始面临着新的挑战，其中最突出的挑战是某些学者试图祛除防卫意识（主观的正当化要素）这一必要的合法条件而主张"防卫意识不要说"，认为"只有主客观相一致的正当防卫才排除犯罪的成立的说法，存在疑问"[③]；再者，在德日刑法学正当防卫理论上讨论较为深刻的正当防卫的正当化根据论问题、时间条件特别认定问题、防卫挑拨类型化处理问题、防卫过当的类型化归责问题以及家庭成员间的正当防卫问题、针对无责任人与责任减轻人不法侵害行为的正当防卫问题等，我国刑法学正当防卫理论要么没有涉及，要么浅尝辄止而没有具体论述与深刻阐释，相比较而言凸显我国的正当防卫理论数十年来因循守旧且粗疏浅薄，客观上缺乏应有的理论增量和发展创新。直言不讳地讲，我国有关正当防卫问题的司法认知和定性处理较多较突出地存在司法乱象，至为重要的原因正在于我国正当防卫理论的学术研究不足，理论资源供给匮乏所致。有鉴于此，本章针对正当防卫的几个重要基础理论问题展开学术研讨，在回应学界理论争议问题的基础上提出解决中国问题的理论方案，供理论界和事务部门参考。

一、正当防卫的正当化根据论

正当防卫的正当化根据，是指正当防卫为何是正当的，即正当防卫"不负刑事责任"的法理依据是什么。这一问题是整个正当防卫制度的核心内容。对此，德国刑法学与日本刑法学存在理论上的分歧。

德国刑法理论的主流观点和司法判例采取了"个人保全原理"与"法的确证原理"相结合

① 高铭暄．刑法学原理：第2卷．北京：中国人民大学出版社，1993：201.
② 高铭暄，马克昌．刑法学．8版．北京：北京大学出版社，2017：130－135.
③ 张明楷．刑法学．5版．北京：法律出版社，2016：204－209.

的二元论。①（1）个人保全原理，是指在个人受到不法侵害时，法律允许个人采取必要的防卫性保护措施以保全自己。张明楷指出，社会契约论是个人保全原理的重要理论基础，根据霍布斯的观点，市民对国家的义务持续到国家能够基于其权力保护市民的场合，在国家不能保护市民的利益时，市民能够通过行使天赋自卫权进行自我保护，任何契约都不可能使市民放弃这个天赋自卫权利；不过，德国刑法理论实际上将“个人”保全扩大到对公法益的保全，其法理逻辑在于“即使德国刑法未规定对公法益的防卫，但事实上只要涉及个人利益，就可以进行正当防卫”②。（2）法的确证原理，是指在个人受到不法侵害时，法律允许个人采取必要的防卫性保护措施以保全自己的防卫行为，不仅防卫个人法益，而且防卫法秩序，这种防卫法秩序获得了法的确证。张明楷指出，“法确证的原理，一般理解为，‘法秩序即使受到了侵害，也不能退缩，而是要以严肃地显示其存在的方式维护法秩序’”，因此法确证就是指“法秩序的防卫”“捍卫法秩序”“宣示法秩序的存在”③。我的理解是，法的确证原理除了表明防卫个人法益和防卫法秩序获得了法的确证，还表明防卫行为不能超出“法的确证”的范围和程度（否则构成违法），从而具有限定正当防卫合法性（界限）的功能价值，尤其是有利于弥补个人保全原理所隐含的其在无所节制时所具有的破坏法秩序的风险缺陷。因为，德国的正当防卫权显得十分宽泛和“凌厉”，“其中的重要表现是，被侵害人不仅没有退避义务，而且只要防卫行为是需要的，即使是为了保护轻微法益也可以造成重大损害。例如，‘住宅所有人，可以用刀刺死夜晚侵入住宅的带有酒气的男子’，‘向一名逃跑的小偷开枪，如果是保护财产的唯一方法时，也是必要的’，在课堂设例中，一名行动不便的老人，在没有其他办法的情况下，为了击落爬在树上偷苹果的少年而开枪射击，也是必要的”④。但是这些理解显得并非完全合理。（3）二元论认为，正当防卫制度实际上是隐含着“个人保护”与“法保护”两种价值冲突的悖论性矛盾体：一方面，肯定正当防卫是基于人的自我保全本能所生之天赋权利（个人保护）；另一方面，基于法治国的要求，有必要对正当防卫予以适当约束（法保护）。因此，根据德国刑法学正当防卫的二元论，对于正当防卫的正当化根据必须从两方面加以说明：其一，正当防卫的本质只是制止（击退）正在进行的不法侵害、保护法益，而并非由防卫人代行国家的刑事惩罚权；其二，正当防卫是私力救济的表现之一，因此，必须在所保护的法益与侵害的法益之间进行适当的权衡和比较。⑤ 应当说，二元论较为充分地照顾了德国刑法典的规定。《德国刑法》第 32 条第 1 款规定：“出于正当防卫的需要所实施的行为，不是违法行为。”《德国刑法》第 32 条第 2 款规定：“为避免自己或者第三人遭受现时的不法侵害，而实施必要的防卫行为，是正当防卫。”这两款规定分别对应了德国刑法理论中正当防卫论的“需要性”理论和“必要性”理论，耶赛克和魏根特认为二者是“同义的”（同义说），罗克辛认为二者是相互独立的而非同一的（非同一说）、相互等位的而非不同位阶的（非顺序性说），尤其是第 32 条第 1 款（需要性条款）体现了“社会伦理的限制”，即使符合必要性的要求，也不一定符合需要性的要求，从而可以在具体案例的讨论中即使承认了必要性之后仍有必要再审查其需要性。

但是，张明楷指出：“社会伦理限制与个人保全原理、法确证原理并不吻合。以法确证原理为正当防卫的社会伦理限制提供根据，不能不让人感觉矛盾：一方面，只要是必要的，对于轻微的不法侵害，也不必考虑比例原则。另一方面，在轻微的攻击的场合，需要考虑比例原

① 张明楷．正当防卫的原理及其运用——对二元论的批判性考察．环球法律评论，2018（2）.
② 同①.
③ 同①.
④ 同①.
⑤ 魏东．刑法：原理・图解・案例・司考．北京：中国民主法制出版社，2016：76.

则，但这不是必要性决定的，而是需要性决定的。当然，人们会说，需要性只是解决正当防卫的前提，必要性是在符合前提条件下的问题。可是，在德国，不管是超过了需要性要件，还是超过了必要性要件，都会成立防卫过当。”并且，“不论是必要性还是需要性，其背后的根据都是法确证的原理。这再次说明法确证原理是一把万能钥匙，在任何场合都可以使用”，从而“社会伦理的限制并不只是所谓防卫的需要性的限制，事实上也包括了必要性的限制。而且，即使其中一些限制是合理的，也难以用法确证原理来说明，相反完全可以用优越的利益保护原理来解释”①。

日本刑法理论借鉴吸纳德国刑法理论并且也采用二元论，但是自内藤谦教授开始到现在则主要坚持“优越的利益保护原理”（即法益衡量原理）。优越的利益保护原理认为，正当防卫的正当化根据是通过在不法侵害者与防卫人之间进行利益衡量确定的，即防卫人的利益绝对（或者本质上）优越于不法侵害者。

我国刑法学界目前对于德国二元论和日本优越的利益保护原理均有研究，初步观察可以发现，现在越来越多的学者赞同日本优越的利益保护原理。张明楷教授指出：

> 可以肯定的是，法确证本身当然是一种利益（德国的刑法理论与判例均使用“法确证的利益”这一概念），而且是一种抽象的超个人的法益。如果法确证没有带来利益，就不需要进行法确证。于是，在二元论看来，防卫行为之所以不受比例原则的制约，就是因为不法侵害既侵害了个人法益也侵害了法秩序，导致法秩序需要确证。或者说，不法侵害行为在侵害个人利益的同时，也造成了法秩序需要确证的损失，即同时侵害了公法益。于是，防卫行为不仅保护了被侵害的利益，而且保护了法确证的公法益，二者相加当然明显超过防卫所造成的损害。亦即，被侵害者的个人的利益加上法确证的利益，使得正当防卫不受利益衡量的制约，防卫造成的损害可以明显大于不法侵害造成的损害。显然，二分说或者法确证原理，实际上都是在进行利益衡量，都认为防卫人保护了更为优越的利益。②

笔者个人认为，德国刑法学的二元论（个人保全原理和法确证原理）、日本刑法学的优越的利益保护原理各自均有其合理性（其中德国“个人保全原理”可以修正为“法益保护原理”），尤其是吸纳德国二元论基础上发展起来的日本刑法学的“优越的利益保护原理”更具有理论阐释力。因此，从法理周全性和深刻性看，应当综合运用“优越的利益保护原理”和“法确证原理”来诠释正当防卫的正当化根据。

根据正当防卫的正当化根据论“优越的利益保护原理”和“法确证原理”，可以较为有效地认定以下情形的行为性质（是否是正当防卫）。

（一）针对非法拘禁行为，是否可以进行正当防卫？

典型案例是山东于欢案。基于“优越的利益保护原理”和“法确证原理”的解释适用，对于非法拘禁行为，由于其符合“优越的利益保护原理”和“法确证原理”，可以进行正当防卫，目前在法理上表面上不存在争议。所以，于欢案最终的生效判决确认其属于防卫性质（但是同时认定其构成防卫过当）。

但是，进一步观察非法拘禁行为是否符合“优越的利益保护原理”和“法确证原理”，并非毫无问题。比如，非法拘禁行为的法律性质判断问题值得检讨，债权人找到债务人并“要求不准离开现场”，是否是非法拘禁行为？债务人（被拘禁人）是否可以进行防卫？是否符合“优越的利益保护原理”？这些问题可能难于简单地回答。我认为，对于非法拘禁行为的法律判

---

① 张明楷．正当防卫的原理及其运用——对二元论的批判性考察．环球法律评论，2018（2）.

② 同①.

断本身，还需要进行适当的法律解释和价值判断。

其一，区分事出有因型的非法拘禁与纯粹的非法拘禁。

对于前者，尤其是债权人相对于债务人而言，债权人对于债务人“要求不准离开现场”并商量纠纷解决方案的情形，不能简单地认定为非法拘禁、债务人可以直接进行防卫，因为债权人要求债务人在一定的时间、地点讨论解决方案本身是具有一定法律依据的合理的要求，债权人本身的利益不能被完全忽视，那么按照“优越的利益保护原理”，债务人至少具有现场给予“适当时间”予以回应和说明的义务（当然时间不能太长并且不能严重侵害债务人人身自由），不得简单粗暴地进行防卫。

于欢案中，于欢母子被非法拘禁长达数小时（已超出了“适当时间”），已经面临着强暴力性非法拘禁并且报警，报警后仍然被强暴力非法拘禁，并且其中贯穿着辱母情节、殴打情节等，因此，尽管于欢作为债务人（即使不考虑其“套路货”违法性），也应当承认于欢具有实施防卫行为的合法性。

其二，区分强暴力性非法拘禁与软暴力非法拘禁。

对于前者可以直接确认其非法侵害性、可以直接进行防卫，对于后者原则上只能“暂缓”确认其非法侵害性、“暂缓”确认可防卫性，需要一个比较合理的“适当时间”观察和对话以确认其非法侵害性和可防卫性。

其三，区分非法拘禁与合法拘禁（以及合法扭送等）。

对于合法拘禁、依法扭送、制止违法犯罪以及其他合法行为，被拘禁人和被扭送人均不应当进行防卫（因为不符合“免受正在进行的不法侵害”的条件限制）。

其四，区分正当防卫与防卫过当。

这个问题现在存在很大争议，在于欢案中形成了尖锐对立的观点。

一种观点认为，于欢的行为完全符合“优越的利益保护原理”和“法确证原理”，即不属于“明显超过必要限度造成重大损害”，不构成防卫过当，不应定罪，应当说这是在某种意义上受到德国刑法学正当防卫“宽泛、凌厉”特点影响所致。其中，周光权提出“持续侵害”的正当防卫问题比较特别，周光权指出：“针对持续侵害的反击行为造成死伤后果的，在司法判断逻辑上应当优先考虑能否适用《刑法》第 20 条第 3 款的规定。只有在其适用存在障碍时，才根据《刑法》第 20 条第 2 款检验防卫行为是否明显超过必要限度。对持续侵害状态下的防卫相当性判断应建构一系列规则，无论持续侵害外观上是否平和，防卫人即便造成对方死伤的，也应当肯定反击行为的防卫性质；在持续侵害发生时，防卫人使用类似‘挥刀乱捅’的防卫手段的，也可能成立正当防卫；当防卫人展示防卫工具时，对持续侵害人主动迎上前的，要评价为系其主动升高不法侵害危险，防卫人后续造成的后果应归属于侵害一方；在持续侵害过程中，如果能够认定危险处于累积升高的状态，即便防卫人突然实施防卫强度较高的手段造成不法侵害者死伤的，也不能一概否定正当防卫的成立。”① 另一种观点认为，于欢的行为导致多人死伤，不符合“优越的利益保护原理”，属于“明显超过必要限度造成重大损害”，应认定其行为构成防卫过当，法院最终采纳了防卫过当的观点，以故意伤害罪判处于欢 5 年有期徒刑是适当的。②

我认为二审法院判决是比较合理的，我国较多学者均支持这一观点。

---

① 周光权．论持续侵害与正当防卫的关系．法学，2017 (4)．

② 赵秉志．于欢案防卫过当法理问题简析．人民法院报，2017-06-24 (2)；高铭暄．于欢案审理对正当防卫条款适用的指导意义．人民法院报，2017-06-24 (2)．

（二）针对没有责任或者责任减轻的攻击行为，是否可以进行正当防卫？

德国理论界认为，按照法确证原理，在不法侵害者没有责任、在不法侵害者责任减弱的场合，正当防卫也应当受到同样的限制。罗克辛指出，对孩子的攻击、精神病人的攻击、无意识醉酒人的攻击、不可避免的错误人的攻击，进行防卫时应当注意三种形式的限制：一是被攻击者必须躲避，只要这种躲避没有危险并且可能，并且防卫一定会给攻击者造成更严重的损害。例如，人们允许把正在进行攻击的精神病人撞开但是通常不得直接将其击毙，允许对于一个孩子给他“一个轻微的耳光”但是不允许给他造成严重损害。二是人们必须招呼人进行帮助，只要由此能够比较小心地对攻击加以防卫。例如，面对一群孩子的攻击时，只要能够招呼老师或者警察就不允许使用刀子进行防卫。三是在人们既不能消除攻击又不能取得帮助时，允许为了自身的安全对无罪责的攻击者采取一切必要的行动，但是在可能不会给自己造成重大危险的时候人们就必须考虑到自己面对的是与恶意的攻击者不同的人，保持适当克制并负有“有风险的爱护”的义务。① 张明楷教授认为，德国立场之所以只强调针对没有责任或者责任减轻的攻击行为的正当防卫有所限制，而并非完全反对正当防卫，是因为“在严格区分不法与责任的解释论下，将不法侵害解释为必须有责的侵害，是非常勉强的”②。

我国刑法学界针对没有责任或者责任减轻的攻击行为是否可以进行正当防卫也有所讨论并存在激烈争议，有的主张可以，有的主张不可以。张明楷教授认为，采取客观违法性论，没有责任或者责任减轻的攻击行为仍然属于不法侵害，应当允许对其进行正当防卫，但是在“采取回避措施并不存在特别负担的情况下，不宜进行正当防卫”，亦即“对防卫行为应当予以限制，虽然不要求只能在不得已的情况下才进行防卫，但应尽量限制在必要的场合”③。可以说，我国通说观点还是主张类似于德国刑法学“客观不法论”的观点，对于没有达到刑事法定年龄的未成年人以及不具有辨认控制自己行为能力的人（如精神病人）的不法侵害，是可以实施正当防卫的，但是同时认为，基于国家对未成年人和精神病人的特殊保护的角度考虑，对防卫的必要性应作出比针对其他不法侵害人更为严格地限制。④

我认为，根据正当防卫的正当化根据论“优越的利益保护原理”和“法确证原理”，针对没有责任或者责任减轻的攻击行为，只能是正当防卫有所限制，而不是绝对地禁止正当防卫。这样限制的结果，就是不能轻易否定针对没有责任或者责任减轻的攻击行为所进行的防卫行为的法律性质判断（即属于防卫行为性质）。我国（刑法理论和刑法规定）应当将这种情形的“防卫权限制”进一步细化为以下两点：(1) 首先应尽量采用“保护性防卫措施”（如避让、寻求帮助等），只有在“保护性防卫措施”无效或者存在明显风险时才可以采取“防御性防卫措施”；(2) 在采取“防御性防卫措施”时应适当注意避免扩大损害范围，即相对于其他普通情形的违法犯罪而言其“更容易”构成防卫过当。这种细化结论具有合理性。

（三）针对防卫挑拨，是否可以进行正当防卫？

德国刑法学将防卫挑拨区分为不可非难的防卫挑拨与可非难的防卫挑拨，并作出区别处理。(防卫挑拨还与自招损害、自招危险理论有关。)

1. 不可非难的防卫挑拨

不可非难的防卫挑拨，又叫合法的防卫挑拨，具体可以分为三种情形：权利人合法范围内

---

① 罗克辛．德国刑法学总论：第1卷．王世洲，译．北京：法律出版社，2005：444-445.

② 张明楷．正当防卫的原理及其运用——对二元论的批判性考察．环球法律评论，2018 (2).

③ 张明楷．刑法学．5版：上．北京：法律出版社，2016：199.

④ 魏东．刑法：原理·图解·案例·司考．北京：中国民主法制出版社，2016：76-77.

的防卫挑拨，职务行为合法范围内的防卫挑拨、不被禁止并且应予容忍的防卫挑拨。(1) 权利人合法范围内的防卫挑拨，是指私权利所有者在合法范围内所进行的防卫挑拨。权利人的防卫挑拨这种情形下，被挑拨者进行攻击时，挑拨者有权进行防卫并且其防卫权不受额外限制。例如，房屋所有权人（吴先生）用刀子对抗一名攻击者，用语言（你不敢阻拦我进入房屋并攻击我）和动作（用刀子对抗）刺激攻击者进行防卫挑拨，结果被挑拨者对权利人进行攻击，权利人进行了防卫，对此，德国法院曾经判决权利人因为“已经挑起了一种攻击”而不能进行防卫，但是这种判决“受到了人们异口同声的拒绝，因为一个人在使用自己的良好权利时，这种权利也必须允许不受限制地得到捍卫，不管其他人在这个权利的使用中是否感到受到了挑衅，都是一样的”，后来德国法院改正了错误立场，认为“被攻击者的一种在社会道德上不应当被拒绝的先举止行为，也不能够导致对其紧急防卫权的一种限制”①。(2) 职务行为合法范围内的防卫挑拨，是指公权力执行者在合法范围内所进行的防卫挑拨。例如，“一个正在执行自己职务的警察或者法院执行官，就是一个合法行为的人，即使在他希望通过自己符合义务的干预措施来挑拨有关人，并在紧急防卫中去捉弄那个人一下的时候，他也能够保持有完整的紧急防卫权。这里要求的仅仅是，所有人应当合法地行为。至于他们以什么样的思想意识去进行自己的行为，是法律所不关心的”，因此，紧急防卫权也不能因此被削减。② (3) 不被禁止并且应予容忍的防卫挑拨。罗克辛指出，“只要是不被禁止的（例如，不具有侮辱性的嘲笑），人们就必须根据法律加以容忍或者以其人之道还治其人之身”，如果这种情形下被挑拨者对挑拨者进行攻击，则挑拨者“就要不折不扣地保护法（也包括不是道德的时候）”③。综上可见，权利人合法范围内的防卫挑拨、职务行为合法范围内的防卫挑拨、不被禁止并且应予容忍的防卫挑拨，通常不会导致挑拨者的防卫权的削减，挑拨者可以行使完整的防卫权。

2. 可非难的防卫挑拨

可非难的防卫挑拨，是指故意通过实施违反社会伦理价值举止的挑衅行为（包括违法犯罪行为），挑起他人进行攻击。因此，过失行为所引起的攻击，不属于防卫挑拨（因为其不属于“以损害的意图挑起他人进行攻击”）；但是广义的防卫挑拨，也可以包括过失的防卫挑拨。

可非难的防卫挑拨，根据防卫人的主观意思内容还可以进一步区分为以下两种：可非难的无意图式防卫挑拨、可非难的意图式防卫挑拨。④ 可非难的无意图式防卫挑拨，是指行为人故意地刺激他人，引发他人的不法侵害或者攻击行为，但是行为人并非意图通过反击进一步侵害他人的权利。可非难的意图式防卫挑拨，是指行为人故意地刺激他人，引发他人的不法侵害或者攻击行为，以便造成正当防卫的客观状态后，而对攻击人实施攻击性的防卫行为。

对于可非难的意图式防卫挑拨，尤其是对于实施严重违法犯罪行为进行防卫挑拨的，原则上坚持防御性防卫权丧失说，不准许挑拨人进行防御性防卫（即攻击性防卫），但是准许保护性防卫，如呼救、求助、退让或者躲避等（防卫权削减论、保护性防卫权保留论）。其法理在于，挑拨人实施严重违法犯罪行为，已经符合正当防卫的法定条件，被防卫人不得针对防卫行为进行正当防卫（防御性防卫权丧失说）。

对于可非难的无意图式防卫挑拨，故意挑衅者是否有防卫权？德国刑法学有争议，大致有以下三种观点：(1)“完全的紧急防卫权说”。这种观点认为，可非难、无意图的故意挑衅者有“完全的紧急防卫权”，其理由是，这种挑衅并不使攻击具有合法性，因此不允许使被攻击者处

① 罗克辛．德国刑法学总论：第1卷．王世洲，译．北京：法律出版社，2005：448.

② 同① 445-446.

③ 同① 449.

④ 储陈城．防卫挑拨之正当防卫权丧失与限制．刑事法判解，2014 (1).

于毫无保护的境地。(2)“保护性防卫说”(防御性防卫权丧失说)。这种观点认为,可非难、无意图的故意挑衅者承担躲避和容忍轻微损害的义务(即“小心克制的义务”),但是“在缺乏躲避可能性时”为他保留紧急防卫权,通常是“保护性防卫”(如通过退避和请求他人帮助能够使攻击者停下来的保护性防卫措施)就够了,而不允许进行“防御性防卫”(即从事伤害性的反攻击)。(3)“保护性防卫无效时可转向防御性防卫说”(防御性防卫权限制说)。这种观点认为,可非难、无意图的故意挑衅者并非完全丧失防御性防卫权,而是在原则上应当坚持“保护性防卫说”的基础上,在采取保护性防卫措施后仍然面临严重侵害时可以进行防御性防卫。其具体主张是,挑拨人“小心克制的义务也不是无止境地持续的,而是‘在由防卫人进行的较轻的防卫形式持续地没有效果时,就仿佛被用尽了’”,在面临严重威胁时,可以转向进行防御性防卫,包括“使用一种可能致命的防卫手段就也是允许的”。例如,一个人用体操鞋踩一辆车,在他逃跑不成被该车的司机追上时,可以在警告无效之后,从最近处射出致命的子弹,以防卫比他强壮的追击者的攻击。如果挑拨行为本身是正在进行的不法侵害,被挑拨者对挑拨者的攻击本身就属于正当防卫,挑拨者通常不能进行防御性防卫(但是允许进行保护性防卫)。① 可见,“防御性防卫权限制说”是对“保护性防卫说”的进一步具体化和补充,赋予了挑拨人在保护性防卫无效时可转向防御性防卫的权利。

对于可非难的无意图式防卫挑拨的上列观点中,目前德国通说是第三种观点,即“保护性防卫无效时可转向防御性防卫说”。如果防卫挑拨者没有履行“小心克制的义务”和“保护性防卫”,而是直接转向防御性防卫的话,则防卫挑拨者应当承担直接故意犯罪的罪责。例如,德国“杨巴案”的案情和法理。② (1)案情。被告人和乘客杨巴一同乘坐在一节头等车厢里,在该车厢前站着许多在二等车厢里找不到位置坐的乘客。但检查车票的时候,杨巴买了张二等车厢的票,在检票员的要求下,他离开了一等车厢,但是不久就又返回坐到他的老位置上。杨巴有轻到中度的酗酒,还带着瓶已打开的罐头啤酒,啤酒味充满了整节车厢。被告人觉得杨巴干扰了他,于是决定用冷风将他“冻出”车厢。他便打开窗户,杨巴感到冷,便站起来关上窗户。被告人再次打开窗户,杨巴又重新关上。这个过程重复了好几次,然后两者发生言语争执,争执过程中,杨巴声音越来越粗。当被告人第三次打开窗户后,杨巴再次关上,并拧起拳头威胁被告人,说若再次开窗就揍他。紧接着,被告人从他身旁挂着的夹克的口袋里抽出一把旅行刀,刀刃清晰可见。他告诉杨巴,他可以用刀来防卫攻击。他以为这把刀可以吓住杨巴,于是就重新打开窗户。这时,杨巴跳起,用双手抓住正要坐回座位的被告人的脸。被告人就拿出刀,“无目的地朝上乱戳”,并捅到附在他上面的杨巴的上腹,伤口约10厘米深。杨巴退了回去。“这时”被告人可以站起来了。两人在车厢里厮打起来。当天晚上,杨巴由于上腹受伤就死了。州法院认定被告人并无杀人故意,伤害致死可通过正当防卫加以正当化。联邦最高法院推翻了该认定,判决被告人有罪。(2)法理。其一,被害人杨巴的行为“并没有实施任何违法挑衅”,只有被告人实施了违法的防卫挑拨。为什么说杨巴没有违法挑衅,是因为杨巴跑到一等车厢里坐座位,和被告人没有任何关系,而且也不是针对被告人的,只有铁路部门可以感受到受到了挑衅;而“散布啤酒味”同样也不是针对被告人的违法举止,在铁路客运里啤酒是允许的,并且在大多数情况下人们还可以在火车里自助购买啤酒,啤酒味和其他不好闻的气味都是乘客们必须容忍的;而且被告人完全可以到一等车厢的其他节车厢中再找到位子就座。其二,即使认定杨巴进行了防卫挑拨(违法挑衅),那么,如果受攻击者只是针对违法挑衅作出

---

① 罗克辛．德国刑法学总论:第1卷．王世洲,译．北京:法律出版社,2005:446-449.

② 罗克辛．德国最高法院判例刑法总论．何庆仁,蔡桂生,译．北京:中国人民大学出版社,2012:46-48.

相应的反挑衅的举动，则不能因此而限制其正当防卫权。比如，甲骂乙，而乙以其人之道还治其人之身（即乙也骂甲），那么，如果甲升级为动手打人的话，乙的正当防卫权就不因此受限。其三，被告人“想要通过打开火车包厢的窗户而把另一个人从包厢中驱赶出去”，是“一种在分量上不亚于严重侮辱的蔑视”，因而“应当足以作为限制紧急防卫的挑衅”①。其四，综合全案看，只有被告人实施了针对杨巴的防卫挑拨，从而被告人只能遵守这种情况下所存在的限制进行防卫、“保护性防卫”，而不能采取“防御性防卫”，即“在本案中这意味着：他不能使用刀具，在必要的情形下，必须求助于他人”。由于被告人（防卫挑拨人）没有经过“保护性防卫”而直接实施了“防御性防卫”并致死杨巴，所以不成立正当防卫，应承担故意伤害致死的罪责。

此外需要注意的问题是，广义的防卫挑拨，还包括过失的防卫挑拨。理论上可以认为，对于过失的防卫挑拨，可以借鉴适用“保护性防卫无效时可转向防御性防卫说”。如：德国“芬兰刀案”值得研究。（1）案情。被告人从停车场将一辆他之前偷来的汽车开走，但他刮到了停在旁边的汽车，并和另一辆汽车撞到一起。为了避免别人记下他的详细资料，他继续朝前开。而他损坏的第二辆车的司机 R 对他紧追不舍。后来在公路上遇到红灯时，被告人下车逃走，但 R 依然紧追不舍并向他大喊要杀死他。当 R 追上被告人时，R 赤手打了他几拳头，这时被告人掏出一把芬兰刀捅死了 R。（2）法理。针对此案的裁判结果不是很清楚，但是罗克辛归纳出了针对负有责任地挑起了正当防卫情形下的正当防卫权的“四个限制性应对措施”（四个门槛）：一是尽可能地躲避；二是然后才可以发展为“攻击防卫”（防御性防卫）之前实施“紧急避险性防卫”；三是至少首先只能采取效果不那么肯定的防卫措施（例如他必须试图先用拳头阻止攻击者，而不是马上就动刀动枪，同时他必须容忍轻度的侵害危险）；四是挑衅者必须寻求他人帮助（如果这样做可以赶走攻击者，或者使得防卫手段对攻击者危险性更小的话）。罗克辛认为，“在四个限制性应对措施都不奏效时，在必要的情况下，他也可以开枪”；但是，在蓄意挑衅时，“根据判例和主流学说，在这种情况下，挑衅者完全丧失正当防卫的权利，并将被认定为故意侵害（乃至杀害）对方，而受到处罚。这是在正当防卫的借口之下人为操纵的攻击；这样主张正当防卫乃是权利滥用……他不需要受到保护，因为他从一开始这样操纵了局势，以至于别人都吃亏了！因而，否定他的正当防卫权是正确的”②。从罗克辛归纳的四个门槛（四个限制性应对措施）看，本案被告人作为违法挑衅者尽到了“小心克制的义务”并妥当地实施了“保护性防卫”以及从“保护性防卫”转向“防御性防卫”的过程，应当认定被告人行为的合法性（正当防卫）。

3. 中国的防卫挑拨理论

中国传统刑法学防卫挑拨理论相对来说显得简单、武断一些，理论系统的质量和体量均显得不够，在相当程度上无法为合理解决复杂多样的防卫挑拨司法实践提供必要的理论指导。如中国较为权威的刑法学教科书指出，防卫挑拨，又称挑拨防卫，指行为人出于侵害目的，以故意挑衅、引诱等方法，促使对方进行不法侵害，尔后借口防卫加害对方的行为；因为不法侵害由挑拨者故意诱发，挑拨者主观上不具备防卫意图，反而出于侵害意图，所以其所谓的防卫实质上是有预谋的不法侵害行为；对防卫挑拨要予以依法惩处，构成犯罪的要追究其刑事责任。③

---

① 罗克辛．德国刑法学总论：第 1 卷．王世洲，译．北京：法律出版社，2005：449.

② 罗克辛．德国最高法院判例刑法总论．何庆仁，蔡桂生，译．北京：中国人民大学出版社，2012：41-43.

③ 高铭暄，马克昌．刑法学．8 版．北京：北京大学出版社，2017：131.

德国案例和德国理论对于我国是有启发性、借鉴性的，尽管德国正当防卫在全世界都是非常有名的“宽泛和凌厉”，但是其细密的理论构建和法理分析价值巨大。当下中国刑法学借鉴吸纳德国刑法学防卫挑拨理论知识，可以逐步获得理论增量并走向成熟理性。例如，张明楷教授借鉴德国理论并运用日本理论“优越的利益保护原理”，指出：

对于防卫挑拨行为，按优越的利益保护原理来解决是最合适的。由于挑拨者引起了他人的侵害行为，所以，挑拨者不仅不存在优于不法侵害者的利益，而且自己的利益的要保护性也减少或者被否认。换言之，挑拨者面对的侵害，是与对方共同引起的侵害，既然如此，挑拨者不仅不处于优越的地位，而且自己利益的要保护性只能后退。第一，在挑拨者旨在引起对方的不法侵害进而以正当防卫为借口作杀害或者伤害对方的情况下，挑拨者的法益要保护性完全丧失，因而不存在正当防卫的权利。第二，在一般性的防卫挑拨中，当对方的侵害行为与自己的挑拨行为相当的情况下，挑拨者并不存在优于对方的利益，因此，缺乏正对不正这种正当防卫的前提。挑拨者只能单纯地防御或者制止（当然也可以逃避）。例如，对方用木棒攻击时，只能夺下对方的木棒。第三，如果挑拨行为相对轻微，而对方的不法侵害严重，即挑拨者的利益虽然减少，但对方的利益更为减少时，则可以允许挑拨者进行适度的防卫，但仍然不同于通常的正当防卫。如果挑拨行为极为轻微，而对方实施杀害等重大侵害，则挑拨者的防卫就几乎与普通的正当防卫相同。从另一角度来说，即使挑拨行为是不法侵害，但如果对方的防卫行为明显过当时，挑拨者当然可以对故意的过当行为进行防卫。第四，如果挑拨行为本身就是正在进行的不法侵害，对方对挑拨者的攻击属于正当防卫，挑拨者当然不能再进行正当防卫。①

但是我认为，张明楷教授的观点有待于进一步审查完善，根据正当防卫的正当化根据论“优越的利益保护原理”和“法确证原理”，在防卫挑拨的场合，正当防卫通常只能是有所限制（防御性防卫权削减），但是并非绝对地不能进行正当防卫（防御性防卫权丧失）。诚然，按照“优越的利益保护原理”，由于挑拨者引起了他人的侵害行为，挑拨者的利益通常不存在优于不法侵害者的利益，即挑拨者并不处于优越地位，因而挑拨者的防卫权削减甚至丧失成为一个基本原则。其一，对于仅仅违反社会伦理价值的或者轻微违法行为的防卫挑拨（尤其是“可非难的无意图式防卫挑拨”），原则上应当采取“保护性防卫说”（退让或者寻求他人保护），挑拨者具有“小心克制的义务”，在此前提下，如果面临严重威胁时，可以转向进行防御性防卫，包括造成被挑拨者的伤亡，但是应注意审查是否属于“明显超过必要限度造成重大损害”（防卫过当）。其二，对于挑拨行为本身是正在进行的严重不法侵害（尤其是“可非难的意图式防卫挑拨”），被挑拨者对挑拨者的攻击本身就属于正当防卫，挑拨者通常不能进行防御性防卫（即防御性防卫权丧失，但是允许进行保护性防卫），但是在被挑拨者严重超越挑衅强度时可以特别地准许防御性防卫。

案例

周巧瑜故意伤害案②

2012年12月24日21时许，周巧瑜和丈夫张某途经北京市昌平区北七家镇平西府村村口红绿灯处，因被害人朱某（男，殁年27岁）的朋友段某驾车拉载朱某、刘某等人险些撞到张某和周巧瑜，周巧瑜的丈夫对此表示了不满（被告方说是瞪了一眼，被害方说是骂了他们）而发生口角，朱某下车同周巧瑜的丈夫发生抓扯并互殴。互殴过程中，周巧瑜使用捡拾的水泥板砸击朱某头部，造成朱某因颅脑损伤于同年12月30日抢救无效死亡。

---

① 张明楷．正当防卫的原理及其运用——对二元论的批判性考察．环球法律评论，2018（2）.

② 陈兴良．互殴与防卫的界限．法学，2015（6）.

本案一审法院判决认定被告人周巧瑜是在互殴中将朱某故意伤害致死，因此构成故意伤害罪，在有自首情节的情况下，判处周巧瑜有期徒刑13年。本案二审法院改判（因被告人上诉），仍然维持了一审判决的定性，即认定"双方因交通问题发生纠纷，进而发生互殴，各自的行为缺乏防卫性质"，但改判为有期徒刑8年。

问题一：周巧瑜夫妇是否构成防卫挑拨？

其一，当"被害方有错在先，被告方表示不满"（即使言语激烈），通常不构成防卫挑拨，因而在对方实施攻击时可以成立防卫。其二，即使存在"生气骂人"，也只构成"不可非难的防卫挑拨"，因而在对方实施攻击时可以成立防卫。其三，即使存在"辱骂"，也只构成"可非难的无意图式防卫挑拨"，仍然可以按照"保护性防卫无效时可转向防御性防卫说"（防御性防卫权限制说），在自身面临着对方人数众多严重伤害之时可以进行防御性防卫，依法成立正当防卫（或者防卫过当）。

问题二：周巧瑜夫妇是否与朱某等人构成互殴？

一审判决明确认定周巧瑜夫妇同朱某等人构成互殴，因此判处周巧瑜有期徒刑13年（二审改判为8年）。对此，陈兴良教授认为，本案不宜认定为互殴（而应认定周巧瑜夫妇的行为具有防卫性质），理由在于"双方事先没有斗殴意图"，"先动手的一方是不法侵害，后动手的一方具有防卫性"，因此本案"至少应当认定为防卫过当"。

此外还应注意一个问题，防卫挑拨的当场性问题。挑拨人当场进行防卫挑拨、被挑拨人当场实施侵害行为或者防卫行为、挑拨人当场针对被挑拨人实施反击，通常的防卫挑拨情形具有这样"三个当场"，比较好判断。但是，如果防卫挑拨行为已经进行完毕（结束）之后，被挑拨人再寻找挑拨人实施侵害行为，则需要考虑"非当场性"这种特殊性。因为，针对以不法侵害行为当场进行防卫挑拨的挑拨人，被挑拨人有权直接实施防卫行为，而挑拨人通常无权进行逆向的防卫（逆防卫）；如果作为防卫挑拨手段的这种不法侵害行为已经时过境迁而不具有当场性的时候，被挑拨人在事后并不能获得防卫权（而只有控告权），因此，被挑拨人事后对挑拨人实施攻击行为时（事后报复），挑拨人通常有权进行正当防卫（完整的防卫权），尤其在挑拨人实施了明显的退让性、警告性措施仍然无效阻止攻击行为之后有权进行正当防卫（自招危险避险论、保护性防卫论、保护性防卫转向防御性防卫论）。

案例 **姜方平故意伤害案**①

2001年7月15日晚，被告人姜方平得知与其有过纠纷的郑水良当日曾持铁棍在航埠镇莫家村姜金木家向其父姜良新挑衅后，便前往郑水良家滋事。因郑水良不在家，姜方平便返回，并从路过的叶小飞家的厨房内取了一把菜刀藏于身后。当姜方平行至该村柳根根门前路上时，郑水良赶至并持铁棍打姜方平，姜方平即持菜刀与郑水良对打，并用菜刀砍郑左手腕关节，姜方平也被随即赶至的郑水良之女郑华仙砍伤。经法医鉴定，郑水良所受损伤属轻伤。

【辩护意见】本案辩护人认为，姜方平是在郑水良先用铁棍打其时，为避免自己遭受进一步伤害才用菜刀砍伤郑水良的，其行为应属于正当防卫。

【裁判】法院认为，根据本案事实，姜方平在得知与其父有过纠纷的郑水良对其父实施挑衅后，即四处寻找郑水良并准备菜刀蓄意报复，其事先就有斗殴的故意，之后亦积极实施了伤害行为，故不得认定为正当防卫。对此，裁判理由作了如下论证："理论上，根据行为人是否具有正当防卫的目的，一般都将防卫挑拨、互相斗殴等情形排除在正当防卫行为之外。所谓互

① 本案来源及相关资料参见陈兴良．互殴与防卫的界限．法学，2015（6）．

相斗殴，是指双方都有非法侵害对方的意图而发生的互相侵害行为。由于互相斗殴的双方主观上都有加害对方的故意，都是不法侵害，所以不存在侵害者与防卫者之分。同时，由于双方都不具有正当防卫的目的，因而无论谁先谁后动手，都不能认定为防卫行为。”

陈兴良教授认为本案属于互殴，支持法院判决，并认为从本案中可以提炼出以下裁判规则：“基于斗殴故意实施的反击行为，不能认定为正当防卫。”

“姜方平故意伤害案”在法理上还可以进一步分析。本案中，在挑拨人实施的防卫挑拨已经不属于当场性的防卫挑拨（挑衅）之后，可以分别从挑拨人和被挑拨人的视角进行假定性分析：(1) 从被挑拨人视角分析，如果被挑拨人姜方平仅仅是去找挑拨人郑水良说理，没找到郑水良而返回，结果在返回途中遇到郑水良或者郑水良主动追上来并且被郑水良主动攻击（郑水良先动手），那么，姜方平当场实施反击行为应认定为防卫行为。本案真实案情与这种假设有差异，但是，即使如此，我认为还是应适当认定姜方平的行为具有防卫性质（因为“郑水良赶至并持铁棍打姜方平”、郑水良先动手），本来作为挑拨人的郑水良就有防卫权削减论的限制，结果郑水良反而有主动攻击行为，这时应当适当认可姜方平当场反击行为的防卫性质。(2) 从挑拨人视角分析，被挑拨人姜方平事后持刀寻找挑拨人，姜方平的（事后）行为应当评价为“事后报复”，而非当场反击（防卫行为），因此，如果郑水良不是主动赶来攻击被挑拨人，而是被动实施“保护性防卫”（实施退让性、警告性的防卫措施），并且在实施“保护性防卫”仍然无效阻止被挑拨人攻击行为之后，有权实施防御性防卫（直接反击对方）。当然，本案真实案情并不是这样的，挑拨人郑水良的犯罪故意十分明显，始终处于主动伤害他人的状态之中，因此其行为始终不具有防卫性。

（四）针对轻微不法侵害行为，是否可以进行正当防卫？

德国学者对此有专门讨论。罗克辛的基本观点是，在轻微的攻击中，严格的紧急防卫权需要进行一定的限制，因为与通常案件相比，法保护利益是很轻微的，通常不允许以直接给不法侵害人造成严重伤害甚至死亡的方式进行防卫。德国判例（以及教学案例）也反复确证了这种观点，因此可以说这是德国刑法学的通说。例如，为了阻止小偷偷走一瓶柠檬汁或者一个价值10芬尼（相当于人民币0.5元）的苹果后逃之夭夭，行为人向他开枪射击的行为就是不“需要的”，因为行为人所要保护的法益太微小了，其防卫权虽然不能说是不存在的，但是是不需要的（需要性），也是不必要的（必要性），而只能采用更为轻缓的防卫或只得采取防御防卫的方式，“对采取会造成严重损害的防卫措施时，应当是克制的”①。

我认为，针对轻微攻击行为，虽然不能要求被攻击者有退避义务或者向第三者要求救助的义务，但是应当承认不能采取重伤害或者严重危及生命的手段和结果；为了较小价值的法益进行的防卫或者针对轻微的侵害进行的防卫，给侵害人造成重大损害，既违反优越的利益保护原理也违背法秩序的旨趣，因而原则上应当予以否定。

这种理论观点对于司法实践具有重要意义。

（五）针对亲子或者夫妻之间的攻击行为，是否可以进行正当防卫？

理论见解一般是，针对亲子或者夫妻之间的攻击行为，正当防卫应当有所限制，以区别于普通关系的正当防卫。德国理论从两个方面来审查衡量保证关系内的正当防卫问题：其一，对于“轻微的错误行为并没有中断伴侣之间相互团结义务”的行为，由于亲子或者夫妻之间具有保证关系、保证人义务和团结义务，因而法益衡量和法确证原则均“具有比较微弱的意义”，并且“参与这种关系的人之间，在刑法上相互负有义务，避免给彼此造成损害。当发生一方攻

---

① 罗克辛．德国刑法学总论：第1卷．王世洲，译．北京：法律出版社，2005：450－453.

击另一方的情况时，虽然必须允许被攻击者通过防卫来保护自己，但是，只要参与这种关系的人还能认为他们之间仍然存在团结关系，那么，法保护利益就退到对自然人考虑的义务之后了”。其二，对于亲子或者夫妻之间的“持续性虐待”或者“有威胁的严重损害”行为，则“进行攻击的婚姻伴侣是不能要求得到考虑的”，即允许行为人进行重伤害身体甚至危及生命的防卫行为。①

对于中国而言，德国理论这种观点具有启发性和借鉴性。例如，周光权教授指出：

在司法实务中，必须充分重视持续侵害行为的特殊性，防止错误限定正当防卫的成立范围。针对持续侵害的反击行为造成死伤后果的，在司法判断逻辑上应当优先考虑能否适用《刑法》第 20 条第 3 款的规定。只有在其适用存在障碍时，才根据《刑法》第 20 条第 2 款检验防卫行为是否明显超过必要限度。对持续侵害状态下的防卫相当性判断应建构一系列规则，无论持续侵害外观上是否平和，防卫人即便造成对方死伤的，也应当肯定反击行为的防卫性质；在持续侵害发生时，防卫人使用类似“挥刀乱捅”的防卫手段的，也可能成立正当防卫；当防卫人展示防卫工具时，对持续侵害人主动迎上前的，要评价为系其主动升高不法侵害危险，防卫人后续造成的后果应归属于侵害一方；在持续侵害过程中，如果能够认定危险处于累积升高的状态，即便防卫人突然实施防卫强度较高的手段造成不法侵害者死伤的，也不能一概否定正当防卫的成立。②

（六）针对通过胁迫的勒索性攻击行为，是否可以进行正当防卫？

德国学者讨论过这种问题，出现了两种观点：一种是肯定论，认为针对通过胁迫的勒索性攻击行为可以进行防卫，并且“赞同一种没有限制的紧急防卫权，因此允许被勒索人在不能设法得到其他补救措施时，就可以秘密地杀掉勒索人”；另一种是否定论，认为“使用暴力来对付勒索者的人身，应当在任何情况下都加以排除”，因为“法保护的需要以及个人保护的需要都明显地降低了”，并且“这样做将损害公众对法安全的感情，在预防方面也不能是所希望的”③。罗克辛教授持有否定论的观点。

中国学者讨论这个问题不多。张明楷教授认为，罗克辛“这样设定是以防卫人秘密杀害或者严重伤害勒索者为前提的。但另一方面，罗克辛教授又认为，法确证使得防卫人可以杀害或者严重伤害勒索者。这样的逻辑有待商榷”，因为“倘若对被胁迫者的正当防卫进行限制，那么，当被胁迫者对胁迫者进行攻击时，胁迫者反而可以进行正当防卫。这恐怕难以令人信服。如果说胁迫者不能进行正当防卫，则意味着对胁迫者的防卫行为也需要进行社会伦理的限制。这样的场合就明显违反了正当防卫的明确性的要求”。因此，张明楷教授主张：“不管采取什么学说，对勒索者都可以进行正当防卫。而且越是强调法确证的原理，越是可以对勒索者进行防卫，因为勒索行为是不法的，按照法确证的原理，防卫人没有必要退避。问题只是出在防卫限度上，而不是出在防卫的需要性上。”④

我认为，针对通过胁迫的勒索性攻击行为，应当区分不同情况，原则上仅限于针对“暴力性胁迫的勒索性攻击行为”允许进行正当防卫，但是应适当考虑其防卫限度。针对非暴力性胁迫勒索性攻击行为（如揭发隐私），原则上只能允许采取较轻微程度的防卫行为（如威胁在现场揭发隐私等行为），有的情形下根本就不能采取防卫行为（如扬言今后揭发隐私等行为）。

---

① 罗克辛．德国刑法学总论：第 1 卷．王世洲，译．北京：法律出版社，2005：453－455.

② 周光权．论持续侵害与正当防卫的关系．法学，2017（4）.

③ 同① 455－456.

④ 张明楷．正当防卫的原理及其运用——对二元论的批判性考察．环球法律评论，2018（2）.

（七）针对不作为形式的不法侵害行为，是否可以进行正当防卫？

这个问题，我国刑法学界存在否定说与肯定说两种观点。赵秉志教授讨论过这种问题，他主张肯定说，认为，在某些案件中，如扳道工在列车到来前故意不扳道岔的案件中，不作为犯罪能够形成侵害紧迫性和通过正当防卫可以制止不作为犯罪是很明显的，因此应当肯定针对不作为形式的不法侵害行为可以进行正当防卫的观点；同时，赵秉志教授认为，应当具体审查不作为犯罪造成合法权益损害的紧迫性、防卫行为的有效性等因素，以适当限定针对不作为形式的不法侵害行为进行正当防卫的范围和限度。①

（八）正当防卫与互殴的界限问题

陈兴良教授讨论过这个问题。陈兴良认为，互殴与防卫之间存在着对立关系，即互殴可以否定防卫，而防卫则需要排除互殴；在双方互相的对打中，先动手的一方一般属于侵害方，后动手的一方属于防卫方，但是，后动手一方的反击行为，在具有事先斗殴意图的情况下可以否定其行为的防卫性；在预期的侵害场合，具有积极的加害意思则否定行为的防卫性，如果是事先准备工具，在受到他人侵害的情况下利用事先准备的工具实施反击行为，则应当认定其行为具有防卫性。② 例如，"厦门市胡咏平故意伤害案"和"常熟何强等人聚众斗殴案"。

案例　厦门市胡咏平故意伤害案③

2002年3月19日下午3时许，被告人胡咏平在厦门市某公司上班期间，与同事张成兵（在逃）因搬材料问题发生口角，张成兵扬言下班后要找人殴打胡咏平，并提前离厂。胡咏平从同事处得知张成兵的扬言后即准备了两根钢筋条磨成锐器藏在身上。当日下午5时许，张成兵纠集邱海华（在逃）、邱序道在公司门口附近等候。在张成兵指认后，邱序道上前拦住刚刚下班的胡咏平，要把胡拉到路边。胡咏平不从，邱序道遂打了胡咏平两个耳光。胡咏平即掏出一根钢筋条朝邱序道的左胸部刺去，并转身逃跑。张成兵、邱海华见状，立即追赶并持钢管殴打胡咏平。尔后，张成兵、邱海华逃离现场，邱序道被送医院救治。经法医鉴定，邱序道左胸部被刺后导致休克，心包填塞、心脏破裂，损伤程度为重伤。

【判决】厦门市杏林区人民法院认为，被告人胡咏平在下班路上遭受被害人邱序道不法侵害时，即掏出钢筋条刺中邱序道，其行为属于防卫性质。被害人邱序道在殴打被告人胡咏平时未使用凶器，其侵害行为尚未达到对被告人胡咏平性命构成威胁的程度，被告人胡咏平却使用凶器进行还击，致使被害人重伤，其防卫行为明显超过必要限度造成重大损害，属于防卫过当，构成故意伤害罪，但依法应当减轻处罚。据此，判决胡咏平犯故意伤害罪，判处有期徒刑1年。

【法理】陈兴良教授评价指出，在预期侵害的情况下，为了防御而准备工具的行为，能否由此推定为具有斗殴意图而否定此后反击行为的防卫性，这是一个关涉防卫与互殴区分的重要问题。本案判决认定被告人胡咏平刺伤被害人邱序道的行为具有防卫性，这是完全正确的。但是以邱序道未使用凶器为由，认定胡咏平的防卫行为超过了必要限度，则有所不妥。如果现场的不法侵害人只是邱序道一个人，这一认定当然是合理的，但现场除了邱序道外，还有手持钢管的张成兵和邱海华两个人。本案实际上是三个不法侵害人对一个人实施共同不法侵害。邱序道徒手打胡咏平两个耳光，只是这一不法侵害的序幕而已。如果不是胡咏平采取刺伤邱序道的防卫行为，张成兵和邱海华就会对胡咏平实施更为严重的不法侵害。即使是在胡咏平刺伤邱序道以后，张成兵、邱海华也立即追赶并持钢管殴打胡咏平。由此可见，只是根据邱序道一人的

---

① 赵秉志，刘志伟．正当防卫理论若干争议问题研究．法律科学，2001（2）．

② 陈兴良．互殴与防卫的界限．法学，2015（6）．

③ 本案来源及相关资料介绍参见陈兴良．互殴与防卫的界限．法学，2015（6）．

侵害行为就认定胡咏平的防卫行为过当，并不符合案件的实际情况。

厦门市杏林区人民检察院还提出了抗诉，称胡咏平的行为不属于防卫过当，理由如下：(1) 胡咏平主观上具有斗殴的故意。当他得知张成兵扬言要叫人殴打他后，应当向公司领导报告以平息事态，后退让回避。而胡咏平不但不报告，反而积极准备工具，说明他不惧怕威胁，有一种“逞能”心态——你敢叫人来打我，我就打你们，应推定其主观上具有斗殴的故意。(2) 胡咏平没有遭受正在进行的不法侵害。胡咏平被打的两耳光属于轻微伤害，对其人身安全造成的危害并不是重大的和紧迫的，不属于“正在进行的不法侵害”，不具有防卫的前提条件。(3) 胡咏平客观上实施了故意伤害的行为。根据刑法理论，行为人只有在不法侵害确实已经发生，且迫不得已无法逃避时，才能就地取材或夺取对方工具进行防卫。胡咏平脸部被打后，本可以向周围群众呼救或逃跑，但他却立即掏出事先准备好的钢筋条捅刺对方，致对方重伤，属事前防卫，其行为已构成故意伤害罪。

针对厦门市杏林区人民检察院提出抗诉，陈兴良教授提出了以下批评意见，厦门市杏林区人民检察院抗诉意见，几乎囊括了我国一些司法机关对正当防卫的所有误解与曲解，主要的问题有：(1) 将事先准备工具就推定为具有斗殴故意。不能简单地把面对不法侵害的防卫意图错误地推定为斗殴的故意，当人身受到威胁以后准备防卫工具可以说是人之常情，具有的正当性。法院判决也指出：“行为人在人身受到威胁后但尚未受到危害前便准备工具的行为本身并不能说明是为了防卫还是斗殴，其目的只能根据相关事实和证据来确定，而不能恣意推测。”(2) 正当防卫须出于迫不得已。我国《刑法》根本就没有规定正当防卫必须迫不得已，只是对紧急避险规定了迫不得已，在刑法理论上都以此作为正当防卫与紧急避险的区分之一。本案的裁判理由指出：“抗诉机关认为，当一个人的人身安全面临威胁时，只能报告单位领导或公安机关，而不能作防卫准备，出门时只能徒手空拳，受到不法侵害时，只能呼救或逃跑，只有呼救或逃跑无效时才能就地取材或夺取对方工具进行防卫。这一观点显然不合情理，不利于公民合法权利的保护，也与正当防卫的立法精神相悖。”(3) 防卫工具只能是就地取材或者是夺取对方工具。这也是对正当防卫的严重误解，没有任何一个法律或者司法解释规定，防卫工具只能是就地取材或者是夺取对方工具。①

案例

常熟何强等人聚众斗殴案②

2010 年 11～12 月间，常熟市忠发投资咨询有限公司（以下简称“忠发公司”）法定代表人徐建忠经他人介绍多次至澳门赌博，欠下曾勇（另案处理）等人为其提供的巨额赌资。后曾勇亲自或指使杨佳、龚军、朱刚（均另案处理）等人多次向徐建忠讨要该笔赌债。2011 年 4 月 2 日上午，何强与张胜、陈强等人受徐建忠指派与杨佳等人就如何归还该笔赌债谈判未果。当日中午，何强在与杨佳手机通话过程中发生言语冲突，后何强主动打电话给曾勇时双方恶语相向、互有挑衅。何强随即三次打电话给张胜并由张胜纠集陈强、张人礼、龙云中及李毅夫到忠发公司集中，准备了菜刀等工具。在这些准备工作完毕后，何强再次主动拨打曾勇电话，通话中言语刺激、互相挑衅，再次导致矛盾升级激化。曾勇便纠集杨佳、龚军、胡炜等人持刀赶至忠发公司办公室，何强、张胜、陈强、张人礼及李毅夫与曾勇等人相互持械斗殴，造成何强及龚军、胡炜受轻微伤，忠发公司部分物品毁损。

【指控与辩护】 辩护人指出，在整个事件中，当事的 6 人是坐在自己单位的办公室里，不是在惹是生非，在对方非法讨债、拿着砍刀上门行凶时，不得已才反抗的，其行为特征是典型

① 本案来源及相关资料介绍参见陈兴良．互殴与防卫的界限．法学，2015 (6).

② 案例来源：江苏省常熟市人民法院［2011］熟刑初字第 785 号刑事判决书.

的正当防卫，而不应被定性为聚众斗殴。

【判决】法院判决全部涉案人员构成聚众斗殴罪（互相斗殴），认定何强等人的行为不构成正当防卫。

【法理分析】本案在法理上存在较大争议，陈兴良认为应定性为聚众斗殴罪；储陈城认为应定性为防卫挑拨，却没有履行该退避义务，这就是何强等人最后没有被认定为构成正当防卫的真正原因；陈璇认为构成正当防卫，由于侵害人仅遭受轻微伤，故不存在防卫过当的可能。

陈兴良教授的学术分析。陈兴良将本案的性质归纳为“一方主动挑起斗殴，另一方被动参加聚众斗殴”的情形，并认为考察被动方的行为是聚众斗殴还是正当防卫，应当从起因是否合法、目的是否正当以及手段是否相当这三个方面进行分析。第一，就起因是否合法而言，正当防卫是正与不正之关系，而聚众斗殴是不正与不正之关系。在本案中，双方纠纷的起因是赌债，系非法利益之争，双方均为不法，是不正与不正之关系。就此而言，何强等人的行为并不符合正当防卫的起因合法性要件。第二，就目的是否正当而言，正当防卫是为了保护国家、公共利益、本人或者他人的人身、财产和其他权利，具有目的正当性，而聚众斗殴是为了争霸、泄愤或者满足其他非法欲求。从本案的情况看，整个斗殴是围绕赌债展开的，曾勇一方的目的是实现非法债权，何强一方的目的是减免非法债务。当然，在斗殴过程中双方持械会给对方造成人身侵害，但因为整个事件是聚众斗殴，所以不能把在斗殴过程中为防护自身而抵御对方打斗的行为视为正当防卫。否则，任何打架加以分解都会变成互相的正当防卫，这显然是不能成立的。第三，就手段的相当性而言，聚众斗殴中一方突然加大侵害或者采取致命凶器进行侵害，仍然不能否认受到生命威胁的一方为保护自己的生命而采取正当防卫行为的权利。在本案中双方从一开始均系持械斗殴，曾勇一方是持械打上门来，何强一方是早有预料事先准备刀具。在此情况下，双方进行的斗殴，造成的人员伤害，都构成了聚众斗殴罪。

陈兴良教授针对本案总结了两条法理：(1) 归纳裁判规则，即“基于事先产生的斗殴意图所实施的反击行为，不能认定为正当防卫”的裁判规则。对于本案，如果仅从曾勇等人持械进入何强等人所在公司进行斗殴这一过程看，很容易得出何强等人的行为属于正当防卫的结论。如果把前面因索要赌债而互相在电话中进行言语挑衅，并引发双方斗殴的整个经过综合起来看，则应当认为在打斗之前，双方都已经具有了斗殴意图。对于这种事先具有斗殴意图的反击行为，应当认定为是互殴而不是正当防卫。因此，将“基于事先产生的斗殴意图所实施的反击行为，不能认定为正当防卫”的裁判规则适用于本案，也会否定何强等人的行为构成正当防卫。如同本章前面所述，在事先具有斗殴意图的情况下，谁先动手谁后动手并不重要，而且在此地动手还是彼地动手也不重要。只要在斗殴意图的支配下，双方实施了互相斗殴的行为，无论是谁先动手，也无论在何地动手，双方都构成互殴，也就否定了正当防卫成立的可能性。(2) 预期的侵害与积极的加害意思理论。陈兴良指出，“何强等人的行为究竟是属于在预期侵害即将发生情况下的防卫准备，因而并不否定其面对侵害的防卫性，还是在具有加害意思的斗殴意图支配下的互殴行为，就是一个值得探讨的问题”。但是陈兴良得出的结论是：“何强等人并不是在得知曾勇等人要来寻衅后，消极准备工具，事先防御，而是事先在电话中互相挑衅，并在准备工具后再次打电话刺激对方。因此，本案中何强等人的行为被认定为互殴行为是具有事实根据和法理根据的。”①

储陈城的学术分析。储陈城认为，“在何强、曾勇等聚众斗殴案中，何强一方选择在公司

① 陈兴良．互殴与防卫的界限．法学，2015 (6)．

防卫，没有主动出击，以及在曾勇等人逃离之时没有乘势继续加害，通过这些客观情形可以推定出何强先前的语言挑衅和刺激不是意图式挑拨行为，而是可责难但非意图式挑拨。何强等人先前有可责难但非意图式的挑拨行为，其在选择积极防卫之前，有退避可能，却没有履行该退避义务，这就是何强等人最后没有被认定为构成正当防卫的真正原因”①。

笔者认为有以下几个理论问题值得讨论。

其一，相互挑衅（相互的防卫挑拨）就可以判断为斗殴（相互斗殴）吗？例如，甲对乙说“你敢来我家闹事，我就打死你”，乙也针锋相对地对甲说“我当然敢！但是你敢来我家闹事吗，你来我家闹事我就打死你”，并且相互恶语相向。结果，乙提着刀跑到家，甲可否行使正当防卫权？我的观点是：相互挑衅仍然可以按照防卫挑拨原理进行定性处理，先动手一方没有防卫权，被动方（后动手一方）在实施了避让、警告、寻求帮助等适当的保护性防卫仍然无效的情况下，可以行使正当防卫权，尤其针对那些找上门来的肇事者具有正当防卫权。就何强案而言，对方提刀闯入自己公司闹事，如果何强等人经过警告、避让等措施后实施反击行为，我认为可以认定为防卫（性质）。当然本案的实际情况是何强等人没有实施警告、避让等措施，因此不认定为防卫（性质）。就此而言，我倾向于同意储陈城的观点（但最终定性可以探讨，曾勇等人聚众斗殴，何强等人无罪）。我也同意陈璇博士的看法，何某等人在电话挑衅的同时，已预先在人员配备、工具选取方面做足了迎接对方来袭的准备，对侵害人的情况也有清楚的了解，而且防御行为又是在自己熟悉的场所内展开，故若被告人在有效制止侵害之外又给曾某等人造成了重伤、死亡的后果，自当认定为防卫过当。但在本案中，由于侵害人仅遭受轻微伤，故不存在防卫过当的可能。② 按照陈璇博士的分析，何强等人的行为应当认定为正当防卫并且不构成防卫过当。当然，如果相互挑衅、双方约定并且主动聚集在某个特定场所聚众斗殴的，可以依法定性为聚众斗殴罪。

其二，对于一方主动找上门来闹事的行为，应当适当考虑住家和办公场所的安全、在自家地点消极被动驻守的合法性（类似于美国“城堡法”的合法性规则）。如十多年前的翠堤春晓寻衅滋事案（某公安分局抓了公司 31 人），外部人员和周边拆迁户一百余人赶到翠堤春晓小区和公司办公室来闹事，能够认定翠堤春晓开发公司“在自己家里寻衅滋事”吗？显然不能，所以本案最终做了无罪处理；再如，最近新津县发生的张某案，据说也是一名员工到公司负责人办公室闹事并发生抓扯，公安机关以寻衅滋事罪对公司人员立案侦查，我的看法就是要谨慎处理。何强案就是一个例子，对于一方主动找上门来闹事的行为，何强等人仅仅在自己公司内部按兵不动，最终在自己公司场所被他人持刀闯入时才予以反击，不能简单地认定为聚众斗殴。

二、正当防卫的合法条件

一般认为，根据我国《刑法》第 20 条的规定，正当防卫的合法条件有以下五条（即“五条件说”）：（1）必须存在现实的不法侵害行为（起因条件）；（2）不法侵害必须正在进行（时间条件）；（3）针对不法侵害人本人进行防卫（对象条件）；（4）防卫意识（主观条件）；（5）没有明显超过必要限度造成重大损害（限度条件）。

（一）必须存在现实的不法侵害行为（起因条件）

现实的“不法侵害”，是正当防卫的起因条件。在解释认定作为正当防卫起因条件的“不法侵害”时，必须注意把握好“不法侵害”的内涵和外延。总体来说，“不法侵害”既包括犯

---

① 储陈城．防卫挑拨之正当防卫权丧失与限制．刑事法判解，2014（1）．

② 陈璇．克服正当防卫判断中的“道德洁癖”．清华法学，2016（2）．

罪行为，也包括其他违法行为，但并非泛指一切违法犯罪行为，只是对那些具有进攻性、破坏性和紧迫性的不法侵害，在采取正当防卫可以减轻或者避免危害结果的情况下，才宜进行正当防卫。德国刑法理论称为“攻击的违法性”，并且认为“这种紧急防卫应当主张法对不法加以反对，而不是单纯地主张对罪责加以反对”①。因此，对于虚报注册资本、贿赂等犯罪行为，不能对之进行正当防卫。“不法侵害”不限于故意的不法侵害，还可以包括过失的不法侵害（赵秉志观点）、责任减轻的甚至无责任的不法侵害（详见前面讨论过的“针对不作为形式的不法侵害行为，是否可以进行正当防卫?”）；也不限于作为的不法侵害，还可以包括不作为的不法侵害（赵秉志观点）。

因此应注意以下两点。

其一，针对动物的侵袭可否实施正当防卫。对此，应区分不同情况。在野生动物侵害法益时，理当可以进行反击，但不属于正当防卫，可能成立紧急避险。但是，对于有饲主的动物侵害他人的情况下，完全可能进行正当防卫。如果饲主唆使其饲养的动物侵害他人，此时动物是饲主进行不法侵害的工具，将该动物打死打伤的，事实上属于使用给不法侵害人造成财产损失的方法，进行正当防卫。

其二，如果“不法侵害”实际上并不存在，但防卫人却误认为存在，因而对其实行了所谓正当防卫，造成他人的无辜损害，便成立假想防卫。假想防卫属于刑法中的认识错误，对于假想防卫应当按照对事实认识错误的一般原则解决其刑事责任问题，即：（1）假想防卫不可能构成故意犯罪；（2）如果行为人主观上存在过失，应以过失犯罪论处；（3）如果行为人主观上没有罪过，其危害结果是由于不能预见的原因引起的，则是意外事件，行为人不负刑事责任。

（二）不法侵害必须正在进行（时间条件）

不法侵害正在进行，是指不法侵害已经开始但尚未结束。刑法设立正当防卫制度的本旨是制止不法侵害以保护法益，因此，所谓不法侵害已经开始但尚未结束，就应当从防卫行为对于保护法益是否具有必要性的角度予以把握。具体而言，如果在当时情形下，实施防卫行为对于保护法益是必要的，或者说防卫行为对于保护法益具有意义，则应当认为不法侵害正在进行中；反之，则应当认为不法侵害尚未开始或者已经结束。

如何判断不法侵害的开始与结束并非易事，理论上存在较大分歧。对于不法侵害的开始时间，我国刑法理论上有进入侵害现场说、着手说、综合说（即“直接面临不法侵害的紧迫危险说以及综合说”）。不法侵害的结束时间，我国刑法理论上则有结果形成说、侵害停止说、逃离现场说和折中说，其中“折中说”认为，不法侵害是否结束并不存在统一的标准，只能具体情况具体分析，一般而言，具有下列情形之一的，就可以认为不法侵害已经结束：一是侵害者中止了不法侵害；二是侵害者被制服或者丧失了继续侵害的能力；三是侵害结果已经形成并且不可能及时挽回损失；四是不法侵害人离开侵害现场。②

我国通说观点大体上可以归纳如下：（1）不法侵害的开始时间，我国通说采用了“直接面临不法侵害的紧迫危险说”（即“综合说”）。（2）不法侵害的结束时间，我国通说实质上采用了“结果形成时间说”和“有效的侵害停止时间说”的“综合说”（而非“折中说”），具体包括两种情形：一是“结果形成时间说”，即不法侵害已经完成或者不法侵害结果已经形成的时间是不法侵害的结束时间；二是“有效的侵害停止时间说”，即不法侵害人成功逃离现场的时间（即“成功逃离现场说”）、已经被制服或者受伤而失去不法侵害能力的时间（即“不法侵害

---

① 罗克辛．德国刑法学总论：第1卷．王世洲，译．北京：法律出版社，2005：429-432.

② 高铭暄．刑法专论：上编．北京：高等教育出版社，2002：436-437.

能力丧失说”)、已经确信无疑地放弃不法侵害的时间(即“放弃不法侵害说”),也应该成为不法侵害的结束时间。

因此,在不法侵害尚未开始或者已经结束时,进行所谓“防卫”的,称为防卫不适时。防卫不适时分为两种形式:事前防卫,指在不法侵害尚未开始的时候所采取的所谓防卫行为,由于在这种情况下,不法侵害没有现实地发生,所以,其行为不得视为正当防卫。事后防卫,指不法侵害终止以后,对不法侵害人的所谓防卫,公民实施防卫行为,已使不法侵害人丧失了侵害能力,有效地制止了不法侵害以后,又对不法侵害人实施侵害的,属于不法行为。这种不法侵害行为构成犯罪的,应当负刑事责任。① 这是一个描述性的理论研究成果简介。下面我重点讨论两个问题、两个判例。

1. 不法侵害的“开始”:直接面临不法侵害的紧迫危险说

案例

德国“上衣口袋案”②

当被害人朝被告人放有实弹手枪的上衣口袋抓来之时,被告人试图枪杀他。被害人在几天前用一把左轮手枪威胁过被告人,被告人这次想先发制人,掏枪向被害人射击。陪审法院认定被告人犯有“力图故意杀人”,但联邦最高法院推翻了这一判决。

【德国学者的法理分析】罗克辛结合(德国)联邦最高法院总结了三点法理:(1)不法侵害的“开始”,包括了“现实攻击”和“迫在眉睫的攻击而造成的危险局势”,可以说采用了“直接面临不法侵害的紧迫危险说”。罗克辛解释说,当被告人试图朝被害人射击时,虽然被害人还没有掏到装有六发子弹的手枪,但是被害人在几天前已经无端地用左轮手枪威胁过被告人,并且还有朋友曾经多次向被告人提醒要提防被害人,于是被告人尽可能地避免和被害人发生接触,在这种情况下,被害人突然转向被告人并朝他放有实弹手枪的上衣口袋抓来的行为,不允许那么轻易地将之评价为“无害的可能攻击的预备行为”,从而被告人的危险已经逼近,该威胁在几秒钟之内便可以演化为侵害行为,因此“在被告人眼里,已经有可能存在以危险情势,只有迅速采取防卫手段才能排除它”。(2)如果某个攻击只是处于计划之中,尚未处于紧迫的现实危险之时,比如攻击可能在半个小时后才发动,那么就绝不能说这时危险已是现实的,因而也就不能进行正当防卫。但是这时可以进行紧急避险(德国刑法理论又称为“预防性正当防卫”“正当化紧急避险”)。(3)如果本案被害人根本就没有被告人误以为存在的夺枪目的,被告人的行为也只构成假想防卫,但假想防卫只能构成过失犯罪或者意外事件(而不可能构成故意犯罪),由于没有出现实害结果,所以被告人的行为也不能定罪、尤其不能定性为未遂的故意杀人罪。罗克辛说,这种情形下依法也不应以“力图故意杀人”(即故意杀人罪未遂)处罚被告人,因为即使这种假设成立,被告人的行为也构成假想防卫,而“根据判例和主流意见,假想防卫至少能够使得不按照故意的刑罚处罚。在这种情况下,至多能够根据过失来处罚。但在本案的情况下,由于过失力图并不可罚,故不应处罚”③(即指不处罚未造成实害结果的过失犯)。

以上论述融入了我的理解和语言表达,但是基本观点还是罗克辛的,基本符合我国刑法学界的主流见解“直接面临不法侵害的紧迫危险说”(有的称为“综合说”)。“进入侵害现场说”和“着手说”太过于形式化,并且前者的判断标准有时显得过早、过于提前,后者的判断标准有时显得过于滞后、过于不利于受攻击者的利益保护。所以,目前世界范围内(包括我国)较

---

① 魏东. 刑法:原理·图解·案例·司考. 北京:中国民主法制出版社,2016:77.

② 罗克辛. 德国最高法院判例刑法总论. 何庆仁,蔡桂生,译. 北京:中国人民大学出版社,2012:36-38.

③ 同②.

多学者支持“直接面临不法侵害的紧迫危险说”。

2. 不法侵害的“结束”：“结果形成时间说”和“有效的侵害停止时间说”的“综合说”

案例 **广州少女旋某刺死性侵大叔案**①

2011年5月28日晚，90后少女旋某打算从广州火车站乘车前往厦门，但未买到当日车票，因无钱住宿，旋某轻信主动搭讪的“好心大叔”杨某，跟随对方到出租屋休息，却遭遇对方实施的性侵犯，慌乱之间旋某拔下电视机墙上挂着的军用匕首与杨某发生争斗，争斗过程中旋某双手持刀连捅杨某数刀，致其受伤倒在床上。随后，在旋某准备离开时，其又“担心杨某未死会事后报复”，又持刀砍刺杨某的头部数刀并致杨某当场死亡。

【判决】2011年9月10日，广州市中级人民法院一审裁判认为，旋某在实施正当防卫之后继续持刀故意杀害已丧失侵害能力的被害人杨某，其行为已构成故意杀人罪。鉴于杨某有先行侵犯被告人的人身权利的事实，且被告人犯罪时年仅18周岁，故依法予以从轻处罚，判处旋某有期徒刑4年。

【分歧】除了辩护人认为无罪外，我组稿的五篇稿子中，有两篇论文作者认为无罪（刘远和高维俭）②，有两篇论文作者认为有罪（魏东、钟凯和胡东飞）③，还有一篇论文作者没有表态（李运才）。其中我和胡东飞认为有罪的法理根据是“事后防卫理论”（肯定论），刘远和高维俭主张无罪的法理根据也是“事后防卫理论”（否定论）。

【法理分析】关于不法侵害的结束时间，我前面总结了兼采“结果形成时间说”和“有效的侵害停止时间说”的“综合说”。就本案而言，关键是判断是否可以根据“有效的侵害停止时间说”来判断性侵大叔已经被制服或者因受伤而失去不法侵害能力的时间（即“不法侵害能力丧失说”）。我和胡东飞的观点以及法院判决的观点，应当说都是肯定判断，认为性侵大叔已经被砍杀数刀并倒在床上，已经可以说是确信无疑地丧失了不法侵害能力（即“不法侵害能力丧失说”），应当认定为不法侵害已经结束，在旋某已经离开被害人并且已经到门口后，不能再转回去进行第二轮砍杀，因此旋某在不法侵害已经结束之后的第二轮砍杀行为不属于正当防卫，而只能解释为事后防卫（构成故意杀人罪）。

但是，持否定论的学者（刘远和高维俭）认为：其一，肯定论的错误在于，一方面站在“事后判断的指控视角”而不是“事中（或者事前）判断的辩护视角”看问题，另一方面将“事后”机械地理解为“不法侵害结束之后”而不是实质地理解为“（不法侵害）持续性影响的当场平复之后”，那么，按照“（不法侵害）持续性影响的当场平复之后”来审查，旋某遭受的威胁在离开性侵大叔房屋之前始终没有平复、不能评判为“事后”，旋某在这种紧张惊恐状态之中、在这种“（不法侵害）持续性影响的当场平复”之前仍然有权进行正当防卫，不能认定为事后防卫，应成立正当防卫（刘远）。④ 其二，肯定论的错误还在于，简单地以法益衡量说和结果无价值说来判断防卫行为，从而得出了本案是事后防卫的错误结论。若以社会相当性为判断标准（社会相当性说），只要从事实层面的判断即从社会经验看该行为是通常情理之中的

---

① 案例来源参见魏东，钟凯．特别防卫权的规范解释与滥用责任．国家检察官学院学报，2013（6）.

② 刘远，孙丽．司法逻辑中的事后防卫问题．国家检察官学院学报，2013（6）；高维俭，梅文娟．防卫行为之社会相当性判断．国家检察官学院学报，2013（6）.

③ 魏东，钟凯．特别防卫权的规范解释与滥用责任．国家检察官学院学报，2013（6）；胡东飞．论正当防卫的时间条件——简评“90后少女刺死性侵大叔案”．国家检察官学院学报，2013（6）.

④ 刘远，孙丽．司法逻辑中的事后防卫问题．国家检察官学院学报，2013（6）.

行为，从价值层面的判断即从伦理观念看该行为是合适的，就可以判定该行为是合法、合理的。本案中不法侵害者是一个身强体壮的男人，被告人是一个刚满18周岁的弱女子，在力量对比上可谓悬殊，被告人当时面临被强奸和被杀死的双重威胁，心理必定十分恐惧，在此情形下按照“刚满18周岁女子”这样一个社会群体的生活经验和一般观念判断，该男子是有可能会起来杀人的，因此，被告人的防卫行为是通常情理之中的、合适的行为。这样的分析可以得出结论，“90后少女刺死性侵大叔案”被告人的行为应当成立正当防卫。①

但是我认为，不法侵害的结束时间，应采用我国通说即“结果形成时间说”和“有效的侵害停止时间说”的“综合说”，结合正当防卫的正当化根据论“优越的利益保护原理”和“法确证原理”，必须兼顾好依法维护防卫人的合法权益和法秩序，才能公平合理地认定正当防卫。特别防卫权只能是正当防卫权的提示性规定，根本上不能超越正当防卫一般法理，根本上必须坚持正当防卫的正当化根据论“优越的利益保护原理”和“法确证原理”；对于特别防卫中“持续性”防卫行为致死不法侵害人依法可以认定其正当防卫性和合法性，但是对于特别防卫中已经中断了防卫行为之后、在不法侵害人已经丧失侵害能力或者已经被制服之后的“非持续性”打击行为，依法不能认定为正当防卫行为，而只能认定为事后防卫。

关于“持续性”防卫行为致死不法侵害人的理论见解，笔者注意到张明楷教授也有相类似的看法。张明楷指出，“对于在不法侵害结束后短暂时间内实施的一体化的防卫行为，不应认定为独立的犯罪，充其量只能认定为防卫过当（量的过当）”，但是“不应认定为防卫不适时”，因为“防卫人基于一个行为意志发动的防卫行为，只要在客观上具有持续性或者连续性，就可以评价为一体化的防卫行为，而不应当进行人为的分割”②。显然，本案旋某第二轮砍杀行为不是防卫行为的持续性的、不间断性的行为，只能评价为事后防卫。

（三）必须针对不法侵害人本人进行防卫（对象条件）

针对不法侵害人进行防卫包括两种情况：一是针对不法侵害人的人身进行防卫；二是针对不法侵害人的财产进行防卫，即当不法侵害人使用自己的财产作为犯罪工具或者手段时，如果能够起到制止不法侵害、保护法益的作用，则可以通过损毁财产进行正当防卫。这一条件在理论和实践中均不存在太大争议，因此不予以展开论述。

（四）防卫意识（主观条件）

防卫意识包括防卫认识与防卫意志。防卫认识，是指防卫人认识到不法侵害正在进行；防卫意志，是指防卫人出于保护国家、公共利益、本人或者他人的人身、财产和其他权利免受正在进行的不法侵害的目的。关于防卫意识，即正当防卫是否必要求须防卫人在主观上有防卫意识，我国刑法理论上还存在一定争议，较多学者主张肯定说，较少学者主张否定说（张明楷为代表）。③ 我认为肯定说是适当的，防卫意识是正当防卫的必要条件（主观条件、主观的正当化要素），否则无法恰当处理偶然防卫、防卫挑拨、相互斗殴（或者聚众斗殴）、故意伤害与故意杀人之间的界限，也不利于维持犯罪论、行为论的体系性原理，例如，张明楷教授在其刑法学教科书中主张基于杀人故意而射杀另一正在实施杀人行为的行为人之偶然防卫，“本书坚持结果无价值论，主张偶然防卫行为不成立犯罪”，但是同时又指出：“说偶然防卫无罪，只是就偶然防卫行为本身而言。所以，并不排除偶然防卫之前的行为成立犯罪预备。例如，甲为了杀

---

① 高维俭，梅文娟．防卫行为之社会相当性判断．国家检察官学院学报，2013（6）.

② 张明楷．刑法学．5版：上．北京：法律出版社，2016：204.

③ 同② 204-209.

害乙而事前准备了凶器，调查了乙的行踪。后来杀害乙时，乙正在杀害丙。说偶然防卫无罪，只是说甲杀害乙的‘实行行为’无罪。至于甲此前实施的预备行为，当然可以成立杀人预备。显然，得出上述结论没有任何矛盾。”① 我们可以发现这种论述存在体系性悖论，一方面说预备杀人的行为有罪（针对杀害乙的预备行为），另一方面又说已经着手杀人的行为无罪（针对杀害乙的实行行为），原因仅仅在于着手杀害乙的时候乙正在实施杀人行为，这种论述不利于维持犯罪论、行为论的体系性原理。另外，张明楷教授在主张防卫意识不要说（否定说）的前提下，同时又承认多数情况下正当防卫都有防卫意识，并且其在论述偶然防卫、防卫挑拨和互相斗殴时仍然以防卫意识作为一个重要的区分要素，出现了前后矛盾的心态和行为方式，也从另一个侧面印证了防卫意识必要说（肯定说）的合理性。例如，张明楷教授在论述正当防卫与相互斗殴的区别时，认为，“第一，防卫人事前与对方有矛盾（包括先前存在的矛盾）、发生争吵等，与防卫意识无关，不影响正当防卫的认定”；“第二，在防卫人与对方发生争吵时，对方试图对防卫人实施暴力，防卫人警告对方‘不要动手，否则我对你不客气’，但对方仍然先动手对防卫人实施暴力的，防卫人仍然可以防卫。这种情况下，应当肯定防卫人具有防卫意识，而不能认定为相互斗殴”；“第三，在防卫人事先预见到他人将要进行不法侵害而做好准备的案件中，当防卫人的预见变为现实，亦即他人正在进行不法侵害时，也应肯定防卫人具有防卫意识，而不能认为防卫人有相互斗殴的意识。即使认为事先做好防卫准备的行为同时具有攻击意识，也应当肯定其防卫意识与攻击意识并存，而不能否认防卫意识”②。这些论述中，张明楷教授明显是将“防卫意识”作为区分正当防卫与相互斗殴的“必要要素”甚至“关键要素”来论述的，也就是说，如果没有“防卫意识”而只有“相互斗殴意识”的话就只能认定为相互斗殴，尤其是在两种意识并存（防卫意识和相互斗殴意识并存）的情况下，其可以认定为正当防卫的根本法理恰恰在于“防卫意识”的真实存在与有效确证！这种论述表明的立场难道还不是防卫意识肯定说的立场？显然无法得出这个结论。

当然，防卫意识的成立与认定不能太过于机械，而应当进行实质判断。正如有学者指出，防卫意思的成立只要求行为人对不法侵害的事实有所认知即可，即只要行为人是在认识到自己与正在进行的不法侵害相对抗的情况下实施行为即可认定防卫意思的成立，不应在此之外再添加积极的防卫目的。③ 这里提出的“不应在此之外再添加积极的防卫目的”（合目的性论），虽然在理论上还有争议、还值得进一步研究，但是其前提仍然是坚持“防卫意思必要说”（肯定说）。应当注意，这里提出了两个存在细微差别的概念，即防卫意识与防卫意思，可以说“防卫意思必要说”是一种居于“防卫意识必要说”与“防卫意识不要说”中间折中的一种学术立场，具有很大的启发性；从我国《刑法》第20条的规定看，应当认为“防卫意识必要说”才是符合规范价值的判断，问题是如何进一步阐释“防卫意识必要说”之防卫意识的规范含义、规范判断，实际上德国刑法学防卫理论针对防卫挑拨所提出的“防卫权限制理论”（保护性防卫论、保护性防卫转向防御性防卫论）已经肯定了“防卫意识必要说”，即保护性防卫转向防御性防卫的法理根据正在于“这时”防卫人基于维护合法利益和法秩序（即具有“防卫意识”）才有权进行防御性防卫。这个问题还值得进一步研究。

因此，笔者认为只能坚持防卫意识肯定说立场，而根据防卫意识（主观条件）肯定说（必要说），偶然防卫、防卫挑拨与相互斗殴行为不成立正当防卫。

---

① 张明楷．刑法学．5版：上．北京：法律出版社，2016：208.

② 同① 208－209.

③ 陈璇．克服正当防卫判断中的“道德洁癖”．清华法学，2016（2）.

所谓偶然防卫，是指故意或者过失侵害他人法益的行为，恰好符合了正当防卫客观条件的情况。如甲故意枪击乙时，乙刚好正在持枪瞄准丙实施故意杀人行为，但甲对乙的行为一无所知。这种情形下，由于甲并未认识到乙正在实施故意的杀人行为，也没有意识到自己的开枪行为是为了保护丙的生命，因而欠缺防卫意识，不属于正当防卫，构成故意杀人罪。对于偶然防卫，张明楷认为，根据防卫意识不要说可以肯定其正当防卫性，根据结果无价值论可以否定其违法性（客观违法性），因此应当不予以归责（即不定罪）。但是，不但按照防卫意识必要说应当否定偶然防卫的正当防卫性，而且按照“优越的利益保护原理”和“法确证原理”（即不采用单纯的“优越的利益保护原理”立场）也应当否定偶然防卫的正当防卫性（因为非基于防卫意识的故意杀人行为并不符合“法确证原理”，即偶然防卫内在性地存在破坏“不得杀人”的法秩序）；当然，也可以适当承认偶然防卫的违法性具有一定程度的减少，可以作为定罪量刑情节（尤其是量刑情节）予以适当考虑。

防卫挑拨与相互斗殴需要结合起来进行理论研讨。根据我国刑法理论通说立场，所谓防卫挑拨，是指为了侵害对方，故意引起对方先对自己进行侵害，然后以正当防卫为借口，给对方造成侵害的行为；防卫挑拨行为不具有防卫意识，不是正当防卫，而是故意犯罪。根据我国刑法理论通说立场，所谓相互斗殴，是指双方均以侵害对方身体的意图进行相互攻击的行为；由于斗殴双方具有积极地不法侵害对方的意图与行为，客观上也是侵犯对方法益的行为，故不属于正当防卫（此即所谓“斗殴无防卫”），符合犯罪构成要件的，成立聚众斗殴罪、故意伤害罪等。

应当注意，我国传统刑法理论对于防卫挑拨和相互斗殴的理论阐释显得太过于粗疏、简化、绝对化，与德日刑法学的相关理论相比还存在较大差距，值得反思和重新审视。这种理论反思，已经在我国刑法理论界逐步出现，例如，我国有观点认为，在相互斗殴中，也可能出现正当防卫的前提条件，因而也可能进行正当防卫。其一，在相互斗殴中，一方跪地求饶或者逃走，另一方继续侵害的，“斗殴”事实上已经结束，前者可以进行正当防卫。不难看出，这种情形已不属于相互斗殴。其二，在一般性的轻微斗殴中，一方突然使用杀伤力很强的凶器，另一方生命受到严重威胁的，后者可以进行正当防卫。① 这是一种很好的理论势头，有助于我国刑法学者进一步借鉴吸纳德日刑法学相关理论以实现我国本土刑法学理论知识增量、理论妥当性和刑法教义学化，有利于增强我国刑法理论妥当解决刑法实践的理论解释力。下一步针对防卫挑拨和相互斗殴的理论研究，应当从正当防卫的正当化根据论完善（如坚持“优越的利益保护原理”和“法确证原理”的新二元论）、防卫挑拨的概念论和类型化处置论完善（防卫权的合理限制论）、相互斗殴的概念论完善及其同防卫挑拨的关系论与类型化处置论完善等诸方面进行深入研讨（详细内容参见前面所作论述）。

（五）没有明显超过必要限度造成重大损害（限度条件）

根据我国《刑法》第 20 条第 2 款的规定，成立正当防卫必须没有明显超过必要限度造成重大损害，此即正当防卫的限度条件。我国刑法理论认为，所谓“明显超过必要限度”，是指防卫行为明显超过了防卫的客观需要，即根据所保护的法益性质、不法侵害的强度与紧迫程度等，防卫行为明显缺乏必要性。所谓“造成重大损害”，是指造成不法侵害人重伤、死亡。

关于防卫限度条件的理论研究，我国传统刑法理论确实显得过于粗疏而欠缺理论深刻性和解释力。张明楷教授指出：针对我国旧《刑法》（即 1979 年《刑法》）第 17 条第 2 款规定“正当防卫超过必要限度造成不应有的危害的，应当负刑事责任；但是应当酌情减轻或者免除处

---

① 魏东．刑法：原理·图解·案例·司考．北京：中国民主法制出版社，2016：77.

罚”，理论上对正当防卫的必要限度提出的不同学说有“基本相适应说”①、“必需说”②、“适当说”③；但是，针对我国现行《刑法》（即1997年《刑法》）第20条第2款规定“正当防卫明显超过必要限度造成重大损害的，应当负刑事责任，但是应当减轻或者免除处罚”，理论上对正当防卫的必要限度应当主张“合理需要说”（即应当以制止不法侵害并保护法益的合理需要为标准），一方面要分析不法侵害行为的危险程度、侵害者的主观内容以及双方的手段、强度、人员多少与强弱、在现场所处的客观环境与形势等，另一方面还应权衡防卫行为所保护的法益性质与防卫行为所造成的损害后果。“所保护的法益与所损害的利益之间，不能相差过大，不能为了保护微小权益而造成不法侵害者重伤或者死亡，即使是非杀死侵害人就不能保护微小权益的情况下，也不能认为杀死不法侵害人是必需的”④。我认为，“合理需要说”基本上是恰当的，需要进一步研究的问题是如何确定合理需要的判断依据、如何进行类型化审查判断，这方面的研究成果目前还不充分。（这里不再具体展开）

三、防卫过当的归责原理

这里简单阐述两个问题。

其一，防卫过当的概念和特征。根据我国《刑法》第20条第2款规定，所谓防卫过当，是指防卫行为明显超过必要限度造成重大损害，应当负刑事责任的犯罪行为。据此，防卫过当具有两方面的特征：一是在客观上表现为防卫行为明显超过了必要限度并造成了重大损害；二是防卫人在主观上对过当行为及造成的结果具有罪过。防卫行为虽然明显超过必要限度造成重大损害，但如果对该重大损害结果不具有故意或者过失的，并不成立防卫过当，也不是正当防卫，而应认定为意外事件或者不可抗力。

至于防卫过当的罪过形式，理论界有人认为可以是故意（包括直接故意和间接故意），也可以是过失；有人认为只能是间接故意和过失；还有的认为只能是过失。我们认为，在防卫过当的场合，行为人对于其过当行为及其结果，主观上通常是间接故意或者过失，但是也不能完全排除极个别情况下直接故意。例如，张明楷教授认为：“只要行为人对过当结果具有认识与希望或者放任态度，就成立故意的防卫过当，如果对过当结果仅有过失则成立过失的防卫过当。”⑤ 不可能出于直接故意，因为正当防卫的目的与犯罪的目的，在一个人的头脑中不可能同时并存。但主观上存在间接故意和过失，则是可能的。

其二，防卫过当的刑事责任。我国《刑法》第20条第2款规定，对于防卫过当构成犯罪的，“应当减轻或者免除处罚”。《刑法》之所以规定对防卫过当减免处罚，是因为防卫过当不仅在于法益侵害减少了，而且主观上的可非难性也减轻了。

四、特殊防卫的解释适用问题

《刑法》第20条第3款规定：“对正在进行行凶、杀人、抢劫、强奸、绑架以及其他严重危及人身安全的暴力犯罪，采取防卫行为，造成不法侵害人伤亡的，不属于防卫过当，不负刑事责任。”此即特殊正当防卫。

我国传统理论认为，特殊正当防卫是相对于一般正当防卫而言的，成立特殊正当防卫的前

---

① 杨春洗，等．刑法总论．北京：北京大学出版社，1981：174.

② 曾宪信，江任天，朱继良．犯罪构成论．武汉：武汉大学出版社，1988：133.

③ 高铭暄．中国刑法学．北京：中国人民大学出版社，1989：152.

④ 张明楷．刑法学．5版：上．北京：法律出版社，2016：204－209.

⑤ 同④ 213.

提是必须符合一般正当防卫的相关条件（如时间条件、对象条件等）。与一般正当防卫相比较，特殊正当防卫没有限度条件，因而不存在防卫过当。显然，特殊正当防卫之所以没有限度条件，是因为其起因条件的特殊性。在此意义上说，如何把握“正在进行行凶、杀人、抢劫、强奸、绑架以及其他严重危及人身安全的暴力犯罪”，是特殊正当防卫的最重要的问题。一方面，“严重危及人身安全”既是对“其他暴力犯罪”的限制，同时也是对“行凶、杀人、抢劫、强奸、绑架”的制约。即并非只要不法侵害人实施的是“行凶、杀人、抢劫、强奸、绑架”，便可以对其实施特殊正当防卫，相反只有针对严重危及人身安全的“行凶、杀人、抢劫、强奸、绑架”方可实施特殊正当防卫。另一方面，由于特殊正当防卫没有限度条件，即使造成不法侵害人重伤、死亡的，也不具有违法性，故此，所谓严重危及人身安全的暴力犯罪，应当限定为具有进攻性、破坏性、紧迫性且极有可能造成他人重伤、死亡后果的暴力犯罪。据此，虽然对方正在实施抢劫，但如果并不足以严重危及人身安全，即并无造成伤亡可能的（如采取麻醉的方法抢劫），也不应允许对之实施特殊正当防卫。当然，由于抢劫本身就是不法侵害，所以，虽然此时不允许进行特殊正当防卫，但完全可以实施一般正当防卫。就此而言，特殊正当防卫仅为注意规定，其并没有就正当防卫的成立条件作出特别规定。①

我国传统刑法理论针对特别防卫权的理论研究已经比较成熟，其中存在个别理论点的学术分歧，如特别防卫权与正当防卫的关系论（同质性论）、成立条件论（五条件论与无特别限度论）等，正在逐步走向理性共识。例如，前述关于“广州少女刺死性侵大叔案”的讨论中，笔者提出的“持续性地”防卫行为可以成立特别防卫，但是“非持续性地”打击行为不能成立特别防卫，这种理论共识尽管还有一定距离需要缩短乃至消除，但是不同刑法学者已经相向而行，获得理论共识的合理期待有望实现。例如：海南省陈天杰刺死性侵新婚妻子者案、江苏昆山于海明反击砍杀者案，均被认定为正当防卫（即确认行为人的特别防卫权）。

案例　海南省陈天杰刺死性侵新婚妻子者案②

2014 年 3 月 12 日 18 时许，被告人陈天杰和其老婆孙某某等水泥工在三亚市商品街一巷港华市场工地处吃饭，周世烈、周世明、容某、容浪和纪亚练等人也在隔壁不远处吃饭喝酒。被告人陈天杰和孙某某吃完饭后就去加班。22 时许，周世烈、容某、容浪和纪亚练在工地调戏孙某某，还骂站在孙某某身边的被告人陈天杰，双方因此发生争执。周世烈冲上去要打被告人陈天杰，陈天杰也冲上去要打周世烈，孙某某和从不远处跑过来的刘增荣站在中间，将双方架开。孙某某在劝架时被推倒在地，被告人陈天杰就上前去扶孙某某，周世烈、容浪和纪亚练先后冲过来对被告人陈天杰拳打脚踢，被告人陈天杰也用拳脚与他们对打。接着，容浪、纪亚练从旁边地上捡起钢管冲上去打被告人陈天杰，周世烈也从工地旁边拿起一把铁铲，准备殴打陈天杰。其中纪亚练被刘增荣抱着，但纪亚练一直挣扎往前冲，当他和刘增荣挪动到被告人陈天杰身旁时，纪亚练将刘增荣甩开并持钢管朝被告人陈天杰的头部打去，因陈天杰头部戴着一个黄色安全帽，那根钢管顺势滑下打到被告人陈天杰的左上臂。周世烈持铁铲冲向陈天杰，但被孙某某拦住，周世烈就把铁铲扔了，空手冲向陈天杰。在这过程中，被告人陈天杰半蹲着用左手护住孙某某，右手持一把折叠式单刃小刀乱挥、乱捅。刘某某闻讯拿着一把铲子和其他同事赶到现场，周世烈、容浪和纪亚练看见后便逃离现场，逃跑时还拿石头、酒瓶等物品对着被告人陈天杰砸过来。容浪被被告人陈天杰持小刀捅伤后跑到工地的地下室里倒在地上，后因失血过多死亡。经鉴定，容浪系生前被单刃锐器刺伤左腹股沟区下方，造成左股动静脉断裂致失血

---

① 魏东．刑法：原理・图解・案例・司考．北京：中国民主法制出版社，2016：79.

② 案情介绍及法院判决说理，参见海南省三亚市中级人民法院刑事附带民事裁定书，（2016）琼 02 刑终 28 号。

性休克死亡；周世烈被捅致左膝部皮肤裂伤伴髌上韧带断裂，其伤势为轻伤；纪亚练呈左腹股沟区裂创痕，刘增荣呈右大腿远端前侧裂创痕，二人的伤势均为轻微伤；陈天杰被打后呈左头顶部浅表挫裂伤，其伤势为轻微伤。

【判决及说理】一审法院判决“被告人陈天杰无罪”，二审法院裁定“驳回抗诉，维持原判”。

一审判决后，原公诉机关三亚市城郊人民检察院提出抗诉，认为一审判决认定原审被告人陈天杰的行为属于正当防卫而判决无罪，错误的认定行为性质，导致适用法律错误。理由如下：(1) 陈天杰实施的行为不具有正当性，属于互殴行为，陈天杰主观上具有伤害他人的犯罪故意，客观上实施了伤害他人的犯罪行为，造成一人死亡、三人受伤的危害结果，应当构成故意伤害罪。(2) 无限防卫权只能适用于特定的严重危及人身安全的暴力犯罪侵害。本案中，从双方关系和起因看，纪亚练等人和陈天杰是同为一个工地的工人，平时没有深仇大恨，只是因案发当天调戏孙某某而引发双方斗殴；从纪亚练等人选择打击的部位及强度看，以及周世烈因害怕出事，而将铁铲扔掉，空手对打，说明纪亚练等人主观上没有要致陈天杰于重伤、死亡的故意。故一审判决认定陈天杰在生命安全受到现实、紧迫及严重威胁的不法侵害时行使无限防卫权，确属错误。(3) 一审法院判决认定陈天杰行为既属于正当防卫，又属于无限防卫，同时适用《中华人民共和国刑法》第 20 条第 1 款、第 3 款的规定，属于适用法律错误。三亚市人民检察院审查后认为，被告人陈天杰的行为应定性为故意伤害罪，三亚市城郊人民法院将本案定性为正当防卫行为而判决陈天杰无罪，属于定性不准确，适用法律错误。

针对人民检察院以下抗诉意见，二审法院综合评述如下：(1) 关于原审被告人陈天杰的行为是否属于互殴行为的问题。所谓互殴，是指双方均具有侵害故意时实施的相互侵害行为。在主观上，互殴双方均具有侵害他人的故意；在客观上，互殴双方均实施了加害行为。所以，互殴双方的行为均属于不法侵害，而非正当防卫。在本案中，陈天杰在其妻子孙某某被调戏、其被辱骂的情况下，面对冲上来要打其的周世烈，陈天杰也欲还击，被孙某某和刘增荣拦开。陈天杰在扶劝架时被推倒在地的孙某某时，周世烈、容浪和纪亚练先后冲过来对陈天杰拳打脚踢，继而持械殴打陈天杰。陈天杰持刀捅伤被害人时，正是被容浪等人持械殴打的紧迫期间，符合防卫的起因条件、时间条件、对象条件和主观条件。因此，陈天杰是被羞辱、被打后为维护自己的尊严、保护自己及其妻子的人身安全，防止被害人的不法侵害而被动进行的还击，陈天杰的行为不属于互殴，不能认定陈天杰具有伤害他人的犯罪故意。(2) 关于被害人容浪等人的行为是否属于“行凶”的问题。“行凶”必须是一种已着手的暴力侵害行为，必须足以严重危及他人的重大人身安全。抗诉机关认为，从双方关系和起因、容某等人选择打击的部位及强度、陈天杰捅刺的对象看，容某等人的行为不属于严重危及人身安全的暴力犯罪侵害。本院认为，被害人容浪等人的行为应认定为“行凶”。其一，不管双方平时关系如何，案发当时容浪等人当时调戏了陈天杰的妻子，先后拳脚、持械围殴陈天杰，侵害行为正在发生。其二，容浪等人持械击打的是陈天杰的头部，在陈天杰戴安全帽的情况下致轻微伤。法律并未规定特殊防卫的行为人必须身受重伤、已被抢劫、强奸既遂等才可以进行防卫。防卫的目的恰恰是使行凶、杀人、抢劫、强奸、绑架等暴力犯罪不能得逞，因此，即使防卫人根本没有受到实际伤害，也不应当影响特殊防卫的成立。陈天杰在当时的情形下，只能根据对方的人数、所持的工具来判断自身所面临的处境，不可能知道容浪等人是否有选择性地击打其戴安全帽的头部以及强度。容浪、纪亚练所持的是钢管，周世杰所持的是铁铲，均是足以严重危及他人重大人身安全的凶器，三人都喝了酒，气势汹汹，孙某某、刘增荣、容某都曾阻拦，但孙某某阻拦周世烈、刘增荣阻拦纪亚练时均被甩倒，容某阻拦周世烈时被挣脱。其三，纪亚练持钢管击打的是陈天杰的头部，属于人体的重要部位，虽戴着安全帽，仍致头部轻微伤，钢管打到安全帽后滑到手臂，仍致手臂皮内、皮下出血，可见打击力度之大。如陈天杰没有安全帽的保护，必然造成严重的伤亡后果。其四，陈天杰是半蹲着左手护住孙某某右手持小刀进行防卫的，这种姿势不是一种主动攻击的姿势，而是一种被动防御的姿势，且手持的是一把刀刃只有6cm左右的小刀，只要对方不主动靠近攻击就不会被捅刺到。其五，击打到陈天杰头部的虽然只是纪亚练，但容浪当时也围在陈天杰身边手持钢管殴打陈天杰，属于不法侵害人，陈天杰可对其实施防卫。误伤刘增荣，纯属意外，不能说陈天杰对刘增荣实施防卫，只能说明当时陈天杰被围打，疲于应对，场面混乱。故容浪等人是持足以严重危及他人重大人身安全的凶器主动攻击陈天杰，使陈天杰的重大人身安全处于现实的、急迫的、严重的危险之下，应当认定为“行凶”。此时，陈天杰为保护自己及其妻子的重大人身安全，用小刀刺、划正在围殴其的容浪等人，符合特殊防卫的条件，虽致容浪死亡、周世烈轻伤、纪亚练轻微伤，但依法不负刑事责任。(3) 关于法律适用的问题。根据《中华人民共和国刑法》第20条第2款的规定，防卫过当是应当负刑事责任的，防卫过当的前提是进行正当防卫。原审判决适用《中华人民共和国刑法》第20条第1款、第3款的规定，是依据第1款认定陈天杰的行为构成正当防卫，依据第3款认定陈天杰的行为不属于防卫过当。因此，原判同时适用《中华人民共和国刑法》第20条第1款、第3款并无不当。综上，正当防卫制度高度重视和切实保障公民的防卫权，倡导和鼓励公民对一切不法侵害行为和严重暴力犯罪行为，积极、充分行使防卫权，保护国家、公共利益、本人或者他人的人身、财产和其他合法权利不受侵害。本案中，被害人容浪等人酒后滋事，调戏原审被告人陈天杰的妻子，辱骂陈天杰，不听劝阻，使用足以造成严重危及他人重大人身安全的凶器殴打陈天杰。陈天杰作为一个男人，一个丈夫，在自己的妻子被调戏，自己被辱骂并被围殴之时，用小刀刺、划正在围殴其的容浪等人，符合特殊防卫的条件，虽致容浪死亡、周世烈轻伤、纪亚练轻微伤，但依法不负刑事责任。抗诉机关的抗诉意见不成立，不予支持。原审被告人陈天杰及其辩护人的辩护意见成立，予以采纳。原判认定事实清楚，证据确实、充分，审判程序合法，适用法律正确，附带民事部分判决准确，应予维持。

案例　江苏昆山于海明反击砍杀者案①

2018年8月27日21时30分许，昆山市震川路发生一起宝马轿车驾驶员持刀砍人反被杀案。公安机关查明，案发当晚刘海龙醉酒驾驶皖AP9G57宝马轿车（经检测，血液酒精含量为87mg/100ml），载刘某某（男）、刘某（女）、唐某某（女）行至昆山市震川路，向右强行闯入非机动车道，与正常骑自行车的于海明险些碰擦，双方遂发生争执。经双方同行人员劝解，交通争执基本平息，但刘海龙突然下车，上前推搡、踢打于海明。虽经劝架，刘海龙仍持续追打，后返回宝马轿车拿出一把砍刀（经鉴定，该刀为尖角双面开刃，全长59厘米，其中刀身长43厘米、宽5厘米，系管制刀具），连续用刀击打于海明颈部、腰部、腿部。击打中砍刀甩脱，于海明抢到砍刀，并在争夺中捅刺、砍击刘海龙5刀，刺砍过程持续7秒。刘海龙受伤后跑向宝马轿车，于海明继续追砍2刀均未砍中。刘海龙跑向宝马轿车东北侧，于海明追赶数米被同行人员拉阻，后返回宝马轿车，将车内刘海龙手机取出放入自己口袋。民警到达现场后，于海明将手机和砍刀主动交给处警民警（于海明称拿走刘海龙手机是为了防止对方打电话召集人员报复）。刘海龙后经送医抢救无效于当日死亡。经法医鉴定并结合视频监控认定，刘海龙连续被刺砍5刀，其中，第一刀为左腹部刺戳伤，致腹部大静脉、肠管、肠系膜破裂；其余四

---

① 案情简介及分析意见，参见江苏检方析昆山砍人案：于海明为何属于正当防卫？．[2018-09-01]．中国新闻网．http：//www.chinanews.com/sh/2018/09/01/8616354.shtml.

刀依次造成左臂部、右胸部并右上臂、左肩部、左肘部共5处开放性创口及3处骨折，死因为失血性休克。于海明经人身检查，见左颈部条形挫伤1处，左胸季肋部条形挫伤1处。

【处理结果及分析意见】认定于海明行为属于正当防卫的分析意见。我国《刑法》第20条第3款规定："对正在进行行凶、杀人、抢劫、强奸、绑架以及其他严重危及人身安全的暴力犯罪，采取防卫行为，造成不法侵害人伤亡的，不属于防卫过当，不负刑事责任。"根据本案事实及现有证据，检察机关认为于海明属于正当防卫，不负刑事责任。(1) 刘海龙挑起事端、过错在先。从该案的起因看，刘海龙醉酒驾车，违规变道，主动滋事，挑起事端；从事态发展看，刘海龙先是推搡，继而拳打脚踢，最后持刀击打，不法侵害步步升级。(2) 于海明正面临严重危及人身安全的现实危险。本案系"正在进行的行凶"，刘海龙使用的双刃尖角刀系国家禁止的管制刀具，属于刑法规定中的凶器；其持凶器击打他人颈部等要害部位，严重危及于海明人身安全；砍刀甩落在地后，其立即上前争夺，没有放弃迹象。刘海龙受伤起身后，立即跑向原放置砍刀的汽车——于海明无法排除其从车内取出其他"凶器"的可能性。砍刀虽然易手，危险并未消除，于海明的人身安全始终面临着紧迫而现实的危险。(3) 于海明抢刀反击的行为属于情急下的正常反应，符合特殊防卫要求。于海明抢刀后，连续捅刺、砍击刘海龙5刀，所有伤情均在7秒内形成。面对不法侵害不断升级的紧急情况，一般人很难精准判断出自己可能受到多大伤害，然后冷静换算出等值的防卫强度。法律不会强人所难，所以《刑法》规定，面对行凶等严重暴力犯罪进行防卫时，没有防卫限度的限制。检察机关认为，于海明面对挥舞的长刀，所做出的抢刀反击行为，属于情急下的正常反应，不能苛求他精准控制捅刺的力量和部位。虽然造成不法侵害人的死亡，但符合特殊防卫要求，依法不需要承担刑事责任。(4) 从正当防卫的制度价值看，应当优先保护防卫者。"合法没有必要向不法让步"。正当防卫的实质在于"以正对不正"，是正义行为对不法侵害的反击，因此应明确防卫者在刑法中的优先保护地位。实践中，许多不法侵害是突然、急促的，防卫者在仓促、紧张状态下往往难以准确地判断侵害行为的性质和强度，难以周全、慎重地选择相应的防卫手段。在事实认定和法律适用上，司法机关应充分考虑防卫者面临的紧急情况，依法准确适用正当防卫规定，保护防卫者的合法权益，从而树立良好的社会价值导向。本案是刘海龙交通违章在先，寻衅滋事在先，持刀攻击在先。于海明面对这样的不法侵害，根据法律规定有实施正当防卫的权利。

第四章　成都孙伟铭醉驾致人死亡案

（以危险方法危害公共安全罪）

案例

成都孙伟铭醉驾致人死亡案①

2008年5月28日，上诉人（原审被告人）孙伟铭购买了车牌号为川A43K66的别克牌轿车。在未取得合法驾驶资格的情况下，孙伟铭长期无证驾驶该车，并有多次交通违法记录。2008年12月14日中午，孙伟铭与其父母在成都市成华区万年场“四方阁”酒楼为亲属祝寿，其间大量饮酒。16时许，孙伟铭驾驶川A43K66车送其父母到成都市火车北站搭乘火车，之后驾车折返至城东成龙路向成都市龙泉驿区方向行驶。17时许，行至成龙路“蓝谷地”路口时，孙伟铭驾车从后面冲撞与其同向行驶的川A9T332比亚迪牌轿车尾部。其后，孙伟铭继续驾车向前超速行驶，并在成龙路“卓锦城”路段违章越过道路中心黄色双实线，与对面车道正常行驶的川AUZ872长安奔奔牌轿车猛烈碰撞后，又与川AK1769长安奥拓牌轿车、川AVD241福特蒙迪欧牌轿车、川AMC337奇瑞QQ轿车发生碰撞及擦刮，致川AUZ872长安奔奔牌轿车内张景全及尹国辉夫妇、金亚民及张成秀夫妇死亡，另一乘客代玉秀重伤，造成公私财产损失共计5万余元。交通警察接群众报案后赶至现场将孙伟铭抓获。经鉴定，孙伟铭驾驶的车辆碰撞前瞬间的行驶速度为134～138公里/小时；孙伟铭案发时血液中的乙醇含量为135.8毫克/100毫升。本案一审和二审均认定孙伟铭构成以危险方法危害公共安全罪，原一审判决孙伟铭死刑立即执行，二审改判孙伟铭无期徒刑。

法理问题　以危险方法危害公共安全罪

就成都孙伟铭醉驾致人死亡案中孙伟铭的行为定性而言，理论界存在以危险方法危害公共安全罪与交通肇事罪的争议。以危险方法危害公共安全罪的刑法解释适用中，难点就在于“危险方法”的解释和限定，理论上讲这里涉及兜底条款（兜底规定、兜底罪状、兜底罪名）、同类解释、同质解释、间接故意、有预见的过失等刑法解释论和刑法教义学原理。孙伟铭醉驾发生在人口密集的城市闹市区、超速并逆行的时空条件下，危害公共安全致人死伤客观上成为一个高概率事件甚至在相当程度上成为不可避免的结果，这是普通人均能够认识的一个“常识”性现象。但是孙伟铭仍然如此行事，其主观心态上是“有认识”并且持有“放任”态度的，构成间接故意犯罪，而并非过失犯罪。因此，综合评价孙伟铭醉驾致人死亡行为就应当将其认定为以危险方法危害公共安全罪。本书认为，人民法院判决孙伟铭犯以危险方法危害公共安全罪并判处无期徒刑是恰当的。因为尽管以危险方法危害公共安全罪的最高法定刑是死刑，孙伟铭的行为客观上造成了多人死伤和重大财产损失，但是，当其主观方面是放任故意（即间接故意）时，按照我国刑法教义学和“慎用死刑”的死刑政策精神，依法不宜判处其死

---

① 案例来源：最高人民法院《关于醉酒驾车犯罪法律适用问题的意见》［法发（2009）47号］附随案例一，2009-09-15.

刑，尤其是不宜判处死刑立即执行。因此，孙伟铭案二审改判孙伟铭无期徒刑，是比较合理的判决。

根据我国《刑法》第114条、第115条的规定，以危险方法危害公共安全罪，是指故意使用放火、决水、爆炸、投放危险物质以外的其他危险方法危害公共安全的行为。本罪的法定刑配置是，犯本罪，尚未造成严重后果的，处3年以上10年以下有期徒刑；致人重伤、死亡或者使公私财产遭受重大损失的，处10年以上有期徒刑、无期徒刑或者死刑。

成都孙伟铭醉驾致人死亡案的理论争议主要有两个方面：(1) 定性上，孙伟铭是构成以危险方法危害公共安全罪还是交通肇事罪？即其争议焦点在于以危险方法危害公共安全罪之“危险方法”要素的内涵界定问题和解释论问题，这个问题的争议具有特别重要价值。(2) 处罚上，对于以放任故意构成以危险方法危害公共安全罪的，依法是否应当判处死刑？这个刑罚论问题也值得研究。

如何理解“危险方法”的相当性问题，法律并没有明确规定，刑法理论上（刑法解释论上）还存有争议，司法实践中还存混乱状况。

一般认为，以危险方法危害公共安全罪仅仅是《刑法》第114条、第115条所明确规定的“兜底罪名”，即所谓的“兜底条款”“兜底规定”“兜底罪状”。对于兜底条款的解释，应当坚持“同质解释”和“同类解释”的解释方法，将其作为“相当性犯罪条款”来对待，并应注意其“兜底范围”只能是针对具体的条款范围，如本罪作为兜底罪名就仅限于《刑法》第114条、第115条的“兜底规定”。因此，需要特别注意的问题是，以危险方法危害公共安全罪并非是刑法分则第二章所规定的全部罪名的“兜底罪名”“兜底条款”[①]，而只是针对《刑法》第114条和第115条所规定的“放火、决水、爆炸以及投放毒害性、放射性、传染病病原体等物质”这样四个罪名的“相当性犯罪条款”，因而不能将本罪作为新的“口袋罪”来认识和适用。

在确定兜底范围之后，才谈得上进一步特别注意本罪“危险方法”的同质性（或者等质性）、同类性与相当性问题（同质解释和同类解释），即本罪之“危险方法”，在解释论上必须是与《刑法》第114条和第115条规定的“放火、决水、爆炸以及投放毒害性、放射性、传染病病原体等物质”这些危险方法相当并且等质的“危险方法”，只有具有这种同质性、同类性和相当性的危险方法并且以此方法实施危害公共安全的行为，才能依法认定为以危险方法危害公共安全罪。

综合观察目前我国司法审判中生效的刑事判决可以发现，下列几种行为通常被“解释”为以危险方法危害公共安全罪之“危险方法”：一是驾车撞人的危险方法（醉驾与碰瓷），如成都孙伟铭醉驾致人死亡案、广东佛山市黎景全醉酒驾车致人死亡案、柯某驾车碰瓷案；二是驾车在高速公路上逆行的危险方法，如重庆市张某驾车在高速公路上逆行案；三是抢夺行驶中的公交车方向盘的危险方法，如北京秦某抢夺行驶中的公交车方向盘案、成都蒋某某手拉公交车司机手臂案；四是驾船撞人的危险方法；五是私设电网的危险方法；六是不让瓦斯检测器报警并伪造瓦斯报表的危险方法，如河南5名矿长不让瓦斯检测器报警并伪造瓦斯报表案；七是非法制售含有三聚氰胺毒害性物质的危险方法，如河北张玉军非法制售含有三聚氰胺的毒“蛋白粉”案；八是以含有病菌的塑料注射器进行针刺的危险方法，如云南孙某某以含有病菌的塑料注射器进行针刺案；九是盗窃窨井盖的危险方法，如冯某某盗窃窨井盖案、邢某某盗窃窨井盖案；十是大规模制售盐酸克伦特罗（瘦肉精）的危险方法，如河南焦作市刘某大规模制售“瘦

---

① 张明楷．刑法学．3版．北京：法律出版社，2007：521.

肉精”案。

下面针对几种重要的“危险方法”并构成以危险方法危害公共安全罪的具体案例，列举并简介如下。

一、驾车撞人（如醉驾与碰瓷）的危险方法

典型案例如成都孙伟铭醉驾致人死亡案（如前所述）、佛山黎景全醉驾致人死亡案、韩某驾车碰瓷案。

案例　**佛山黎景全醉驾致人死亡案**①

2006年9月16日18时50分许，被告人黎景全大量饮酒后，驾驶车牌为粤A1J374的面包车由南向北行驶至广东省佛山市南海区盐步碧华村新路治安亭附近路段时，从后面将骑自行车的被害人李洁霞及其搭乘的儿子陈柏宇撞倒，致陈柏宇轻伤。撞人后，黎景全继续开车前行，撞坏治安亭前的铁闸及旁边的柱子，又掉头由北往南向穗盐路方向快速行驶，车轮被卡在路边花地上。被害人梁锡全（系黎景全的好友）及其他村民上前救助伤者并劝阻黎景全，黎景全加大油门驾车冲出花地，碾过李洁霞后撞倒梁锡全，致李洁霞、梁锡全死亡。黎景全驾车驶出路面外被治安队员及民警抓获。经检验，黎景全案发时血液中检出乙醇成分，含量为369.9毫克/100毫升。被告人黎景全在医院被约束至酒醒后，对作案具体过程无记忆，当得知自己撞死二人、撞伤一人时，十分懊悔。虽然其收入微薄，家庭生活困难，但仍多次表示要积极赔偿被害人亲属的经济损失。本案一审和二审均认定黎景全构成以危险方法危害公共安全罪，一审判决黎景全死刑立即执行，二审改判黎景全无期徒刑。

成都孙伟铭醉驾致人死亡案和佛山黎景全醉驾致人死亡案之所以判决行为人（即被告人）醉驾致人死亡的行为构成“危险方法”，其基本原理正是遵行了刑法解释论的同质解释和同类解释规则，当醉驾发生在人口密集的城市闹市区、超速并逆行的时空条件下，危害公共安全致人死伤客观上成为一个高概率事件甚至在相当程度上成为不可避免的结果，这是普通人均能够认识的一个“常识”性现象，但是孙伟铭和黎景全仍然如此行事，其主观心态上是“有认识”并且持有“放任”态度的，构成间接故意犯罪，而并非过失犯罪，因此，综合评价孙伟铭和黎景全醉驾致人死亡行为就应当将其认定为以危险方法危害公共安全罪。当然也应注意，如果行为人的醉驾致人死亡的行为发生在人口稀少的野外，由于其具有避免致人死亡结果发生的一定条件和现实可能性，但是最终仍然发生了交通肇事致人死亡的结果的，行为人对于醉驾致人死亡的结果只具有过失，则依法只能解释为交通肇事罪。所以，对于醉驾致人死亡行为，应当具体分析案发现场是否是人口密集区、醉驾行为是否严重超速或者逆行，以及是否具有避免交通肇事致人死亡结果发生的现实可能性及可能性大小等综合因素所反映出的行为人主观心理态度进行综合评判，如果行为人对于交通肇事致人死亡的结果具有主观故意（包括直接故意和间接故意），就应当依法认定为以危险方法危害公共安全罪；如果行为人对于交通肇事致人死亡的结果不具有主观故意而是过失，则应当依法认定为交通肇事罪。

案例　**韩某驾车碰瓷案**②

韩某等四人团伙经常通过“碰瓷”的方法敲诈外地货车司机，其惯用的方式是三人各开一

① 案例来源：最高人民法院《关于醉酒驾车犯罪法律适用问题的意见》［法发（2009）47号］附随案例二，2009-09-15.

② 对碰瓷案的反思．［2010-09-20］．法律博客．http：//wangruiyuan.fyfz.cn/art/729110.htm.

辆车，前后依次行驶，明确敲诈对象后，三辆车相继急刹车，致使最后一辆车后面的货车来不及刹车，造成追尾事故，然后犯罪分子要求货车司机赔偿损失。通过这种方式，犯罪分子的“碰瓷”计划屡屡得手。可最后还是在一次“碰瓷”中出了岔子，犯罪分子的三辆车都急刹车，但后面的货车没来得及刹车瞬时撞上了前方车辆，最终致使“碰瓷”的这帮人中，两人死亡，一人重伤。本案中，“碰瓷”行为人的行为就构成了以危险方法危害公共安全罪和敲诈勒索罪，可以按照其中较重的犯罪即以危险方法危害公共安全罪定罪处罚。

我国有论者指出，碰瓷行为具有危害公共安全的性质，而事后未进行索财的，其行为单独成立以危险方法危害公共安全罪；如果碰瓷行为具有危害公共安全的性质，而事后又进行索财的，其行为同时触犯了以危险方法危害公共安全罪和侵犯财产犯罪，应当根据牵连犯的处罚原则处理。① 我们认为这种看法是符合《刑法》规定的，应当将那些在危害公共安全严重性上相当于放火、爆炸、决水和投放危险物质的驾车碰瓷行为认定为以危险方法危害公共安全罪。

二、驾车在高速公路上逆行、将车辆停放在高速公路的行车道上的危险方法

典型案例如重庆市张某驾车在高速公路上逆行案。

案例 **重庆市张某驾车在高速公路上逆行案②**

2010年11月，“黑车”司机张某驾车行驶在沪蓉高速路上，见前边有执法车，为逃避检查，竟“将生死置之度外”，以每小时90公里的速度在高速公路上逆行了10公里。昨天，记者获悉，(重庆)万州区法院近日对该案作出一审判决：张某犯以危险方法危害公共安全罪，判处有期徒刑两年。

高速公路很特殊，驾车在高速公路上逆行、将车辆停放在高速公路的行车道上、在高速公路上搞“碰瓷”，这些行为通常都具有以危险方法危害公共安全的性质，对此定以危险方法危害公共安全罪是符合法律规定的。

三、抢夺行驶中的公交车方向盘、直接攻击正在开车的驾驶员的危险方法

典型案例如北京秦某抢夺行驶中的公交车方向盘案、成都蒋某某手拉公交车司机手臂案。

案例 **北京秦某抢夺行驶中的公交车方向盘案③**

2014年8月的一个傍晚，秦某酒后乘公交车回家时和乘务员发生争执，要求司机立即停车被拒绝时，即冲向驾驶座并伸手抢夺方向盘，公交车瞬间摇摆起来，所幸没有造成严重事故。秦某被北京市房山区人民法院以危险方法危害公共安全罪判处有期徒刑3年，缓刑3年。

案例 **成都蒋某某手拉公交车司机手臂案④**

2014年6月20日14时许，蒋某某于成都市红星路二段乘上37路公交车，在车上与公交车驾驶员发生争吵，当车行驶至青羊区文武路时，突然用手拉驾驶员右手臂，致公交车失控，

① 许文辉，陈运红，孙菲．汽车“碰瓷”行为定性研究．法学杂志，2011 (9).

② 重庆晨报．高速路逆行10公里司机以危险方法危害公共安全获刑．[2011-02-12]．新华网．http://news.xinhuanet.com/legal/2011-02/12/c_121069402.htm.

③ 新华网．醉酒小伙与公交乘务员起争执，抢方向盘获缓刑．[2015-04-06]．新华网．http://news.xinhuanet.com/legal/2015-04/06/c_127659819.htm.

④ 参见四川省成都市青羊区（2014）青羊刑初字第489号刑事判决书。

冲上街沿、撞到树木，导致公交车车头与过路电瓶车受损。法院认为，蒋某某用手拉驾驶员右手臂，致公交车失控，冲上街沿、撞到树木，导致公交车车头与过路电瓶车受损，其行为已构成以危险方法危害公共安全罪，判处有期徒刑三年零两个月。

上列两案中，北京秦某抢夺行驶中的公交车方向盘的行为以及成都蒋某某手拉司机手臂的行为，都是直接危害行进中的公交车交通安全的行为，并且这种公共安全危害不是一般的公共安全危害，而是已经达到了等值于放火、爆炸、决水、投放危险物质一样的严重程度，因此，将这些行为定性为以危险方法危害公共安全罪是正确的。

四、不让瓦斯检测器报警并伪造瓦斯报表的危险方法

典型案例如河南 5 名矿长不让瓦斯检测器报警并伪造瓦斯报表案。

案例　　河南 5 名矿长不让瓦斯检测器报警并伪造瓦斯报表案①

2006 年 12 月以来，被告人李新军（新华区四矿矿长）、韩二军（新华区四矿技术副矿长），在明知井下瓦斯超标的情况下，为追求利润，仍然组织大量工人下井作业，并多次强调要求瓦斯超标时不准报警；被告人侯为民（新华区四矿安全副矿长），无视煤矿安全生产管理法规，要求瓦斯检测员想办法不能让瓦斯检测器报警，并指示伪造瓦斯报表；被告人邓树军（新华区四矿生产副矿长），明知井下瓦斯超标并且瓦斯检查员移动瓦斯探头的情况下，仍然违规组织大量工人下井生产；被告人袁应周（新华区四矿生产矿长助理），明知该矿在生产过程中存在重大安全隐患，仍组织大量工人下井生产。该矿瓦斯检查员在上述被告人的要求下，不按规定安设瓦斯探头，在瓦斯超限时不是采取停电撤人等安全措施，而是将瓦斯探头电源拔掉或者将瓦斯探头置于风筒新鲜风流中。2009 年 9 月 8 日零时 55 分，平顶山新华区四矿发生瓦斯爆炸，导致 76 人死亡、15 人受伤。2010 年 9 月，平顶山市人民检察院以危险方法危害公共安全罪向法院起诉了 5 名被告人。

河南 5 名矿长不让瓦斯检测器报警并伪造瓦斯报表案中，客观上所发生的严重危害后果是十分令人痛心的，那么，对此案定性为以危险方法危害公共安全罪，还是定性为一般性的重大责任事故罪或者重大劳动安全事故罪等犯罪呢？我认为，需要结合本案案情事实的全部内容进行法律审查。行为人（被告人）在主观上是明知故犯，将瓦斯超标而故意不予以报警、伪造瓦斯报表、移动瓦斯检测器探头等行为解释为以危险方法危害公共安全罪是恰当的。

五、非法制售含有三聚氰胺毒害性物质的危险方法

典型案例如河北张玉军非法制售含有三聚氰胺的“蛋白粉”案。

案例　　河北张玉军非法制售含有三聚氰胺的“蛋白粉”案②

2007 年 7 月，被告人张玉军在明知三聚氰胺是化工产品、不能供人食用，人一旦食用会对身体健康、生命安全造成严重损害的情况下，以三聚氰胺和麦芽糊精为原料，在河北省曲周县河南疃镇第二疃村，配制出专供在原奶中添加、以提高原奶蛋白检测含量的含有三聚氰胺的混合物（俗称“蛋白粉”）。后张玉军将生产场所转移至山东省济南市市中区党家庄村，购买了搅

---

① 河南检察机关首次以危害公共安全罪起诉 5 名煤矿矿长．[2010－09－15]．新华网．http：//news. xinhuanet. com/legal/2010-09/15/c_12572008. htm.

② 石家庄对三鹿奶粉案 2 名主犯执行死刑．[2009－11－25]．网易网．http：//news. 163. com/09/1124/16/5OT84GNB0001124J. html.

拌机、封口机等生产工具，购买了编织袋，定制了不干胶胶条，陆续购进三聚氰胺192.6吨、麦芽糊精583吨，雇用工人大批量生产“蛋白粉”。至2008年8月，张玉军累计生产“蛋白粉”770余吨，并以每吨8 000元至12 000元不等的价格销售给张彦章（同案被告人，已判刑）及黄瑞康、张树河、刘继安、周全彬（均另案处理）等人，累计销售600余吨，销售金额6 832 120元。在此期间，张玉军生产、销售，张彦章销售的“蛋白粉”又经赵怀玉、黄瑞康等人分销到石家庄、唐山、邢台、张家口等地的奶厅（站），被某些奶厅（站）经营者添加到原奶中，销售给石家庄三鹿集团股份有限公司（以下简称“三鹿集团”）等奶制品生产企业。三鹿集团等奶制品生产企业使用含有三聚氰胺的原奶生产的婴幼儿奶粉等奶制品流入全国市场，对广大消费者特别是婴幼儿的身体健康、生命安全造成了严重损害，导致全国众多婴幼儿因食用含三聚氰胺的婴幼儿奶粉引发泌尿系统疾患，多名婴幼儿死亡。国家投入巨额资金用于患病婴幼儿的检查和治疗，众多奶制品企业和奶农的正常生产、经营受到重大影响，经济损失巨大。最高人民法院裁定核准河北省高级人民法院维持第一审以以危险方法危害公共安全罪判处被告人张玉军死刑，剥夺政治权利终身的刑事裁定。

本案中，由于三聚氰胺毒蛋白粉本来就仅用于生产奶粉，而三聚氰胺毒蛋白粉一旦用于生产奶粉就必然严重危害公共安全（婴幼儿食品安全），所以将制售含有三聚氰胺毒蛋白粉的行为解释为以危险方法危害公共安全罪是基本合理的。

六、以含有病菌的塑料注射器进行针刺的危险方法

典型案例如云南孙某某以含有病菌的塑料注射器进行针刺案。

案例 **云南孙某某以含有病菌的塑料注射器进行针刺案**①

2009年10月，孙某某在西湖幼儿园上课期间，为使入托的学龄前儿童服从管教，使用一只一次性塑料注射器在未经消毒处理的情况下，反复多次对幼儿园的学龄前儿童白某、李某等六十余人的身体进行针刺，引起入托的学龄前儿童及家长的严重恐慌。2009年12月28日，经红河州第二人民医院司法鉴定所鉴定，孙某某具有完全刑事责任能力。后经医疗部门多次检查，被刺学龄前儿童的HIV、乙肝、丙肝抗体均为阴性。人民法院最终认定孙某某的行为构成以危险方法危害公共安全罪，判处其有期徒刑3年。

本案中，孙某某以含有病菌的塑料注射器对幼儿园学龄前儿童进行针刺，具有随意性，客观上也具有一定的危害公共安全的性质，尤其是当这些注射器里含有炭疽病菌、艾滋病菌或者肝炎病菌等危害性物质时，将其行为解释为以危险方法危害公共安全罪就是妥当的。当然，值得注意的是，本案在“被刺学龄前儿童的HIV、乙肝、丙肝抗体均为阴性”的情况下，将孙某某的行为定性为以危险方法危害公共安全罪则存在一定疑问。

七、盗窃交通要道上窨井盖的危险方法

典型案例如冯某某盗窃窨井盖案、邢某某盗窃窨井盖案。

案例 **冯某某盗窃窨井盖案**②

2004年12月至2005年1月，被告人冯某某先后在成都市新乐北街、南沿线北干道、南沿

---

① 云南针刺幼儿女教师犯危害公共安全罪被判3年．[2010-03-25]．新华网云南频道．http：//news. xinhuanet. com/legal/2010-03/25/c _ 123159. htm.

② 天涯法律网．偷了15个井盖 被判危害公共安全．[2011-07-31]．http：//www. hicourt. gov. cn/homepage/show2 _ content. asp?id=9239.

线三环路等交通要道盗窃窨井盖15个，价值共计三千余元。法院认为，被告人冯某某的行为应以以危险方法危害公共安全罪定罪处罚。鉴于被告人认罪态度好，行为尚未造成严重危害后果，法院酌定从轻处罚，判处被告人冯富东有期徒刑3年。这是四川省成都市高新区人民法院在成都首次对盗窃道路中的窨井盖的行为以以危险方法危害公共安全罪定罪判刑。

案例 **邢某某盗窃窨井盖案①**

2006年1月2日21时许，被告人邢某某与郭某（在逃）预谋盗窃后，由邢某某提供豫AV7052机动三轮车，郭某携带管剪和撬杠，于2006年1月3日1时许来到郑州市二七区万客来食品城东约400米处南三环路北辅道上，撬盗中国网通（集团）有限公司郑州市分公司正在使用的窨井盖5个。被告人邢某某在盗窃过程中，被该网通公司管线维护中心巡逻的工作人员当场抓获并报警，后被移交公安机关。上述5个窨井盖经郑州市涉案物品价格评估鉴定中心鉴证共计价值2 070元，现赃物已追回并发还被害单位。郑州市二七区人民法院审理认为，被告人邢某某以非法占有为目的，秘密窃取道路上正在使用的窨井盖，放任危害公共安全的后果，其行为符合以危险方法危害公共安全罪的犯罪构成要件，应当以以危险方法危害公共安全罪定罪处罚。公诉机关指控被告人邢某某盗窃窨井盖的事实清楚，证据确实充分，但指控被告人的行为构成破坏交通设施罪的罪名不当，应当纠正。被告人邢某某的行为同时符合盗窃罪和以危险方法危害公共安全罪的构成要件，根据《刑法》“一个犯罪行为触犯数个罪名的，择一重罪处罚”的规则，应当以以危险方法危害公共安全罪追究其刑事责任。辩护人提出被告人的行为应定性为盗窃罪的辩护意见，不予采信。辩护人提出的被告人认罪态度较好，应从轻处罚的辩护意见经查属实，本院予以采纳。根据我国《刑法》第114条之规定，法院判决：(1) 被告人邢某某犯以危险方法危害公共安全罪，判处有期徒刑4年；(2) 依法没收作案工具豫AV7052机动三轮车一辆，上缴国库。

在冯某某盗窃窨井盖案、邢某某盗窃窨井盖案中，二者的共同点在于行为人（被告人）实施了盗窃行为，犯罪对象是窨井盖，通常情况下应当定性为盗窃罪。但是，该两案的情况十分特殊，突出表现在其犯罪对象“窨井盖”密切关联了公共安全，即交通要道上的窨井盖同车辆行人的安全是具有密切关联关系的，一旦盗窃交通要道上的窨井盖就必将直接威胁着过往车辆行人的安全，其危害公共安全的程度与放火、爆炸、决水、投放危险物质等行为的危害程度是相当的、等值的，从而应当将盗窃交通要道上的窨井盖的行为解释为以危险方法危害公共安全罪。

八、大规模制售盐酸克伦特罗（瘦肉精）的危险方法

典型案例如河南焦作市刘某大规模制售“瘦肉精”案。

案例 **河南焦作市刘某大规模制售“瘦肉精”案②**

被告人刘某、奚某某明知国家禁止使用盐酸克伦特罗（瘦肉精）饲养生猪，且使用盐酸克伦特罗饲养的生猪流入市场后会严重影响消费者的身体健康。为攫取暴利，2007年年初，刘某与奚某某约定共同投资，研制、生产、销售盐酸克伦特罗用于生猪饲养，其中刘某负责研制、生产，奚某某负责销售。被告人肖某、陈某某明知盐酸克伦特罗对人体有害，仍在刘某研制出盐酸克伦特罗后联系收猪经纪人试用，并向刘某反馈试用效果好。随后，刘某大规模生产

---

① 叶泽永，张相卿，李娇．盗窃窨井盖构成何罪？．河南法制报，2007-11-29 (13).

② 魏东．河南“瘦肉精”案的刑法解释论意义．公诉人，2011 (8)：37-39.

盐酸克伦特罗，截至 2011 年 3 月，共生产 2 700 余公斤，非法获利 250 万余元。奚某某、肖某、陈某某负责将刘某生产的盐酸克伦特罗销售，其中奚某某非法获利 130 余万元，肖某非法获利 60 余万元，陈某某非法获利约 70 万元。此外，奚某某还单独从他人处购进盐酸克伦特罗 230 余公斤予以销售，非法获利 30 余万元。刘某之妻被告人刘某某明知盐酸克伦特罗的危害性，仍协助刘某进行研制、生产、销售等活动。5 被告人生产、销售的盐酸克伦特罗经过多层销售，最终销至河南、山东等地的生猪养殖户，致使大量使用盐酸克伦特罗勾兑饲料饲养的生猪流入市场，严重影响广大消费者的身体健康，并使公私财产遭受重大损失。焦作市中级人民法院以以危险方法危害公共安全罪，判处被告人刘某死刑，缓期 2 年执行，剥夺政治权利终身；判处被告人奚某某无期徒刑，剥夺政治权利终身；判处被告人肖某有期徒刑 15 年，剥夺政治权利 5 年；判处被告人陈某某有期徒刑 14 年，剥夺政治权利 3 年。

河南焦作市刘某大规模制售“瘦肉精”案的定性处理在理论上还存在一定争议，有的认为应当定性为非法经营罪，有的赞同定性为以危险方法危害公共安全罪，此外还有其他一些看法。本书认为，将刘某大规模制售“瘦肉精”（仅用于生猪饲料添加剂）的行为定性为以危险方法危害公共安全罪是具有一定合理性的。

其一，上列几种行为案件的刑事判决，所陈述的理由可以概括为，上列几种行为在刑法解释论上可以认定为是与《刑法》第 114 条和第 115 条规定的“放火、决水、爆炸以及投放毒害性、放射性、传染病病原体等物质”具有相当性的“危险方法”行为，应当将故意实施这些危险方法并危害公共安全的行为依法认定为以危险方法危害公共安全罪。其二，上列案件的定性处理问题引起了学术界的高度关注，有的判决不乏分歧意见，因此针对以危险方法危害公共安全罪之“危险方法”界定问题和解释论问题，值得学术界深刻检讨。例如，制售含有三聚氰胺毒蛋白粉（仅用于生产奶粉）的行为，由于三聚氰胺毒蛋白粉本身就可以解释为“毒害性”物质，所以，制售这种“毒害性”物质的行为依法可以直接解释为投放危险物质罪，而不必将其作为“兜底条款”解释为以危险方法危害公共安全罪。再如，大规模制售“瘦肉精”（仅用于生猪饲料添加剂）的行为，已有判例认定“瘦肉精”本身属于“毒害性”物质，并将大规模制售“瘦肉精”行为解释为以危险方法危害公共安全罪。这种解释结论也有两点疑问值得研究：一是既然将大规模制售“瘦肉精”的行为认定为投放“毒害性”物质，那么为什么不直接将其解释为投放危险物质罪而要认定为以危险方法危害公共安全罪，这是存疑的。二是将“大规模”制售“瘦肉精”的行为解释为“危险方法”，那么到底如何确定“大规模”的界限，以及为什么“小规模”制售“瘦肉精”的行为不能解释为“危险方法”呢？这里也存在疑问，需要进一步研究。再如，有的学者认为制售含有三聚氰胺毒蛋白粉、“瘦肉精”的行为均只能解释为非法经营罪。这种解释结论也存在一个明显的问题，就是对食品安全的评价不足的问题，因为我们无法否认制售含有三聚氰胺毒蛋白粉和“瘦肉精”属于毒害性物质这一“常识”性判断，那么，仅仅将制售含有三聚氰胺毒蛋白粉和“瘦肉精”的行为解释为非法经营罪就较为明显地存在违法性评价不足的问题，这是值得思考的。此外，盗窃窨井盖的行为是否构成以危险方法危害公共安全罪的问题，理论界也存在争议，对此，我认为需要具体分析行为所处具体环境条件及形成的具体危害，如果是在闹市区、交道要道等处所的窨井盖，其所体现的公共安全性是不容置疑的，从而，将盗窃这些处所的窨井盖的行为解释为以危险方法危害公共安全是具有合理性的。

但是必须提出的是，有些案件中的行为，如上海肖永灵投放虚假炭疽病菌的行为，是否可以“解释”为以危险方法危害公共安全行为和“以危险方法危害公共安全罪”，确实是存在很大疑问的。笔者认为，由于投放虚假炭疽病菌的行为根本就不属于《刑法》第 114 条、第 115

条规定的“放火、决水、爆炸以及投放毒害性、放射性、传染病病原体等物质”相当的、同质的、同类的危险方法，因而在刑法解释论上不宜将其认定为以危险方法危害公共安全罪。

案例 **上海肖永灵投放虚假炭疽病菌案**①

2001年10月18日，肖永灵将家中粉末状的食品干燥剂装入两只信封内，在收件人一栏内书写上“上海市人民政府”与“东方路2000号（上海市东方电视台）”后，分别寄给上海市人民政府某领导和上海市东方电视台新闻中心陈某。同年10月19日、20日，上海市人民政府信访办公室工作人员陆某等人及东方电视台陈某在拆阅上述夹带有白色粉末状的信件后，出现精神上的高度紧张，同时也引起周围人们的恐慌，经有关部门采取大量措施后，才逐步消除了人们的恐慌心理。针对此案，公诉机关以“以危险方法危害公共安全罪”罪名（《刑法》第114条）向上海市第二中级人民法院提起公诉，法院于同年12月18日作出判决，以以危险方法危害公共安全罪判处肖永灵有期徒刑4年（被告人没有提出上诉）。

笔者认为，肖永灵投放虚假炭疽病菌的行为，按照同质解释和同类解释规则不能被解释为以危险方法危害公共安全罪，因此上海市第二中级人民法院判决其构成以危险方法危害公共安全罪是不当的。肖永灵投放虚假炭疽病菌的行为仅具有危害社会管理秩序的性质，所以我国《刑法修正案（三）》将该类行为明确规定为投放虚假危险物质罪。从肖永灵案之后颁布施行的《刑法修正案（三）》的相关规定看，将肖永灵的行为定性为以危险方法危害公共安全罪也是不妥当的。

---

① 游伟，谢锡美．罪刑法定的内在价值与外在要求//赵秉志．刑事法判解研究：2003年第1卷．北京：人民法院出版社，2003.

第五章　北京庞某某飙车案

（危险驾驶罪）

案例　**北京庞某某飙车案**[①]

2015年8月22日凌晨3点多，庞某某为寻求刺激，驾驶无牌照的雅马哈牌R1型摩托车，违反禁止标识，由北京市东城区玉蜓桥出发，仅用时13分43秒绕行二环主路外环一周，超过规定时速50%以上行驶，且多次违反禁止标线标识变道超车，摩托车迈速表显示最高时速达237km。经鉴定，其中部分路段的平均行驶速度为151km/h。庞某某在二环上共超过了180多辆车，在此过程中，他利用安装在头盔上的运动摄像机记录下了整个行驶过程，回到入驻的酒店后，庞某某连夜将视频剪辑了出来，凌晨5点多时，他将视频传至网上晒萌和炫耀。北京市东城区人民法院以危险驾驶罪判处庞国钦拘役3个月，并处罚金3 000元。

法理问题　危险驾驶罪

本案中，庞某某一人飙车，其严重超速并在北京二环上共超过了180多辆车，构成“追逐竞驶，情节恶劣的”危险驾驶行为，被法院判决犯危险驾驶罪，本书认为这一判决是妥当的。当然，单车严重超速行驶的，并非一律要定危险驾驶罪，只有在其具有“追逐竞驶，情节恶劣的”情形下才构成危险驾驶罪。

危险驾驶罪是《刑法修正案（八）》新增加规定的一个新罪名，后经过《刑法修正案（九）》进一步修正完善，其立法设置应当说具有相当的特殊性，在理论上和司法适用中均出现了比较多的问题和争议，备受社会各界关注。

一、危险驾驶罪的司法认定

危险驾驶罪，是指在道路上驾驶机动车追逐竞驶、情节恶劣，或者在道路上醉酒驾驶机动车，或者从事校车业务或旅客运输严重超过额定乘员载客或严重超过规定时速行驶，或者违反危险化学品安全管理规定运输危险化学品，危及公共安全的行为。

从这个定义分析，危险驾驶罪的犯罪构成是：本罪的保护法益（即犯罪客体要件）是道路交通安全；本罪的行为定型（即犯罪的客观方面要件），是行为人实施在道路上醉酒驾驶机动车，或者在道路上驾驶机动车追逐竞驶且情节恶劣，从事校车业务或者旅客运输严重超过额定乘员载客或者严重超过规定时速行驶，违反危险化学品安全管理规定运输危险化学品的行为；本罪的行为主体（即犯罪主体要件）是一般主体，必须是年满16周岁以上的、具有刑事责任能力的自然人；本罪的有责性类型（即犯罪的主观方面要件），是故意，包括直接故意或者间

---

① 岳亦雷．北京摩托二环十三郎被判拘役仨月 罚款3 000元．[2018-08-18]．新华网．http：//www.xinhuanet.com/city/2015-10/31/c_128378959.htm.

接故意。

在具体的司法认定中，本罪客观方面要件可能有以下一些问题值得讨论。

（一）成立本罪的地域范围限制，必须是“在道路上”

如何理解本罪“在道路上”的限制呢？根据2011年4月22日新修订通过的《道路交通安全法》第119条的规定，“道路”，是指“公路、城市道路和虽在单位管辖范围但允许社会机动车通行的地方，包括广场、公共停车场等用于公众通行的场所”。

对于《道路交通安全法》第119条“道路”的规定，笔者认为应当作出实质解释。应当看到，“在道路上”这一限制，既是地域性限制（表明其只能是在陆地上修筑的道路，而不能是水路或者空中航线），也是功能性限制（表明其只能是可以供机动车通行的地方），应当说，只要机动车有条件在该地域范围行驶，并且该地域范围具有一定程度上的公共安全性，就应当将该地域范围解释为“在道路上”。因此，本罪“在道路上”具体包括，在各种等级的公路上，在城市道路、社区巷道上，在城乡广场和农村机耕道上，甚至还包括在“铁路”上。

可以预想，“在道路上”是否包括农村机耕道和铁路等地域范围的问题，可能会出现一些争议。笔者认为，农村机耕道和铁路等地域范围无论在法律上是否“允许社会机动车通行”或者“用于公众通行”，客观上都存在社会机动车在上面行驶、公众在上面行走的条件，那么，在这些地方醉酒驾驶机动车，或者驾驶机动车追逐竞驶且情节恶劣的行为，客观上严重危害了道路交通安全（如行人安全、机动车相互之间的安全以及通行火车的安全），是可以依法认定为本罪的。

不过应注意，在城市道路、社区巷道、城乡广场等地方，确实还是有一些不同于一般意义上的“道路”的特点。尤其是在人海如潮的特殊情形下，行为人在城市道路、社区巷道、城乡广场等地方醉酒驾驶机动车或者驾驶机动车追逐竞驶，那么，显然更加适合于认定为“以危险方法危害公共安全罪”，尤其是在直接导致多人死伤的情况下，更是如此。

（二）成立本罪的对象限制，必须是“机动车”

如何理解“机动车”？根据《道路交通安全法》第119条的规定，“机动车”，是指“以动力装置驱动或者牵引，上道路行驶的供人员乘用或者用于运送物品以及进行工程专项作业的轮式车辆”。笔者认为，本罪“机动车”这一对象限制也应作实质性的阐释，具体包括汽车、电车、拖拉机、机动三轮车以及通过改装并且时速可以超过15公里的电动自行车等。

可能需要说明的是，通常的电动自行车，由于有严格限速装置，因而一般不宜认定为作为本罪对象的“机动车”；而只有对那些通过改装并且可以超过15公里时速的电动自行车才可以解释为本罪的机动车。

（三）成立本罪的行为方式限制，必须是“醉酒驾驶机动车”“驾驶机动车追逐竞驶，情节恶劣的”

从事校车业务或者旅客运输严重超过额定乘员载客或者严重超过规定时速行驶以及违反危险化学品安全管理规定运输危险化学品而危及公共安全的行为。

这里重点讨论两个具体问题，一是如何诠释“醉酒驾驶机动车”的行为，二是如何诠释“驾驶机动车追逐竞驶，情节恶劣的”行为。

1. 关于“醉酒驾驶机动车”行为之认定

笔者认为，在具体诠释“醉酒驾驶机动车”行为时，应注意以下几个问题。

其一，“醉酒”标准的具体适用问题。根据国家质量监督检验检疫总局、国家标准化管理委员会发布的《车辆驾驶人员血液、呼气酒精含量阀值与检验》（GB19522—2010）规定，驾驶人员每100毫升血液酒精含量大于或等于80毫克为醉酒驾车。可见，“醉酒”标准应当说是明确的。但是，在“醉酒”标准的具体适用上，学者间还存在分歧。一种看法是执行单一的量化标准，认为从法律上讲，“醉驾”其本质还是“酒后驾车”，按照法律或者有关规定来认定行为人是否达到了一定的饮酒量以及行为人的血液里的酒精含量，与人的意识清晰程度、控制能力无必然关系。① “车辆驾驶人员血液中的酒精含量大于或者等于 80mg/100ml 的属于醉酒驾驶，故意在醉酒状态下驾驶机动车，即符合本罪的犯罪构成。本罪是抽象的危险犯，不需要司法人员具体判断醉酒行为是否具有公共危险。”② 另一种看法是执行复合的量化标准与行为人标准，认为，虽然酒精对机体神经的麻痹有必然的客观影响，但是每个人对酒精的反应不一致，对酒精的耐受程度也有较大差异，不能不考虑行为人对酒精的耐受程度，对于醉酒驾驶还应当出台更为完善的检验措施。③ 言下之意，就是现行规定还不合理，需要改变。应当说，现在坚持这种看法的人可能还不在少数，既有学者也有司法实务人员坚持这种看法，现在网上炒作得沸沸扬扬。那么，到底该如何看待这个问题呢?

笔者认为，司法上的“醉酒”认定应当坚持单一的量化标准。因为，危险驾驶罪作为一种风险犯罪、危险犯、行政犯，其抽象的（一般的）成罪标准应由刑法所确认的社会风险控制需要和行政法规制而定，其具体的标准就是汽车社会风险下禁止酒后驾驶并在达到一定风险标准与行政法规制标准时予以入罪（饮酒后人体血液中的酒精含量标准），因而行为人违反行政法规定并且实施一定行为，达到刑法所规定的条件，就应当依法认定为本罪。我国现有行政法规制标准中没有设定个体人醉酒标准、而只设定一般人醉酒标准（饮酒后血液酒精含量标准）时，即应以由刑法所确认的行政法规制的“单一的量化标准”为据。更何况，每个具体人的身体抵抗能力和其他条件，本身也是一个难于测试的问题，不应成为风险刑法适用中的一个变量。当然，正如后文将要讨论的内容，行为人即使达到醉驾标准，是否将其醉驾行为定罪处罚，还需要综合全案情节审查是否具备我国《刑法》第 13 条“但书”的规定，若符合“但书”规定则应依法不定罪处罚。

其二，“醉酒驾驶”是否需要“情节恶劣的”限制?“醉酒驾驶”入罪尽管立法上没有“情节恶劣的”这个情节限制，但是在理论界学者间还有一些分歧。有学者认为，醉酒驾驶不分情节“一律入罪”过于严厉，“对是否构成醉驾有必要进行数量和程度上的细化和限制，还要结合医学进行科学的考量”④。这种看法更多地还是从刑法谦抑性立场出发所做的考虑。最近的《检察日报》上还刊登了某位检察官的一篇文章，其标题就是《并非在醉酒状态下驾车即构成醉酒驾车罪》，专门谈论这个问题，其结论是，并非醉酒驾驶机动车的行为一律成罪。其提出的理由主要有两点⑤：(1) 认定醉酒驾车犯罪须充分考虑到醉酒驾车行为的实际社会危害程度。《刑法》总则第 13 条关于犯罪的含义规定，以但书的形式强调，情节显著轻微危害不大的，不认为是犯罪。因此如果机械理解法条认为《刑法修正案（八）》将所有醉酒驾车行为都作为犯罪来处理，显然没有辩证认识到不同情况下的醉酒驾车者的主观恶性和客观行为人身危险性之间的差异程度，也就无法对其行为作出客观全面的评估。(2) 实践中，行为人醉酒的程度存在差异，醉酒后驾驶的环境也不尽相同，如果将所有醉驾行为一律认定为犯罪，显然没有考虑到实际情况的复杂多样，将某些本应行政处罚的行为升格为刑事处罚，将导致刑事打击过重。

---

① 莫洪宪，杨文博．刑法修正案（八）“危险驾驶罪”之具体认定．检察日报，2011-03-14 (3).

② 张明楷．危险驾驶罪及其与相关犯罪的关系．人民法院报，2011-05-11 (6).

③ 同①.

④ 刑法专家剖析刑法修正案（八）热点问题．法制日报，2011-03-03 (3).

⑤ 曹坚．并非在醉酒状态下驾车即构成醉酒驾车罪．检察日报，2011-04-27 (3).

不仅检察官如此，部分法官、包括部分高级法官也持有类似看法，如时任最高人民法院副院长张军大法官在重庆召开的全国法院刑事审判工作座谈会上就有一个表态，大意是法官要“正确把握危险驾驶罪构成条件”，“各地法院具体追究刑事责任，应当慎重稳妥，不应仅从文意理解《刑法修正案（八）》的规定，认为只要达到醉酒标准驾驶机动车的，就一律构成刑事犯罪，要与修改后的《道路交通安全法》相衔接”，“虽然《刑法修正案（八）》规定追究醉酒驾驶机动车的刑事责任，没有明确规定情节严重或情节恶劣的前提条件，但根据《刑法》总则第 13 条规定的原则，危害社会行为情节显著轻微危害不大的，不认为是犯罪”①。针对张军大法官的上述讲话精神，有部分网友提出了较多批评和反对意见。

笔者认为，张军大法官的话可能本身存在某种“尽量少定罪”的倾向性意见，虽然其表述上存在某些争议，但是总体上看张军大法官对醉驾入刑的要求和立场应当说是合理的、恰当的，是契合危险驾驶罪内在机理的，“刑事法官的菩萨心肠”也是合乎现代刑事法治理性的。按照某些学者的解释，张军的发言实际上仅仅是对于法官审理危险驾驶罪案时的某种“善意的提醒”，要求法官要审时度势，要全面审查具体案情并“谨慎定罪”，不要报复性司法、机械性断案。对于这个问题，笔者的看法是，醉酒驾驶入罪并无“情节恶劣”之条件（情节）限制，这是必须首先予以明确肯定的；在此前提下，也应当承认，我们并非否定某些特殊情形下的“情节显著轻微”且“危害不大的”醉酒驾驶行为出罪（即依法不认定为犯罪）的立场，比如，我们强调对于车辆驾驶人员血液中的酒精含量在 80～130mg/100ml 范围内并且没有发生其他实际损害结果的行为，以及对于某些因公醉驾、因紧急醉驾的行为通常不作为犯罪处理，就是如此。醉驾入罪没有情节恶劣的限制，这是法律的明确规定，但是这一点并不影响《刑法》第 13 条的适用，或者换句话说，若针对部分醉驾行为因适用《刑法》第 13 条强调“情节显著轻微危害不大的，不认为是犯罪”之规定而作出不以犯罪论处的决定，并不能证明醉驾入罪有情节恶劣的限制。这是两个具有关联性的规定，但是不能互为因果，尤其不能将《刑法》第 13 条的规定作为原因，从而得出醉驾入罪也有情节恶劣限制之结论。

其三，“因公醉驾”“因紧急醉驾”“隔夜醉驾”的问题。所谓因公醉驾，是指警方及其他国家机关或者公益机构的公务员或者公益人员等特殊人员出于公务或者公益原因而醉酒驾驶机动车的情形。所谓因紧急醉驾，是指普通公民因为紧急避险或者其他紧急情况而不得已实施的醉酒驾驶机动车的情形。这两种情况均值得特别考量，笼统说不考虑这些情况而一律定罪处罚可能有失妥当。对于其中部分情形，如紧急情况下别无他法且能够得到社会公众情理上的理解和赞同，如警察追逃犯、公民见义勇为、公民急救病危病人等，尽管存在醉酒驾驶行为，但是如果符合《刑法》第 13 条“但书”规定或者《刑法》第 21 条“紧急避险”规定，则可以依法不作为犯罪处理。② 所谓“隔夜醉驾”，是指前一天醉酒但是没有驾驶机动车，时隔一个夜晚

---

① 新华网．最高人民法院副院长张军：正确把握危险驾驶罪构成条件．[2011－05－11]．新华网．http：//news. xinhuanet. com/legal/2011-05/10/c _ 121400846. htm.

② 笔者注意到，“因公醉驾”与“因紧急醉驾”由于仅是笔者首先归纳出来的某种“生活性语言”，而并非法律概念，因而该问题提出之后受到了较多关注，也存在许多批评和质疑。而实际上，正如笔者所强调的，“因公醉驾”与“因紧急醉驾”是否入罪，应依照刑法规定来审查判断，只有在其符合《刑法》第 21 条“紧急避险”、《刑法》第 13 条“但书”等规定的情况下，方可以依法出罪（不作为犯罪论处），而并非随意出入人罪。魏东．“醉驾”入罪问题讨论．[2011－05－02]．正义网（法律博客）．http：//weidong1111. fyfz. cn/art/973092. htm；魏东．再议醉驾入罪的标准与条件．[2011－05－21]．正义网（法律博客）．http：//weidong1111. fyfz. cn/art/987002. htm；许家华．论“醉驾”入刑的几个问题——兼与四川大学魏东教授商榷．[2011－05－14]．法律博客．http：//xujunzhi. fyfz. cn/art/982590. htm；陈光武．也说醉驾入刑——商榷魏东教授和许家华法官．[2011－05－28]．法律博客．http：//cgw12878. fyfz. cn/art/992154. htm.

之后的第二天才驾驶机动车，但是仍然查明行为人客观上属于醉酒驾驶机动车的情形。对此问题，我国已有学者进行了讨论，认为对于“隔夜醉驾”不能搞客观归罪，在“隔夜醉驾”的情况下，机动车驾驶人认识不到自己是在醉酒驾车的，即驾驶人正常驾驶车辆且没有造成任何危害的，不应以危险驾驶罪追究刑事责任；但是，如果驾驶人明知自己仍处于醉酒状态而执意驾驶车辆的，则应按危险驾驶罪追究其刑事责任。[①] 应当说，这种看法是有道理的，主要是需要查明行为人的主观心理态度，严格坚持主客观相统一的原则。如果行为人对于“隔夜醉驾”行为在主观上确实不是出于故意，就不应认定为本罪，因为本罪主观上只能是故意。

2. 关于“驾驶机动车追逐竞驶，情节恶劣的”行为之认定

驾驶机动车追逐竞驶的行为，俗称“飙车”，是指驾驶机动车超速行驶并且同其他车辆进行追逐竞赛的行为。这种行为的认定有以下几个问题值得讨论。

其一，“超速行驶”的犯罪论地位问题。是否驾驶机动车只要达到“超速行驶”就一定构成本罪？答案应当说是否定的。超速行驶本身可以区分为一般超速与严重超速，超过限定时速50％以上的是严重超速，通常情况下只宜对达到严重超速以上的追逐竞驶行为情形认定为构成本罪，因为本罪有“情节恶劣的”之限制。但是这个限定可能不应该一律作出太过于机械的诠释。比如，在闹市区或者其他人员聚集的场合，一般超速也可能达到足以危害公共安全的程度从而也可以构成本罪。事实上，刑法修正案中并没有使用“超速”或者“严重超速”等字眼，而仅仅使用了“追逐竞驶”与“情节恶劣”的限制。因此，如果行为人仅仅是超速或者严重超速，但是并没有“追逐竞驶”的情形，依法不应认定为本罪。

还有一种看法值得思考，就是认定“追逐竞驶”不应以超速驾驶机动车为前提要件。[②] 其提出了以下理由：一是法条本身没有规定构成追逐竞驶必须以超速行驶为前提；二是追逐竞驶本身是一种危险驾驶行为，在道路上超过规定时速追逐竞驶，是一种情节恶劣的表现；三是部分情况下，行为人没有超过规定时速追逐竞驶，但是具有其他恶劣情节，同样可以构成本罪，否则有违法律本意，放纵犯罪。那么，如何评价这种看法呢？笔者认为，认定“追逐竞驶”应当以超速驾驶机动车为前提条件。因为，如果没有超速，可能连认定驾驶违法违规的依据都难以成立，何以认定其为“追逐竞驶”且“情节恶劣”呢？再者，没有超速的追逐竞驶即使存在，其对于道路交通安全本身的风险和威胁应当说比较小，将其认定为危险驾驶罪就不符合本罪的立法本意；更何况，真正没有超速而能构成“追逐竞驶”的情况，在现实生活中根本就不好认定。

综上所述，关于“超速行驶”的犯罪论地位问题，笔者认为可以得出以下三个结论性意见：(1)“追逐竞驶”的认定必须以“超速行驶”为前提，因为不“超速行驶”的行为难以认定为“违法”，难以成立作为犯罪成立条件之一的“追逐竞驶”。(2)“追逐竞驶”并不能等同于“超速行驶”，“超速行驶”可能仅仅是成立“追逐竞驶”的必要条件，而非充分条件。只有既“超速行驶”且又“追逐竞驶”的，才可能成立本罪条件之一的“追逐竞驶”行为。(3)“追逐竞驶”是否同时具备“情节恶劣”的认定，必须结合具体案情来分析，不能仅仅以是否构成严重超速为唯一的判断根据，因为《刑法》规定“追逐竞驶，情节恶劣的”才能构成危险驾驶罪。

其二，“追逐竞驶”的含义诠释。所谓“追逐竞驶”，是指行为人驾驶机动车同其他车辆进

---

① 洪常森．危险驾驶罪的司法认定及刑事处理原则．检察日报，2011-03-18 (3).

② 于文广．谈《刑法修正案（八）》第22条的理解与适用．[2011-05-05]．法律博客．http：//yuwen790217.fyfz.cn/art/975980.htm.

行追逐竞赛，危害道路交通安全的驾驶行为。其具体情形有两种：一是行为人两人或者多人共同商议相互追逐竞驶；二是行为人一人单方面同他人追逐竞驶。对于第一种情形，追逐竞驶的两人或者多人均构成本罪，应该没有什么争议。但是，对于第二种情形，行为人一人是否也可构成追逐竞驶并构成本罪呢？有人认为，在道路上驾驶机动车追逐竞驶的行为人应为两人以上，一个人无法单独成立追逐竞驶行为。① 笔者认为，行为人一人单方面同他人追逐竞驶的情形是可以成立的，并且也是可以依法认定为危险驾驶罪的。因为，“只要产生了抽象的公共危险且情节恶劣，就值得科处刑罚”②。尽管其他车辆的驾驶人员可能没有意识到有人在同自己驾驶竞赛，但是，行为人自己一辆接一辆地追逐竞驶仍然可以成立，其行为显然可以成立“追逐竞驶”，其中“情节恶劣的”行为仍然可以成立本罪。再者，有时特种车辆如警车、军车、救护车等执行特殊任务的车辆，车速很快，而另外的行为人驾驶机动车对其进行追逐竞驶，同样也可以成立本罪。前述“北京庞某某飙车案”即是庞某某一人飙车，其严重超速并在北京二环上共超过了180多辆车，构成“追逐竞驶，情节恶劣的”危险驾驶行为，被法院判决犯危险驾驶罪。当然，单车严重超速行驶的，并非一律要定危险驾驶罪，只有在其具有“追逐竞驶，情节恶劣的”情形下才构成危险驾驶罪。

其三，“追逐竞驶”行为必须达到“情节恶劣的”程度限制。驾驶机动车追逐竞驶的行为必须是“情节恶劣的”才能成立本罪。那么，哪些情形才能认定为“情节恶劣的”？对于这个问题，笔者认为，驾驶机动车追逐竞驶“情节恶劣的”是指以下情形：(1) 因追逐竞驶发生交通事故，造成人员伤亡或者财产损失，尚未构成交通肇事罪的；(2) 未取得机动车驾驶证或者机动车驾驶证被吊销、暂扣期间驾驶机动车的；(3) 严重超速的；(4) 饮酒后驾驶机动车的；(5) 服用精神药物、麻醉药品驾驶机动车的；(6) 驾驶改装、拼装或者报废机动车的；(7) 驾驶运营载客车的；(8) 使用伪造、变造的机动车号牌的；(9) 故意遮拦、污损或者不按规定安装机动车号牌的；(10) 因追逐竞驶而被查处两次以上的；(11) 多次进行追逐竞驶的；(12) 组织多人多车追逐竞驶的；(13) 在车流量大或者人流量大的时间或者场所追逐竞驶的；(14) 具有其他恶劣情节的。

其四，其他特殊情形下追逐竞驶行为的定性问题。根据目前刑法理论界的研究，结合生活体验，笔者认为有以下一些特殊情形的定性问题值得研究：(1) 见义勇为者严重超速追逐违法犯罪者的行为，依法不应认定为本罪。(2) 警察、军车、救护车等车辆严重超速的情形，尤其是其中警车追逃犯的情形，依法不应认定为本罪。(3) 特别紧急情况下的追逐竞驶行为不宜认定为本罪。如为了赶飞机、火车、考试、病危人员就医等情形严重超速，尽管可能也有两辆或者多辆汽车一起追逐竞驶，通常情况下，可能不宜认定为本罪。

二、危险驾驶罪的刑罚适用问题

关于危险驾驶罪的刑罚处罚适用问题，笔者认为需要高度关注“司法理性”的逐步回归。既往观察，醉驾入刑第一月（即2011年5月）的司法审判状况，总体上对于危险驾驶罪被告人的量刑比较适当，但是几乎普遍宣告了“处拘役，并处罚金”的实刑，鲜见缓刑、定罪免处，更少见依法作出的“不起诉决定”（检察院）、“宣告被告人无罪”判决。对于危险驾驶罪这样一个“轻罪”（其法定刑最高仅为拘役），在当时从严治理汽车社会风险的特殊时段，作出上列这样“严格”的司法处理可能具有一定合理性。但是，这种“一定合理性”本身可能具有

---

① 于文广．谈《刑法修正案（八）》第22条的理解与适用．[2011-05-05]．法律博客．http：//yuwen790217.fyfz.cn/art/975980.htm.

② 张明楷．危险驾驶罪及其与相关犯罪的关系．人民法院报，2011-05-11（6）.

一定的时段性、相对性，在将来、甚至仅仅在不久的时间之后，这种“一定合理性”就将丧失殆尽。

对于危险驾驶罪这样一个“轻罪”，随着时间推移以及汽车社会风险好转，司法机关应当理性地、谨慎地、有步骤地对危险驾驶罪案被告人的定罪处罚状况逐渐予以改变，逐渐地实现少定罪（少贴“犯罪标签”）、少处刑、少羁押（少判拘役刑实刑），即应确立针对危险驾驶罪的“三少刑事司法政策”。应注意在危险驾驶罪司法实践中认真贯彻执行我国的宽严相济刑事政策，应清醒地认识到危险驾驶罪本身确实只是一个“轻罪”，逐渐过渡到对本罪的依法从“宽”处理，逐渐地实现对危险驾驶行为整体上的“三少刑事司法政策”，对其中情节轻微的具体的一些行为不起诉、不定罪、不判刑（定罪免处）。

依据最高人民法院、最高人民检察院、公安部2013年12月18日公布的《关于办理醉酒驾驶机动车刑事案件适用法律若干问题的意见》（以下简称《醉驾意见》）第2条规定，具有下列情形之一的，从重处罚：（1）造成交通事故且负事故全部或者主要责任，或者造成交通事故后逃逸，尚未构成其他犯罪的；（2）血液酒精含量达到200毫克/100毫升以上的；（3）在高速公路、城市快速路上驾驶的；（4）驾驶载有乘客的营运机动车的；（5）有严重超员、超载或者超速驾驶，无驾驶资格驾驶机动车，使用伪造或者变造的机动车牌证等严重违反道路交通安全法的行为的；（6）逃避公安机关依法检查，或者拒绝、阻碍公安机关依法检查尚未构成其他犯罪的；（7）曾因酒后驾驶机动车受过行政处罚或者刑事追究的；（8）其他可以从重处罚的情形。《醉驾意见》第4条规定：“对醉酒驾驶机动车的被告人判处罚金，应当根据被告人的醉酒程度、是否造成实际损害、认罪悔罪态度等情况，确定与主刑相适应的罚金数额。”机动车所有人、管理人对前款第3项、第4项行为负有直接责任的，依照前款的规定处罚。实施危险驾驶行为，同时又以暴力、威胁方法阻碍公安机关依法检查，或者又发生交通肇事，构成妨害公务罪、交通肇事罪等其他犯罪的，依照处罚较重的规定定罪处罚。

三、危险驾驶并发生严重后果时，危险驾驶罪与以危险方法危害公共安全罪之界限的刑法解释论问题

这个问题关涉的实质和核心是，《刑法修正案（八）》规定的“有前款行为，同时构成其他犯罪的，依照处罚较重的规定定罪处罚”的理解与适用问题。这种立法规定与我国司法实践中对于非法侵入住宅罪的处理方式比较相似，就是只要行为人的行为整体或者密切相关行为在构成“本罪”的同时还触犯了其他犯罪的，均仅以其他犯罪论处，而不再以“本罪”论处。

但是，危险驾驶机动车发生致人死伤后果之后，到底在什么情况下定交通肇事罪，在什么情况下又定以危险方法危害公共安全罪？应当说，目前立法上对此并没有设置出一个具体标准，司法者基本上没有明确标准可循，因而这是一个十分棘手而难于妥善解决的难题。那么，出现这个问题的根本原因应当说在于刑法规定本身，即应当看到，危险驾驶罪的罪刑设置上存有严重漏洞——其在立法上是一个“半截子”罪名，其罪刑设置只有明确的上文（危险犯法条）而没有确定的下文（实害犯法条），并认为这是本罪立法上的一个“硬伤”。应当说，原先部分学者反对增设危险驾驶罪这个罪名，其理由之一正在于此。因为，如果说危险驾驶罪是一种相对于“（故意）以危险方法危害公共安全罪”的特别法规定（仅处拘役并处罚金），那么，对于危险驾驶的情况下造成严重后果的情形理应也有相应的明确规定，并且在法定刑上也应该依次设置同拘役衔接的法定刑阶梯与量刑幅度；但是，立法上没有这种对应的规定，我们也无法找到恰当的罪名与法定刑，即立法上并没有直接规定“危险驾驶罪”造成严重后果时的罪名与法定刑，而是概括性地规定为“有前款行为，同时构成其他犯罪的，依照处罚较重的规定定

罪处罚”。可见，在某种意义上，危险驾驶罪确实是一个“半截子”罪名，其罪刑设置只有明确的上文而没有确定的下文。根据我国现有刑法规定，危险驾驶罪可能的“下文”有两个，一个是交通肇事罪，另一个是以危险方法危害公共安全罪，所以说其“下文”是不确定的（因为有两个罪名可供选择适用）。这种情况下，危险驾驶罪与危险驾驶机动车造成严重后果的其他犯罪之间就很可能存在某种意义上混乱的、不协调的状况。《刑法修正案（八）》关于“有前款行为，同时构成其他犯罪的，依照处罚较重的规定定罪处罚”的规定到底应该如何理解与适用，是依照交通肇事罪定罪处罚，还是依照以危险方法危害公共安全罪定罪处罚？对此，各地实践中可能会出现以下不一致的做法，有的法院依照交通肇事罪定罪处罚，这时在法定刑设置上还可以说是大致协调的（但在逻辑上还是无法完全协调一致），但是在罪名使用上应当说很不协调（前者为故意犯罪而后者为过失犯罪）；有的法院依照以危险方法危害公共安全罪定罪处罚，这时不但与其他法院依照交通肇事罪定罪处罚的做法不协调，而且在罪名和刑罚适用上均不协调，因为以危险方法危害公共安全罪的法定刑设置是“尚未造成严重后果的，处 3 年以上 10 年以下有期徒刑”，而造成严重后果的就必须“处 10 年以上有期徒刑、无期徒刑或者死刑”。可见，这样的规定应当说根本无法实现有效协调。对此，有学者呼吁赶快出台司法解释，赶快统一司法做法。但是，我们应当看到，本罪由于在立法逻辑上本身存在缺憾，无论怎样的司法解释，即使能够解决“司法统一”的问题，可能也无法有效解决“司法公正”的问题，这是一个“硬伤”。危险驾驶罪这个“硬伤”本身的最终合理解决，有待于立法完善。

我们必须明确，“有前款行为，同时构成其他犯罪的”情形到底有哪些？笔者认为可以归纳出以下三种情形：一是危险驾驶并实施盗窃、抢夺、抢劫、强奸等其他犯罪行为，因而同时构成盗窃罪、抢夺罪、抢劫罪、强奸罪的情形。对此，依照盗窃罪、抢夺罪、抢劫罪、强奸罪定罪处罚。二是危险驾驶并发生交通肇事，同时构成交通肇事罪的情形。对此，依照交通肇事罪定罪处罚。比如，我们司法实践中发生的大量的醉酒驾车、飙车肇事案，就是如此。三是危险驾驶并发生交通肇事，同时构成以危险方法危害公共安全罪的情形。对此，依照以危险方法危害公共安全罪定罪处罚。比如，我们大家熟悉的成都孙伟铭案、蒋佳君案、佛山黎景全案等。

其中第一种情形没有多大争议、也没有太大疑问，这里不展开分析。第二种情形和第三种情形就不同了，到底如何区分同时构成的犯罪是交通肇事罪还是以危险方法危害公共安全罪，有没有一个明确的标准与界限？笔者认为，可以从实务的立场对这个难题进行一些观察、归纳。

通过观察总结刑法修正案和现行刑法规定的内在逻辑、已有的相关司法解释和实践做法，笔者认为可以归纳出一些带有规律性的刑法解释论结论：其一，对于危险驾驶行为仅发生一次交通事故的情形，以交通肇事罪定性处理为原则，以以危险方法危害公共安全罪定性处理为例外。其二，对于危险驾驶行为连续发生第二次乃至多次交通事故的情形，以以危险方法危害公共安全罪定性处理为原则，以交通肇事罪定性处理为例外。这种刑法解释论结论的正确性，既有一定的刑法规范之形式逻辑依据，也有一定的司法判决之实证分析做支撑，同时还得到了相当部分学者和司法人员的认同。比如有司法人员指出，醉酒驾驶肇事可以区分为“一次碰撞”和“再次碰撞”两种情形，那么，“在二次碰撞情形下，行为人醉酒驾车发生一次碰撞后……仍然继续驾车行驶，以致再次肇事，冲撞车辆或行人造成更为严重的后果。此种情形明显反映出行为人完全不计自己醉酒驾车行为的后果，对他人伤亡的危害结果持放任态度，主观上具有危害公共安全的间接故意，应定以危险方法危害公共安全罪”①。同时，有关学者对此认识也是

---

① 高贵君，韩维中，王飞．醉酒驾车犯罪的法律适用问题．法学杂志，2009（12）．

持有认同和支持的态度①，最高司法机关也以规范文件的形式对此认识予以确认。② 笔者也坚持这种刑法解释论立场，并且分述如下。

其一，对于危险驾驶行为仅发生一次交通事故的情形，以交通肇事罪定性处理为原则，以以危险方法危害公共安全罪定性处理为例外。

应注意，这个刑法解释论结论，主要是针对仅发生一次交通事故的情形而言的，并且主要是缘于立法上对于危险驾驶罪的形式逻辑规定，"在刑法第 133 条后增加一条，作为第 133 条之一"之形式规定的内在逻辑可以解释为，危险驾驶罪就是作为交通肇事罪的密切关联犯罪而存在的；同时，我国已有司法实践对于醉驾肇事案或者飙车肇事案的基本做法（实践逻辑），也主要以交通肇事罪定性处理的。可以说，我国司法实践中，对于危险驾驶行为仅发生一次交通事故的情形，以交通肇事罪定性处理为原则的，只有在有确实、充分的证据证明行为人明显是直接故意或者间接故意以危险方法危害公共安全罪的情况下除外。新近发生的具有全国影响力的杭州市胡斌飙车肇事案即为典型。③

以现有法律规定来分析，胡斌的飙车行为应当说同时构成了危险驾驶罪和交通肇事罪，但依法应仅以一个交通肇事罪定罪处理。胡斌的飙车肇事行为之所以只构成交通肇事罪而不构成以危险方法危害公共安全罪，除了有关法院判决书中所阐述的理由（最核心的理由）之外，在法解释论上就是因为其飙车肇事行为只发生了"一次"交通事故，且无证据证实其对于所发生的该"一次"交通事故在主观心态上具有故意（包括直接故意与间接故意），因而在犯罪论上之符合交通肇事罪的犯罪构成而不符合以危险方法危害公共安全罪的犯罪构成，相应地，在司法上应将其行为解释（认定）为相对有利于被告人的交通肇事罪。

其二，对于危险驾驶行为连续发生第二次乃至多次交通事故的情形，以以危险方法危害公共安全罪定性处理为原则，以交通肇事罪定性处理为例外。

行为人危险驾驶机动车并因此发生交通肇事之后，在已经得到"实践确证"为以危险方法危害公共安全行为（在法律逻辑上有别于危险驾驶行为）的情况下，仍然为逃避责任而故意继续实施以危险方法危害公共安全行为，并因此再次或者多次发生交通肇事严重后果并致多人伤亡的情形，在法解释论上可以将其后续危险驾驶并发生交通肇事严重后果的行为解释（认定）为故意以危险方法危害公共安全的行为与犯罪（以危险方法危害公共安全罪）。因此，这里顺便需要指出，《刑法》第 133 条关于"因逃逸致人死亡的"之加重法定刑情节，在法解释论上只宜严格限制解释为"只发生了一次交通肇事并致人受伤或者伤亡，因逃逸而致其中受伤者死亡的"。至于那些因发生交通肇事并致人伤亡之后，因逃逸而再次发生（连续发生）第二次或

① 阮齐林．李启铭醉酒驾驶致人死伤案之我见．中国检察官，2011（4）下：19－20.

② 参见 2009 年 9 月 15 日最高人民法院《关于醉酒驾车犯罪法律适用问题的意见》［法发（2009）47 号］.

③ 【杭州市胡斌飙车肇事案】案情：2009 年 5 月 7 日晚，被告人胡斌驾驶经非法改装的浙 A608Z0 蓝瑟翼豪陆神牌红色三菱轿车，与同伴驾驶的车辆从杭州市江干区机场路出发，前往西湖区文二西路西城广场，想看看该广场是否还在放映名为《金钱帝国》的电影。在途经文晖路、文三路、古翠路、文二西路路段时，被告人胡斌与同伴严重超速行驶并时有互相追赶的情形。当晚 20 时 08 分，被告人胡斌驾驶车辆至文二西路德加公寓西区大门口人行横道时，未注意观察路面行人动态，致使车头右前端撞上正在人行横道上由南向北行走的男青年谭卓。谭卓被撞弹起，落下时头部先撞上该轿车前挡风玻璃，再跌至地面。事发后，胡斌立即拨打 120 急救电话和 122 交通事故报警电话。谭卓经送医院抢救无效，于当晚 20 时 55 分因颅脑损伤而死亡。事发路段标明限速为每小时 50 公里。经鉴定，胡斌当时的行车速度在每小时 84.1 至 101.2 公里之间，对事故负全部责任。案发后胡斌亲属与被害人亲属已就民事赔偿达成协议，胡斌亲属已赔偿并自愿补偿被害人亲属经济损失共计人民币 1 130 100 元。杭州市西湖区人民法院认为，被告人胡斌违反道路交通安全法规，驾驶机动车辆在城市道路上严重超速行驶，造成一人死亡并负事故全部责任，其行为构成交通肇事罪。中新网．杭州飙车案被告胡斌一审获刑 3 年．［2011－04－06］．新浪网．http：//news. sina. com. cn/c/2009-07-20/165318259141. shtml.

者更多次交通肇事并再次致使其他人员死亡的情形，通常不宜解释为刑法第133条之“因逃逸致人死亡的”①。应当说，成都孙伟铭醉驾致人死亡案、佛山黎景全醉驾致人死亡案是典型适例（详见本书相关案例介绍）。

应当说，成都孙伟铭醉驾致人死亡案、佛山黎景全醉驾致人死亡案两个案件的共同特点，都是行为人在醉驾肇事之后不顾公共交通安全而高速逃逸，对于致人伤亡的危害后果抱着一种明显的放任态度（比较明显地区别于过于自信的过失态度），因而，都应解释（认定）为间接故意的以危险方法危害公共安全罪。

文末有必要指出，笔者这里所提出的“危险驾驶并发生严重后果”情形下的处理原则与例外，应当说就是要求在刑法解释论上严格遵行刑事立法有关两罪设置原理（犯罪构成论以及相关刑法原理）来判断具体案件之罪刑适用，同时还需要结合具体案情之特殊性与证据状况等综合情况来判断具体案件之罪刑适用，并没有一刀切地要求以交通肇事次数为绝对标准来判断罪刑适用问题。这里提出的罪刑适用之“原则”，主要是针对现有司法实践中出现的杭州胡某飙车肇事案（详见本书相关案例介绍）、成都孙伟铭醉驾致人死亡案和佛山黎景全醉驾致人死亡案的司法判决所涉法解释结论的某种形式的“逻辑归纳”；这里所说的罪刑适用之“例外”，则是指允许并且需要结合具体案情（主要是证据和事实）与犯罪构成论原理来依法判断。比如，醉驾肇事致人伤亡后，即使因逃逸而继续危险驾驶并再次或者多次撞人并致人伤亡的，但是对于该后续的危险驾驶并致人伤亡的行为，假如现有证据能够证实行为人在逃逸过程中本来就是“小心翼翼地”“慢慢地”危险驾驶，最终仍然再次发生交通肇事并致人伤亡的，也可以例外地认定为（解释为）交通肇事罪。

---

① 这个问题，学者间的争议很大。笔者本人过去也认为，“因逃逸致人死亡”的基本含义，是指行为人交通肇事后因逃逸而致被撞者未得到及时救助而过失致其死亡或者放任受害者死亡，或者行为人在逃逸过程中再次肇事而过失致其他人死亡，这两种是行为人最终只能以交通肇事罪一罪定罪的情形。（魏东．刑法各论若干前沿问题要论．北京：人民法院出版社，2005：370.）但是，这种看法因为出现了新的立法规定（形式逻辑）以及新的司法判决（实践逻辑）之故，笔者认为应当对于“因逃逸致人死亡”的情节作出新的法解释论结论。特此说明。

第六章　杭州胡某飙车肇事案

（交通肇事罪）

案例

杭州胡某飙车肇事案①

2009年5月7日晚，被告人胡某驾驶经非法改装的红色三菱轿车，与同伴驾驶的车辆从杭州市江干区机场路出发，前往西湖区文二西路西城广场，想看看该广场是否还在放映名为《金钱帝国》的电影。在途经文晖路、文三路、古翠路、文二西路路段时，被告人胡某与同伴严重超速行驶并时有互相追赶的情形。当晚20时08分，被告人胡某驾驶车辆至文二西路德加公寓西区大门口人行横道时，未注意观察路面行人动态，致使车头右前端撞上正在人行横道上由南向北行走的男青年谭某。谭某被撞弹起，落下时头部先撞上该轿车前挡风玻璃，再跌至地面。事发后，胡某立即拨打120急救电话和122交通事故报警电话。谭某经送医院抢救无效，于当晚20时55分因颅脑损伤而死亡。事发路段标明限速为每小时50公里。经鉴定，胡某当时的行车速度在每小时84.1至101.2公里之间，对事故负全部责任。案发后胡某亲属与被害人亲属就民事赔偿达成协议，胡某亲属赔偿并自愿补偿被害人亲属经济损失共计人民币113万余元。杭州市西湖区人民法院认为，被告人胡某违反道路交通安全法规，驾驶机动车辆在城市道路上严重超速行驶，造成一人死亡并负事故全部责任，其行为构成交通肇事罪。

法理问题　交通肇事罪

“杭州胡某飙车肇事案”中，胡某严重超速具有危险驾驶性质，其行为造成了致人死亡的严重后果，构成交通肇事罪。本案定性中，有人认为，胡某的行为与成都孙伟铭醉驾致人死亡的行为具有相当性，因此主张对胡某定以危险方法危害公共安全罪。本书不同意这种观点。胡某的严重超速行为发生在交通要道上，在经过十字路口时没有尽到谨慎注意义务，导致交通肇事致人死亡，其行为定型属于较为典型的交通肇事，其主观心态是过失，因此只构成交通肇事罪。

关于交通肇事罪的刑法解释论，主要有以下五个方面问题需要研讨：一是交通肇事罪的概念与犯罪构成；二是交通责任事故认定与交通肇事罪认定的关系；三是交通肇事罪与以危险方法危害公共安全罪的界限；四是交通肇事罪与过失致人死亡罪的竞合关系；五是“因逃逸致人死亡”情节的认定适用。

一、交通肇事罪的概念与犯罪构成

根据《刑法》第133条的规定，所谓交通肇事罪，是指违反交通运输管理法规，因而发生

---

① 中新网．杭州飙车案被告胡斌一审获刑3年．[2011-04-06]．新浪网．http://news.sina.com.cn/c/2009-07-20/165318259141.shtml.

重大事故，致人重伤、死亡或者使公私财产遭受重大损失的行为。交通肇事罪的犯罪构成如下：

（一）违法性：交通肇事罪的行为定型与保护法益

违法性，是根据刑法规定对行为定型与保护法益所进行的价值判断，其具体内容包括客观方面要件、行为主体、犯罪客体等。

1. 交通肇事罪的客观方面要件

本罪的客观方面要件，是违反交通运输管理法规，因而发生重大事故，致人重伤、死亡或者使公私财产遭受重大损失的行为。

一是必须违反了交通运输管理法规，这是前提和基础。我国现阶段已出台的交通运输管理法规主要有《道路交通安全法》《公路法》《公路管理条例》《城市交通管理条例》《铁路道口管理暂行规定》《内河避碰规则》《渡口守则》，等等。如果行为人没有违反这些法规，即使发生了重大事故，也不能构成本罪。二是必须在客观上发生了重大事故，致人重伤、死亡或者使公私财产遭受重大损失。这说明本罪是结果犯。如果行为人只有违章行为，而无重大事故结果，就不能构成本罪；如果仅仅是客观上发生了重大事故，但行为人没有违章，或者说行为人违章与重大事故之间没有因果关系，也不能构成本罪。可见，违章行为与重大事故之间必须具有因果关系，才能构成本罪。

前述“杭州胡某飙车肇事案”，胡某严重超速具有危险驾驶性质，其行为造成了致人死亡的严重后果，构成交通肇事罪。本案定性中，有人认为，胡某的行为与成都孙伟铭醉驾致人死亡的行为具有相当性，因此主张对胡某定以危险方法危害公共安全罪。本书不同意这种观点。胡某的严重超速行为发生在交通要道上，在经过十字路口时没有尽到谨慎注意义务，结果导致交通肇事致人死亡，其行为定型属于较为典型的交通肇事，其主观心态是过失，因此只构成交通肇事罪。

2. 交通肇事罪的主体要件

本罪的主体要件是一般主体。应当注意，自行车等非机动车辆、农用拖拉机等机动车辆，当其被用作交通工具在交通道路上使用时，由于其涉及公共交通安全，所以其驾驶人员也可以成为本罪主体。

案例

袁某骑自行车肇事案①

被告人袁某（23岁）于1997年2月7日8时许，骑自行车去郊区赶集，途中遇好友李某要其带一段路，袁某明知所骑自行车的后刹车失灵，带人有危险，但仍同意李某坐车后货架上。结果在下陡坡时刹车不及，将行人汪某撞倒，造成汪某头部受重伤，送医院抢救无效死亡。

对这个案子，在对行为人的行为定性时出现了两种意见：一种意见是定交通肇事罪；另一种意见是定过失致人死亡罪。哪一种对？我认为，应定交通肇事罪，因为，确定本案中行为人的行为性质的关键，在于其是否已经危害了交通运输安全，由于被告人袁某的行为在性质上属于危害交通运输安全，因而就应当认定其构成交通肇事罪。

3. 交通肇事罪的客体要件

本罪所侵犯的法益，是交通运输安全。

有人认为，本罪还侵犯了正常的交通运输秩序，例如交通肇事会造成堵车、运输不畅等。

---

① 案例来源：魏东．刑法各论若干前沿问题要论．北京：人民法院出版社，2005：365.

但是，我认为这种看法不妥，因为它太笼统，而且本罪与“造成堵车、运输不畅”等影响交通运输秩序的严重后果并不具有必然联系，因而不宜将“交通运输安全”作为本罪的直接客体。任何情形下的交通肇事，都必然侵害交通运输安全，因而本罪所侵犯的直接客体应当是交通运输安全。

（二）责任性：交通肇事罪的主观方面要件与可归责性

本罪的主观方面要件，只能是过失，包括过于自信的过失和疏忽大意的过失。也有个别学者认为，本罪也可以由间接故意构成，笔者认为这种看法不对。

关于本罪的主观罪过（过失）与可归责性的认定，笔者认为，应当借鉴和运用现代刑法学理论中的“信赖原则”“期待可能性”“风险社会刑法”等理论来妥善解决。

1.“信赖原则”理论

“信赖原则”是英美、日本刑法中的概念，指人们在社会日常生活和工作中，相互信任对方会遵守注意义务、遵守有关规章制度、实行善良合法的行为，并以此判断为根据来指导自己行为、确定双方责任的一种原则。如果相关双方中的一方违反信赖原则，作出了不适当的行为，并导致了危害结果发生，则违反者就要承担相应的责任或者不利的后果。例如，汽车驾驶员与行人之间，就要适用“信赖原则”。

还应注意，信赖原则主张相信他人能够履行注意义务。但是，由于主体情况不同，往往“信赖程度”也不同。例如，对司机的信赖程度就高于对行人的信赖，对具有业务专长的人之信赖程度要高于对普通人之信赖程度。

更应注意的是，在特殊情况下，也可能不能适用信赖原则，即“信赖不能”。具体有以下五种情况：第一，行为人自己违反注意义务，不能以相信其他人会遵守注意义务为条件来免除责任。第二，已经发现对方有反常行为时，盲目相信对方会履行注意义务。第三，发现对方是儿童、老人、盲人或其他残疾人而无保护人陪同时，不适用信赖原则。第四，因某种客观条件限制（如在闹市区、居民区小巷行车），他人违反注意义务的可能性较大时，不适用信赖原则。第五，发现对方已经违反注意义务并且即将造成危害结果，行为人有时间、也有能力避免危害结果的，不适用信赖原则。例如，司机已经发现某人试图撞车自杀时，就必须停车或者更加小心驾驶，以防止伤人。

2.“期待可能性”理论

所谓“期待可能性”，是指行为人有能力、且有条件依法选择合法行为的可能性。如果没有这种期待可能性，我们就不应该、也不能够追究行为人的责任。例如，司机不超速行车，这是具有期待可能性的，行为人（司机）超速行车，并因此而致他人伤亡的，就要负刑事责任。又如，司机以正常速度行车，而某行人突然横穿马路或者突然碰车自杀，这时要求司机能够突然急刹车并停车，就不具有期待可能性，或者说就是期待不可能，即使致行人伤亡，也不能要求司机负责。再如，受胁迫者在多数情况下仍然具有期待可能性，因此，胁从犯仍然要负刑事责任；而在特殊情况下，完全受强制者没有期待可能性，因而他就不应当负刑事责任。

3.“风险社会刑法”理论

根据“风险社会刑法”理论，刑法必须回应风险社会的客观需要，其中包括行为风险、主观认识、因果关系判断等的刑法规定与司法适用，都应当适应风险社会防控风险之需要。

行为人只要认识到危害结果将不可避免或者发生可能性极大，但是仍然实施此行为的，则应认定为间接故意（风险升高与概率提升理论）；而一般的违章驾车行为，应当说行为人认识到存在避免危害结果发生的可能性或者危害结果发生可能性不大（过于自信的过失），或者因为疏忽大意而没有预见到危害结果发生（疏忽大意的过失），仅成立过失（交通肇事罪）。孙伟铭醉酒驾车致人死亡案就属于前者，因此可以认定孙伟铭在主观上存在间接故意或者放任故意，以危险方法危害公共安全罪定罪量刑是合理的。

二、交通责任事故认定与交通肇事罪认定的关系

案例 长春市孟某、苑某、唐某交通肇事案①

2008年2月某日晚21时许，长春市某区发生一起交通事故。当时现场街道一侧有路灯，被害人身穿黑色夹克和蓝色牛仔裤，刚喝完酒横穿马路回家，此时孟某酒后驾驶汽车路过将被害人挂到，孟某与同车朋友一起下车查看情况，被害人说自己喝高了，没事儿，让孟某离开，于是孟某就开车离开。被害人倒在路中央几分钟后，苑某驾驶出租车路过此路段时又从被害人身上开过，未停车就直接离去。再过几分钟后，唐某又驾驶出租车路过并以前车轮碾轧被害人才刹住车，唐某下车将被害人从车下拖出后离去。后经路人发现报警并拨打120急救，当交警和急救人员赶到现场时被害人已经死亡。据路人证实，当唐某（即第三位肇事司机）离开后，急救人员来到前，被害人尚有呼吸。经法医鉴定，无法确定被害人致死原因系何人所为。根据上述事实，交警部门做出交通事故责任认定，认定此次交通事故中孟某负主要责任，苑某和唐某负次要责任，被害人无责任。

上述一则真实案例中，尽管交警认定驾驶员孟某应对醉酒被害人死亡后果负全责，但是在刑事责任上是否应该由孟某承担责任却有疑问。这是一个很棘手、很重要的问题，在司法实践中可能并没有得到妥当解决，在理论上值得深入研究。例如，本来是因为行人闯红灯并横穿马路而应对自己死亡后果负全责，但是汽车驾驶员也有酒后驾车或者无证驾车、肇事后逃逸等违章行为，从而交警认定驾驶员承担全部责任，那么，在这种情况下，驾驶员是否通过证据来证实自己在刑事审判上不应承担刑事责任呢？从实质上审查，难说孟某（第一次肇事者）应负刑事责任，尽管在行政法上交警认定“此次交通事故中孟某负主要责任”，因为没有证据证实孟某实施的交通肇事行为直接导致了被害人死亡结果的发生。

三、交通肇事罪与以危险方法危害公共安全罪的界限

孙伟铭醉酒驾车致人死亡案发生后，最高人民法院及时组织召开了专家研讨会。媒体报道与会专家的一致见解是，“两罪症结：故意过失难分”②。

参加研讨的几位专家均表示，对酒后驾驶和包括飙车在内的危险驾驶行为，法律上如何认定、适用哪个罪名，是一个非常复杂的专业问题。按刑法理论和现有刑法规定，交通肇事罪是过失犯罪，即应当预见到自己的行为可能发生危害社会的结果，因为疏忽大意而没有预见或已经预见而轻信能够避免。以危险方法危害公共安全罪则为故意犯罪，主观上希望或者放任危害结果的发生。

与会人士认为，之所以难以定夺罪名，原因是放任的故意和过于自信的过失，在实践中界限模糊、难以认定。

以成都案被告人孙伟铭为例。有专家认为他第一次追尾是过于自信的过失，应定交通肇事罪。理由是，孙伟铭长期无证驾驶说明他认为自己有一定驾驶能力，自信不会出事，主观上不可能是放任去撞人；其醉酒驾车的心态也是一样的，不存在故意。

---

① 马宁．从刑事责任角度看交通事故认定书．中国检察官，2010（8）．

② 他的“醉驾”撞上了死刑．南方周末（广州）．［2009-07-30］．网易．http：//focus.news.163.com/09/0730/10/5FFDS6I700011SM9.html．

在逃逸过程中，孙明知自己在大量饮酒情况下发生了交通事故，仍选择高速行驶，并轧过双黄线，这时就是预见到会与对面的汽车相撞，却对危害后果采取了放任态度，是故意行为，定以危险方法危害公共安全罪并无不当。

主观态度的认定往往决定交通肇事罪和他罪的界限，进而决定刑罚的轻重。

1997 年最高人民法院再审了福建省一起交通肇事案，后来被作为典型案例载入最高人民法院公报。该案中，被告人为逃避收费站检查，拐往逆行车道，加大车速强行冲关，撞死前方执行检查任务的一名武警。一审法院认定被告人以驾车的危险方法致人伤亡罪，判处死刑；二审法院撤销了该判决，以交通肇事罪改判被告人有期徒刑 7 年。

最高检对该案提起抗诉，认为被告人明知自己的行为可能会造成被害人死亡的危害后果，却采取放任态度，致使被害人被撞死，是故意杀人。最高人民法院经过重审认为，被告人冲关的行为是故意的，但故意的内容是为了逃避检查和扣车，当时无法预料到受害武警会突然出现在逆行车道上进行拦截，在他发现后，车速和距离已经决定了相撞是不可避免的，因此，被告人对撞死武警的后果并无故意。最高人民法院维持了二审法院的判决。

上述案件中，被告人到底该如何定罪应该还有讨论的空间，笔者倾向于认为一审法院的定性更合理，即定性“以危险方法危害公共安全罪”更合理。

应当说，交通肇事罪与以危险方法危害公共安全罪之间的界限主要是“故意过失难分”。故意包括直接故意（希望故意）和间接故意（放任故意），而间接故意与过于自信的过失（有预见的过失）并不好区分，从而导致事实认定难、法律适用难。但是，从逻辑上、从更加客观的立场上应当认为是可以区分的，行为人对于客观上是否存在避免危害结果发生的可能性以及可能大小具有明确认识，如果行为人认识到存在避免危害结果发生的可能性或者危害结果可能性不大，就成立过于自信的过失；相反，如果行为人认识到不存在避免危害结果发生的可能性或者危害结果发生可能性极大，则成立间接故意。

如前所述，根据风险社会刑法理论，行为人只要认识到危害结果将不可避免或者发生可能性极大，但是仍然实施此行为的，则应认定为间接故意（风险升高与概率提升理论）；而一般的违章驾车行为，应当说行为人认识到存在避免危害结果发生的可能性或者危害结果发生可能性不大（过于自信的过失），或者因为疏忽大意而没有预见到危害结果发生（疏忽大意的过失），仅成立过失（交通肇事罪）。孙伟铭醉酒驾车致人死亡案就属于前者，因此可以认定孙伟铭在主观上存在间接故意或者放人故意，以危险方法危害公共安全罪定罪量刑是合理的。

四、交通肇事罪与过失致人死亡罪的竞合关系

这里通过几则真实判例，简要探讨一下交通肇事罪与过失致人死亡罪之间的竞合关系。

案例　河北大学车祸“我爸是李刚”案①

2010 年 10 月 16 日晚，一辆黑色轿车在河北大学校区内撞倒两名女生一死一伤，司机不但没有停车，反而继续去校内宿舍楼接女友。返回途中被学生和保安拦下，该肇事者不但没有关心伤者，甚至态度冷漠嚣张，高喊“有本事你们告去，我爸是李刚”。后经证实了解，该男子名为李启铭。警方经对李启铭采血并对所驾车辆进行检测，鉴定为醉酒超速驾驶。案发后，李启铭家属对受害者家属积极赔偿，赔偿死者陈晓凤 46 万元，伤者张晶晶 9.1 万元，取得对方谅解。法庭鉴于李启铭认罪态度较好，其亲属积极赔偿被害人损失，酌情从轻处罚。河北省望

---

① 案例来源：河北大学交通肇事案一审宣判 李启铭被判有期徒刑 6 年．［2011－01－30］．新华网．http：//news.xinhuanet.com/legal/2011-01/30/c_121041057.htm.

都县人民法院以交通肇事罪判处犯罪嫌疑人李启铭有期徒刑6年。

人民法院判决本案李某的行为构成交通肇事罪，应当说定性准确，没有争议。

案例　湖南株洲邓云生在一端封闭的便道上交通肇事案①

2009年3月27日6时许，邓云生持C3型驾驶证，驾驶"湖南BHB041"号农用六轮运输车，从湖南省茶陵县腰陂镇马加砖厂装运红砖至该镇石联村石联组便道尽头的陈朱苟家的建房宅基地。在与陈朱苟家的宅基地相隔一栋房屋的陈送苟家后门口撞死陈军明、龙小芳夫妇的儿子陈家祥。经茶陵县公安局交通警察大队勘查，出事地点为该村民小组3.5米宽的便道，一般无社会车辆通行，便认定"邓云生驾车起步前未察明车辆周围人员情况，未发现在便道内活动的陈家祥，致使车辆在起步行驶的过程中与陈家祥相挂，造成陈家祥送医院抢救无效死亡的重大交通事故，邓云生承担此事故的主要责任"。湖南省茶陵县人民法院以过失致人死亡罪判处邓云生有期徒刑3年，并赔偿附带民事诉讼原告人陈军明、龙小芳经济损失61 598.98元。宣判后，邓云生认为其行为不应认定为过失致人死亡罪，应认定为交通肇事罪，向湖南省株洲市中级人民法院提起上诉。二审期间，邓云生及其亲属已向附带民事诉讼原告人陈军明、龙小芳交付赔偿现金人民币4万元，附带民事诉讼原告人陈军明、龙小芳向法院申请对上诉人邓云生从轻处罚。2010年6月1日，株洲中院二审维持原审判决民事赔偿部分和刑事部分的罪名，改判上诉人有期徒刑3年，缓刑3年。

本案到底该定性为交通肇事罪还是过失致人死亡罪？生效判决认定邓某某构成过失致人死亡罪。我倾向于认为，本案邓某某的行为应当定性为交通肇事罪。

案例　佛山市"小悦悦事件"案②

2011年10月13日17时许，胡军驾驶机动车在佛山市南海区广佛五金城内行驶时，不慎将两岁女童王悦碾轧致伤，后经抢救无效死亡。小悦悦事件发生后，7分钟内18名路人路过但都视而不见，漠然而去，最后一名拾荒阿姨陈贤妹上前施以援手，引发网友广泛热议。2012年9月，佛山市南海区人民法院作出一审判决，认定肇事人胡某构成过失致人死亡罪，判处有期徒刑3年6个月。胡军及其辩护人认为应构成交通肇事罪，量刑亦应相应从轻，因而提起上诉。2012年12月18日，佛山市中级人民法院终审判决胡某犯过失致人死亡罪，判处有期徒刑2年6个月，比一审判决少了1年。

本案胡某的行为到底该定性为交通肇事罪还是过失致人死亡罪，也存在一定争议。生效判决认定胡某构成过失致人死亡罪。本书倾向于认为，本案胡某的行为发生机动车和行人均可以自由通行的公共场所（某五金城内），应当定性为交通肇事罪。

五、"因逃逸致人死亡"量刑情节的解释适用

现行《刑法》在1979年《刑法》的基础上对交通肇事罪的总的法定刑幅度有了很大的提高，原《刑法》规定的本罪的最低刑是拘役，最高刑是7年有期徒刑；现行《刑法》规定的本罪的最低刑也是拘役，但最高刑提高到了15年有期徒刑。《刑法》第133条规定了三个量刑幅

① 案例来源：秦飞雁，谢晓红．在一端封闭的便道上交通肇事的性质认定——湖南株洲中院判决邓云生过失致人死亡案．人民法院报，2010-08-26（6）.

② 案例来源：毛开云．小悦悦案终审判决不是最终结局．[2012-12-21]．中国法院网．http：//www.chinacourt.org/article/detail/2012/12/id/804509.shtml；凤凰网：小悦悦案一审判决．[2012-11-16]．凤凰网资讯．http：//news.ifeng.com/gundong/detail_2012_10/19/18385543_0.shtml.

度：(1) 犯本罪，只具备基本情节的，处3年以下有期徒刑或者拘役。(2) 犯本罪，交通肇事后逃逸或者有其他特别恶劣情节的，处3年以上7年以下有期徒刑。一般认为，“其他特别恶劣情节”是指：造成2人以上死亡的；造成直接损失6万元以上的；有意破坏、伪造现场、毁灭证据或者嫁祸于人的；酒后驾车、无证驾车、驾驶关键部件失灵的机动车且明知故犯的，等等。(3) 犯本罪，因逃逸致人死亡的，处7年以上有期徒刑。

其中争议最大的问题，是交通肇事罪中“因逃逸致人死亡”情节的适用问题。目前理论界关于“因逃逸致人死亡”情节的理解，大致有以下八种不同看法：(1) 认为“因逃逸致人死亡”，只适用于行为人交通肇事后逃跑，因过失致人死亡的情况，不包括故意致人死亡的情况。(2) 认为“因逃逸致人死亡”，既适用于交通肇事后逃跑、过失致人死亡的情况，也适用于因逃逸而间接故意致人死亡的情况，但不包括直接故意致人死亡的情形。例如，肇事者故意将伤者转移到不易被人发现之处，使其得不到救助，之后逃逸；或者在某些特殊情况下，如人烟稀少、天寒地冻，如不及时救助就必然死亡，但仍然逃逸的。此两种情况下，肇事者应构成故意杀人罪。(3) 认为“因逃逸致人死亡”，仅适用于交通肇事罪转化而成的故意犯罪。即行为人肇事后明知被害人会有生命危险，但为逃避法律追究却见死不救、逃跑而使被害人得不到及时救治而死亡，也包括交通肇事后，故意将有生命危险的被害人转移、抛弃，导致其死亡的。(4) 认为“因逃逸致人死亡”应仅限于过失致人死亡，即事实上发生了两次交通事故，已经发生交通事故后，行为人在逃逸过程中又发生交通事故致人死亡。显然，刑法对同种数罪规定了一个法定刑。但如果在逃逸过程中对致人死亡持故意态度，则应成立另一独立的犯罪，不能适用这一条款的规定以一罪定罪量刑，而应实行数罪并罚。(5) 认为“因逃逸致人死亡”，可以是两次交通肇事。侯国云在其著作《过失犯罪》中指出，对于第一次肇事后逃跑过程中再次肇事的，行为人主观上既可以是过失也可以是故意（因为该论者认为交通肇事罪可以由过失也可以由间接故意构成——引者注），在这种情况下仍应以交通肇事罪定性。(6) 认为“因逃逸致人死亡”的情形，应该只包括如下两种情况：一种是发生交通事故后，行为人在逃逸过程中再次肇事而过失致其他人死亡的；另一种是行为人交通肇事后因逃逸而致被撞者未得到及时救助而死亡，最终以交通肇事罪一罪定罪的。（赵秉志、田宏杰）(7) 认为“因逃逸致人死亡”的范围，仅限于交通肇事后致人重伤（有死亡的现实危险性，而又没有当场立即死亡，但如果及时救助则可能挽回伤者的生命），肇事者为逃逸而遗弃被害人致使其未得到及时救助而死亡的情形。（于改之）此种情形下，行为人之逃逸行为是交通肇事行为的自然延伸，构成交通肇事罪的结果加重犯。该论者认为，国外对于结果加重犯的规定大致有四种情况：一是基本犯是故意，重结果也是故意；二是基本犯是故意，重结果是过失；三是基本犯是过失，重结果也是过失；四是基本犯是过失，而重结果是故意。（但实际上，最后一种情形有无实例还存有疑问。）根据上述分析，该论者还得出以下结论：其一，以下两种情形不属于“因逃逸致人死亡”的范围，一是交通肇事致被害人当场死亡，行为人为逃避罪责而逃逸的；二是交通肇事后驾车逃逸行为本身再次肇事又致人死亡的，这属于同种数罪问题。其二，交通肇事致被害人重伤后，行为人为逃避罪责，在逃逸过程中又实施了其他“故意加害”行为（如转移、隐藏），致使被害人丧失抢救机会而死亡的情形，就不属于“因逃逸致人死亡”的范围，而应构成故意杀人罪。因为，行为人因其“转移”或者“隐藏”之先行行为而非因其肇事行为，而负有救助被害人的作为义务（但可能存在的疑问是，肇事行为本身并也能产生救助义务——引者注）。其三，如果被害人的死亡结果并非行为人之“另一”行为（如转移、隐藏）所引起，而仅仅是由行为人之单纯逃逸行为所导致，则不管其逃逸行为是多么恶劣（即使此刻行为人与被害人之间具有排他性的支配关系——引者注），该行为人也仅仅构成交通肇事罪一罪，无论如何都不能再构成一个间接故意杀人罪，否则就有“过分扩张处罚范围之虞”。（8）认为“因逃逸致人死亡”这一规定的性质，是情节加重犯，而不是结果加重犯。该论者认为，下列两种观点都是错误的，一种观点认为，“因逃逸致人死亡”是交通肇事罪的结果加重犯；另一种观点认为，该规定属于“带有一定结果加重色彩，并且其死亡结果本身又是该构成要件结果的一种复杂情节加重犯”，因而它不是一种“单纯的情节加重犯”。该论者同时认为，“因逃逸致人死亡”的罪过形式仅限于过失，而不能是故意。并且认为，“因逃逸致人死亡”中的“人”的范围，既包括原来肇事的被撞伤者，也包括肇事者在逃逸过程中撞死的其他人。从立法意图来看，这里的“人”首先就是指原来的被撞伤者。同时，肇事者在逃逸过程中又撞死的其他人也应包括在内。从实践中此类案情来看，因逃逸导致死亡的既有原来的被撞伤者，又有后来逃跑过程中的新的受害人，无论是哪一种被害人，由于他们都是由行为人的逃逸行为引起的，都是死在行为人的逃逸过程中，两种行为的社会危害性都是相当的，理应适用同样的规定。因此，该论者认为，“因逃逸致人死亡”这一规定的适用范围，包括以下三种情形：其一，出于过于自信的过失导致先前交通肇事中的被害人死亡的；其二，出于疏忽大意的过失导致先前交通肇事中的被害人死亡的；其三，在逃逸过程中因过失发生第二次交通事故并导致被害人死亡的。但是，以下几种情况不能适用“因逃逸致人死亡”的规定：一是行为人肇事后出于故意又撞死其他人的，即出于故意制造了第二次交通事故；二是行为人肇事后出于直接故意将先前肇事中的被害人杀死。三是行为人肇事后出于间接故意，致先前肇事中的被害人死亡。①

笔者关于“因逃逸致人死亡”情节的看法如下。

其一，“因逃逸致人死亡”的基本含义，是指行为人在交通肇事后为逃避法律追究而逃跑，致使被害人因得不到救助而死亡的情形。（见 2000 年最高人民法院《关于审理交通肇事刑事案件具体应用法律若干问题的解释》第 5 条）

其二，“因逃逸致人死亡”相对于《刑法》第 133 条所规定的第一、二量刑档次而言，它是第三量刑档次，因而可以将其理解为是结果加重犯（具有“因逃逸致人死亡”之结果与情节）。

尤其值得注意的细节问题是，在讨论这个情节的时候，确实需要考察一下“因逃逸致人死亡”情节所对应的法定刑配置情况，其最低法定刑为 7 年有期徒刑，即“因逃逸致人死亡的，处七年以上有期徒刑”（《刑法》第 133 条）。这一情节所对应的法定刑配置远高于过失致人死亡罪和过失以危险方法危害公共安全罪，后两者的法定刑配置是最高限度为 7 年有期徒刑，即“过失致人死亡的，处三年以上七年以下有期徒刑；情节较轻的，处三年以下有期徒刑”（《刑法》第 233 条），“过失犯前款罪的，处三年以上七年以下有期徒刑；情节较轻的，处三年以下有期徒刑或者拘役”（《刑法》第 115 条第 2 款）。这种法定刑对比具有一定刑法意义，表明“因逃逸致人死亡”情节可能包含有更加严厉的责任与谴责因素，尤其是可能包含了“间接故意”致人死亡的罪责，因为单纯的过失致人死亡的罪责应当以“七年以下有期徒刑”为基本的法定刑配置档次。这可以说是部分学者所提出的“以刑制罪”现象。

文末顺便指出立法完善建议。笔者认为，刑法应当明确规定：第一，交通运输肇事后因逃逸再次发生交通事故并致人死亡，或者因逃逸致人死亡的，处 7 年以上有期徒刑；第二，交通肇事后，因转移、隐匿受害人而故意致人死亡的，以故意杀人罪论处；第三，因在醉酒驾驶机动车或者飙车而发生重大交通事故，因逃逸而继续醉酒驾驶或者严重超速并再次致人伤亡的，依照本法第 114 条、第 115 条的规定定罪处罚。

---

① 刘艳红．交通肇事逃逸致人死亡的个案研究//陈兴良．刑事法判解：第 2 卷．北京：法律出版社，2000：417-434.

第七章　内蒙古王力军收购玉米案

（非法经营罪，经济犯罪的刑法解释）

案例

内蒙古王力军收购玉米案①

2014 年 11 月至 2015 年 1 月期间，王力军未办理粮食收购许可证，未经工商行政管理机关核准登记并颁发营业执照，擅自在临河区白脑包镇附近村组无证照违法收购玉米，将所收购的玉米卖给巴彦淖尔市粮油公司杭锦后旗蛮会分库，经营数额 218 288.6 元，非法获利 6 000 元。案发后，王力军主动到公安机关投案自首，并退缴获利 6 000 元。巴彦淖尔市临河区人民检察院以非法经营罪对原审被告人王力军提起公诉，临河区人民法院于 2016 年 4 月 15 日作出刑事判决，以非法经营罪判处王力军有期徒刑 1 年，缓刑 2 年，并处罚金人民币 2 万元，其退缴的非法获利人民币 6 000 元由侦查机关上缴国库。一审宣判后，王力军未上诉，检察机关未抗诉，判决发生法律效力。2016 年 12 月 16 日，最高人民法院依照《中华人民共和国刑事诉讼法》第 243 条第 2 款规定的“最高人民法院对各级人民法院已经发生法律效力的判决和裁定，如果发现确有错误，有权提审或者指令下级人民法院再审”，作出再审决定，指令内蒙古自治区巴彦淖尔市中级人民法院对本案进行再审。巴彦淖尔市中级人民法院依法组成合议庭，于 2017 年 2 月 13 日公开开庭审理了本案。2017 年 2 月 17 日，内蒙古自治区巴彦淖尔市中级人民法院对最高人民法院指令再审的王力军非法经营案公开宣判，依法撤销原审判决，改判王力军无罪。

法理问题　非法经营罪，经济犯罪的刑法解释

卢建平教授针对本案指出，在王力军行为当时，国务院制定的《粮食流通管理条例》依然有效，个人如果无粮食收购资格而从事粮食经营行为当然违法。2016 年 1 月 13 日《国务院关于修改部分行政法规的决定》开始施行，特别是 2016 年 9 月 14 日国家粮食局发布了经过修订的《粮食收购资格审核管理办法》，其第 3 条明确规定，农民、粮食经纪人、农贸市场粮食交易者等从事粮食收购活动，无须办理粮食收购资格。这就等于将实行了十多年的针对个人的粮食收购许可制度废止了。其理据显然是为了贯彻十八届三中全会全面深化改革的要求，切实使市场在资源配置中起决定性作用和更好发挥政府作用，深入推进“放管服”改革，切实保护粮食生产者、消费者和经营者的合法权益。依据“新法”，王力军的行为自然不违法。问题是，在上述行政法规和规章修改之前，王力军已然被定罪处刑，判决已经生效了。因此，根据行为时的法律，应该判定王力军行为违法。当然，判定其违法并不等于判定其构成犯罪，定罪量刑仍然需要全面分析评判犯罪的诸特征和构成要件。② 就本案的法理而论，王力军收购玉米的行为属于“违反国家规定”的非法经营行为，但是不属于“扰乱市场秩序，情节严重的”情形，

---

① 内蒙古农民王力军非法经营案再审改判无罪．［2011－02－17］．内蒙古法院网．http：//nmgfy. chinacourt. org/article/detail/2017/02/id/2545988. shtml.

② 卢建平．王力军改判无罪的深层次逻辑．人民法院报，2017－02－18（3）.

依法不构成非法经营罪。

本书认为，就王力军案而言，刑法解释论关心的问题是，王力军收购玉米的行为无罪（不构成非法经营罪）的刑法解释原理是什么？承办检察官认为，“王力军的行为虽具有行政违法性，但不具备与《刑法》第225条规定的非法经营行为相当的社会危害性和刑事处罚的必要性，不构成非法经营罪”；其辩护人认为，“王力军无证照收购玉米的行为不具有社会危害性、刑事违法性和应受惩罚性，不符合刑法规定的非法经营罪的构成要件”；承办法官认为，“没有办理粮食收购许可证及工商营业执照买卖玉米的事实清楚，其行为违反了当时的国家粮食流通管理有关规定，但尚未达到严重扰乱市场秩序的危害程度，不具备与《刑法》第225条规定的非法经营罪相当的社会危害性和刑事处罚的必要性，不构成非法经营罪”。按照检法两家的意见，王力军收购玉米的行为属于“违反国家规定”的非法经营行为，但是不属于“扰乱市场秩序，情节严重的”情形，依法不构成非法经营罪。这种刑法解释原理可以归属于刑法的实质解释和客观解释，其根据在实质上是否具有值得科处刑罚的必要性（大陆法系刑法原理）、是否具有社会危害性（中国刑法学原理）来解释是否定罪的理由，均属于实质解释；其根据当下中国社会经济发展现状来解释是否具有值得科处刑罚必要性的实质与社会危害性的实质，属于客观解释。不过，就本案原一审判决的法律适用错误而言，到底是因为适用《刑法》第225条第1项不当还是第4项不当，似乎还存在争议。

刑法的实质解释论认为，对于形式上符合犯罪构成的部分非法行为，可以根据《刑法》第13条“但书”的规范实质（即实质上不具有值得科处刑罚的必要性）进行出罪解释。例如，对于形式上符合故意杀人罪的安乐死行为，可以根据“但书”进行出罪解释（如陕西省汉中市夏某某安乐死案）。再如，醉酒型危险驾驶罪的刑法解释，理论上争议最大的问题是是否可以《刑法》第13条“但书”对形式上的醉酒型危险驾驶行为解释出罪，有的学者认为可以，而有的学者认为绝对不可以，那么，从刑法的实质解释观察，醉酒型危险驾驶行为当然可以根据其“但是情节显著轻微危害不大的，不认为是犯罪”的规范实质进行出罪解释，并且这一结论的实践合理性获得了广泛认同。当然，如果某种非法行为不但在形式上符合犯罪构成，而且在实质上具有值得科处刑罚的必要性，则应当认定其不符合“但书”的规范实质，从而不得以《刑法》第13条“但书”作为其出罪解释的根据。

一、非法经营罪的解释适用

非法经营罪，是指实施了违反国家规定的非法经营行为，扰乱市场秩序，情节严重的行为。本罪的保护法益（即犯罪客体要件）是市场秩序，具体讲就是国家对市场交易的管理秩序；本罪的行为定型（即客观方面要件），是实施了违反国家规定的非法经营行为，情节严重的行为；本罪的行为主体（即主体要件）是一般主体，包括具有刑事责任能力的自然人和单位。对于非法经营罪的违法性审查，需要具体结合行为时和解释时我国有关经济政策和刑事政策的具体规定和实质精神进行判断，如果行为本身就符合相关经济政策和法律规定，则依法应认定为该行为没有“违反国家规定”，依法不应认定为本罪；对于某些行为尽管可以认定为“违反国家规定”，但还需要进一步对其是否具有“扰乱市场秩序，情节严重的”违法性实质进行判断，若是才可以定本罪，若不是则不能定本罪。本罪的有责性（即主观方面要件）是故意，且限于直接故意。

我国《刑法》第225条规定：“违反国家规定，有下列非法经营行为之一，扰乱市场秩序，情节严重的，处五年以下有期徒刑或者拘役，并处或者单处违法所得一倍以上五倍以下罚金；

情节特别严重的，处五年以上有期徒刑，并处违法所得一倍以上五倍以下罚金或者没收财产：（一）未经许可经营法律、行政法规规定的专营、专卖物品或者其他限制买卖的物品的；（二）买卖进出口许可证、进出口原产地证明以及其他法律、行政法规规定的经营许可证或者批准文件的；（三）未经国家有关主管部门批准非法经营证券、期货、保险业务的，或者非法从事资金支付结算业务的；（四）其他严重扰乱市场秩序的非法经营行为。”当我们将非法经营罪的刑法规定和法理内涵做一对照就可以发现，非法经营罪的解释适用根本就不是一件简单的事情，至少有必要研究以下诸问题。

（一）客观上实施了法定的违法行为（行为定型论）

非法经营罪的法定违法行为，可以概括为，实施了违反国家规定的非法经营行为，扰乱市场秩序，且情节严重。这个解读，明显包括了我国传统犯罪构成理论中的犯罪客体和客观方面这样两个构成要件。其中，“扰乱市场秩序”是对法定违法行为的实质判断，其价值就是帮助对法定违法行为的规范判断更加准确无误，由于其已在我国传统犯罪构成论体系中放在犯罪客体要件里进行了阐述，所以，这里主要阐释一下“违反国家规定”“非法经营行为”“情节严重”三个问题。

1.“违反国家规定”的阐释

《刑法》第 96 条规定：“本法所称违反国家规定，是指违反全国人民代表大会及其常务委员会制定的法律和决定，国务院制定的行政法规、规定的行政措施、发布的决定和命令。”这是认定非法经营罪“违反国家规定”的刑法依据。

“违反国家规定”的语义阐释。我国《刑法》中直接规定“违反国家规定”的犯罪只有几个法定犯，如第 222 条规定的虚假广告罪，第 225 条规定的非法经营罪，第 355 条规定的非法提供麻醉药品、精神药品罪，第 396 条规定的私分国有资产罪等。对这些法定犯的认定，都必须以《刑法》第 96 条规定的“违反国家规定”为前提，并且必须进行严格解释，不得随意扩大“违反国家规定”中“国家规定”的范围。

“违反国家规定”的这种阐释具有重要意义。据此，我们在司法实践中，就必须注意要排除那些“非违反国家规定”的非法经营行为构成犯罪的可能性。所谓“非违反国家规定”的非法经营行为，是指非违反全国人大及其常委会制定的法律和决定、国务院制定的行政法规、规定的行政措施、发布的决定和命令等，而只是违反了其他规定的非法经营行为。如，违反国务院各部委、地方各级国家机关或者其他组织制定的有关规定，而实施的非法经营行为，就不属于非法经营罪所要求的非法经营行为。

但是，也值得注意，《刑法》第 96 条规定“违反国家规定”，是一个严格的法律用语，是一个不可更改的固定词语搭配，不得分解开来随意解释，不得将其中的“国家规定”作为一个独立语词随意扩张套用，即不能将刑法条文中出现的任何“国家规定”“国家规定的”“国家规定管制的”或者“依照国家规定”等用语中的“国家规定”完全等同于“违反国家规定”中的“国家规定”进行套用解释并限缩解释。这是十分重要的一个解释论发现。

以《刑法》第 355 条的规定为例（非法提供麻醉药品、精神药品罪）：“依法从事生产、运输、管理、使用国家管制的麻醉药品、精神药品的人员，违反国家规定，向吸食、注射毒品的人提供国家规定管制的能够使人形成瘾癖的麻醉药品、精神药品的，处三年以下有期徒刑或者拘役，并处罚金；情节严重的，处三年以上七年以下有期徒刑，并处罚金。”该法条就出现了两处“国家规定”，但是应注意其细微差别，前者是“违反国家规定”这一固定用语，属于《刑法》第 96 条规定的含义；后者不属于“违反国家规定”固定用语（即没有“违反”二字），而是单独使用了“国家规定”（管制），那么，后者的“国家规定”的含义解释就不得引用《刑法》第96条的规定。细言之，单独使用的“国家规定”，并非仅限于《刑法》第96条所规定的全国人民代表大会及其常务委员会制定的法律和决定，国务院制定的行政法规、规定的行政措施、发布的决定和命令，还可以是其他国家机关组织所作出的规定。那么，《刑法》第355条中出现的“违反国家规定”和“国家规定（管制的）”就可以作出如下阐释：（1）本条所称“违反国家规定”，依照《刑法》第96条的规定，是指违反《麻醉药品管理办法》（1987年11月28日国务院发布）和《精神药品管理办法》（1988年12月27日国务院发布）；（2）本条所称“国家规定（管制的）”则可以是指《麻醉药品品种目录（2007年版）》和《精神药品品种目录（2007年版）》（2007年10月11日国家食品药品监督管理局、公安部和卫生部公布）。①

“违反国家规定”中的国家规定分类列举。就非法经营罪而言，非法经营行为“违反国家规定”之中的国家规定，大致可以划分为以下几类②：

（1）关于进出口许可证制度方面的法律、行政法规。如《外商投资企业法》《对外贸易法》《专利法》《商标法》《企业法人登记管理条例》及其实施细则、《外商投资企业暂行条例》《城乡个体工商户管理暂行条例》《关于出口许可证制度的暂行办法》《进口货物许可证制度暂行条例》《进出口货物许可证制度暂行条例实施细则》《进出口货物原产地条例》《对违反进出口许可证管理制度的处罚决定》等。

（2）关于医药卫生和文化出版的许可证制度方面的法律、行政法规。如《药品管理法》《食品安全法》《文物保护法》《期刊管理暂行规定》《印刷行业管理暂行规定》《报纸管理暂行规定》《关于实行电视剧制作许可证制度的规定》《关于对文艺演出经纪机构实行演出经营许可证的规定》等。

（3）关于公共安全和秩序的许可证制度方面的法律、行政法规。如《枪支管理法》《道路交通安全法》《民用爆炸物品管理条例》《化学危险物品管理条例》等。

（4）关于土地使用和城乡建设许可证制度方面的法律、行政法规。如《土地管理法》《城市规划法》《城市房地产管理法》等。

（5）关于环境资源保护许可证制度方面的法律、行政法规。如《森林法》《矿产资源法》《渔业法》《野生动物保护法》《海洋环境保护法》等。

（6）关于金融、证券、期货、保险经营许可证制度方面的法律、行政法规。如《证券法》《证券投资基金法》《商业特许经营管理条例》《金融违法行为处罚办法》《股票发行与交易管理暂行条例》《期货交易管理条例》等。

（7）其他许可证制度方面的法律、行政法规。如《烟草专卖法》《烟草专卖法实施条例》《种子法》《金银管理条例》《商业特许经营管理条例》《关于化肥、农药、农膜实行专营的决定》《关于加强钢材管理的决定》《食盐专营办法》《电信条例》《互联网上网服务营业场所管理条例》《禁止传销条例》《工业产品生产许可证管理条例》等。

2. “非法经营行为”的阐释

值得注意的是，作为非法经营罪客观方面内容之一的“非法经营行为”，必须要时刻同“违反国家规定”紧密结合起来进行判断。根据我国《刑法》第225条的明确规定，非法经营罪的非法经营行为可以分为四类，前三类是明示“非法经营行为”，第四类是“其他严重扰乱市场秩序的非法经营行为”。

---

① 王恩海．论我国刑法中的“违反国家规定”——兼论刑法条文的宪政意义．东方法学，2010（1）．

② 前面五类列举的内容，主要参见黄京平．扰乱市场秩序罪．北京：中国人民公安大学出版社，1999：165－166．

(1) 未经许可经营法律、行政法规规定的专营、专卖物品或者其他限制买卖的物品的。

所谓专营、专卖物品，是指法律、行政法规明确规定由获得许可的专门机构经营的物品，如烟草、食盐等。所谓限制买卖的物品，是指法律、行政法规明确规定国家在一定时期实行限制性经营的物品，如化肥、农药、农膜等。

目前，我国法律、行政法规规定的专营、专卖物品或者其他限制买卖的物品主要有以下几种：1) 烟草；2) 食盐；3) 化肥、农药、农膜；4) 种子；5) 药品、药材；6) 金银及其制品；7) 专用钢材，《关于加强钢材管理的决定》规定："对冷轧薄钢板、冷轧硅钢片、镀锡薄钢板、镀锌薄钢板实行专营。"

(2) 买卖进出口许可证、进出口原产地证明以及其他法律、行政法规规定的经营许可证或者批准文件的。

根据这一规定，进出口许可证、进出口原产地证明、经营许可证或者批准文件，均不得自由买卖，否则均有可能构成非法经营罪。其中，进出口原产地证明，是指用来证明进出口货物、技术的原产地的有效证明。

(3) 未经国家有关主管部门批准非法经营证券、期货、保险业务的，或者非法从事资金支付结算业务的。

根据我国法律规定，禁止未经国家有关主管部门批准非法经营金融、证券、期货、保险业务，否则均可能构成非法经营罪。

案例 **王丹等七人非法经营证券业务案**①

法院审理查明，王丹、沈玮婷是夫妻关系，原均系某传媒公司员工。2005 年 11 月，王、沈出资 300 万元以他人名义在深圳注册成立深圳金海岸公司。2009 年 5 月王、沈决定将该公司注册资本增至 1 000 万元，经商定通过找社会上的中介人垫付 700 万元资金取得验资报告并在工商局办理变更登记后再由中介人取走其所垫付的款项，从中虚报注册资本 700 万元。2008 年 4 月至 2009 年 7 月，王丹、沈玮婷等人利用深圳金牛王公司、湖南智盈公司、湖南金诚公司非法经营股票咨询业务，采取制作股评节目到多家省级电视台播放、建立"金牛财经网"等手段，对外宣传公司拥有专业的证券分析专家团队，可以为股民提供股票咨询，并通过所谓的"400 专家免费咨询热线"获取股民资料信息，夸大公司、股评师实力，然后指派公司业务员用"话术"和股民联系，给股民灌输只要交钱与他们的公司合作炒股就能赚钱，引诱股民成为公司客户，并收取股民数千元甚至数万元的高额咨询费用，还以升级方式诱使股民反复缴费。案发时非法经营额达 3 300 万元，受骗股民 3 400 余人，涉及 28 个省市区。

法院认为，被告人王丹、沈玮婷在增加深圳金海岸公司的注册资本时，采取欺诈手段虚报注册资本 700 万元，数额巨大且情节严重，其行为均已构成虚报注册资本罪。王丹等 7 人违反《中华人民共和国证券法》等有关法律规定，未经国家有关主管部门批准，非法经营证券业务，严重扰乱了市场秩序，情节特别严重，其行为均已构成非法经营罪。王丹系主犯。法院据此依法作出判决：王丹犯虚报注册资本罪，判处有期徒刑 1 年，并处罚金 10 万元；犯非法经营罪，判处有期徒刑 12 年，并处罚金 120 万元。数罪并罚，决定执行有期徒刑 12 年 6 个月，并处罚金 130 万元。沈玮婷犯虚报注册资本罪、非法经营罪，数罪并罚，决定执行有期徒刑 6 年 6 个月，并处罚金 70 万元。唐彦恒、王澍等其他 5 名被告人犯非法经营罪分别被判处 2 年 2 个月

① 案例来源：阮占江，赵文明．王丹等七人虚报注册资本非法经营案一审宣判．[2011-10-06]．京师刑事法治网．http://www.criminallawbnu.cn/criminal/Info/showpage.asp?pkID=32439.

至5年不等的有期徒刑，并处10万元至40万元不等的罚金。

案例 **郭某某组织炒金771亿元案①**

香港人郭某某在京设立公司，组织卢樱、吴洪跃、雷建伟等7人，以付出低廉手续费即可进行黄金期货产品交易为诱饵行骗。在两年的时间里，上千名炒金者掉进陷阱，他们在郭某某公司提供的虚拟交易软件里进行交易，资金没有进入真正的市场，而是被后台控制最终不知去向，造成的直接损失达到7 000余万元。据了解，被骗的炒金者累计投资达到771亿元，此案成为国内最大非法黄金期货交易案。

2010年12月17日，北京市第二中级人民法院一审以非法经营罪判处卢樱、吴洪跃2人有期徒刑9年，各处罚金200万元；判处香港人雷建伟等5人有期徒刑1年半至4年不等，并处罚金10万元至40万元不等（幕后老板郭某某在逃）。

（4）“其他严重扰乱市场秩序的非法经营行为”的阐释

根据目前我国司法审判实践的归纳，大致有以下一些情形可以阐释为非法经营行为并构成非法经营罪。②

一是在国家规定的交易场所以外非法买卖外汇的非法经营行为。

1998年最高人民法院《关于审理骗购外汇、非法买卖外汇刑事案件具体应用法律若干问题的解释》第3条规定：“在外汇指定银行和中国外汇交易中心及其分中心以外买卖外汇，扰乱金融市场秩序，具有下列情形之一的，按照刑法第二百二十五条第（三）项（应为现行刑法第二百二十五条第（四）项——编者注）的规定定罪处罚：（一）非法买卖外汇二十万美元以上的；（二）违法所得五万元人民币以上的。”第4条规定：“公司、企业或者其他单位，违反有关外贸代理业务的规定，采用非法手段，或者明知是伪造、变造的凭证、商业单据，为他人向外汇指定银行骗购外汇，数额在五百万美元以上或者违法所得五十万元人民币以上的，按照刑法第二百二十五条第（三）项（应为现行刑法第二百二十五条第（四）项——编者注）的规定定罪处罚。居间介绍骗购外汇一百万美元以上或者违法所得十万元人民币以上的，按照刑法第二百二十五条第（三）项（应为现行刑法第二百二十五条第（四）项——编者注）的规定定罪处罚。”

二是非法从事出版物的非法经营行为。

1998年最高人民法院《关于审理非法出版物刑事案件具体应用法律若干具体问题的解释》第11条规定：“违反国家规定，出版、印刷、复制、发行本解释第一条至第十条规定以外的其他严重危害社会秩序和扰乱市场秩序的非法出版物，情节严重的，依照刑法第二百二十五条第（三）项（应为现行刑法第二百二十五条第（四）项——编者注）的规定，以非法经营罪定罪处罚。”第15条规定：“非法从事出版物的出版、印刷、复制、发行业务，严重扰乱市场秩序，情节特别严重，构成犯罪的，可以依照刑法第二百二十五条第（三）项（应为现行刑法第二百二十五条第（四）项——编者注）的规定，以非法经营罪定罪处罚。”

案例 **谢朝平自费出版纪实文学作品《大迁徙》被控非法经营罪案③**

作家谢朝平自费出版了纪实文学作品《大迁徙》，记录了渭南移民的历史遗留问题。谢朝

---

① 案例来源：京华时报．国内最大非法炒金案宣判，累计投资达771亿．[2010-12-21]．新华网．http：//news. xinhuanet. com/legal/2010-12/21/c_12902733. htm.

② 部分归纳内容参考了聂立泽．扰乱市场秩序罪立案追诉标准与司法认定实务．北京：中国人民公安大学出版社，2010：114-117.

③ 案例来源：北京晚报：“取保候审者”谢朝平．[2010-09-26]．新华网．http：//news. xinhuanet. com/legal/2010-09/26/c_12607786. htm.

平被陕西渭南警方以“涉嫌非法经营”刑事拘留，后检察院未予批捕。谢朝平在四川省达州市当过多年检察官，本案案发时年龄55岁。下面是本案过程的时间表：

2007年4月，谢朝平开始撰写反映有关三门峡水库移民造成历史遗留问题的报告文学。

2010年5月，《大迁徙》以火花杂志增刊的方式出版。

2010年8月19日，《大迁徙》被陕西省新闻出版局定性为非法出版物，当天，谢朝平被渭南警方以“非法经营罪”刑拘。

2010年9月13日，渭南检方对谢朝平作出了不予逮捕的决定。

2010年9月17日，谢朝平被取保候审，当天晚上，他回到北京家中。

三是非法从事电信业务的非法经营行为。

2000年最高人民法院《关于审理扰乱电信市场管理秩序案件具体应用法律若干问题的解释》第1条规定：“违反国家规定，采取租用国际专线、私设转接设备或者其他方法，擅自经营国际电信业务或者涉港澳台电信业务进行营利活动，扰乱电信市场管理秩序，情节严重的，依照刑法第二百二十五条第（四）项的规定，以非法经营罪定罪处罚。”（第2条和第3条还对有关情节问题做了明确规定。）第5条规定：“违反国家规定，擅自设置、使用无线电台（站），或者擅自占用频率，非法经营国际电信业务或者涉港澳台电信业务进行营利活动，同时构成非法经营罪和刑法第二百八十八条规定的扰乱无线电通讯管理秩序罪的，依照处罚较重的规定定罪处罚。”

案例 **周某某非法经营案①**

2005年12月，被告人周某某通过互联网认识了日本人草野，草野授意周某某在中国境内申请安装几门固定电话，秘密加装上语音网关后通过网络连接至草野架设在日本的服务器。由草野负责组织国际话源，通过互联网向中国境内的语音网关上发送话务，继而由网关通过所接的固定电话进行拨号通话。双方口头约定从中套取的资费由草野按每分钟0.2～0.5元人民币提成给被告人周某某。同月22日，周某某使用假身份证在某区租了房子一间，并使用假身份证在某市电信分公司申请安装了8门电信固定电话，开通了宽带。2006年1月2日、15日，周某某在该房间将语音网关连接到电话线上，由草野在日本负责组织国际话源，并套取了某市电信分公司的国际话务资费。截至2006年2月14日周某某被抓获时，周某某的行为共造成电信公司损失国际长途电话费799 881元人民币。

某区人民法院认为，周某某的行为构成非法经营罪，判处其有期徒刑1年6个月，并处罚金人民币15万元。

四是生产、销售“瘦肉精”的非法经营行为。

2002年最高人民法院和最高人民检察院《关于办理非法生产、销售、使用禁止在饲料和动物饮用水中使用的药品等刑事案件具体应用法律若干问题的解释》第1条规定：“未取得药品生产、经营许可证件和批准文号，非法生产、销售盐酸克伦特罗等禁止在饲料和动物饮用水中使用的药品，扰乱药品市场秩序，情节严重的，依照刑法第二百二十五条第（一）项的规定，以非法经营罪追究刑事责任。”第2条规定：“在生产、销售的饲料中添加盐酸克伦特罗等禁止在饲料和动物饮用水中使用的药品，或者销售明知是添加有该类药品的饲料，情节严重的，依照刑法第二百二十五条第（四）项的规定，以非法经营罪追究刑事责任。”

---

① 案例来源：北大法律信息网；聂立泽．扰乱市场秩序罪立案追诉标准与司法认定实务．北京：中国人民公安大学出版社，2010：115-116.

案例 河南韩文斌等 7 人非法经营“瘦肉精”案[1]

被告人韩文斌、张建国、冯满成、张俊森、史国营、张玉军、程保成分别从 2009 年至 2011 年 2 月非法经营瘦肉精稀释粉。他们购买瘦肉精原粉，经过淀粉稀释后，以每包 110 元至 140 元的价格卖给生猪养殖户，导致含有瘦肉精的生猪流向市场。人民法院经审理后认为：被告人韩文斌等人明知盐酸克伦特罗（瘦肉精）是国家禁止用于喂养生猪的药品，明知食用喂养瘦肉精的猪肉对人体有害，但为牟取利益，在未取得药品经营许可证件和批准文号的情况下，仍非法经营销售瘦肉精及含有瘦肉精成分的稀释粉，将其出售给生猪养殖户并传授饲喂方法，违反了我国对有关国计民生、人民生命健康安全及公共利益的药品实行限制经营的规定，并造成重大影响，引起严重不良后果，其行为构成非法经营罪。判决如下：被告人韩文斌犯非法经营罪，判处有期徒刑 10 年，并处罚金 2.8 万元；判处被告人张建国犯非法经营罪，判处有期徒刑 9 年，并处罚金 1.2 万元；被告人冯满成犯非法经营罪，判处有期徒刑 8 年，并处罚金 3 000 元；被告人张俊森犯非法经营罪，判处有期徒刑 6 年，并处罚金 7 000 元；被告人史国营犯非法经营罪，判处有期徒刑 6 年，并处罚金 1 000 元；被告人张玉军犯非法经营罪，判处有期徒刑 5 年，并处罚金 3 000 元；被告人程保成犯非法经营罪，判处有期徒刑 1 年，缓刑 2 年，并处罚金 1 000 元。

五是特定时期哄抬物价、牟取暴利的非法经营行为。

2003 年最高人民法院和最高人民检察院《关于办理妨害预防、控制突发传染病疫情等灾害的刑事案件具体应用法律若干问题的解释》第 6 条规定：“违反国家在预防、控制突发传染病疫情等灾害期间有关市场经营、价格管理等规定，哄抬物价、牟取暴利，严重扰乱市场秩序，违法所得数额较大或者有其他严重情节的，依照刑法第二百二十五条第（四）项的规定，以非法经营罪定罪，依法从重处罚。”[2]

案例 成都市刘某某大地震后冒充红十字会销售帐篷案[3]

2008 年“5·12”汶川大地震发生后，不少成都市民选择购买帐篷、睡袋、充气床垫等物品外出避震。蜀山行户外用品店老板刘某某从中看到了“商机”。她先是骗取到红十字会出具的证明，随后又冒用红十字会名义，通过“抗震救灾物资专列”从外地运回帐篷、睡袋等物品用于经营获利。其间，同年 5 月 14 日，刘某某来到成都市锦江区红十字会，谎称要给灾区捐赠救灾物资，骗取了红十字会出具的两份运送救灾物资证明。第二天，刘某某又谎称其中一份证明过期，委托朋友黄某到红十字会重新开具证明。就这样，她又骗到一张证明。“通关文牒”到手，刘某某开始实施自己的计划。她将证明先后传真给浙江宁波市某外用品有限公司、江苏丹阳市某旅游用品有限公司。根据证明，两家公司安排发货方在相关铁路运输部门办理了运送救灾物资的手续后，给刘某某发送了价值 994 101 元的帐篷、睡袋等物品。同年 5 月 16 日，刘某某将其中一份证明篡改后，传真给广州市金淘贸易有限公司。该公司也深信不疑，给刘某某

---

① 案例来源：大河网：河南第二批瘦肉精案一审 7 名被告人获刑．[2011-08-10]．新华网．http：//news. xinhuanet. com/legal/2011-08/10/c _ 121839347. htm.

② 这个司法解释出台的背景是，针对 2003 年春季国家在防治非典型肺炎期间，一些不法商人垄断资源、囤积居奇、散布谣言、哄抬物价，扰乱社会秩序和市场秩序的行为，国务院颁布了《突发公共卫生事件应急条例》，明确规定对于上述情节严重的行为应当依法追究刑事责任。聂立泽．扰乱市场秩序罪立案追诉标准与司法认定实务．北京：中国人民公安大学出版社，2010：116.

③ 案例来源：成都晚报：震区女老板冒充红十字会售帐篷获刑 5 年罚百万．[2008-10-26]．新华网．http：//news. xinhuanet. com/legal/2008-10/26/content _ 10252898. htm.

发送了价值255 624元的空气床、充气泵等物品。很快，这些货物通过赈灾绿色运输通道运抵成都。刘某某安排前夫黄某签收贴有“赈灾帐篷”“救灾物资”标记的部分货物，然后将货物送到成都市某外用品经营店。货物到店后，刘某某安排店员将帐篷、睡袋等货物包装箱上粘贴的“赈灾帐篷”“救灾物资”标记撕掉，然后大肆销售。东窗事发后，刘某某落网。据检方指控，其经营额达80余万元。

2008年10月20日，成都市锦江区法院以非法经营罪判处刘某某有期徒刑5年，并处罚金100万元。

六是擅自发行、销售彩票的非法经营行为。

2005年最高人民法院和最高人民检察院《关于办理赌博刑事案件具体应用法律若干问题的解释》第6条规定：“未经国家批准擅自发行、销售彩票，构成犯罪的，依照刑法第二百二十五条第（四）项的规定，以非法经营罪定罪处罚。”

七是利用网游代练升级牟利的非法经营行为。

案例 南京夫妇网游代练升级牟利案①

被告人董杰、陈珠在玩网络游戏过程中了解到利用非法“外挂”程序可以代游戏玩家“代练升级”并从中牟利，遂通过互联网向他人（网名“拉哥”）购买名为“冰点传奇”的“外挂”程序，并与该程序卖家“拉哥”协商合作利用“外挂”进行游戏代练，由“拉哥”提供“外挂”程序，由二被告负责代练及收费。2007年以来，被告人董杰、陈珠陆续购置了九十多台电脑，申请了电信宽带，并冒用“蔡某”“曾某”的身份办理了银行卡、客服电话，用于和游戏玩家联系及收取代练费。二被告人先后雇用了十二名员工，在其居住的南京市江宁区××街道××家园××栋××号家中以“土人部落工作室”的名义，不断在上海盛大网络发展公司（以下简称“盛大公司”）经营的《热血传奇》游戏中做广告，以80元/周、300元/月等价格帮助游戏玩家使用“冰点传奇”的“外挂”程序代练升级。董杰、陈珠将雇用来的员工分成客服组和代练组利用“外挂”软件“冰点传奇”日夜经营代练，并适时与“外挂”程序卖家“拉哥”联系进行版本升级，以对抗盛大公司游戏保护措施。至案发时止，已先后替1万多个《热血传奇》游戏玩家的账户代练升级。自2007年3月至2007年12月7日，二被告人收取了全国各地游戏玩家汇入的巨额代练资金，其二人仅通过户名为“张某某”的银行账户向“冰点传奇”“外挂”程序卖家“拉哥”汇去的费用就达130多万元。

另查明，“土人部落工作室”的“外挂”——“冰点传奇”是使用“外挂”程序直接连接游戏服务器，同一台计算机可同时运行多个“冰点传奇”程序。利用“冰点传奇”程序可同时登录多个《热血传奇》网络游戏账号。该“外挂”程序通过游戏封包的加密与解密算法的破解、游戏指令与数据结构的筛查、游戏地图文件的破解与转换等方法，通过发送网络数据包攻击、入侵游戏服务器，以达到增加和修改使用用户游戏的参数数据库里生存和成长的过程体验。该“外挂”程序修改了盛大公司《热血传奇》游戏的使用用户在服务器上的内容，帮助《热血传奇》游戏的使用用户完成自动化循环操作。因董杰、陈珠使用的“冰点传奇”“外挂”程序绕过了正常的游戏客服端与服务器端之间的通讯协议，使盛大公司计算机系统中正常的客户认证功能受损，从而干扰了《热血传奇》游戏的正常运行，同时破坏了网络游戏规则，严惩

① 案例来源：新华网江苏频道：南京“网游代练案”二审宣判 年轻夫妇被判刑．[2011-05-23]．新华网．http：//news.xinhuanet.com/legal/2011-05/23/c_121447304.htm.

影响了盛大公司的生产经营秩序。

人民法院审理后认为，被告人董杰、陈珠以牟利为目的，违反国家规定，未经国家主管部门批准，也未获得盛大公司许可和授权，将明知是破坏了他人享有著作权的互联网游戏作品技术保护措施并修改他人游戏作品数据的非法互联网出版物——“外挂软件”使用到盛大公司享有著作权的游戏程序上，进行有偿代练经营活动，牟取了巨额非法利益，侵害了盛大公司的合法权益，属于出版非法互联网出版物的行为，具有严重社会危害性，构成非法经营罪。在共同犯罪中，被告人董杰起主要作用，是主犯，应当按照其所组织、指挥的全部犯罪处罚。被告人陈珠起次要、辅助作用，是从犯，依法应当减轻处罚。

人民法院依法判决如下：(1) 被告人董杰犯非法经营罪，判处有期徒刑 6 年，罚金人民币 160 万元（刑期从判决执行之日起计算，判决执行以前先行羁押的，羁押 1 日折抵刑期 1 日，即自 2010 年 11 月 27 日起至 2016 年 8 月 27 日止。罚金于本判决发生法律效力的第二日起 10 日内向本院缴纳）。(2) 被告人陈珠犯非法经营罪，判处有期徒刑 3 年，缓刑 4 年，罚金人民币 140 万元（缓刑考验期限从判决确定之日起计算。罚金于本判决发生法律效力的第二日起 10 日内向本院缴纳）。

八是利用 POS 套现牟利的非法经营行为。

案例 北京市祁某某利用 POS 机套现 3 000 万元案[①]

2009 年 3 月至 2010 年 6 月间，祁某某在朝阳区建国门外“大北写字楼”内，在没有实际交易的情况下，使用以北京旧宫仟信隆超市、北京亚信通宇通讯器材批发部、北京世捷顺达票务代理服务中心、华艺联合装饰工程（北京）有限公司、北京天鸿金航票务代理中心五商户名义申请的 POS 机，为信用卡持卡人套取现金，刷卡数额达 3 000 万元左右，祁某某从中收取手续费，获利 30 万元。

朝阳法院认为，祁某某为牟私利，使用 POS 机以虚构交易的方式向信用卡持卡人直接支付现金，情节特别严重，其行为触犯了刑律，已构成非法经营罪，依法判处被告人有期徒刑 5 年 6 个月，罚金 40 万元。

九是利用居间介绍人体器官买卖牟利的非法经营行为。

应注意，“组织他人出卖人体器官的”，构成组织出卖人体器官罪。(《刑法》第 234 条之一)

案例 北京刘某某居间介绍人体器官买卖牟利案[②]

根据法院查明的事实，2009 年 1 月，被告人刘某某在北京友谊医院内，居间介绍“供体”董某某与患者刘某进行了肾脏移植手术，非法经营额为 15 万元。此后短短三个月时间内，刘某某还伙同他人居间介绍了两起器官买卖，分别促成两位“供体”与患者进行了肝脏或肾脏移植手术，非法经营额为 31.8 万元。

法院认为，刘某某和董某某已构成非法经营罪，鉴于董某某在此案中属于从犯，应从轻处罚。另外，两人在审理时自愿认罪，可从轻处罚。判处刘某某有期徒刑 7 年，罚金 10 万元；董某某有期徒刑 2 年缓刑 2 年，罚金 3 万元。

---

① 案例来源：北京晚报：男子刷 POS 机套现 3 000 万，获利 30 万元被判刑．[2011-03-03]．新华网．http://news.xinhuanet.com/legal/2011-03/31/c_121253766.htm.

② 案例来源：北京晚报：多起人体器官买卖案集中进入审理，买卖为何畅行．[2011-02-17]．新华网．http://news.xinhuanet.com/legal/2011-02/17/c_121093272.htm.

十是利用群发短信牟利、倒卖奥运会门票牟利的非法经营行为。

案例 向某利用群发短信牟利案①

向某购置6台电脑、20多台群发器，采取发短信收3分钱左右的方式，用了不到1年的时间，经营数额30余万元，盈利2万余元。2011年2月15日，向某因为未获经营许可擅自群发手机短信牟利，被控非法经营罪，在北京市西城区人民法院受审。辩护人认为无罪。目前尚未看到法院判决。

案例 何某倒卖奥运会门票牟利案②

江苏无锡人何某具有研究生学历，2007年3月与广州一家律师事务所达成协议，为其申购数百张奥运比赛门票赠送给员工和客户，约定何某按总订票款的50%、开闭幕式门票的60%收取报酬，并随后收取64万元票款。后来，何某如法炮制，又为北京某空调销售公司及孙某等申购奥运门票，并收取4万元定金。为了获取网上订票所需的大量身份证件，何某通过朋友付某在某建筑公司的方便条件，谎称承包工程需要证件，骗来了500余份身份证复印件，又通过其他途径搜集了2 000余条身份证信息，随即在银行开设了920个账户，又通过某电脑学校的校长找了十几名学生到网吧进行申购，何某则在现场"指导工作"网络申购。在取得价值54万余元的各类奥运门票的购买资格后，何某支付了23万余元，购得其中的527张。然而，何某最终被取票这一最后环节难住。由于奥运门票需要持身份证到银行领取，何某便制作了大量相应的假身份证到银行骗取门票，但都被银行工作人员审查发现，后来"转战"大连也没有得逞。2008年5月13日，何某通过网上某跑腿公司邬某等人，雇用两名男子携带10张假身份证在中国银行一网点购买9张奥运门票，结果被银行工作人员发现异常。警方连夜将何某和付某等人抓获。

北京西城区人民法院以非法经营罪分别判处何某有期徒刑2年半，并处罚金44.7万余元。

3. "情节严重"的阐释

按理讲，"情节严重"应放在"当罚性"之中来讨论（主要内容是《刑法》第13条但书与刑事政策考量）；但是这里，照顾传统犯罪构成四要件理论的做法，在客观方面对此做一阐释。

情节严重的判断根据，主要是非法经营额和非法获利额等因素，同时又要考虑其他因素。根据司法实践经验，情节严重大致包括以下一些情形：(1) 非法经营数额或者非法获利数额较大的；(2) 多次进行非法经营活动的；(3) 非法经营经行政处罚后不思悔改而再犯的；(4) 非法经营活动造成严重后果或者恶劣社会影响的；(5) 组织犯罪集团进行非法经营活动的；(6) 利用职权进行非法经营活动的；(7) 抗拒检查、毁灭或者伪造证据、嫁祸于人的；(8) 其他情节严重的。

（二）主观上存在法定罪过

非法经营罪的法定罪过可以概括为，故意，并且是直接故意，即行为人明知其实施的违反国家规定的非法经营行为，会造成扰乱市场秩序的危害结果，希望并且积极追求这种危害结果发生的心理态度。（犯罪主体是罪过承载者资格，主观方面是法定罪过的规范判断，同时具备这样两者，那么就有条件对罪过承担者予以归责，即要求其承担刑事责任。）

---

① 案例来源：北京晚报：群发短信被控非法经营首案开庭，律师建议限用非法经营．[2011-02-15]．新华网．http://news.xinhuanet.com/legal/2011-02/15/c_121081961.htm.

② 案例来源：奥运会最大倒票案两名案犯获刑并处罚金44万．[2008-11-16]．人民网天津视窗．http://www.022net.com/2008/11-16/516667263211505.html.

在阐释本罪法定罪过时，“违法性认识”是否应作为罪过认定的前提，存在较大争议。一般认为，非法经营罪作为行政犯，只要法律、行政法规明确规定了一段时间之后，都应当推定行为人知法或者具有违法性认识；只有对于极特殊、极少数的情况，因为法律法规刚刚施行不久，行为人因为某些客观原因或者特殊情况而对法律规定缺乏认识的时候，才能以缺乏违法性认识为由而影响主观故意的认定。

所谓违法性认识，是指行为人对于某一行为属于法所禁止或者法所不容许的性质的一种主观认识。如果行为人不知某一行为被法所禁止，那么，行为人就不具有违法性认识。

违法性认识与法律认识错误之间既有区别也有联系。法律认识错误主要存在三种情况：一是对某一行为是否为法律所禁止而存在认识错误；二是对某一行为构成此罪与彼罪的问题存在认识错误；三是对某一行为构成重罪与轻罪的问题存在认识错误。那么，只有第一种法律认识错误与违法性认识具有直接联系。① 因此，行为人误以为某一行为合法而实际上不合法的法律认识错误，就应当判断为缺乏违法性认识。

（三）非法经营罪的刑罚处罚阐释

分两个法定刑档次：(1) 情节严重的，处5年以下有期徒刑或者拘役，并处或者单处违法所得1倍以上5倍以下罚金；(2) 情节特别严重的，处5年以上有期徒刑，并处违法所得1倍以上5倍以下罚金或者没收财产。

二、经济犯罪刑法解释的法律政策性限定②

由内蒙古王力军收购玉米案的司法审判以及前述非法经营罪刑法解释的论述可见，非法经营罪作为一种经济犯罪，其刑法解释具有较突出的特殊性，就是经济犯罪刑法解释的法律政策性限定，这一刑法解释特殊性可以举一反三地运用几乎全部经济犯罪刑法解释之中，具有重要的刑法解释论价值。因此本书在这里对此展开适当分析阐述。

刑法解释原理应适当关照刑法立法论，恰当阐释并运用刑法立法原理，并在此基础上充分借鉴吸纳法解释论的智识资源，有理有据地阐释刑法解释的一般原理和特别个性，方能确保刑法解释的理论正确性和实践合理性。卡尔·拉伦茨认为，法律解释的最终目标是探求法律在今日法秩序的标准意义，只有同时考虑历史上的立法者的规定意向及具体的规范想法，才能确定法律在法秩序上的标准意义。③ 应当说，拉伦茨强调的正是立法论对于法律解释论的标准意义，法律解释论在相当意义上只有将其出发点定位于立法论才是正确的。由此我们可以说，经济犯罪的刑法解释原理应当以经济犯罪的立法论为出发点，诸如有关经济犯罪立法的刑事政策根据、一般立法原理和个性特点的合理阐释，以此出发点展开经济犯罪作为行政犯的解释原理、作为二次违法性特征的解释原理、作为空白罪状和简单罪状的解释原理、作为兜底条款/兜底罪状的解释原理等。

我国在1997年对《刑法》进行修订时（1997年《刑法》），增加了大量经济犯罪罪名，将原有的经济、行政法律规范中概括性规定的“依照”“比照”刑法有关条文规定追究刑事责任的附属刑法规范吸收并具体化入刑法典文本，设置为具体的罪刑规范/罪刑条款，从而实现了经济/行政法律中附属刑法规范的刑法法典化。此后，全国人大常委会于1998年12月29日发布了《关于惩治骗购外汇、逃汇和非法买卖外汇犯罪的决定》，于1999年之后陆续发布《刑法

① 陈忠林．违法性认识．北京：北京大学出版社，2006：11.

② 本部分内容系作者和李红博士生合作成果，谨向李红博士生致谢。魏东，李红．经济犯罪刑法解释的法律政策性限定．人民检察，2017 (13).

③ 拉伦茨．法学方法论．陈爱娥，译．北京：商务印书馆，2003：199.

修正案》《刑法修正案（四）》《刑法修正案（六）》《刑法修正案（七）》《刑法修正案（八）》，其中增设了新的经济犯罪的罪名与罪刑规范，修改、补充和完善了部分经济犯罪的罪状和法定刑。除此之外，最高人民法院、最高人民检察院以及公安部针对破坏社会主义市场经济秩序罪发布的司法解释和规范性文件多达50余个。通过修订完善刑法典文本和发布司法解释性规范文本的方式，经济违法行为的犯罪化趋势明显，且法定刑设置越来越严厉，我国极大地强化了经济刑法的秩序维护功能。在这种经济犯罪立法的刑法典文本和作为"准立法"的司法解释性规范文本①的规模化强化背景下，为有效实现司法公正并彰显刑法的人权保障功能，司法实践中经济犯罪的适用解释②必须切实坚持保守的刑法解释立场③，对经济犯罪刑法条文的规范含义和适用外延进行适当的法律政策性限定。

（一）经济犯罪的二次违法性特征与刑法解释的法律政策性限定

经济犯罪作为典型的行政犯具有典型的二次违法性特征，即前置行政违法性与刑事违法性之统一。随着我国经济的快速发展，政治、经济和社会结构进入调整和转型时期，国家政权运用各种经济、行政手段对国民经济进行干预和调控，制定了一系列经济、行政法规和政策。经济、行政法律规范一方面通过对经济主体的权利、义务进行规制和调整，来建立和完善经济秩序和制度。针对违反经济、行政法律禁止性规范、破坏市场经济秩序的行为，规定了相应的经济和行政责任，其中部分条款以简单概括的方式，规定不法行为可能承担刑事责任后果。在此前提下，《刑法》分则第三章"破坏社会主义市场经济秩序罪"根据经济、行政法律规范中所规定的经济不法行为类型，设置了相应的经济犯罪类型。刑法规范对经济犯罪的规定，是针对违反经济、行政法律规范，且具备刑事违法性的经济不法行为，再进行的补充性规定。经济犯罪的前置行政违法性是刑事违法性之前提，其刑事违法性在相当程度上依赖于行政违法性，这就是经济犯罪的二次违法性特征；而刑法作为最后的法律保障手段，必须体现其谦抑性和补充性，经济犯罪之刑事违法性与一般的经济不法行为的行政违法性相比，不仅存在量的区别，也存在质的区别，从而经济犯罪刑法规范在整体法律评价体系中体现出其特殊性。

鉴于经济犯罪的二次违法性特征，其在立法模式上也有其特殊之处。随着经济发展的日新月异，国家的经济政策在不断发生变化或调整。为保证刑事法律规范与经济、行政法律规范中违法违规条款的衔接、协调与统一，我国刑法一直在不断修正经济犯罪个罪的犯罪构成要件，这就使得大量的经济犯罪刑事法律规范处于相对不稳定之中，经济刑事法网日益严密，犯罪化趋势明显。尽管如此，刑法规范和非刑事法律规范之间仍然存在某些不协调和矛盾冲突之处，以致在司法实践中，对于个罪的刑法解释适用及定性处理存在较大差别。

以非法吸收公众存款罪为例。2010年12月13日，最高人民法院发布《关于审理非法集资刑事案件具体应用法律若干问题的解释》（以下简称《非法集资解释》），其中规定的非法吸收公众存款罪的客观方面构成要件"四性"（即违法性、公开性、利诱性、社会性），成为司法实践中判断是否构成非法吸收公众存款罪的重要条件。《非法集资解释》第3条规定，"非法吸收或者变相吸收公众存款，主要用于正常的生产经营活动，能够及时清退所吸收资金，可以免予刑事处罚；情节显著轻微的，不作为犯罪处理"，亦即吸收资金用于正常生产经营的行为如果

① 关于作为"准立法"的司法解释性规范文本，理论界存在一定学术争议和较为深入的讨论。齐文远，周详．刑法司法解释立法化问题研究．北京：中国人民公安大学出版社，2010：6-11.

② 关于适用解释，详细论述参见蔡蕤洁．刑法适用解释的立场方法与具体标准//魏东．刑法观与解释论立场．北京：中国民主法制出版社，2011：63-88.

③ 关于保守的刑法解释立场，详细论述参见魏东．刑法解释保守性命题的学术价值检讨——以当下中国刑法解释论之争为切入点//法律方法：第18卷．济南：山东人民出版社，2015：220-236.

符合“四性”条件，就可以构成非法吸收公众存款罪。但是值得注意的是，2015 年 7 月 18 日，中国人民银行、工业和信息化部、公安部等部门联合颁布的《关于促进互联网金融健康发展的指导意见》（以下简称《互联网金融指导意见》）提出了鼓励创新、防范风险、趋利避害、健康发展的总体要求，并具体明确了 P2P 网络借贷的合法性；2016 年 8 月 17 日，银监会、工业和信息化部、公安部、国家互联网信息办公室四部门联合发布《网络借贷信息中介机构业务活动管理暂行办法》（以下简称《网络信贷暂行办法》），其第 10 条规定的网络借贷信息中介机构的禁止行为共 13 项，第 13 条规定的借款人的禁止行为共 5 项。其中第 11 项禁止事项为“向借款用途为投资股票、场外配资、期货合约、结构化产品及其他衍生品等高风险的融资提供信息中介服务”。根据法不禁止即为允许的原则，网络借贷只要不涉及上述禁止性规定，均为合法行为。也就是说，借款用途为这些明文规定禁止内容的行为是违法的；反之，其他用途的借款行为则是被允许的。这与《非法集资解释》第 3 条规定中吸收资金用于正常生产经营活动应当定罪的规定出现了较为明显的矛盾。尤其是现在已有案例依照《网络信贷暂行办法》之规定，对于网络借贷信息中介机构进行了不定罪处理。① 这样就导致了司法实践中，针对网上（线上）与网下（线下）投资理财或借贷行为的定性处理，出现了截然不同的认定标准与裁判结果。张明楷教授认为：“只有行为人非法吸收公众存款，用于货币和资本的经营时（如发放贷款），才能认定为扰乱金融秩序，可能认定为非法吸收公众存款罪。如果将吸收公众存款用于货币、资本经营之外的生产经营活动，认为是吸收公众存款罪，实际上意味着否定部分民间借贷行为的合法性。许多民营企业的发展多是依靠民间借贷，如果将这种行为认定为犯罪，显然不利于经济发展。”② 该观点即是对“存款”的实质性解释，应当说《网络信贷暂行办法》的规定实际上支持了该解释结论，这是值得充分肯定的。但是，《非法集资解释》所规定的“四性”定罪条件显然与《网络信贷暂行办法》矛盾，而且这一矛盾至今没有得到合理解决。

我们认为，基于经济犯罪前置行政违法性的特征，在出罪的场合，对刑事法律规范中经济犯罪的出罪解释，依附于非刑事法律规范对经济不法行为的排除和阻却。

一方面，如果经济、行政法律规范中缺乏禁止性规定，或者甚至允许实施该行为，则该行为由于不具备行政违法性，因而当然就不具备刑事违法性，不能解释为刑法规范规定的犯罪行为。以司法实践中对经营工业盐行为的定性处理为例。1995 年，原国家计委、原国家经贸委发布《关于改进工业盐供销和价格管理办法的通知》（即 1872 号文）明确规定，取消工业盐准运证和准运章。2002 年，国务院法制办在《关于对国家经贸委〈关于审理行政复议案件中有关法律适用问题的请示〉的复函》中表示，地方政府规章与 1872 号文的规定不一致的，按照该文件的规定执行。尽管如此，还是有诸多地方政府规章仍然规定了经营工业盐行为必须办理行政许可，否则为违法行为，从而导致一部分无证经营工业盐的企业被行政处罚，相关负责人被以涉嫌非法经营罪刑事拘留或逮捕，甚至定罪处罚。2008 年，最高人民法院在《关于被告人缪绿伟非法经营一案批复》中指出，工业盐已不再属于国家限制买卖的物品，经营工业盐不构成非法经营罪。自此，对于经营工业盐的行为才被认定为合法行为，因为不具备行政违法性，故也不具备刑事违法性。最高人民法院的该批复文件也对之后相关被处罚企业的行政诉讼产生了重大影响，之前已经生效的行政处罚被认定无效，为此，最高人民法院针对鲁潍（福建）盐业进出口有限公司苏州分公司诉苏州市盐务管理局盐业行政处罚及行政赔偿一案，发布了《关于经营工业用盐是否需要办理工业盐准运证等请示的答复》（［2010］行他字第 82 号），

---

① 该案例为成都市人民检察院办理案件，现正在诉讼过程中。

② 张明楷．刑法学．4 版．北京：法律出版社，2011：687.

答复如下，法律及《盐业管理条例》没有设定工业盐准运证这一行政许可，地方性法规或者地方政府规章不能设定工业盐准运证制度；《盐业管理条例》对盐业公司之外的其他企业经营盐的批发业务没有规定行政处罚，地方政府规章不能对该行为规定行政处罚。应当说，最高人民法院作出的这两个批复，协调了部门规章与地方政府规章之间的矛盾与冲突，同时基于政策的调整，为经营工业盐的行为设置了出罪路径。

另一方面，当经济、行政法律规范或经济、行政政策发生变更，依据变更后的行政法规范，之前具备刑事违法性或者刑事违法性界定不明的经济不法行为此时已经不具备行政违法性质，那么，毫无疑问，刑事规范对该具体的经济犯罪的规定就已经失去了前提基础，该行为也不再具备刑事违法性。此时，对刑法规范的解释应当坚守客观解释和实质解释之立场，理应对原有解释进行相应修改或变更，从而应当承认这种前置行政规范的修改或变更，为经济犯罪设置了特殊出罪路径。比较典型的罪名是虚假出资罪、虚假注册资本罪、抽逃出资罪解释之变更。2013 年 12 月 28 日，第十二届全国人民代表大会常务委员会对《公司法》进行了全面的修正，公司注册资本由实缴登记制转为认缴登记制。2014 年 4 月 24 日，第十二届全国人民代表大会常务委员会第八次会议通过了《全国人民代表大会常务委员会关于〈中华人民共和国刑法〉第一百五十八条、第一百五十九条的解释》，“刑法第一百五十八条、第一百五十九条的规定，只适用于依法实行注册资本实缴登记制的公司”。这一变更就是依据经济法律规范的修改，通过立法解释部分改变了经济犯罪的成立条件并提高了入罪门槛，缩小了经济犯罪刑事法律规范的适用范围，使之前司法实践中较为常见的三项公司犯罪的适用率大大降低。

在行刑衔接问题上，不仅要注重前置行政违法性，还应当注意，经济犯罪的刑事违法性还有相对独立于行政违法性的特质。一方面，对于经济、行政法规规定“构成犯罪，应当追究刑事责任”的行为，如刑法中无相应罪名或对应罪状予以对照衔接，则该行为不具备刑事违法性，不能上升为犯罪处理；另一方面，根据法益保护理论，犯罪的实质违法性在于对法益的侵害，如行为仅具有形式违法性，但缺乏法益侵害这一违法实质，也不应定罪处罚。在司法实践中，对于具体的经济不法行为能否认定为经济犯罪，不仅应当考察其行政违法性以及形式上的刑事违法性，还应当从实质上考察行为是否具备实质违法性和刑事可罚性。以《刑法》第 205 条规定的虚开增值税专用发票罪为例，有观点认为，从罪状内容来看，该法条没有对特定主观目的和客观结果要件作出明文规定，故该行为属于行为犯，似乎无论是否造成危害税收的结果，均应当定罪处罚。但是，从我国刑法将本罪规定在《刑法》分则第三章第六节“危害税收征管罪”的体系性设置来看，本罪惩治和打击的对象，是那些利用虚开增值税专用发票来逃税、骗税，并给国家税款征收造成损失的行为；对于行为人主观上不具有逃、骗税主观目的，客观上也没有造成国家税款流失的开票行为，依法不宜以虚开增值税专用发票犯罪论处。本罪的犯罪客体是复杂客体，必须同时危害国家增值税专用发票管理秩序和国家税收征管秩序，二者缺一不可。针对只危害国家增值税专用发票管理秩序，但是没有危害国家税收征管秩序的行为，依法应当认定为不完全具备本罪的犯罪客体（即欠缺国家税收管理秩序），未侵犯刑法规范保护的法益，不符合本罪的犯罪构成要件，从而不宜认定为犯罪。陈兴良教授运用短缩的二行为犯原理论证了虚开增值税专用发票罪系目的犯，且属于非法定的目的犯，并认为，“在一般虚开发票的案件中，行为人虽然实施了虚开行为，但主观上没有抵扣税款的目的，其行为不构成虚开发票罪”①，最高人民法院业务庭法官也认为：“对于不具有严重社会危害性的虚开增值税专用发票行为，可适用目的性限缩的解释方法，不以虚开增值税专用发票罪论处。”② 笔

① 陈兴良．判例刑法学：上．北京：中国人民大学出版社，2009：260.

② 最高人民法院刑事审判第一庭．中国刑事审判指导案例（破坏社会主义市场经济秩序罪）．北京：法律出版社，2009：693.

者辩护的多起涉嫌虚开增值税专用发票案都存在类似情况，司法机关也普遍采纳了辩护观点，对被告人作出了无罪处理结果，这印证了本罪解释方法和解释结论的正确性。

法律体系是一个有机整体，经济、行政法律规范中的行政违法性条款和附属刑法条款与刑法中的经济犯罪条款存在紧密联系，在立法和解释时，均应当保持协调和统一；并且，这种协调性与刑法的独立性和谦抑性并不矛盾，在考察刑事处罚必要性的基础上，应当依据犯罪必须侵犯刑法保护法益这一违法性本质，对刑法条文进行实质的限缩解释。

（二）经济犯罪空白罪状和简单罪状之刑法解释的法律政策性限定

鉴于经济社会极速发展与刑法典的相对滞后性和稳定性存在一定的矛盾和紧张关系，刑法规范中语言表述要求简练通俗，与部分经济行为的专业性术语不能完全融合，以及经济犯罪自身具备二次违法性特征，因而在经济犯罪的罪状设置上，经济犯罪刑法规范大量采用空白罪状或简单罪状，这是一种较为特别的立法技术，其本身并不违反刑法的明确性原则，因为刑法不可能实现绝对的明确性，我们只能在对刑法规范条文进行解释的过程中，尽力达到相对的明确性。那么，经济犯罪空白罪状与简单罪状在刑法解释论上如何达致相对的明确性呢？我们认为，其中十分重要的技术方法就是要注意运用特定时期经济法规范、行政法规范和经济政策指导对经济犯罪进行限定解释。

1. 空白罪状与刑法解释的法律政策性限定

空白罪状是指对构成要件未作规定或者只作部分规定，参照其他法律、法规对构成要件加以规定。① 针对空白罪状，需要运用其他法律、法规规定予以补充，因此，刑法规范与相关法律法规之间的协调尤为重要，必须广泛运用体系解释方法。最为典型的例子是“违反国家规定”。《刑法》第96条明确规定了“违反国家规定”中“国家规定”的范围，仅限于全国人大及其常委会制定的法律和决定，国务院制定的行政法规、规定的行政措施和发布的决定和命令。针对经济犯罪空白罪状的补充规范之解释与适用，有如下几个问题值得注意。

第一，刑法分则法条中对于类似空白罪状的表述并不完全相同，对于补充规范的范围有时并不明确，这时需要运用特定时期经济法规范、行政法规范和经济政策指导对经济犯罪进行明确和限定解释。有的表述为“违反国家规定”，如《刑法》第186条规定的违法发放贷款罪和第225条规定的非法经营罪；有的表述为“违反规定”，如《刑法》第188条规定的违规出具金融票证罪；有的表述为“违反……法规”，如《刑法》第228条规定的非法转让、倒卖土地使用权罪，该罪状表述为“违反土地管理法规”；有的表述为“违反……法的规定”，如《刑法》第230条逃避商检罪，表述为“违反进出口商品检验法的规定”。针对第二种情况（即表述为“违反规定”的情况），补充法律规范的范围具体包括哪些，学界存在争议。有观点认为，“违反规定”除了《刑法》第96条规定的“国家规定”之外，还应当包括部门规章和其他规范性文件②；也有观点认为，“违反规定”只是立法的表述疏漏，其实应该就是“违反国家规定”③。我们倾向于支持第二种观点，理由在于，“违反规定”这一表述仅从文义上理解，其范围过于宽泛，确实存在立法技术上的疏漏，对该罪状应当坚持严格解释和体系解释原则。以《刑法》第188条违规出具金融票证罪为例，其一，从体系解释的规则来看，刑法总则规定应当贯穿于刑法分则，对于刑法分则的解释必须以刑法总则为指导④，“违反规定”与《刑法》第96条“违反国家规定”具有同质性，应当受到“违反国家规定”规定之限制，其“规定”

① 陈兴良．刑法的明确性问题：以《刑法》第225条第4项为例的分析．中国法学，2011（4）．

② 涂龙科，秦新承．空白罪状补充规则的适用．法学，2011（10）．

③ 蒋玲．刑法中“违反国家规定”的理解和适用．中国刑事法杂志，2012（7）．

④ 张明楷．刑法分则的解释原理．2版：上．北京：中国人民大学出版社，2011：112．

的范围从属于《刑法》第96条的“国家规定”；其二，该罪名与《刑法》第186条规定的违法发放贷款罪同属银行或其他金融机构工作人员的业务犯罪，且法条条款相近，罪状设置相似，参照违法发放贷款中的“违反国家规定”来解释违规出具金融票证罪中的“违反规定”，符合体系解释的规则，具有合理性；其三，如果将金融机构内部制定的业务规则或规章制度等规范性文件也作为规定理解，无异于将无法律效力的文件上升到法律文件的角度，那么，必定导致刑法适用和处罚范围的不当扩张，有违罪刑法定原则和刑法的谦抑性。因此，违规出具金融票证罪中“违反规定”中的“规定”就是指《刑法》第96条规定的“国家规定”。而针对“违反……法规”“违反……法的规定”之空白罪状填补，因其指向对象明确，仅限于某行政法规或法律规定，如《土地管理法》或《进出口商品检验法》，而不可能将其范围扩展至国务院规定的行政措施和发布的决定和命令，以及部门规章或其他规范性文件。除此之外，经国务院批转的部门规章如果有法定授权，可以作为“准国家规定”参照适用，但前提条件是，该具体规定本身有上级位阶的法律法规相关概括性规定作为依据，否则不能参照适用。

第二，补充规范之规定本身存在规定不明确的客观情况，这时同样需要运用特定时期经济法规范、行政法规范和经济政策指导对经济犯罪进行明确和限定解释。这体现在，刑法规定的罪状中设置了“违反国家规定”这一具体构成要件要素，但是，没有相应的补充规范规定予以参照。如2009年2月28日通过的《刑法修正案（七）》在《刑法》原第253条规定中，增设了出售、非法提供公民个人信息罪，其罪状中有“违反国家规定”这一空白罪状，但是，在此前我国并无明确的国家规定对公民隐私权进行直接保护；直至2009年12月26日《侵权责任法》公布，其中第2条规定：“侵害民事权益，应当依照本法承担侵权责任。本法所称民事权益，包括生命权、健康权、姓名权、名誉权、荣誉权、肖像权、隐私权、婚姻自主权、监护权、所有权、用益物权、担保物权、著作权、专利权、商标专用权、发现权、股权、继承权等人身、财产权益。”此时法律规定才第一次明确将公民的隐私权纳入保护范围，并规定侵犯隐私权应当承担侵权责任；也正是此时，出售、非法提供公民个人信息罪才有了前置补充规范依据。另外，有的补充规范规定本身不明确，或者规范与规范之间存在矛盾，也可能无法得出统一确定的结论。

案例 **某企业生产、销售莱克多巴胺涉嫌非法经营罪案①**

该企业为一家生物科技国有公司，经营范围为药物中间体及原料物、药物制剂等的研究与试验发展，药物中间体的生产、销售等。莱克多巴胺本身也属于一种化学品，由美国著名制药公司礼来公司1984年发明，美国FDA在1999年12月22日批准，允许作为饲料添加剂，最初引入中国时，相关行政主管部门未对其进行管制。该公司于上世纪90年代向中科院申报莱克多巴胺研制课题获得立项，并获得专利证书。2003年至2009年，该企业共生产、销售莱克多巴胺11 737.3公斤，其中有3 062.3公斤系销售给进出口公司，2009年该公司停止生产和销售莱克多巴胺，2012年公安机关对该企业立案侦查。在指控该案时，公诉机关认为，被告人违反国家关于药品限制经营的规定，非法生产和销售莱克多巴胺。该案相关的规范性文件除了刑法规定外，主要有以下规定，2002年2月9日，农业部、卫生部、国家药品监督管理局联合发布《禁止在饲料和动物饮用水中使用的药物品种目录》（以下简称《禁用药物目录》），将莱克多巴胺列入该《禁用药物目录》之中；2002年8月23日，最高人民法院、最高人民检察院发布《关于办理非法生产、销售、使用禁止在饲料和动物饮用水中使用的药品等刑事案件具体应

① 该案例来源：成都市中级人民法院（2012）成刑初字第92号刑事判决书、四川省高级人民法院（2014）川刑终字第559号刑事裁定书。

用法律若干问题的解释》(以下简称《解释》),其中第1条规定:“未取得药品生产、经营许可证件和批准文号,非法生产、销售盐酸克仑特罗等禁止在饲料和动物饮用水中使用的药品,扰乱药品市场秩序,情节严重的,依照刑法第二百二十五条第(一)项的规定,以非法经营罪追究刑事责任。”但是,在此司法解释出台之前,卫生部并未对莱克多巴胺生产和销售设置生产或经营许可,而且,莱克多巴胺是属于药品、饲料添加剂还是化学品,本身也存在一定争议。2009年12月4日,商务部、海关总署《关于禁止进出口莱克多巴胺和盐酸莱克多巴胺的公告》(2009第110号文件)发布,才明确禁止进出口莱克多巴胺。2011年12月5日,国家6部门(工信部、农业部、商务部、卫生部、工商行政管理总局、质量监督检验检疫总局)发布2011年第41号《公告》,才明确规定在我国境内正式全面禁止生产和销售莱克多巴胺。2013年5月2日,最高人民法院、最高人民检察院《关于办理危害食品安全刑事案件适用法律若干问题的解释》发布,其中第11条规定:“违反国家规定,生产、销售国家禁止生产、销售、使用的农药、兽药,饲料、饲料添加剂,或者饲料原料、饲料添加剂原料,情节严重的,依照前款的规定定罪处罚。”

该案涉及三个问题:其一,在缺乏明确禁止生产和销售莱克多巴胺的国家规定时,“两高”的司法解释可否将生产和销售行为直接规定(认定)为非法经营罪?其二,在国务院各部门发布的公告等规范性文件禁止生产和销售莱克多巴胺的时间先后不一致,且对本案定性处理有直接影响时,可否依据最终发布的行政规范性文件,对被告单位作出有利判决?其三,2013年5月2日的司法解释对该企业2003年至2009年的生产和销售行为是否具有追溯力?就这些问题而言,笔者认为存在以下法理值得检讨。

首先,“两高”的《解释》和三部门的《禁用药物目录》均不属于国家规定,违反《解释》和《禁用药物目录》的规定并不属于违反国家规定的行为。“两高”的《解释》及三部门的《禁用药物目录》是明确对莱克多巴胺的生产、销售和使用进行了限制性规定,但是,该两份文件并非完全禁止生产和销售莱克多巴胺,而只是明确限制其作为“瘦肉精”添加到饲料和动物饮用水之中用于动物养殖,在缺乏明确的国家规定禁止生产和销售莱克多巴胺,也缺乏国家规定将其纳入行政许可范围时,司法解释直接将该行为认定为“违反国家规定”并进而定性为非法经营罪,应当说有越权嫌疑,有违罪刑法定的基本原则。

其次,在该案中,行政政策发生了较大变化,对于莱克多巴胺由放任不管到限制再到完全禁止,有一个逐步发展的过程,而被告单位生产和销售莱克多巴胺的行为,恰好发生在国家对其进行限制这一时间节点上。该企业生产的部分莱克多巴胺在2003年至2009年期间销售给进出口公司用于出口,直至2009年年底,商务部、海关总署才发文禁止出口莱克多巴胺。针对该部分销售行为,一审法院采纳了辩护意见,认为不属于非法经营,将该部分金额从指控金额中予以扣除,体现了有利于被告人的精神。

再次,按照从旧兼从轻的原则,司法解释施行后尚未处理或正在处理的案件,如果适用新的司法解释对被告人有利的,可以适用新的司法解释。但是值得研究的问题是,该案根本不能适用2002年“两高”出台的司法解释,或者说,适用2002年司法解释,不能得出有罪结论;而适用2013年新的司法解释明显对被告人不利,在此情况下,该案一审判决却适用了2013年的司法解释对被告单位作出了有罪判决,一定程度上违背了从旧兼从轻的原则。

可见,要解决经济犯罪空白罪状补充规范不明确的问题,应当从刑法的保守解释立场出发,在入罪场合,对于空白罪状的补充应当坚守严格解释的立场,空白罪状只能由立法制定的国家规定予以补充,而不能由司法解释予以填补;在出罪场合,允许运用非国家规定的规范性文件对行为作出有利于被告人的实质解释;在补充规范规定本身不明确的情况下,如果依据现有规范不能得出有罪结论的，应当最大限度发挥刑法的人权保障机能，对被告人作出无罪的解释结论。

2. 简单罪状与刑法解释的法律政策性限定

简单罪状是指罪刑式法条对具体犯罪构成特征进行了简单描述，而没有超过罪名的概括。① 如伪造货币罪的罪状是“伪造货币的……”，非法吸收公众存款罪的罪状是“非法吸收公众存款或变相吸收公众存款”。基于简单罪状对于具体犯罪构成要件只进行简单、概括的表述，在司法适用过程中，需要对其中的罪状和部分概念进行进一步解释。

简单罪状中构成要素的含义具有抽象性、概括性特征，对简单罪状的解释，较多运用到文义解释和目的解释方法。根据前述经济犯罪立法原理，刑法解释论上对于简单罪状的解释适用，应当注意运用以下规则和方法。

第一，对简单罪状的文义解释首先应当考虑用语的常用含义，这种常用含义是依据一般的社会观念和法律政策性限定而得出的合理和客观的解释结论。以伪造货币罪为例，借鉴刘宪权教授对伪造货币罪定义，该罪是指仿照货币的图案、形状、色彩等，使用各种方法，非法制造足以使普通人误认为正在流通或兑换的人民币或者境外货币，冒充真货币，并意图进入流通的行为。② 在该定义中，首先应当把握两个概念的含义，其一是“伪造”，其二是“货币”。“伪造”从文义上理解，是指编造、以假乱真。而“货币”的含义则比较丰富多元，从经济学上定义，货币本质上是一种所有者与市场关于交换权的契约③，但这个定义明显过于宽泛。还有人认为，货币除包括人民币和外币之外，包括金属货币和银行券；但是，这一定义同样不能作为刑法规定的伪造货币罪的含义之依据，因为其解释已经超出了一般的社会观念，即普通民众所理解的“货币”之外延范围。所以，对于伪造的货币应当注意必须是正在流通或兑换的仿照真人民币或外币制造的，与真币相似的假币。金属货币或银行券均不属于伪造货币的犯罪对象，现在网络上流通的虚拟货币也不属于该概念范畴，如伪造金属货币、古币、虚拟货币甚至不存在的货币并欺骗谋利的，可以诈骗罪定罪，而伪造银行券或其他金融票证的，可以伪造、变造金融票证罪定罪，但是，这些行为均不宜认定为伪造货币罪。

第二，对简单罪状进行文义解释时要注意结合其他解释方法，尤其是体系解释和目的解释，以尽量准确解释其内涵和外延，以实现在定罪适用时能区分罪与非罪、此罪和彼罪的目的。再以伪造货币罪为例，广义的伪造本身包含变造，但是，为区分伪造货币罪与变造货币罪，应当将伪造限定在狭义范围内，以把握“伪造”与“变造”的区别。“变造”是指对真货币采用剪贴、挖补、揭层、涂改、移位、重印等方法加工处理，改变真币形态、价值的行为；如果同时采用伪造和变造手段，将真币和假币混合拼凑制造出新的假币的，应以伪造货币罪定罪处罚。与虚开增值税专用发票罪类似，现在理论界有学者认为，危害货币管理制度犯罪的主观方面应具有“意图进入流通”的目的④，伪造货币罪也属于非法定的目的犯，根据目的性限缩解释方法，主观上不以“意图进入流通”为目的的伪造货币行为不应定性为伪造货币罪。

（三）经济犯罪兜底条款之刑法解释的法律政策性限定

刑法的兜底条款是指，刑法对犯罪的构成要件在列举规定之外，采用“其他……”这样一

---

① 陈兴良．刑法各论的一般理论．北京：中国人民大学出版社，2007：134.

② 刘宪权．货币犯罪若干司法疑难问题的探析．犯罪研究，2008 (2).

③ 百度百科．[2016-11-30]. http://baike.baidu.com/link?url=-4LtFvZUfzYfwsxSJdC869iOSvq9Wyi OQu-JT47bTl_pq-uulCKyOH5O2fq3LAL5gUQrX5YUdoYWntrEqyfs0JeZb8dCtSXU95MSo_VPy5-_.

④ 同②.

种概然性方式所作的规定。① 经济犯罪中最为典型的兜底条款就是《刑法》第 225 条规定的非法经营罪第 4 项:"其他严重扰乱市场秩序的非法经营行为"。而实际上,兜底条款除了"其他……"表述方式外,还包括"等""变相"(规定于非法吸收公众存款罪之罪状中)等表述方式也属于一种特殊的兜底条款。兜底条款的最大功能就是"堵漏",立法者意图通过概括性的语言将所有不能穷尽和周延的同类型行为方式或行为方法囊括其中。但是,这种立法方式在相当程度上增加了刑法条文内容的不确定性,也在相当程度上破坏了刑法条文本身应当具备的相对安定性和国民可预测性,必须进行适当的限制解释。

目前学界对于兜底条款进行限制解释适用的最主要规则就是同质性解释规则,又称"同类解释规定""只含同类规则",是指当刑法语词含义不清时,对附随于确定性语词之后的总括性语词的含义,应当根据确定性语词所涉及的同类或者同级事项予以确定。② 该规则还引申出类似情形说、相当说、同一类型说、实质相同说、语词类同说、等价说等不同观点。应当说,这些学说都是从限制兜底条款的强大囊括功能角度出发,对兜底条款解释规则的有益探索,其本质是将兜底条款与前置的列举式条款进行类比,以列举式条款中的行为方式和行为方法来限定兜底条款的内容。在适用这些解释规则时,还应当注意参照罪状中前置的补充规范之规定,如非法经营罪中的"违反国家规定",综合运用文义解释、体系解释、目的解释等解释方法,使兜底条款的解释对象和范围尽量明确,如不能明确被告人行为方式或方法符合兜底条款之行为方式或方法,以及不能确定被告人的行为与参照罪状规定之行为具备相当的社会危害性和刑事处罚必要性,则应当作出对被告人有利的出罪解释。近年来,最高人民法院对相关案件的处理结果,也适用了同质性解释规则。如 2016 年 4 月由内蒙古自治区巴彦淖尔市临河区人民法院审理的农民王力军涉嫌非法经营罪一案,以非法经营罪判处王力军有期徒刑 1 年,缓刑 2 年。该案宣判后,引起了社会广泛关注,最高人民法院于 2016 年 12 月 16 日决定对该案再审③,理由为,"《刑法》第 225 条第 4 项是在前 3 项规定明确列举的 3 类非法经营行为具体情形的基础上,规定的一个兜底性条款,在司法实践中适用该项规定应当特别慎重,相关行为需有法律、司法解释的明确规定,且要具备与前 3 项规定行为相当的社会危害性和刑事处罚必要性,严格避免将一般的行政违法行为当作刑事犯罪来处理。就本案而言,王力军从粮农处收购玉米卖予粮库,在粮农与粮库之间起了桥梁纽带作用,没有破坏粮食流通的主渠道,没有严重扰乱市场秩序,且不具有与《刑法》第 225 条规定的非法经营罪前 3 项行为相当的社会危害性,不具有刑事处罚的必要性"④。该解释对于"同质"中"质"的界定更为明确,并不限于兜底条款文义本身所表达的含义,而是从一般行政违法行为与刑事犯罪的区分角度出发,对非法经营罪的兜底条款进行了实质解释,进一步确定将"同质"界定为相当的社会危害性和刑事处罚必要性,这对于兜底条款解释规则的学理研究具有启发意义。

非法吸收公众存款罪中"变相吸收公众存款"中的"变相",也是具有强大涵盖功能的兜底性表述。国务院 1998 年出台的《非法金融机构和非法金融业务活动取缔办法》第 4 条对"变相"的含义进行了如下解释:"变相吸收公众存款,是指未经中国人民银行批准,不以吸收公众存款的名义,向社会不特定对象吸收资金,但承诺履行的义务与吸收公众存款性质相同的活动。"2010 年最高人民法院发布实施的《关于审理非法集资刑事案件具体应用法律若干问题的解释》第 2 条规定,以列举方式对非法吸收公众存款和变相吸收公众存款进行了进一步的解

① 陈兴良. 刑法的明确性问题:以《刑法》第 225 条第 4 项为例的分析. 中国法学,2011 (4).

② 梁根林. 刑法适用解释规则论. 法学,2003 (12).

③ 参见最高人民法院 (2016) 最高法刑监 6 号再审决定书。

④ 腾讯新闻. (2017-01-09) [2017-01-16]. http://news.qq.com/a/20170109/038154.htm.

释，其中第11项规定“其他非法吸收资金的行为”再次采用了兜底性条款。用“其他”再解释“变相”这种“双重兜底条款”的司法解释方法，使得非法吸收公众存款的行为方式似乎无穷无尽，但凡是吸收资金的行为，无论行为人以何种名义融资，只要其行为最终可以归结为返本付息，均可认定为非法或变相吸收公众存款，这使得资本市场乃至民间借贷领域一片风声鹤唳，已经影响经济自由竞争和发展。如前所述，2016年8月17日，银监会、工业和信息化部、公安部、国家互联网信息办公室四部门联合发布的《网络信贷暂行办法》也许正是对这一兜底条款的限制。如果说《网络信贷暂行办法》具有行政法性质（行政规章），按照经济犯罪二次违法性原理和司法权不得侵蚀行政权的法理，非法吸收公众存款罪的刑法解释适用就必须“尊重”《网络信贷暂行办法》，司法上就不得将那些并不违反行政法规和规章的借贷融资行为“解释”为犯罪。应当说，这是经济犯罪兜底条款解释的法律政策性限定的典型例证。

第八章　成都张某被控合同诈骗案

（合同诈骗罪）

案例　**成都张某被控合同诈骗案**①

2009年11月13日，成都某房地产公司法定代表人张某同成都市龙泉驿区政府就“洪安二期项目”（BT项目，拟投资3亿元）签订《龙泉驿区重大项目BT投资建设意向书》，2010年2月，张某公司通过竞标获得承包建设权并收到《中标通知书》、同建设方签订《BT投资建设合同》，明确载明“洪安二期安居工程BT项目招商（第三标段）”“总建筑面积约5万平方米”“依法通过招投标自主选择施工单位”“在甲方（龙泉驿区人民政府）指导下依法办理立项、招标核准等手续”等内容，张某委托某融资担保公司向建设方出具金额为400万元的履约保证函。随后，建设方告知张某因该BT项目的规划手续等尚未办理妥当，暂时不能开工。2010年3月，张某公司同广东某建设公司（简称“广东建设公司”）签订《建设工程施工合同》并收取对方履约保证金1 300万元，约定将洪安二期项目发包给广东建设公司施工，施工量“暂按15万平方米计算”，开工日期2010年7月26日。此后由于该建设项目始终没有正常启动，广东建设公司多次要求张某公司退还履约保证金，张某公司因流动资金困难不能及时退还全部履约保证金而多次同对方签订《还款计划》，其中约定还款日期为2011年8月30日。2016年3月，建设单位正式向张某公司发出书面函件解除《BT投资建设合同》。广东某建设公司于2011年8月24日向公安机关报案称被张某诈骗而案发，张某被羁押。成都市中级人民法院于2014年11月21日作出（2012）成刑初字第482号刑事判决，认定张某犯合同诈骗罪；四川省高级人民法院于2015年9月8日作出（2015）川刑终字第6号刑事裁定，撤销原判，发回重审；成都市中级人民法院于2016年6月12日作出（2015）成刑初字第212号刑事判决，认定张某犯合同诈骗罪；四川省高级人民法院于2017年8月1日作出（2016）川刑终字第357号刑事判决，撤销原判，判决张某无罪。

法理问题　合同诈骗罪

本案生效判决认定张某不构成合同诈骗罪的主要理由是，张某同广东建设公司签订“合同所依据的主要的基础事实是客观的、真实的”，广东建设公司“对意向书所提示的风险已有所注意，不存在产生实质性误判的问题”，张某将保证金主要用于“公司的经营，无隐匿、挥霍、转移资金的行为”，“不能及时归还保证金系事出有因，不足以认定拒不归还或具有非法占有的目的”。简言之，张某客观上没有实施实质性的对广东建设公司的诈骗行为，张某主观上对于广东建设公司保证金不具有非法占有目的，广东建设公司没有被蒙骗并且“不存在实质性误判的问题”，张某的行为根本不符合合同诈骗罪的法律规定。因此，张某被控合同诈骗案从反面

---

① 案例来源：四川省高级人民法院（2016）川刑终字第357号刑事判决书.

（否定性判断方面）阐释了合同诈骗罪的基本法理。

根据《刑法》第224条的规定，合同诈骗罪是指以非法占有为目的，在签订、履行合同过程中，骗取对方当事人财物数额较大的行为。这一概念应当说比较明确，但是，对于本罪行为定型及其违法性、主观上非法占有目的及其有责性等具体内容，理论界所作的分析均过于粗略，有待深入细致的研究，司法实践中存在较大争议。本罪的主要争议点通常集中于以下两方面，一是行为人客观上是否蒙骗合同相对方而实施了《刑法》第224条所规定的合同诈骗行为，二是行为人主观上是否具有非法占有目的。如果行为人客观上没有蒙骗合同相对方，亦即合同相对方已经了解事实真相而没有受到蒙骗，则行为人通常不成立合同诈骗罪；如果行为人主观上没有非法占有目的，亦即行为人没有将从合同相对方取得的财物进行肆意挥霍或者用于违法犯罪活动，则行为人通常也不能成立合同诈骗罪。成都张某被控合同诈骗案最终由四川省高级人民法院宣判张某无罪，其根本原因就在于人民法院根据在案证据认定张某客观上没有实施隐瞒真相、弄虚作假的诈骗行为，合同相对方客观上了解事实真相而没有受蒙骗，并且张某主观上没有非法占有合同相对方财物的主观故意和非法目的，张某的行为依法不符合合同诈骗罪的法律规定。

一、合同诈骗罪的保护法益

理论上一般认为，合同诈骗罪的保护法益，包括市场交易秩序和公私财产所有权（复杂客体）。合同诈骗行为必然造成市场经济运行活动混乱，破坏正常的市场流转和交易秩序；同时，合同诈骗行为也必然损害正常的债权债务关系，直接侵害公私财产所有权。

关于合同诈骗罪的犯罪对象，一般都认为是“财物”。因此，生活资料与生产资料，动产、有形财产、合法取得的财产、非违禁品，以及多数无形财产如电、煤气、天然气等，都可以成为合同诈骗罪的对象——这些都没有强调的必要。但是，问题是不动产、无形财产中的知识产权、非法取得的财产、违禁品等，能否成为合同诈骗罪的对象，对这些问题，在理论界存在认识上的分歧，需要提出来讨论。①

（一）不动产：可以成为合同诈骗罪的对象

所谓不动产，是指不能移动的财产，如土地、房屋及附着于土地、房屋上的树木、设备等不可分离之物。这个问题自古以来就有争论，但现代刑法的发展趋势是越来越多地将不动产作为财产犯罪的对象。在我国，有学者提出，盗窃、抢劫罪的犯罪对象一般说来不能包括房屋等不动产；而诈骗罪、侵占罪的犯罪对象则可以包括不动产。我认为，从理论上说，合同诈骗罪的对象应当包括不动产。因为，刑法并没有明确将不动产排除于合同诈骗罪的犯罪对象之外，而且，从该罪的立法意图上看，应当认为其对象是包括不动产在内的。例如，行为人通过签订和履行合同骗取他人的房产，后又转手出售，再携款潜逃的行为，就应当认定该行为是合同诈骗。

（二）知识产权：除商业秘密外的其他知识产权可以成为合同诈骗罪的对象

所谓知识产权，既包括公开的知识产权如专利权、商标权、著作权，也包括秘密的知识产权如专有技术。有学者认为，由于现行刑法明确规定了“假冒专利罪、假冒商标罪、侵犯著作权罪、侵犯商业秘密罪”，其中利用合同诈骗这些知识产权的行为，只是属于上述犯罪的一种表现形式而已，显然应当认定为上述犯罪，而不应当作为合同诈骗罪论处。我认为，专利权、

① 陈兴良．刑事法判解：第3卷．北京：法律出版社，2001：172-174．

商标权、著作权可以成为合同诈骗罪的对象，但是，商业秘密不能成为合同诈骗罪的对象，因为“以其他不正当手段获取权利人的商业秘密”属于侵犯商业秘密罪的一种形式，应当构成侵犯商业秘密罪，而不能构成合同诈骗罪。例如，行为人通过签订、履行合同，骗取权利人的注册商标使用权、专利使用权、著作权的行为，可能并不构成侵犯知识产权罪，但应当构成合同诈骗罪。

（三）非法取得的财产：可以成为合同诈骗罪的对象

所谓非法取得的财产，主要是指因为违法犯罪所取得的财产，如赃款、赃物、赌资等。对此，有肯定说与否定说两种观点。我认为，肯定说的看法是正确的，即公民个人所持有的财产无论是合法的还是非法的，都可以成为合同诈骗犯罪的对象。因为，根据国家法律规定，虽然对于持有人而言是非法的财产，但是该非法持有的财产或者是属于另外的人的合法财产，或者是应当没收归国家所有的财产——一句话，该非法持有的财产仍然有其合法的所有者。所以，非法占有他人所非法取得的财物，实质上仍然是对他人财产或者国家财产的侵犯。

（四）违禁品：可以成为合同诈骗罪的对象

所谓违禁品，是指依照国家法律规定，禁止公民私自留存、使用的物品，如枪支、弹药、毒品等。对于违禁品，从理论上讲，违禁品尽管为法律所禁止，不允许非法持有与擅自流通，但是这种禁止并不意味着任何人都可以任意非法取得和占有，而且，违禁品仍然存在合法的所有人（如国家、医院等）。因此，利用合同诈骗违禁品，仍然侵犯了一定的所有权关系，可以构成合同诈骗罪。

二、合同诈骗的行为定型

理论上一般认为，合同诈骗罪的行为定型（即客观方面特征）表现为，行为人实施了在签订、履行合同的过程中，骗取合同对方当事人财物，数额较大的行为。

关于合同诈骗的行为定型，可能成为问题的是：其一，合同诈骗罪中的合同形式到底包括哪些具体形式；其二，合同诈骗罪中的合同内容的限定问题；其三，合同诈骗行为的具体表现形式到底具有哪些具体内容；其四，骗取财物数额问题。

（一）合同诈骗罪中的合同形式问题

合同诈骗罪中的合同形式，是否必须是书面合同？换句话说，口头合同形式可不可以构成合同诈骗罪？还有没有其他合同形式，也可以构成合同诈骗罪？

对于这个问题，此前理论界多数人认为，并且司法实践中的基本做法也认为，只有书面合同才能构成合同诈骗罪。但是，现在理论界多数人认为，此前仅限于书面合同形式这种看法和做法不是很妥当。其一，这种观点没有刑法依据。《刑法》第224条只是规定了在签订、履行“合同”过程中进行诈骗就可以构成合同诈骗罪，并没有明确规定只有利用书面合同进行诈骗才能构成合同诈骗罪。其二，这种观点与《合同法》相矛盾。《合同法》第10条明确规定：“当事人订立合同，有书面形式、口头形式和其他形式。法律、行政法规规定采用书面形式的，应当采用书面形式。当事人约定采用书面形式的，应当采用书面形式。”其三，这种观点不适应市场经济社会的现实状况。在实践中，客观存在许多口头合同、实践合同等合同形式。例如，生活中就有一些传真、电子邮件、即时性交易，仍然属于合同行为。其四，这种观点可能加重涉嫌合同诈骗罪的行为人的刑事责任，造成刑法执法不公正。因为，合同诈骗罪的数额起点要比普通诈骗罪的数额起点高得多。在司法实践中，甚至还有一部分在形式上具有书面合同形式的合同诈骗也不按照合同诈骗罪来认定，而认定为普通诈骗罪，就更加不公正。例如，采取以虚假或者冒用的身份证办理移动电话通信手续的形式，恶意拖欠手机服务费的案件，实质上应当按照合同诈骗进行认定，如果数额达不到合同诈骗罪所要求的“数额较大”（数额起刑点）的要求，就不应当构成合同诈骗罪；普通诈骗罪的数额起刑点比合同诈骗罪的数额起刑点要低得多，因而在有些本不构成合同诈骗罪的场合，如果按照普通诈骗罪来认定，数额可能就大大超出普通诈骗罪的起刑点，从而可以追究行为人的刑事责任。

因此，合同诈骗罪中之合同形式，既可以是书面合同形式，也可以是口头形式或者其他形式，应当对合同内容进行实质审查，只要是能够反映市场经营活动的实质内容的任何合同形式均可。

（二）合同诈骗罪中的合同内容的限定问题

合同诈骗罪中的合同内容也是一个值得斟酌的问题。如果说合同诈骗罪中的合同包括现实生活中的一切内容，例如冒充国家机关工作人员进行招摇撞骗所骗取的“财产性利益”，利用会道门、邪教组织或者利用封建迷信所骗取的“财产性利益”，甚至包括日常生活中使用骗术所骗取的“财产性利益”，由于它们都属于广义上的利用“合同”（即有一个签订、履行合同的过程，有的甚至还有书面合同的外在形式）进行诈骗的行为，势必导致无法区分普通诈骗罪与合同诈骗罪。有鉴于此，笔者认为应当对合同诈骗罪中的合同内容进行适当限制，比如说可以将其限定为“市场经济活动中的交易合同行为”（简称为“市场交易合同”），这样才可能将合同诈骗罪与普通的诈骗罪相区别。因此，前述冒充国家机关工作人员进行招摇撞骗所骗取的“财产性利益”，利用会道门、邪教组织或者利用封建迷信所骗取的“财产性利益”，甚至包括日常生活中使用骗术所骗取的“财产性利益”，即使行为人利用了广义的“合同”形式，都属于普通诈骗行为，而不是合同诈骗行为；而只有发生在市场交易中的合同诈骗行为，才属于合同诈骗罪，这也与合同诈骗罪所侵害的客体包括正常的市场交易秩序这一特征相照应。

归纳起来，“合同内容”的限定问题上有以下几点值得注意。

1. 有关“婚姻、收养、监护等有关身份关系的协议”，依法不应解释为合同诈骗罪的“合同”①。因为，《合同法》第2条明确规定：“本法所称合同是平等主体的自然人、法人、其他组织之间设立、变更、终止民事权利义务关系的协议。婚姻、收养、监护等有关身份关系的协议，适用其他法律的规定。”可见，有关“婚姻、收养、监护等有关身份关系的协议”（合同），并不直接侵害市场经济秩序。

2. 在《合同法》明确规定的15种有名合同中②，不附条件的赠与合同、无偿的保管合同、无偿的仓储合同、无偿的委托合同、民间的借款合同，由于其不属于市场经济活动中的合同，因而也不宜解释为合同诈骗罪的“合同”③。所以，如果行为人利用这些合同骗取他人财物的，应以普通的诈骗罪论处，而不宜认定为合同诈骗罪。

3. 行政合同是否可以解释为合同诈骗罪的“合同”，不可一概而论，应该以其是否直接侵害市场经济秩序为标准进行具体分析。当行为人借助于行政合同来实现其骗取国家财产的目的时，如果其行为同时侵害了市场经济秩序，那么，依法可以将其认定为合同诈骗罪；如果其行为没有侵害市场经济秩序，则应该以普通的诈骗罪定罪处罚。④ 可见，行政合同兼具行政与合

---

① 聂立泽．扰乱市场秩序罪立案追诉标准与司法认定实务．北京：中国人民公安大学出版社，2010：64.

② 我国《合同法》分则规定的15种有名合同是：买卖合同，供用电、水、气、热力合同，赠与合同，借款合同，租赁合同，融资租赁合同，承揽合同，建设工程合同，运输合同，技术合同，保管合同，仓储合同，委托合同，行纪合同，居间合同。

③ 沙君俊．合同诈骗罪研究．北京：人民法院出版社，2004：64.

④ 同① 64－65.

同（特指民事合同）的特点，从而合同诈骗罪可以通过行政合同进行①，其判断标准应该是某种利用合同行骗的行为是否同时侵害了市场经济秩序。

案例　**B公司利用行政合同骗取国家动迁款案②**

1997年12月，B公司受西藏北路——和田路辟通工程指挥部委托代理区政府实施该地段居民动拆迁工作，为牟取利益，B公司总经理贺某授意其下属人员将已作并户安置的4户动拆迁居民仍分别以1户向工程指挥部谎报，并于1998年3月以该动拆迁户居民名义骗取工程指挥部人民币32万余元。人民法院认为，B公司以非法占有为目的，在履行合同过程中，采用伪造或者虚报居民动拆迁户的手法，骗取国家动拆迁款，数额巨大，其行为已构成单位合同诈骗罪，依法应予以惩处；被告人贺某作为B公司直接负责的主管人员，授意其下属积极参与实施上述行为，构成合同诈骗罪，依法应予以惩处。

这个案例，即属于行为人借助于行政合同来实现其骗取国家财产的目的，并且其行为同时侵害了市场经济秩序，那么，其行为依法应认定为合同诈骗罪。

（三）合同诈骗行为的具体表现形式问题

关于合同诈骗行为的具体表现形式，根据《刑法》第224条的规定，大致有以下五种情况。

1. 主体欺诈

所谓主体欺诈，是指以虚构的单位或者冒用他人名义签订合同以进行合同诈骗的情形。主体欺诈又包括两种具体情形，一是主体虚构；二是主体冒用。对此，需要进行实质审查和解释适用。

一是主体虚构。所谓“主体虚构”，是指“虚构的单位”，即单位根本不存在，或者单位在签订合同之前存在，但在签订合同之时已经不存在。根据法律规定的基本精神，主体虚构不包括虚构自然人的情形（但自然人可以“冒用”他人名义）。

这里，有一个问题值得思考，介于“虚构的单位”与“实际合法成立的单位”之间的单位性质如何认定，即正在筹建中的或者已经实际成立的、但是还没有获得法律上正式认可的“单位”，这时的主体资格和性质如何认定？我认为，应当坚持以法律标准为主、兼顾客观实际的原则，综合考虑合同性质、履行能力、履行行为、处理货物货款的方式，以及该“单位”最终是否经过工商登记、是否属于“四无公司”（即无经营场地、无自有资金、无技术设备、无固定从业人员的公司）等多方面因素，进行恰当的认定处理。对于其中一部分确属正在筹建中的或者已经实际成立的、仅仅是还没有获得法律上正式认可的“单位”，而且具有签订、履行合同的诚实表现和努力，一般不宜认定为“主体虚构”。

与上述问题相关的另一个问题是，如果上述介于“虚构的单位”与“实际合法成立的单位”之间的单位构成合同诈骗犯罪，是以单位犯罪论处还是以自然人犯罪论处？对此我认为，应当以案发时是否进行工商备案登记、是否属于“四无公司”等综合情况进行认定，如果确属单位行为，并且在案发时确已进行工商备案登记，确有公司自己固定的办公场所、固定的工作人员、实际合法的注册资本和正当的经济来源、相当的技术条件的，就应当认定为单位犯罪；相反，如果确属个人利用单位名义进行合同诈骗，或者有证据证明该单位本来就没有或不打算

① 最高人民法院中国应用法学研究所．人民法院案例选：2003年第1辑．北京：人民法院出版社，2003：6．

② 案例来源：聂立泽．扰乱市场秩序罪立案追诉标准与司法认定实务．北京：中国人民公安大学出版社，2010：65．

进行工商登记，属于“四无公司”，或者有证据证明该单位自成立时起就是以实施犯罪为目的的，则对此就应当认定为自然人犯罪。

二是主体冒用。所谓“主体冒用”，是指“冒用他人名义”，即行为人隐瞒自己的真实身份、姓名、单位名称，而在签订、履行合同时使用他人（包括单位）的真实身份、姓名、单位名称。这里的“他人”，包括自然人、单位或者其他组织。关于主体冒用，也有一个问题值得注意，随意臆造一个行为人根本不知道的、实际上根本不存在的自然人的姓名，或者使用一个根本不存在的公司名称来签订合同，算不算“冒用他人名义”？对此，我认为，应当认为是“冒用他人名义”，如行为人利用他人的身份证、单位介绍信、营业执照、空白合同书等证明文件，与对方当事人签订合同的行为，就构成主体欺诈。

主体欺诈是否成立，如前所述应对此进行实质判断，避免断章取义或者恶意滥用，避免随意将市场经济主体解释为合同诈骗。

案例

云南玉溪市徐某某涉嫌合同诈骗案①

本案当事人徐某某，系南宁市某建筑劳务分包有限公司副总经理。2004年12月，南宁市某建筑劳务分包有限公司（以下简称“某建筑分包公司”）授权段某某以公司名义投标玉溪市泛华商业广场——沃尔玛商场项目，某建筑分包公司中标后，徐某某代表某建筑分包公司与中国某置业有限责任公司（以下简称“某置业公司”）签订了一份建筑劳务分包合同。合同签订后，段某某带领500多名工人进沃尔玛商场工地施工。施工过程中，某置业公司因资金不到位，无法购买建材，工程被迫停工，参与施工的部分工人散去，工地上只有200多名工人留下。

2005年3月，某置业公司资金到位后，沃尔玛商城项目重新开工。此时，因某置业公司与沃尔玛约定的竣工期限临近，工地上留下的工人满足不了施工的需要。为赶工期，某置业公司玉溪泛华广场——沃尔玛项目部经理杜亚鹏发函给某建筑分包公司，要求某建筑分包公司在劳务方面给予紧急支持。某建筑分包公司经研究决定，特别授权副总经理徐某某全权代表某建筑分包公司于2005年4月到玉溪市与某置业公司协商工程前期和后期工程事宜以及工程劳务费的问题。经双方公司友好协商，某置业公司同意补助给某建筑分包公司前期误工费、远征费、辅助材料费等50万元。协商好后，徐某某立即回南宁市带了300多名工人和调集120万元现金到玉溪市。为了赶工期和不影响前期工人思想情绪，徐某某用自己带来的120万元资金补发了工人2005年1～4月的工资和部分材料款。由于工期非常紧，徐某某又以每人100元/天的工资从南宁和昆明调来了200多名工人赶到玉溪市工地参加抢工，由此还导致某建筑分包公司亏损29万元。徐某某带领工人赶工期间，经与某置业公司协商，对2004年12月某建筑分包公司与某置业公司所签订的劳务合同部分条款予以变更和完善，重新签订了一份补充劳务合同，双方约定合同工程款暂定为1 000万元，并对工程竣工时间及双方的权利义务进行了重新约定。签订补充合同后，因徐某某全权代表某建筑分包公司负责工地上的一切事宜，赶工时间紧，脱不了身回南宁盖公司公章，经某置业公司杜某某提议并经双方协商一致同意后，由杜某某临时刻制了某建筑分包公司公章，盖在补充合同上。同时，为了赶工，某置业公司承诺只要徐某某按合同约定时间完成任务，奖给其个人奖金20万元、集体奖金30万元。同时，徐某某还与某置业公司杜某某等人协商了工程总价款问题，包括前期工程的误工费、赶工费、远征费、设计图纸更改费、劳务费、辅材费、奖金等费用，经双方协商一致同意，双方口头约定某

① 案例来源：云南省玉溪市红塔区人民检察院不起诉决定书，玉红检刑不诉［2006］第14号.

置业公司应付给某建筑分包公司工程款1 350万元。随后，双方就后续工程继续协商。其中，后续工程已确认工程款46万元，待确认工程款60多万元。

2005年7月，沃尔玛项目主体工程完工。2005年8月，因沃尔玛项目主体工程已经完工，徐某某回到南宁，后续工程由段某某、罗某在工地负责管理。

但是，2005年8月以后，某建筑分包公司与某置业公司因对工程款数目存在分歧。某置业公司不愿按口头协议约定的1 350万元支付工程款，就向玉溪市红塔区公安分局报案，称徐某某在履行合同过程中诈骗财物。玉溪市红塔区公安分局根据某置业公司报案及工程结算材料，以某置业公司结算的工程款总额为960多万元为依据，认定徐某某涉嫌诈骗数额为430多万元，并于2005年11月10日对徐某某立案侦查和予以刑事拘留，羁押于红塔区公安局看守所。2005年12月14日徐某某被逮捕。

2006年2月11日，徐某某因涉嫌合同诈骗罪被移送至云南省玉溪市红塔区人民检察院审查起诉，其间分别与同年3月14日、5月25日退回公安机关补充侦查，最后于同年6月25日第四次移送至云南省玉溪市红塔区人民检察院审查起诉。

争议问题：徐某某的行为是否构成合同诈骗罪？

根据上述情况，我们认为，本案明显属于经济纠纷，根本不涉嫌合同诈骗。本案中，徐某某虽然有同意杜某某刻公章的违规行为，且双方在结算工程款总价数额问题上存在很大分歧，但徐某某客观上没有实施在履行经济合同过程中骗取某置业公司财务的行为，主观上更没有非法占有对方当事人财务的目的，依法不应认定为合同诈骗罪中的“主体欺诈”。具体理由如下：(1) 从某建筑分包公司与某置业公司签订合同的全过程看，徐某某没有利用“主体欺诈”而实施在签订、履行合同过程中，骗取合同对方当事人财物的行为。本案中，由某建筑分包公司授权的段某某经过正当、合法的程序投标，中标得到玉溪市泛华商业广场——沃尔玛商城项目，并由徐某某代表某建筑分包公司与某置业公司签订了正式的劳务分包合同，在合同上加盖了某建筑分包公司的公章。2005年5月，徐某某代表某建筑分包公司与某置业公司签订了补充合同，虽然在补充合同上所盖的公司公章是临时刻的，但作为合同一方主体的某建筑分包公司是真实存在的，而且也确实是合同一方的当事人，因而徐某某没有虚构单位或冒用他人名义签订合同。更为重要的是，徐某某及由其带领的某建筑分包公司施工队伍全面履行了劳务分包合同中所约定的合同义务，合同已经履行完毕。在合同已经履行完毕的情况下，合同双方已经进入了工程款结算阶段，这时候根本不可能存在合同诈骗。根据《刑法》第224条的规定，合同诈骗罪只能发生“在签订、履行合同过程中”，而不可能发生于合同履行完毕之后，这是一个基本常识。(2) 从某建筑分包公司与某置业公司签订合同的全过程看，徐某某没有利用“主体欺诈”以非法占有对方财物的目的。本案中，徐某某虽然在补充合同上盖的是临时刻的公司公章，但从其履行合同的全部情况来看，他本人及他所代表的某建筑分包公司都是以真诚履行全部合同以赚取利润为目的，而不是以非法占有对方财物为目的，这是一个最基本的事实。尤其是在履行合同期间，徐某某为了赶工期，在2005年5月不惜以每天每人100元的高价从昆明、南宁调工人进工地施工，并使得某建筑分包公司为此承担了29万元的亏损；徐某某还主动借债120万元先垫付工人工资及建材款，带领800多工人日夜奋战在工地。徐某某的行为，表明了徐某某主观上确实尽到了自己的努力以全面履行合同义务。事实上，正是由于徐某某的努力，沃尔玛项目主体工程才得以提前完成，从而徐某某及某建筑分包公司全面履行了自己所承担的劳务合同义务，也充分表明了徐某某主观上没有非法占有他人财物的目的。所以，不能认为徐某某同意在补充合同上盖了临时刻的公司公章，就仅仅以此认定徐某某主观上存在非法占有对方财物的目的。徐某某在签订补充合同之后，既没有携款潜逃，也没有拒绝履行合同义务，而是严格按照合同约定履行了合同约定的所有义务。因此，第二份合同的公章虽然不是某建筑分包公司的真实公章，而是临时刻的某建筑分包公司公章，但徐某某在代表某建筑分包公司履行合同过程中，其主观上没有诈骗的故意；徐某某客观上认真履行了合同约定的义务的行为，也充分说明了徐某某主观上没有非法占有对方当事人财物的主观故意与目的。

综上所述，我们认为，徐某某主观上没有诈骗的故意与非法占有对方当事人财物的主观目的，客观上也没有实施合同诈骗的行为，从而徐某某行为的性质在实质上只是合同纠纷，即某建筑分包公司与某置业公司之间的工程款结算纠纷，徐某某的行为根本不是合同诈骗行为。因此，云南省玉溪市红塔区人民检察院认定徐某某不构成合同诈骗罪，于2006年8月4日依法对徐某某作出不起诉决定并予以无罪释放。①

2. 担保欺诈

所谓担保欺诈，指以伪造、变造、作废的票据或者其他虚假的产权证明做担保，诱骗对方当事人签订、履行合同的行为。担保欺诈主要有两种情形，一是票据虚假；二是产权证明虚假。

一是关于“票据虚假”问题。所谓票据虚假，是指用于做担保的票据是伪造、变造、或者作废的。

所谓票据，是指出票人依法签发的，约定由自己或者指定由他人无条件支付一定金额给收款人或者持票人的一种有价证券。根据《票据法》的规定，票据有汇票、本票、支票三种。“汇票”，是指出票人签发的，委托付款人在见票时或者在指定日期，无条件支付确定的金额给收款人或者持票人的票据。“本票”，是指出票人签发的，承诺自己在见票时，无条件支付确定的金额给收款人或者持票人的票据。“支票”，是指出票人签发的，委托办理支票存款业务的银行或者其他金融机构，在见票时无条件支付确定的金额给收款人或者持票人的票据。

所谓伪造的票据，是指行为人仿造真实的票据而非法制造的票据，或者假冒他人名义（即伪造票据上的签名）而提供的票据。

所谓变造的票据，是指行为人在真实的票据上，通过剪接、挖补、覆盖、粘贴、涂改等方法，对票据的主要内容（主要是数额）进行非法改变、加工而成的票据。

所谓作废的票据，是指票据因付款、超过有效期、法院判决裁定无效等原因，而失去效力的票据。票据失效作废，主要有三种情况：一是票据过期，即票据超过了兑付期限。二是票据被宣布作废，如国家规定更换票据版本而宣布旧版票据作废；人民法院根据当事人申请而宣布所丧失的票据作废等情况。三是无效票据。《票据法》对票据的无效做了明文规定，规定具有下列情形之一的票据无效，“票据金额以中文大写和数码同时记载，二者必须一致，二者不一致的票据无效。票据金额、日期、收款人名称不得更改，更改的票据无效。汇票必须记载下列事项：（1）表明‘汇票’的字样；（2）无条件支付的委托；（3）确定的金额；（4）付款人名称；（5）收款人名称；（6）出票日期；（7）出票人签章。汇票上未记载前款规定事项之一的，汇票无效。本票必须记载下列事项：（1）表明‘本票’的字样；（2）无条件支付的承诺；（3）确定的金额；（4）收款人名称；（5）出票日期；（6）出票人签章。本票未记载前款规定事项之一的，本票无效。支票必须记载下列事项：（1）表明‘支票’的字样；（2）无条件支付的委托；（3）确定的金额；（4）付款人名称；（5）出票日期；（6）出票人签章。支票上未记载前款规定事项之一的，支票无效”。

大致上，使用上述“虚假票据”做担保进行合同诈骗的，可构成本罪。如果行为人使用上

① 案例来源：云南省玉溪市红塔区人民检察院不起诉决定书，玉红检刑不诉［2006］第14号.

述“虚假票据”，直接骗取他人（自然人和单位）钱财的（而不是将“虚假票据”用作为合同担保），则可能构成票据诈骗罪或者普通诈骗罪。如果行为人使用上述“虚假票据”到金融机构进行贷款，则可以同时构成合同诈骗罪、贷款诈骗罪和票据诈骗罪。这种情况看起来比较复杂，首先，合同诈骗罪与贷款诈骗罪之间在基本性质上属于法条竞合，应当适用“特别法排斥适用普通法原则”，由于贷款诈骗罪相对于合同诈骗罪来说是特别法，所以应当按照贷款诈骗罪论处；其次，由于贷款诈骗罪与票据诈骗罪在这里属于牵连犯（方法与目的牵连），应当适用“从一重处罚原则”，所以，应当选择适用重法，即以票据诈骗罪论处（因为票据诈骗罪最高可以判处死刑）。

当然，如果是单位进行贷款诈骗，由于依据现行法律的规定，单位不能构成贷款诈骗罪，但是单位可以构成合同诈骗罪，所以，对此就应当以合同诈骗罪论处。这也符合有关司法解释的规定。现行法律为什么没有规定单位可以成为贷款诈骗罪的主体，其理由并不清楚，应当说这是现行法律规定上所存在的一个不足。法律应当规定单位可以构成贷款诈骗罪。

二是关于产权证明虚假问题。所谓产权证明虚假，是指采用伪造或者通过其他手段获取的，证明对某项财产享有处置权的虚假证明文件，如房屋产权证、土地使用权证、股权证、其他资信证明文件等。如果行为人以这些虚假的产权证明来做合同担保，可构成本罪。需要说明的是，如果行为人以此虚假的产权证明做担保来诈骗贷款，则可以同时构成贷款诈骗罪，二者之间具有“法条竞合”性质，应当适用“特别法排斥普通法原则”，即应当以贷款诈骗罪论处。同样，如果是单位实施这一行为，由于单位不能构成贷款诈骗罪，所以，对此就只能以合同诈骗罪论处。

应注意，担保欺诈也必须进行实质判断，不得恶意滥用担保欺诈条款随意出入人罪。如张敏某涉嫌合同诈骗案（表面上有虚假承兑汇票问题，实质上事出有因）。

案例

张敏某涉嫌合同诈骗案①

张敏某系成都市某投资集团有限公司董事长、法人代表。2006年1月9日，深圳某集团有限公司（以下简称“深圳公司”）以4 500万元从成都某投资集团有限公司（以下简称“成都公司”）龚某某、廖某等六名自然人股东处收购了成都公司62.69%的股份。深圳公司成为成都公司控股股东后从成都公司转款5 300万元给成都某科技有限公司（以下简称“科技公司”）。并于同年4月29日以6 300万元将该股份转让给广州某集团有限公司（以下简称“广州公司”），广州公司以广州某实业有限公司（以下简称“实业公司”）名义与深圳公司订立了转让股份协议，并就付款方式达成了由广州公司向成都公司付款1 000万元，另5 300万元以广州公司代替科技公司承担对成都公司的债务来体现的四方债权债务协议。同日广州公司还承诺给予成都公司3 000万元用于支付其逾期债务、解除成都某实业发展有限公司（以下简称“发展公司”）1.18亿担保、借款解决成都某股份有限公司自然人股份问题等。在签署协议前，广州公司请广州某房地产开发有限公司开立了以成都公司为收款人的3 000万元银行承兑汇票，但该票未用退回。在签署协议后，广州公司向深圳公司支付转让款500万元人民币，并用其土地使用证抵押以解除发展公司的担保。

2006年4月29日广州公司以实业公司持有成都公司股份62.69%、张敏某为成都公司法定代表人、董事长为内容进行了工商变更。同年5月9日，成都公司按广州公司指示，接受实业公司委托某电能计量设备公司3 000万元的转款，并在同日开出以四川某教育投资有限公司

① 案例来源：四川省成都市人民检察院不起诉决定书，成检（二）刑不诉［2007］2号.

为收款人的银行承兑汇票，该款经背书最终由襄城县农村信用联社贴现。

2006年10月23日，实业公司将成都公司股份转让给成都公司原自然人股东之一廖某。

2006年8月22日，成都市公安局以涉嫌合同诈骗罪将张敏某刑事拘留，同年9月28日经成都市人民检察院批准逮捕。2006年12月21日，本案经成都市公安局侦查终结，移送至成都市人民检察院审查起诉，期间延长审查起诉期限一次。2007年2月2日，成都市人民检察院经过审查后正式作出了不起诉决定，被告人张敏某获释。

本案涉嫌合同诈骗罪的重要原因（借口）之一，就是其中“3 000万元银行承兑汇票”出现了以下问题：(1) 在签署协议前，广州公司请广州某房地产开发有限公司开立了以成都公司为收款人的3 000万元银行承兑汇票，但该票未用退回。(2) 同年5月9日，成都公司按广州公司指示，接受实业公司委托某电能计量设备公司3 000万元的转款，并在同日开出以四川某教育投资有限公司为收款人的银行承兑汇票，该款经背书最终由襄城县农村信用联社贴现。但实际上，该“3 000万元银行承兑汇票”根本就不存在担保欺诈问题，以此“做文章”，显属不当。

3. 履行欺诈

所谓履行欺诈，是指没有实际履行能力，以先履行小额合同或者部分履行合同的方法，诱骗对方当事人继续签订和履行合同的情形。这就是所谓的“钓鱼术”。对此，许多学者认为可分为两种情形。

一是行为人在没有实际履行能力的情况下，为骗取他人数额更大的财物，因担心对方因数额大而不敢与其签订合同，于是就先与对方当事人签订一数额较小的合同并主动积极地履行，以此骗取对方的信任，然后再与其签订行为人根本无实际履行能力的数额更大的合同，借以骗取对方当事人的财物。

二是行为人本无实际履行能力而与他人签订合同，在签订合同后，为防止对方当事人产生怀疑而主动履行部分合同义务，从而使对方当事人确信行为人有履行全部合同义务的能力和诚信，以达到骗取对方当事人财物的目的。

这里涉及“实际履行能力”的问题。在理论上，履行能力可以分为完全履行能力、无履行能力、部分履行能力三种。对于第一种、第二种情况，比较好处理，问题就出在第三种情况，即行为人具有部分履行能力的情况，对此应当如何判断和处理呢？理论界一般认为：只要行为人具有履行能力的现实可能性，就应当视为“有实际履行能力”，否则，太苛刻的话，就有违市场经济规律，因为，让每一个市场主体在签订合同时都有数十万、数百万、数千万、甚至上亿元财产做保证，是不妥当的，也不可行。

如何判断行为人是否具有“实际履行能力”呢？我认为，一般应当考虑以下因素：(1) 行为人的资信程度；(2) 资金来源；(3) 相关的、可信的、并且在相当期限内是可以实现的“连环合同”；(4) 客观行为与主观努力表现。

有一种特殊情况，即行为人在签订合同时有实际履行能力，但行为人明知在将来特定期限内无履行能力的，是否应当视为没有实际履行能力？对此，我认为，在一定条件下可以将行为人视为没有实际履行能力，即在此情形下行为人也可能构成合同诈骗罪。例如，德国的判例就认为这种情形可以构成诈骗罪。企业主某甲请某乙为其公司安装暖气设备，耗资数百万，某甲在签订合同时有实际履行能力，但是某甲明知自己的企业在2个月后因赔偿另一企业的产品责任事故损失而可能破产并导致没有实际付款能力。在此情形下，某甲故意同某乙签订合同，并规定于2个月以后付款的条款。对此，某甲的行为是否构成合同诈骗？德国的判例认为，某甲可以构成合同诈骗罪，其所表述的判决理由是，某甲没有履行“告知义务”，并具有骗财的故意。

总体上说，在判断行为人的“实际履行能力”的时候，如果综合行为人的各方面情况，可以判断行为人不具有“履行能力的现实可能性”，行为人也不具有造就履行能力的主观努力，就应当认定行为人“没有实际履行能力”；相反，如果综合行为人的各方面情况看，他具有“履行能力的现实可能性”，就不宜认定为“没有实际履行能力”。

案例

张某被控合同诈骗案①

张某是一家经营房地产的公司法人代表，拥有较强的资金实力，在承建某贸易市场开发项目的过程中，又同另一建材商李某签订了价值1 000万元的购销合同，约定在收货后15日内付清货款（到时张某的开发项目完工结算）。结果，张某的开发项目因为发生工程事故而导致无法按期完工，无法进行资金回笼，而在李某交货后15日内仅向李某支付了现金200万元，从而无法及时支付余额800万元。直到6个月以后张某濒于破产的边缘，张某仍然无法全部付清余款。于是，李某向公安机关报案，告发张某合同诈骗。

在此案中，张某是否构成合同诈骗罪呢？我认为，张某不构成合同诈骗罪，因为，从张某所具有的“履行能力的现实可能性”、张某的“主观故意”内容、张某的“行为趋向”等方面进行分析，应当认为张某具有“履行能力的现实可能性”，并且张某并不具有非法占有的目的和故意，其无法履行合同的结果是由一系列意外因素所致。

4. 给付欺诈

所谓给付欺诈，是指行为人收受对方当事人所给付的货物、货款、预付款或者担保财产后逃匿的情形。例如，行为人与对方当事人签订合同后，收受对方当事人给付的货物、货款、预付款或者担保财产后，不履行或者不完全履行自己的合同义务，携款潜逃致使对方当事人无法追回款物，从而达到非法骗取合同对方当事人的财物的目的。这种合同诈骗行为具有相当的隐蔽性，表面上看，在行为人携款潜逃前，合同的签订、履行都似乎处于正常适法的状态，合同主体真实，合同内容真实有效，直到行为人最终携款潜逃后，其诈骗意图才暴露无遗，但被骗财物已经无法追回。

在认定是否构成给付欺诈时，应当注意两点。

一是行为人必须逃匿。如果没有逃匿行为，则不能视为诈骗。当然，对逃匿行为应当做实质性的、广义的理解。如行为人虽然仍然在社会上公开露面和活动，但是他就不与合同对方当事人见面和接触，不让对方当事人知道他出没的处所，对方当事人也无法找到他，从而不让对方当事人有机会、有条件收回其款物，对此应当认定为“逃匿”。

二是行为人必须是携款物逃匿。如果行为人躲藏，但并没有携带款物逃走，从而对方当事人仍然可以合法地追回其款物，则也不应当认定为本罪。

另外应注意，履行欺诈和给付欺诈值得谨慎斟酌，表面上看，这两种情况的主体真实、担保真实，只是在履行过程中或者在收到给付物之后才出现问题，因此，这两种情况的具体适用条件必须周全考量。如前所述，履行欺诈的要点是“实际履行能力”的判断，给付欺诈的要点是“收受财物后逃匿”。

5. 其他形式的合同欺诈

其他形式的合同欺诈可能包括以下情形，标的欺诈、违约金（赔偿金）欺诈等。

一是标的欺诈问题。生活中，有的行为人伪造虚假的标的，或者采取“掉包”方法，对标

① 案例来源：魏东．刑法各论若干前沿问题要论．北京：人民法院出版社，2005：244.

的物的真实性、合法性等进行弄虚作假，以骗取对方当事人钱财的，应当构成本罪。例如，某公司与外省某公司进行电缆、导线交易，以普通白酒“掉包”（冒充电缆和导线），骗取数百万元的行为，就属于以标的欺诈的形式进行合同诈骗的情况。

二是违约金（赔偿金）欺诈问题。有的行为人故意在签订、履行合同过程中隐瞒事实真相，欺骗对方当事人，并以其违约为借口，骗取对方当事人财物的，也可以构成本罪。例如，行为人在接受对方当事人货物后，故意采取欺诈手段，将合格产品作为不合格产品，并伪造有关单据、证明文件、涂改有关合格证明文件，谎称对方违约，从而骗取对方当事人违约金、赔偿金的行为，由于该行为发生在合同履行过程中，所以，仍然可以构成本罪。

此外，关于合同诈骗的客观方面行为，还有以下几个问题值得注意：

第一个问题是，合同诈骗行为可不可以以不作为的方式实施？对此，有的学者认为可以，而有的学者认为不可以。我认为，鉴于合同诈骗行为的特殊性，合同诈骗行为不可能是纯正的不作为犯，但是，合同诈骗罪可以成立不纯正的不作为犯。所谓不作为犯，是指负有特定作为义务，能够履行该义务而不履行所构成的犯罪。所谓纯正的不作为犯，是指行为人单纯地违反法定作为义务，即可构成的犯罪，如遗弃罪。所谓不纯正的不作为犯，是指通常是以作为方式实施的犯罪，如杀人罪，而行为人以不作为方式来实施的犯罪。就合同诈骗罪而言，不履行给付义务的行为、不履行告知义务的行为，本身就是不作为，因此，合同诈骗罪可以构成不纯正的不作为犯。

在认定以不作为方式构成合同诈骗罪的时候，应当注意必须具备以下几个条件：其一，行为人必须具有告知义务和履约义务。一般认为，根据合同法规定、契约约定或交易习惯，行为人都具有告知义务。其二，行为人必须是在有能力、有条件履行这种告知义务和履约义务的情况下而没有履行，以致使对方当事人产生错误认识。如果行为人仅有告知义务和履约义务，但是因为客观条件的限制而无法履行这种作为义务，则不应当负刑事责任。其三，行为人必须利用了对方当事人的认识错误而骗取了对方当事人财物。

第二个问题是，如果他人错误在先，行为人利用他人错误认识而取得财物的，可否构成本罪？对此，学者有分歧。有的认为，不应当按照本罪认定，应当作为民事纠纷处理，如认为合同无效、返还财物等措施。另有的学者认为，对此应当具体分析，其中有些情形可以认定构成本罪，如对于行为人继续虚构事实或者隐瞒真相而导致他人错误认识延续或程度加深的，可以构成本罪。我认为，他人的错误认识并不能排除行为人诈骗目的与诈骗行为的违法性，因此，应当可以构成本罪。例如，他人误认为行为人具有履行能力（但行为人实际上并没有履行能力），或者他人误认为行为人的身份真实、担保物的合法有效等，而被“欺骗”签订合同的情况，是可以对行为人认定为合同诈骗罪的。

第三个问题是，“先真后骗”、金蝉脱壳式的合同行为，可否构成本罪？例如，行为人开始具有履约诚意、履约能力，而且身份真实、担保真实、前期履约真实，但是后来由于情势变化，又产生了非法占有他人财物的故意，而拒不履约的，对此如何定性？我认为，应当主要考虑行为人的主观故意内容和所实施的客观行为的情况而定：如果行为人其后采取了欺诈行为，由于仍然属于“在履行合同过程中”的行为，因而对此可以认定为本罪；如果行为人其后并没有实施欺诈行为，而只是单纯的拒不履行相关义务，那么对此一般应当按照合同纠纷处理，不能轻易定罪；即使拒不交付财物，一般仍然应当按照合同纠纷处理，个别情况需要追究刑事责任的，也只能按照侵占罪处理，但是不能认定为本罪。

第四个问题是，“拆东墙补西墙”式的合同行为、“玩空手套”的合同行为，可否构成本罪？对此，我认为，主要要看行为人的主观故意的具体内容和客观行为内容而定。从主观故意内容来看，行为人必须具有“非法占有的目的”；从客观行为内容来看，行为人的行为必须具有《刑法》第224条所规定的几种行为之一，如主体欺诈、担保欺诈、履行欺诈、给付欺诈等行为，这时，才可以认定为合同诈骗罪。如果不符合上述两个方面的特征，就不能认定为本罪。

（四）骗取财物的数额问题

关于合同诈骗罪中的骗取财物数额问题，实际上主要涉及以下两个问题：

一是数额种类问题。合同诈骗罪所涉及的数额种类有多种，合同标的数额、行为人获利数额、被害人实际损失数额、被骗财物数额。其中，只有“被骗财物数额”才能作为本罪的定罪数额。但在量刑时，还要考虑其他数额。

二是数额档次问题。根据法律规定和司法解释，本罪的数额档次分为三档，数额较大、数额巨大、数额特别巨大。

最高人民检察院、公安部《关于公安机关管辖的刑事案件立案追诉标准的规定（二）》第77条规定：“以非法占有为目的，在签订、履行合同过程中，骗取对方当事人财物，数额在二万元以上的，应予立案追诉。”

三、合同诈骗罪的行为主体

合同诈骗罪的主体要件是一般主体，包括自然人和单位。其中，在认定单位犯本罪时，一般来说必须同时具备下列三方面要素：一是必须是经单位集体研究决定或者由负责人员决定实施的；二是必须是以单位名义实施的；三是必须是为单位谋取利益，并且非法所得基本归单位所有的。

关于本罪的犯罪主体要件，还要注意以下具体情形的分析处理。

一是自然人“中饱私囊”行为的定性问题。如果主管人员和责任人员以单位名义实施合同诈骗行为，但行骗目的是自己个人或者少数几个人的利益，骗取的财物全部或者大部分归个人所有的，如何定性？对此，我认为应当认定为自然人犯罪。反之，如果全部或者大部分归单位所有的，应当认定为单位犯罪。

二是私营企业的合同诈骗行为的定性问题。如果该企业为法人单位，应视为单位犯罪，否则，应为自然人犯罪。

三是“皮包公司”的行为的定性问题。“皮包公司”又称“四无公司”，即无经营场地、无自有资金、无技术设备、无固定从业人员的公司。由于它不是法人单位，所以，应当视为自然人犯罪。

四是个人承包或者租赁经营国有或者集体所有的企业，并以单位名义实施的合同诈骗行为的定性问题。对此，有学者提出了这样的处理意见，如果是个人定额上缴承包，承包人进行合同诈骗的，一般应认为是自然人犯罪；如果是责任制承包，承包人只根据企业效益提成和按比例提取奖金，这种情形下承包人进行合同诈骗的，一般应按照单位犯罪定性处理；如果是租赁承包，企业在租赁期间实际上已经改变了原有的性质，因此承包人进行合同诈骗的，应视为自然人犯罪。但是，上述这些看法有违法律规定，并不妥当。我认为，个人承包或者租赁经营国有或者集体所有的企业，并以单位名义实施的合同诈骗行为，只要该企业是具有法人资格的单位，符合单位犯罪的特点的，就应当认定为单位犯罪；不具有法人资格的，才可以视为自然人犯罪。

四、合同诈骗罪的主观故意与非法占有目的

合同诈骗罪的主观故意应当是直接故意，并且具有非法占有他人财物的目的，间接故意和

过失都不能构成本罪。因此，合同诈骗罪属于“目的犯”。

应当明确的是，包括合同诈骗罪在内的所有诈骗犯罪，行为人在主观上都必须具有非法占有的目的，如果行为人主观上无非法占有的目的，就不能构成诈骗犯罪。可以说，“具有非法占有的目的”，是包括合同诈骗罪、金融诈骗罪在内的一切诈骗犯罪的本质特征。

就合同诈骗罪而言，可以通过行为人的一系列客观行为，来认定（或推定）行为人主观上具有非法占有的目的。如，根据1996年最高人民法院《关于审理诈骗案件具体应用法律的若干问题的解释》的规定精神，在行为人客观上实施了刑法所规定的欺诈行为的前提下，可以推定下列情形的行为人“具有非法占有的目的”：(1) 采取欺诈手段签订合同后，携带对方当事人交付的货物、货款、预付款、定金、保证金等逃匿的。(2) 故意挥霍对方当事人交付的款物，致使无法归还对方当事人的款物的。(3) 使用对方当事人交付的款物进行违法犯罪活动的。(4) 隐匿对方当事人的款物，拒不返还的，等等。

针对合同诈骗罪的主观故意问题，还需要说明如下。

（一）应当注意行为人产生或者具有非法占有财物的目的的“时间”问题

我认为，行为人产生非法占有的目的的时间不同，对于认定是否构成合同诈骗罪具有重要意义，如果行为人在签订合同之前或者在签订合同的过程中，就具有非法占有财物的目的，可以构成合同诈骗罪；如果行为人只是在签订合同之后才产生非法占有财物的目的，并且在签订合同的时候没有欺诈成分，那么，对此，不宜认定为合同诈骗罪，而应当作为合同纠纷处理；个别情况下拒不返还财物数额较大、符合侵占罪特征的，只能认定为侵占罪。在现行刑法规定的界限内，单位不能构成侵占罪；对单位侵占的，只能按照合同纠纷处理。

（二）如果行为人在主观上确实不具有非法占有的目的，应当如何定性处理？

行为人在主观上并不具有非法占有的目的，只是在客观上具有欺诈行为，主要是想通过合同行为谋取“合同利益”或者“借鸡生蛋”，则不能构成本罪；对此，一般应作为合同纠纷处理。合同纠纷，是指签订合同的当事人之间，在履行合同、实现各自的合同利益的过程中，对于实现合同所规定的权利义务所发生的争议和纠纷。例如，行为人在签订合同时具有欺诈成分，如在经济生活中大量存在的夸大自己的履行能力，使用不真实的担保证明等，但是，证据能证明行为人并不具有非法占有财物的目的，而是想通过履行合同，谋取合同利益，之后也有真诚地履行合同的努力和表示，只是由于客观条件的限制而无法履行合同、无法返还财物的，不应当作为合同诈骗罪论处。可见，合同诈骗与合同纠纷区别最根本的地方在于行为人的主观故意内容不同，是否具有非法占有财物的目的，是区别它们的关键。合同诈骗必须“具有非法占有财物的目的”，即具有直接骗取对方当事人的财物（包括标的物、担保物、定金等）的目的，而合同纠纷（还包括民事欺诈）的行为人，则不具有直接骗取对方当事人的财物的目的。例如，民事纠纷与欺诈的行为人的主观目的，虽然可能也是为了谋取不法利益或者不正当利益，但是，行为人是想通过合同的履行来获取利益；而且，行为人为获取对方当事人的利益，行为人往往要想办法履行自己的义务并支付一定的对价，只不过行为人的履行存在一定的瑕疵而已。对此，要综合考虑行为人的主观故意和客观行为情形，进行综合判断。尤其应当重点考察以下因素：一是行为人在签订合同时，有无履约能力；二是行为人在签订和履行合同过程中，有无严重的欺诈与诈骗行为；三是行为人在签订合同之后，有无履行合同的实际行为和努力；四是合同标的物、担保物、定金等款物的去向；五是行为人是否携带款物逃匿；六是行为人违约或者未履行合同义务的原因；七是行为人违约以后，是否努力避免损失、是否愿意承担责任，等等。通过对这些因素的综合分析，才能比较准确地判断行为人主观上是否“具有非法占有财物的目的”。

五、合同诈骗罪的刑罚适用

根据《刑法》第224条的规定，合同诈骗罪的刑事责任分为以下三种情况：（1）骗取对方当事人财物数额较大的，处3年以下有期徒刑或者拘役，并处或者单处罚金；（2）数额巨大或者有其他严重情节的，处3年以上有期徒刑，并处罚金；（3）数额特别巨大或者有其他特别严重情节的，处10年以上有期徒刑或者无期徒刑，并处罚金或者没收财产。

其中，在认定情节加重犯的“其他严重情节”与“其他特别严重情节”问题时大致应当考虑以下因素：（1）是合同诈骗集团的首要分子或者其他主犯；（2）诈骗他人急需的生产经营资料，严重影响生产或者造成其他严重损失的；（3）诈骗救灾、抢险、防汛、优抚、救济、医疗款物，并造成严重后果的；（4）挥霍诈骗财物，导致无法返还的；（5）使用诈骗的财物实施违法犯罪活动的；（6）曾因合同诈骗受过刑事处罚的；（7）导致被害人死亡、精神失常或者其他严重后果的；（8）严重损害国家机关形象的；（9）除上述情形以外的其他严重情况。

第九章 宜宾何某某被控虚开增值税专用发票案

（虚开增值税专用发票、用于骗取出口退税、抵扣税款发票罪，短缩的二行为犯，目的犯）

案例 宜宾何某某被控虚开增值税专用发票案①

被告人何某某系四川省宜宾市高县甲煤矿（系一般纳税人）、乙煤矿（系一般纳税人）、丙集团公司的实际控制人。2012年5月，甲煤矿因故停止生产。2012年5月至9月、2013年2月至6月期间，何某某安排人员从乙煤矿运煤，以甲煤矿的名义过关及销售给丙集团公司，先后安排人员以甲煤矿名义向丙集团公司开具增值税专用发票105份，开票金额共计1 167万余元，其中，增值税额共计169万余元，涉及煤炭4万余吨。2012年5月至2013年6月甲煤矿申报缴纳增值税181万余元（含开往其他公司的增值税款11万余元）。丙集团公司将上述105份增值税专用发票全部向高县国税局申报认证抵扣，共计抵扣税款169万余元。公诉机关指控何某某犯虚开增值税专用发票罪。

高县人民法院于2016年3月18日作出（2015）宜高刑初字第85号判决书，被告人何某某让甲煤矿为丙集团公司开具增值税专业发票及安排人员利用甲煤矿向丙集团公司开具增值税专用发票，并对涉案增值税专用发票进行了申报抵扣，共计1 695 912.5元，甲煤矿在开具增值税专用发票后，如数缴纳了相关增值税款1 695 912.5元。被告人何某某主观上不具有逃、骗税目的，客观上也不会造成国家税款流失的虚开行为不应以虚开增值税专用发票犯罪论处。因此，被告人何某某不构成虚开增值税专用发票罪。公诉机关指控被告人何某某犯虚开增值税专用发票罪的罪名不能成立。被告人何某某的辩护人的辩解、辩护意见中正确的部分，本院予以采纳。根据《刑事诉讼法》（2012年）第195条第2项、最高人民法院《关于适用〈中华人民共和国刑事诉讼法〉的解释》第241条第1款第3项的规定，判决被告人何某某无罪。（该判决为已生效判决）

法理问题 虚开增值税专用发票、用于骗取出口退税、抵扣税款发票罪，短缩的二行为犯，目的犯

本案主要涉及以下两个法理观点。

法理观点一：行为人主观上不具有逃、骗税目的，客观上也不会造成国家税款流失的虚开增值税专用发票行为，依法不应以虚开增值税专用发票犯罪论处。

本案公诉机关指控，被告人何某某让他人为自己虚开增值税专用发票，并用于抵扣税款的行为构成虚开增值税专用发票罪。但是从法理上（以及在案证据证实）审查可见，本案依法不属于“让他人为自己虚开增值税专用发票”的情形，行为人主观上不具有逃、骗税目的，客观

① 案例来源：四川省高县人民法院刑事判决书，（2015）宜高刑初字第85号.

上也不会造成国家税款流失，依法不应以虚开增值税专用发票犯罪论处。甲煤矿虽于2012年5月停止生产，但客观上仍有真实的煤炭经营行为。何某某在丙集团公司内部进行生产经营组合，将乙煤矿超能生产的煤炭调配至甲煤矿，并以甲煤矿的过关票过关销往丙集团公司的行为虽然可能存在不规范之处，但并不能否认甲煤矿与丙集团公司之间的的确确存在4万余吨煤炭的真实交易。因此，甲煤矿向丙集团公司如实开具与交易煤炭数量、金额一致的增值税专用发票，依法不应认定何某某为"让他人为自己虚开"；丙集团公司依法受票后依法抵扣，不存在国家税收款项的流失，没有社会危害性，依法不构成虚开增值税专用发票罪。

关于本案丙集团公司受票后抵扣税款的行为是否造成了国家税收损失的问题，高县公安局经侦大队在《甲煤矿涉嫌虚开增值税专用发票税款流失说明情况》中以及高县国家税务局在《回函及相关情况说明》中均认定本案甲煤矿、丙集团公司属于虚开增值税专用发票情形，造成国家税款流失169万余元。针对上述指控证据（书证）和不利事实（造成国家税款流失）的认定，本案辩护人巧妙地采取了向税务师事务所咨询的方式予以回应。辩护人以四川蜀鼎律师事务所的名义向四川京洲万方税务师事务所有限公司询函，《四川京洲万方税务师事务所有限公司京洲税函字【2015】001号〈回函〉》明确认定了甲煤矿和丙集团公司均不属于虚开增值税专用发票、且丙集团公司取得的增值税专用发票可以依法进行抵扣等意见，明确否定了高县公安局和国税局的虚开定性，并成为了一份对辩方有利的关键反驳证据。

2009年最高人民法院主办出版的《中国刑事审判指导案例（破坏社会主义市场经济秩序罪）》就明确指出："对于确有证据证实行为人主观上不具有偷、骗税目的，客观上也不会造成国家税款流失的虚开增值税专用发票行为，不以虚开增值税专用发票罪论处，构成其他犯罪的，以其他犯罪定罪处罚。据此类推，在货物销售中，一般纳税人夸大销售业绩，虚增货物的销售环节，虚开进项增值税专用发票和销项增值税专用发票，但依法缴纳增值税并未造成国家税款损失的行为，不应以虚开增值税专用发票犯罪论处。"

2010年人民法院出版社出版的《最高人民法院司法观点集成》第447页中，最高人民法院专家法官也明确指出："一般说来，对于为虚增营业额、扩大销售收入或者制造企业虚假繁荣，相互对开或者循环虚开增值税专用发票等行为，由于行为人主观上不以偷逃、骗取税款为目的，客观上也不会造成国家税款流失，不应以虚开增值税专用发票罪论处。"

法理观点二：行为犯、短缩的二行为犯、目的犯的基本法理及其运用。

关于本案指控罪名虚开增值税专用发票罪是行为犯的问题，公诉人认为只要实施了虚开增值税专用发票的行为即构成本罪。针对公诉人提出的行为犯问题，辩护人当庭对行为犯原理进行了严谨的学术阐释，提出了本罪属于短缩的二行为犯、行为犯也必须遵循法益保护原则等刑法原理，同时当庭展示了最高人民法院公布的相同观点和典型案例，有效地说服了高县人民法院依法采纳了辩方提出的辩护意见。

虚开增值税专用发票、用于骗取出口退税、抵扣税款发票罪，是指以骗取税款为目的，违反增值税专用发票管理规定和税收法规，为他人虚开、为自己虚开、让他人为自己虚开、介绍他人虚开增值税专用发票或者用于骗取出口退税、抵扣税款发票的行为。

本罪的犯罪构成是：(1) 保护法益（即犯罪客体要件），是国家对增值税专用发票和用于骗取出口退税、抵扣税款发票的管理秩序以及国家税收的征管秩序。后者有时被办案机关忽略了，有时直接导致定性处理错误。犯罪对象，是增值税专用发票、用于骗取出口退税、抵扣税款发票（主要包括运输发票、废旧物品收购发票、农产品收购发票等"三票"）。若不具有危害国家对增值税专用发票和用于骗取出口退税、抵扣税款发票的管理秩序以及国家税收的征管秩序的性质，则不具有本罪的犯罪客体要件。（2）行为定型（即犯罪客观方面要件），是违反增值税专用发票管理规定和税收法规，为他人虚开、为自己虚开、让他人为自己虚开、介绍他人虚开增值税专用发票或者用于骗取出口退税、抵扣税款发票的行为。（其中四种虚开行为后面专门阐述）。（3）行为主体（即犯罪主体要件），是一般主体，包括单位与个人、纳税人与非纳税人。（4）有责性类型（即主观方面要件），是故意，且必须具有骗取税款的目的。即，明知受票方是为骗取抵扣增值税等税款或者出口退税的目的，而故意为其虚开增值税专用发票或者用于骗取出口退税、抵扣税款发票。① 否则，若行为人不是明知、且不具有骗取税款的目的，则不具有本罪的主观方面要件。

其中客观方面要件（行为定型），《刑法》第205条第3款规定："虚开增值税专用发票或者虚开用于骗取出口退税、抵扣税款的其他发票，是指有为他人虚开、为自己虚开、让他人为自己虚开、介绍他人虚开行为之一的。"这里规定了四种虚开行为，（1）"为他人虚开"，是指行为人在与他人有商品交易活动的情况下用自己的增值税专用发票或者可用于骗取出口退税、抵扣税款的其他发票为他人多开，或者在与他人没有商品交易活动的情况下为他人开具增值税专用发票或者用于骗取出口退税、抵扣税款的其他发票。（2）"为自己虚开"，是指行为人在没有购买货物或者接受应税劳务的情况下，虚设货物销售方或者应税劳务提供方为自己虚开进项增值税专用发票的行为。行为人虚设货物购买方或者应税劳务接受方为自己虚开销项增值税专用发票的行为，由于其不但没有造成国家税收损失且反而为国家税收做了"贡献"，不属于"为自己虚开"。（3）"让他人为自己虚开"，是指行为人没有购买货物或者接受应税劳务而让他人开具增值税专用发票，或者即使购买了货物或者接受了应税劳务而让开具数量和金额不实的增值税专用发票的行为。在逻辑上，"让他人为自己虚开"（受票方）是与"为他人虚开"（开票方）相对应的、相并存的行为，开票方与受票方均属于虚开。（4）"介绍他人虚开"，是指行为人为开票方和受票方之间实施虚开增值税专用发票或者其他发票犯罪进行中间介绍的行为。实践中，"介绍他人虚开"行为人通常具有自己从中获取非法利益的特点，通常表现为两种情况，一种情况是，行为人介绍开票方与受票方双方直接见面，自己从中获取非法利益；另一种情况是，行为人指使开票方将发票开具给指定的受票方，自己从中获取非法利益。在法理上，有学者指出，"介绍他人虚开"属于一种帮助行为，具有从属性，仅有介绍者的介绍行为而无具体实施虚开行为者的虚开行为的，不能成立虚开增值税专用发票罪；只有在介绍人与开票方、受票方双方或者一方有偷骗税款的意思联络，并实际侵害国家税收的情况下，介绍人才应当与他人构成虚开增值税专用发票罪的共同犯罪，才能按其作用大小确定主从地位。②

上列规定的四种"虚开"行为（行为定型），是通常的虚开增值税专用发票行为。值得注意的是，法律规定明确列举的四种"虚开"行为中，恰恰没有"代开""对开""环开"三种行为，需要对此三种行为展开研究。下面就谈一谈这三种行为的定性处理及本罪定性处理中其他相关问题。

一、"代开""对开""环开"增值税专用发票的定性处理

"三开"行为定性处理的两个规则，只惩处代开有损失行为（有犯罪客体）、不惩处代开无损失行为（无犯罪客体），只惩处开票方/制造损失方、不惩处受票方/无辜方。

（一）"代开"

"代开"，是指如实地为他人开具增值税专用发票的行为。"代开"的性质是否属于虚开，

---

① 赵秉志、陈兴良、张明楷等学者均持有这一看法。

② 周洪波．危害税收征管罪立案追诉标准与司法认定实务．北京：中国人民公安大学出版社，2010：160－166.

在立法上缺乏规定，但是，最高人民法院《关于对为他人代开增值税专用发票的行为如何定性处理问题的答复》(1996 年)、最高人民法院《关于适用〈全国人民代表大会常务委员会关于惩治虚开、伪造和非法出售增值税专用发票犯罪的决定〉的若干问题的解释》(1996 年)、公安部经济犯罪侦查局《关于在侦办虚开可抵扣税款发票案中如何适用“国税函［2002］893 号文件”的批复》等文件中明确规定，对于“有货物购销或者提供或接受了应税劳务但为他人、为自己、让他人为自己、介绍他人开具数量或者金额不实的增值税专用发票”，对于“进行了实际经营活动，但让他人为自己代开增值税专用发票”，对于“自己未进行实际经营活动但为他人经营活动代开增值税专用发票”的行为，均属于“虚开增值税专用发票”，构成犯罪的应当依法处理。①

上列规定对“代开”的行为性质问题，基本上均主张属于“虚开增值税专用发票”，都强调构成犯罪的应当依法处理；同时，理论界也有人赞同和支持这种做法。但是，这种规定和理解可能存在缺陷。

案例　**上海于某虚开增值税专用发票案②**

被告人于某在担任上海市某购物中心有限公司（以下简称“购物中心”）总部食品采购部采购员期间，为本单位向广东省某食品进出口集团世界名酒行（以下简称“名酒行”）订购价值 73 万元的轩尼诗 VSOP 等进口名酒，由于名酒行经理黄某某提出价格偏低而不开具增值税发票，于某称在征得本单位副总经理席某某同意后（没有席某某证言）（并且其辩护人还提出了证人李某和证人钱某某的证言以证实是单位行为），指使某公司法定代表人江某某于 1997 年 11 月 6 日“代开”增值税专用发票价税合计 74 万元，购物中心已将该虚开的税款 10.8 万元予以抵扣。

一审判决，本案属于单位犯罪，于某为谋取个人利益，犯罪情节轻微，根据《刑法》第 205 条第 3 款（现为第 2 款），判决于某犯虚开增值税专用发票罪（单位犯罪），免予刑事处罚。

二审判决（因检方抗诉），本案不属于单位犯罪，而属于自然人犯罪，根据《刑法》第 205 条第 1 款，判决于某犯虚开增值税专用发票罪，判处有期徒刑 5 年，并处罚金 10 万元。

本案中，于某作为请求“代开”的受票方（同时也是实际购货方的经办人员），被法院判决犯虚开增值税专用发票罪。对此，有学者指出，这种判决有所不当，不应该判决有真实购货方和受票方有罪（因为“于某并没有虚开，而是如实代开”），而应当依法判决开票方构成虚开增值税专用发票罪（因为其“未进行实际经营活动但为他人经营活动代开增值税专用发票”）。该学者同时还指出，名酒行没有就自己这笔销售申报纳税，“也可追究其逃税的法律责任”③。

对此，笔者的意见是：其一，赞同不追究“代开”行为中受票方的刑事责任（即不构成虚开增值税专用发票罪）。其二，对于开票方某公司江某某的“代开”行为是否定本罪，应当依照“只惩处代开有损失行为（有客体）、不惩处代开无损失行为（无客体），只惩处开票方/制造损失方、不惩处受票方/无辜方”的定性处理规则，来具体分析处理。如果江某某是偶尔为之、没有因此谋取非法利益、且国家税收并没有实际损失，我认为依法也不应当构成本罪；如果江某某及其所在公司长期以此为业并谋取非法利益（如有些开票公司长期以此为业并收取一定比例的手续费），直接导致国家税收损失的，应当依法定本罪。其三，应当依法审查名酒行是否构成逃税罪。

---

① 周洪波．危害税收征管罪立案追诉标准与司法认定实务．北京：中国人民公安大学出版社，2010：172－174.

② 此判例来源，请参见注① 170－172.

③ 同① 170－172.

案例 **安徽省宿州市崔孝仁虚开案**①

被告人崔孝仁，系安徽省宿州市机械电子有限公司经理，因河南省云阳钢铁总厂等单位欠该公司增值税专用发票没有开具，其为了“平衡”公司账目于1999年年初找到山西省某焦化厂厂长李某某为其开具增值税专用发票。为此，崔孝仁和李某某签订了债权债务转让协议和“工矿产品购销合同”等手续，李某某向崔孝仁开具山西省增值税专用发票10张、合计价税款644万元、税款额93万余元（数额在崔孝仁实际经营额之内），该税款已在宿州市国税局申报抵扣。被告人崔孝仁以管理费名义按价款5%的比例给李某某汽车3台。本案公诉机关指控崔孝仁犯虚开增值税专用发票罪。

一审宿州市甬桥区人民法院判决，崔孝仁犯虚开增值税专用发票罪，判处有期徒刑7年。

二审安徽省宿州市中级人民法院判决，崔孝仁无罪。

从法理上讲，本案市比较典型的“代开”行为，一审法院判决有罪，而二审法院改判无罪。尽管本案尤其自身的一些特殊性，但是，其核心原理主要还是在于“三开”行为的两个定性处理规则，只惩处代开有损失行为（有客体）、不惩处代开无损失行为（无客体），只惩处开票方/制造损失方、不惩处受票方/无辜方。亦即，本案“代开”属于“代开无损失行为（无客体）”，依法不应定罪。

从侦查取证角度看，对于“代开”案，应当全面收集取证其中是否存在以下事实：购销货物数量和价税金额是否存在多开票、重复开票；开票方是否多次代开、谋取非法利益；国家税收是否存在损失；主观方面的故意和骗取国家税款目的等具体内容。如前述宜宾何某某被控虚开增值税专用发票案，何某某由于购销货物数量和价税金额是真实的并且不存在多开票、重复开票的行为，何某某主观上没有骗取国家税款的主观故意和非法目的，客观上国家税收也不存在损失，因而依法不构成虚开增值税专用发票罪。

（二）“对开”和“环开”

“对开”，是指在行为双方没有货物交易的情况下，互相开具的增值税专用发票价格相同，税款一致，而方向相反，双方增值税的进项税额和销项税刚好可以完全抵消。“环开”，是指几家单位或者个人相互串开，形同环状。②

“对开”和“环开”的共同点在于，行为人主观上均不是以骗取国家税款为目的，而是以增大营业额和纳税额等假象为目的动机（不符合本罪犯罪目的），国家税收没有损失（无犯罪客体）。

最高人民法院对外公开公布的权威意见，主要有以下内容值得参考采纳。

一是2009年最高人民法院主办出版的《中国刑事审判指导案例（破坏社会主义市场经济秩序罪）》明确指出：“对于确有证据证实行为人主观上不具有偷、骗税目的，客观上也不会造成国家税款流失的虚开增值税专用发票行为，不以虚开增值税专用发票罪论处，构成其他犯罪的，以其他犯罪定罪处罚。据此类推，在货物销售中，一般纳税人夸大销售业绩，虚增货物的销售环节，虚开进项增值税专用发票和销项增值税专用发票，但依法缴纳增值税并未造成国家税款损失的行为，不应以虚开增值税专用发票犯罪论处。”

二是2010年人民法院出版社出版的《最高人民法院司法观点集成》第447页中，最高人民法院专家法官明确指出：“一般说来，对于为虚增营业额、扩大销售收入或者制造企业虚假繁荣，相互对开或者循环虚开增值税专用发票等行为，由于行为人主观上不以偷逃、骗取税款

---

① 陈兴良．判例刑法学（教学版）．北京：中国人民大学出版社，2012：81-83.

② 周洪波．危害税收征管罪立案追诉标准与司法认定实务．北京：中国人民公安大学出版社，2010：165.

为目的，客观上也不会造成国家税款流失，不应以虚开增值税专用发票罪论处。”

这表明对“三开”行为定性处理的两个司法裁判规则是，只惩处代开有损失行为（有犯罪客体）、不惩处代开无损失行为（无犯罪客体），只惩处开票方/制造损失方、不惩处受票方/无辜方。

二、虚开增值税专用发票、用于骗取出口退税、抵扣税款发票罪与逃税罪的界限与竞合关系

《刑法》第201条规定（共4款）：

纳税人采取欺骗、隐瞒手段进行虚假纳税申报或者不申报，逃避缴纳税款数额较大并且占应纳税额百分之十以上的，处三年以下有期徒刑或者拘役，并处罚金；数额巨大并且占应纳税额百分之三十以上的，处三年以上七年以下有期徒刑，并处罚金。

扣缴义务人采取前款所列手段，不缴或者少缴已扣、已收税款，数额较大的，依照前款的规定处罚。

对多次实施前两款行为，未经处理的，按照累计数额计算。

有第一款行为，经税务机关依法下达追缴通知后，补缴应纳税款，缴纳滞纳金，已受行政处罚的，不予追究刑事责任；但是，五年内因逃避缴纳税款受过刑事处罚或者被税务机关给予二次以上行政处罚的除外。

根据《刑法》第201条规定，逃税罪，是指采取欺骗、隐瞒手段进行虚假纳税申报或者不申报，逃避缴纳税款，情节严重的行为。可见，逃税罪可以说是针对任何逃税行为都可能定这个罪，而虚开增值税专用发票、用于骗取出口退税、抵扣税款发票罪的行为中可能也有逃税，而且我们前面还说了本罪必须以偷逃税款为目的，那么，本罪与逃税罪就可能出现竞合现象。理论上，本罪与逃税罪的关系，存在牵连犯说、法条竞合说等多种观点。

我个人的看法是：其一，本罪与逃税罪之间是法条竞合关系，本罪是特别法，应当适用“特别法排斥普通法”的适用规则，即一般应定本罪。其二，如果虚开行为本身不能构成虚开罪，但是构成逃税罪，那么当然应定逃税罪（卢兴才案）。其三，如果行为人有多个行为，有的行为构成本罪，有的行为构成逃税罪，那么应当依法实行数罪并罚（郑时杰案）。

案例　**浙江省宁波市卢兴才案**①

卢兴才以某公司名义经营运输业务期间，为少交应纳税款，先后从其他运输企业虚开表明营业支出的联运发票等运输发票共53张，价税合计600余万元，并将上述发票全部入账，用于冲减其经营运输业务的营业额，合计偷逃税款50余万元，且偷逃税额占其应纳税额的30%以上。为帮助其他企业偷逃税款，卢兴才还将50余张运输发票提供给其他运输企业，这些企业将这些发票用以冲减营业额，合计偷税30余万元。宁波市人民检察院指控，运输发票具有抵扣税款的功能，卢兴才虚开具有抵扣功能的发票，其行为构成虚开用于抵扣税款发票罪。

一审宁波市中级人民法院判决，卢兴才犯偷税罪（逃税罪），判处有期徒刑6年，并处罚金若干。

二审法院在宁波市人民检察院提出抗诉后判决，维持原判（偷税罪）。

本案中，卢兴才的行为应定偷税罪，不定虚开罪。两级人民法院之所以判决卢兴才不构成

---

① 最高人民法院．刑事审判参考：第17辑．北京：法律出版社，2001.

虚开罪、而只构成偷税罪（逃税罪），其理由在于，卢兴才采用虚开运输发票的手段，尽管具有偷逃税款的目的，但是其虚开的运输发票均未直接用于抵扣税款，而是“用于冲减其经营运输业务的营业额”并逃税，其行为不符合虚开用于抵扣税款发票罪的构成要件（主要是客观方面要件），因此应构成逃税罪；而《刑法》第205条规定的虚开用于抵扣税款发票罪中，“抵扣税款”具有特定含义（是指直接抵扣税款），但是卢兴才的主观意图不是用于抵扣税款，客观上也没有去抵扣税款，而是为了其他目的（非直接抵扣税款目的）去使用虚开的发票，显然不能以虚开用于抵扣税款发票罪定罪。

案例 **浙江省宁波市郑时杰案**

郑时杰于1997年至1999年期间，与宁波市某县汽车运输公司签订承包合同，以每年上交承包基数3 000元的形式经营该公司的江北托运部并取得联运发票及有关印章，单独核算。其间有以下犯罪事实：（1）郑时杰先后从宁波市某机床厂劳动服务公司等单位虚开运输发票58张，共计金额为450万余元，偷逃营业税22万余元、城建税1万余元、企业所得税8万余元。（2）为帮助其他联运企业，郑时杰将“江北托运部”的联运发票的发票联提供或者虚开给宁波市某机床厂劳动服务公司等单位69张，虚开金额共计519万余元，并偷逃营业税25万余元、城建税2万余元、企业所得税25万余元。（3）郑时杰将联运发票52张提供给宁波市北仑区某托运部，虚开发票金额合计379万余元，并偷逃营业税17万余元、城建税1万余元、企业所得税24万余元。

公诉机关宁波市人民检察院指控，郑时杰犯虚开用于抵扣税款发票罪。

一审宁波市中级人民法院判决，郑时杰犯偷税罪（逃税罪），判处有期徒刑6年6个月，并处罚金140万元。

二审浙江省高级人民法院判决（因检察院抗诉），郑时杰犯虚开用于抵扣税款发票罪，判处有期徒刑5年，并处罚金45万元；犯偷税罪（逃税罪），判处有期徒刑4年6个月，并处罚金100万元，决定数罪并罚执行有期徒刑8年，并处罚金145万元。

本案中，郑时杰的行为分别定虚开罪、偷税罪，实行数罪并罚。郑时杰部分行为不是直接用于抵扣税款而只是偷逃税款，因此构成逃税罪；另一部分行为帮助非运输企业虚开用于抵扣税款发票，因此构成虚开用于抵扣税款发票罪，并且实行数罪并罚。陈兴良教授分析也是如此：“可以推定，在接受郑时杰虚开发票的企业中有些是非运输企业，这些企业可以用于抵扣税款，因而郑时杰为其虚开的行为构成虚开用于抵扣税款发票罪。”①

可见，郑时杰案比较典型地说明了本罪与逃税罪的界限以及二者竞合时的处理办法，其中可以实行数罪并罚。

三、本罪与骗取出口退税罪的界限与竞合关系

《刑法》第204条规定（共2款）：

以假报出口或者其他欺骗手段，骗取国家出口退税款，数额较大的，处五年以下有期徒刑或者拘役，并处骗取税款一倍以上五倍以下罚金；数额巨大或者有其他严重情节的，处五年以上十年以下有期徒刑，并处骗取税款一倍以上五倍以下罚金；数额特别巨大或者有其他特别严重情节的，处十年以上有期徒刑或者无期徒刑，并处骗取税款一倍以上五倍以下罚金或者没收财产。

---

① 陈兴良．判例刑法学（教学版）．北京：中国人民大学出版社，2012：80.

纳税人缴纳税款后，采取前款规定的欺骗方法，骗取所缴纳的税款的，依照本法第二百零一条的规定定罪处罚；骗取税款超过所缴纳的税款部分，依照前款的规定处罚。

根据这一规定，骗取出口退税罪，是指以假报出口或者其他欺骗手段，骗取出口退税款，数额较大的行为。

那么，本罪（虚开增税专用发票、用于骗取出口退税、抵扣税款发票罪）与骗取出口退税罪的关系，应当说是一种牵连犯关系或者想象竞合关系，均应按照“从一重处断”的规则进行定性处理。但是，在实践中，如果行为人只是将虚开作为一种手段行为、而将骗取出口退税作为一种目的行为，最终是以骗取出口退税的行为获得利益，应当依法认定为骗取出口退税罪。

案例　**北京于某骗取出口退税案**①

被告人北京人于某为骗取国家出口退税款，于1998年3月至2000年间假借为某公司办理出口业务的名义，利用虚假企业广东省某服装厂、虚构的外商及香港某公司，与某公司分别签订内、外贸合同，使用虚开的增值税专用发票假报出口，后将共计人民币1 000余万元的虚假出口退税凭证通过某公司向税务机关申报退税，骗取出口退税款合计人民币602万余元，剩余部分因被发现骗税而未得逞。于某非法获利共计人民币887万余元，大部分无法追回。

公诉机关北京市人民检察院第一分院指控，于某犯骗取出口退税罪。

一审北京市第一中级人民法院判决，于某犯虚开增值税专用发票罪，判处无期徒刑，剥夺政治权利终身，并处没收个人全部财产。

二审北京市高级人民法院判决（因被告人上诉），于某犯骗取出口退税罪，判处无期徒刑，剥夺政治权利终身，并处没收个人全部财产。

这个判例很有意思，罪名改变，量刑完全一样。但是在法理上，这个判例提出了一个问题，于某的行为到底应当如何定罪，如何理解适用虚开增值税专用发票罪与骗取出口退税罪的界限和竞合关系？我个人认为，二审法院的判决更为合理，因为于某最终是以骗取出口退税的行为获得利益，应当依法认定为骗取出口退税罪。

四、个人犯罪与单位犯罪的界限区分

这里有必要回到前面提到的“上海于某虚开增值税专用发票案”。本案讨论中出现了两种定性处罚意见：一审法院认为是单位犯罪，对直接责任人员（自然人）于某定罪免处；二审法院认为不是单位犯罪、而是自然人犯罪，对于某定虚开增值税专用发票罪，处5年有期徒刑并处罚金10万元。

我“基本同意”二审法院的定罪量刑意见。我之所以说仅仅是“基本同意”二审判决，是因为我认为本案在定性证据方面有几个突出问题值得研究：(1) 本案定自然人犯罪可能没有排除本案实质上是单位犯罪的“合理怀疑”。因为于某是代表单位而实施的履职行为，为单位谋取利益且单位已实际获得利益（单位已抵扣税款10.8万元），单位尤其是在其后抵扣税款时仍然可能存在“故意”，在案证据缺乏证明。(2) 关键证据即单位副总席某某证言缺失，是一个重大疑问。若有席某某知情和同意（包括默许），本案均应认定为单位犯罪、而不是自然人犯罪（同时对自然人处刑要轻得多）。(3) 重要证据即辩方证人李某和钱某某的证言到底是什么内容不详，需要仔细斟酌、审查。(4) 进一步审查还要注意，身份犯（如逃税罪）与非身份犯

① 案例来源：周洪波．危害税收征管罪立案追诉标准与司法认定实务．北京：中国人民公安大学出版社，2010：180-181.

（如虚开增值税专用发票罪）的区分，对于区分自然人犯罪与单位犯罪也有重要影响。

大致可以说，前面三个问题均涉及侦查机关的侦查取证问题，第四个问题主要涉及法律规定和法理解释问题。这里，我结合区分自然人犯罪与单位犯罪的一般法理，重点谈以下两点：

（一）刑法和司法解释已经将单位犯罪明确规定为“法人犯罪”，全面侦查取证对具体个案的定性处理意义重大

在我国刑法分则第三章“第六节危害税收征管罪”规定的涉税犯罪中，除《刑法》第202条规定的抗税罪外，其余个罪均可以构成单位犯罪。

关于单位犯罪，最高人民法院《关于审理单位犯罪案件具体应用法律有关问题的解释》规定（共有3条）：

第一条　刑法第三十条规定的“公司、企业、事业单位”，既包括国有、集体所有的公司、企业、事业单位，也包括依法设立的合资经营、合作经营企业和具有法人资格的独资、私营等公司、企业、事业单位。

第二条　个人为进行违法犯罪活动而设立的公司、企业、事业单位实施犯罪的，或者公司、企业、事业单位设立后，以实施犯罪为主要活动的，不以单位犯罪论处。

第三条　盗用单位名义实施犯罪，违法所得由实施犯罪的个人私分的，依照刑法有关自然人犯罪的规定定罪处罚。

由此可见，单位犯罪的成立必须把握好三点：其一，单位犯罪必须是“法人”犯罪；其二，单位犯罪必须是在单位的同意（或者默许）、授权或者命令下实施的行为；其三，单位犯罪必须是为本单位谋取非法利益。但是理论界有人认为这个解释性规定还是存在很多问题值得注意，有时会导致司法疑难、甚至司法不公。

就危害税收征管罪的单位犯罪而言，对其中自然人的处罚规定有两种情况。

第一种情况是，规定自然人的法定刑在自然人犯罪与单位犯罪中完全同一。如，《刑法》第211条规定：“单位犯本节第二百零一条、第二百零三条、第二百零四条、第二百零七条、第二百零八条、第二百零九条规定之罪的，对单位判处罚金，并对其直接负责的主管人员和其他直接责任人员，依照各该条的规定处罚。”再如，《刑法》第205条之一（虚开发票罪）、第210条之一（持有伪造的发票罪），均规定“单位犯前款罪的，对单位判处罚金，并对其直接负责的主管人员和其他直接责任人员，依照前款的规定处罚”。

第二种情况是，规定自然人的法定刑在自然人犯罪与单位犯罪中严格区分，即自然人的法定刑在单位犯罪中要比在自然人犯罪中更轻。主要有两个法条：

《刑法》第205条（虚开增值税专用发票、用于骗取出口退税、抵扣税款发票罪）第2款规定：“单位犯本条规定之罪的，对单位判处罚金，并对其直接负责的主管人员和其他直接责任人员，处三年以下有期徒刑或者拘役；虚开的税款数额较大或者有其他严重情节的，处三年以上十年以下有期徒刑；虚开的税款数额巨大或者有其他特别严重情节的，处十年以上有期徒刑或者无期徒刑。”（该法条第1款规定：“虚开增值税专用发票或者虚开用于骗取出口退税、抵扣税款的其他发票的，处三年以下有期徒刑或者拘役，并处二万元以上二十万元以下罚金；虚开的税款数额较大或者有其他严重情节的，处三年以上十年以下有期徒刑，并处五万元以上五十万元以下罚金；虚开的税款数额巨大或者有其他特别严重情节的，处十年以上有期徒刑或者无期徒刑，并处五万元以上五十万元以下罚金或者没收财产。”）——其区别有两点十分突出：（1）认定数额较大、数额巨大的标准不同（即自然人犯罪与单位犯罪的数额标准不同），其中单位犯罪时的数额标准对自然人而言更为有利；（2）单位犯罪时对自然人不判处罚金。

《刑法》第206条（伪造、出售伪造的增值税专用发票罪）第2款规定：“单位犯本条规定

之罪的，对单位判处罚金，并对其直接负责的主管人员和其他直接责任人员，处三年以下有期徒刑、拘役或者管制；数量较大或者有其他严重情节的，处三年以上十年以下有期徒刑；数量巨大或者有其他特别严重情节的，处十年以上有期徒刑或者无期徒刑。”（该法条第 1 款规定：“伪造或者出售伪造的增值税专用发票的，处三年以下有期徒刑、拘役或者管制，并处二万元以上二十万元以下罚金；数量较大或者有其他严重情节的，处三年以上十年以下有期徒刑，并处五万元以上五十万元以下罚金；数量巨大或者有其他特别严重情节的，处十年以上有期徒刑或者无期徒刑，并处五万元以上五十万元以下罚金或者没收财产。”）——其区别也有两点十分突出：（1）认定数额较大、数额巨大的标准不同（即自然人犯罪与单位犯罪的数额标准不同），其中单位犯罪时的数额标准对自然人而言更为有利；（2）单位犯罪时对自然人不判处罚金。

现在回转来看“案例 1”，大家就明白了为什么会出现一审、二审判决的巨大差异，一审法院认为是单位犯罪，对直接责任人员（自然人）于某定罪免处；二审法院认为不是单位犯罪、而是自然人犯罪，对于某定虚开增值税专用发票罪，处 5 年有期徒刑并处罚金 10 万元。

（二）要注意身份犯（如逃税罪）与非身份犯（如虚开增值税专用发票罪）的不同，全面侦查取证对于区分自然人犯罪与单位犯罪、甚至是否定罪均具有重要影响

有的涉税罪案，如果是身份犯，如《刑法》第 201 条规定的逃税罪，其犯罪主体是能是纳税人、扣缴义务人（特殊主体与特殊身份），如果行为人不具有这一特殊身份，就不可能构成逃税罪。如果说“案例 1”所涉罪名虚开增值税专用发票罪是非身份犯，其犯罪主体是一般主体，因而其到底是自然人犯罪还是单位犯罪的问题通常只涉及对自然人的量刑轻重（法定刑轻重）、而通常不影响定罪；对于逃税罪这样的身份犯来说，由于其要求行为人必须具有特定身份，因而，其到底是自然人犯罪还是单位犯罪的问题就很可能将直接影响是否能够依法定罪的问题。因此，对于这些身份犯（特殊主体）来说，我们在侦查取证中就要特别注意具体案件中的案情事实与证据状况，搞不好，就可能直接影响案件定性、甚至无法定罪处罚。

案例　　**淮安市某运输站张某偷逃税案**①

2000 年 3 月，淮安市地税局查实该市某运输站人员张某，以运输站名义开出 96 份大头小尾发票，其发票联金额合计 51 万余元，而存根联金额合计仅有 8 万余元，发票联均加盖运输站发票专用章，该站以存根联申报纳税，共计逃税额 2 万余元、占应纳税额的98%。经查，开票人张某承认开具大头小尾发票是其背着单位领导开的，非法收益已被其据为己有；该站法定代表人李某称其对张某行为事前并不知晓，表示接受税务机关对该站作出的追缴所偷逃税款 22 万余元的税务处罚决定、并愿意对失职行为承担相应责任。淮安市公安机关和检察机关经研究后认为，开票人张某有偷税故意和事实，且达到偷税罪（逃税罪）的定罪标准，但是张某不是纳税人，而运输站法定代表人李某对张某开具大头小尾的行为事前并不知晓，因而最终认定该案中纳税人和开票人均不构成偷税罪（逃税罪）。

这个案件本身也有一定特殊性，根据现行《刑法》第 201 条第 4 款规定，“有第一款行为，经税务机关依法下达追缴通知后，补缴应纳税款，缴纳滞纳金，已受行政处罚的，不予追究刑事责任；但是，五年内因逃避缴纳税款受过刑事处罚或者被税务机关给予二次以上行政处罚的除外”，即使排除这一除外条款的规定，在自然人不具有“纳税人、扣缴义务人”这一特殊身份的情况下，这种案件在准确区分单位犯罪与自然人犯罪中也具有十分重要的影响。事实上，

---

① 案例来源：周洪波．危害税收征管罪立案追诉标准与司法认定实务．北京：中国人民公安大学出版社，2010：48.

淮安市办案机关正是以自然人不具有“纳税人、扣缴义务人”这一特殊身份为由，才决定对本案不做犯罪认定的。这表明，有的案件中，追究自然人构成逃税罪的刑事责任的前提条件就是必须构成单位犯罪，否则，就可能无法追究自然人逃税罪的刑事责任，由此可见具体案件的全面侦查取证在定罪量刑中具有重要意义。

当然，从法理上讲，这种规定也存在明显的不合理之处。有学者就指出，比如，甲乙二人分别是两个公司的会计人员，都分别在公司决策人员的授意下为公司进行虚假纳税申报并偷逃税款，即使偷逃税款金额都一样、都达到了定罪标准，但是，甲所偷逃税款全部归公司所有，而乙将所偷逃税款全部归自己私人占有，那么，甲及其所在公司均构成逃税罪，而乙及其所在公司反而均不构成逃税罪，这显然是不公平的。出现这个不公平的原因，一是司法解释规定把谋取非法利益的最终归属作为划分单位犯罪与自然人犯罪的一个标准存在不足，二是单位中的自然人盗用单位名义为谋取个人非法利益实施犯罪的规定存在不足，“还要另行规定刑事责任，否则难以适用刑法来惩处这类犯罪”，主张需要进行刑法立法上的补充完善。①

（三）新思考：全方位保护国家税收、全方位惩治涉税犯罪、全面侦查涉税罪案的税侦工作原则

就“淮安市某运输站张某偷逃税案”而言，我不太赞成淮安市公安机关和检察院的定性处理意见，也不太同意前面部分学者的看法。

我个人认为，“淮安市某运输站张某偷逃税案”中张某的行为依法应当定罪处罚，可以考虑的方案有两个，张某构成自然人犯罪（即单位不构成犯罪），罪名是职务侵占罪（骗取本单位财物）或者诈骗罪（骗取国家税收），犯罪数额是 2 万余元。在这两个处理方案中，我个人比较倾向于采用第二个方案，即依法应认定张某的行为构成诈骗罪。

方案一：张某构成职务侵占罪。理由在于，张某利用职务之便，骗取了本单位应当依法纳税的税款 2 万余元，在上交国家税收之前该 2 万余元的所有权仍然属于单位所有，且最终该 2 万余元需要由本单位向国家补交纳税，因而单位存在相应的财产损失（甚至更大的财产损失，如罚款）。

方案二：张某构成诈骗罪。理由在于，张某以非法占有为目的，实施了隐瞒真相、弄虚作假以骗取公私财物，数额较大的行为，其中应向国家交纳税款而未缴纳的行为，可以进行“实质解释”并解释为“骗取”，同类解释方法可以参考“河南时军锋时建峰偷逃天价过路费案”（诈骗数额由 368 万元减少至 49 万元，河南省平顶山市鲁山县人民法院以诈骗罪定罪判处时军锋有期徒刑 7 年并处罚金 5 万元、时建峰有期徒刑 2 年半并处罚金 1 万元）。

案例 **河南时军锋时建峰偷逃天价过路费案②**

2011 年 12 月 15 日上午，平顶山“天价过路费”案在河南省平顶山市鲁山县人民法院再审，经过 4 个多小时的庭审，法院当庭宣判，时军锋犯诈骗罪（诈骗数额由 368 万元减少至 49 万元），判处有期徒刑 7 年（原审法判处无期徒刑），罚金 5 万元。时建峰犯诈骗罪，判处有期徒刑 2 年 6 个月，罚金 1 万元。另两名涉案人员时留申、王明伟犯伪证罪，判处有期徒刑 1 年，缓刑 1 年。4 名被告均表示不再上诉。

这就需要全面侦查取证。由此我还想提醒大家注意的问题是，《刑法》第 210 条有两款规

---

① 周洪波．危害税收征管罪立案追诉标准与司法认定实务．北京：中国人民公安大学出版社，2010：50.

② 案例来源：新华网报道．河南“天价过路费”案宣判 时军锋获刑 7 年罚 5 万．[2011-12-15]．新华网．http://news.xinhuanet.com/legal/2011-12/15/c_122428933.htm.

定，分别规定：“盗窃增值税专用发票或者可以用于骗取出口退税、抵扣税款的其他发票的，依照本法第二百六十四条的规定定罪处罚。”（第 1 款，定盗窃罪）“使用欺骗手段骗取增值税专用发票或者可以用于骗取出口退税、抵扣税款的其他发票的，依照本法第二百六十六条的规定定罪处罚。”（第 2 款，定诈骗罪）

《刑法》第 210 条和“淮安市某运输站张某偷逃税案”表明，税侦案件的侦查工作不能“就税论税”地局限于税收犯罪，必须注意全方位保护国家税收、全方位惩治涉税犯罪、全面侦查取证，其中第一道关口就是我们经侦工作，必须切实做好全面侦查取证工作。通过全面侦查取证工作，然后才能够全方位审查具体个案中被告人行为的准确定性处理，涉及罪名除纯粹的税收犯罪外，还要注意审查适用其他的相关罪名如盗窃罪、诈骗罪、职务侵占罪等。

第十章　宁夏邵某某杀妻案

（故意杀人罪，不纯正的不作为犯，作为义务，刑法“但书”，缓刑，死刑）

案例

宁夏邵某某杀妻案①

被告人邵某某，男，29岁，宁夏回族自治区银川市人，原系银川市公安局城区分局文化街派出所民警。1991年8月29日被逮捕。1990年4月30日，被告人邵某某与本所部分干警及联防队员沈某（女），应邀到苏某家喝酒。喝完酒后，几个人一起在返回派出所的途中，与邵某某的妻子王某相遇。王某原来就怀疑邵某某与沈某关系暧昧，看到邵与沈又在一起，更加怀疑邵、沈的关系不正常，便负气回家。当晚7时许，邵某某与王某在家中为此事争吵不休。争吵中邵某某说：“我不愿见到你。”王某说：“你不愿见我，我也不想活了，我死就是你把我逼死的。”邵说：“你不想活了，我也不想活了，我们两个一起死。”邵把自己佩带的“五四”式手枪从枪套里取出，表示要与王某一起自杀。王某情绪激动地说：“要死就我死，你别死，我不想让儿子没爹没妈”。王某两次上前与邵夺枪没有夺到手，邵即持枪进入卧室。王某跟进去说：“要死我先死。”邵说：“我不会让你先死的，要死一块死，你有什么要说的，给你们家写个话。”王某便去写遗书，邵在王快写完时自己也写了遗书。随后，王对邵说：“你把枪给我，我先打，我死后你再打。”邵从枪套上取下一颗子弹上了膛，使手枪处于一触即发的状态。王某见此情景，便从邵手中夺枪。在谁也不肯松手的情况下，邵某某把枪放在地上用脚踩住。此时，王某提出和邵一起上床躺一会，邵表示同意，但没有把地上的枪捡起。邵躺在床里边，王躺在床外边，两人又争执了一会。大约晚10时许，王某起身说要下床做饭，并说：“要死也不能当饿死鬼”。邵某某坐起来双手扳住王某的双肩，不让王捡枪。王说把枪捡起来交给邵，邵便放开双手让王去捡枪。王某捡起枪后，即对准自己的胸部击发。邵见王开枪自击后，发现王胸前有一黑洞，立即喊后院邻居贾某等人前来查看，同时将枪中的弹壳退出，把枪装入身上的枪套。王某被送到医院，经检查已经死亡。经法医尸检、侦查实验和复核鉴定，王某系枪弹近距离射击胸部，穿破右心室，导致急性失血性休克死亡，属于自己持枪击发而死。银川市人民检察院以被告人邵某某犯故意杀人罪向银川市中级人民法院提起公诉，王某之父王某某提起附带民事诉讼，要求被告人邵某某赔偿其为王某办理丧葬等费用共计1 100元。

银川市中级人民法院经过公开审理认为，被告人邵某某身为公安人员，明知其妻王某有轻生念头而为王某提供枪支，并将子弹上膛，对王某的自杀在客观上起了诱发和帮助的作用，在主观上持放任的态度，其行为已构成故意杀人罪，应负刑事责任。由被告人邵某某的犯罪行为所造成的经济损失，邵某某确无赔偿能力。该院依照《中华人民共和国刑法》第132条的规定，于1992年11月17日作出刑事附带民事判决，以故意杀人罪判处被告人邵某某有期徒刑7年。

---

① 案例来源：最高人民法院中国应用法学研究所．人民法院案例选（刑事卷）．北京：人民法院出版社，1997：279-283.

宣判后，被告人邵某某和附带民事原告人王某某均不服，提起上诉。邵某某的上诉理由是："主观上没有诱发王某自杀的故意，客观上没有帮助王某自杀的行为。"王某某的上诉理由是：邵某某有赔偿能力。

宁夏回族自治区高级人民法院对本案进行了二审审理。对附带民事诉讼部分，经该院主持调解，邵某某赔偿王某某 1 100 元已达成协议，并已执行。对刑事诉讼部分，该院认为，上诉人邵某某在与其妻王某争吵的过程中不是缓解夫妻纠纷，而是以"一起死""给家里写个话"、掏出手枪等言词、举动激怒对方。在王某具有明显轻生念头的情况下，邵某某又将子弹上膛，使手枪处于一触即发的状态，为王某的自杀起了诱发和帮助作用。邵某某明知自己的行为可能发生王某自杀的结果，但他对这种结果持放任态度，以致发生了王某持枪自杀的严重后果。邵某某诱发、帮助王某自杀的行为，已构成故意杀人罪。原审判决事实清楚，证据确实充分，定罪准确，量刑适当，审判程序合法。邵某某的上诉理由不能成立，应予驳回。据此，该院依照《中华人民共和国刑事诉讼法》第 136 条第 1 项和《中华人民共和国刑法》第 132 条的规定，于 1993 年 1 月 14 日裁定如下：驳回邵某某的上诉，维持原审刑事附带民事判决中的刑事判决。

法理问题　故意杀人罪，不纯正的不作为犯，作为义务，刑法"但书"，缓刑，死刑

我国有学者认为邵某某的行为不构成故意杀人罪，但是我认为应当依法认定邵某某的行为构成故意杀人罪，人民法院的判决是正确的。主要法理在于：其一，依据婚姻法和刑法规定，应当确认夫妻之间的相互救助义务，这是法定的作为义务，邵某某在能够履行这一法定义务时而不履行，以致造成其妻死亡结果发生，依法构成故意杀人罪。其二，胁迫、迷惑他人自杀（达到精神强制程度），以及教唆未成年人和精神病人等无责任能力者自杀，依法应认定为"剥夺他人生命"的行为，对此行为依法应认定为故意杀人罪。

根据我国《刑法》第 232 条的规定，所谓故意杀人罪，是指故意非法剥夺他人生命的行为。对于故意杀人罪，在法理上有以下三个方面的问题值得研讨：一是故意杀人罪构成要件上的刑法解释论；二是故意杀人罪司法认定上的刑法解释论；三是故意杀人罪刑罚适用上的刑法解释论。

一、故意杀人罪构成要件上的刑法解释论

关于故意杀人罪的构成要件，可以从如下四个方面予以阐释。

（一）故意杀人罪的保护法益（即犯罪客体要件）是他人的生命权利

这是与他罪的根本区别。因此，故意杀人罪的行为对象（即犯罪对象），是"有生命的人"。故动物、尸体、无生命物体等，就不是本罪的犯罪对象。"有生命的人"之生命权利，依据我国法律规定，始于出生，终于死亡。

1. 关于生命的起始时间

对此问题，应当说不同地区、不同民族以及持不同宗教观的人们都有不同的看法。根据学者介绍，有以下问题值得关注：（1）基督教把怀孕看成生命的开始，我国南方部分地区朴素的群众观念中也有类似看法。（2）而犹太教对于 30 天以内的婴儿不给予"人"的待遇，在此期间死亡的婴儿并不为其举作丧事。（3）有的国家或者地区还认为只有经过一定的仪式或者父亲的承认之后才能认为婴儿是"人"，如泰国北部地区的珀卡伦族认为婴儿出生后只有在经赋予灵魂仪式后始成为人。（4）同时，法学界关于生命的起点与生命权的起点是否相一致的问题，

也存在肯定与否定两种态度①，从而使得法学上认定生命的起始时间问题变得更加复杂。

刑法理论关于生命起始时间问题的观点，主要有以下七种学说：一是“阵痛说”，认为分娩阵痛时，生命开始。二是“部分露出说”，认为胎儿部分露出母体，即为生命开始。三是“全部露出说”，认为胎儿全部露出母体时，即为生命开始。四是“断带说”，认为胎儿与母体分离，并且脐带剪断时，即为生命开始。五是“发声说”，认为胎儿与母体分离后发声时，即为生命开始。六是“独立呼吸说”，认为胎儿与母体分离并且能独立呼吸时，即为生命开始。七是“独立循环系统说”，认为胎儿与母体分离并拥有独立的循环系统时，即为生命开始。对于上述几种学说，最后两种为更多的学者所主张。

2. 关于生命的结束时间

对此，有以下四种看法：一是“呼吸停止说”。二是“脉搏停止说”（心脏停止说），即以心脏鼓动停止时为死亡。三是“三症候综合判断说”，即主张以呼吸停止、脉搏停止、瞳孔放大等三种症候都已出现为标准，来确定人的死亡。四是“脑死亡说”，即认为人脑机能不可逆转地丧失时为死亡。脑死亡说还可以进一步区分为“脑波停止说”“大脑功能停止说”“脑干死亡说”和“全脑死亡说”等几种不同见解。②

我国以往的司法实践，关于生命的结束时间基本上是坚持“三症候综合判断说”；但是近年来，有人主张转向脑死亡说。应当说，如何判断生命的结束时间，是一个值得研究和慎重对待的重大问题。

（二）故意杀人罪的行为定型（即客观方面要件）表现为非法剥夺他人生命的行为

故意杀人罪的行为定型（即客观方面要件）主要关涉两个问题：一是“剥夺他人生命”的行为，二是该剥夺他人生命的行为具有“非法”性质。

1. “剥夺他人生命”的行为

“剥夺他人生命”的行为，可以是多种多样，如作为形式与不作为形式；直接实施的行为与间接实施的行为，通常比较好理解和阐释。但是，其中可能需要进一步深入讨论两个存有疑难的问题：一是“剥夺他人生命”之行为范围，二是“剥夺他人生命”之不作为杀人形式。

(1)“剥夺他人生命”之行为范围

“剥夺他人生命”之行为范围，其关涉的主要的特别的问题是：教唆、帮助他人自杀是否属于“剥夺他人生命”之行为范围，胁迫、迷惑他人自杀（达到精神强制程度）是否属于“剥夺他人生命”之行为范围，相约自杀是否属于“剥夺他人生命”之行为范围？（安乐死容后专门论述。）

顾名思义，“剥夺他人生命”不包括剥夺自己生命（自杀行为），亦即自杀不属于“剥夺他人生命”之行为范围。

但是，针对他人自杀行为给予教唆和帮助，甚至胁迫、迷惑他人自杀，相约自杀的行为，则需要具体分析。

其一，单纯教唆、帮助他人自杀，依法不应认定为“剥夺他人生命”的行为。

---

① 朱本欣．生命权的刑法保护研究．北京：中国人民大学，2005：第二章第一节“生命权的范围”.

② 这种区分的生理基础是由于人脑分为大脑、小脑、脑干等不同组成部分。“脑波停止说”认为，应以脑波永久地停止（即脑电图呈现平直线）作为人死亡的标志；“大脑功能停止说”认为，只要大脑的机能不可恢复或者失去时，如出现“植物人”状态，就可以认定为死亡；“脑干死亡说”认为，只要脑干的机能无法恢复或者失去时，即可认定为死亡；“全脑死亡说”认为，只有包含脑干在内的脑整体的机能不能恢复或者不可逆转地失去时，才能认定为死亡。朱本欣．生命权的刑法保护研究．北京：中国人民大学，2005：第二章第一节“生命权的范围”.

案例　电影《非诚勿扰Ⅱ》剧情中的秦奋教唆、帮助自杀案①

剧中人物李香山身患绝症、病入膏肓，他的朋友秦奋表示同意要让他“有尊严地死去”。在为李香山举办了一场“人生告别会”后，秦奋用轮椅推着李香山到船头看海，李香山拍了拍秦奋搭在自己肩上的手，秦奋心领神会，转身进了船舱。接着，秦奋听见舱外“扑通”一声，出来就只见空空轮椅了。

教唆自杀，是指唆使他人产生自杀念头的行为。帮助自杀，是指对于他人自杀给予精神帮助的意思表示或者物质帮助的具体行为。电影《非诚勿扰Ⅱ》所出现的案情，是比较典型的教唆、帮助自杀的行为。

对于剧中李香山的自杀，有的认为属于安乐死，有的认为不属于安乐死。比如，北京大学法学院王世洲教授就认为，《非诚勿扰Ⅱ》中李香山跳海的死亡方式，就不能简单地等同于“安乐死”，因为“‘安乐死’一般表现为一个人因为病痛等原因实在没办法结束自己的生命，由别人以某种方式，比如注射毒性药物、枪击等来结束其生命”。因此，王世洲认为，《非诚勿扰Ⅱ》中李香山跳进海里自杀是由其本人完成的，因此这能否算作“安乐死”是有待商榷的。②（后文我将专门分析论述安乐死问题。）相应的，就有人认为秦奋的教唆、帮助自杀的行为涉嫌故意杀人罪。如北京律师徐勇认为：依李香山当时的身体状况自己不可能雇渔船，而且自己也上不了船，而秦奋告诉李香山会让其“死得有尊严”，这代表秦奋是整个自杀事件的方法提供者；而李香山坠海后，秦奋痛苦地挥拳击打船舱壁，可以看出秦奋早就知道是怎么回事，跳海都是他一手策划的。因此，徐勇律师认为，秦奋教唆、帮助他人自杀的行为涉嫌故意杀人。③ 这是媒体针对电影剧情所作的一些讨论。

那么，从刑法解释论上分析，教唆、帮助他人自杀到底是否属于“剥夺他人生命”之行为范围呢？对此，我有以下几点意见：（1）教唆、帮助他人自杀行为本身无法直接被认定为“剥夺他人生命”之行为范围，但是，教唆、帮助之后当场不予以救助的行为可以“解释”为“剥夺他人生命”之行为范围（不作为）。（2）单纯教唆、帮助他人自杀的行为，当他人自杀时并不在现场，由于无法履行作为义务，因而应当“解释”为不属于“剥夺他人生命”之行为。（3）就帮助他人自杀而言，如果行为人所提供的物质上的帮助行为本身构成其他有关犯罪的话，则应依法认定为其他有关犯罪，如非法买卖枪支、弹药、爆炸物罪等。

现在，部分学者提出，刑法上应当增设“教唆自杀罪”“帮助自杀罪”等，并明确规定其法定刑。④ 我觉得这个建议值得立法机关采纳。

其二，胁迫、迷惑他人自杀（达到精神强制程度），以及教唆未成年人和精神病人等无责任能力者自杀，依法应认定为“剥夺他人生命”的行为。

除了前面列举的“宁夏邵某某杀妻案”之外，我国过去曾经发生过的“法轮功”练习者教唆自焚案等案例，均涉及胁迫、迷惑他人自杀（达到精神强制程度）的定性处理问题；此外，教唆未成年人和精神病人等无责任能力者自杀的定性处理也值得特别讨论。

应注意区分“胁迫、迷惑”行为不同于一般的“教唆”行为，前者达到了对他人的精神强制程度，后者则没有达到这种精神强制程度，而仅仅是引起他人某种“精神上的意念”（但是

---

① 人民日报．贺岁片《非诚勿扰》剧情引争议，律师：涉嫌故意杀人．［2011－01－25］．新华网．http：//news. xinhuanet. com/legal/2011-01/25/c _ 121019282. htm.

② 同①.

③ 同①.

④ 魏东．刑法各论若干前沿问题要论．北京：人民法院出版社，2005：59.

仍有意志自由)。因此，胁迫、迷惑他人自杀（如“法轮功”练习者教唆自焚行为)，由于达到了对自杀者的精神强制程度，其不同于“教唆”行为仅仅是引起自杀者某种“精神上的意念”，因而可以“解释”为“剥夺他人生命”之行为。

这种解释论结论的合理性，有三个方面的理由：（1）法理依据。在法理上，因为胁迫者、迷惑者的行为导致他人受到精神强制，再利用这种状况而胁迫、迷惑他人自杀的行为整体，可以“解释”为“剥夺他人生命”之行为。因此，应注意的问题是，胁迫、迷惑他人自杀的行为在性质上并不同于一般意义上的教唆他人自杀行为，因为“教唆”行为仅仅是引起某种“精神上的意念”而非导致“精神上的强制”，二者在精神受影响的程度上有质的差异。（2）有关司法解释（文本）的明确规定。2001 年 6 月 4 日最高人民法院、最高人民检察院公布的《关于办理组织和利用邪教组织犯罪案件具体应用法律若干问题的解释（二)》第 9 条规定：组织、策划、煽动、教唆、帮助邪教人员自杀、自残的，依照刑法第 232 条、第 234 条的规定，以故意杀人罪、故意伤害罪定罪处罚。这个司法解释虽然是针对邪教组织而言，但是它反映出最高司法机关对于教唆他人自杀的行为构成故意杀人罪是基本认可的，因为这种行为在实质上是胁迫与迷惑他人自杀的行为。(3) 有关司法判决案例。民警邵某某案应当说并非属于单纯的教唆、帮助自杀的行为，而是带有胁迫、迷惑他人自杀性质的行为，因而有关司法机关认定其行为构成故意杀人罪（放任）并判处较轻刑罚（有期徒刑 7 年)，具有刑法解释论上的合理性。

其三，相约自杀的行为，依法不应认定为“剥夺他人生命”的行为。

案例

广西符某夫妇相约自杀案①

广西一位自由摄影师符某，与妻子覃某在广西柳州市从事个体摄影，夫妻感情较深。但符某患病十多年，一直痛苦不堪而多次流露轻生念头。2006 年 2 月 6 日凌晨，符某在家中准备自杀，被覃某发现，覃某苦劝无果。无奈之下，覃某表示愿意同丈夫一起了断人生。于是，符某先杀死妻子后再用折叠刀朝自己身上刺杀了两刀，但没有死亡。当日下午 4 时许，符某到公安机关投案。后来法院对本案进行了审理，法院认为，符某经法医鉴定患有抑郁症，但案发时未发病，具有部分刑事责任能力；符某已经构成故意杀人罪，念其能主动投案自首，属于自首行为，依法可以从轻处罚，判处其有期徒刑 14 年。

案例

全国首例 QQ 相约自杀案②

22 岁的丽水人小张通过 QQ 发出死亡邀请，上海大学生小范应邀前往丽水与小张一起自杀。小张中途放弃自杀，而小范自杀身亡。死者小范的父母将小张以及深圳市腾讯计算机系统有限公司一起告上了法庭，索赔小范死亡造成的损失。法院经审理认为，死者小范是一个有独立民事行为能力的成年人，在没有强迫、威胁的情况下自主地选择了以自杀的方式来结束自己的生命，从预备到实施自杀的整个过程中，一直表现出积极追求死亡结果的主观意志，对结果的发生有支配性的作用，应自负主要责任。小张在 QQ 群上发布自杀邀请，与小范相互联系，在小范到达丽水后共同购买自杀用具，去酒店开房，实施自杀，中断自杀后未采取有效的措施防止小范继续自杀并独自离开，这一系列行为是小范死亡的直接原因之一。故小张有过错，应承担 20%的赔偿责任，共计赔偿人民币 111 225 元。腾讯公司一直未采取措施停止传输“相约自杀”这一可能危害他人生命健康身体权的信息，长期放任违法行为和有害信息的存在，不履行监控、事后处理的法定义务，对死亡事件发生也有过错，应承担 10%的赔偿责任，共计赔

① 约妻殉情丈夫“偷生” 相约自杀应否承担法律责任．法制文萃报，2006－11－06（13).

② 全国首例 QQ 自杀案．［2010－12－05］．法律博客．http：//thewoman. fyfz. cn/art/837502. htm.

偿人民币 55 612.50 元。2010 年 12 月 4 日，丽水市莲都区人民法院对此案作出一审判决：小张承担 20%的赔偿责任，共计赔偿人民币 111 225 元；腾讯公司承担 10%的赔偿责任，共计赔偿人民币 55 612.50 元。一审判决后，腾讯公司和张某不服法院判决，提起上诉，丽水市中级人民法院依法公开开庭审理后作出改判，驳回范某父母对腾讯公司的诉讼请求（因小张在二审中撤回上诉，丽水市中级人民法院对一审法院判定的小张的实体权利义务未予审查，维持一审对小张部分的判决）。①

相约自杀又称为共谋自杀，是指相约共谋共决一起自杀的行为。相约自杀一般可以分三种情况来分析：第一，单纯相约自杀行为依法不应解释为杀人行为。单纯的相约自杀，如果相约者各自实施自杀行为，则相约自杀而未自杀成功者不应当负故意杀人的责任。第二，如果相约自杀者之一方依约受嘱托先杀死对方，继而相约自杀者未自杀成功的，则相约自杀者应当构成故意杀人罪，但是在量刑时可以从宽处罚。生活中这种例子发生不少。前述“广西符某夫妇相约自杀案”即是一例。第三，如果相约自杀者还有教唆或者帮助他人自杀的行为，且教唆者或者帮助者未自杀成功的，是否应当构成故意杀人罪？我过去曾经提出原则上应当认定为故意杀人（但是量刑时应当从宽处罚）；但是，我发现我过去的这种观点有必要予以适当限制，因为对于那些真心相约自杀的人，由于相约自杀而未遂者当时所处的特别心神状况足以影响其刑事责任能力，且能直接导致其作为义务进一步减弱，因而应当尽量考虑将此种行为解释为不属于“剥夺他人生命”之行为；而只有对那些并非真心相约自杀，但是有意胁迫、迷惑他人自杀的行为，才可以依法认定为故意杀人罪。后者定罪的情形，恰巧在邵某某案中得以体现。

（2）“剥夺他人生命”之不作为杀人行为形式

这是有关不作为故意杀人的行为形式认定问题。从理论上讲，在判断不纯正不作为犯的时候，应当特别注意“作为义务”的根据：有法律明文规定的、职务或者业务上要求的、法律行为引起的以及先行行为引起的等几种情况。应当说，每一种情况都值得深入研究。这里仅讨论一下夫妻之间见死不救行为问题。

夫妻之间见死不救，其中最典型的情形就是妻子自杀时，丈夫在场而故意不予救助。这是一种不作为，但其是否成立不作为的故意杀人罪呢？换句话讲就是：夫妻间见死不救是否属于“剥夺他人生命”的不作为杀人行为形式？这是一个很有研究价值的问题。

我们先观察一下司法实践中实际发生的几起案件：宋福某杀妻案、王春某杀妻案、张某杀妻案、李方某杀妻案。②

案例

宋福某杀妻案③

某晚，被告人宋福某喝酒后回到自己家中，因琐事与其妻李某发生争吵并厮打。李某说：“三天两头吵，活着还不如死了。”被告人宋福某说：“那你就去死吧。”后李某在寻找准备自缢用的凳子时，宋福某喊来邻居叶某对李进行规劝。叶走后，二人又发生吵骂、厮打。在李寻找自缢用的绳索时，宋福某采取放任态度不管不问，不加劝阻，李于当晚在其家门框上自缢。宋听到凳子倒地的声音，发现李自缢，便到一里外自己的父母家中叫人，当其父母家的人来到后，李已经身亡。

对于此案，人民法院经审理认为：被告人宋福某负有救助其妻李某的特定义务，而放任李

① 浙江在线．浙江法院二审判决“QQ 相约自杀案”腾讯公司不担责．［2012－02－13］．新华网．http：//news.xinhuanet.com/legal/2012-02/12/c_122690030.htm.

② 魏东．刑法各论若干前沿问题要论．北京：人民法院出版社，2005：111－113.

③ 邢曼媛．一起自杀案件引发的思考．山西警官高等专科学校学报，2000（3）.

自缢身亡，已构成故意杀人罪（不作为），但情节较轻，判处被告人宋福某有期徒刑4年。宋福某不服提起上诉，要求依法改判无罪。二审人民法院认为原判决定罪正确，量刑适当，程序合法，裁定驳回上诉，维持原判。

案例

王春某杀妻案①

2000年4月25日，天津市西青区王稳庄居民王春某与妻子因家务事发生争吵，妻子气愤中跳进了污水河寻短见。王春某见状也跳进河中劝说，妻子不从，王春某随即独自回到岸上扬长而去。随后，王春某先到亲戚家讲了妻子跳河的事，又给派出所打了电话。当公安民警和他的亲戚赶到污水河边时，时间已经过了近一个小时，王春某的妻子已经死亡。

2001年8月，天津市西青区人民法院依法开庭审理此案并作出一审判决。法院认为，被告人王春某与其妻是合法夫妻关系，负有特定义务，妻子在河中，被告人王春某明知可能发生的危害结果，却采取漠不关心的态度，放任结果发生，其行为已构成故意杀人罪（间接）。鉴于其犯罪后有自首情节，故依法判处王春某有期徒刑6年。

案例

张某杀妻案②

时年38岁的张某和秦某是经人介绍而组成家庭的。结婚前，张某就曾因盗窃罪被判处有期徒刑3年。张某的妻子秦某已下岗多年，两人靠做小买卖维持生活。在拮据的日子中苦挨的张某和秦某免不了经常吵架、斗气。“五一”前的一天，因家庭琐事二人又发生争吵，气急的秦某一赌气跑到厨房，拿起“敌敌畏”一口气喝下。秦某很快呕吐起来。可是，张某竟未予理睬，并阻止邻居抢救，随后独自一人去喝酒。由于贻误的时间太长，秦某因抢救无效而死亡。

辽阳市太子河区人民法院经审理认为：张某主观上存在明知自己的行为可能发生导致危害他人生命的结果，还有意放任，以致发生秦某死亡的结果，其行为已经构成了故意杀人（间接）罪，故判处被告人张某有期徒刑6年。

案例

李方某杀妻案③

2002年7月17日下午6点，李方某和妻子在回家的路上吵架并抓打起来，经行人劝解拉开。李方某赌气抛下妻子一个人离开，刚没走出多远，后面就有人喊李方某：“你妻子投水了，快回来救人啊！”尽管听到路人们的呼救声，李方某无动于衷地回答道：“是她自己跳的水，我又没有推她下去，关我什么事？”就这样头也不回地走了。妻子被一位路人救起，但因抢救不及时而告别了人世。李方某妻子的父母到派出所报了案，请求依法惩治李方某的不救助行为。

2002年7月30日，重庆市万州区天城公安分局以涉嫌故意杀人罪，将李方某刑事拘留。2002年8月19日，重庆市万州区人民检察院以涉嫌故意杀人罪向万州区人民法院提起公诉。2002年11月29日，重庆市万州区人民法院经审理认为，李方某与其妻虽是合法夫妻关系，但认定李方某对妻子的投水自杀负有法定的救助义务缺乏法律依据，妻子的死亡也并不是李方某的不救助行为直接导致的。法院作出一审判决，李方某无罪。

上述四起“杀妻案”中，有三起被法院判决有罪，而且都构成“故意杀人罪”，被判处4年、6年不等的有期徒刑；有一起被法院判决无罪。应当说，上述四起“杀妻案”在基本案情上是十分相似的，但是司法审判的结果却大相径庭，其中有罪判决占3/4，无罪判决占1/4。

---

① 见妻子自尽扬长而去，丈夫被判“杀”妻罪．(2001-08-06)．中华网.

② 辽阳一见死不救恶夫被判六年．中国妇女报，2001-10-20.

③ 妻子投水自杀，丈夫见死不救．法律服务时报，2003-06-10.

这说明，司法审判人员（审判机关）对夫妻间见死不救行为的法律评判存在重大差异，甚至尖锐对立。多数审判人员（占 3/4）的观点认为，作为被告人的丈夫的行为构成故意杀人罪（不作为），因为作为被告人的丈夫负有救助其妻的特定作为义务，但是他在能够履行时而不履行该义务，放任其妻自杀身亡，故其行为构成故意杀人罪（不作为）；少数审判人员（占 1/4）的观点认为，作为被告人的丈夫的行为不构成犯罪，因为作为被告人的丈夫并未积极实施危害其妻子生命安全的行为，妻子死亡也并不是因被告人不予救助的行为而直接导致的结果，法律上（尤指刑法上）亦未明确规定夫妻一方在另一方发生危险时有救助的作为义务，从而根据罪刑法定原则和刑法谦抑性的要求，对被告人的行为不认定为犯罪。

可见，"夫妻之间见死不救行为是否成立不作为的故意杀人罪"这个问题，主要涉及的是如何认识和理解夫妻之间的作为义务的具体内容，尤其是如何认识夫妻之间的相互扶养义务，以及夫妻之间是否存在相互救助义务。对此，有人认为婚姻法只规定了夫妻之间具有相互扶养的义务，而没有明文规定相互救助的义务，从而，夫妻之间见死不救行为，由于并不存在不作为犯罪的前提即作为义务，因而不能成立不作为犯罪。但是，这种看法可能不全面。

我倾向于认为，应当确认夫妻之间的相互救助义务。理由有四：（1）婚姻法的明确规定。婚姻法明确规定夫妻之间具有相互扶养义务，表明夫妻之间有相互给予生活帮助和照顾的法定义务，这种法定义务的内容当然包括夫妻之间的相互救助义务。因此，在夫妻一方面临死亡威胁时，应当确认另一方具有给予救助的义务。从普通百姓的认知层面、道德层面上来讲，如此理解和认定应当说是比较合理的，完全可以成为一种法律"常识、常情、常理"。从而，夫妻之间见死不救行为可以成立不作为故意杀人罪。这是我国目前比较通行的一种作为义务根据的解释理论（方法与途径）。（2）作为义务根据理论的新发展。现在还有一种新的作为义务根据的解释理论，对于解释夫妻之间见死不救行为作出了有罪解释（其核心是有作为义务）。这就是德国刑法理论所提出的"密切的社会群体关系说"，即认为，作为义务的法理根据在于社会中人与人之间较密切的群体关系，如家庭关系、共同生活关系（包括同居者之间的关系）、同事关系等，都能够成为作为义务的法理根据。尤其是特定近亲关系，包括直系血亲关系、夫妻关系、父母子女关系、兄弟姐妹关系之间，自然存在基于特定近亲关系而产生的作为义务（保护义务）。显然，作为义务根据的"密切的社会群体关系说"，十分有利于解释困扰中国刑法理论的夫妻见死不救行为的入罪根据问题。这里，我还顺带梳理一下作为义务根据的理论逻辑问题。有理论认为，作为义务根据分为两种：一种是对特定法益之保护义务，另一种是对特定危险源之防御义务（责任）。前者对特定法益之保护义务包括四种情况：特定近亲关系，特定共同体关系（如同居与共同探险），自愿承担保护义务者（如合同行为与自愿行为），具有保护义务的公务员、法人及法人组织成员。后者对特定危险源之防御义务也包括四种情况：危险物（房屋坠物）的监督者，管护无行为能力人之人，先行行为（制造密接危险且违反义务），商品制造者责任（如汽车和药物等）。（3）已有判例的主导立场，是确认夫妻之间存在法律上的救助义务。（4）有效防范亲人谋杀。在仅有两人在场的封闭场合，通常又是自家里面，夫妻中的某一方若是谋杀对方，则往往在证据上难于取证，那么，夫妻之间救助义务的这种有效确认，十分有利于增强夫妻之间的救助意识，也有利于防止亲情谋杀的恶性事件发生。

2. 剥夺他人生命的行为具有"非法"性质

对于剥夺生命行为在法律性质上是否具有"非法"性问题，一般可能比较好判断，例如，执行死刑命令的行为、正当防卫行为等是"合法"行为。

但是，在某些特殊情形下，这种判断可能有些困难。例如，为保全自己的生命而紧急避险，进而剥夺他人的生命的行为，是否合法？即以杀他方法自救行为在法律上是否具有"非法”性质的问题。再如，同意杀人的行为是否具有“非法”性质？下面对这两个问题展开讨论。

（1）以杀他方法自救行为在法律上是否具有“非法”性质？

对此，国内外都有真实的案件发生，并且在理论研究与司法实践中都有肯定与否定两种不同的看法。这里再介绍几起十分著名的真实案件。

案例 **英格兰达德利和斯蒂芬斯谋杀案**①

英格兰1884年“女王诉达德利和斯蒂芬斯案”：达德利和斯蒂芬斯是一只失事船上的海员，二人乘坐小艇在海上漂浮了20多天，滴水未进，更没有吃任何食物，奄奄一息生命垂危。在达德利的教唆之下，斯蒂芬斯杀死了一名服务员，然后二人分食了该服务员的尸体和血液。4天后，二人获救。

该案的判决情况：先是以谋杀罪名，判决二人死刑；后来又改判为6个月拘禁。审判法官科里奇和王座法院认为：紧急避险不能成为谋杀罪的辩护理由；同时，不存在任何一般法律原则使得一个人有权为了保全自身而去剥夺一个无辜者的生命，因为本案陪审团仅仅认定，如果被告人不那样做，饿死只是“可能的”而非“必然的”。因此，有学者推断说：从陪审团的意见来看，似乎在饿死是“必然的”情形下，就可以允许实施紧急避险行为。

案例 **美国霍姆斯紧急避险案**②

在1842年的一场风暴中，霍姆斯在一艘拥挤不堪的救生船上，为了使船能够安全航行而下令将某些乘客强行扔下海去，最终救生船安全获救。后来霍姆斯被判有罪，但是，法官在判决书中同时指出：如果霍姆斯采取抽签方式决定哪些人下海，则霍姆斯的行为是合理的。

显然，该判决所要说明的是：霍姆斯有罪并不是因为他不应该进行紧急避险，而是方法不当才获罪，属于“技术上的错误”并扩大了“价值上的错误”！这就是“程序正义说”的基本立场。在二者择一的紧急情况下，只要采用了公正、合理的程序来决定谁生谁死，杀人行为就有条件成为紧急避险。

案例 **李巧某紧急避险涉嫌故意杀人案**③

被告人李巧某，女，21岁，某县委干部，某日李骑自行车下乡工作，途中遇一男青年企图抢车。她环顾四周旷无人烟，又天近黄昏，要反抗只会遭横祸。于是她主动向对方表示：如想要车，只管推走，不要伤害她。那男青年当即表示同意，并准备推车。这时，李又说“自行车你拿去好了，车上那打气筒是我借的，把气筒给我吧，我好还给人家。”那人也表示同意，李便动手卸气筒。抢劫犯弯下身子检查车子，看看是否好用，以便迅速离开现场。这时李趁其不备，用才卸下来的气筒朝弯腰低头的抢劫犯的后脑猛击一下，将抢劫犯击倒在地，赶忙骑车去报案。当李来到最近的一个村子时，整个村子一片漆黑，只有一户人家从门缝露出一线灯光，李便投奔光亮而去。这家有母女二人，母亲50多岁，女儿19岁。李向主人说明遭遇后，母女深表同情。老太太说，天色已晚，公安派出所还在较远的大村子，路途不安全，邀李当晚留宿她家，明早再去报案。李思量再三，只好暂留一宿，并对殷勤的主人表示感谢。老太太又恐客人害怕，让女儿陪宿。这家是独门独舍，院落很小，老太太与女儿住北房，儿子住西房，

① 刘为波．紧急避险限度条件的追问//陈兴良．刑事法判解：第1卷．北京：法律出版社，1999：341-377.

② 贝勒斯．法律的原则——一个规范的分析．北京：中国大百科全书出版社，1996：388-389；刘为波．紧急避险限度条件的追问//陈兴良．刑事法判解：第1卷．北京：法律出版社，1999：341-377.

③ 陈兴良．刑事法判解．北京：法律出版社，1999：313-314.

大门在南面。儿子外出，老太太让女儿陪同客人住西房。抢劫犯姓张（后文称张犯，笔者注），22岁，社员。当天下午从水库工地回家，路遇该李，遂萌歹念，抢车未遂，反被击昏，天黑后逐渐苏醒过来，情绪沮丧，悻悻而归。李某借宿的正是他家，主人是他母亲和妹妹。他一进门便发现自己抢过的自行车在院内。急忙问明来历，母亲便把投宿人的遭遇叙说了一遍。罪犯张某听后十分惊慌，急忙问明李某睡觉的位置和方向。老太太说，李睡在外侧，女儿睡在内侧，头朝北。罪犯张某摘下窗上铡草用的铡刀，悄悄拨开房门，走进房间，在黑暗中摸准睡在炕外侧的人头，照脖颈部猛砍一刀，又悄声回到北房，才对母亲说，抢自行车的人就是他，李已经认识他，为了逃避揭发，已将李杀死。老太太原本同情李的遭遇，并不知抢劫犯竟是自己的儿子，如今却同情起儿子来，忙从柜子里拿出半新的被絮，同儿子一起悄悄走进西房，将尸体包起，抬到田间扔进深枯井湮灭罪迹，满以为这样就可以逃避惩罚，甚至可以瞒过女儿耳目。实际上，李某在罪犯的妹妹陪同睡下后，由于傍晚发生的被抢和击倒罪犯的事件，心情难以平静，久久不能入睡，加之院小房近，夜深人静，罪犯母子的谈话、摘铡刀、拨门的声音都听得一清二楚。她极度恐慌，急中生智，在不得已的情况下，悄悄移动罪犯妹妹，将她推到土炕外侧，自己睡到她的位置上。罪犯的妹妹劳累一天，又年轻贪睡，上炕后头挨枕头就进入梦乡，对所发生的一无所知。因此，罪犯张某杀死的实际上是自己的妹妹。李某乘罪犯及其母抬尸外出之机，骑车回县公安局报案。

对于李巧某紧急避险涉嫌故意杀人案，司法审判认定李某的行为不构成犯罪，理论上也很少有学者认为李某的行为构成犯罪，多数学者认为李某的行为成立紧急避险，而不构成犯罪。但在具体理由上却各有见解①：一是有益无害说。这种观点笼统地说李某的行为不但是一种紧急避险行为，而且是一种善于同犯罪作斗争的英雄主义行为，对社会有益无害；至于罪犯的妹妹被罪犯自己所杀，完全是对罪犯恶行的一种报应。二是不得已说。该说认为，李某在紧急危险状态下，既不能逃跑，又无力与罪犯搏斗，因此，与罪犯妹妹交换位置是不得已的避险行为，符合紧急避险的条件。三是无犯罪行为说。该说认为，李某是以交换位置来避免自己被害，在主观上虽然有牺牲罪犯妹妹的生命来保全自己生命的想法，而在客观上罪犯妹妹之死却不是李某杀的，因此，李某既不能负直接杀人的责任，也不能负间接杀人的责任，对罪犯妹妹负杀人责任的，只能是罪犯本人。四是缺乏因果关系说。该说认为罪犯妹妹死亡的结果根本就不是由李某的行为所导致的，李某的避险行为只是一个条件，罪犯本人的杀人行为才是决定因素。因此，李某的行为不构成故意杀人。我个人认为，李某的行为具有紧急避险的性质，也具有无“期待可能性”的性质，因此，不宜定罪。

从以上诸案例可以看出，人们对以杀他方法自救行为的不可罚性问题持有两种不同的立场：肯定说（合法性）的立场与否定说（非法性）的立场。

肯定说（广义上包括有条件地肯定说）认为，在紧急避险的情形下剥夺他人生命的行为，也就是说在不得已的情况下以剥夺他人生命为代价的紧急避险行为是合法的或者非犯罪的。我国有学者举例说：某甲受到不法侵害，不得已身背幼子跳入河中，试图渡江逃避，但是行至河中心，力乏难支，若不弃子河中，势必同归于尽，因此，不得已弃子求生，最后才得以过河脱险，这时行为人的行为应当被认为是合法的紧急避险。

否定说认为，以剥夺他人生命为代价的紧急避险行为仍然为非法。这些学者经常性举例

① 高格．正当防卫与紧急避险．福州：福建人民出版社，1985：120-122；刘为波．紧急避险限度条件的追问//陈兴良．刑事法判解：第1卷．北京：法律出版社，1999：341-377；高铭暄．刑法学原理：第2卷．北京：中国人民大学出版社，1994：247-248；刘明祥．紧急避险研究．北京：中国政法大学出版社，1998：79.

说：某甲、某乙同时在大海中因翻船遇险，为抢一根救命漂浮物（但该漂浮物仅仅能够支撑一人），某甲将某乙推开或者杀死的行为，就是非法的杀人行为。

应当说，这确实是一个两难的问题，绝对的肯定说与绝对的否定说可能都难以合乎正当性。但是，从实践理性的角度看，肯定说的观点应当说占上风，也更有说服力；问题只是如何理解和掌握好紧急避险的客观条件、行为方式、必要限度等要素方面。即使是实践中的一些有罪判决，其所陈述的理由无不表达了一种相对务实和相对肯定的观点。

肯定说所提出的法理根据，大致有以下各种学说："法益的均衡"（均衡说）、无期待可能性说、缺乏相对意志自由说（无主观任意选择说）、阻却违法说、阻却责任说、无优化选择可能性的国家放任说（宽松原则）、程序正义说等。但是也应当明确：紧急避险与道德无涉，更非道德高尚之举，而仅仅是刑法不制裁而已。

康德和卡斯东·斯特法尼等学者持比较绝对的看法，即在任何情况下都不应该作为犯罪受到惩罚。康德在其著作《法的形而上学原理——权利的科学》一书中指出，行为人为了保全自己的生命而牺牲他人的生命，是不能作为犯罪来处罚的①："事实上没有任何刑法会对下述的这样一个人处以死刑：当一条船沉没了，他正在为了他的生命而推倒另一个人，使后者从木板上掉入水中，而他自己在木板上免于死亡。因为法律惩罚的威胁不可能比此时此刻害怕丧失生命的危险具有更大的力量。这样一条刑法，在此时完全失去了它所意图达到的效力。因为一个尚未确定的威胁——例如法庭判决死刑——不能超过对那种灾祸的恐惧（例如在上述情况下肯定会淹死）。但是，这样一种为了自我保存而发生的暴力侵犯行为，不能视为完全不该受谴责，它只是免于惩罚而已。"卡斯东·斯特法尼则从以下三个方面阐述了绝对免责的理由②：第一，从社会的角度，该种行为可以在所不问，因为社会并无任何利益去偏袒一个生命而轻视另一个生命；第二，从法理的角度，该行为是一种"刑法外"的行为，刑法既无法强迫人们作牺牲，也不得将英雄主义强加于人；第三，从刑罚目的的角度，该行为之所以发生，并不是由于行为人具有反社会性格，并不能表明行为人有任何主观恶性，因此，对行为人施以刑罚并无任何"矫正"与"威慑"的价值。

再如，无优化选择可能性的国家放任说（宽松原则）很好地说明了以下两种情形无罪的合理性：一种情形是，两名落难者争抢木板的情形。如果两名遇难者争抢一块只能承受一人的木板，其中一人将另一人推开而致另一人死亡，那么他将被免除任何刑事责任，因为他的行为是为保全其生命所必需的；另一种情形是，产科医生为了保全母亲的生命而不得已牺牲临产婴儿的生命，也不应该受到刑事追究。因为在上述两种两难选择的情形下，行为人或者国家都无优化选择可能性：要么失去两个生命，要么获救一个生命，对此国家应当采取放任态度与宽松原则来处理。对此，我国学者赵汀阳也提出了"价值上的错误"与"技术上的错误"的概念，很有启发意义。③ 赵汀阳指出："人们在解决选择难题时所犯的错误，并不是价值上的错误，而是技术上的错误，这就是说，既然无论怎样选择在价值上都是一个错误，那么所谓价值上的错误就不再是一个错误。但是在技术上的不谨慎却很可能扩大在价值上的错误，以至于造成某种不可容忍的结果。"这种论述的价值在于：一是可以很好地说明，为什么不能对符合紧急避险条件的案件定罪，如前述两个案件中的被告人，因为没有发生"技术上的错误"；二是也可以很好地说明对于某些案件中行为人予以定罪的合理性，如著名的美国霍姆斯紧急避险案，由于

① 康德．法的形而上学原理——权利的科学．北京：商务印书馆，1991：47.

② 斯特法尼，等．法国刑法精义．罗结珍，译．北京：中国政法大学出版社，1998：367；刘为波．紧急避险限度条件的追问//陈兴良．刑事法判解：第1卷．北京：法律出版社，1999：341-377.

③ 赵汀阳．论可能生活．北京：生活·读书·新知三联书店，1995：153-156.

霍姆斯没有采用公正合理的程序来决定生死大事，所以霍姆斯的行为就属于“技术上的错误”，并直接导致扩大了“在价值上的错误”。赵汀阳还提出了解决两难选择问题的两个技术原则：其一，如果在选择两难中，一种选择所导致的罪过是不可弥补的，另一种选择所导致的罪过是有可能弥补的，那么，应当选择那种可弥补的罪过而避免那种不可弥补的罪过；其二，如果两种选择所导致的罪过都是不可弥补的，那么应当选择比较有积极结果的一方。如果“两种选择所导致的罪过都是不可避免的，而且都有或者都没有比较积极的结果，那么必须承认根本没有什么比较合理的办法。人类无论在思想上还是在实践上都会有局限”。因此，赵汀阳的论述也切合了无优化选择可能性的国家放任说（宽松原则）的基本立场。

（2）同意杀人的行为是否具有“非法”性质？

案例　**江西钟某经被害人请求后杀人案**①

2010年10月，六十多岁的钟某与老汉曾某在县城摆地摊给人看病时相识，不久，曾某就跟钟某提起自己有病，每次发病都生不如死，很想自杀，且多年前曾有次自杀未遂。后钟某在城里又见曾某，曾某再次提起有病想自杀的事，并再三请求钟某，在其自己吃完大量安眠药并叫其四五声不回应后将其掩埋，不然尸体会变臭，而且若不同意，死后变成鬼都不放过钟某。后钟某劝说未果，便答应了曾某的请求。次日钟某就带曾某到家后面的栗树园确定掩埋尸体的地方，而且曾某自己用铁锹挖了准备埋其尸体的坑。几天后，曾某来到钟某家，对钟某称其买到了安眠药准备自杀，午饭后，曾某又从钟某家带了点水，以备事先带的水不够吃药用，便先行到了钟某家后面有栗树的山上，并在事先挖好的坑里吃了安眠药，此时钟某到达，十五六分钟后，钟某叫了曾某四五声不见其回应，便按要求用泥土将曾某埋了。案发后，经鉴定，曾某系窒息死亡。江西省赣州市龙南县人民检察院指控钟某犯故意杀人罪并向法院提起公诉。江西省赣州市两级人民法院判决钟某犯过失致人死亡罪，处有期徒刑2年。

关于上列案例中钟某行为的性质如何认定，实践中有四种不同意见②：一是本案系“安乐死”，有待立法规制；二是钟某的行为系帮助自杀，构成故意杀人罪；三是钟某对曾某的死亡结果持放任态度，主观方面系间接故意，构成故意杀人罪；四是钟某主观方面系疏忽大意的过失，构成过失致人死亡罪。对此案争议的上列诸多问题，由于其与我们所关注的“同意杀人”缺少关联，故此处暂不予以展开。

我倾向于认为，钟某的行为虽然也具有“帮助自杀”的性质，但是本案在法律上应认定为同意杀人行为，具有非法性，涉嫌故意杀人罪。

所谓同意杀人，是指受被害人的嘱托，或者得到被害人的承诺而实施的杀人行为。因此，同意杀人具体包括受托杀人与得承诺杀人两种情形。

在现代各国刑法理论中，经被害人承诺的行为，一般被认为是犯罪阻却事由或者辩护事由。但从立法例来看，目前仅为数不多的几个国家或地区的刑法对“同意杀人”的刑事责任作出了明确规定，如日本、韩国等。在这些国家或地区的刑法中，对受托杀人与得承诺杀人行为刑事责任的规定，通常轻于一般故意杀人刑事责任的规定。如日本刑法对同意杀人（嘱托、承诺）罪规定的刑事责任为“6个月以上7年以下惩役或者监禁”，而一般故意杀人罪最高则可至死刑；在刑法没有对“同意杀人”的刑事责任作出特别规定的国家或地区，如我国，一般认

---

① 助人“安乐死”领刑两年 原被告家属均喊“冤”.［2011-08-11］. 东方网. http://news.eastday.com/s/20110810/u1a6045194.html.

② 王恰. 安乐死，故意杀人，抑或过失致死？.［2011-03-25］. 法律博客. http://lawyerwangqia.fyfz.cn/art/948572.htm.

为"同意杀人"在性质上与一般故意杀人并没有本质的不同，不同点仅在于刑事责任存在轻重之别。[①] 这些情况表明，同意杀人的行为在国内外均被认为具有"非法"性质。

（三）故意杀人罪的行为主体（即主体要件）是一般主体

即故意杀人罪的犯罪主体是年满14周岁的、具有辨认与控制能力的自然人。

（四）故意杀人罪的有责性类型（即主观方面要件）是故意，包括直接故意和间接故意

直接故意杀人构成故意杀人罪自不待言，间接故意杀人构成故意杀人罪通常也没有太大疑问，但是间接故意杀人中还有一些问题值得注意。

间接故意杀人，大致有三种情形：第一种情形是行为人为追求一个直接故意杀人的目的，而放任另一个死亡结果发生的情形。例如：某甲杀妻心切，往其妻子碗里投放毒药，从而放任其幼子死亡的情形。第二种情形是行为人为追求一个非犯罪目的，而放任他人死亡的情形。例如：某甲打猎，对于猎物旁边玩耍的小孩的安危放任不管，结果导致小孩死亡。第三种情形是在突发性的犯罪中，行为人不计后果，而放任他人死亡的情形。例如：临时起意行凶，捅一刀就走，结果放任他人死亡的情形。

应注意间接故意杀人与意外事件的区分。一般认为，区分的关键是：在认识上行为人是否"明知"行为会引起他人死亡的结果发生；在意志上行为人是否"放任"他人死亡结果发生。但是，这两者往往也不好区分。例如，肖中华博士曾经谈到这样一个案例。

案例 **某甲因开玩笑致人喝毒药死亡案**[②]

某甲是女工，长期住在厂长某乙家中，与某乙日久生情并有不正当两性关系，但是感情真挚要好。在出事前的一段时间，由于工厂效益不好，生产经营十分艰难，因此某乙心情很糟、闷闷不乐，也不愿意对他人倾诉，担心影响职工稳定。一天，某甲同某乙、某乙之妻等朋友一起喝酒，某甲往杯中倒酒，某乙之妻就说某乙不能喝酒了，这时某乙则说"能喝，就是毒药我也能喝"。某甲就开玩笑地问"你家毒药在哪儿"，并取来"1059"剧毒农药倒入某乙的杯子里。某乙就举起杯子，问妻子说"我喝了？"其妻子也开玩笑说"你喝吧"。于是，某乙真的就喝了一大口毒药。后某乙经抢救无效死亡。

此案中，某甲是否应当负间接故意杀人的责任？否。肖中华教授认为，本案应定性为意外事件，某甲的行为不构成故意杀人罪，可以从认识因素和意志因素两个方面来分析。

二、故意杀人罪司法认定上的刑法解释论

故意杀人罪在司法认定上还有许多疑难问题不好把握，需要综合运用刑法教义学原理、社科刑法学方法和刑法解释学方法进行谨慎定性处理。这里择其要者谈以下诸问题。

（一）安乐死问题[③]

案例 **贵州徐永贵病榻前勒死生父案**[④]

2010年1月22日，被害人徐世扩因车祸受伤，此后一直瘫痪在床，由其子徐永贵等家属

---

① 朱本欣．简论"同意杀人"的刑事责任问题．[2010-11-01]．京师刑事法治网．http：//www.criminallawbnu.cn/criminal/Info/showpage.asp?showhead=&ProgramID=20&pkID=8524&keyword=．

② 肖中华．侵犯公民人身权利罪．北京：中国人民公安大学出版社，1998：21-22．

③ 这里有关安乐死问题的论述，系作者与肖敏博士合作研究的成果。

④ 金黔在线．儿子在病榻前勒死瘫痪父亲，称是应其请求．[2011-02-23]．新华网．http：//news.xinhuanet.com/legal/2011-02/23/c_121113274.htm．

照顾。2010年5月14日6时许，被告人徐永贵在贵阳市旭东巷其租住房内用绳子将徐世扩勒死在床上。公诉机关认为，被告人徐永贵故意杀人，致其父徐世扩死亡，其行为已触犯《中华人民共和国刑法》之规定，应以故意杀人罪追究其刑事责任。

案例 上海梁某某电击老母案①

2002年有媒体报道，上海67岁老人梁某某对其身患绝症的92岁老母以电击方式实施安乐死，于5月31日被判处有期徒刑5年。

案例 中国首例“安乐死”案件——陕西汉中夏素文安乐死案②

案情发生于1987年6月的陕西省汉中市（该市的传染病医院住院部），其背景是病人夏素文（女）患“肝硬变腹水、肝性脑病”等绝症，痛苦不堪，因此其子王明成反复哀求医生蒲连生进行安乐死，从而蒲连生为绝症病人夏素文实施了安乐死行为。法院对该案的判决情况是：汉中市人民法院于1991年4月6日判决行为人医生蒲连生无罪（但是，判决书中明确表明“蒲连生、王明成两被告的行为属于剥夺公民生命的故意行为，但情节显著轻微，社会危害不大，不构成犯罪，依法宣告两被告无罪”）；当时的汉中地区中级人民法院依法进行了二审（因为被告上诉，同时检察院也抗诉），结果是二审法院维持原判，依法宣告蒲连生、王明成两被告人无罪。

案例 周昕英安乐死案③

1990年上半年，北京市民周昕英（女，56岁，某科学院计算中心副主任）因乳腺癌手术后癌细胞扩散而病入膏肓，痛苦不堪，其本人强烈要求安乐死，在征求其家属同意后，医院决定为其进行安乐死，最终周昕英在和其丈夫拥抱中微笑死亡。这次医生和死者都很幸运，不但医生没有被追究责任，而且死者受到了高度评价：邓颖超于1990年5月称赞周昕英女士“死的伟大，生的光荣”。

最首要的问题就是必须澄清什么叫安乐死。关于对安乐死的理解，不同的方法和角度有不同的定义，目前的情况可以说是众说纷纭。一般认为，安乐死最早源于希腊文，是希腊文“美好”和“死亡”两个词所组成的，因此其本意是指无痛苦的幸福的死亡。④ 但是，在现代人的理性之中，对安乐死却有广义、中义、狭义三个层面上的解读。

广义的安乐死，意旨针对无价值或有缺陷的生命而采取积极主动或消极放任的方式来结束其生命。该层面上所解读的安乐死，其对象包括：有先天严重缺陷的婴儿、濒临死亡而又极端痛苦的病人、严重精神病患者和植物人。从生命质量的角度来看，该几类人的生命有重大瑕疵，他们的生命存在本身不但给自己带来痛苦，给亲友带来痛苦，也给社会带来沉重的负担，生命呈负价值状态。从人类功利主义理性的观点来看，若结束该有重大瑕疵的生命是无可厚非的；但从人类情感的角度来感受，对该几类生命绝对地实行人为终结却是无法令人接受的。这也是人类理智与情感的悖论。尤其在人类历史上，第二次世界大战中德国以安乐死为借口，从处死先天严重缺陷的婴儿到严重精神病患者，再到所谓的低劣民族，安乐死成为政治斗争灭绝他族的卑鄙手段，无疑造成了很坏的影响，引起了世人的愤怒。德国的做法实际上是漠视个体

① 魏东．刑法各论若干前沿问题要论．北京：人民法院出版社，2005：70.

② 同①.

③ 翟晓梅．死亡的尊严．北京：首都师范大学出版社，2002：265－266；她在安乐中离去．北京晚报，1991－02－02（6）.

④ 徐宗良，等．生命伦理学理论与实践探索．上海：上海人民出版社，2002：252.

生命，是对安乐死的滥用。所以，广义的安乐死从过去到现在基本上不为世人所接受，而且在现实生活中也是被严厉禁止的，其基本的表现是这些行为中许多行为可能成为刑法所规定的犯罪，甚至可能成为国际法所规定的严重犯罪。

中义的安乐死观认为，安乐死是针对濒临死亡而又极端痛苦的病人采取消极或积极的方式来终止其生命。因此，中义的安乐死观一般将安乐死分为积极安乐死（仁慈杀死）与消极安乐死（听任死亡），或者自愿安乐死和非自愿安乐死。① 积极安乐死是采取积极措施造成病患者的死亡，如注射加速病人死亡的药剂的方式。消极安乐死是不予积极救治或中止治疗，采用消极放任病人死亡的方式，如撤下维持生命系统的医疗行为。自愿安乐死是根据病患者在神志清楚的情况下作出的有效表示而进行的安乐死。非自愿安乐死是在病患者处于神志不清无法表达自己意愿的情况下，由其亲属代为表示而进行的安乐死。但笔者认为，中义的安乐死观仍失之过宽。

狭义的安乐死观认为，安乐死只能是因为重大不能治愈的疾病带来的肉体、精神痛苦且濒临死亡，病人自主自愿地表示愿意放弃治疗或采取某种医学措施来加速死亡进程，死亡过程必须是无痛的、保持人的尊严的。狭义的安乐死观极端强调了"意思自治"，并突出了安乐死的三个基本特性：一是自主自愿性；二是无痛苦性；三是人格尊严性。由于该层面上所解读的安乐死是以当事人的个人选择为基础，因而排除了被迫或非自愿行为，充分保障了当事人的权利。生命权无疑是人自身极其珍贵的权利，生命是作为主体的当事人享受其他利益和权利的载体，人一旦丧失生命，则"皮之不存，毛将焉附"。因此，任何违背当事人意愿，剥夺其生命的行为，都不应当具有合法性。所以，尊重意思自治原则成为安乐死的前提条件。因此我们认为，狭义层面上的安乐死，既可严格限制适用对象，同时基本符合法律意思自治的原则。

但是，即使针对狭义的安乐死观（当然更不用说广义的和中义的安乐死观），目前世人对其仍然存有重大争议，这种争议和分歧可以概括为三种基本立场：赞成、反对、第三条路线（即通常意义上的被动安乐死）。为了探究对安乐死进行法理分析的合理化程度，笔者将从价值和事实层面上对狭义安乐死进行本体剖析，以提出关于从法律上规制安乐死的基本立场。

1. 安乐死与价值权衡

关于安乐死的价值权衡，可以从生命权的价值属性、意志自由的价值判断、人道主义的价值分析、个人主义的价值构造等四个方面进行阐释。

(1) 生命权的价值属性

对于生命权的价值解读，历史上从来就有生命神圣说和生命质量说。古希腊哲学家毕达哥拉斯认为生命是神圣的，因此人不能结束自己和别人的生命。孔子曾说过天地之性，人为贵，其所主张的仍然是生命神圣说。而生命质量说则主张，生命本身并不能当然证明生命的神圣性，唯有生命质量才能够衡量一个生命是否有价值。生命质量是指生命的某种质、特征或性质。现代生命价值论认为，生命神圣说和生命质量说实质上是相辅相成的，生命之所以神圣就在于生命具有价值和创造性，人能成为万物之灵是因为人是会思想的苇草；正因为生命有质量，所以生命才是神圣的，两者结合形成现代生命价值说。

《世界人权宣言》第 3 条规定：人人有权享有生命、自由和人身安全。对该规定应当如何解读？有学者认为，就如同婚姻自由包括结婚自由和离婚自由一样，生命权当然包括生的自由

---

① 自愿安乐死可以分为自愿的积极安乐死与自愿的消极安乐死，非自愿安乐死也可以分为非自愿的积极安乐死与非自愿的消极安乐死。此外，还有学者认为，安乐死的分类中还应包括"医生帮助自杀"（physician-assisted suicide），这是指由医生提供药品或者其他干预措施，用以帮助患者自杀。但是这种分类方法也受到了部分学者批评。翟晓梅．死亡的尊严．北京：首都师范大学出版社，2002：5.

和死的权利，而后者往往被概括为优死权。① 优死权是随着科学技术水平的发展、人们生活水准的提高及人们自身素质的提高才提出来的。虽然此时的优死权并未完全摆脱群的生存规则的痕迹，但是，毕竟人类的生存条件和生活水平已异于古时，优死权更多体现的是个人的抉择，而不是群的生存权之需要。在这种历史条件下，首先要明确的是生命权的归属问题。生命权到底是归属于个人、国家还是两者共有？若生命权归于个人，则根据私人意思自治原则，当事人可任意处分自己的生命，如参加高危活动（攀岩、潜水、拳击），如自杀。但是，当今世界各国法律普遍规定，如果当事人承诺或允许他人杀死自己，则这种授权与委托一般是无效的，从而为法律所禁止；尽管在一般法理上，被害人承诺可以作为违法阻却事由或者阻却可罚事由，因为法益主体有权允诺他人实施侵害自己可以支配的权益的行为，但这种允诺在权限上应当有一定的限度，其中作为例外从而当事人不能私自允诺的就是生命权益，即认为个体的生命权具有不可允诺性，所以，即使是帮助自杀、私自决斗等行为，国家也会追究接受允诺者故意杀人的刑事责任。因此可以说，生命权并不具有完全彻底归于个人处分的性质。只有国家可以依法处分个体的生命权，其处分方式大致有两种：一是限制作为生命权主体的个体通过某种法律所禁止的方式处分其自身的生命权，二是国家追究和处罚犯罪人可依法适用剥夺其生命的死刑。国家之所以对个体生命采取保护人的姿态，是因为独立的个人构成社会与国家，如同树木形成森林，砍伐每一棵树木，都会减损森林；但又从尊重个人意志角度出发，国家在禁止个体擅自处置其自身生命权的前提下，一般又对经过被害人承诺的剥夺其生命的行为多予以相对较轻的处罚。

因此可以得出结论：在一般法理上，生命权并不是当然可以由作为生命权主体的个体擅自进行积极处分，国家则采取对个体生命权严格保护和严格限制个体擅自处分个体生命权的措施；国家可以适当处分个体的生命权，并且突出强调国家对生命权的处分必须严格依照法律明文规定，不能越雷池半步。可见，安乐死涉及人的生命权，必须通过国家立法的认同才可以合法化。

（2）意志自由的价值判断

关于人的意志是否是自由的争论，自古以来主要分为两种观点：决定论和非决定论。决定论认为历史是必然的，存在一种环环相扣的因果关系。人是必然的产物，人是绝对地无意志自由进行选择的；更由于原因与结果的联系非常复杂，而人的理性（认知能力和决断能力）是有限的，故人无法清楚认识因果关系，从而不能明白自己自以为的自由实质就是命中注定的。非决定论以理性人为前提假设，认为人是具有理性的，有辨别控制能力，人能根据利害关系，趋利避害，采取行动。但决定论与非决定论的观点都存有疑问，人既不是绝对无知无为的被动体，也不是全知全能的精灵，人应当是具有相对意志自由、具有思想和活动能力的高级动物。人自由意志的选择都或多或少打上周围环境的烙印，环境构成了人可选择的范围。人的自由也是在相对空间和时间内的自由。从而，法律所保障的人的自由就是在秩序下的自由。人具有生存权，这是作为个体所享有的基本权利。作为反面的是死亡权。主动死亡权如自杀在天主教传统国家曾被认为是恶，死后不能安葬于教堂公墓中。如今，伦理上认为人不应该自杀，毕竟生

---

① 有一种理论认为，优生规则是人类在长达几千万年的进化史中衍生出来的，是一种合理的生命法则，杀婴杀老与杀病残，在历史上也是客观存在过的现象。其主要原因是群的生存规则是第一位的，生存首先是群的生存，个体的生存若危及群的生存，那么个体生存必然屈服于群的生存，它在属性上可以归属于“生存的第一规则”。所以，像斯巴达的弃婴行为及第二次世界大战时希特勒的处死先天严重缺陷的婴儿、严重精神病患者以及所谓的低劣民族的行为，可谓都是群的生存规则的反映。而爱幼原则和尊老原则于多大程度上能得到实现，则主要取决于环境。部分内容参见江山．互助与自足——法与经济的历史逻辑通论．北京：中国政法大学出版社，2002：259.

命是宝贵的和不可逆的；但另一方面，对于基于个人自我选择的自杀，法律上往往采取一种容忍态度，基本上没有法律规定自杀者应当负刑事责任。而安乐死实质上可以说是一种特殊的自杀行为，因为重大不能治愈的疾病带来的肉体、精神痛苦，病人自主表示愿意放弃治疗或采取某种医学措施来加速其死亡进程。因此，我们反对在病人丧失意识的情况下对其采取死亡措施，无论这种死亡措施是消极的还是积极的行为。安乐死是自愿死亡，是在某种绝望的环境下，病人相对意志自由的体现，当然这种自由和一般的自杀相比，实际上是一种“无奈的”自愿，病人为免受多余的痛苦，为保持作为人的特有尊严，为节约资源成本而采取的相对自由行为。为了尊重人的相对的自由意志，安乐死可以成为体现人的自由意志的合法行为。

（3）人道主义的价值分析

人道主义的基本点是对人的态度上的一种伦理原则和道德规范。中国的儒家的中心价值观“仁”被认为是人道主义，是一种朴素的观念。而仁的其中一个重要意义是爱。按照孟子的说法，仁爱的其中一个基础是人皆有之的不忍人之心或恻隐之心：所以谓人皆有不忍人之心者，有人看见孺子快掉进井里，都会产生怵惕恻隐之心，而恻隐之心，是仁的发源。仁爱的基础是推己及人，首先有怵惕，是因为见到危险，自己害怕，其次才有恻隐，因为发现不是自己有危险，而是其他人，故由己及人，产生不忍之心。在中国这个差序格局的社会，仁是有等差的，是推己及人的。在这种富于伸缩性的网络里，随时随地是有一个“己”作为中心的。① 因此，中国古代的仁不能算是近现代意义上的人道主义。

一般认为，人道主义源于犹太教—基督教传统。在圣经里，上帝让亚当和夏娃修理和看守伊甸园，告诫他们除了善恶果以外可任意取食树上的果子，因此人是万物的尺度这句话在西方文化里是有着根深蒂固的基础的。西方哲学素来有崇尚理性的传统，人道主义就是人类主义、理性主义。人道主义发展于文艺复兴时期，“人道主义是一种以人为中心和目的，关于人性、人的价值和尊严、人的现实生活和幸福、人的解放的学说”②。人道主义是视人本身为最高价值，从而主张把任何人都首先当作人来爱、来善待的思想体系。③ 由此可见，人道主义是一种博爱主义。从人道主义出发，为避免人受到折磨、非人的或降低人尊严的待遇，无论这种残酷的待遇是来自国家、他人还是疾病，为了保持人性、人的价值和尊严，应该使安乐死合法化。

（4）个人主义的价值构造

个人本位又称为个人主义，个人主义并不是我们通常所说的自私自利和自我中心。个人主义是由四个单元观念——人的尊严、自主、隐私和自我发展构成的。④ 在原始社会，因生产力极度低下，单独的人类个体无法在严峻的环境下存活，必须结成群体，相互配合与协作，才能生存。个体湮没于种群中。当时，人是作为类而存在的，而不是作为个体而凸显的。西方个人主义的源头可以追溯到古希腊。古希腊城邦制度时，贸易、经济、政治因生产力水平有所提高而有了较充分的发展，形成贵族阶层，他们不用为生计奔波，可以从事精神生活的探讨，也开始探讨对个人的了解。苏格拉底提出认识你自己的口号，实际上也表明对个人的关注。作为独立个体，个人所担负的使命是认识自己的能力，化可能为现实，显示每个人的独特性。个人从类中逐渐分离出来。近代，个人主义在美国的移民中得到充分发展，源于殖民地开拓时期清教徒的个人奋斗、基督教新教和17世纪欧洲启蒙运动。文艺复兴中是人权向神权的挑战，神权被颠覆了，人成为大写的人，不再被神祇的阴影所笼罩。宗教改革对个人主义所作的主要贡献

---

① 费孝通．乡土中国 生育制度．北京：北京大学出版社，2002：28.

② 陈兴良．刑法的价值构造．北京：中国人民大学出版社，1998：431.

③ 王海明．公平平等人道——社会治理的道德原则体系．北京：北京大学出版社，2000：130.

④ 卢克斯．个人主义．阎克文，译．南京：江苏人民出版社，2001：115.

在于它肯定和确认了个人的良心和判断，个人根据自己的自由心证来处理各种事项。它为个人从罗马教会下解放出来奠定了神学和组织上的基础，为确认个人的身份和权利进一步扫清了障碍。由此可见，个人主义一方面是由于生产力水平的发展和提高，一方面归功于人的不断解放，自我意识的苏醒和文明的进展。因为个体的幸福只有当事人自己清楚，故只能由个体自己选择，个体与个体之间的效用之间不可比较，故必须尊重个体的自由选择，这是个人主义的核心要义。个人主义是西方文明的精神支柱，也是西方思想为人类思想作出的伟大贡献之一。西方国家在文艺复兴后，个人逐步从外在束缚中得到了解放：无论是宗教的、政治的还是经济的，到 19 世纪这一过程基本完成。在个人主义旗帜下有两种重要观念，一方面是平等观念，指在同一团体中各分子的地位相等，个人不能侵犯大家的权利；一方面是宪法观念，指团体不能抹杀个人，只能在个人所愿意交出的一分权利上控制个人。① 但中国传统上是集权主义和等级制度森严的社会。这一文化传统注定了中国人对个体价值关怀不够，也影响了中国人对安乐死的看法。

从国家角度来看，尊重个人价值，主要体现在法律，特别是刑法的宽容上。房龙在《宽容》一书中表述宽容是容许他人有判断和行动的自由，对不同于自己或传统观点的见解能够耐心公正地予以容忍。宽容是建立在多元化的基础上的。追求同一，会形成专制的社会，压抑个性，淹没社会的创造性；那也将是一个“克隆的”社会，没有百花齐放，没有百家争鸣。这样的社会是停滞不前的，数百年如一日，就像一潭死水一样慢慢地发臭、枯涸，形成一个灰色的、沉闷的、单调的、乏味的、令人呼吸不畅的窒息的环境。明清的中国是出名的专制和压抑，光是文字狱就迫使绝大多数的文人去钻故纸堆。宽容的好处在于：一是提供多种可能性的机会，使人的创造性得到发挥。迪尔凯姆特别主张应对犯罪宽容，认为犯罪具有正面功能，犯罪是个人独创精神的体现，是社会道德意识进化的先导，先驱者不断打破禁忌，不断扩展人类的视野，拓宽人类的认识能力。二是尊重人的个性。人的珍贵在于其独特性，每一个人相对于浩瀚的宇宙而言是微不足道的，山河大地本是微尘，何况人又是尘中尘。但对每个人自己而言，自己就是全宇宙。亘古以来，“我”是唯一的“我”，“我”的容貌、“我”的思想、“我”的经历是唯一的，不可重复的；即使克隆，也只是形似而绝不会神似。一滴水展现一个海洋。形形色色的人才汇成丰富多彩、百花齐放的社会。三是调和人与人的关系，从而减少人际关系的摩擦。每个人都是社会关系网上的交接点（荒岛的鲁宾逊例外），在人与人的互动关系中，宽容是必不可少的润滑剂。每个人的行动不会成为他人的障碍，任何人不把自己的意志强加于他人之上，这可有利于形成一个和谐的社会。他人不是地狱，宽容的底蕴是对他人的尊重，也是对自己的尊重。而刑法的宽容则表现于刑法的自我抑制，刑法对个人的处置必须是慎重的，这也是刑法的谦抑原则。② 刑法的谦抑是对犯罪化的压缩，尽量减少刑罚的使用。在定罪上，可定罪可不定罪时则不定罪；面对两可行为，面对证据不足的模糊事实，则不定罪。在英美法系，从刑事正当程序引申出疑点利益归于被告这一原则。行刑时，根据犯罪人的具体表现情况，实行假释、缓刑、减刑。刑法谦抑原则是建立在近代资产阶级的人道主义刑罚观上。刑罚权只干预违反社会基本秩序与价值的行为，若有其他方法可保护上述基本法益时，如民法、行政法、道德等规范方法可以控制时，则不必动用刑罚，代之以刑罚的必要时，才可以动用刑法。这就是刑法所捍卫的社会基本秩序与价值及范围必须得到公众的认同，符合社会心理的基本冀望，刑法必须得到公众认同，刑法的规范有效性才能得到维持。“任何一条法律，如果它

---

① 费孝通．乡土中国 生育制度．北京：北京大学出版社，2002：28.

② 陈兴良．刑事法评论：第 3 卷．北京：中国政法大学出版社，1999：25.

没有能力保卫自己，或者社会环境实际上使它毫无根基，那它就不应当被颁布。舆论是人心的主宰者，它只接受立法者所施加的间接的和缓慢的影响，却抗拒对它直接的侵犯。因而，一些无用的法律一旦受到人们的蔑视，将使一些还比较有价值的法律也因而被贬低，并被人视为必须逾越的障碍，而不是公共利益的保存者”①。由于刑罚实际上是由人（主要是司法人员）来处理的，刑罚并不是自动柜员机，而人毕竟又有人性的弱点，人的认知能力具有阶段的局限性，且加上时间的不可回溯性、对刑法规范理解的片面性，司法人员根据理性、经验、法律及专业知识作出的判断并不可靠。这也是刑法裁判功能的认识论基础，刑法的谦抑原则的确立也以此为根据之一。刑罚的谦抑性还基于刑法的片断性（或称刑法的补充性），即刑法所发挥的机能不是无限的。一方面，对于犯罪而言，刑法是一种有力的手段，但不是唯一的手段，更不是决定性的手段；另一方面，刑法并不适用于所有的违法行为，尤其是在适用所谓严格责任的场合，充分尊重与发挥刑法的谦抑性显得更为重要，即只有当对该行为非以刑罚手段加以应对无效时，才能动用刑法手段。事实上，将安乐死非犯罪化也是刑法的谦抑性的要求。

2. 安乐死与法理论证

安乐死的法理阐释，可以根据不同法系（法律体系）和差别的刑法教义学原理来展开，如大陆法系国家刑法学的违法阻却事由、英美法系国家刑法学的合法抗辩事由、中国传统刑法理论的排除社会危害性行为说，从这些法理阐释中均可以得出某种程度上“安乐死合法化”的结论。

(1) 违法阻却事由（大陆法系刑法理论）

违法阻却事由是大陆法系刑法理论的重要内容。大陆法系的犯罪构成分为三个递进性层次：构成要件的该当性、违法性和有责性。构成要件的该当性是指行为符合刑法分则所规定的某个具体犯罪的特征。如果行为符合构成要件，一般认为行为具有违法性。但若是具有违法阻却事由，则该行为不是犯罪。② 所谓违法阻却，是指构成要件该当的行为，由于某一允许规范的介入而被合法化，因为它在特别的情形下，并不表明行为的实施具有实质不法。③ 违法阻却作为犯罪构成的例外，因法律的许可而具有正当化理由，这是从规范形式来看。那么，规范背后又有何种深刻的寓意呢？违法阻却事由的本质，有目的说、法益衡量说（优越利益说和利益阙如说）、社会相当说。目的说认为，凡是实现国家所承认的共同生活目的的适当手段的行为阻却违法；优越利益说认为，牺牲价值较低利益以拯救价值较高的利益的行为阻却违法。④ 利益阙如说认为，应当受到保护的利益实际上是不存在的，如某些被害人承诺的行为阻却违法。社会相当说认为，在历史地形成的社会伦理秩序的范围内，被这种秩序所允许的行为，就是正当的。⑤ 目的说暗指行为即使具有表面违法性（形式违法），但因其符合公共利益或国家法政策，即无实质违法，没有对法益造成实际性损害，故是合法的。但在理论上，原则上必须对违法阻却事由作出明文规定，以免形成超法规的违法阻却事由，破坏罪刑法定原则。法益衡量说中的优越利益说是在两种不同利益之间进行选择，根据功利主义的观点，择其价值更高者进行保护。那么如何评估价值的大小，一般来说生命权优于财产权。但若两者都是生命权又如何评价？理论上认为，因为生命具有等价值，法律面前人人平等，等价值的利益发生冲突时，无论保护哪一种利益，都可以认为是符合法秩序的，因此不具有可罚性，是可以谅解的，一般可以

---

① 贝卡利亚．论犯罪与刑罚．黄风，译．北京：中国法制出版社，2002：102.

② 陈兴良．本体刑法学．北京：商务印书馆，2001：198.

③ 耶塞克，魏根特．德国刑法教科书（总论）．徐久生，译．北京：中国法制出版社，2001：569.

④ 大塚仁．刑法概说（总论）．冯军，译．北京：中国人民大学出版社，2003：319.

⑤ 张明楷．外国刑法纲要．北京：清华大学出版社，1999：150.

视为违法阻却事由。利益阙如说则强调既然没有应受法律保护的利益，自然无须追究责任。社会相当说立足于历史、风俗、习惯所自发生成的伦理基础，根据社会公共认同感来确定违法性，而伦理是随着时间的变化而改变的，所以只是一种相对的立场，如 20 世纪 60 年代英国对自杀、堕胎、违反性道德的成年人的性行为实行非犯罪化即是如此。[①] 综合来看，违法阻却事由的本质是无实质违法，没有侵害法益或者没有呈现出负价值。现在通说的观点认为犯罪的本质是法益侵害，无法益侵害则无犯罪。法益是指根据宪法的基本原则，由法所确认和保护的价值与利益。安乐死属于违法阻却事由中基于一般利益衡量原则的行为[②]，属于无伤害的不公。宾丁认为：若存在即将痛苦地死亡的情况，以其他具有同等效力的无痛苦方法取代，是"纯治疗行为"，法律不会禁止的。[③] 无独有偶，荷兰政府安乐死委员会在 1985 年为安乐死所下的定义中，也明确肯定安乐死属于"结束生命的医疗决定"(Medical Decisions to End Life)。[④] 日本学者川端博将违法阻却事由分为两类：一般正当行为和紧急行为。[⑤] 因此，可以将安乐死归属于一般正当行为。

（2）合法抗辩事由（英美法系刑法理论）

英美刑法是从内容、形式及程序三个方面来解释什么是犯罪的：1）犯罪是由人的行为引起的而为国家主权所希望阻止的一种危害；2）在所选择的措施中包括刑罚之威吓；3）某种特殊类型的法律程序被用以决定被告人实际上是否引起了危害，并依据法律确定这样做应受惩罚。[⑥] 英美刑法的犯罪概念主要从形式上进行描述，然后在程序中进行从抽象到具体的确证。合法抗辩事由则是从程序中漫漫自发生长出来的，其实质大致相当于大陆法系的违法阻却事由。

英美刑法的合法辩护事由就包括了安乐死，另外还包括未成年、被迫行为（胁迫犯罪）、警察圈套等。合法辩护事由的核心内容就是说明形似犯罪但实质上不是犯罪的事实情况和理由。[⑦] 英美法系采取的是对抗式的程序，被告具有举证责任和说服责任来证明自己无罪，即通过程序来救济被告的实体权益。

（3）排除社会危害性行为说（中国刑法理论）

苏联和今天的中国采取的都是排除社会危害性行为学说。在我国刑法中，明文规定的排除社会危害性行为只有正当防卫和紧急避险，安乐死并未明确被纳入刑法排除社会危害性行为的视野。我们认为这是立法者有意的沉默而不是无意的疏忽。在理论上，部分刑法学者往往在故意杀人罪之中对安乐死问题进行论述，其观点大都认为实施安乐死的行为，符合故意杀人罪的构成要件，因而构成故意杀人罪。[⑧] 我国的司法实践对于安乐死的态度应当说是基本上不承认安乐死具有合法性。因此，对于"安乐死"案件中的行为人，一般定性为故意杀人；但是，在处理时从宽处罚，直至宣告行为人无罪。[⑨] 例如，前述我国司法实践中发生的首例"安乐死"案件——陕西汉中夏素文安乐死案。

---

① 张明楷．法益初论．北京：中国政法大学出版社，2000：202.

② 大塚仁．刑法概说（总论）．冯军，译．北京：中国人民大学出版社，2003：321.

③ 李斯特．德国刑法教科书．徐久生，译．北京：法律出版社，2000：246.

④ 翟晓梅．死亡的尊严．北京：首都师范大学出版社，2002：162.

⑤ 马克昌．比较刑法原理．武汉：武汉大学出版社，2002：328.

⑥ 特纳．肯尼刑法原理．北京：华夏出版社，1989：4－5.

⑦ 储槐植．美国刑法．北京：北京大学出版社，1987：125.

⑧ 同④ 7－8.

⑨ 魏东．刑法定义及其内涵的哲学检讨//于志刚．刑法问题与争鸣：2003 年第八辑．北京：中国方正出版社，2003：1－26.

但是，我国也有承认安乐死合法的例证，即前述周听英安乐死案。

当然，对于一些基本不符合安乐死特征的故意杀人行为，我国司法实践中是要追究刑事责任的。例如，前述上海梁某某电击老母案。但是，对于梁某某的判决，各种报道充满了对梁某某的同情，也有对于“判处5年徒刑”是否过重、是否必要的责问。从理论上分析，笔者认为，安乐死与紧急避险等排除社会危害性行为具有相当性，应当成为法理上的排除社会危害性行为。

3. 安乐死与国情分析

西方国家和东方国家的国情有别，但是关于安乐死问题的解决方案可能存在较为一致的发展方向。

（1）西方国家

一般来说，西欧、北美的发达国家经济基础和医疗福利待遇比较好，其文化传统和历史习俗都比较重视个体的利益，当今西方国家基本上是以个人本位为基础的社会，尤其关注个体生命的质量和价值。以荷兰为例，至少在四个方面与其他国家不同：1）荷兰的医疗服务在全世界来说，可以说是水准最高的国家之一。95%以上的公民有私人医疗保险。长期疗养也包含在保险范围内，而且涵盖没有私人保险的少数人民。2）缓和医疗非常进步。几乎每一家医院都有疼痛控制及缓和医疗中心。与之相较，其他国家的类似中心少而昂贵。3）荷兰的家庭医师制度推行得很好，大部分病人与医师都有长久的友谊关系。4）在荷兰教徒不足总人口的50%。荷兰反对将安乐死合法化的少数人多是将自己的观点建立在宗教信仰基础上的。① 2001年4月，荷兰参议院通过了安乐死法案。

从立法上看，美国加利福尼亚州于1976年颁布了《自然死亡法》，这是人类历史上第一个有关安乐死的法案。1992年10月1日，丹麦试行了停止延长无药可救的病人的生命的法律，4个月内就有45 000人立下遗嘱，表示愿意在必要时接受安乐死。1993年2月4日，英国最高法院裁定了英国第一例安乐死案件，同意了一位年仅21岁患者的父母和医生的申请，停止给他输入营养液。1995年5月25日澳大利亚北部地区议会通过《晚期病人权利法》，该法于1996年7月1日起正式生效。② 比利时议会众议院于2002年5月16日通过一项法案，允许医生在特殊情况下对病人实行安乐死，这项法案是以86票对51票的结果得以通过的，在3个月之内生效，比利时议会参议院已于2002年10月批准了这项法案，从而使比利时成为继荷兰之后第二个使安乐死合法化的国家。按照比利时的该法案，实施安乐死的前提是病人的病情已经无法挽回，他们遭受着“持续的和难以忍受的生理和心理痛苦”；实施安乐死的要求必须是由“成年和意识正常”的病人在没有外界压力的情况下，经过深思熟虑自己提出来的；该法案同时规定，病人有权选择使用止痛药进行治疗，以免贫困或无依无靠的病人因为无力负担治疗费用而寻死。③ 德国马普刑法学研究所所长、弗莱堡大学法学教授汉斯·约格·阿尔布莱特博士于评论德国安乐死问题时，论及德国最高法院曾有判例确认了对于濒死而无药可救的病人，医生可以决定什么时候停止对病人进行抢救，或对病人停药、停止正在使用的某种救助仪器。因此大致可以说，西方发达国家，尤其是一些医疗福利措施完善的国家，基本上具备了将安乐死合法化的民众基础和法律环境。

（2）东方国家

我们主要以受儒家思想影响的国家——日本和中国为例。儒家对待生死的态度是以“重

① 安乐死立法研究．http：//www.guguo.com/readnews.asp?newsid=101.

② 张毅．安乐死论争与第三条路线的法律评价．中国刑事法杂志，2002（3）.

③ 步荷兰后尘 比利时成为第二个安乐死合法的国家．http：//www.cnm21.com/news/yyxw_661.htm.

生”为核心。但因为日本是一个岛国，处于太平洋的地震带上，日本人的国民性格中有“惜生崇死”的一面，尤其是日本的武士道精神，充分张扬了对死的蔑视、不畏惧死的民族特质，第二次世界大战中神风特攻队的自杀式袭击更加直观地、充分地体现了东西方文明对待个体的差异。中国常年的农耕文化所形成的是“重生安死”之精神，中国儒家对死采取的是顺其自然的态度，其中也多少受到道家的影响。① 但两国文化传统上都是热爱生命、崇尚高尚死亡的。

在法律上，日本一方面是受传统文化的影响，另一方面则是第二次世界大战后，其被美国军事管制了一定时期，受英美法精神影响较大。因此，日本处理安乐死的正式司法判例早于中国。1950年4月14日，东京地方法院在一个安乐死案件判决中指出，为了解除患者躯体上的剧烈痛苦而不得已侵害其生命的行为，属于刑法中的紧急避险行为，不应受到惩罚。这样，日本通过法院对刑法所规定的“正当行为和紧急避难行为”的司法解释，对安乐死给予了有条件的法律认可。1962年12月22日（昭和37年），日本名古屋高等法院在对一例安乐死案件的判决中进一步明确了安乐死的合法要件，该例判决认为：安乐死行为为了阻却违法性，需要具有6个要件。这一判例更加明确地承认了有条件的安乐死的合法性。法院的判决逐步形成了日本的安乐死“判例法”。日本可以说是亚洲第一个在法律上有条件地承认安乐死的国家。当然，迄今为止日本尚无有关安乐死的成文法。②

中国自改革开放以来，人民的物质生活水平有了大幅度的提高，但因人口众多、资源匮乏，尤其是医疗资源的短缺，病人（包括绝症和严重疾病患者）因无法交纳住院费而被迫放弃治疗在日常生活中也时有发生。在事实层面上，安乐死通过放弃治疗的方式已存在于现实生活中。目前还没有一例是经过官方医疗单位的正式批准而进行的安乐死，而是首先由患者提出要求“死的权利”，采取的是遗书方式：“本人系无法忍受病痛而死，与旁人一概无关，口说无凭，立此存照。”然后经家属同意，由医生悄悄地进行。③ 据中国天虎网2001年4月24日的最新网上调查，32 000名参与调查人员中，74%赞成安乐死，26%反对安乐死。④ 2001年4月，西安市9名尿毒症病人联名写信给当地报社，要求安乐死。报上刊登此消息后，又有40名尿毒症患者公开提出了同样的要求。2003年晚期癌症病人王明成，放弃治疗回家，身体力行实施自愿的、消极的安乐死。在2003年举行的全国两会上，部分人大代表提出建议，不应拒绝“安乐死”这种符合人道主义的“放弃生命”；中国著名的神经外科专家王忠诚向大会提交了在北京率先试行“安乐死”并制定相关法规的建议。由此可见，公众也逐渐了解和接受安乐死，作为立法的前提之一的公众普遍认同感在中国已经具备。

4. 关于安乐死问题的立法建议

根据以上分析我们认为，中国应当将安乐死进行“谨慎的有限合法化”，并在条件成熟时制定安乐死单行法。所谓谨慎，是指应当进一步对我国的绝症并痛苦不堪的疾病、医疗技术和条件、医疗福利措施等方面进行医学调查，进一步对我国的民众情感、民众基础进行国情摸底，进一步积累医学案例和司法实践经验，重视个案的正当性处理，对于具有相当合理性的安乐死行为予以司法认可，从点到面，循序渐进地引导安乐死合法化。所谓有限，是指在法律上、在司法实践中，只承认那些既符合医学标准又符合自愿的、消极的安乐死行为法律标准的行为合法，防止安乐死成为政治利用与谋杀他人的工具，避免损伤国民的善良情感。基于这些考虑，笔者认为，在安乐死立法中应当规定以下几个方面基本内容。

---

① 李泽厚．己卯五说．北京：中国电影出版社，1999：220.

② “安乐死”及其法律地位．http：//www.tyfw.net/dispnews.asp?id=734.

③ 安乐死合法化 荷兰缘何敢吃第一只螃蟹．http：//news.163.com/editor/010411/010411_151767.html.

④ 张毅．安乐死论争与第三条路线的法律评价．中国刑事法杂志，2002（3）.

第一，明确规定安乐死的正当目的和宗旨。安乐死的实施只能是为了维护安乐死者的合法权益，减轻病人的痛苦，实行人道主义。

第二，明确规定安乐死的对象。安乐死所针对的只能是重大不能治愈的疾病且到了该病的末期而又无法忍受特别巨大的肉体、精神痛苦的病人；但不包括无法作出意思表示的植物人。对植物人实行尊严死被排除，一是因为植物人无法表示自己的意愿，而他人代为表示意愿，违背了意志自由和个人主义原则；二是因为侵犯了植物人的生命权，且不符合人道主义和国民善良情感；三是为慎重起见，避免被他人利用实现非正当目的。

第三，明确规定安乐死的具体操作程序。被实施安乐死的病人必须是其本人有明确意思表示，具体方法可参照民法上立遗嘱和公证的方式；由省级（含省级以上）医院成立安乐死委员会，并由安乐死委员会签署书面同意书；安乐死只能由有医师资格证的专职医师实行；实施安乐死的方式必须具有社会相当性，即实施安乐死的过程为社会公众所接受，特别实施安乐死的行为本身不会给病人带来额外的痛苦，不能损害病人的人格尊严。

第四，明确规定违背安乐死操作程序的处罚措施。对于违反操作程序实施安乐死的行为，应当使行为人承担相应的民事、经济、行政责任和刑事责任。

（二）故意杀人罪与故意伤害罪的界限

这个问题有时候存有很大疑问，比较典型的案例就是2010年发生的肖传国袭击方舟子案。

案例 肖传国袭击方舟子案①

2010年9月，肖传国指使其亲戚戴建湘找人袭击方舟子和方玄昌为他出气。对此，警方认为，肖传国是因为方舟子、方玄昌通过媒体、网络对其学术“打假”，致其未能入选中国科学院院士，为报复两人，肖传国指使远亲戴建湘实施报复行为。因而警方和检方均认为肖传国涉嫌寻衅滋事罪；但是方舟子和方玄昌则认为肖传国涉嫌故意杀人罪（未遂）。而在庭审中，肖传国说学术质疑并不是打人的原因，他认为方舟子没有能力和资格质疑他，事件真正的起因，是方舟子诽谤了他的妻子，还侮辱了肖传国的导师、中科院院士裘法祖；肖传国称，曾为诽谤其妻之事在2007年对方舟子提起刑事自诉，却未被法院受理；因觉得他和方舟子之间的“恩怨”通过以往的官司并没有得到有效解决，他才让亲戚戴建湘为他出气。因而，肖传国及其辩护人均认为，肖传国的行为涉嫌故意伤害，但是由于未造成致人轻伤后果，不应追究刑事责任。其他相关证据显示：据戴建湘供述，肖传国对把人打成什么样没有指示，要求不要把事闹大；打手许立春称，打第一个人（方玄昌）时，戴建湘指示“随便打”，他理解是不会带来很严重伤害的殴打。之所以使用钢管，是怕打不过对方；袭击方玄昌一周后，“湘哥”指示他，打第二个人（方舟子）要稍微重一点。另一名打手龙兴光称，许立春说要把人打到住院两三天就行了。

2010年10月10日，石景山区人民法院经过简易程序审理，以寻衅滋事罪判处肖传国拘役5个半月，判决其他4名被告人拘役5个半月到1个半月不等刑期。后来经过二审维持原判。

对于故意杀人罪与故意伤害罪的界限，表象上、理论逻辑上看似乎比较好区分。理论上的区分方法有以下三种标准：(1) 工具与部位说。但是，此说太机械。(2) 目的说。此说的问题一是“目的”本身不好认定；二是不能解释间接故意杀人。(3) 故意内容说。一般认为第三种观点比较科学。

---

① 北京晚报/新华网．肖传国被判拘役5月半是否太轻？支持者庭外冲突．[2010-10-11]. http://news.xinhuanet.com/school/2010-10/11/c_12647210.htm.

但是，在实践中区分故意杀人罪与故意伤害罪，情况却可能十分复杂。在肖传国袭击方舟子案中，于在案证据事实固定的情况下所作出的法律定性判断分歧较大，居然有故意杀人罪、故意伤害行为（罪）、寻衅滋事罪之分歧，这是十分令人迷惑不解的现象。对此，我的看法是既要对客观性证据、客观性结果予以高度重视，更要对行为人的行为内容和故意内容进行实质审查，这种实质审查必须公正合理、合乎常识、适当保守，否则会形成“公说公有理，婆说婆有理”的局面，损害司法公正。就本案而言，我倾向于认为，肖传国有错，其基于个人私利和报复心理而雇人对方舟子予以打击报复，将其行为性质“解释”为故意伤害是比较合理的，由于其行为性质及其客观后果（轻微伤）不符合我国《刑法》所规定的故意伤害罪的定罪条件，依法应判决其行为不构成犯罪。但是对于其故意伤害他人致人轻微伤的行为，可以依照治安管理处罚法的规定进行治安处罚，以实现恢复秩序和教育行为人的执法目的。

（三）故意杀人罪与遗弃罪的界限

案例

早产女婴被弃厕所死亡案[①]

2009年12月，小美（化名）突然有早产迹象，随后在丈夫刘军（化名）的陪伴下来到一家医院，不久即产下一名女婴。医生对女婴进行检查后告知小美及家人，因早产，女婴心脏等器官发育不全，需要转到大医院进行治疗，需要二三十万元的后续治疗费。听完医生的话后，刘军的母亲表示家里拿不出这么多钱来，提议将小孩丢掉，让别人捡到拿去养。这样的提议竟然也获得了刘军夫妇的同意，他们出院后，一家四口坐上了回家的汽车，途中刘军的母亲抱着孙女下了车，刘军和小美则继续乘车回家。刘军的母亲下车后，抱着孙女向路边的一处厕所走去，然后将其丢弃在厕所里面。后来一位路过的市民在厕所发现被遗弃的女婴，向警方报警。经过检查，该女婴已经死亡。通过摸排调查，警方将犯罪嫌疑人刘军和小美抓获。

本案最终定性为遗弃罪。所谓遗弃罪，是指对于年老、年幼、患病或者其他没有独立生活能力的人，负有扶养义务而拒绝扶养，情节恶劣的行为。

从刑法解释论上观察，遗弃罪不同于故意杀人罪的关键，是行为人对被害人终究能够存活有合理期待，而不是主观上追求死亡或者放任死亡。

以此观察夫妻间见死不救行为，应当说将夫妻间见死不救行为认定为遗弃罪的解释结论缺乏合理根据。

（四）以危险方法杀人行为的定性处理

通说认为，对于行为人以放火、爆炸、投放危险物质等方式实施故意杀人的行为，不定故意杀人罪，而定放火、爆炸、投放危险物质等罪。但张明楷教授认为：对此类案件中的行为人应当定故意杀人罪，理由是：（1）故意杀人罪处罚更重；（2）在无法分清时，定故意杀人罪更能发挥罪名的教育功能，更符合立法本意；（3）通说会导致处罚不均衡，尤其是在杀人预备、未遂、中止等情况下如此。

我认为，单纯定故意杀人罪，确实存在“评价不足”的问题，即对于“危害公共安全”方面缺乏评价；并且，单纯定危害公共安全罪，在未遂等场合，确实也可能出现罚不当罪的情况，如报复投毒的情形，可以比照投放危险物质罪（第114条）与故意杀人罪（第232条）的处罚规定来分析。如此看来，两种定罪选择均存在评价不足的遗憾，并没有一种十全十美的做

① 尤先锋．早产女婴被弃厕所死亡 构成遗弃罪一家三口获刑．[2011-03-20]．京师刑事法治网．http://www.criminallawbnu.cn/criminal/Info/showpage.asp?pkID=30152.

法，在这种情况下，选择一重罪处罚即选择故意杀人罪定罪处罚，可能具有更多合理性，但是这个问题还值得进一步研究。

（五）特别防卫行为的认定问题

案例

武汉邓玉娇案[①]

2009年5月10日晚，邓贵大、黄德智等人酒后到该县野三关镇雄风宾馆梦幻娱乐城玩乐。黄德智强迫要求宾馆女服务员邓玉娇陪其洗浴，遭到拒绝。邓贵大、黄德智极为不满，对邓玉娇进行纠缠、辱骂，在服务员罗某等人的劝解下，邓玉娇两次欲离开房间，均被邓贵大拦住并被推坐在身后的单人沙发上。当邓贵大再次逼近邓玉娇时，被推坐在单人沙发上的邓玉娇从随身携带的包内掏出一把水果刀，起身朝邓贵大刺击，致邓贵大左颈、左小臂、右胸、右肩受伤。一直在现场的黄德智上前对邓玉娇进行阻拦，被刺伤右肘关节内侧。邓贵大因伤势严重，经抢救无效死亡；黄德智所受伤情经鉴定为轻伤。巴东县人民法院认为，邓玉娇在遭受邓贵大、黄德智无理纠缠、拉扯推搡、言词侮辱等不法侵害的情况下，实施的反击行为具有防卫性质，但超过了必要限度，属于防卫过当。被告人邓玉娇故意伤害致人死亡，其行为已构成故意伤害罪。案发后，邓玉娇主动向公安机关投案，如实供述罪行，构成自首。经法医鉴定，邓玉娇为心境障碍（双相），属部分（限定）刑事责任能力。据此，依法判决对邓玉娇免予刑事处罚。

特别防卫权在司法实践中的认定是十分严肃的。其中应注意区分正当防卫与故意杀人罪的界限、正当防卫与防卫过当的界限、特别防卫（无过当防卫或者无限防卫权）与普通的正当防卫的界限。

邓玉娇案的争议点主要有以下两个方面：（1）定性方面，邓玉娇是正当防卫（特别防卫权）还是防卫过当（故意伤害致人死亡）？这个问题争议较大，有的学者认为邓玉娇是在其正在遭受严重暴力性侵之时实施的防卫行为，可以认定为特别防卫权，构成正当防卫。另有的学者认为，邓玉娇虽然是在面临严重不法侵害之时实施防卫行为，但是尚不符合特别防卫权所要求的“严重危及人身安全的暴力犯罪”这一实质限定条件，其防卫行为“明显超过必要限度造成重大损害”，构成防卫过当，依法应负刑事责任。主张邓玉娇构成防卫过当的观点，一般认为应定故意伤害罪，而不应定性为故意杀人罪。（2）定罪之后，免除处罚是否恰当？在主张定罪的学者中，较多学者认为，邓玉娇案最终判决被告人有罪并免除处罚是比较恰当的。

（六）杀人越货行为的定性处理

主要问题是：抢劫罪的“暴力”，是否包括“故意杀人”方法？对此，理论界过去主要有肯定与否定两种看法。现在由于最高法院出台了有关司法解释，明确了“抢劫致人重伤、死亡的”这一规定，就包括故意杀人致人死亡等情况，对此应定抢劫罪。因此，目前理论界对于这个问题基本没有大的分歧意见，即认为抢劫罪的“暴力”可以包括“故意杀人”方法。但在国外，有的明确规定对此定“强盗杀人罪”。

因此，应注意以下几种情况的定性处理。

1. 行为人为抢劫而故意杀人，然后劫取财物的，应定抢劫罪一罪。因此，“抢劫致人重伤、死亡”的结果加重犯，并不以基本犯构成既遂为前提；同时，对于“抢劫致人重伤、死亡的”情况，既没有重伤罪与抢劫罪并罚的情况，也没有故意杀人罪与抢劫罪并罚的情况。

2. 行为人因图财而故意杀人，事后或者将来再取得被害人财物的，应构成故意杀人罪。

---

① 腾讯网．邓玉娇刺死官员案一审判决，邓玉娇被免除处罚．[2009-06-16]. http://news.qq.com/a/20090616/000930.htm.

例如：为争夺遗产而杀害与自己同顺序的法定继承人的，应定故意杀人罪。

3. 行为人在劫取财物之后，为了灭口、报复或者其他动机而故意杀害被害人的，可以构成抢劫罪和故意杀人罪两罪，应当数罪并罚。

（七）实行过限致人死亡时雇凶者与教唆者的定性处理

案例　**眉山扁某雇凶伤人案**①

被告人扁某因其与被害人高某某在生意上产生矛盾，为泄愤产生伤害被害人的念头，于是找到被告人毛某某要求帮助找人教训被害人，并出资为毛某某购买小汽车跟踪被害人。在第一次毛某某帮助扁某联系了“凶手”王某某，而王某某以不好下手为由携款潜逃、伤害被害人未果的情况下，扁某又多次不断催促毛某某再帮助找人伤害被害人。毛某某最终找到被告人李某，并明确告诉李某以砍断一只手脚的形式教训受害人即可。李某等人接受委托后，为避免事情败露而自行决定“杀人灭口”将受害人直接杀死。人民法院判决扁某和毛某某犯故意伤害罪并致人死亡，判处无期徒刑；判决李某犯故意杀人罪，判处死刑，剥夺政治权利终身。

本案扁某和毛某某雇凶伤人案具有一定特殊性：扁某和毛某某在主观上具有故意伤害他人的故意，客观上实施了雇凶伤害他人的行为，因此人民法院判决认定扁某和毛某某犯故意伤害罪是正确的；李某自行决定故意杀人，属于实行过限，应由李某承担故意杀人罪的责任。但是问题在于：扁某和毛某某是否应当对故意伤害致人死亡这一严重后果承担责任？对此，一种观点认为，扁某和毛某某构成故意伤害罪，但是不对“致人死亡”这一严重后果承担责任，因为其雇凶伤害时明确要求是“以砍断一只手脚的形式教训被害人即可”，并没有“致人死亡”的故意，因此扁某和毛某某应当只对“致人重伤”这一结果承担刑事责任，即应当适用《刑法》第 234 条第 2 款“犯前款罪，致人重伤的，处三年以上十年以下有期徒刑”进行量刑；另一种观点认为，扁某和毛某某应当对“致人死亡”这一严重后果承担责任，因为砍断手脚等故意伤害行为本身就有致人死亡后果发生的极大风险，并且对于“致人死亡”后果本来就不要求行为人主观上具有故意——因为故意致人死亡的行为本来就应当评价为故意杀人罪——而只能是过失，那么，在凶手直接故意杀死被害人时，扁某和毛某某对于被害人死亡这一后果至少具有过失责任，因此扁某和毛某某就应当承担故意伤害致人死亡的责任。

我倾向于认为，对于雇凶伤人案件中雇凶者，因凶手实行过限致人死亡的，应当对雇凶者以故意伤害致人死亡情节论处。因为故意伤害他人本身的行为客观上包含着致人死亡的极大风险，扁某和毛某某仍然雇凶伤害被害人，结果导致李某故意杀死了被害人这一后果，扁某和毛某某应当承担故意伤害致人死亡的刑事责任，应当适用《刑法》第 234 条第 2 款“致人死亡或者以特别残忍手段致人重伤造成严重残疾的，处十年以上有期徒刑、无期徒刑或者死刑”进行量刑。因此，人民法院的判决雇凶者扁某和毛某某无期徒刑是合理的。

（八）其他行为致人自杀的问题

关于其他行为致人自杀的问题，分三种情况来分析：第一种情况，合法行为或者一般违法行为、错误行为引起他人自杀的情形，对行为人不宜定罪。例如：公民扭送犯罪分子致使被扭送人自杀的；民间纠纷致使他人自杀的。第二种情况，严重违法行为引起他人自杀的，应当具体分析构成什么犯罪（不一定构成故意杀人罪）。例如：捏造丑闻并张贴大字报，致使被害人自杀的，可以构成侮辱罪或者毁谤罪。第三种情况，犯罪行为引起他人自杀的情形：如果是过失致使他人自杀的，可以构成基本犯的严重情节或者结果加重犯（如强奸罪、非法拘禁、诬告

① 案例来源：四川省眉山市中级人民法院刑事附带民事判决书，（2008）眉刑初字第 24 号.

陷害等)；如果故意致使他人自杀的，可以构成牵连犯、想象竞合犯、结果加重犯、转化犯或者数罪并罚（如绑架罪的结果加重犯；犯刑讯逼供罪、故意伤害罪的，转化为故意杀人罪)。

三、故意杀人罪刑罚适用上的刑法解释论

根据《刑法》第232条的规定，犯故意杀人罪，处死刑、无期徒刑或者10年以上有期徒刑；情节较轻的，处3年以上10年以下有期徒刑。因此，故意杀人罪有两个法定刑档次。故意杀人罪的刑罚适用中，值得注意的问题主要有以下两个。

（一）死刑适用问题

关于故意杀人罪的死刑适用，主要有以下问题值得关注：醉酒状态下犯故意杀人罪的，是否宜于判处死刑立即执行？激情杀人的，是否宜于判处死刑立即执行？器质性人格改变者杀人是否可以判处死刑立即执行？具有自首情节者是否可以判处死刑立即执行？“因婚姻家庭、邻里纠纷而杀人”的，是否可以判处死刑立即执行？雇凶杀人者与受雇行凶者，该判谁的死刑立即执行？带着这些疑问，我们先看看以下几个真实判例。

案例　**西安药家鑫撞人后刺死伤者案**①

2010年10月20日23时许，西安音乐学院大三学生药家鑫驾驶小轿车从西安外国语学院长安校区返回西安，当行驶至西北大学长安校区西围墙外时，撞上前方同向驾驶电动车的张妙，药家鑫下车查看，因怕张妙以后找麻烦，就从背包中取出一把尖刀，对张妙连捅数刀，致张妙当场死亡。10月23日，药家鑫在其父母陪同下到公安机关投案。后西安市中级人民法院一审判处药家鑫死刑，陕西省高级人民法院二审维持死刑判决，并经最高人民法院核准对药家鑫执行了死刑。

案例　**云南李昌奎强奸杀人案**②

被告人李昌奎曾到王家飞（被害人，殁年19岁）家提亲遭到拒绝。2009年5月14日，李昌奎之兄李昌国与王家飞之母陈礼金又因琐事发生纠纷，李昌奎得知后从四川省西昌市赶回云南省昭通市巧家县。5月16日13时许，李昌奎在途经王家飞伯父王廷金家门口时遇见王家飞、王家红（被害人，殁年3岁）姐弟二人，与王家飞发生争吵并致扭打。李昌奎将王家飞掐晕后实施强奸，在王家飞醒后跑开时，又用锄头打击王家飞的头部致王倒地。随后，李昌奎提起王家红的手脚将其头部猛撞门方，并用绳子勒住二被害人颈部后逃离现场。经法医鉴定，王家飞、王家红均系颅脑损伤伴机械性窒息死亡。5月20日，李昌奎到四川省普格县城关派出所投案。2010年7月15日云南省昭通市中级人民法院数罪并罚判处李昌奎死刑，剥夺政治权利终身。2011年3月4日云南省高级人民法院则以“有自首情节”为由，终审判处李昌奎死刑，缓期二年执行。

后因本案被害人家属不服以及舆情汹涌，2011年8月22日，云南省高级人民法院在昭通市开庭，对李昌奎故意杀人、强奸一案依照审判监督程序进行再审并当庭宣判：撤销原二审死缓判决，改判李昌奎死刑，剥夺政治权利终身，并依法报请最高人民法院核准。云南省高级人

---

① 新华调查. 罪与罚的辩论　养与教的思考——药家鑫撞人后刺死伤者案庭审纪实. [2011-03-25]. 新华网. http://news.xinhuanet.com/legal/2011-03/25/c_121231122.htm.

② 法博管理. 李昌奎案. [2011-07-06]. 正义网—法律博客. http://fbgl.fyfz.cn/art/1021025.htm；新华网云南频道. 李昌奎故意杀人、强奸案再审判处死刑. [2011-08-23]. 新华网. http://news.xinhuanet.com/legal/2011-08/23/c_121898056.htm.

民法院再审改判李昌奎死刑立即执行的理由是：被告人李昌奎因求婚不成及家人的其他琐事纠纷产生报复他人之念，强奸、杀害王家飞后，又残忍杀害王家飞年仅3岁的弟弟王家红，其行为已分别构成强奸罪、故意杀人罪，且犯罪手段特别残忍，情节特别恶劣，后果特别严重，社会危害极大，虽有自首情节，但不足以对其从轻处罚。原二审判决认定事实清楚，证据确实、充分，定罪准确，审判程序合法，但对李昌奎改判死刑，缓期二年执行，剥夺政治权利终身，量刑不当。依照最高人民法院《关于执行〈中华人民共和国刑事诉讼法〉若干问题的解释》第312条第2项的规定，改判李昌奎死刑，剥夺政治权利终身，并依法报请最高人民法院核准。2011年9月29日，经最高人民法院核准，故意杀害王家飞姐弟二人并强奸王家飞的李昌奎在云南省昭通市被依法执行死刑（立即执行）。

案例　河南驻马店侯卫春醉酒杀人案①

2008年3月18日晚，被告人侯卫春邀请被害人侯党振（男，殁年67岁）到其家喝酒至深夜，后送侯党振回家。当行至侯军勇（侯党振之子，侯党振在其家居住）家大门口时，侯卫春对侯党振实施殴打，又迅速从其家拿来菜刀，对躺在地上的侯党振的头部、躯干部一阵乱砍后回家。次日凌晨6时许，侯卫春从家中出来查看侯党振的情况，并用人力三轮车将侯党振送到当地诊所，但侯党振已因钝性外力作用于头部、胸部、会阴部等处，锐器损伤头面部，造成颅脑损伤，胸部肋骨多发性骨折，最终因创伤性休克而死亡。驻马店市中级人民法院认为，被告人侯卫春故意非法剥夺他人生命，致人死亡，其行为已构成故意杀人罪。侯卫春酒后无故反复殴打他人，后又持刀朝被害人要害部位反复砍击，致被害人死亡，手段残忍、性质恶劣。侯卫春虽系酒后杀人，但有关司法精神病鉴定结论证实其在实施犯罪时系普通醉酒状态，具有完全刑事责任能力，应对其犯罪行为造成的后果承担责任，依法应予严惩。驻马店市中级人民法院判决被告人侯卫春犯故意杀人罪，判处死刑，剥夺政治权利终身。

一审宣判后，侯卫春不服，提出上诉。侯卫春提出，一审量刑过重，其当时系因酒精刺激，在神志不清的情况下作案，没有杀人动机和目的，且对被害人有施救行为，并能积极配合公安人员调查，认罪态度好，请求法院予以从轻或减轻处罚。河南省高级人民法院经公开审理认为，原判认定事实清楚，证据确实、充分，定罪准确，量刑适当，审判程序合法。依照《中华人民共和国刑事诉讼法》第189条第1项之规定，裁定驳回上诉，维持原判，并依法报请最高人民法院核准。

最高人民法院经复核认为，被告人侯卫春酒后无故殴打被害人，后又持刀反复砍击被害人要害部位，致被害人死亡，其行为已构成故意杀人罪，且手段残忍，后果严重，应依法惩处。第一审判决、第二审裁定认定的事实清楚，证据确实、充分，定罪准确，审判程序合法。但鉴于侯卫春犯罪时处于醉酒状态，对自己行为的辨认和控制能力有所减弱；其与被害人素无矛盾，案发后对被害人有施救行为，且归案后认罪态度较好，有悔罪表现，对其判处死刑，可不立即执行。依照《中华人民共和国刑事诉讼法》（1996年）第199条和最高人民法院《关于复核死刑案件若干问题的规定》第4条的规定，裁定如下："1. 不核准河南省高级人民法院（2009）豫法刑一终字第7号维持第一审以故意杀人罪判处被告人侯卫春死刑，剥夺政治权利终身的刑事裁定。2. 撤销河南省高级人民法院（2009）豫法刑一终字第7号维持第一审以故意杀人罪判处被告人侯卫春死刑，剥夺政治权利终身的刑事裁定。3. 发回河南省高级人民法院重新审判。"

---

① 法路心语—法律博客．醉酒状态能否作为犯罪的酌定从轻处罚情节．［2010-10-10］. http://lawyer168.fyfz.cn/art/751675.htm.

案例

山东宋建峰故意杀人案①

宋建峰原为山东省沾化县电厂建安公司职工，因发生交通事故受伤并致股骨头坏死，自2008年起休岗。由于宋建峰对事故的发生及处理不能正确面对，心态逐渐失衡，对社会及有关人员产生怀疑、仇视心理，预谋对有关人员进行报复杀害，并最终将目标锁定为与其同住沾化县电厂院内的沾化县公安局副局长张泽国和沾化某中学校长赵某等人。2011年8月初，宋建峰开始着手实施杀害张泽国的计划。8月23日19时30分，宋建峰将一根铁管事先藏匿于沾化县电厂院内礼堂东侧附近的冬青树内。8月24日晚，宋建峰在沾化县电厂院内守候张泽国。21时30分许，被害人张泽国独自从电厂单身公寓出来，向西朝院内人工湖方向走去，宋建峰发现后随即拿出铁管尾随至人工湖，见张泽国正站在该人工湖东岸人行道上打电话，遂上前手持铁管朝其头部猛击，将张泽国打倒在人行道下西侧平台上。随后又持铁管连续朝张泽国头部猛击数下，致被害人张泽国严重颅脑损伤当场死亡。后宋建峰将铁管扔弃于人工湖内逃离现场。其后，宋建峰继续伺机实施杀害赵某的计划。2011年9月30日晚，宋建峰携带菜刀窜至沾化县电厂院内东侧广场附近等候赵某。当日21时30分许，宋建峰发现赵某步行至该广场，宋建峰持刀上前朝赵某头部猛砍一刀，赵某转身逃脱。经法医鉴定，赵某损伤程度为轻伤。经烟台市精神疾病司法鉴定所鉴定，宋建峰系脑外伤所致器质性人格改变，具有完全刑事责任能力。滨州中级人民法院一审判决宋建峰犯故意杀人罪，判处死刑，剥夺政治权利终身。

案例

上海市陈女士雇凶杀夫案②

39岁的上海人陈女士因常与丈夫潘某为家庭琐事争吵，心中积怨较深。2009年11月，陈女士经人介绍，提出支付20万元雇用唐某某杀害潘某。随后，唐某某纠集曹某某一同策划并实施了行凶行动。2010年2月11日晚11点，唐、曹守候于上海市浦东新区川沙路1344号的建材店附近，并尾随潘某进入店内后院，由唐某某持木棍猛击潘头部数下，曹则持装有毒化物质的针筒刺戳潘背部。潘因被钝器打击头部造成颅脑损伤致中枢神经功能衰竭而死亡。法院经审理认为，陈女士雇凶杀人，是共同犯罪中的起意者和发起人，系起主要作用的主犯，应予严惩。但鉴于陈女士系因家庭矛盾而起意杀人，对其酌情从轻处罚。唐某某曾数次因犯罪被判刑，仍不思悔改，为获取不法经济利益自愿受雇杀人。鉴于其犯罪主观恶性程度极深、社会危害极其严重，依法应予严惩。曹某某系共同犯罪中起次要作用的从犯，对其酌情从轻处罚。因此，法院判决雇凶者陈女士死刑缓期2年执行，判决行凶杀手唐某某死刑（曹某某获有期徒刑15年）。

通过观察上面的案例，可以总结出一些规律性的做法，大致是：醉酒故意杀人的，一般不判死刑立即执行；激情杀人的，一般不宜判处死刑立即执行；器质性人格改变者杀人的，可以判处死刑立即执行；具有自首情节者，一般不宜判处死刑立即执行（但现实存在较多例外判决）；“因婚姻家庭、邻里纠纷而杀人”的，一般不宜判处死刑立即执行（但现实存在部分例外）；雇凶杀人的，雇主一般不判处死刑立即执行。那么，对于这些做法该如何认识和评价呢？

应当看到，《刑法》第232条规定对故意杀人罪的法定刑之排列顺序值得注意，是由死刑到无期徒刑或者10年以上有期徒刑，因此在法条逻辑上（语言逻辑上）似乎是优先选择死刑

① 报道．男子杀死山东沾化公安局副局长案宣判被判死刑．[2012－05－24]．新华网．http：//news.xinhuanet.com/legal/2012-05/24/c_112023076.htm.

② 新华网．上海法院判决一起“雇凶杀夫”案．[2010－09－16]．http：//news.xinhuanet.com/legal/2010-09/16/c_12575096.htm.

适用。但是，这种法条逻辑与死刑政策存在一定的矛盾。事实上，司法实践中应当坚持少用、慎用死刑的政策精神，只能针对罪行极其严重的故意杀人罪罪犯适用死刑（尤其是死刑立即执行），而且对于那些“可杀可不杀”的罪犯应当尽量不适用死刑立即执行。另外值得特别重视的问题还有证据问题，云南杜培武案、湖北佘祥林案、陕西聂树斌案等，无不关涉证据问题，应当引以为戒，这也是我国死刑政策上应当坚持少用、慎用死刑的原因之一。故意杀人罪的死刑适用问题，在某种意义上与死刑品格自身有关，与死刑所导致的生命被剥夺后无法补救的特点有关，也与死刑案件在证据采信上存在重大风险有关，因而具有很大的特殊性。

因此，故意杀人罪死刑司法适用的现有做法（规律性与例外性）值得反思和研究。

第一，醉酒杀人的，不宜判处死刑立即执行。因为醉酒的人，其刑事责任能力有所降低，对其判处死刑立即执行，不符合责任刑法和责任主义的基本原理。

第二，激情杀人的，一般不宜判处死刑立即执行。但是，药家鑫故意杀人案依法不应认定为激情杀人的情形。因为激情杀人案的被告人应当是具有一定程度上的“正义感”意义上的激情，且突发性强；而在被害人没有任何过错的情况下，难以认定被告人属于激情杀人。

第三，器质性人格改变者故意杀人的，可以依法判处死刑立即执行。因为法医学认为，器质性人格改变者，仍然具有完全刑事责任能力。山东宋建峰故意杀人案的死刑判决即是适格案例。

第四，故意杀人案被告人具有自首情节的，一般不宜判处死刑立即执行（但现实存在较多例外判决）。最高人民法院认为西安药家鑫案是例外；云南省高级人民法院起先认可、后来否定这个原则做法，即也认为李昌奎案是例外，最高人民法院也核准了对李昌奎的死刑。

第五，“因婚姻家庭、邻里纠纷而杀人一般不宜判死刑立即执行”（最高法院有关司法解释性文件《纪要》，但现实存在部分例外）。有学者认为，李昌奎案不应适用这个司法解释性文件的规定精神（高铭暄、车浩和云南省高级人民法院）；另有学者反对，认为李昌奎案符合免死规定（周详）。我倾向于认为，李昌奎案尽管在合法程序内可以依法判处死刑立即执行；但是，在合法程序内已经对其判处了死刑缓期执行的情况下，且判处死刑缓期执行也并不违反刑法规定，那么，通过法院自己启动再审程序改判死刑立即执行，确有违法不当之处，这种“翻烧饼”的做法不值得提倡。

第六，雇凶杀人的，对雇主一般不判处死刑立即执行。在理论上有学者（如赵秉志教授）明确提出：不宜将雇主认定为主要的主犯，一般应将直接行凶杀人的行为人认定为主要的主犯，相应的，一般不应判处雇凶杀人案中雇主死刑立即执行。

（二）缓刑适用问题

总体上说，对犯故意杀人罪的罪犯适用缓刑应当特别慎重，不宜随意适用，因为故意杀人罪终究是一个特别的重罪，缓刑适用客观上具有一定的价值导向和行为导向作用。比如，四川省彭州市廖某某故意杀人案，廖某某因犯故意杀人罪而被判处 3 年有期徒刑、缓刑 5 年，这是因为廖某某患病且被害人是患病近亲属，是综合考虑案情所作出的选择；但是，即使如此，对廖某某是否应当适用缓刑，在司法界和社会上均有争议。

案例 **四川彭州市姐姐捂死妹妹案**①

年仅 19 岁的廖某某和妹妹涓涓是双胞胎姐妹，两姐妹从小感情很好，父母虽然收入不高，但全家人过着幸福的生活。2001 年 6 月，涓涓患上脑膜炎，发高烧昏迷了十多天，醒来后就留

① 天府早报．姐姐捂死妹妹案尘埃落定，终审判决三缓五．[2011－03－27]．人民网．http：//pic.people.com.cn/GB/7562150.html.

下了后遗症，常常精神失常，无端打人还砸东西，父母多次被她打伤。无奈之下，家人只好用大铁链将涓涓锁起来。但锁起了涓涓也等于锁住了全家人，家中不得不随时留人以照顾被锁住、生活不能自理而且随时可能再发疯的涓涓。为此，母亲不得不辞去工作，在家中专心照顾涓涓，只剩父亲一个人靠维修家电维持整个家庭的生活，这让原本不富裕的家庭雪上加霜。同时，为了治好涓涓的病，家人带着涓涓遍访名医。中医、西医，开颅手术、伽马刀手术，家人几乎尝试了所有已知的治疗方法，但涓涓的病情仍不见好转。为此，父母耗尽了全部积蓄，变卖了房子，还欠下大笔外债。2007 年 8 月 10 日，不堪高昂医疗费用，家人把涓涓转到彭州一家精神病院接受治疗。为了照顾涓涓，姐姐廖某某随后赶到医院。2007 年 8 月 22 日凌晨 1 点左右，廖某某看着熟睡的妹妹，想着妹妹和家人经受的苦难，以及妹妹没有希望的病，廖某某拿起旁边的枕头，死死地捂在妹妹的脸上……在一阵撕心裂肺的挣扎后，妹妹再也不动了。事后，廖某某拨打了报警电话，向警方自首。此后，廖某某因犯故意杀人罪被判处 3 年有期徒刑、缓刑 5 年。

成都中院终审认为，原审被告廖某某采用捂口鼻的方式致涓涓死亡的行为已构成故意杀人罪，但廖某某因特殊的起因和动机而对家庭成员实施犯罪，与其他严重危害社会治安秩序的故意杀人犯罪有着明显的区别；同时，廖某某犯罪时患抑郁症，辨认和控制自己行为的能力较低，仅具备部分刑事责任能力；事后，廖某某也主动投案自首，依法可以从轻或者减轻处罚；综合以上量刑情节，原审法院决定对其减轻处罚是符合我国法律规定的。成都中院认为，考虑到原审被告廖某某的犯罪事实和法定的从轻或者减轻处罚情节，可以对其减轻处罚；廖某某具有无前科、认罪悔罪、被害人父母谅解等酌定从轻处罚的情节，且人身危险性相对较小，对其暂不执行所判刑罚不至于再危害社会，故可适用缓刑，维持“判三缓五”的原判。

案例 **广东东莞未婚妈妈产后抑郁摔死亲生女获判缓刑案**①

产后抑郁长达 4 个多月的小卉（化名）把怀中婴儿从阳台扔下摔死，这名刚满 20 岁的未婚妈妈在法庭上声泪俱下，不断向亲人哀求原谅。鉴于小卉有产后抑郁症，近日（广东）东莞市第三人民法院判处其有期徒刑 3 年，缓刑 4 年。

案例 **深圳“拔管杀妻案”罪犯获判缓刑**②

2009 年元宵节晚上，武汉籍女子胡菁忽然昏迷在深圳龙岗的自家别墅里，在被送往医院 ICU 病房重症监护后，一直靠呼吸机维持生命。事发 7 天后，丈夫文裕章称为减轻妻子痛苦，强行拔去胡菁的氧气管，致其身亡。2010 年 12 月 9 日，该案由深圳市中级人民法院作出一审判决，认定被告人文裕章构成故意杀人罪，判处有期徒刑 3 年，缓刑 3 年。判决作出后，引发社会热议。被害人胡菁的母亲以量刑畸轻为由，请求深圳市人民检察院提出抗诉。

从深圳市人民检察院获悉，该院的抗诉理由主要有三条：一是判决书认定本案属于故意杀人罪中的“情节较轻”有误。尽管被害人胡菁当时处于深度昏迷、有自主心跳而无自主呼吸的状态，但是所谓“脑死亡”只是医学概念，并未引入临床诊断，更没有被刑事立法和司法所认可。被告人不顾多人劝阻，亲手剥夺了妻子的生命，让双方亲人饱受痛苦的折磨，社会影响恶劣。二是判决书认定本案被告人作案动机有误，导致量刑不当。判决书采信被告人供述，认定

① 南方日报．产后抑郁摔死亲生女，未婚妈妈被轻判缓刑．［2010－12－21］．新华网．http：//news.xinhuanet.com/legal/2010-12/21/c_12902606.htm#.

② 检察日报．深圳检察院称“拔管杀妻案”量刑畸轻提出抗诉．［2010－12－24］．新华网．http：//news.xinhuanet.com/legal/2010-12/24/c_12913484.htm.

其犯罪是“眼见爱妻救助无望”的冲动之举，但被告人受过法律教育，知法懂法，却亲手将妻子置于死地，主观恶性明显，犯罪目的明确，杀人意志坚决，属于直接故意。被害人当时深度昏迷，根本无法感知医疗手术痛苦；且在治疗期间，被告人与另一女子通话频繁，短信暧昧，这些都使被告人“不想妻子再受苦”的说法难以成立。三是虽然被告人有自首、能积极赔偿被害人的近亲属经济损失等情节，但判决对被告人适用缓刑，社会效果不佳，且被告人方和被害人近亲属之间未达成和解协议。

这里的几个故意杀人案件在处罚上具有共同点：判决被告人构成故意杀人罪，但是仅判处罪犯缓刑。这种判决是否合理，有何根据？这是值得关注和讨论的问题。

我曾经针对四川彭州市姐姐捂死妹妹案发表过如下评论：（1）我注意到本案一审法院对被告人廖某某以故意杀人罪“判三缓五”的判决结果进行了法律、法理上的说理和阐释（即一审法院认为作出这种判决结果的主要理由有三：一是廖某某在犯罪时正患抑郁症，可以认定为情节较轻，应在 3 年以上 10 年以下判刑；二是廖某某有自首情节；三是廖某某犯罪后认罪态度好），一审法院的这种做法和态度是严肃认真的，符合公正司法的形式要求。（2）我注意到本案一审人民检察院（公诉机关）因“认为法院的判决认定事实错误，适用法律不当，量刑畸轻”而依法提起抗诉，同时人民检察院也认定廖某某患有抑郁症和自首情节并“认为本案判刑的确可以从轻”，一审人民检察院的这种做法和态度是严肃认真的，符合公正司法的形式要求。（本案二审维持了一审原判——引者注）。（3）本案判决结果（主要是对被告人廖某某判处较轻刑罚并适用缓刑）之所以引起较大关注，可能主要原因在于以下几点：其一，故意杀人罪作为“性质严重”的罪名与轻刑及缓刑的关联性十分引人注目；其二，本案总体上判断是否属于故意杀人“情节较轻的”；其三，被告人廖某某患有抑郁症，在多大程度上影响了刑事责任能力；其四，综合本案全部情节，是否应对被告人廖某某减轻处罚；其五，综合本案全部情节，被告人廖某某是否符合缓刑适用条件。（4）关于故意杀人罪作为“性质严重”的罪名与轻刑及缓刑的关联性问题。我认为从现行法律规定和法律逻辑上分析，从一般意义上讲（不是针对本案），罪名“性质严重”与犯罪“罪行严重”是两个概念，故意杀人罪的情况千差万别，应当具体情况具体分析处理，其中对于犯故意杀人罪但情节较轻的、符合缓刑条件的被告人，仍然可以依法宣告缓刑。因此，从现行法律规定和法律逻辑上分析，故意杀人罪与轻刑及缓刑在部分情节较轻的个案中具有关联性，即可以依法对那些情节较轻的故意杀人罪案件中的被告人依法判处轻刑，并对那些符合缓刑适用条件的被告人可以依法宣告缓刑；对少数故意剥夺他人生命的行为，如果属于“情节显著轻微危害不大的，不认为是犯罪”的情况，甚至还可以依法宣告被告人无罪。比如，有些出于恶劣动机并以残忍手段实施的故意杀人犯罪，当然属于“罪行严重”的故意杀人罪，依法应当判处较重的刑罚，甚至可以依法判处死刑；有些出于防卫动机和目的的故意杀人犯罪（防卫过当），虽然也可能构成故意杀人罪罪名，但是应依法判处较轻的刑罚或者免除刑罚处罚；而有些故意剥夺他人生命的行为，如果符合《刑法》第 20 条规定的正当防卫的法定条件，应当依法认定为合法行为；极个别情况下，即使行为人实施了故意剥夺他人生命的行为，但如果符合“情节显著轻微危害不大的”条件，也应依法“不认为是犯罪”，如 1987 年发生在陕西省汉中市的“安乐死事件”，人民法院就在认定被告人蒲某某实施了故意剥夺他人生命的行为的前提条件下，认定蒲某某的行为属于“情节显著轻微危害不大的，不认为是犯罪”的情况，依法宣判蒲某某无罪。

第十一章　浙江叶文言盗窃案

（盗窃罪，保护法益，单位盗窃，使用盗窃，盗窃罪的既遂标准）

案例

浙江叶文言盗窃案[①]

2000年10月5日，被告人叶文言驾驶与叶文语、林万忠共同购买的桑塔纳轿车进行非法营运，轿车被苍南县灵溪交通管理所查扣，存放在三联汽车修理厂停车场。后叶文言、叶文语与被告人王连科等合谋将该车盗走。10日晚，几名被告人趁停车场门卫熟睡之机打开自动铁门，将轿车开走。2001年1月8日，被告人叶文言、叶文语以该车被盗为由，向灵溪交通管理所申请赔偿，后获赔11.65万元。苍南县人民法院以盗窃罪分别判处5名被告人有期徒刑4年6个月到10年6个月不等的刑罚。后被告人上诉，温州市中级人民法院经审理，裁定驳回上诉，维持原判。

最高人民法院刑庭编发这一案件时载明的主要裁判理由是[②]：本人所有的财物在他人合法占有、控制期间，能够成为自己盗窃的对象，但这并不意味着行为人秘密窃取他人占有的自己的财物的行为都构成盗窃罪，是否构成盗窃罪，还要结合行为人的主观目的而定。如果行为人秘密窃取他人保管之下的本人财物是为了借此向他人索取赔偿，这实际上是以非法占有为目的，应以盗窃罪论处；相反，如果行为人秘密窃取他人保管之下的本人财物，只是为了与他人开个玩笑或逃避处罚，或者不愿将自己的财物继续置于他人占有、控制之下，并无借此索赔之意的，因其主观上没有非法占有的故意，不以盗窃罪论处。构成其他犯罪的，按其他犯罪处理。

法理问题　盗窃罪，保护法益，单位盗窃，使用盗窃，盗窃罪的既遂标准

关于叶文言案的定性处理，人民法院生效判决认定叶文言构成盗窃罪，并且这一判决结果获得了最高人民法院的认可。理论界对此案件的定性处理，确实有支持定盗窃罪的观点，如有学者认为“自己的财物，不成为自己盗窃的对象”，“但是，窃取本人已被依法扣押的财物，或者偷回本人已交付他人合法持有或保管的财物，以致他人因负赔偿责任而遭受财产损失的，应以盗窃罪论处”[③]。

不过，笔者认为，尽管叶文言案的总体裁判立场并非采用了占有说，而是仍然采用了侵财罪保护法益的实质所有权说；但是，最高人民法院对叶文言案的裁判理由本身仍然存在一定问题，继而对叶文言等人的罪名认定可能存在疑问。就本案而言，叶文言等人在自己的轿车被交通管理部门扣押后，在深夜将被扣押车辆盗出后藏匿、销售，进而以该车被盗为由向交管部门索赔，此时叶文言等人的“后续行为”才具有侵犯他人财产所有权（即本案中的公共财产所有

---

① 陈民城．叶文言、叶文语等盗窃案——窃取被交通管理部门扣押的自己所有的车辆后进行索赔的行为如何定性//最高人民法院刑事审判第一庭，第二庭．刑事审判参考：2005年第2集．北京：法律出版社，2005：37-44.

② 于志刚，郭旭强．财产罪法益中所有权说与占有说之对抗与选择．法学，2010（8）.

③ 高铭暄，马克昌．刑法学．2版．北京：北京大学出版社，2005：558.

权）的违法性实质，而这种“后续行为”符合诈骗罪的构成特征，但是并不符合盗窃罪的构成特征，因而依法应当以诈骗罪定罪处罚，而不应以盗窃罪定罪处罚。至于最高法在裁判理由中指出“如果行为人秘密窃取他人保管之下的本人财物是为了借此向他人索取赔偿，这实际上是以非法占有为目的，应以盗窃罪论处”，应当说这种解释路径存在一定错误，其并没有恰当运用侵财罪保护法益实质所有权说对行为人先前的“盗窃行为”与盗窃之后的“后续行为”进行行为定型性审查和具体的违法性审查，可能是本案混淆盗窃罪与诈骗罪之间界限的关键所在，其仅仅根据行为人主观目的而将行为人定性为盗窃罪缺乏法理依据。“盗窃”自己所有的被扣押的财物，尽管其可能导致依法没收、收缴或者赔偿落空而致国家财产受损失或者行政管理秩序被破坏，但是该“盗窃”行为仍然不应定盗窃罪（但不排除构成其他罪时可以定其他罪），其重要法理正在于行为人“盗窃”自己所有的财产本身并不侵犯他人财产所有权，即并不侵犯侵财罪的保护法益，因而不能构成作为侵财罪的盗窃罪；而可能构成侵财罪的行为只能是其盗窃之后的“后续行为”，即行为人再向交通管理部门提出索赔这种“后续行为”才具有侵犯他人财产所有权的违法性实质，这种“后续行为”依法应构成作为侵财罪的诈骗罪（而不是对其先前的盗窃行为定侵财罪），如此才能保持刑法解释逻辑上的一致性和合理性。

盗窃罪，是指以非法占有为目的，盗窃公私财物，数额较大的，或者多次盗窃、入户盗窃、携带凶器盗窃、扒窃的行为。我国《刑法》第 264 条规定：“盗窃公私财物，数额较大的，或者多次盗窃、入户盗窃、携带凶器盗窃、扒窃的，处三年以下有期徒刑、拘役或者管制，并处或者单处罚金；数额巨大或者有其他严重情节的，处三年以上十年以下有期徒刑，并处罚金；数额特别巨大或者有其他特别严重情节的，处十年以上有期徒刑或者无期徒刑，并处罚金或者没收财产。”其中，盗窃的数额标准问题，按照相关司法解释的规定，盗窃“数额较大”是指盗窃公私财物价值 1 000 元至 3 000 元以上。司法解释规定了一定的幅度，各省、自治区、直辖市高级人民法院、人民检察院可以根据本地区经济发展状况和社会治安状况，在上述规定的数额幅度内，确定本地区执行的具体数额标准，再报最高人民法院、最高人民检察院批准。同时，具有以下若干情节之一的，只要盗窃数额达到前述“数额较大”标准的 50%，也应当视为“数额较大”：（1）曾因盗窃受过刑事处罚的；（2）一年内曾因盗窃受过行政处罚的；（3）组织、控制未成年人盗窃的；（4）自然灾害、事故灾害、社会安全事件等突发事件期间，在事件发生地盗窃的；（5）盗窃残疾人、孤寡老人、丧失劳动能力人的财物的；（6）在医院盗窃病人或者其亲友财物的；（7）盗窃救灾、抢险、防汛、优抚、扶贫、移民、救济款物的；（8）因盗窃造成严重后果的。“多次盗窃”的认定，司法解释规定为 2 年内有 3 次以上盗窃的。但对于有小偷小摸恶习，多次偷拿公私财物，但情节显著轻微的，不认为是犯罪。

关于盗窃罪，我们还需要特别注意刑法中的特别规定：（1）根据《刑法》第 196 条第 3 款的规定，盗窃信用卡并使用的，依照盗窃罪的规定定罪处罚；（2）根据《刑法》第 210 条第 1 款的规定，盗窃增值税专用发票或者可以用于骗取出口退税、抵扣税款的其他发票的，依照盗窃罪的规定定罪处罚；（3）根据《刑法》第 253 条第 2 款的规定，邮政工作人员私自开拆或者隐匿、毁弃邮件、电报而窃取财物的，依照盗窃罪的规定定罪并从重处罚；（4）根据《刑法》第 265 条的规定，以牟利为目的，盗接他人通信线路、复制他人电信码号或者明知是盗接、复制的电信设备、设施而使用的行为，按盗窃罪定罪处罚；（5）根据《刑法》第 287 条规定，以计算机为犯罪工具，窃取财物的，也构成盗窃罪。

应当说，盗窃罪是一种刑法实践中最常见的犯罪，并且是一种较为典型的传统侵财罪，因而研究盗窃罪具有重大理论价值和实践意义。关于盗窃罪的研究，涉及的内容很多。本书重点讨论四个方面的问题：其一，以盗窃罪为典型的传统侵财罪的保护法益（即犯罪客体）；其二，盗窃罪犯罪对象的属性与范围；其三，单位盗窃、使用盗窃的定性处理问题；其四，盗窃罪的既遂标准问题。

一、以盗窃罪为典型的传统侵财罪的保护法益

针对侵财罪保护法益的传统所有权说，笔者曾经撰文提出其应当凤凰涅槃“升华”为实质所有权说，方能增强其更加稳固周全的理论解释力和逻辑自洽性[①]，从而获得更大妥当性。笔者秉持侵财罪保护法益实质所有权说的基本立场，运用更多司法判例与实证素材展开法理分析，以期引起刑法学理论研究者和刑法司法实践人员的高度重视，发展、丰富我国刑法学理论研究，促进我国刑法司法公正。

（一）问题意识与分析路径

我国刑法所规定的传统侵财罪，是指基于非法占有目的而直接转移取得财物或者变占有财物为自己所有财物的侵财性犯罪，所涉主要罪名有盗窃罪、诈骗罪（及其可以涵盖的合同诈骗罪和金融诈骗罪）、抢夺罪、抢劫罪、聚众哄抢罪、侵占罪、职务侵占罪等。[②] 而有关侵财罪的保护法益（犯罪客体）是什么的问题，目前在中国理论界主要有“所有权说”与“占有说”之争。持所有权说的学者主要有高铭暄、王作富、赵秉志等人，主张侵财罪侵犯的犯罪客体是他人财产所有权（亦即公私财产所有权，或者国家、集体和公民的财产所有权）。[③] 持占有说的学者主要有张明楷、周光权、黎宏、胡东飞等人，总体上主张侵财罪的保护法益是占有，其核心含义不是否定他人财产所有权可以成为侵财罪的保护法益（因所有权当然包含占有），而是认为侵财罪的保护法益既可以是他人财产所有权，也可以是单纯的占有，亦即主张即使没有全面侵害他人财产所有权的四项权能，但是单纯侵害了其中权能之一的占有的，也可以充足侵财罪的保护法益。[④] 换言之，“所有权说”与“占有说”之争的焦点，不在于他人财产所有权是否可以成为侵财罪的保护法益（因为两说对此均持赞同立场），而在于单纯的占有——如针对违禁品或者赃物以及暂扣物或者质押物等的单纯占有——是否可以充足侵财罪的保护法益。占有说认为单纯的占有可以充足侵财罪的保护法益，所有权说则认为单纯的占有不可以成为侵财罪的保护法益，而只有他人财产所有权才能成为侵财罪的保护法益。这里对争议焦点的粗略梳理还有助于我们进一步明确：针对违禁品或者赃物以及暂扣物或者质押物等实施的侵害行为——以非法获取违禁品或者赃物的行为为例——其行为入罪的违法性根据与解释路径应该为何？所有权说因为主张侵财罪保护法益必须是他人财产所有权，因而认为非法获取违禁品或者赃物的行为入罪的违法性根据仍然在于其侵害了他人财产所有权，而这里“他人财产所有权”应当实质化、教义学化地解释为行为所侵之财背后的合法所有人之财产所有权，从而可以进一

① 魏东．论传统侵财罪的保护法益——基于实质所有权说的法律阐释．法学评论，2017（4）．

② 我国《刑法》分则第五章“侵犯财产罪”之中规定的传统侵财罪，主要指转移取得型侵财罪和变占有为所有型侵财罪（即侵占罪和职务侵占罪），但是不包括挪用资金罪、挪用特定款物罪、破坏生产经营罪和拒不支付劳动报酬罪等四罪。本书后面论述中所用“侵财罪”，在没有特别声明时均指传统侵财罪。

③ 高铭暄，马克昌．刑法学．2版．北京：北京大学出版社，2005：549；王作富．刑法分则实务研究．4版：中．北京：中国方正出版社，2010：1017-1018；赵秉志．刑法新教程．4版．北京：中国人民大学出版社，2012：487．

④ 占有说论者在坚持占有说这一总体立场之下尚有进一步区分，如“基于占有说的中间说”兼“以经济的财产说为基础的折中说”（张明楷）、“对财物的支配关系”亦即“所有权和占有权”（周光权）、“限定的占有说”（胡东飞）等多种学说。上列观点分别参见张明楷．刑法学．4版．北京：法律出版社，2011：838；周光权．刑法各论．北京：中国人民大学出版社，2008：93；黎宏．论财产犯罪的保护法益．人民检察，2008（23）；胡东飞．财产犯罪的法益——以刑法与民法之关系为视角//赵秉志．刑法论丛：2014年第2卷（总第38卷）．北京：法律出版社，2014：286-313．

步确定此种行为入罪的解释路径。我国传统刑法理论在解释非法获取违禁品或者赃物的行为入罪理由时，应当说早在上世纪80年代初就已形成了“归根结底是对国家、集体或他人财产权利的侵犯”这一通说[①]，而这一通说直到当下仍然强势地成为中国刑法学中“有约束力的教义学知识”与“法教义学语句”[②]，并且“可以形成有约束力的基础概念、意义模式，尤其是关于法律论证标准的秩序意见”[③]。尽管这一观点因为占有说的引入而面临批评，但是应当说这些批评仍然难以撼动通说成为当下中国刑法理论解释侵财罪犯罪客体的主导地位。[④] 而占有说因为主张侵财罪保护法益既可以是所有也可以是单纯占有，因而认为非法获取违禁品或者赃物的行为入罪的违法性根据仅仅在于其侵害了占有，并以占有说直接疏通此种行为入罪的解释路径。

一般认为，持占有说的学者是在借鉴吸纳德日刑法学的学术传统与刑法知识的基础上所形成的学术见解。在德国刑法学上，以诈骗罪为中心展开的是法律的财产说、经济的财产说及法律—经济的财产说的见解；而在日本刑法学上，以盗窃罪为中心展开的是本权说、占有说及各种中间说（包括基于本权说的中间说与基于占有说的中间说）的争论。[⑤] 车浩教授指出，国内刑法学界的通说认为，财产犯罪的法益或者说客体是公私财产的所有权，但是，随着近年来国内引入了日本学界关于本权说与占有说的争论，以盗窃罪为基本的讨论平台，主张财产犯罪的法益包括占有的看法，日益成为一种有力的观点。[⑥] 那么，占有说作为“一种有力的观点”相对于国内通说（所有权说）而言是挑战者，其挑战国内通说的“基点”是什么，其难以撼动国内通说而成为其自身的“痛点”又是什么？这种学术观察和逻辑梳理可能有助于我们明辨是非，并深入论证侵财罪保护法益实质所有权说的法理根据。

（二）“他人财产所有权”的实质化审查：实质所有权说的法理阐释

实质所有权说的核心和要旨是对于作为侵财罪保护法益的“他人财产所有权”的实质化审查判断，其在将传统所有权说明确“升华”为实质所有权说的基础上，具有优于占有说及其他相关学说的实质合理性和强大逻辑解释力。

1. 实质所有权说相对于占有说的比较优势

如前所述，占有说论者所针对并试图逻辑地解决的主要问题是：获取违禁品或者赃物的行为入罪的违法性根据与解释路径，只能是占有权或者占有状态（占有说），而不能是所有权（所有权说）。占有说论者进一步指出，根据所有权说，“对于盗窃或者抢劫他人占有的违禁品的行为，难以认定为盗窃罪或抢劫罪”，并且“所有权说难以回答抢劫他人用于违法犯罪的财物（主要包括犯罪工具与犯罪组成之物）的行为，是否构成抢劫罪的问题”，以及“所有权说不能回答行为人（甲）骗取盗窃犯人（乙）所盗窃的财物（丙所有）的行为，是否构成诈骗罪的问题”[⑦]，而认为占有说对此类问题的逻辑解释却可以达致“天衣无缝”，进而认为“此点”

---

① 高铭暄．刑法学．北京：法律出版社，1982：480.

② 德国学者尼尔斯·杨森指出，若缺乏这种有约束力的教义学知识，有意义的法律论证就不会出现。杨森．民法中的教义学．吕玉赞，译//法律方法：第18卷．济南：山东人民出版社，2015：1-13.

③ 德国学者尼尔斯·杨森指出：“法教义学可以确定法律论证所需的特定的概念性、体系性或其他普遍认可的前提；可以形成有约束力的基础概念、意义模式，尤其是关于法律论证标准的秩序意见。”同② 1-13.

④ 例如王作富教授认为，对于“抢劫其他违法犯罪分子手中的赃物”的行为应当定抢劫罪，其根据在于“这不是因为侵犯违法犯罪分子的所有权，而是因为按照法律规定，非法所得的赃物应当没收归国家。所以，上述行为实际上侵犯了国家所有权”。王作富．刑法分则实务研究．4版：中．北京：中国方正出版社，2010：1024.

⑤ 张明楷．刑法学．4版．北京：法律出版社，2011：834.

⑥ 车浩．占有不是财产犯罪的法益．法律科学，2015（3）.

⑦ 张明楷．刑法学．4版．北京：法律出版社，2011：837-838.

能够成为占有说对所有权说的挑战“基点”。但是笔者认为，占有说恰恰在“此点”挑战中可能仍然难以获得超越所有权说的逻辑说理优势。

从实质上审查，获取违禁品或者赃物的行为，其入罪根据不可能是因为法律要保护违禁品或者赃物的相关占有人之“占有”（占有权或者占有状态），恰如占有说诘难所有权说之入罪根据不可能是因为法律要保护违禁品或者赃物的相关占有人之“所有权”的逻辑说理一样，试图从“违禁品或者赃物的相关占有人”本身之占有或者所有权“这一点”来说明侵财罪保护法益太过于机械而狭隘，此种机械说理的荒诞性显而易见，难分伯仲，因而在“这一点”上占有说难以获得超越所有权说的立论“基点”。不但如此，彻底的实质审查恰恰可以发现，所有权说正是超越了“这一点”而获得足够空间进行逻辑说理——或者从刑法“保护”的法益实质，或者从侵财行为“侵犯”的法益实质进行逻辑说理——从而能够合乎逻辑地论证获取违禁品或者赃物的行为入罪的违法性根据与解释路径。如前所述，传统刑法理论通说阐明了获取违禁品或者赃物的行为，从刑法“保护”的法益实质上看，该行为侵犯了犯罪对象“物”背后始终客观存在的“他人”——作为真正的犯罪被害人的“他人”的实质化审查——的财产所有权，这是刑法所必须保护的法益，因而具有侵财罪所内含的违法性；从侵财行为“侵犯”的法益实质上看，行为人针对违禁品或者赃物等非行为人自己所有的财物实施侵害行为，实质上恰恰是针对占有人背后的真正的被害人“他人”所有的财物实施侵害行为，当然具有“侵犯”他人财产所有权的法益实质，从而也具有侵财罪所内含的违法性。但是占有说在此却毫无逻辑周旋的任何空间，缺失基本的逻辑力量，更谈不上超越所有权说。由此也可以发现一个重要现象，所有权说必须强调对“他人财产所有权”的实质化审查——主要是犯罪对象“物”之财产所有权的实质化审查与犯罪被害人之“他人”的实质化审查——才能获得更加稳固周全的逻辑解释力，因而有必要将传统所有权说“升华”为实质所有权说。

而占有说论者所面临的理论诘难是：所有权人从其他合法占有人处获取自己所有的财物的行为不入罪的法理基础与解释路径，只能采用背离占有说的“例外说”或者“排除说”。即占有说在这个理论诘难面前被迫消退而采用例外不适用占有说（即“例外说”）或者排除适用占有说（即“排除说”），深刻表明其“不能合乎逻辑地”解决显而易见的理论和实践问题，其根本原因可能正在于占有说忽略了占有背后的“实质”恰恰就是他人财产所有权（实质所有权说）。由此，占有说在挑战所有权说的逻辑论辩中形成了理论困境：不但挑战“基点”难保，而且挑战“痛点”难解。

关于占有说的逻辑悖论，在侵占罪的构成机理中表现尤为明显。“占有”行为当其仅侵犯“占有”（即占有权或者占有状态）本身不构成侵财罪，只有在其侵犯“所有”（即他人财产所有权）之际方能成立侵财罪（即侵占罪），那么，侵占罪作为侵财罪为何只有在行为人将“占有”变为“所有”才能构成侵财罪，欠债不还为何不构成侵占罪？对此逻辑悖论与理论追问，占有说根本就无言以对。陈兴良教授指出：侵占代为保管的他人财物，是以占有与所有的分离为前提的，故而变占有为所有（所有权说）的行为才构成侵占罪；但是“欠债不还”为何不构成侵占罪，这是因为“对于货币来说，采用的是占有即所有这一原理”，行为人在获得借款或者合同对价的同时即已经获得作为欠款的金钱的所有权，此时“占有即所有，因而不存在占有与所有的分离”，当然不能成立侵占罪；只有在“基于他人的委托行为所受领的金钱，因为受领的金钱属于委托人所有，因此，如果受托人随意使用该金钱的构成侵占罪”①。陈兴良教授

---

① 佐伯仁志，道垣内弘人．刑法与民法的对话．于改之，张小宁，译．北京：北京大学出版社，2012：1-5（陈兴良“译序”）．

的这些论述，完全可以认为是在坦承作为侵财罪的侵占罪的保护法益只能是所有权说之法理。可见，占有说在诠释侵占罪的法理基础与解释路径时，也只能被迫消退而采用背离占有说的“例外说”或者“排除说”。而秉持占有说立场的张明楷教授在侵占罪问题上似乎巧妙地“回避”了占有说，称“盗窃罪的法益直接影响盗窃罪构成要件的解释与盗窃案件的认定。不仅如此，关于盗窃罪法益的观点，不仅适用于抢劫罪中的财产法益部分，而且也适用于抢夺罪、聚众哄抢罪乃至诈骗罪、敲诈勒索罪等取得罪”①。那么，作为非转移取得罪的侵占罪是否可以适用占有说呢？张明楷教授采用了“表面不说，暗中回避”的策略，这种回避而不明说的立场（回避说）在根本上就与“例外说”和“排除说”如出一辙，均属于对占有说的公然“背叛”。相映成趣的是，所有权说在此却获得了完美诠释：作为侵财罪的侵占罪之保护法益“正是”并且“只能是”他人财产所有权，欠债不还不能成立侵占罪的根本原因“正是”并且“只能是”该行为没有侵犯他人财产所有权。

综上可以发现，当前质疑甚至反对占有说的学术见解日渐上风，不但有学者明确指出“占有不是财产犯罪的法益”②，而且占有说在“所有权人从其他合法占有人处获取自己所有的财物的行为不入罪的法理基础与解释路径”等理论诘难面前难以自圆其说，甚至被迫消退而“不能合乎逻辑地”内化解决显而易见的理论和实践问题，凸显了占有说缺乏理论解释力、逻辑自洽性和保守性。可以毫不客气地说，占有说在其与所有权说的理论竞争中明显呈现出颓废无为的态势。相对而言，所有权说比占有说具有“更好”的理论竞争优势，因为按照社科法学的方法论特征强调作为解决问题的手段的“理论的竞争和进步”，对于“同一个现象或是问题，有两个或者两个以上的理论都可以对其进行解释或解决的话，我们该如何作出取舍：哪一个理论相对而言，是更可取的，或者是更‘好’的”③；而“更好”的理论的选择判断标准，必须是解释力越强的、更容易得到实证检验的、表述更为精确的以及越保守的（即更能与原有的理论体系相容的）理论。④ 当然，公允地讲，传统所有权说也应当凤凰涅槃“升华”为实质所有权说，以增强其更加稳固周全的理论解释力和逻辑自洽性。

从保护法益的立场看，刑法作为法益保护法抑或秩序维护法，实质所有权说才能彻底反映刑法“保护”的法益实质。而占有说流于形式、疏离所有权实质，其在占有脱离于使用、收益和处分权能的关联性判断时根本无法准确判断刑法保护的法益实质，因而缺乏实质合理性。无论是获取违禁品或者赃物的行为入罪的违法性根据与解释路径，还是所有权人从其他合法占有人处获取自己所有财物的行为不入罪的法理基础与解释路径，都不能仅仅对占有状态进行形式审查，而必须实质化审查占有及其与使用、收益和处分三项权能的整体关联性，方能获得实质合理性。

同理，从被侵害法益的立场看，行为刑法和行为人刑法强调从行为本身造成法益侵害以及征表行为人危险性格的特点，实质所有权说才能周全反映侵财行为“侵害”的法益实质以及侵财行为人所具有的“侵财”法益的危险性格，而占有说无法反映侵财行为侵害所有权的法益实质以及侵财行为人所具有的“侵财”法益的危险性格。

刑法“保护”的法益实质与侵财行为所“侵害”的法益实质的完整统一，构成了侵财罪保护法益（即他人财产所有权）的“二维码”。侵财罪的保护法益只能是他人财产所有权，即侵财行为只有通过排除所有权人或者占有人占有、使用、收益、处分的形式，最终在实质上侵害

---

① 张明楷．刑法学．5版：下．北京：法律出版社，2016：939.

② 车浩．占有不是财产犯罪的法益．法律科学，2015（3）.

③ 吴义龙．社科法学的方法论特征//法律方法：第18卷．济南：山东人民出版社，2015：37－50.

④ 陈波．奎因哲学研究．北京：生活·读书·新知三联书店，1998：174.

了他人财产所有权，才能成为侵财行为入罪（侵财罪）的违法性根据与解释路径；相反，如果“表面的”侵财行为最终没有在实质上侵害他人财产所有权（如所有权人从其他合法占有人处获取自己所有的财物的行为），则由于其不具有侵财罪的保护法益而不构成侵财罪（但不排除构成他罪）。可见，侵财行为入罪的违法性根据与解释路径，只能定位于审查侵财行为所侵害的他人财产所有权这一违法实质：如果某个行为并没有侵害所有权实质（尽管其可能侵害了其他法益），则该行为不构成侵财罪（尽管其可能构成他罪）；如果某个行为侵害了所有权实质，则该行为可以构成侵财罪。

2. 实质所有权说相对于法律—经济的财产说的比较优势

以上主要是针对占有说与所有权说的学术之争展开的讨论，期以论证实质所有权说的合理性。但有学者可能认为，实质所有权说还面临着“法律—经济的财产说”（德国刑法理论）和“中间说”（日本刑法理论，具体包括基于本权说的中间说和基于占有说的中间说）的挑战，因而这些关联性的理论问题有待进一步检讨。

关于“法律—经济的财产说”，江溯教授和蔡桂生教授均主张采用此说。江溯教授认为“从我国刑法典和司法实践可以看出，我国关于财产犯罪采取的是法律—经济的财产说”①，而蔡桂生教授则进一步指出“按照法律·经济财产说的理解，只有被告人的行为侵犯了不违法的经济利益，被告人的行为才成立相应的财产犯罪”②。其实，德国刑法理论是在阐释诈骗罪的保护法益时才提出并采用了“法律—经济的财产说”，其目的在于弥补“经济的财产说”的显而易见的缺陷，因为“经济的财产说”无法恰当诠释那些尽管具有经济价值但是不需要或者不应该获得法律保护的“财产”（如自由自在的空气和鸟粪）为何不能成为诈骗罪的保护法益这一疑问，进而在经济价值之外添加了应该获得法律保护的“财产”（如以容器包装后的空气和鸟粪）的限制之后才能成为诈骗罪的保护法益，从而形成了“法律—经济的财产说”。这里，蔡桂生教授使用了“不违法的经济利益”这一语词，其到底有几层意思，可能是一个包括蔡桂生教授本人在内的所有人都难以说明的问题，但是无论如何，应当承认当且仅当该“不违法的经济利益”可以实质地转化为“他人财产所有权”时，该“不违法的经济利益”才可以成为侵财罪的保护法益，因而，侵财罪的保护法益仍然必须回归到“他人财产所有权”的实质化审查判断上。

至于“中间说”，张明楷教授主张引进此说并进行本土化改造。张明楷教授认为，“盗窃罪的法益首先是财产所有权及其他财产权，其次是需要通过法定程序改变现状（恢复应有状态）的占有……就狭义的财物而言，这里的‘财产所有权’可以根据民法确定，即包括财物的占有权、使用权、收益权与处分权；‘其他财产权’既包括合法占有财物的权利（如他物权），也包括债权以及享有其他财产性利益的权利；在合法占有财物的情况下，占有者虽然享有占有的权利，却不一定享有其他权利，尤其不一定享有处分权”③。从张明楷教授的上列阐释内容看，其在承认财产所有权是侵财罪保护法益的前提下，进一步指出“其他财产权”和“占有”也可以成为侵财罪保护法益。其中“占有”问题的讨论已经如前所述，这里不再赘述。那么，如何看待“其他财产权”与侵财罪保护法益之间的关联关系呢？笔者认为，“其他财产权”肯定需要刑法保护，但是仅凭此据难以确证“其他财产权”就是侵财罪的保护法益这一结论的正确性。比如租赁权、质押权、著作权中的财产权等“其他财产权”（指财产所有权之外的其他财

① 江溯．财产犯罪的保护法益：法律—经济财产说之提倡．法学评论，2016（6）．

② 蔡桂生．刑法中侵犯财产罪保护客体的务实选择．政治与法律，2016（12）．

③ 张明楷．刑法学．5版：下．北京：法律出版社，2016：942．

产权)，尽管其应当获得刑法保护并且可以成为诸如非法经营罪或者侵犯著作权罪等犯罪的保护法益，但是，只有在这些“其他财产权”可以实质地转化为“他人财产所有权”并且被直接侵害时，该“其他财产权”才能够实质地成为侵财罪的保护法益，从而侵财罪的保护法益仍然必须回归到“他人财产所有权”的实质审查判断上，其原理如同德国刑法理论中“法律—经济的财产说”一样。

应当说，侵财罪保护法益的实质所有权说，既是侵财罪的入罪立法论根据（立法原理），刑法立法文本仅仅是将那些侵犯实质所有权的侵财行为规范为侵财罪；也是侵财罪的解释论根据，刑法解释论上仅仅可以将那些侵犯实质所有权的侵财行为解释为侵财罪。侵财罪保护法益的实质所有权说（即“他人财产所有权”的实质化审查），加上行为人主观上所具有的“非法占有目的”和故意责任的实质审查，有利于从法理上厘清司法实践中出现的众多疑难案件的定性处理问题。更加精细化地审查分析可以发现，实质所有权说所主张的“他人财产所有权”的实质化审查判断，可以具体细化为基于犯罪被害人之“他人”（之“财产所有权”）与基于侵财罪犯罪对象物之“财产所有权”的实质化审查判断两个方面。

（三）侵财犯罪对象物争议案件的司法裁判分析：基于犯罪对象物之“财产所有权”的实质化审查

在犯罪对象物争议案件中，基于作为犯罪对象“物”之财产所有权的实质化审查尤为关键。按照侵财罪保护法益的实质所有权说，在某一侵害行为针对“物”实施侵害时，该侵害行为是否可以评价为侵财罪所内含的违法性，关键在于犯罪对象“物”之财产所有权是否遭受侵害这一实质审查：若是，则该侵害行为具有侵财罪所内含的违法性；若不是，则该侵害行为不具有侵财罪所内含的违法性（但不排除其具有其他犯罪所内含的违法性）。具体讲，只有在该“物”之实质所有权——而非仅仅表现为该“物”之占有形式等——被侵害的条件下，才能认定该侵害行为侵害了侵财罪保护法益（即犯罪客体），进而才能认定该侵害行为成立侵财罪；相应的，在某一侵害行为针对“物”实施侵害时，若并不存在该“物”之实质所有权被侵害，即使表面上该“物”之占有形式被侵害，则不能认定该侵害行为侵害了侵财罪的保护法益，因而也不能认定该侵害行为成立侵财罪。当然，若存在该“物”所体现之司法秩序等其他法益被侵害的，则可以认定为该侵害行为侵害了其他相关犯罪的保护法益，进而可以认定为其他犯罪（如非法处置查封、扣押、冻结的财产罪等）；若不存在该“物”所体现之任何法益被侵害的，则应承认该“侵害行为”在实质上不是侵害行为，依法不应对该“侵害行为”定罪。

大致可以说，犯罪对象争议案件中，侧重于犯罪对象“物”之财产所有权的实质化审查判断，值得特别检讨的情形主要有以下三种：一是所有权人“获取”自有财物的行为；二是债权人“获取”到期债务人相当于到期债权价值财物的行为；三是拾荒者“获取”他人丢弃物的行为。

1. 所有权人“获取”自有财物的行为定性处理

如前所述，根据实质所有权说，所有权人实施“获取”（如“窃取”“强取”等）他人占有的自己所有财物的行为，由于他人占有不能否定所有权人的财产所有权，因而没有侵犯他人财产所有权，只要行为人没有借此实施进一步勒索或者诈骗等后续侵财行为，就不构成侵财罪。这种解释结论现在基本上不存在争议，但是在具体案件中可能还需要注意以下两个问题。

其一，如果行为人有进一步的后续侵财行为（可简称“后续行为”），如行为人隐瞒自己取回了自有财物的事实而向对方索赔或者扣抵债务，则其后续行为通常可定侵财罪。但是，此种后续行为在具体罪名的确定上可能还存在争议，值得进一步检讨：有的主张以先前实施的“获取”行为为据确定侵财罪的具体罪名（如盗窃罪、抢夺罪或者抢劫罪），有的主张以后续行为为据确定侵财罪的具体罪名（如诈骗罪或者敲诈勒索罪）。例如苍南县叶文言盗窃案，其分析内容可见本章开篇论述。

其二，如果行为人尽管没有进一步的后续侵财行为，但是行为人窃取或者强取自有财物的行为本身同时又触犯了其他罪名的，如非法处置查封、扣押、冻结的财产罪或者妨害公务罪、故意伤害罪甚至故意杀人罪等，则应依法定性为相应的其他罪名，但是依法不构成侵财罪。例如：王彬故意杀人案、陆惠忠非法处置扣押的财产案、江世田等妨害公务案。①

案例

王彬故意杀人案②

1997年3月28日10时许，被告人王彬驾驶自己的一辆简易机动三轮车在204国道上行驶，因无驾驶执照，其所驾车辆被执勤交通民警查扣，停放在交警中队大院内。当晚10时许，王彬潜入该院内，趁值班人员不备偷取院门钥匙欲将车开走。值班人员吕某发现后上前制止。王彬即殴打吕某，并用绳索将吕某手、脚捆绑，用毛巾、手帕、布条堵勒住吕某口鼻，致吕某窒息死亡。青岛市中级人民法院以被告人王彬犯抢劫罪，判处死刑，剥夺政治权利终身。后王彬上诉，山东省高级人民法院经审理认为王彬构成故意伤害罪，故撤销一审判决，以王彬犯故意伤害罪，判处死刑，缓期2年执行，剥夺政治权利终身。

最高人民法院刑庭编发这一案件时载明的主要裁判理由是③：王彬主观上是想取回自己被公安机关查扣的车辆，也就是自己拥有所有权的财产，而不是非法占有自己不享有所有权的财产，不具有非法占有目的。因此，王彬盗取自己被扣机动车的行为不同于盗窃，这也就决定了其在盗取自己被扣车辆过程中致人死亡的行为不能认定为抢劫。

可以认为，王彬案的裁判立场表明，我国司法实践已采用侵财罪保护法益的实质所有权说。因为毋庸置疑，若采用占有说，王彬因在侵害他人占有财物时采用暴力手段而致人死亡，就应被定性为抢劫罪。当然我们也注意到，坚持占有说的部分学者客观上也得出了王彬不构成抢劫罪的解释结论，但是应当注意其解释路径是在采用占有说的前提下，进一步采用“例外说”或者“排除说”才得以获得这个解释结论的，表明占有说的“理论正确性”在本案中存在例外或者排除，因而占有说并不妥当。

但值得注意的是，最高法关于王彬不构成侵财罪（抢劫罪）裁判理由的阐释，主要是针对被告人的主观故意和目的来展开的，认为王彬“不是非法占有自己不享有所有权的财产，不具有非法占有目的”，所以依法不予认定侵财罪（抢劫罪）。而对于王彬的行为所侵害的犯罪客体是否包含他人财产所有权的问题，裁判理由只是在阐释其主观故意之中有“不是非法占有自己不享有所有权的财产”的内容，而并没有明确说明王彬的行为没有侵犯他人财产所有权，从而没有侵财罪保护法益的实质内容，因而王彬不构成抢劫罪。那么就此而论，尤其是从判决说理的周全性看，裁判理由若在说明王彬主观上“不具有非法占有目的”的同时，进一步说明王彬客观上没有侵犯“他人财产所有权”的实质违法性，则更为精当。

案例

陆惠忠非法处置扣押的财产案④

2005年5月10日上午，因被告人陆惠忠未按时履行民事判决，无锡市开发区人民法院依

① 该三则案例均系最高人民法院《刑事审判参考》所公布的典型案件，详见后文关于该三则案例来源的注释说明。

② 朱伟德．王彬故意杀人案——对在盗取自己被公安机关依法查扣的机动车辆的过程中致人伤亡的行为应如何定性//最高人民法院刑事审判第一庭，第二庭．刑事审判参考：2001年第5集．北京：法律出版社，2001：18-21.

③ 于志刚，郭旭强．财产罪法益中所有权说与占有说之对抗与选择．法学，2010（8）.

④ 陈靖宇，陈利．陆惠忠、刘敏非法处置扣押的财产案——窃取本人被司法机关扣押的财物如何处理//最高人民法院刑事审判第一庭，第二庭．刑事审判参考：2006年第4集．北京：法律出版社，2006：26-32.

法强制执行，扣押了陆惠忠所有的起亚牌轿车一辆，加贴封条后将该车停放于法院停车场。当天下午5时许，陆惠忠至法院停车场，趁无人之机，擅自撕毁汽车上的封条，将轿车开走并藏匿于无锡市某宾馆停车场内。无锡市南长区人民法院以陆惠忠犯非法处置扣押的财产罪判处有期徒刑1年。

最高人民法院刑庭编发这一案件时载明的主要裁判理由是①：本案定性的焦点在于被告人是否具有非法占有的目的。如果有证据证明行为人窃取人民法院扣押的财物后，有向人民法院提出索赔的目的，或者已经获得赔偿，则应当以盗窃罪定罪处刑；反之，如果没有非法占有目的，把自己所有而被司法机关扣押的财产擅自拿走，则不能以盗窃罪处理。从本案证据来看，被告人主观上尚没有使法院扣押的财物遭受损失或非法索赔的目的，认定其具有非法占有目的的证据不足，因而其行为不构成盗窃罪。

同样可以认为，陆惠忠案的裁判立场业已表明，我国司法实践已采用侵财罪保护法益的实质所有权说。但是值得注意的问题仍有两点：一是最高人民法院在裁判理由中指出陆惠忠不构成侵财罪（盗窃罪），认为“本案定性的焦点在于被告人是否具有非法占有的目的”，这一点说理如同王彬案的判决说理一样，只说了主观的违法性要素和责任性问题，而没有说明客观违法性问题，亦即并没有明确说明陆惠忠的行为没有侵犯他人财产所有权，从而没有侵财罪保护法益的实质内容（因而陆惠忠不构成盗窃罪）。可见，陆惠忠案的判决说理仍然有失充分，其在说明陆惠忠主观上“不具有非法占有目的”的同时，还应当进一步说明陆惠忠的行为在客观上“没有侵犯他人财产所有权”的实质违法性，方可堪称精准。二是最高人民法院认为如果有证据证明行为人窃取人民法院扣押的财物后，有向人民法院提出索赔的目的，或者已经获得赔偿，则应当以盗窃罪定罪处刑，这一观点同样有所不当，理由如前所述：如果有证据证明行为人窃取人民法院扣押的财物后，有向人民法院提出索赔的目的，或者已经获得赔偿，应当承认陆惠忠将自己所有的轿车开走并藏匿的先前“盗窃行为”依法不构成盗窃罪，其根本原因就在于这一“先前行为”（即先前“盗窃行为”）没有侵害他人财产所有权的违法内容（但是具有非法处置扣押的财产的违法内容），因而不能构成侵财罪（但是构成非法处置扣押的财产罪）；仅在其实施了“有向人民法院提出索赔的目的，或者已经获得赔偿”的“后续行为”时才具有侵财罪所内含的侵害他人财产所有权的违法内容，因而其“后续行为”才可能被评判为侵财罪，并且由于其“后续行为”更加符合诈骗罪行为定型特征，因而也只能以诈骗罪定罪处刑，而不能构成盗窃罪。

案例 江世田等妨害公务案②

1999年11月间，被告人江世田与张信露等人合伙购买了卷烟机和接嘴机各1台用于制售假烟，后该设备被政府相关部门组成的联合打假车队查获。张信露与被告人江世田得知后，纠集数百名不明真相的群众拦截、围攻打假车队，将查扣的载有制假烟机器的农用车上的执法人员董某某等人拉出驾驶室进行殴打。被告人黄学栈与江传阳等人乘机开走3部农用车。随后，张信露与被告人江世田又聚集鼓动黄学栈、黄海兵等一群人，毁损、哄抢执法人员的摄像机、照相机等设备，并对执法人员进行殴打，直至公安人员赶到现场时才逃离。漳州市中级人民法院以被告人江世田犯聚众哄抢罪，判处有期徒刑10年。后江世田等人上诉。福建省高级人民法院经审理认为江世田的行为构成妨害公务罪，故撤销一审判决，以江世田犯妨害公务罪，判

① 于志刚，郭旭强．财产罪法益中所有权说与占有说之对抗与选择．法学，2010（8）．

② 陈建安，汪鸿滨．江世田等妨害公务案——聚众以暴力手段抢回被依法查扣的制假设备应如何定罪//最高人民法院刑事审判第一庭，第二庭．刑事审判参考：2002年第5集．北京：法律出版社，2002：53-58.

处有期徒刑3年。

最高人民法院刑庭编发这一案件时载明的主要裁判理由是①：本案被告人并不是要非法占有公私财物，而只是不法对抗国家机关的打假执法公务活动，意欲夺回被国家机关工作人员依法查扣的制假设备。制假设备是犯罪工具，虽属不法财产，但毕竟为被告人所有，抢回自有物品与强占他人所有或公有财物显然不同。被告人不具有非法占有的目的，只有妨害公务的目的。因此，江世田的行为不构成抢劫罪或聚众哄抢罪，而构成妨害公务罪。

江世田案有两个判决结果。一审法院认定江世田构成侵财罪（即聚众哄抢罪），大致可以认为其在侵财罪保护法益问题上采用了占有说，其解释路径是因为"被告人江世田与张信露等人合伙购买了卷烟机和接嘴机各1台"已经被联合打假车队查获并占有，那么江世田等人聚众哄抢已被联合打假车队占有的卷烟机和接嘴机等财物，侵害了他人占有，所以认定江世田构成侵财罪（即聚众哄抢罪）。但是，二审法院撤销了一审法院认定江世田构成侵财罪（即聚众哄抢罪）的判决，认为江世田不构成侵财罪（即聚众哄抢罪），改判江世田只构成妨害公务罪。毫无疑问，江世田案终审判决的裁判立场再次表明，我国司法实践只能采用侵财罪保护法益的实质所有权说。

应当说，江世田案终审法院的生效判决是正确的。不过同样值得注意的问题是：从二审判决说理看，最高法指出"制假设备是犯罪工具，虽属不法财产，但毕竟为被告人所有，抢回自有物品与强占他人所有或公有财物显然不同。被告人不具有非法占有的目的"，其仍然只说了主观责任性问题，而没有说明客观违法性问题，并没有明确说明江世田的行为没有侵犯他人财产所有权，从而没有侵财罪保护法益的实质内容，因而江世田不构成作为侵财罪的聚众哄抢罪。从判决说理的周全性看，在说明江世田主观上"不具有非法占有目的"的同时，应当进一步说明江世田的行为在客观上"没有侵犯他人财产所有权"的实质违法性。

2. 债权人"获取"到期债务人相当于到期债权价值财物的行为定性处理

关于债权人"获取"到期债务人相当于到期债权价值财物的行为如何定性处理，在司法实践中存在较大分歧，有的主张定侵财罪，有的主张不定罪。笔者认为，债权人对于债务人的到期债务，有要求债务人履行支付义务的权利，从而到期债务人财产所有权不能有效排斥债权人的到期债权。因此，债权人"窃取"与"强取"到期债务人相当于到期债权价值财物的行为，依法应当认定为没有侵犯他人财产所有权（即到期债务人的财产所有权）的实质（并且同时也应当认定债权人主观上没有非法占有的故意和目的），对此行为依法不应定性为侵财罪。当然，债权人若"窃取"与"强取"到期债务人超出其到期债务价值的财物，则可能具有侵犯他人财产所有权（即债务人的财产所有权）的实质违法性，进而债权人可能构成侵财罪，例如但某强取质押汽车收回借款案。

案例　**但某强取质押汽车收回借款案②**

2012年9月20日、10月18日，黄某、帅某从被告人但某处两次借款共计20万元，并以黄某一辆车牌为川AR8R00白色博斯特汽车作为抵押物进行抵押登记，后黄某、帅某在约定的还款期限到期后未能还款。2013年1月30日19时许，被告人但某伙同他人在双流县东升街办龙桥路奥特莱斯门口，将被害人黄某强行拉上所驾宝马车并胁迫其还钱，未果后，但某强行将其博斯特汽车开走。事后，但某伪造黄某的签字私自解除该车抵押登记后，将该车过户到自己

① 于志刚，郭旭强．财产罪法益中所有权说与占有说之对抗与选择．法学，2010（8）．

② 四川省成都市双流县人民检察院起诉书，双检公诉刑诉［2014］363号．

名下，并以 42.6 万元的价格将该车出售。其后，但某向黄某表示要归还超额部分钱款，但某与黄某及其律师也对此进行了多次磋商，终因双方在应付利息数额等问题上分歧过大而搁置（黄某还主张其车内有苹果手机与 1.7 克拉的钻戒等财物需要但某赔偿）。经鉴定：该白色博斯特汽车价值人民币 52.820 8 万元。公诉机关指控但某犯抢劫罪。

本案公诉机关指控但某犯抢劫罪，其法理依据可能是采用了占有说（或者基于占有说的中间说）。但是，笔者认为，若采用侵财罪保护法益的实质所有权说，则本案公诉机关的指控罪名可能值得研究。

那么，本案但某作为抵押权人强取抵押汽车收回借款的行为到底如何定性处理？笔者认为，本案但某的行为可以分为强取抵押汽车并变卖汽车（第一个阶段）、处置汽车款（第二个阶段）这样两个阶段，在此基础上具体分析其定性处理问题。

第一个阶段中，但某为实现合法债权而强行开走依法抵押的轿车并变卖的行为，依法不构成侵财罪。理由在于：（1）但某将到期债务人黄某的汽车强行开走并变卖，是行使合法抵押权的行为，客观上并没有侵犯他人财产所有权（本案即黄某的财产所有权），主观上不具有非法占有他人财产的目的。虽然黄某、帅某只是欠但某 20 万元债务，而黄某的博斯特汽车实际鉴定价值为 52.820 8 万元，表面看来，但某通过强行开走汽车而控制的财物价值数额远远超过其债权数额，但汽车本身是不可分割物并且是作为抵押物整体设定抵押，债权人行使抵押权只能针对作为整体的抵押物而不可能仅针对债权数额而分割抵押物来行使，因此，不能据此认定但某侵犯了黄某的财产所有权。（2）由于缺乏侵犯他人财产所有权的违法性实质，但某的行为不构成抢劫罪。2005 年最高人民法院《关于审理抢劫、抢夺刑事案件适用法律若干问题的意见》（法发〔2005〕8 号）第 9 条规定："行为人为索取债务，使用暴力、暴力威胁等手段的，一般不以抢劫罪定罪处罚。构成故意伤害等其他犯罪的，依照刑法第二百三十四条等规定处罚。"这一规定的规范含义是：对于采取不法手段行使合法债权（索债）的行为，由于行为人并未侵犯他人财产所有权，不能以侵财罪定罪（但是可以对其不法手段本身是否构成其他犯罪予以评价）。

第二个阶段中，但某在处置汽车款时，在实现债权后未能及时向黄某返还超额钱款，应具体审查该"后续行为"是否具有侵犯他人财产所有权的违法性实质。黄某、帅某只是欠但某 20 万元债务，但某以 42.6 万元的价格将该车出售，而该车的实际鉴定价值为 52.820 8 万元。从民法上说，债权人在以变卖抵押物而获得的钱款实现了自己的合法债权后，应当及时将超额部分的钱款返还给债务人（对于超额部分的钱款，但某是实质上的保管人），但是本案中但某并未如此处理，在此意义上说，但某的行为可能涉嫌《刑法》第 270 条第 1 款"将代为保管的他人财物非法占为己有，数额较大，拒不退还"的规定（侵占罪）。当然，针对但某在后续处置汽车款过程中没有及时将多余钱款返还给被害人的行为，若有证据证实但某的行为"一开始"就具有非法占有目的并且具有侵害他人财产所有权的违法性质，则依法可以定性为抢劫罪，但是在犯罪数额的认定上应当依法扣除其合法债权所对应的数额；若没有证据证实但某的行为"一开始"就具有非法占有目的并且具有侵害他人财产所有权的违法性质，而仅有证据证实但某在事后处置汽车款过程中的"后续行为"才具有非法占有目的并且具有侵害他人财产所有权的违法性质，则应当谨慎地将但某的该"后续行为"认定为侵占罪，并且同样在犯罪数额的认定上应当依法扣除其合法债权所对应的数额；若没有证据证实但某的行为具有非法占有目的并且具有侵害他人财产所有权的违法性质，则应依法认定但某无罪。

3. 拾荒者"获取"他人丢弃物的行为定性处理

这种行为在生活中时有发生，其中涉及的法理就有他人财产所有权的实质判断（保护法益的判断)、盗窃罪犯罪对象的属性判断(对象属性与状态的判断)等问题。[①] 从侵财罪保护法益的实质所有权说分析,拾荒者"获取"他人丢弃物的行为没有侵犯他人财产所有权的实质内容,因而依法不构成侵财罪。例如滕彩荣捡拾高尔夫球案。

案例 **滕彩荣捡拾高尔夫球案**[②]

贵州村民滕彩荣在2007年6月至2008年11月间,将某高尔夫球场上的1 249个高尔夫球(价值共计15 513元)捡走并占为己有。贵阳市修文县人民法院认为,滕彩荣"以非法占有为目的,采取秘密窃取的手段盗窃数额巨大的公私财产",其行为构成盗窃罪,判处有期徒刑3年,缓刑4年,并处罚金10 000元。

一审判决后,修文县人民检察院以"量刑畸轻"提起抗诉,滕彩荣也随之上诉到贵阳市中级人民法院。2009年8月13日,贵阳市中级人民法院作出裁定,撤销修文县人民法院的一审判决,发回重审。2009年12月20日,修文县人民法院作出判决,认定滕彩荣盗窃罪的证据不足,宣告无罪。同年12月22日,滕彩荣从修文县看守所被无罪释放,退了10 000元的罚金。此后,修文县人民检察院以滕彩荣构成盗窃罪再次向贵阳市中级人民法院提起抗诉。2010年3月22日,贵阳市中级人民法院作出裁定书,裁定驳回修文县人民检察院的抗诉,维持无罪的原判。这一裁定为终审裁定。本案后来经过抗诉、上诉、裁定、重审、再抗诉、再裁定的多轮法律程序,被羁押了401天的滕彩荣最终被宣告无罪,并获得国家赔偿16万元(其中精神损害4万元)。

这一真实案例比较典型,检察院与法院的意见分歧很大,原一审法院的认识也是先后不同,但是最终作出了无罪宣判。而滕彩荣案中途之所以那么曲折反复并被多次判决构成盗窃罪,其错误的"法理根据"可能就在于采用了占有说(或者基于占有说的中间说)。但是,若坚持侵财罪保护法益的实质所有权说,在认定滕彩荣捡拾的高尔夫球为丢弃物时,即可以认定滕彩荣捡拾高尔夫球的行为并没有侵犯他人财产所有权的违法性实质,没有侵犯盗窃罪的保护法益(即他人财产所有权),则在法理上就可以毫无争议地认定其行为依法不构成盗窃罪。

(四)侵财犯罪被害人争议案件司法裁判分析:基于犯罪被害人之"他人"的实质化审查

被害人争议案件中,要特别注意侧重于作为犯罪被害人的"他人"之财产所有权的实质化审查。被害人争议案件主要涉及以下几种行为类型:一是代理人/代表人"获取"被代理人/被代表人财物的行为,要实质化审查被代理人/被代表人的财产所有权是否被侵害,如果是,则代理人/代表人可以构成侵财罪;二是诉讼诈骗人"获取"相对人财物的行为,要实质化审查相对人的财产所有权是否被侵害,如果是,则诉讼诈骗人可以构成侵财罪;三是单位人员"获取"本单位贷款的行为,要实质化审查本单位的财产所有权是否被单位人员侵害,如果是,则单位人员构成侵财罪。

1. 代理人/代表人"获取"被代理人/被代表人应得货款或者债权对价的行为定性处理

代理人/代表人诈骗在现实生活中出现较多,但是有时存在这样一种争议:在被害人(通常是被代理人或者被代表人)与合同相对方之间,代理人/代表人直接从合同相对方取得财产

① 作为侵财罪的犯罪对象之"财物",必须是在行为时正处于被他人所控制支配状态,否则不能成为侵财罪的犯罪对象,例如"遗弃物"在法理上就不能成为盗窃对象。魏东.刑法各论若干前沿问题要论.北京:人民法院出版社,2005:210;董玉庭.盗窃罪研究.北京:中国检察出版社,2002:22-23.

② 新华网报道.贵州捡高尔夫球卖村民经多轮法律程序被宣告无罪.[2010-08-18].新华法治.http://news.xinhuanet.com/legal/2010-08/17/c_12454193.htm.

并占为己有，于是有人就认为代理人/代表人并没有直接从被害人手中取得财产并占为己有，那么，这种情形下认定为代理人/代表人构成诈骗罪的话是否“合法合理”？对此，笔者认为，代理人/代表人直接从被代理人/被代表人的相对方手中获得货款或者债权对价，在实质上是直接将被代理人/被代表人的应得货款或者债权对价占为己有，因而在实质上是直接侵犯了被代理人/被代表人的实质所有权，依法应当构成诈骗罪/合同诈骗罪。

可见，代理人/代表人诈骗的特殊性在于：“他人”财产所有权是否受到侵犯，必须进行实质审查，否则可能混淆视听。例如：泸州市尤某某涉嫌诈骗案、杨永承合同诈骗案。

案例 **泸州市尤某某涉嫌诈骗案（未逮捕）**①

2013年7月1日，犯罪嫌疑人尤某某与泸州某公司实际控制人罗某某、易某某签订合作协议书，三方合作成立该公司投资管理部，由尤某某负责投资项目信息资源和资金投资管理，所获净利润三人按比例分红。2014年5月28日，尤某某向罗某某提出由其经手办理该公司借款2 000万元给成都某公司归还HX银行成都武侯支行过桥的业务；同日，泸州公司通过本公司对公账户转款2 000万元给成都公司在HX银行成都武侯支行账户为成都公司还贷。第二天，尤某某将成都公司及其关联公司成都某贸易公司的网银、支付密码器、公司及法人印章、空白支票拿到自己手中予以实际控制。第四天，尤某某向罗某某谎称HX银行给成都公司的续贷业务出现了问题，HX银行成都武侯支行不再续贷2 000万元给成都公司了，因而该2 000万元收不回来了。后查明，成都公司于2014年6月20日向HX银行成都武侯支行续贷2 000万元成功，该2 000万元续贷成功当日即被尤某某转至其本人私人账户上，随后又迅速分散转移赃款于其妻子、儿子、岳母等私人账户上（120余个账号）。罗某某发现被骗后于2015年8月向泸州市公安局以诈骗案报案。泸州市公安局以涉嫌职务侵占罪立案侦查，检察院以职务侵占罪主体不符合而不予批捕。

本案的争议问题是：代理人/代表人尤某某直接将成都公司归还过桥资金2 000万元转到自己私人账户的行为，由于其并没有从泸州公司转走该2 000万元，那么，认定尤某某侵犯了泸州公司2 000万元财产所有权是否妥当？这个问题是有关单位办案人员提出来的疑问（并且犯罪嫌疑人也提出了类似疑问）②，对此问题应该如何认识和回答呢？笔者认为，对于侵财罪保护法益“他人财产所有权”之“他人”应进行实质化审查，即本案应依法认定尤某某在实质上侵犯了作为“他人”的泸州公司的2 000万元财产所有权，尤某某的行为涉嫌诈骗罪。

案例 **杨永承合同诈骗案**③

2006年4月，上海威士文公司与被告人杨永承女士（系上海承联商务咨询公司法定代表人）签订委托销售协议，约定由杨永承作为威士文公司代理人负责对外销售空调设备、业务洽谈、签订合同，并按威士文公司指定的账户进行货款结算。2007年8月至2009年9月，杨永承私刻威士文公司印章和法人代表授权书等，以承联公司名义分别与四家公司签订了空调设备供应和安装合同，由威士文公司向四家公司提供价值200余万元的空调设备。其间，杨永承将四家公司支付给杨永承的空调设备货款154万余元占为已有，用于个人还债、投资经营及开销

---

① 本案尽管属于真实案例，但是鉴于本案尚处于未审结状态，故而隐去其中所涉单位和人员的真实身份信息，仅限于法理研讨。

② 此外，本案还有其他争议问题，如尤某某是否具有非法占有目的，尤涉嫌诈骗/合同诈骗还是职务侵占，本书在此不予展开讨论。

③ 陈兴良，张军，胡云腾．人民法院刑事指导案例裁判要旨通纂．北京：北京大学出版社，2013：266-267.

等，后关闭手机逃匿。案发后，杨永承投案自首。

本案公诉机关指控杨永承犯职务侵占罪，法院判决杨永承犯合同诈骗罪。

表面上，本案公诉机关和审判机关的争议问题是杨永承是否具有单位人员的身份，从而杨永承是否构成作为身份犯的职务侵占罪，而对杨永承的行为具有侵犯他人财产所有权的问题似乎没有争议。对此，最高人民法院归纳本案判决的裁判要旨是：获得公司临时授权从事某项具体事务的代理人不能被认定为公司工作人员，因此不是职务侵占罪。① 但从本书所讨论的侵财罪保护法益问题来看，本案需要审查的实质问题可能正在于：根据侵财罪保护法益的实质所有权说，对其侵犯他人财产所有权之“他人”应当进行实质化判断。亦即代理人杨永承从四家公司获得空调设备货款154万余元的行为，尽管表面上杨永承并没有直接从上海威士文公司手中取得该154万余元，但是按照实质所有权说，应当认定杨永承的行为实质上侵犯了作为“他人”的上海威士文公司之财产所有权，并且杨永承主观上具有非法占有目的，依法应当判决杨永承犯合同诈骗罪。

2. 诉讼诈骗人“获取”被害人财物的行为定性处理

诉讼诈骗是一种较为典型的三角诈骗，而这种三角诈骗在现实生活中时有发生，应当予以依法认定和打击处理。所谓三角诈骗，是指诈骗行为人通过让第三人被骗并处分被害人的财产或者财产性利益，从而被害人的财产所有权被侵犯，诈骗行为人获得财产或者财产性利益。三角诈骗的显著特点是：一是存在诈骗行为人、被骗人、被害人三方；二是被骗人与被害人分离但存在关联关系，被骗人因被骗而处分了被害人财产或者财产性利益，被害人因其实质所有权被侵犯而遭受了财产损失。

诉讼诈骗，是指诉讼诈骗行为人通过捏造的事实提起民事诉讼，使法院作出有利于自己的民事裁判，从而获得财产或者财产性利益的行为。诉讼诈骗的特殊性在于：一是诉讼诈骗行为人捏造了事实，提起了民事诉讼，获得了财产或者财产性利益；二是法官成为被骗人与处分权人；三是被告人成为被害人，其实质所有权被侵犯。作为三角诈骗的诉讼诈骗中，关键是对作为“他人”的被害人进行实质化审查。

张明楷教授认为，诉讼诈骗是典型三角诈骗，依法成立诈骗罪。② 此前，最高人民检察院法律政策研究室2002年9月25日《关于通过伪造证据骗取法院民事裁判占有他人财物的行为如何适用法律问题的答复》否定了诈骗罪的定性处理，认为“以非法占有为目的，通过伪造证据骗取法院民事裁判占有他人财物的行为所侵害的主要是人民法院正常的审判活动，可以由人民法院依照民事诉讼法的有关规定作出处理，不宜以诈骗罪追究行为人的刑事责任”，这一答复是欠妥的。其欠妥之处的重点，可能就在于其没有坚持实质所有权说，即其认为诉讼诈骗行为“所侵害的主要是人民法院正常的审判活动”，而忽视了对被害人的实质所有权的侵害，最终导致误读误判。正确的判断应当是“不但……而且”，诉讼诈骗行为不但侵犯了人民法院正常的审判活动，而且侵犯了他人的财产所有权，因而应当构成诈骗罪。

案例 **浙江省衢州市汪育红诉讼诈骗案**③

2003年上半年，汪育红与杭州恒泰建设工程有限公司（下称“恒泰公司”）商议成立恒泰公司衢州分公司（下称“衢州分公司”），汪育红任衢州分公司总经理。后因汪育红未向恒泰公

① 陈兴良，张军，胡云腾．人民法院刑事指导案例裁判要旨通纂．北京：北京大学出版社，2013：266－267.

② 张明楷．刑法学．5版．北京：法律出版社，2016：1006－1007.

③ 参见浙江省衢州市中级人民法院（2011）浙衢刑终字第41号刑事判决书；浙江省衢州市柯城区人民法院（2011）衢柯刑初字第9号刑事判决书。

司交纳10万元的承诺金，恒泰公司收回了衢州分公司的营业执照及印章。衢州分公司因年检逾期于2004年8月17日被吊销营业执照。2006年年初，汪育红为偿还其个人对陈金荣的160万元欠款，与陈金荣商定，虚构“衢州分公司在2003年6月至2004年8月期间为承揽工程而向陈金荣借款，尚欠160万元未归还”的事实，向衢州市中级人民法院提起民事诉讼，要求法院判处恒泰公司以及衢州分公司向陈金荣归还“借款”160万元，并支付相应的利息。2008年11月10日，衢州市中级人民法院判决驳回陈金荣的诉讼请求。陈金荣于2009年1月13日向浙江省高级人民法院提起上诉。二审期间，汪育红提供了虚假的证言，并以书面形式出具了虚假内容的情况说明，导致浙江省高级人民法院作出“恒泰公司归还陈金荣160万元，并支付相应的利息”的判决。此后，恒泰公司及时报案，汪育红的诈骗行为未能得逞，恒泰公司也未遭受财产损失。汪育红被检察机关以诈骗罪诉至浙江省衢州市柯城区人民法院。

衢州市柯城区人民法院经审理认为：被告人汪育红以非法占有为目的，伪造证据、虚构事实，进行虚假的民事诉讼，骗取企业资金且数额特别巨大，其行为已构成诈骗罪。被告人汪育红在实施犯罪时因意志以外原因而未得逞，属犯罪未遂，依法可减轻处罚。其在归案后认罪态度较好，可酌情从轻处罚。衢州市柯城区人民法院判决：被告人汪育红犯诈骗罪，判处有期徒刑5年。

从客观分析本案，汪育红虚构了“衢州分公司在2003年6月至2004年8月期间为承揽工程而向陈金荣借款，尚欠160万元未归还”的事实；受骗者是法官，陷入了认识错误（本案中被害人恒泰公司虽然未产生认识错误），且法官基于认识错误作出“恒泰公司归还陈金荣160万元，并支付相应利息”的判决，因为法官具有作出财产处分的权限，其作出的判决即财产处分行为；行为人取得财产与被害人遭受财产损失之间具有因果关系，本案中由于恒泰公司及时报案，汪育红的诈骗行为未能得逞，恒泰公司也未实际遭受财产损失，但这是汪育红因意志以外的原因而未得逞，其行为符合诈骗罪（未遂）的客观构成。① 总之，本案诉讼诈骗人汪育红客观上实施了虚构事实、隐瞒真相的行为。同时，本案诉讼诈骗人汪育红在主观上具有诈骗的故意与非法占有的目的。

综合本案诉讼诈骗的全貌看，诉讼诈骗人汪育红的行为完全符合诈骗罪的主客观方面构成要件，应当构成诈骗罪。其中，从保护法益看，本案被害人恒泰公司160万元的实质所有权被侵犯（已被侵害或者有被侵害威胁），完全符合诈骗罪的保护法益“实质所有权”的要求，应当将诉讼诈骗人汪育红认定为诈骗罪。

3. 单位人员“获取”本单位贷款的行为定性处理

此类案件具有一定的特殊性，为论述说理方便，先看一则真实案例。

案例 **陈某以本单位名义贷款并私吞②**

四川省眉山市某驾校以土地使用权作抵押申请银行贷款，授权该校会计陈某办理信贷等事宜。驾校法定代表人张某与银行签订抵押额度为500万元的贷款合同。不久，张某与陈某一起到银行借款300万元。张某在银行工作人员出具的空白《银行公司贷款（手工）借据》《小企业额度借款支用单》上签字、盖章备用。陈某得知张某已签字，便伪造驾校财务报表、建筑施工合同，将张某签名扫描在建筑合同上并加盖驾校公章，使用上述材料申请银行放贷余下的

---

① 周永敏．以虚假诉讼骗取他人财物行为的定性——浙江衢州中院判决汪育红诈骗案．人民法院报，2011-09-29（6）．

② 案例来源：四川省眉山市中级人民法院刑事裁定书，（2013）眉刑终字第60号．

200万元。银行将200万元贷款转入驾校对公账户过账后，划入陈某指定的廖某账户。陈某将200万元贷款挥霍。本案公诉机关指控陈某犯贷款诈骗罪，而人民法院判决认定陈某犯职务侵占罪。

在本案生效判决作出之后，有关人员对本案定性处理进行了法理分析并提出以下两种分歧意见：第一种意见认为，陈某的行为构成职务侵占罪。理由在于：陈某利用其驾校会计身份以及受托办理驾校信贷事宜的便利条件，以驾校名义贷款200万元，利用职务便利将贷款非法占为己有并挥霍一空，其侵害的客体是驾校财产所有权，构成职务侵占罪。第二种意见认为，陈某的行为构成贷款诈骗罪。理由是：陈某以本单位名义骗取贷款并私吞的行为，侵害的客体并非驾校财产所有权，而是银行对贷款的所有权和国家金融管理制度。① 可见，本案争议表面上是罪名适用上的争议，其实质在于被害人认定上的争议。

如前所述，在被害人争议案件中，确实需要特别注意基于犯罪被害人之“他人”的实质化审查。就本案而言，如果被害人是银行，即认定银行的实质所有权受到侵犯，可能就应当定性为贷款诈骗罪（或者骗取贷款罪）；如果被害人是行为人本单位“驾校”，即认定驾校的实质所有权受到侵犯，则可能应定性为职务侵占罪。

笔者认为，本案从实质上审查，陈某在驾校贷款额度之内向银行贷款并且提供了真实的“以土地使用权作抵押”的贷款担保，相关贷款文件上还盖有驾校的真实印章，银行贷款是“依约”转账给驾校对公账户上的，因而在法律上应当认定银行依约贷款给了驾校，银行并没有成为作为侵财罪被害人的“他人”，因此本案依法不应当定性为贷款诈骗罪（或者骗取贷款罪）。至于其后银行“依约”将驾校对公账户上的贷款“划入陈某指定的廖某账户”，出现了“陈某将200万元贷款挥霍”的情况，则属于陈某利用职务上的便利将本单位财物（驾校财物）非法占为己有，从而驾校成为作为侵财罪被害人的“他人”，亦即实质上是驾校的财产所有权被侵犯，或者说陈某的行为侵害的客体是驾校的财产所有权。根据侵财罪保护法益的实质所有权说，综合分析陈某的行为性质，应当认定陈某构成职务侵占罪，而非贷款诈骗罪。

二、盗窃对象的属性与范围

（一）盗窃对象的属性问题

盗窃罪的犯罪对象是财物。但是，作为盗窃罪的犯罪对象的财物，其属性是什么？这是一个值得思考的问题。

刑法理论上对财物属性的理解，大体上有以下四种学说：一是有体性说，认为刑法上所指的财物必须是有具体形状的物体；而无体物不是财物，所以电能、热能、煤气、天然气、核能等无体物不能成为盗窃罪的犯罪对象。二是效用说，认为财物无须具备有体性，只要有经济价值，具有效能和用途的物质都可以成为财物。三是持有可能性说，认为只要事实上可以支配的财物，都可以成为财物。四是管理可能性说，这种学说又进一步分为有体性管理可能性说与一般管理可能性说两种。有体性管理可能性说认为，只有可以管理的有体物才可作为财物；而一般管理可能性说认为，凡是有管理可能性者都是财物。②

关于我国刑法所规定的盗窃罪，作为其犯罪对象的财物到底应当具备哪些属性，理论上存在争议。例如，作为盗窃罪的犯罪对象的财物是否必须具有“经济价值性”的问题，就有经济

① 唐斌，罗关洪．利用职务便利骗得贷款如何定性．检察日报，2015－04－17（3）．

② 董玉庭．盗窃罪研究．北京：中国检察出版社，2002：22－23．

价值不要说、客观经济价值必要说、主观经济价值必要说几种不同看法。经济价值不要说认为，作为盗窃罪的犯罪对象的财物，可以不具有经济上的价值，只要其具有管理可能性，就可以成为盗窃罪的犯罪对象。客观经济价值必要说认为，作为盗窃罪的犯罪对象的财物，必须具有经济上的价值，并且必须可以成为交易的标的。主观经济价值必要说认为，只要财物所有人或占有人主观上认为某种财物具有价值效用，不论该财物可否成为交易的标的，都可以成为盗窃罪的犯罪对象。

中国学者一般认为，可以成为中国刑法所规定的盗窃罪的犯罪对象的财物，必须同时具备以下三个特征：一是财物必须具有人力可支配性（如人力所不能支配的"阳光"等财物就不可能成为盗窃罪的对象）；二是财物必须具有财产上的价值（但是不能将这种价值局限于市场的金钱交换价值，而应当对财产价值作广义的理解）；三是财物被盗时必须正在被他人所控制、支配（如"遗弃物"就不能成为盗窃对象）。①

（二）盗窃对象的范围问题

关于盗窃罪的犯罪对象范围，能够成为问题的是以下几点。

1. 不动产问题

不动产能否成为盗窃罪的犯罪对象？对此，国外刑法理论主要有三种观点：肯定说、否定说、犹豫说（不表态）。中国刑法理论界主要有两种观点：肯定说与否定说。笔者认为应当对"窃占"不动产的行为另行作出规定。如日本《刑法》第235条之二规定"侵夺他人的不动产，处十年以下惩役"。

2. 违禁品问题

违禁品（如枪支弹药爆炸物、毒品、淫秽物品、伪造的货币等）能否成为盗窃罪的犯罪对象？对此，刑法理论界也有争议。笔者认为，肯定说有道理，因为违禁品完全具备作为盗窃罪对象的"财物"性质。

3. 无形财物问题

无形财物中的电能、热能、煤气、天然气、核能等无体物，当然能够成为盗窃罪的犯罪对象。知识产权，由于其本身已经公开，因而也不存在"秘密窃取"的问题，从而不能成为盗窃罪的犯罪对象。商业秘密，在理论上可以成为盗窃罪的犯罪对象；只是在处理时，可以按照交叉竞合处理原则，以《刑法》第219条规定的侵犯商业秘密罪定罪处罚。

4. 人体与器官问题

这一问题分以下几种情况定性处理：(1) 盗窃婴幼儿，可以构成绑架罪（勒索财物为目的的）、拐卖儿童罪（以出卖为目的的）或者构成拐骗儿童罪（非出于勒索财物与出卖目的的）。(2) 盗窃与身体整体相分离的人体器官如血液、毛发等，构成盗窃罪。(3) 盗窃与身体整体分离前的人体器官，则可能构成有关侵犯生命健康权利的犯罪，如故意伤害罪、故意杀人罪。(4) 盗窃死亡后的人体（尸体），可能构成盗窃、侮辱尸体罪（侵犯社会管理秩序性质的犯罪）。(5) 盗窃不再具有人格遗留体的尸骸或者已经腐化分离的遗骨（如木乃伊等）的，可以构成盗窃罪、盗掘古文化遗址、古墓葬罪或者倒卖文物罪。

5. 借条问题

借条能否成为盗窃罪的对象？理论界有肯定说与否定说的分歧。② 笔者认为，借条是可以成为盗窃罪的犯罪对象的。最典型的是债务人以非法消灭债务为目的而盗窃借条时，行为人的

---

① 董玉庭．盗窃罪研究．北京：中国检察出版社，2002：22-23.

② 同① 46-51.

行为应当构成盗窃罪。

三、单位盗窃、使用盗窃的定性处理问题

这两个问题比较特殊，所以有必要进行法理讨论。

（一）单位盗窃的定性处理

单位盗窃问题，在近年的生活实践中发生不少，由于我国刑法没有规定单位可以成为盗窃罪的犯罪主体，因而在实践中如何处理单位盗窃的问题凸现出来。2013年“两高”《关于办理盗窃刑事案件适用法律若干问题的解释》第13条规定：“单位组织、指使盗窃，符合刑法第二百六十四条及本解释有关规定的，以盗窃罪追究组织者、指使者、直接实施者的刑事责任。”简单说，就是对于单位盗窃的，可以认定为有关责任人员个人构成盗窃罪予以定性处理。

但是在理论上，如何认定单位盗窃行为的性质和如何处理单位盗窃行为，存在比较大的分歧，有必要进一步加强研究。根据有关学者的意见，这个问题的出现，一方面在一定意义上是由于刑法规定法人犯罪所引起的理论上的混乱和实践中的困惑；另一方面，在我国规定单位犯罪的大背景下，应否规定单位盗窃罪、单位抢劫罪的问题也值得探讨。

（二）使用盗窃的定性处理

使用盗窃在生活中应当说发生不在少数，如窃占房屋、盗用耕牛、盗开汽车、盗用电话线路、盗用电话账号与号码，等等。有的使用盗窃由于其本身所具有的财物侵害性，可以直接造成财产所有权人的经济损失，如盗用电话线路、盗用电话账号与号码等，已经由刑法作出了明确规定。《刑法》第265条规定：“以牟利为目的，盗接他人通信线路、复制他人电信码号或者明知是盗接、复制的电信设备、设施而使用的，依照本法第二百六十四条的规定定罪处罚。”

关于偷开汽车问题，最高人民法院也作出了司法解释。2013年“两高”《关于办理盗窃刑事案件适用法律若干问题的解释》第10条规定：“偷开他人机动车的，按照下列规定处理：（一）偷开机动车，导致车辆丢失的，以盗窃罪定罪处罚；（二）为盗窃其他财物，偷开机动车作为犯罪工具使用后非法占有车辆，或者将车辆遗弃导致丢失的，被盗车辆的价值计入盗窃数额；（三）为实施其他犯罪，偷开机动车作为犯罪工具使用后非法占有车辆，或者对车辆遗弃导致丢失的，以盗窃罪和其他犯罪数罪并罚；将车辆送回未造成丢失的，按照其所实施的其他犯罪从重处罚。”从“两高”对偷开汽车行为的定性处理规定看，应当说是比较明确地坚持了盗窃罪保护法益“实质所有权说”的立场，该解释规定“偷开机动车，导致车辆丢失的，以盗窃罪定罪处罚”以及“偷开机动车作为犯罪工具使用后非法占有车辆，或者将车辆遗弃导致丢失的”才将被盗车辆的价值（即偷开的机动车的价值）认定为盗窃数额，其反面解释结论就是：偷开机动车“将车辆送回未造成丢失的，按照其所实施的其他犯罪从重处罚”，由于没有实质地侵害车辆所有权人与相关权益人的所有权，并且行为人主观上也没有实质地侵害他人所有权的故意内容（主观违法性和有责性），所以不构成盗窃罪。

但是，针对窃占房屋、盗用耕牛、偷开汽车和飞机等对象的使用盗窃行为的定性和处理问题，应当说在理论上和实践中存在许多矛盾和难题，理论界争议还很大，需要进一步加强研究。比如，针对汽车和飞机等具有重大财产性价值的财物进行“盗用”的行为，客观上严重地侵犯了他人财产所有权中的使用权和收益权，其社会危害性很大，依据刑事政策原理是应该予以犯罪化的行为（刑法立法论），但是在现行刑法框架内尚存在“处罚漏洞”，而且这种“处罚漏洞”是无法通过刑法解释论来有效解决（即堵塞处罚漏洞）的，因此在今后进行刑法修正时

应当考虑新增这方面的规定。根据韩国学者介绍，韩国就有专门的盗开汽车罪。① 其他部分国家也有对使用盗窃行为的犯罪化规定。这些情况表明我国有必要将使用盗窃行为作出犯罪化规定。

1. 理论界的研究情况

理论界对使用盗窃问题展开了研究，学者间各自提出了一些不同见解。有的认为，对这类行为应当一律定性为盗窃罪予以追究。因为行为人以秘密方法将属于他人的汽车开走，就非法占有了公私财物，而且被盗窃的财物数额巨大，具备了盗窃罪成立的全部构成要件；至于行为人后来又将所盗窃汽车遗弃，则属于盗窃行为实施完毕后对被盗财物的处置问题，不应当影响盗窃罪的成立。② 另有学者认为，使用盗窃不构成犯罪。因为一方面，使用盗窃的行窃者对权利人之物的支配权没有完全或终局的排除意思，那么使用盗窃对于所有权及其他本权的侵害就不能认定；另一方面，如果认为伴随着价值消费就构成盗窃罪，这等于盗窃罪可以脱离财物概念的制约，打开了通向利益盗窃的大门，而这与盗窃罪的一般观念是相矛盾的。③ 除了这两种比较偏激的观点以外，许多学者主张对使用盗窃问题应该分别情形进行实事求是的分析处理。其中，吴大华和董玉庭的观点具有代表性。

吴大华针对偷开汽车的案件提出了以下处理原则④：（1）以非法占有为目的，盗开了汽车的，定性为盗窃罪。至于行为人占有之后，是自己留用、送给亲友、变卖销赃、交给自己单位使用等，均不影响盗窃罪的成立。（2）为练习开车、游乐等目的，偶尔偷开汽车，情节轻微的，可以不以犯罪论；多次偷开汽车，并将汽车丢失的，应以盗窃罪论处。（3）盗开汽车是为了过瘾、兜风、取乐，意图用完后送回原处，但由于违反交通规则或者技术不过关，发生重大事故，致使他人重伤死亡或公共财产遭受重大损失的，以交通肇事罪从重处罚，并判处赔偿经济损失。（4）行为人在偷开汽车的过程中，如果明知可能会由于自己的驾驶技术不精或者其他原因，导致危害社会和公共安全的结果发生，却置这种结果的发生于不顾，即其主观上具有危害公共安全的犯罪故意，则应当认为构成以危险方法危害公共安全的犯罪。（5）盗开汽车作为犯罪工具，进行特定的犯罪活动的，按照处理牵连犯的原则，从一重处罚。（6）以报复破坏为目的，将盗开的汽车加以破坏的，可按破坏交通工具罪论处。（7）行为人基于抢救伤员、送病员到医院、参加抢险救灾等，未经车主允许开出使用后送还，又没有造成其他后果的，可以不追究刑事责任。

董玉庭提出，使用盗窃问题的难点在于这种犯罪应否按盗窃罪进行处罚。我国司法解释规定，以练习开车、游乐为目的，多次偷开机动车辆，并将机动车辆丢失的，以盗窃罪处罚，从这种规定可以看出，我国刑法实践对汽车等使用盗窃构成盗窃罪持有限承认的态度。但是，盗窃罪成立的前提是行为人盗窃他人财物必须以非法占有为目的，而使用盗窃的目的是非法使用。虽然非法使用目的与非法占有目的之间并非绝对矛盾而是可以转化的，但是一律对使用盗窃定性盗窃罪却存在疑问。如果行为人以非法使用目的窃取到手后，其后续行为表明这种非法使用目的已经转化为非法占有目的，则按盗窃罪定罪处罚是可以的；但如果行为人窃取后其非法使用目的并没有转化，如使用后归还主人，则根据罪刑法定原则不能认定为盗窃罪。总体说，尽管使用盗窃情节严重的应该定罪，但是如何定罪处罚这个问题应该留给立法加以

① 魏东．刑法各论若干前沿问题要论．北京：人民法院出版社，2005：212.

② 赵永林．我国刑法中盗窃罪的理论与实践．北京：群众出版社，1989：131.

③ 董玉庭．盗窃罪研究．北京：中国检察出版社，2002：107.

④ 吴大华．盗窃罪的惩治与防范．北京：西苑出版社，1999：259-260.

解决。①

2. 笔者立场：增设“使用盗窃罪”罪名及其法定刑

笔者认为，在使用盗窃问题上，最核心的问题是：针对不具有非法占有目的但具有非法使用目的，而秘密窃取使用他人贵重财物的行为，如何定性和如何处罚？对于第一个问题，由于行为人主观上不具有非法占有目的，因而使用盗窃行为不符合典型盗窃罪的构成特征；但是，行为人的行为具有严重社会危害性而应当犯罪化，那么刑法上应该如何定性就成为一个重大问题。对于第二个问题，由于现行刑法没有关于使用盗窃的明确规定，那么，在立法上应当如何设计使用盗窃的法定刑也成为一个重大问题。因此，在基本立场上，我认为这是现行刑法立法上的一个重大缺陷，根本的解决办法应当是完善刑法立法，针对使用盗窃问题进行合理修订。在修订中，我认为需要着重解决以下几方面理论上的认识问题。

（1）设置“使用盗窃罪”罪名

设置使用盗窃罪罪名的目的，就是解决实践中出现的使用盗窃行为的定性问题，因为其在基本特征上不完全符合典型盗窃罪的法律规定，在社会危害性方面也与典型盗窃罪相区别，但是由于其本身也具有严重社会危害性而不得不在刑法上予以有力反应，所以必须根据使用盗窃的基本性质和特征来设置一个新罪名。

（2）“使用盗窃”的含义

关于“使用盗窃”的含义，学术界的认识并不统一。归纳起来主要有以下几种观点：第一种观点认为，使用盗窃是指以临时非法使用为目的，秘密窃取他人财物的行为。② 第二种观点认为，使用盗窃是指把他人之物随意加以临时使用后，将原物返还。③ 第三种观点认为，使用盗窃是指行为人以非法使用（非法获利）为目的窃取财物，使用后随意抛弃、毁坏而不归还的行为或使用后财物价值损失数额较大的行为。④

笔者认为，在界定使用盗窃含义的时候应当注意这样几个问题：第一，使用盗窃必须是行为人没有非法占有他人财物的目的。如果行为人具有非法占有目的，则应当认定为典型盗窃。第二，使用盗窃的行为人具有临时使用目的，而不是长期使用或者永久使用目的。因为使用权是财产所有权的内容之一，如果行为人具有长期占有、使用目的，其实质无异于非法占有目的。在一些特殊情形下，例如行为人刚刚着手盗窃机动车时被发现，行为人自称是为了临时使用机动车，没有其他充分根据证明（无法查明）行为人具有非法占有目的，根据刑法谦抑原则和相对合理性理念，应当认定行为人主观上具有非法使用目的。第三，行为人意图使用后归还所盗用的贵重财物，或者客观上行为人使用后归还了所盗用的贵重财物。第四，设置使用盗窃在一定意义上是弥补典型盗窃罪立法上的不足或者疑难，针对有些行为不符合典型盗窃罪的特征，或者针对有些使用盗窃与典型盗窃区分不能而作出的相对合理的刑法选择。第五，使用盗窃的对象原则上应当限定为“贵重财物”，因为非贵重财物不能体现财产所有权遭受严重侵害的社会危害性，从而不具有将使用盗窃行为犯罪化的充分根据。其理由如同典型盗窃罪的基本法理。

基于上述分析，笔者主张将使用盗窃的概念界定为：使用盗窃，是指行为人以非法临时使用为目的，或者无法查明行为人具有非法占有目的，秘密窃取并使用他人贵重财物，使用后加以归还的行为。其典型情况是盗开汽车、船只和飞机，盗用耕牛，窃占他人房地产等不动产的

---

① 董玉庭．盗窃罪研究．北京：中国检察出版社，2002：107－111．

② 同① 107．

③ 何鹏．现代日本刑法专题研究．长春：吉林大学出版社，1994：389．

④ 孙力．论盗窃罪的犯罪构成．法律科学，1988（6）．

行为。

(3) 使用盗窃与典型盗窃的竞合问题

使用盗窃与典型盗窃可能发生竞合，这种竞合的根据就在于二者都有秘密窃取行为，都具有侵害财产所有权的性质（但侵害范围和程度不同），因而二者都具有严重社会危害性。对于一些已经具备完成形态的使用盗窃，例如已经使用完毕并且已经将财物归还的情形，认定二者的区别没有多大问题。但是，对于一些正在进行盗窃而被当场抓获的情况，以及窃取财物正在使用过程中的情况，如何认定行为人的行为是使用盗窃还是典型盗窃，却存在疑问。对此，笔者认为，应当在坚持实事求是原则和刑法谦抑原则的基础上进行判断处理，如果根据社会一般经验可以认定行为人事实上已经非法占有财物，例如，秘密窃取一般财物并进行消费和处置的行为，就应当认定为典型盗窃；如果根据社会一般经验可以认定行为人并不具有非法占有目的，或者没有充分证据证明行为人具有非法占有目的，例如，行为人正在发动机动车时被抓获，行为人声称是临时使用机动车，而又无其他证据证明行为人具有非法占有机动车的目的，就只能认定行为人的行为构成使用盗窃。

另外有一种情况，就是行为人盗窃使用机动车之后，将机动车放回原处或者放置于其他场所而致该机动车丢失的情况，能否认定行为人的行为成立典型盗窃？笔者认为，这种情况下，仍然不宜认定行为人的行为构成典型盗窃罪，根本原因就是它不完全符合典型盗窃罪的构成特征。可能合理的处理办法是，按照使用盗窃罪定罪，并针对此时客观上已经造成被害人重大财产损失的实际情况，配置更重的法定刑，使其与典型盗窃罪的法定刑相当，以实现罪刑相当。

(4) 使用盗窃的法定刑配置

考察使用盗窃与典型盗窃两者的社会危害性，可以认为，一般情况下的使用盗窃行为的社会危害性小于典型盗窃行为的社会危害性，因此，针对使用盗窃所配置的法定刑在通常情况下应当轻于典型盗窃罪的法定刑。但是，在客观上已经造成被害人重大财产损失的情况下，使用盗窃行为所产生的社会危害性可能与典型盗窃罪的社会危害性不相上下，相应地就应当对其配置与典型盗窃罪相当的法定刑，以体现刑法公正和刑法的矫正教育功能。

根据这种思路，笔者认为可以将使用盗窃行为的法定刑进行如下配置：使用盗窃没有造成被害人较大财产损失但是情节严重的，处1年以下有期徒刑、拘役或者管制，并处罚金；造成被害人财产损失较大或者多次使用盗窃的，处1年以上3年以下有期徒刑，并处罚金；造成被害人财产损失巨大或者情节严重的，处3年以上10年以下有期徒刑，并处罚金；造成被害人财产损失特别巨大或者情节特别严重的，处10年以上有期徒刑或者无期徒刑，并处罚金或者没收财产。

四、盗窃罪的既遂标准问题

（一）盗窃罪既遂标准的观点聚讼与批判性评析

现行《刑法》第264条所规定的盗窃罪，在要求具备“数额较大”的情形下应当属于结果犯，即行为人实际“盗窃”到数额较大的公私财物，是构成盗窃罪既遂的基本要件；否则，行为人的行为只能构成盗窃罪的犯罪未遂。[①] 但是，如何确定作为结果犯情形下的盗窃罪既遂的标准呢？对此，理论界众说纷纭，分歧很大。

---

① 理论界一般认为，由于我国现行刑法对盗窃罪的犯罪构成标准，采取了“数额较大”与“多次盗窃”“入户盗窃”“携带凶器盗窃”“扒窃”的双重规定方式，因而对于盗窃罪是情节犯还是数额犯（结果犯）就存在争议。但是，盗窃犯罪在要求具备“数额较大”（结果犯）的情形下，不可否认地可能存在盗窃罪的未完成形态。赵秉志．犯罪停止形态适用中疑难问题研究．长春：吉林人民出版社，2001：470.

1. 外国的学术见解

在德日等大陆法系国家，关于盗窃罪既遂标准的学术见解主要有接触说、取得说、转移说、藏匿说等四种。接触说认为，应当以行为人用手触及他人财物的时间为既遂标准。取得说认为，应当以行为人把财物转移给行为人自己或者第三人①占有的时间为既遂标准。转移说认为，应当以行为人把财物由其所在场所往他处转移的时间为既遂标准。藏匿说认为，应当以行为人把财物隐藏在不易被人发现的场所的时间为既遂标准。②

在上述各种见解中，取得说是通说。例如，日本刑法理论的通说以及生效刑事判例都认为，盗窃罪以将财物达到为自己或者第三人占有时为既遂；因此，仅仅单纯地以手接触财物（接触说）还不是既遂，也不一定要将财产转移场所（转移说）或者隐匿起来（隐匿说）。③ 但是，在行为人已经侵害他人对财物的占有而把财物转移给自己或者第三人占有，就可以认定为盗窃既遂；因此，行为人把较小或者容易携带的东西藏在身上固然是既遂，对体积较大、搬运困难的财物，在其移动过程中已属既遂。④

俄罗斯刑法也基本上采取了取得说的立场。例如，俄罗斯刑法学界认为，自犯罪人实际非法获得他人财物并且犯罪人有按照自己的意志当作自己的财物进行实际处分或使用的可能之时起，即为盗窃的既遂；“如果一个小偷带着偷窃的财物从他偷窃的住宅出来时即在楼梯间被值勤民警抓住，一个保密企业的工人在车间里偷窃了贵重的产品并将它藏在军工厂的保卫区里，则他们应该对偷窃未遂承担责任”⑤。

为什么西方国家以及俄罗斯等国家刑法关于盗窃罪既遂标准采取取得说呢？我认为，这与其刑法理念有关，即在严格罪刑法定原则观念下，尊重盗窃罪自身发展的客观规律，并且更多地关怀被告人的人权保障。

2. 中国的学术见解

我国理论界在吸取外国学术观点的基础上，对盗窃罪既遂标准的学术见解进一步丰富和发展，大体上提出了接触说、转移说、藏匿说、失控说、控制说、失控加控制说、损失说、刑法目的说等八种观点。⑥ 关于盗窃罪既遂标准的这些看法，应当说各自都有其一定的合理性，但笔者认为它们都不同程度地存在不足，并不能完整合理地解释盗窃罪既遂的各种情形。对此，笔者特作以下介绍与分析。

---

① 需要特别说明，这里的第三人与笔者后面所使用的第三人由于所使用的语境上的不同从而导致在含义上有所区分：这里的第三人指的是与盗窃行为人在利益立场上保持一致的第三人，而后文笔者所使用的第三人指的是与盗窃行为人在利益立场上相对立的第三人。

② 周沛，何鹏．外国刑法学：下册．北京：北京大学出版社，1984：929－932；赵秉志．侵犯财产罪研究．北京：中国法制出版社，1998：653；赵秉志．犯罪停止形态适用中疑难问题研究．长春：吉林人民出版社，2001：471－472；刘明祥．财产罪比较研究．北京：中国政法大学出版社，2001：190－191；大塚仁．刑法概说：各论．东京：有斐阁，1992：189.

③ 木村龟二．刑法学词典．顾肖荣，译．上海：上海翻译出版公司，1991：686.

④ 赵秉志．侵犯财产罪研究．北京：中国法制出版社，1998：653.

⑤ 参见刘明祥．财产罪比较研究．北京：中国政法大学出版社，2001：190－191；斯库拉托夫，等．俄罗斯联邦刑法典释义：下册．黄道秀，译．北京：中国政法大学出版社，2000：406.

⑥ 高铭暄．新中国刑法学研究综述．郑州：河南人民出版社，1986：641－643；高铭暄，赵秉志．刑法学参考资料．北京：中央人民广播电视大学出版社，1994：284；赵秉志．犯罪未遂的理论与实践．北京：中国人民大学出版社，1987：278－279；赵秉志．侵犯财产罪．北京：中国人民公安大学出版社，1999：179－182；赵秉志．犯罪停止形态适用中疑难问题研究．长春：吉林人民出版社，2001：471－472；董玉庭．盗窃罪研究．北京：中国检察出版社，2002：160－164；冯亚东，胡东飞．犯罪既遂标准新论．法学，2002（9）.

(1) 接触说、转移说、藏匿说的基本分析

这三种观点可以说是比较古老的看法，因此本书将其放在一起讨论。接触说认为，应当以行为人是否接触到被盗财物为标准，凡是实际接触到财物的为盗窃既遂，未实际接触到财物的为盗窃未遂。[①] 转移说认为，应当以行为人是否已将被盗窃的财物转移离开原在场所为标准，凡是转移离开原在场所位置的为盗窃既遂，未转移离开原在场所位置的为盗窃未遂。[②] 藏匿说认为，应当以行为人是否已将被盗财物藏匿起来为标准，凡是将被盗财物藏匿起来的为盗窃既遂，未藏匿起来的是盗窃未遂。[③]

笔者认为，接触说、转移说、藏匿说的这三种看法都是机械主义方法论的产物，都存在明显的缺陷，因而不能作为判断盗窃罪既遂的标准。

接触说以行为人是否接触到被盗财物作为区分盗窃罪既遂、未遂的标准，犯了机械主义的错误，抹杀了盗窃罪可能存在的各种停止形态之间的区别，不适当地扩大了盗窃罪既遂的范围。因为“接触”一词，并不能从法律上正确地说明盗窃罪中财产所有权实际上被侵犯与否以及被侵犯的程度，不能说明盗窃罪构成要件是否完全具备即犯罪对象是否已经被彻底地“非法占有”的事实。事实上，即使行为人已经接触到被盗财物，但是，也可能存在由于行为人及时悔悟而主动中止盗窃犯罪的情形。根据一般的刑法理论，这时行为人的行为应当构成犯罪中止；还有可能在存在行为人接触到被盗财物的同时，该财物所有人或保管人也控制着该财物，从而导致行为人不可能实际获得该财物并被迫停止犯罪的情形，显然，这时行为人的盗窃行为只能构成盗窃未遂。

转移说以行为人是否已经将被盗财物转移离开原在场所作为区分盗窃罪既遂、未遂的标准，仍然是一种机械主义的观点，并且犯了偷换概念的逻辑错误。从机械主义的观点看，被盗财物被转移离开原在场所，就可以肯定被盗财物的“财产所有权”受到了完全的侵犯，并可以肯定行为人也完全实现了对该被盗财物的“非法占有”。但是，财产位置的转移并不等于财产所有权或者占有权、控制权的转移，财产所有权、财产所在位置与财产占有和控制等概念之间并不能画等号。实际上，被盗财物是否转移离开现场，很多时候并不能成为判断“财产所有权”是否真正受到侵犯，以及盗窃犯是否已经实际地“非法占有”了该财物的标准。例如，盗窃犯在仓库内将被盗财物从一个角落移动至另一个角落，或者在被盗院坝内从前门移动到后门，还没来得及离开现场即被抓获，这种情形下就只能构成盗窃罪未遂，根本不能构成盗窃罪既遂。同时，转移说也不能说明：到底被盗财物要转移离开原在场所多远才算是盗窃既遂？对于一些盗窃无形财物如重要技术成果的犯罪，以及以盗接他人通信线路的方式进行盗窃犯罪的情形，转移说也无法对这些情形下的盗窃既遂、未遂问题予以科学的说明。

藏匿说以行为人是否已将被盗财物藏匿起来为标准来区分盗窃罪的既遂与未遂，同样是机械主义的观点，根本无法正确解决问题。表面上看，似乎行为人一旦将盗窃对象物藏匿，行为人就实际获得了该被盗财物的“财产所有权”，并且财物的原有物主同时也丧失了财产所有权。但是，稍加分析就可以看出这种结论未免绝对化。从行为人角度来分析，行为人将被盗财物藏匿，并不能当然就获得该财物的完全控制权或者实现对该财物的非法占有；从被害人（物主）角度来分析，行为人将被盗财物藏匿，也不能当然地就导致被害人的财产所有权被实际侵害(仅仅有被侵害的重大危险)。例如，入室盗窃的行为人因为发现物主回家而慌忙将财物藏匿于现场某个隐蔽场所，本意等躲过物主后再取走，但是，行为人却被物主当场抓获并扭送至侦查

① 高铭暄．新中国刑法学研究综述．郑州：河南人民出版社，1986：641.

② 赵秉志．犯罪未遂的理论与实践．北京：中国人民大学出版社，1987：278-279.

③ 同②.

机关，那么，这种情形下行为人将财物藏匿后被当场抓获，行为人没有离开现场而对被盗财物形成超现场控制，导致物主的财产所有权并没有因为行为人的盗窃行为而造成实害的损失，因此，应当认定行为人的盗窃行为构成未遂。

（2）失控说、损失说、刑法目的说的基本分析

从这三种观点的基本内容来看，应当说它们所主张的基本立场是一致的，即基本上都是单纯以受害人的财产所有权（尤其是其中的控制权、使用权）是否受到了实际侵害的片面性判断作为区分盗窃罪的既遂与未遂的标准，而根本不考虑盗窃行为本身的进展是否彻底以及盗窃行为人是否实际地获得了对财物的实际控制权，因而我们认为这几种观点都具有显而易见的片面性。

这种片面性，在失控说中表现得最为明显。失控说认为，应当以财物的所有人或保管人是否丧失对财物的占有权即控制作为判断盗窃罪既遂、未遂的标准。凡是盗窃行为已使财物所有人或保管人丧失了对财物的控制的，为盗窃既遂；而财物尚未脱离所有人或保管人的控制的，为盗窃未遂。① 其主要理由是：盗窃犯罪是对所有权的侵犯，首先是对占有权即控制权的侵犯。盗窃既遂，所有权并未随所有物占有权的转移而转移，在法律上，所有权仍属于财物的原合法物主。因此，划分盗窃既遂与未遂不能以盗窃犯是否获得财物所有权为标准，而应以盗窃犯罪的受害人是否丧失了对财物的占有权即控制权为标准。很明显，失控说是以被害人（物主）对财物的实际控制权是否丧失为基点来分析盗窃罪的既遂与未遂的。这种观点，抓住财产所有权中的实际控制权的既成状态来分析盗窃罪的既遂与未遂，应当说具有相当的合理性，因为事实上被盗财物的所有权并未随所有物占有权的转移而转移，在法律上所有权（归属性）仍属于财物的原合法物主，成为问题的只是所有权中的控制权、使用权（处置权）的实然状态：它到底是为物主所实然享有还是为行为人所实然享有。但是，这种观点仅仅以物主单方面对财物的实际控制权状态为判断标准，而根本不考虑盗窃行为人是否实际获得对财物的控制权问题，所以明显具有片面性。事实上，盗窃行为是否构成盗窃罪既遂，其着眼点不应该只考虑（但并不是说“不考虑”）被害人对财物的实际控制权是否被实际侵害，而应该更多地考虑（但是又不是说“唯一考虑”）盗窃行为本身是否“实际完成”，即盗窃行为是否使盗窃行为人切实获得了对被盗财物的控制权，因为法律在这里更多关注的是“盗窃罪本身是否既遂”问题。因此，在确定盗窃罪既遂、未遂标准时，必须以盗窃行为本身的实际进程是否完成，行为人是否已经实际地、排他地获得了财物控制权这一事实为主，同时兼顾考虑（以便从另一个侧面来说明“盗窃罪本身是否既遂”问题）被害人是否相应地也完全失去了该财物的控制权，两者结合才能作为判断盗窃罪既遂、未遂的标准。

损失说具有同样的片面性。该说认为，应当以盗窃行为是否造成公私财物损失为标准，盗窃行为造成公私财物损失的为既遂，未造成公私财物损失的为未遂。② 这种观点在 1992 年“两高”的有关司法解释中得到了体现，该解释规定：“已经着手实行盗窃行为，只是由于行为人意志以外的原因而未造成公私财物损失的，是盗窃未遂。”但是，在盗窃的场合，被害人的财物损失是否实际发生，并不当然与盗窃行为是否完成或者盗窃罪是否既遂完全对应。在某些特殊场合，即使被害人的财物没有损失，例如事后的追赃就很可能完全挽回财物损失，但是这恰恰并不一定当然意味着盗窃罪不构成既遂；同样道理，即使被害人的财物损失了，例如，在盗窃行为人刚刚得手财物时被发现，被害人立即从行为人手中夺回财物，而被害人在夺回财物

① 高铭暄．新中国刑法学研究综述．郑州：河南人民出版社，1986：642-643.

② 高铭暄，赵秉志．刑法学参考资料．北京：中央人民广播电视大学出版社，1994：284.

的一瞬间却因为激动等原因导致财物失手落地并致财物彻底损坏，或者在被害人当场夺回财物的过程中（双方同时都抓住财物）而致财物彻底损坏，或者盗窃行为人因为惊慌失措而当场致使财物失手落地并彻底损坏，并且盗窃行为人被当场抓获，这些情形下盗窃行为都已经造成公私财物损失，但是恰恰这些情形下盗窃行为人所实施的盗窃罪应当说尚不构成盗窃罪既遂。

刑法目的说也没有跳出上述片面性。该说认为，应以刑法目的为视角、以刑法目的为根本出发点来研究并论证犯罪既遂标准问题。该说认为，犯罪的本质是侵犯合法权益，而刑法的目的是保护合法权益，因此，犯罪既遂理应以“犯罪行为给刑法所保护的合法权益造成实害”为根本标准；并且唯有这样，才能有效地维护既有刑法理论的统一性与完整性，同时也给刑事司法提供一种具有高度可操作性的辨析思路。① 在本质上，这种观点在基本思路上显然十分类似于失控说与损失说，即片面地以犯罪行为在客观上是否已经侵害了刑法所保护的合法权益作为界定犯罪的既遂与未遂标准。依据这种观点所得出的结论同样缺乏说服力。虽然在一般意义上我们可以说，盗窃行为当场没有给刑法所保护的合法权益即财产所有权造成实害（并且盗窃行为被迫停止下来）的，就是盗窃未遂；但是，我们却不能合乎逻辑地倒推出以下结论：只要犯罪行为在客观上已经给刑法所保护的合法权益即财产所有权造成实害的，就必然是盗窃罪既遂。例如，如果行为人入室盗窃一件珍贵文物（假设价值10万元），刚刚伸手触及文物即被保安发现，由于保安呵斥，行为人紧张，行为人慌乱之中失手将文物摔碎，导致巨大财产损失，行为人当场被抓获，那么这种情形下行为人的行为已经导致刑法所保护的合法权益被实然侵害，行为人是否构成盗窃罪既遂？如果按照刑法目的说，这种情形下行为人的盗窃行为应当构成盗窃罪既遂，但是这种结论显然不具有最基本的合理性，其根本原因就在于刑法目的说片面理解了所谓的刑法目的，也片面地理解了所谓的合法权益。基本的问题是：刑法的目的不是单纯地（或者说片面地）着眼于惩罚犯罪，而是要着眼于公正地惩罚犯罪；刑法保护合法权益不是单纯地（或者说片面地）保护被害人的（包括社会的、国家的）合法权益，而是要全面周到地保护被害人的和被告人的合法权益；刑法所设定的犯罪既遂理论不是想当然单纯地遵循天马行空式的“人文态度”（人文因子），而是要尊重犯罪既遂的“科学态度”（科学因子），以盗窃罪本身的“客观规律”为基本依据来确定其既遂、未遂标准。

（3）控制说的基本分析

该说认为，应当以盗窃犯是否已获得对被盗财物的实际控制为盗窃罪既遂与未遂标准。即盗窃犯已实际控制财物的为既遂，盗窃犯未实际控制财物的为未遂。② 这种观点正好走到了失控说的反面，即脱离受害人的羁绊而单纯考察行为人之盗窃行为，以行为人所实施的盗窃行为本身的发展状况为依据来判断盗窃罪的既遂与未遂，应当说这种观点在基本方法上是具有相当科学性的，但遗憾的是它对“实际控制”本身所存在的样态多元性没有加以区分，因此它仍然存在难以克服的缺陷。例如，在盗窃行为人得手财物时碰巧物主回来并被追赶，行为人夺路而逃，但是刚逃到院坝边缘尚未逃出院坝大门时即被抓获的情形，表面上看行为人已经实际控制了财物，但是由于时间和空间的特殊性（前后连贯性），此情景下的行为人表面上的“实际控制”并不彻底，因为它受到了同一时空之中的被害人行为的制约，所以仍然应当构成盗窃罪未遂。可见，盗窃行为人实际控制了被盗财物这一事实本身，并不能当然地排除受害人在同一时空仍然没有完全丧失对该财物的控制，它在应然层面上包括以下三种情形：一是行为人实际控制财物当时并没有排除受害人在同一时空也在一定程度上实际控制该财物的情形；二是行为人

① 冯亚东，胡东飞．犯罪既遂标准新论．法学，2002（9）．

② 高铭暄．新中国刑法学研究综述．郑州：河南人民出版社，1986：642－643．

实际控制财物当时并没有排除相关人如有关国家机关或第三人（例如公安人员或见义勇为者）在同一时空也在一定程度上实际控制该财物的情形；三是行为人控制财物当时已经完全排除了受害人在同一时空对该财物的实际控制的情形。在第三种情形中，由于行为人控制财物当时已经完全排除了受害人及有关国家机关或第三人在同一时空对该财物的实际控制，从而盗窃行为人已经完全地排他地获得了对该财物的完全控制，这时当然构成盗窃罪的既遂；而在前两种情形中，由于行为人实际控制财物当时并没有排除受害人、有关国家机关或第三人在同一时空也在一定程度上实际控制该财物，从而导致此情形下盗窃行为人无法获得对该财物的完全控制，只能构成盗窃罪未遂。

(4) 失控加控制说的基本分析

该说认为，应当以被盗财物是否脱离所有人或保管人的控制并且实际置于行为人控制之下为标准。即被盗财物已脱离所有人或保管人控制并且已实际置于行为人控制之下的为盗窃既遂，反之为盗窃未遂。① 其主要理由是：犯罪既遂是犯罪的完成，盗窃犯的目的是非法占有财物，财物既已脱离所有人或保管人的控制而为盗窃犯所实际控制，非法占有财物的目的即已实现，犯罪即告完成，当然应当认为是盗窃既遂。该说相对而言是“比较全面”的观点，对于认定盗窃罪的未遂具有更大的意义。但是，该说仍然存在漏洞，即漏掉了行为人实际控制财物当时并没有排除相关人如有关国家机关或第三人（例如公安人员或见义勇为者）在同一时空也在一定程度上实际控制该财物的情形；理由如前所述，此情形下盗窃罪仍然可以构成未遂，而不能构成盗窃罪既遂。

(二) 盗窃罪既遂“超现场控制标准说”的学理论证

前述分析表明，单纯采取接触说、转移说、藏匿说、失控说、控制说、失控加控制说、损失说、刑法目的说等几种观点的立场都无法准确界定盗窃罪的既遂标准，只有综合考虑盗窃罪本身客观方面的各种情况，以盗窃行为人所实施的盗窃行为本身发展到行为人已经超现场控制了被盗财物，即盗窃行为人已经实际地超越现场并且排他地（包括排除了被害人、有关国家机关或第三人的控制）完全控制了被盗财物，才能够认定盗窃罪构成犯罪既遂。这种认定盗窃罪既遂标准的立场，笔者将其概括为“超现场控制标准说”。

盗窃罪既遂的“超现场控制标准说”之合理性和科学性，笔者认为可以从以下几个方面得到有力论证。

第一，现代刑法的权利本位刑法观。一般而言，现代刑法在基本立场上都是坚持权利本位刑法观的。权利本位刑法观又叫民权主义刑法观、自由主义刑法观，主张刑法是以保护国民（公民）的权利和自由为核心的法律，因而应当严格限制国家刑罚权并使之成为公民个人自由的有力保障，其目的一是最大限度地保障公民自由，二是严格限制国家行为。可见，而权利本位刑法观立足于刑法的人权保障机能，因而极端强调保障公民自由，它所针对的对象是国家（而不是公民），它所限制的侧重点是国家及其刑罚权（而不是公民的自由）。② 这种刑法观对于我们认识和分析盗窃罪既遂与未遂标准问题无疑具有重大指导意义。

---

① 高铭暄．新中国刑法学研究综述．郑州：河南人民出版社，1986：642.

② 所谓刑法观，是指关于刑法基本问题如刑法的价值、机能、目的任务、基本原则等问题的根本观点与基本态度。在刑法史上，刑法观大致有权力本位刑法观与权利本位刑法观、国权主义刑法观与民权主义刑法观的区分。依一般的理解，权力本位刑法观又叫国权主义刑法观、权威主义刑法观，主张刑法是体现国家权力并且以实现国家刑罚权为核心的法律，其目的就是保护国家整体利益，其显著特点是以国家利益为出发点而极端限制公民自由，适用严酷刑罚，尤其强调适用死刑。可见，权力本位刑法观立足于刑法的社会保护机能，因而极端强调国家利益，它所针对的对象就是公民个人，它所限制的侧重点就是公民的自由，公民只是刑法的客体与对象。

权利本位刑法观首先强调的是刑法必须以保护公民权利自由（或者表述为公民的权利和自由，下同）为核心，即凡是能够最大限度地给予公民权利自由，国家法律其中当然包括刑法都必须予以确认和保护，而不得予以剥夺或者限制。尤其是宪法所确认的公民基本权利必须给予充分保护，宪法是公民权利的大宪章；刑法应当以保护公民权利自由为出发点和归宿点，惩罚犯罪当然是以保护公民权利自由为基点，其中包括保护犯罪人作为公民所应当享有的基本权利，也不能因为其犯罪而被超法规剥夺。在这种意义上，宪法和刑法都是公民权利自由的大宪章，也是犯罪人权利自由的大宪章；尤其是刑法作为"犯罪人权利自由的大宪章"的理念更应当得到强调。为了保护公民权利自由，以宪法为核心的国家法律系统确认和保护了一系列法律上的价值和利益，对此我们称之为法益；又因为一定的行为侵害了体现公民权利自由的一定的法益，为了体现权利本位刑法观的基本精神，刑法才将这一系列"一定的行为"规定为"犯罪"，所以刑法的犯罪化根据在基本层次上是保护公民权利自由的价值权衡。但是，刑法的这种价值权衡并不是单方面的权利保护，而是要权衡守法公民（包括受害公民）和违法公民两个层面的权利保护，还要权衡秩序和公正两个方面的价值需要，因而刑法的价值权衡应当是也只能是法益价值的中道权衡。① 法益价值的中道权衡体现了刑法在保护全体公民权利自由的基础上切实保护犯罪人权利自由的重要思想，具体表现为罪刑法定原则、罪刑相适应原则、刑法人道主义原则等刑法基本原则所确认的基本精神：只有刑法规定为犯罪的行为才能成为刑法所规制的犯罪，并使犯罪人因此承担相应的刑法责任，并且这种刑法责任的承担应当以人道主义的基本要求为限，同时犯罪人所承担的"相应的"刑法责任应当与犯罪行为本身的"罪行"相当，而罪行本身又只能以其客观存在状态和刑法已然规定为准。显然，罪行本身的"客观存在状态"就包括了犯罪既遂、犯罪未遂、犯罪中止、犯罪预备等犯罪的完成形态和未完成形态（当然还包括犯罪的共犯形态以及其他事实特征），从而，确定犯罪既遂的科学标准以正确认定犯罪的既遂与未完成形态，就成为权利本位刑法观的基本要求。

但是，确定犯罪既遂的标准并不单纯是一个"人文"的问题，它同时也是一个"科学"的问题，甚至可以说，确定犯罪既遂的标准是否科学关涉到权利本位刑法观是否贯彻彻底这样一个重大问题。从刑法立法的层面上看，刑法应当尽可能地科学化，应当将客观上并不构成犯罪既遂的罪行实事求是地规定为犯罪的未完成状态，如犯罪预备、犯罪未遂、犯罪中止，而不应当随意将犯罪的未完成状态规定为犯罪既遂。② 从执法层面上看，应当以刑法规定为限，根据犯罪形态科学化和规范化的基本要求，只有对那些客观上达到犯罪既遂、同时法律上也规定为犯罪既遂的罪行才能认定为犯罪既遂，而对那些客观上并没有达到犯罪既遂、同时法律上也没有规定为犯罪既遂的罪行就不能认定为犯罪既遂。只有这样，才能真正全面科学地体现权利本位刑法观的基本立场。如果仅仅以个人好恶或者以片面保护受害人利益（包括受害的国家利益、社会利益）为根据，将一些客观上并不构成犯罪既遂、同时法律上也没有规定为犯罪既遂的罪行通过所谓"人文"化立场的解释而将其作为犯罪既遂予以解释认定，势必不利于犯罪人权利保障，也有违法律的公正理性，当然就不能真正全面科学地体现权利本位刑法观的基本立场。就盗窃罪既遂标准而言，前述接触说、转移说、藏匿说、失控说、损失说、刑法目的说、控制说、失控加控制说等观点的片面性、机械性、非科学性是显而易见的，具体分析已经如前所述，这里不再赘述。

第二，结果犯理论的犯罪既遂标准。结果犯理论所主张的犯罪既遂标准，应当是客观上出

---

① 魏东．论作为犯罪客体的法益及其理论问题．政治与法律，2003（4）.

② 关于这一点，刑法理论在阴谋犯、危险犯等犯罪的既遂、未遂形态问题上的争议和解释具有代表性。

现了一定的犯罪结果。就盗窃罪既遂而言，应当是以行为人实际超现场控制了财物为既遂标准，而不是单纯地以受害人遭受财产损失为标准。

第三，罪刑法定原则的内在要求。犯罪既遂不但具有客观性，而且应当具有法定性，以及其与盗窃罪未遂具有可区分性。

第四，罪刑相适应原则的基本精神。犯罪既遂与未遂的刑事责任原则，并不必然是一一对应的硬性规定，即法律并没有硬性规定未遂犯的处刑一定比既遂犯的处刑要轻。因为法律明确规定对于犯罪未遂只是“可以”比照既遂犯从轻或者减轻处罚，而不是“必须”比照既遂犯从轻或者减轻处罚。

第十二章　深圳梁某机场拾金案

（侵占罪）

案例

深圳梁某机场拾金案①

2008年12月9日8时许，一家珠宝公司的员工王某在深圳机场办理行李托运手续时中途离开，将一个装有14 555.37克黄金首饰的小纸箱放在行李手推车上方的篮子内，并单独停放在柜台前1米的黄线处。现场监控视频显示，王某离开33秒后，机场清洁工梁丽出现在手推车旁。大约半分钟后，梁丽将纸箱搬进机场一间厕所。王某约4分钟后返回，发现纸箱不见了，随即向公安机关报警。民警于当天下午前往梁丽家中，将这只纸箱追回，尚有136.49克黄金首饰去向不明。经鉴定，纸箱内黄金首饰价值300万元。深圳市检察机关审查研究后认为，梁丽的行为虽然也有盗窃的特征，但构成盗窃罪的证据不足，更符合侵占罪的构成特征。根据“刑疑唯轻”的原则，从有利于梁丽的角度出发，检察机关认定梁丽不构成盗窃罪。由于侵占罪不是检察机关管辖的公诉案件，属于自诉案件，即“不告不理”，检察机关于9月25日解除对梁丽的取保候审，将本案退回公安机关，并建议公安机关将相关证据材料转交自诉人。

法理问题　侵占罪

对于本案，较多学者认为梁丽的行为既不构成盗窃罪，也不构成侵占罪。如赵秉志教授认为，虽然梁丽在事后（即在知悉小纸箱内装的是黄金首饰后）产生了非法占有他人财物的意图，但应当把梁丽此时（行为实施完成后）产生的非法占有的意图与其行为开始时（处理小纸箱时）的意图区分开来。而盗窃罪中非法占有的目的毋庸置疑，只能根据梁丽实施行为时的意图来认定。因此，尽管梁丽在事后将黄金首饰带回家中时其主观心态发生了转化，产生了非法占有的意图，但并不代表其在首次接触小纸箱时也具有非法占有的目的。这两者应当严格区分，不可混淆。由于对于装有黄金首饰的小纸箱，梁丽主观上发生了认识错误，在行为时她并未认为处理的是他人合法控制的财物，不属于将公私财物转移到自己的控制之下并非法占为己有的行为，因而谈不上是盗窃罪中的秘密窃取。梁丽在知悉小纸箱内装的是黄金首饰后，不但没有履行返还失主财物这一义务，反而将黄金首饰带回家中私自占为已有，显然是具有民事违法性的，但不是承担侵占犯罪行为的刑事责任。因为从刑法典第270条关于侵占罪的规定来看，梁丽的行为并不符合侵占罪客观方面的构成要件。侵占罪的客观方面表现为将代为保管的他人财物或者合法持有的他人遗忘物、埋藏物非法归为已有、拒不退还的行为。再如许兰亭教授认为：本案的确是有阶段的，即便梁丽一开始以为纸箱是别人的遗忘物，不知纸箱的价值，但当同事打开纸箱且经过鉴定后，知道里面是贵重的黄金首饰后，她仍将其拿回家而不是上交，此时表明她已经产生了非法占为己有的故意，已经具备了侵占罪的一个构成要件。但是，

---

① 深圳检察机关：机场女工梁丽“捡”黄金 定性“侵占罪”．[2009-08-25]．新华网．http：//news.xinhuanet.com/legal/2009-09/25/content_12112350.htm.

当姓曹的同事下午四点钟告诉她，失主在找这个东西，她回答“明天上班送回去”又表明其不敢或不想非法占有该财物；当警察找到她时，她承认拿了纸箱，并将纸箱交出，而不是拒不交出，因此她也不构成侵占罪。王政勋教授认为，梁某的行为难以定性为盗窃罪和侵占罪，主要还是因为证据不足所致，尤其是能够证实其盗窃的证据不足。①

我同意上列学者的意见，即认为梁丽在机场拾金的行为，由于主观上误认为那只装有黄金首饰的小纸箱是别人丢弃之物而拾得，而在后来才知道这些贵重财物是别人所有物，因而梁丽在拾得之初其行为不能解释为“盗窃”行为，并且梁丽主观上也不具有盗窃“故意”，从而不构成盗窃罪；其后梁丽虽有占有故意，但是在警察到家找到她索要这些贵重财物时，梁丽明确表示愿意归还并且已经实际归还，其行为不符合《刑法》第270条所规定的“拒不退还”“拒不交出”之违法性要素，因此梁丽的行为也不能构成侵占罪。当然，设若梁丽在警察到家索要这些贵重财物时仍然拒不承认“拒不退还”“拒不交出”的话，则被害人（或者被害单位）依法可以向人民法院起诉（“告诉的才处理”）并且依法认定其行为构成侵占罪。这些论述显然涉及侵占罪的刑法规定和刑法教义学原理，可以参见下文的具体分析。

关于侵占罪，主要研究以下几个问题②：一是侵占罪的概念；二是侵占罪的构成特征；三是侵占罪的“告诉的才处理”问题。

一、侵占罪的概念

《刑法》第270条针对侵占罪分三款进行了规定：第1款规定：“将代为保管的他人财物非法占为已有，数额较大，拒不退还的，处二年以下有期徒刑、拘役或者罚金；数额巨大或者有其他严重情节的，处二年以上五年以下有期徒刑，并处罚金。”第2款规定：“将他人的遗忘物或者埋藏物非法占为已有，数额较大，拒不交出的，依照前款的规定处罚。”第3款规定：“本条罪，告诉的才处理。”

从刑法所规定的上述罪状出发，学者对侵占罪的概念进行了不同的概括。关于当前学术界关于侵占罪概念的界定方式，有学者专门对此进行了研究，认为大致有三种③：第一种界定方式，是仅仅概括了《刑法》第270条第1款所规定的内容。如：将侵占罪的概念表述为“以非法占有为目的，将自己代为收管的他人财物非法占为已有，并且数额较大的行为”；或者“以非法占有为目的，将代为保管的他人财物非法占为已有，数额较大，拒不退还的行为”④。第二种界定方式，是将《刑法》第270条第1款和第2款的内容都概括进去。如：将侵占罪的概念表述为“以非法占有为目的，将代为保管的他人财物或者他人的遗忘物、埋藏物非法占为已有，数额较大，拒不退还或者拒不交出的行为”；或者“将自己代为保管的他人财物或者将他人的遗忘物、埋藏物非法占为已有，数额较大，拒不退还的行为”；或者“将代为保管的他人财物非法占为已有，数额较大，拒不退还，或者将他人的遗忘物、埋藏物非法占为已有，数额较大，拒不交出的行为”；或者“以非法占有为目的，将合法持有的他人财物或者将他人的遗

① 有罪还是无罪？专家学者深度解读梁丽涉嫌盗窃案.［2009-10-12］. 新华网. http：//news.xinhuanet.com/legal/2009-05/21/content_11411653.htm.

② 关于侵占罪的几个问题，直接引用了周光权博士《侵占罪疑难问题研究》［法学研究，2002（3）］一文的基本素材，尤其是针对有关疑难问题的观点争议的归纳，属于周光权博士的劳动成果。特此说明，并向周光权博士致意。

③ 刘志伟. 侵占犯罪的理论与司法适用. 北京：中国检察出版社，2000：66-67.

④ 周其华. 新刑法各罪适用研究. 北京：中国法制出版社，1997：305；高西江. 中华人民共和国刑法的修订与适用. 北京：中国方正出版社，1997：609；刘志伟. 侵占犯罪的理论与司法适用. 北京：中国检察出版社，2000：66-67.

忘物、埋藏物非法占为己有，数额较大，拒不退还或者拒不交出的行为”①。第三种界定方式，是跳出《刑法》第270条规定所做的更加宽泛的表述。如：将侵占罪的概念表述为“将自己所持有的他人之财物非法占为己有，数额较大，拒不交出的行为”②。对于上述看法，第一种看法的不当是明显的；第二种看法，或者因为机械照搬刑法规定而不明确，或者因为擅自加上“合法持有”的限制也不妥当；第三种看法因为缺乏主观限制，客观上行为对象也不明确，因而不当。

笔者认为，根据罪状和罪名的法定性以及犯罪概念的概括性、周全性和科学性的要求，应当将侵占罪的概念界定为：所谓侵占罪，是指行为人以非法占有为目的，将客观上持有的代为保管的他人财物、遗忘物和埋藏物非法占为己有，数额较大，拒不退还或者拒不交出的行为。可见，侵占罪的本质是由“客观上持有”（至于是否合法，则在所不问）转化为“非法占为己有”。因此，笔者对侵占罪所下的这种定义，相对于其他有关侵占罪概念的界定是比较科学的。

二、侵占罪的构成特征

根据犯罪构成基本原理，侵占罪构成特征的基本内容可以分析如下。

（一）侵占罪的保护法益（即客体要件）

侵占罪的保护法益是“他人的财产所有权”，包括自然人、单位、国家的财产所有权。侵占罪的犯罪对象是“代为保管的他人财物、遗忘物和埋藏物”。但是，侵占罪的犯罪对象是一个值得深入研究的问题，主要涉及对“代为保管”“他人”“财物”“遗忘物”“埋藏物”等五个方面问题的理解。

1.“代为保管”的含义

应当注意，在侵占罪中具有刑法意义的“代为保管”，不能仅仅局限于民法意义上的合法的“委托保管”，而是一种比民事法律关系中合法的委托保管内涵更加丰富、更加广泛的代为保管事实。大体上可以说，基于委托保管、委托租赁、借用、担保、无因管理、雇佣关系、居间关系、因发现并取得遗忘物遗失物和埋藏物、违法行为等原因而形成的各种事实上的保管他人财物的情形，都可以成为这里具有刑法意义的“代为保管”③。其中，基于不法原因而形成的代为保管、基于行为人过错而形成的代为保管、因为不当得利而形成的代为保管、针对包装物的代为保管，具有相当的特殊性，需要分别加以分析。

第一，基于不法原因而形成的代为保管。

对于因为不法原因而形成的代为保管是否可以成立侵占罪的代为保管，历来具有争议，存在肯定说与否定说的分歧。否定说认为，在不法给付的场合，从民事法律关系来分析，交付人与受托人双方均有不法行为，对于不法行为而为之交付，法律没有保护的必要，所以一方面委托人已经对委托之物失去了所有权，另一方面受托人对委托人而言也不负返还义务。因此，对于这种在民法上没有返还义务的受托人，强制其不得处分不法交付财物，成为侵占罪的行为主体，破坏了法制的统一性。④ 此外，侵占罪不只是侵犯财产所有权，在侵占代为保管财物的场合，它还具有破坏委托信任关系的一面，而不法委托人的委托与受托人的受托之间，并不存

---

① 赵秉志．新刑法教程．北京：中国人民大学出版社，1997：649；李书芳．新刑法简明教程．北京：中国人民公安大学出版社，1997：319；周光权．侵占罪疑难问题研究．法学研究，2002（3）；高铭暄．刑法专论：下编．北京：高等教育出版社，2002：748.

② 王作富．中国刑法的修改与补充．北京：中国检察出版社，1997：200.

③ 周光权．侵占罪疑难问题研究．法学研究，2002（3）.

④ 木村龟二．刑法学词典．顾肖荣，等译．上海：上海翻译出版公司，1991：729.

在一种法律上的委托信任关系[1]，因此，受托人将财物据为己有，不能构成侵占罪。肯定说认为在不法委托的场合，应当区分民法上的法律关系和刑法意义上的法律关系。尽管民法上因为不法原因而为的给付，不能请求返还所体现的只是对“不法债权”的法律否定（即不予法律保护），即交付人不能依法请求返还；但并非该财物即丧失任何意义上的所有权，因为在法律上它仍然有一个所有权的问题，可以认为它至少应当归属于国家所有，从而还是存在一个所有权主体。交付人虽有不法委托行为，对其给付之物即使不能依法请求返还，但是取得持有的受托人并不能因此而当然取得对该物的所有权，从而受托人变持有为所有，自然可以成为侵占罪的行为主体。

现在的通说是肯定说，司法实务界也基本上坚持肯定说的立场。笔者认为，肯定说更加合理。因为对刑法上有无犯罪性的讨论，应当离开民法是否保护这一前提，尤其是针对重婚罪、合同诈骗罪与侵占罪的讨论必须如此。周光权举例说[2]：甲将盗窃所获电视机委托乙看管，并告诉乙该物为盗窃所得，而乙使用五个月后拒不退还甲，则乙是否在窝赃罪之外还另成立侵占罪？又如丙受丁之委托向A交付贿赂款，但丙将该款占为己有，能否成立侵占罪？针对这种情况，周光权认为乙和丙都可以成立侵占罪。理由是：基于不法原因的委托和接受在法律性质上都是非法的，但是侵占行为人因此而占有该财物的事实是存在的；侵占罪的对象以非法占有他人之所有物为前提，而不以给付人在民法上有返还请求权为必要，该财物虽不再属于给付人，但总有给付人以外的第三人（如国家）对财物享有合法所有权，而且在不法给付并不丧失所有权的情况下，接受者不法侵占时，与侵占自己持有的他人之物的行为相当；即使在这种不法委托的情况下，仍然应当认为存在委托信任的关系，至于委托信任的关系是事实上的关系还是法律上的委托关系，都可以在所不问。

针对“不法委托”问题，周光权还进一步区分了不法委托的类型，认为它可以区分为“基于不法原因的给付”与“基于不法原因的寄托”两种情况。占有“基于不法原因的给付”之物，例如，甲给丙5万元，唆使其杀乙，丙收款后占为己有，但未实际实施杀人行为，又拒不将钱归还给甲，一律不能构成侵占罪；构成其他罪（如故意杀人罪的预备犯）的，依照其他罪定罪处罚，或者做其他处理。占有“基于不法原因的寄托”之物，例如，甲拟于次日给为其印刷黄色书刊的乙3万元书款，托丙当晚为其保管此款，而丙却将此款消费，则丙的行为可以构成侵占罪。

第二，基于行为人过错而形成的代为保管。

本来无信任可言，但是由于行为人的过错而有意或者无意促成代为保管的事实存在。基于行为人的过错而形成的代为保管可以具体分为三种情况，即基于无认识的过错而形成的代为保管、基于有认识的过错而形成的代为保管、因为行为人误解而形成的代为保管等三种情形。(1) 基于无认识的过错而形成的代为保管，指行为人并无认识和故意，但是由于自身一定程度上的过错而取得他人的财物，如错拿行李或者其他财物等，从而形成了一种事实上的代为保管。这时，行为人对自己所错拿之物具有保管义务和返还义务，即形成了事实上的代为保管关系；如果拒绝返还，可以成立侵占罪。(2) 基于有认识的过错而形成的代为保管，指行为人具有明确认识并出于故意，而恶意促成一种事实上的代为保管。例如，甲明知乙将其盗窃的财物藏于家中，即向其提出借用，并恐吓乙，如不出借，就将告发乙盗窃，乙基于恐惧将赃物借给甲，甲使用数月后拒绝返还。周光权认为，这种情况下，甲应当成立窝赃罪和侵占罪，两罪并

---

① 张明楷．刑法学：下．北京：法律出版社，1997：784.

② 周光权．侵占罪疑难问题研究．法学研究，2002（3）.

罚。[①] 当然，上述情况下，如果甲从一开始就出于非法占有目的而借口“借用”，强迫乙交出赃物，则甲的行为同时触犯了窝赃罪与敲诈勒索罪，属于想象竞合犯，应当从一重罪从重处罚。(3) 因为行为人误解而形成的代为保管，指委托保管关系并不存在，而行为人误以为存在并占有他人财物所形成的代为保管。周光权认为，这种情况属于行为人主观上误认为信托关系存在而擅自处理他人财物的情形，不能认定行为人侵占的是代为保管的他人财物，可以将其认定为“侵占遗忘物”的犯罪。例如，陌生人甲、乙偶然并排行走，甲扛两只大包裹，丙从后面突然上前抢走甲的一只包裹，甲无奈只得放下手中的另外一个包裹去追丙，临走时看了乙一眼。乙以为甲临走时看他一眼，是向其传递眼神，托其保管包裹。待甲走远后，乙即扛起包裹就跑，试图将财物占为己有，后被抓获。而甲后来证实，自己不是随便看乙一眼，而是狠狠“瞪”乙一眼，叫他别拿自己的包裹，等自己追上丙之后，再回来取留下的这个包裹。这里，对乙应当如何定性处理？周光权认为，对乙的行为应当认定为“侵占遗忘物”的犯罪。[②] 但我认为，这种情况类似于国外刑法所规定的侵占“脱离占有物”；根据我国现行刑法的规定，对于乙的行为定性，应当按照刑法学中的错误认识理论来处理，乙的认识错误属于构成要件上的认识错误，直接影响行为定性，即应当在乙的主观认识和客观行为范围内来认定乙的行为的性质，将乙的行为认定为因为行为人误解而形成的代为保管，构成侵占罪；而不是将乙的行为认定为“侵占遗忘物”情形下的侵占罪。

第三，因为不当得利而形成的代为保管。

所谓不当得利，是指没有法律或者合同上的根据取得利益，而致他人受损害。因不当得利所发生的债，称为不当得利之债。在不当得利人拒绝返还不当得利的情况下，不当得利人是否构成侵占罪？对此，我国学术界存在分歧意见：多数学者主张否定说，认为不成立侵占罪；少数学者主张肯定说，认为可以构成侵占罪。肯定说认为，刑法上某些侵占行为就是从民法上的不当得利转化而来的，转化标志是数额是否达到了较大的程度。[③]

否定说学者指出，如果占有人可以返还金钱等替代物，则往往不属于刑法上的侵占，而是民事上的债权债务关系，其行为就不能用刑法加以评价。例如，甲某日存款时，银行工作人员在电脑上误将存款1万元写成10万元，后来甲偶然发现此事实，即大肆消费9万元，后被银行发现。这里的不当得利人甲不能构成侵占罪。虽然不当得利事实出现以后，不当得利人和受害人之间形成了债权债务关系，得利人负有将全部不当得利返还给受害人的义务，受害人享有请求返还的权利；但不当得利的返还，并不以返还原物为必要，返还其所领得的利益就可以。我国民法通则就使用了“不法利益”字样，该法第92条规定，不当利益应当返还给受损失的人。不当得利人除返还其领受的利益外，如果基于该利益还有所得，仍然应该一并返还。如果依其利益的性质或者有其他情形不能返还的，则应返还其价格。不当得利人有义务返还他人之物，但未返还前，其持有该利益，不能认定为持有他人之物。所以应当充分看到不当得利行为和侵占行为之间的区别，在不当得利的情形下，不应当有侵占罪的成立空间；即使在不当得利数额较大、受损人依民事程序主张债权被拒绝的情形下，受损人也不得向法院起诉要求追究不当得利人的刑事责任。[④]

我主张否定说。除了前面所述理由外，不当得利在民法上属于“非违法行为”，一般而言，

---

① 周光权．侵占罪疑难问题研究．法学研究，2002（3）.

② 同①.

③ 陈兴良．侵占罪研究//陈兴良．刑事法判解：第2卷．北京：法律出版社，2000：27.

④ 赵秉志．新刑法教程．北京：中国人民大学出版社，1997：650；周光权．侵占罪疑难问题研究．法学研究，2002（3）.

“侵害行为是侵害人实施的一种违法行为，而不当得利却不是受益人实施的违法行为”①，因此，在基本意义上，拒绝返还不当得利的行为缺乏犯罪化的充分根据。

第四，针对包装物的代为保管。

对加以特别包装并加锁或者封固的包装物，委托行为人保管或者运送，如何认定该包装物的代为保管（代为保管关系的内容和范围）？例如，使用移动式的微型保险箱，里面装有价值100万元的珠宝，委托人甲只有自己知道密码而没有告诉受托人乙，由受托人自成都市运送至重庆市，如何认定该包装物的代为保管（内容和范围）？

对此，理论上有四种学说：（1）分别占有说。该说认为，整个包装物归受托人持有，但是其包装内之财物，仍然归委托人持有并拥有现实支配力。因为委托人对包装物的内容特别加锁或者封固之后，表明委托人不愿意将包装物的内容交由受托人支配，而委托人对其内容物的支配手段有效存在，自然就对其内容物具有现实的支配力。日本和我国台湾地区的判例基本上都坚持这一立场，认为基于成立持有关系的事实上支配说，一般社会观念都认为委托人在事实上能够支配的情形，就不应该以事实上的管理和持有为必要。因此，受托人乙在保管、运送包装物的过程中，对整个包装物因为运送业务本身需要而持有，但是对保险箱内的财物，仍然不能享有持有，而是由委托人甲所持有和支配。如果乙将保险箱打开窃取保险箱内的珠宝，就与侵占整个保险箱有所不同，应当成立盗窃罪而不是侵占罪；但是，如果受托人将整个保险箱占为己有，就构成侵占罪。（2）委托人占有说。该说认为，整个包装物和其内容物都由委托人持有，受托人侵占包装物整体或者抽取部分内容物，都构成盗窃罪。（3）受托人占有说。该说认为，整个包装物和其内容物都由受托人持有，受托人侵占包装物整体或者抽取其中部分内容物，都只能成立侵占罪。（4）“包装物体积大小”标准说。该说认为，针对包装物的代为保管问题应当区分情况分别进行认定。例如，在自然人将贵重财物交金融、保险机构保管，而自己持有所租用保险箱的钥匙的情形下，虽然财物所有人并非每天直接控制该财物，但自然人握有保险箱的钥匙，持有钥匙就等于持有财物本身，所以，自然人对保险箱内的财物具有实际的支配和控制力，应当看作是该保险箱内财物的实际持有人。保安人员尽管天天守护保险箱，但其无力单独打开或者移动体积硕大的保险箱体，更不能实际支配保险系数很高的保险箱内的财物，因而保安人员不是保险箱内财物的持有者；保安人员通过破坏保险箱体窃取保险箱内财物的行为，就不是职务侵占这种广义上的侵占行为，而应构成盗窃罪。可以说，这时在学说上是采取了委托人占有说的立场。但是，在另外的场合，如租车托运包装物且委托人不跟车运送的情形，以及乘坐飞机交寄托运行李的场合，又主张应当采取受托人占有说的立场，认为委托人虽然持有钥匙，但是委托人不是实际的持有人，这时受托人占有托运财物的，应当成立侵占罪。② 可见，这种观点实际上分别根据不同情形兼采了委托人占有说和受托人占有说，有学者评价这种观点有以“财物体积大小”论占有关系之虞，并不具有说服力。

我认为，分别占有说不合情理，而且会导致罪刑关系失衡。如果受托人只抽取保险箱内的部分财物，就构成盗窃罪；如果受托人将整个保险箱占为己有，反而只构成性质更轻的侵占罪，这显然不合理。委托人占有说不符合基本的事实真相，有违侵占罪的立法本意，也过于严苛，所以不可取。“包装物体积大小”标准说针对包装物的代为保管问题的判断，脱离“保管”事实本身另寻标准，缺乏基本的说服力，也不足取。因此，相对来说，我认为受托人占有说反映了受托人持有和支配整个包装物和其内容物的基本事实真相，该说能够体现侵占罪的立法本

---

① 李由义．民法学．北京：北京大学出版社，1988：285.

② 黄祥青．侵占罪适用问题探析．人民司法，2001（1）；周光权．侵占罪疑难问题研究．法学研究，2002（3）.

意，在确定罪刑关系上比较合乎情理，因而相对来说更为可取。

2. “他人”的含义

在基本含义上，“他人”是指除本人以外的其他自然人、单位，还可以包括国家。因此，本人的财物不能成为侵占罪的犯罪对象。但是，在判断“他人”问题时，应当进行实质的分析判断，不能只看表面现象。

一是针对已经依法作出法律处分的本人的财物，如已经出卖、查封扣押而只是暂时归自己保管的，应当看作是“他人”财物。如果行为人擅自进行处分加以侵占，仍然可以成立侵占罪。

二是针对“共同共有”的财物，如果没有征得其他共有人的同意，擅自处分“共同共有”的财物，必然侵害他人的权利，仍然属于将代为保管的他人财物非法占为已有的行为，可以成立侵占罪。

三是针对“对等的共同共有”的财物（所谓“对等的共同共有”，是指数人可以对某一财物进行共同的、相互对等的支配，只有数人的支配形成合力，才能成立持有某物的情形），例如，装有贵重物资的仓库配有两把锁，其钥匙分别由甲、乙二人各持一把，只有二人同时在场时才能将仓库打开，即二人居于对等地位共同持有仓库内财物，如果甲未经乙同意而擅自进入仓库将财物占为已有，则甲构成侵占罪还是盗窃罪？对此问题，学者间存在不同看法，有的认为应当成立盗窃罪，有的认为应当成立侵占罪。① 我觉得，定性为盗窃罪合理些。

3. “财物”的含义

财物依其自然属性来看，有动产和不动产、有形财物和无形财物之分；依其法律性质来看，有合法财物和非法财物、私有财物和公共财物之分。一般而言，动产、有形财物、合法财物和私有财物等，都一致被认为可以成为侵占罪的犯罪对象。存在争议的问题的是，不动产、无形财物、非法财物和公共财物等，能否成为侵占罪的犯罪对象？对此，简要分析如下。

第一，不动产能否成为侵占罪的犯罪对象？

一般认为，不动产当然可以成为侵占罪的犯罪对象。有学者指出：“从财产的自然性质来看，可以分为动产和不动产，二者都可以成为侵占的对象无疑”②，如伪造契约占有代管的他人房屋。

但是，另有学者指出，涉及不动产的“二重买卖”问题值得研究。例如，甲承诺将其住房卖给乙，但尚未登记过户，又将该房屋卖给丙并正式过户给丙，能否认定甲持有乙的财物，并构成侵占罪？论者指出，在这种所谓“二重买卖”的情况下，被转卖的财物如果是不动产，则出卖人将不能构成侵占罪；但是，如果行为人有严重的欺诈行为的，则可能成立诈骗犯罪。因为在我国，不动产所有权的转移奉行的是登记要件主义，非经登记，该不动产并未实际转移给他人，此时所有权人仍然可以自由处分其不动产，并且该不动产仍然处于原所有人甲的持有之中，而没有置于承买人乙的持有之中，所以，就没有成立侵占罪的可能性。③

不过，在动产的“二重买卖”中有可能成立侵占罪。在日本，民法上买卖合同成立即承认物权转移，所以卖主在交付财物前又将其卖给第三人的，就成立侵占罪；但日本最近的通说立场有所变化，认为买卖合同虽然成立，但是未实际付款或者交付标的物时，二重买卖行为并没

① 刘明祥．财产罪比较研究．北京：中国政法大学出版社，2001：49；周光权．侵占罪疑难问题研究．法学研究，2002（3）.

② 高铭暄．刑法专论：下编．北京：高等教育出版社，2003：748.

③ 周光权．侵占罪疑难问题研究．法学研究，2002（3）.

有对所有权的实质造成侵害，从而不能成立侵占罪。[①] 因此，只有在承买人已经付款给出卖人，而由出卖人保管已经卖出的财物时，出卖人将该同一标的物又进行二重买卖时，才可以成立侵占罪。

第二，无形财物能否成为侵占罪的犯罪对象？

一般认为，作为无形财物的知识产权（专利权、商标权和著作权等）以及商业秘密等，除其有形的载体外，都不能成为侵占罪的犯罪对象；对它们的侵占、使用，可能具有经济纠纷性质，严重的可能构成有关侵犯知识产权的犯罪和侵犯商业秘密的犯罪。

至于电力、煤气等无形财物，我国也有学者认为，这些无形财物只能成为盗窃罪等犯罪的犯罪对象，却不能成为侵占罪的犯罪对象。[②] 但是，多数学者都认为，电力、煤气等无形财物当然可以成为侵占罪的犯罪对象。

第三，非法财物能否成为侵占罪的犯罪对象？

对于非法财物（如赃款赃物、犯罪工具）等能否成为侵占罪的犯罪对象问题，国内外学者间都存在争议。如日本刑法学界就有肯定说与否定说两种截然相反的立场。[③] 我国绝大多数学者和司法实务部门主张肯定说，认为无论是赃物还是用于犯罪的财物，都可以成为侵占罪的对象，这并不意味着承认委托人对该财物具有所有权和退还请求权，而是因为：其一，受托人对该财物没有所有权；其二，受托人主观上具有非法占有他人财物的目的，主观恶性是客观存在的，不处罚就不利于犯罪的预防；其三，上述财物按照有关法律规定，应当没收或者发还被害人，因此，对其侵占仍然是对公私财产所有权的侵犯。[④]

第四，公共财物能否成为侵占罪的犯罪对象？

对此问题，我国学术界也存在争议，大体上是少数学者主张否定说，多数学者主张肯定说。否定说认为，侵占罪的对象只能是公民的个人财产，不能包括公共财产。主要理由是：(1)《刑法》第 270 条规定的是“他人财物”，“他人”即指个人。(2) 非法占有受托保管的国有财产，依照《刑法》第 382 条的规定，构成贪污罪，不能定侵占罪。(3)《刑法》第 270 条还规定，“本条罪，告诉的才处理。”刑法上规定的告诉才处理的犯罪，如侮辱、虐待、暴力干涉婚姻自由罪等，都是调整公民个人之间的刑事法律关系的，因此侵占罪也应当如此。[⑤] 肯定说认为，公私财物都可以成为侵占罪的犯罪对象。认为公共财物可以成为侵占罪的犯罪对象，主要有以下原因：(1) 侵占受委托保管的国有财产的现象事实上完全可能存在，因为不符合贪污罪特征，只能定侵占罪。例如，农村粮站收购农民粮食后，因粮库不够用，委托农民暂时保管该粮食。如果后来农民将该公粮占为己有，数额较大，拒不退还的，应定侵占罪，不宜定贪污罪。因为贪污罪属于职务犯罪，《刑法》第 382 条第 2 款所规定的受国有单位委托管理、经营国有财产，是以委托方式赋予受托人一定的职责，而农民代粮站保管粮食的行为并没有任何职务可言。(2)《刑法》第 270 条第 2 款所规定的遗忘物、埋藏物，就包含有被遗忘的国有或者集体所有的财物，以及因物主不明而应收归国家所有的埋藏物。如果说侵占罪对象不包括公共财物，那么，侵占上述财物该如何处理呢？一概不定罪，显然是不适当的。(3) 在法律上“他人”既可以包括个人，也可以包括单位，这样有利于保护公共财产。(4) 对告诉的才处理规定的理解不能狭隘和片面。事实上，单位财产被侵占，完全可以通过其法定代表人以单位名

---

① 周光权．侵占罪疑难问题研究．法学研究，2002 (3).

② 赵秉志．侵犯财产罪．北京：中国人民公安大学出版社，1999：257.

③ 木村龟二．刑法学词典．顾肖荣，等译．上海：上海翻译出版公司，1991：728－729.

④ 高铭暄．刑法专论：下编．北京：高等教育出版社，2003：750.

⑤ 黄太云，滕伟．中华人民共和国刑法释义与适用指南．北京：红旗出版社，1997：360.

义进行告诉，这与法律规定并不矛盾。①

4. “遗忘物” 的含义

目前理论界针对侵占罪中的“遗忘物”问题的讨论，主要涉及以下两个方面：第一，遗忘物与民法上的遗失物之间的关系如何？第二，司法实践的现状与解决办法如何？

（1）侵占罪中的遗忘物与民法上的遗失物之间的关系如何？

对此，多数学者主张“区分必要论”，认为二者之间各自具有不同的含义；但也有少数学者主张“区分不必要论”，认为遗忘物与遗失物二者之间没有区别。

“区分必要论”者指出，遗忘物是指财物的所有人或者持有人将所持有财物放在某处，因为疏忽忘记拿走；遗失物则是指失主丢失的财物。② 有的学者解释得更具体，认为遗忘物是指财物占有人偶然遗忘于他人的车船、飞机、住宅等特定场所的物品，遗忘人对财物的控制能力并未完全丧失；遗失物是非出于遗失人自己的意思而丧失占有，同时又不为其他人占有的非无主财产，遗失人对财物的控制能力已经完全丧失。③ 因此，遗忘物与遗失物二者含义各异，应当进行区分，区分的主要标准是④：其一，财物原所有人或者持有人能否回忆其丧失财物的时间、地点等，遗忘物一般情况下所有人或持有人能够回忆起财物所在位置，也容易找回，而遗失物一般情况下所有人或持有人不知失落何处，也不易找回；其二，遗忘物一般尚未完全脱离物主的控制范围，而遗失物则完全脱离了物主的控制；其三，遗忘物一般脱离物主时间较短，而遗失物一般脱离物主时间较长。按照区分论的观点，占有他人的遗失物拒不退还的行为，不能构成侵占罪；而只能按照《民法通则》第 79 条的规定处理：“拾得遗失物、漂流物或者失散的饲养动物，应当归还失主，因此而支出的费用由失主偿还。”

“区分不必要论”者认为，遗忘物与遗失物二者词异义同，遗忘物也可以称为遗失物，都是指非出于财物占有人或者所有人之本意，偶然失去占有的动产，因此二者没有区分的必要。主要理由是⑤：其一，二者的区分没有法律根据。《民法通则》就没有对二者作出区分，而是统称为遗失物，因此刑法上也没有区分。《民法通则》使用“遗失物”一词是科学的，它不仅是各国法律上的通用术语，而且从逻辑上说，遗失物完全可以包括遗忘物，但是用遗忘物却无法包括遗失物。既然民法上规定捡拾遗失物应当归还失主，那么捡拾遗忘物又有什么理由不归还失主呢？在刑法上又有什么理由只规定侵占遗忘物构成侵占罪，而规定侵占遗失物却不构成侵占罪呢？其二，遗忘物与遗失物二者没有本质区别，也没有区分的必要。其三，侵占罪的本质特点是将自己持有的他人财物非法占为己有，从而构成对他人财产所有权的侵害。而其所侵占的对象无论是遗忘物还是遗失物，都具有相当的社会危害性，对于侵占罪的成立没有实质的影响。其四，遗忘物与遗失物的区分标准模糊，主观色彩浓厚，既不易把握，也很不合理。尤其是把财物丢失的时间、场所、丢失人的记忆能力等作为区分遗忘物与遗失物的标准并不科学，同时也不合理，对被告人是否定罪取决于被害人的记忆能力，被害人能够记忆起财物丢失的时间和场所的，就是遗忘物，就对被告人定罪，反之被告人就无罪，这违反了犯罪是危害行

---

① 高铭暄．刑法专论：下编．北京：高等教育出版社，2003：750.

② 郎胜．《中华人民共和国刑法》释解．北京：群众出版社，1997：316.

③ 张炳生．遗失物拾得法律问题研究．法律科学，1994（1）；周光权．侵占罪疑难问题研究．法学研究，2002（3）.

④ 同① 751.

⑤ 王钧柏．侵占罪主要争议问题．人民检察，1999（4）；陈兴良．刑法疏义．北京：中国人民公安大学出版社，1997：442；陈兴良．侵占罪研究//陈兴良．刑事法判解：第 2 卷．北京：法律出版社，2000：19；周光权．侵占罪疑难问题研究．法学研究，2002（3）；高铭暄．刑法专论：下编．北京：高等教育出版社，2003：751－752.

为的刑法学基本原理。例如，丢失于出租车内这一特定场所的财物当是遗忘物，但是所有人下车后记不清财物遗忘于哪一辆出租车内，连续寻找数月而无果，实质上等于完全丧失了对财物的控制能力，则该物似乎又成了遗失物。所以即使按照区分必要论的时间标准、场所标准、记忆能力标准以及其他综合标准等，也无法有效区分遗忘物与遗失物。其五，将遗忘物与遗失物等而视之，将会减少认定犯罪的困难，有实际意义。其六，以模糊而不合理的标准来区分遗忘物与遗失物，可能造成司法不公。在司法实践中，认定某人是否侵占了遗忘物，到底是以行为人的主观认识为标准还是以财物的实际性质为标准，应当说缺乏一个明确的、合理的标准和法律规定，这样往往影响司法的公正性。比如，如果采用客观标准，就意味着只要事实上是遗忘物而不是遗失物，不问行为人是否有准确的判断，就可以侵占遗忘物（即侵占罪）论处；但如果采用主观标准，则意味着事实上是遗忘物，而行为人自以为是遗失物，则可以说行为人没有侵占遗忘物的主观故意，因而就不能对该行为以侵占遗忘物定性。可见，从主观和客观相统一的定罪原则来分析，无论采取主观标准还是采取客观标准来区分遗忘物和遗失物，实际执行起来都是矛盾重重、困难重重，难以得出确定无疑的合理结论，极大地影响司法公正。尤其是对于作为“第三者”的行为人来说，要判断脱离物主控制的财物究竟是其遗忘物还是其遗失物，除非行为人亲眼目睹该财物脱离物主控制的整个完整过程，一般都无法进行正常判断。那么针对这样一种十分怪异难辨的行为对象（遗忘物与遗失物），行为人将其占为己有，拒不退还，是作定罪处理还是作无罪处理，到底应该如何进行判断，可以说是无所适从。这也说明，现行刑法采取遗忘物与遗失物相区分而不是二者相统一的做法，不仅不利于对财产所有权的全面合理的保护，而且会增加一些不应有的司法困难，极大妨害司法公正。其七，从其他国家和地区的刑法规定来看，除我国刑法外，目前还没有其他任何一部刑法所规定的侵占罪只规定侵占遗忘物，而不包括侵占遗失物。这种立法例是一种惯例，是科学的，我国没有理由违反常例。

（2）司法实践的现状与解决办法如何？

目前司法实践，基本上是不严格区分遗忘物与遗失物，二者都可以成为侵占罪的犯罪对象。应当说，司法实践的这种做法是合理的，其基本立场是支持“区分不必要论”。

但是，司法实践的这种做法并不合法，尤其违背了刑法中最重大、最根本的原则——罪刑法定原则。也就是说，司法实践的这种做法存在一个重大的逻辑悖论，即合理但不合法（刑法）。正如有学者指出，我国现行刑法的立法本意应当说是将遗忘物与遗失物区分开来的，而且这种“区分必要论”并非没有任何根据。因为：第一，在1997年现行刑法颁行以前，我国司法实践中按照类推办法判决的侵占案件都只涉及遗忘物（例如顾客在购买商品时将手提包遗忘在柜台上没有拿走），而没有一件涉及侵占遗失物而被定罪的案例。应当说，现行刑法正是对这种司法实践做法的总结，规定只处罚侵占遗忘物，而不处罚侵占遗失物，这是可以理解的历史背景。第二，全国人大常委会法制工作委员会负责组织实施刑法起草工作的同志并非不知道民法上有遗失物的概念，而且在我国50年代以来的多个刑法草案中，也有过“侵占遗失物”的规定，那么，最终在1997年刑法中正式表述为“侵占遗忘物”显然是有所考虑的，而并不是立法者的疏忽或者随意而为。① 在这种意义上，侵占遗失物的被告人进行无罪辩护，应当说是于法有据的。

那么，为什么存在立法规定与司法实践的上述悖论呢？我认为，问题还是立法规定的不合理所致。当务之急是尽快修订刑法的规定，将侵占遗失物、漂流物、失散的饲养物以及其他所

---

① 高铭暄．刑法专论：下编．北京：高等教育出版社，2002：752.

有“脱离占有物”的行为予以犯罪化①，扩大侵占罪的犯罪对象，以全面有效地保护公私财产所有权，减少理论界和司法实践中针对区分遗忘物与遗失物界限所带来的分歧与迷惑。

在基本立场上，我认为应当反对通过司法解释（包括广义的法官解释刑法）的方式将侵占对象作出扩张解释，将遗忘物的外延扩张解释为包括遗忘物和遗失物，这实际上是一种违背罪刑法定原则基本精神和刑法安定性品格的“司法上犯罪化”，破坏了犯罪化只能进行立法上犯罪化、不能进行司法上犯罪化的基本规则。

在侵占罪的犯罪对象问题上，张明楷教授的刑法解释论思想值得我们关注。一方面，张明楷反对“攻击刑法规范不明确”，主张“与其在得出非正义的解释结论后批判刑法，不如合理运用解释方法得出正义的解释结论；与其怀疑刑法规范本身，不如怀疑自己的解释能力与解释结论”；呼吁要“相信立法者不会制定非正义的法律。当解释者对法条做出的解释结论不符合正义理念时，不要抨击刑法规范违背正义理念，而应承认自己的解释结论本身不符合正义理念”；在解释刑法规定遇到麻烦和问题时，“不仅要想象‘如果自己是当初的立法者，会得出何种结论’，而且还要想象‘如果自己是当今的立法者，会得出何种结论’”。另一方面，张明楷教授又强调指出，“解释者为了追求正义理念、实现刑法目的，必须敢于尝试罪刑法定原则所允许的各种解释方法”；“不能离开刑法用语、法条文字去追求‘正义’。法学解释的对象是成文的法律，完全脱离法律用语就是推测而不是解释”，“如果脱离刑法用语追求所谓‘正义’，人们在具体情况下便没有预测可能性，刑法本身也丧失安定性，国民的自由便没有保障，国民的生活便不得安宁。所以，刑法的正义，只能是刑法用语可能具有的含义内的正义”，“惟有如此，才能在实现刑法的正义性的同时，实现刑法的安定性”②。可以看出，张明楷一方面反对动则批判刑法立法不合理、不明确、不正义，轻易论及刑法的修订与完善；另一方面，他还强调了刑法安定性的极端重要性，并主张在刑法用语含义内合理解释刑法，在不修订刑法的前提下使解释合乎正义的要求。但是很明显，张教授的刑法解释论原理在我国现行刑法所规定的侵占罪的犯罪对象问题上出现了悖论：刑法明文规定侵占罪的犯罪对象包括遗忘物，而明确排斥遗失物，这种规定是明确的、但是非正义的；刑法解释论关于侵占罪的犯罪对象包括遗忘物和遗失物的解释是正义的、但是违法（违反刑法明确规定）的、严重破坏刑法安定性的，这样无论坚持哪一端的做法都是非正义的。如果固守在反对批判刑法规定和修订刑法的立场下来“合理解释刑法”这样一种观念，是无法解决问题的。因此，我认为，在侵占罪的犯罪对象问题（遗失物问题）上，应当通过批判刑法并修订刑法来完善刑法规定的方式来实现刑法正义，即刑法应当明确将遗失物规定为侵占罪的犯罪对象；而不能通过“合理解释刑法”的方式来实现“刑法正义”，因为“司法上犯罪化”的途径由于破坏了刑法安定性原则，其本身就是违背“刑法正义”的。

5.“埋藏物”的含义

侵占罪中的埋藏物也是一个争议较多的问题，学者间见解不同。这里列举几种有代表性的观点。一种观点认为，埋藏物是指埋藏于土地及他物中，其所有权归属不能判明之动产。其主

① 目前理论界和司法实践中对于漂流物和失散的饲养物能否成为侵占罪的犯罪对象问题，在基本立场上存在分歧，多数主张肯定立场，少数主张否定立场。就肯定论立场而言，其肯定的理由又各有不同：一种观点是，基于对“遗忘物”进行扩张解释，将“漂浮物”和“失散的饲养物”等纳入侵占罪的犯罪对象；另一种观点是，基于对“埋藏物”进行扩张解释，将“漂浮物”和“失散的家畜”等纳入侵占罪的犯罪对象。高铭暄．刑法专论：下编．北京：高等教育出版社，2002：755；周光权．侵占罪疑难问题研究．法学研究，2002（3）.

② 张明楷．刑法分则的解释原理．北京：中国人民大学出版社，2004：“序说”Ⅰ-Ⅶ.

要特征是：埋藏于他物之中，不易由外部窥视或者目睹其实际状态；无他人持有；被偶然发现。① 另一种观点认为，刑法上作为侵占对象的埋藏物，是指不归行为人所有的埋藏于地下的财物，无论其所有者是否明知，埋藏时间多久，财物性质是什么，只要行为人不是出于盗窃的目的，在对地面挖掘时，偶然发现地下埋藏物，明知不归本人所有，应当交出而拒不交出，非法占为己有，数额较大的，就构成侵占罪。至于是在自己的宅院、自留地或者其他地方挖掘，也无论知道或者不知道谁是物主，都不影响本罪之构成。② 还有的观点认为，埋藏物是指埋藏于地下或者私人地方的财物，埋藏物不同于隐藏物，隐藏物是指用其他物品加以遮掩而不显露于外的财物。③

可见，关于侵占罪中的埋藏物争议中最关键的问题是：侵占罪中的埋藏物与民法上的埋藏物在概念和外延上是否一致？对此，有的学者主张二者同一（同一论），如周光权明确指出，“刑法上的埋藏物，应当与民法上的埋藏物具有相同的含义，均是指埋藏于土地及他物中，其所有权不能判明之动产”④。有的学者主张二者不同（区分论），如王作富教授指出，“刑法上的埋藏物与民法上的埋藏物概念和范围不尽相同。后者指埋藏于地下的所有人不明的财物，主要是为了解决其权利归属的问题。而刑法上所说的埋藏物，是为了解决侵占不归行为人所有的埋藏物的刑事责任问题”⑤。我认为，周光权博士的见解不尽合理，王作富教授的观点更加精当。

那么，如何妥当界定和理解侵占罪中的埋藏物？我认为应当强调以下几点。

（1）应当承认侵占罪中的埋藏物与民法上的埋藏物有所不同（区分论）。刑法规定侵占罪的精神实质，是要解决将埋藏物非法占为己有行为的刑事责任问题（而不是解决埋藏物的所有权归属问题），因此，即使是所有权归属明确的埋藏物（它不属于民法上的埋藏物）仍然可以成为侵占罪中的埋藏物。

（2）应当强调其隐蔽性。埋藏物埋藏于地下或者其他物体之中，根据外表无法窥探和知悉，具有完全意义上的隐蔽性。

（3）应当强调其被偶然发现性。这个问题既与埋藏物的隐蔽性特征相关，也涉及对行为人的主观认识和意志判断。刑法中的客观因素判断，必然会涉及主观意识和意志的相关考察，甚至还内含价值判断因素，这是正常合理的。“被偶然发现性”特征，既是对行为人的行为对象特性所进行的客观具体判断，也是站在社会一般观念立场上对行为人发现和持有行为对象这一“事实”本身所进行的主观抽象性判断，更是针对行为人在发现和占有对象物（埋藏物）时其主观认识状态的基本判断。因此，如果行人在不知情的情况下进行挖掘而偶然发现地下财物，不管财物所有权归属是否明确，都可以成为侵占罪中的埋藏物，对其加以侵占可以构成侵占罪。

周光权还进一步设想：假如行为人在偶然发现地下埋藏物之后，推想附近肯定还有其他“埋藏物”，进而在一种盖然故意心理下继续在埋藏物四周进行挖掘，结果发现和占有了更多财物，则其后续行为可以成立盗窃罪或者盗掘古人类化石、古脊椎动物化石罪，理应与侵占罪并罚。⑥ 我认为这个问题还值得进一步研究。行为人的后续行为是否成立盗窃罪，恐怕还是与该

---

① 周光权．侵占罪疑难问题研究．法学研究，2002（3）.

② 高铭暄．刑法专论：下编．北京：高等教育出版社，2002：754－755.

③ 刑事法学要论——跨世纪的回顾与前瞻．北京：法律出版社，1998：672.

④ 同①.

⑤ 同② 754.

⑥ 同①.

埋藏于地下的财物的"被偶然发现性"判断有关：一方面，虽然行为人出于盖然故意继续挖掘行为，在主观认识上有所发展，但是其"恶性"判断是否具有实质上的重大差异却值得斟酌，应当说这时行为人的主观恶性并没有超出侵占罪所内含的主观恶性内容，与一般的侵占埋藏物行为相比在主观恶性上相当；另一方面，在行为对象性质的判断上，其是否仍然具有"被偶然发现性"也值得斟酌，应当说这时是否能够发现并占有新的"埋藏物"仍然是一个"迷"，因而在实质上该后续行为"将要发现"和"果然发现"的财物，在相当意义上仍然具有"被偶然发现性"。从这样两个角度进行分析，我认为，对行为人的后续发现和占有埋藏物行为是否成立盗窃罪，仍然值得进一步研究，可能按照侵占罪定性更合理。但是，后续行为如果是针对古人类化石、古脊椎动物化石，则情形有所不同。因为刑法规定盗掘古人类化石、古脊椎动物化石罪，本身不考虑行为人是偶然意外发现后故意进行挖掘和占有，还是明知在先进而故意有针对性地进行挖掘和占有，应当说都可以成立盗掘古人类化石、古脊椎动物化石罪。

另外，周光权还针对偶然偷窥到他人于野外埋藏财物，或者偶然发现他人将财物放置在一个非特定场所，进而进行挖掘和占有该财物的行为，是成立盗窃罪还是侵占罪的问题进行了讨论，认为上述情形下的行为人都只能成立盗窃罪，而不成立侵占罪。① 但是，我认为上述这样两种情况的定性问题还存在很大的探讨空间。前者涉及埋藏物的偶然被发现性和是否脱离占有性质两个问题的判断，而后者不涉及埋藏物特征判断（它根本就不是埋藏物），但涉及财物是否脱离占有性质的判断。1）对于偶然偷窥到他人于野外埋藏财物，进而进行挖掘和占有该财物的行为定性问题。有学者指出，由于该财物在形式上仍然处于被他人所控制支配的状态，行为人因为亲眼看到"他人"埋藏财物的整个过程，从而行为人有目的地进行挖掘和占有，就在形式上类似于盗窃。在表面上看，学者对行为人行为性质的判断是有道理的。但是问题在于，这时的"他人"对于其埋藏于野外之财物在实质上有多少控制支配力？这就涉及我在下文将要讨论的合法控制支配人对该埋藏于野外之财物进行有效控制持有的"风险性判断"问题。应当说，对于此种情形下的埋藏物，合法控制支配人面临重大的失控风险，因为该埋藏物随时可能被外人偶然发现而失控，并且在这种意义上该埋藏物类似于"失去占有"之物。那么，行为人有意识地占有这种类似于失去占有之物的行为，其基本性质应当按照占有"脱离占有物"情形的侵占来确定，从而将该种情形下行为人的行为定性为侵占罪可能更为合理，而不宜定性为盗窃罪。2）对于偶然发现他人将财物放置在一个非特定场所，进而占有该财物的行为定性问题。由于此时财物并非被埋藏，因而其不是埋藏物；同时，由于此时财物只是被放置在一个非特定场所（例如距离住所或者合法控制人空间距离很远的野外），因而还是涉及我在下文将要讨论的合法控制支配人对其有意识放置于野外之财物进行有效控制持有的"风险性判断"问题。因为此种情形下该财物完全暴露于外，随时可能被人发现而取走，而合法支配人对该财物在客观上存在重大的失控风险，所以，该财物的基本存在状态本身就决定了其类似于失去占有之物，依这种逻辑来分析，占有该财物行为的基本性质仍然应当按照占有"脱离占有物"情形的侵占来认定可能更为合理，从而对该种情形下行为人的行为宜定性为侵占罪，而不宜定性为盗窃罪。

（4）应当强调其被发现持有时，没有被他人所有效控制持有。如果行为人对其进行占有（持有）之际，该财物正处于被他人所有效控制持有，那么行为人的占有行为应当构成盗窃罪或者抢夺罪、抢劫罪，而没有成立侵占罪的余地。判断财物是否"被他人所有效控制持有"，这是一个具有重大刑法意义的问题，一般来说可能没有问题。但是，在某些特殊情形下，针对

① 周光权．侵占罪疑难问题研究．法学研究，2002（3）．

财物是否“被他人所有效控制持有”本身所进行的判断却可能是一个很困难的事情。例如，财物的合法控制人有意识将财物放置在一个非特定场所，或者将财物埋藏于野外，这些特殊情形下，是认定该财物被他人所有效控制持有还是没有被他人所有效控制持有？我认为，在这些特殊情形下，针对财物是否“被他人所有效控制持有”问题进行判断就存在重大疑问。为此，可能存在这样一种怪异难辨的特殊情形，即在观念上该财物属于“被他人所有效控制持有”，但在实质上该财物并不“被他人所有效控制持有”。我认为，这个问题的实质涉及有效控制持有财物的“风险性判断”问题，从而需要在理论上引入有效控制持有的“风险性判断”概念（下文详述）。

（5）应当强调有效控制持有的“风险性判断”。这个问题的提出，主要是针对埋藏于非特定场所的埋藏物，如因埋藏于野外的所有权明确的埋藏物之有效控制持有性问题而引出。例如，所有权人或者保管人将标明所有权人的财物（如在埋藏物上用文字标示该埋藏物所有权人姓名）或者其他能够正常判断出所有权人的财物埋藏于野外荒地，被行为人偶然发现并占为己有，这一行为是否成立侵占埋藏物？从表面上看，该埋藏物的所有权人或者保管人将财物埋藏，自己能够有效控制持有，行为人虽然属于偶然发现该埋藏物，但是行为人在发现之初就明知其所有权归属，并且明知其处于被所有权人或者保管人所有效控制持有状态，而这时行为人仍然将其秘密据为己有并拒不交出，似乎既符合盗窃罪特征，又符合侵占罪特征。对此，是对行为人定盗窃罪合理，还是定侵占罪合理？从综合全部情况和体现相对合理性而言，应当说定侵占罪才合理。如果该埋藏物所有人或者保管人知道后要求行为人归还，行为人事后归还了其所偶然发现的该埋藏物，就不能对行为人定罪：这恰恰是侵占罪的重要构成特征！如果将行为人此种情形下偶然发现埋藏物的行为定性为盗窃，则即使行为人在事后被发现和被要求之后将该埋藏物交出，也只能看作是盗窃罪既遂之后的退赃，充其量可以作为量刑情节考虑。可见，这种情形下将该行为定性为盗窃显然不合理，但是定性为侵占却是合理的。

但是，如果行为人偶然在他人住宅内或者院内等特定场所发现埋藏物并将其非法占为己有，则行为性质有所不同。因为该埋藏物由于其所处“特定场所”本身就足以表明该埋藏物仍处于被所有人或者保管人所有效控制持有，行为人秘密将其非法占为己有的行为本身就已经构成犯罪（盗窃罪），而不是一般的非法占有行为；即使事后经过追讨，行为人将财物归还物主，理论上也只能成立事后退赃。

那么，比较一下上述两种情形下的行为定性问题，出现定性差异的关键因素就在于：形式上的场所不同（特定场所与非特定场所），实质上的有效控制持有的“风险性判断”不同（前者情形下埋藏物的所有权人或者保管人有失去有效控制持有的重大风险，后者情形下埋藏物的所有权人或者保管人没有失去有效控制持有的重大风险）。可以看出，针对埋藏物所进行的有效控制持有的“风险性判断”具有重要刑法意义。如果在实质上进行客观判断，确实存在埋藏物的所有权人或者保管人有失去有效控制持有的重大风险这一事实，就应当认定其成为侵占罪中的埋藏物；确实不存在埋藏物的所有权人或者保管人有失去有效控制持有的重大风险这一事实，一般就不应当认定其成为侵占罪中的埋藏物。

还应当指出，针对埋藏物所进行的有效控制持有的“风险性判断”，必须是一种实质性判断，不能只注重形式要件而忽略了实质内容；同时还必须是一种客观判断，不能毫无根据地进行主观臆断。

综上所述，我认为，可以将侵占罪中的埋藏物概念界定为：侵占罪中的埋藏物，是指埋藏于地下或者其他物体中，不能够从外表直接发现和判断但是能够被偶然发现，并且客观上原所有人或者保管人存在失去有效控制持有的重大风险，而被行为人所偶然发现并持有的财物。

(二) 侵占罪的行为定型(即客观方面要件)

侵占罪的客观方面表现为,行为人将自己客观上控制持有的代为保管的他人财物、遗忘物和埋藏物非法占为己有,数额较大,拒不退还或者拒不交出的行为。这里需要正确理解和把握的有以下几个问题。

1. "客观上控制持有"之状态

在一般意义上,我们可以把侵占罪的客观行为本质概括为:变"客观上控制持有"为"非法所有",即将原来已经客观上持有(有的学者将"客观上控制持有"表述为"客观上占有")的他人财物非法占为己有的行为。这是本罪区别于"转移占有"型的盗窃、抢劫、诈骗等其他财产犯罪的核心内容。

(1)"客观上控制持有"的含义。针对"客观上控制持有"含义的认识理解,理论上有管有说、支配说、事实上支配说、事实及法律上支配说、处分可能状态说等。① 我认为,侵占罪中的客观上控制持有是一种事实状态,其含义应当是客观上、实质意义上的一种支配状态,可以是合法的法律上的支配事实,也可以是非法的客观上的支配状态,即只要依照一般的日常生活观念来判断,其成立客观上、实质意义上的支配状态,就可以认定存在"客观上控制持有"。同时,从行为人的对立面(原财物所有人或者保管人)的角度来看,行为人对财物的"客观上控制持有"就意味着原财物所有人或者保管人对该财物的控制持有在事实上受到排除;如果原财物所有人或者保管人对该财物的控制持有在事实上还没有受到排除,则不能认定行为人对该财物的"客观上控制持有"。

(2)"客观上控制持有"的判断。在实践中,判断行为人是否存在"客观上控制持有"的事实,一般不存在太大问题;但是应当注意以下两个特殊问题。

第一,原财物所有人或者保管人的控制持有力未被实际排除,则不能认定行为人存在"客观上控制持有"。因为侵占罪的成立,是以行为人已经形成对该财物"客观上控制持有"的事实为前提,继而将该财物非法占为己有。"换言之,本罪的成立,要求原财物所有人、占有人已经失去对该财物的控制权。如果在财物原所有人、占有人尚对原财物享有占有权时,试图以不法方法非法占有该财物,则可能构成盗窃罪、诈骗罪或抢夺罪。"例如,搬运工赵某在火车站为带着三个小孩的王某搬运行李,商定由赵某搬运四件行李,王某自己随身带一件行李,出站后由王某付给赵某 15 元作为报酬。赵某扛着行李到站口,王某被拦下检票。看到王某忙于出示车票,赵某遂产生非法占有王某四件行李的企图,趁王某无暇顾及之机将四件行李扛走。这时,赵某的行为就应当成立盗窃罪,而不能成立侵占罪。② 其原因是,虽然表面上看,赵某似乎是将代为保管的他人财物非法占为己有,应当成立侵占罪,但是实际上,王某始终跟在赵某之后,赵某的一切举动都在王某的视野之内,财物仍为王某自己所实际控制支配,这时不但没有排除原财物所有人王某的控制持有力,而且王某本人的控制持有力很强,在这种情况下,赵某利用王某无暇顾及之机非法占有其所搬运的行李的行为,就应当成立盗窃罪。

但是,在某些具有公共性的特定场所,如银行营业大厅、车站售票厅、宾馆前台大厅等场所,行为人拾得他人遗忘物并非法占为己有的行为,是成立侵占罪还是盗窃罪?这个问题不无讨论的余地。有学者认为,这种情况下,该物即使可以被看作遗忘物,但是由于其遗留在银行营业大厅等特定场所,则其同时又存在一个保管义务人即银行等,从而其并非真正意义上的遗忘物,因为"应当承认第三者对财物的事实支配",并且"对特定场所内的财物采取第三者占

① 周光权. 侵占罪疑难问题研究. 法学研究, 2002 (3).

② 同①.

有说或者‘双重控制说’是有道理的，所有人的控制丧失以后，特定场所内的有关人员被认为有概括、抽象、持续的占有意识，占有、支配关系也在事实上存在”；那么从银行大厅悄悄取走财物的行为本身就是盗窃，因而应当成立盗窃罪。① 但我认为这里还存在疑问，对行为人的行为定盗窃罪可能不尽合理，反而定侵占罪可能更加合乎情理。因为：一方面银行营业大厅、车站售票大厅等所谓特定场所，其实在相当意义上仍然具有公共场所的性质，基本上可以随意出入，它并不完全同于封闭性的私人场所或者受限制出入的特有单位的场所，甚至说它类似于公园、校园和露天影剧院都不为过，在这种场所拾得他人遗失的财物其实就是一种拾得遗忘物的行为；银行等单位成为所谓保管义务人的说法，其实只不过是一种观念性的东西，恐怕多数“非法律人”并不认可，甚至连部分“法律人”也不愿意一味赞同，例如，假设丢失财物人状告银行没有尽到“保管义务人”的保管义务而要求银行给予赔偿，法官是否会真的支持丢失财物人的诉求，我看未必。因此可以说，在实质意义上，银行等单位并不是该丢失财物的真正意义上的“保管义务人”，那只是部分学者的一种观念性认识，而且这种认识并没有获得“公众认同”、没有获得当然的合法性。周光权在这个问题上的思考是很深入的，他在一篇论文的注释中指出，建筑物的形状、第三者支配力的强弱等对是否成立“第三者的占有”影响很大，例如，就银行大厅而言，银行对厅内财物的支配力较强，而就火车而言，列车员对车上财物的支配力较弱。但是我还是对周光权在这个问题上的认识理解存在一定疑问，即可能过于倚重“观念性、抽象性”思考，忽视“常情、常识、常理”与具体法理分析，不尽恰当。另一方面，行为人在偶然发现丢失于银行等公共场所的财物时非法将其占为己有，终究与那些积极盗窃他人财物的行为性质有所差异，无论从行为人的主观恶性还是从客观行为来看，都应当说与盗窃有所不同，其应受谴责性程度也应当有所不同，所以，在这种情况下将行为人的行为定侵占罪更合理。

第二，在“上下主从关系”中，“下位关系人”一般不能排除“上位关系人”对财物的控制持有力。通说观点认为，这时的上位关系人对财物享有专属控制支配权，而下位关系人相当于其主人的工作“工具”而没有独立性，并且实际上，下位关系人没有排除上位关系人对财物的客观控制支配力，所以，下位关系人非法占有主人财物的行为一般应当成立盗窃罪。例如，张某受李某聘请到以家代店的李某家的商店做零售工作，张某将销售收入全部或者部分占为己有；再如，王某到李某家做保姆，非法占有主人家财物（如龙泉案件），则一般情况下，张某和王某的行为应当成立盗窃罪。

但是，通说观点也不能绝对化。尤其在主人明确授权下位关系人管理特定财物的情况下，例如，主人让雇工销售并保管好销售款或者委托雇工到外地去收取销售款，如果雇工非法占有销售款，就应当认定为侵占（或职务侵占），而不能认定为盗窃；再如，主人让保姆保管 5 000 元现金以备特殊需要，而保姆将其非法占为己有的行为，也只能认定为侵占。

2. “非法占为己有”之行为

在财物已经处于行为人控制持有的情形下，行为人将财物“非法占为己有”，是指行为人在主观上具有非法占有的故意，在客观上以财物所有人自居，对财物进行隐匿而拒不交出或者退还，或者对财物进行实质性的所有权处分，如消费、出卖、赠与、有偿转让、加工等，导致在被要求交出或者退还财物时无法交出或者退还的行为。

如何合理界定“非法占为己有”的含义？理论上有“不法领得说”与“越权行为说”的分歧。国内外多数学者主张“不法领得说”，反对“越权行为说”。

---

① 周光权．侵占罪疑难问题研究．法学研究，2002 (3).

但是，我认为“越权行为说”可能更加合理。“领得”本身无法与“占有”相区分，在本质上类似于同语反复；但是“越权”的含义可以明确化，就是指行为人超越一般“保管人”与“持有人”的权利而行使了财物处分权。在这种意义上，可以将“越权行为说”进一步细化为“越权处分行为说”，即行为人公然拒绝交出或退还、私自隐匿而拒绝交出或退还、擅自处分而拒绝交出或退还，例如，擅自将不动产抵押或者卖出，将保管物擅自消费、毁弃等，都可以认定为侵占罪中“非法占为己有”。

如果行为人没有将财物毁坏和抛弃，而在被要求退还时谎称已经将财物毁坏或抛弃，其实只是以此为借口来拒绝退还和交出，对此显然应当按照侵占罪定性处理；如果行为人确实已经将财物毁坏或抛弃，从而在被要求退还或交出时而无法退还和交出，这时行为人的行为本身已经表明其非法行使了所有权，应当说对此定性为侵占罪比定性为毁坏财物罪更为合理；如果行为人自称已经将财物毁坏或抛弃，但是司法上又无法查明其真实情况是隐匿还是毁坏或抛弃，对此如何定性处理才合理呢？在最后一种情况下，如果不作刑事处理显然是不合理的；如果听信行为人的单方面解释而定毁坏财物罪，显然存在缺乏证据上确实充分性的问题，不但无法判明其是否具有客观真实性，而且无法判明其是否具有法律真实性，从而对行为人以毁坏财物罪定性处理就有违法治原则；但是不管行为人自己如何解释，对其以侵占罪定性处理却可以体现法治精神和正当性。

当然，如果行为人擅自行使“使用处分”，只是获取了使用财物所带来的收益，但是并没有影响财物的基本性状，而不影响交出与退还并且没有拒不交出与拒不退还的行为，则对于这种“使用型侵占”行为可以不认定为“非法占为己有”。

3. “拒不退还”“拒不交出”之地位

《刑法》第270条关于侵占罪的规定中，明确使用了“拒不退还”“拒不交出”的限制性规定，这种限制性规定有无独立存在的价值，尤其是其有无构成要件要素的价值，是否是侵占罪的“必备要件要素”？这是刑法理论界争议较大的问题。对于这个问题的判断，涉及“非法占为己有”与“拒不退还、拒不交出”二者之间的关系问题。

对此，理论界有两种具有代表性的见解：一种观点认为，“非法占为己有”与“拒不退还、拒不交出”二者之间的关系，是一种二者并列的、各自具有独立意义、需要相继判断的关系（独立并列关系说）。行为人主观上具有将持有的他人财物非法占为己有的目的，并以所有人身份对该财物进行非法收益、使用、处分，其行为就已经具有非法性，即使后来在被要求下退还或者交出占有物，其非法性质也不能改变。但是，这时行为人的行为尚未构成侵占罪；只有在行为人具备“拒不退还、拒不交出”的特征时，侵占罪的构成要件才完全具备。所以，对侵占罪的成立，需要先判断非法占为己有的事实是否存在，接着还要进一步判断持有人是否有“拒不退还、拒不交出”的意思和行为。① 另一种观点认为，“非法占为己有”与“拒不退还、拒不交出”二者之间的关系，是一种包容关系、相互印证关系（包容关系说）。前者是主要的，能够包容“拒不退还、拒不交出”，即持有人以所有人自居，对财物加以处分，既表明了非法占有持有物的意图，也说明了“拒不退还、拒不交出”的事实存在。换言之，能够判明是非法占为己有，就足以说明是拒不退还、拒不交出，有前者就一定有后者，后者处于从属地位；“拒不退还、拒不交出”不是侵占罪中构成要件客观方面的内容，而只是对非法占为己有的强调和进一步说明，是为确认、固定持有人非法占为己有的意图提供充足的依据。所以，自持有人将自己暂时持有的他人财物不法转变为自己所有之时，“拒不退还、拒不交出”的意思已经

① 刘志伟．侵占犯罪的理论与司法适用．北京：中国检察出版社，2000：111.

昭然若揭，没有必要再在司法上证明“拒不退还、拒不交出”情节的存在与否，这样能够适度减轻司法证明的负担，也可以克服证明上的一些难题。①

我认为，在“非法占为己有”与“拒不退还、拒不交出”二者之间的关系问题上，采取“独立并列关系说”可能更恰当。应当说，行为人在已经控制持有他人财物的情况下，因为各种原因而使用、收益、处分他人财物，在主观恶性和客观社会危害性等方面的判断都具有或然性，尤其在无法明了原财物所有人事后是否追认的问题上，一般都处于一种模糊待定状态：如果原财物所有人等愿意事后追认行为人的处分行为，法律就没有充分理由对行为人的行为追究刑事责任；如果原财物所有人等事后不愿意追认，行为人的非法处分行为的危害性才开始显露出来。因为法律干预行为人非法处分行为的临界点只能够选择原财物所有人在事后表明态度之后的情况。可以这样认为，《刑法》第 270 条关于侵占罪成立要件中规定“拒不退还、拒不交出”因素，主要体现的是严格限制犯罪圈、对严厉刑法措施予以进一步“软化”的刑法谦抑主义政策；刑法规定“拒不退还、拒不交出”要素，不但是对“非法占为己有”的印证，更是对侵占罪成立时空条件的再限制、再软化。

坚持“非法占为己有”与“拒不退还、拒不交出”二者之间的关系问题上的“独立并列关系说”立场，还应该区分侵占特定物与侵占种类物等不同情形。在侵占特定物的情形下，行为人已经擅自对特定物进行处分，例如将特定物出卖给他人，而在被要求退还或交出的情况下，行为人愿意并且能够找回，最终将该特定物退还或交出，仍然应当认定行为人不构成侵占罪；但是，在被要求退还或交出时，行为人明确予以拒绝，或者行为人虽然在“态度上”表明愿意退还或交出，但是实际上已经无法退还或交出，则应当认定行为人“拒不退还、拒不交出”，可以对行为人的行为以侵占罪论处。在侵占种类物的情形下，由于行为人对种类物行使处分权本身并不意味着该种类物不能退还或交出，因而如果在被要求退还或交出时行为人不是明确予以拒绝，而是积极退还或交出，就不能将行为人的行为认定为侵占罪。当然，如果行为人经要求退还或交出而明确予以拒绝，则可以将行为人的行为认定为侵占罪。同时，为了防止行为人借口愿意退还但是无期限拖延而实质上等于拒不退还、拒不交出，以规避刑法制裁，立法上还应合理规定“拒不退还、拒不交出”的期限，例如可规定“在合理期限内”拒不退还、拒不交出的就成立侵占罪；这种限制性规定，可以阻止部分人借口“今后”（但实质上永无期限）归还而无法界定侵占行为的犯罪性质的问题。

4. 数额较大

根据刑法规定，如果行为人侵占财物数额尚未达到“较大”，就不能构成侵占罪，而只能按照民事问题处理。“数额较大”的标准，应以司法解释为准。

（三）侵占罪的行为主体（即主体要件）

侵占罪的主体是一般主体，即具有刑事责任能力的、年满 16 周岁的自然人，都可以成为本罪的犯罪主体；单位不能成为本罪的犯罪主体。

（四）侵占罪的归责类型（即主观方面要件）

侵占罪的主观方面表现为直接故意，并且必须具有非法占有的目的。即行为人明知自己所持有的是他人财物、遗忘物、埋藏物，仍然有意识地将其非法占为已有而拒不退还或者拒不交出。

应当注意，“以非法占有为目的”是构成侵占罪的必要条件；如果没有此目的，就不能构成侵占罪。这种目的，一般产生于行为人“客观上持有”行为之际或者之后，而不能产生于之

① 周光权．侵占罪疑难问题研究．法学研究，2002（3）．

前。因为如果这种目的产生于“客观上持有”行为之前，就可能构成诈骗罪或者其他犯罪。但是，也有学者认为，这种非法占有的目的只能产生于“客观上持有”行为之后，而不能是在“之际”或者“之前”①。例如，王作富教授举例说：某餐厅服务员甲见一顾客用完餐立即离去，将装有万余元现金的手提包遗忘在座位上。甲见财起意，顺手将手提包拿走加以藏匿，据为己有。待失主来找时，甲否认见到该物，拒不交出。因此，甲应当构成侵占罪。② 笔者认为，此案中的甲，其非法占有的目的就是产生于“客观上持有”行为之际，但是其行为性质仍然成立侵占罪。

三、侵占罪的“告诉的才处理”问题

关于这个问题有三点需要强调。

第一，国外刑法，例如德国、瑞士、韩国刑法以及我国台湾地区“刑法”都规定，“家庭成员或亲属之间犯本罪，告诉的才处理。”因此，我国刑法不分“内外有别”，一律实行“告诉的才处理”，是否恰当值得研究。我认为，应当限定一定范围内的侵占行为，才实行告诉的才处理；对于其他侵占行为，应当依法追究刑事责任。

第二，我国刑法规定的“告诉的才处理”，既包括向法院告诉，也包括向公安机关、检察机关告诉。当然，“告诉的才处理”最典型的情形是指被害人向法院告诉、由法院依法定性处理。

第三，如果当时坚持“告诉”的，此类案件应当可以作为“公诉案件”处理，而不是只能作为“自诉案件”处理。因为根据有关司法解释，对于不需要侦查的自诉案件可以直接向人民法院自诉。因此可以认为，对于“需要侦查的、告诉的才处理”的刑事案件，应当作为公诉案件。

---

① 刘志伟．侵占犯罪的理论与司法适用．北京：中国检察出版社，2000：117－118；高铭暄．刑法专论：下编．北京：高等教育出版社，2002：759－760.

② 高铭暄．刑法专论：下编．北京：高等教育出版社，2002：760.

第十三章　湖南陈乐林拒绝警察强制传唤案

（妨害公务罪）

案例

湖南陈乐林拒绝警察强制传唤案①

2015年，湖南省发展和改革委员会、水利厅审批了津市市西毛某排涝泵站续建工程投资项目。2016年，津市市发展和改革委员会下达了津市市西毛某排涝泵站新建项目电力线路工程基建投资计划。同年12月，津市市西毛某泵站工程建设指挥部通知国网津市市电力公司，要求该公司对毛某镇大山居委会开山口段的200kva变压器和10kv的高压线路进行迁转。原审被告人陈乐林系毛某镇大山居委会居民，因该电力线路迁转涉及有两根电线杆需移栽到陈乐林承包的责任田里，为此，毛某镇及大山居委会的工作人员找陈乐林协商电线杆移栽占地的补偿事宜，但协商未果。

2017年3月26日8时许，湖南德力电力集团有限公司津市分公司的施工队进入陈乐林承包的责任田从事电力线路迁转工程施工，陈乐林及其妻子刘某认为自己承包的1.5亩责任田里已经架设了两根电线杆，现在要再架设两根电线杆未得到合理补偿，要求施工单位停止施工，并抱住移栽的电线杆阻止。毛某镇党委书记袁超能获悉后，打电话给津市市公安局毛某派出所所长王某，要求王某派警处理。王某即安排民警钟某、协警田某立即赶到现场了解情况。经现场协商，大山社区治调主任何毅承诺负责处理好占用陈乐林夫妇承包责任田的补偿事宜，至此，陈乐林夫妇同意施工单位继续施工，并于10时许离开迁栽电线杆施工现场到了湘北公路上。稍许，毛某派出所所长王某、教导员朱某驾车赶到，在湘北公路上遇到陈乐林及刘某，王某通知陈乐林到派出所说明情况，陈乐林表示同意，王某即先行离开现场。与此同时，毛某派出所教导员朱某以刘某阻工为由，口头传唤刘某到派出所接受处理，刘某以事情已经协商处理好为由予以拒绝。朱某见口头传唤刘某无效，遂决定采取强制传唤，抓住刘某的手和衣领，将刘某带上警车，陈乐林见状欲上前制止，与现场民警发生肢体冲突，并用脚踹踢警车，踢坏警车右尾灯，踹瘪警车右前方外壳，同时将民警的执法记录仪摔坏在地上。公安民警合力将陈乐林反铐塞进警车，陈乐林双腿在挣扎反抗中将警车的左后车窗玻璃踹碎。经津市市价格认证中心鉴定，被损坏的财物价值人民币1 768元。

一审法院认为，被告人陈乐林以暴力、威胁的方法阻碍人民警察依法执行职务，其行为构成妨害公务罪。被告人陈乐林归案后，如实供述自己的犯罪事实，依法可以从轻处罚，其在妨碍执行公务中毁损财物价值达1 768元，酌情予以从重处罚。据此，依照《中华人民共和国刑法》第277条第1款、第67条第3款之规定，判决：被告人陈乐林犯妨害公务罪，判处有期徒刑6个月。

被告人陈乐林因不服一审判决而提出上诉，其上诉理由是：(1) 因土地被占用未得到合理补偿进行阻工系维护自己的合法权利，没有违反《中华人民共和国治安管理处罚法》的违法行

---

① 案例来源：湖南省常德市中级人民法院刑事判决书，(2017) 湘07刑终字第251号.

为。(2) 公安机关的干警凭主观臆测认定刘某阻工系违反《中华人民共和国治安管理处罚法》的行为，口头传唤和强制传唤刘某违反了《中华人民共和国治安管理处罚法》的规定和程序，是滥用职权的行为。(3) 陈乐林抵制公安干警滥用职权，没有使用暴力伤害公安民警，没有妨害公务的主观故意，不构成妨害公务罪。

二审法院认为，上诉人（原审被告人）陈乐林阻工和损坏警用执法记录仪、警车玻璃、尾灯的行为不构成妨害公务罪。理由如下。

第一，陈乐林阻工是维权行为，并且方式可以理解。《中华人民共和国农村土地承包法》第 9 条规定："国家保护集体土地所有者的合法权益，保护承包方的土地承包经营权，任何组织和个人不得侵犯"；第 53 条规定："任何组织和个人侵害承包方的土地承包经营权的，应当承担民事责任"；第 16 条第 2 项规定："承包地被依法征收、征用、占用的，有权依法获得相应的补偿"。根据上述规定，上诉人陈乐林及其妻子刘某对承包的土地享有承包经营权，依法受法律保护，任何组织和个人不得侵犯。在没有征得陈乐林夫妇同意的情况下，即占用陈乐林夫妇承包的土地架设两根电线杆，影响其生产和耕作，妨害了陈乐林夫妇的土地承包经营权，陈乐林为了维权和生计，采取用身体抱住电线杆和将棍子放入电线杆洞的方式，阻止施工，未对他人人身和财物造成损害，方式不过分，也不偏激，可以理解，不属于违反《治安管理处罚法》的行为。

第二，阻工已经结束，传唤没有必要性和紧迫性。津市市公安局毛某派出所接到报警后出警系正常履责，应予肯定。先期到达现场的民警与基层组织相关工作人员经对陈乐林进行劝导，陈乐林听了劝，停止了阻工，离开了现场，阻工前后约两小时。陈乐林离开施工现场后，施工随即得以继续进行并顺利架设了电线杆，后续赶到的派出所所长王某通知陈乐林到派出所去说明情况，陈乐林也同意了，应当说，陈乐林夫妇是理性的，服从了电力建设需要，至此，事情已经得到妥善处理。在此前提下，与所长王某一同赶到的该所教导员朱某在未弄明白事情的情况下，即对陈乐林的妻子刘某口头传唤，在遭到刘某拒绝的情况下，抓住刘某的手和衣领强制传唤，没有必要性和紧迫性，并且刘某没有违反《中华人民共和国治安管理处罚法》的行为，不适用《中华人民共和国治安管理处罚法》第 82 条关于对现场发现的违反治安管理行为人，可以口头传唤的法律规定，对刘某口头传唤没有法律依据。

第三，陈乐林阻止强制传唤刘某为事出有因，情节显著轻微。在未经同意即架设电线杆，在阻工已经停止，在陈乐林已经同意到派出所说明情况，在阻工的直接行为人是陈乐林而不是其妻的情况下，陈乐林看见民警抓住其妻的衣领，即将将其押上警车时被激怒，抢摔执法记录仪、脚踢警车，阻止强制传唤其妻，造成财物损失共计价值人民币 1 768 元，该行为虽然不妥，但事出有因，并且情节和后果显著轻微，尚未达到犯罪的程度。

综上所述，电力施工单位未征得上诉人陈乐林同意，即占用其承包的责任田架设电线杆，陈乐林基于维权予以阻止，经劝说停止了阻工，后看到妻子被强制传唤，采用抢摔执法记录仪、脚踢警车的方式，阻止强制传唤其妻，虽行为不妥，但其情节显著轻微，不构成妨害公务罪，原审法院以妨害公务罪对其定罪量刑适用法律错误，依法应予纠正。上诉人陈乐林上诉提出：阻工系维权行为，没有违反《中华人民共和国治安管理处罚法》的违法行为，不构成妨害公务罪的理由成立。原审判决事实清楚，证据确实、充分，但适用法律不当。据此，依照《中华人民共和国刑事诉讼法》第 225 条第 1 款第 2 项之规定，判决如下：

1. 撤销湖南省津市市人民法院（2017）湘 0781 刑初 48 号刑事判决；
2. 上诉人（原审被告人）陈乐林无罪。

法理问题　妨害公务罪

应当说湖南陈乐林拒绝警察强制传唤案的生效判决具有法治标杆意义，尤其是对于妨害公务罪的刑法解释适用具有较好的指导价值。针对本案，笔者认为，其中具有重要意义的案情事实和法理追问是："在未经同意即架设电线杆，在阻工已经停止，在陈乐林已经同意到派出所说明情况，在阻工的直接行为人是陈乐林而不是其妻的情况下"，民警"这一"强制传唤行为是否具有合法性、合理性？答案是毫无争议的：民警"这一"强制传唤行为缺乏法律依据、丧失显而易见的合理性。这个法理判断很重要，如果民警强制传唤行为具有法律依据并且并非缺乏显而易见的合理性，例如针对正在发生的治安纠纷或者需要进一步调查取证的待处理治安案件的当事人进行强制传唤，应当说，被强制传唤人就具有服从和接受强制传唤的义务，如果被强制传唤人使用暴力、威胁方法阻碍民警依法执行职务，就符合妨害公务的行为定型。

妨害公务罪，是指以暴力、威胁方法阻碍国家机关工作人员依法执行职务，以暴力、威胁方法阻碍全国人民代表大会和地方各级人民代表大会代表依法执行代表职务，或者在自然灾害和突发事件中以暴力、威胁方法阻碍红十字会工作人员依法履行职责的行为。根据《刑法》第277条第4款的特别规定，故意阻碍国家安全机关、公安机关依法执行国家安全工作任务，未使用暴力、威胁方法，造成严重后果的，依照妨害公务罪定罪处罚。

一、妨害公务罪的行为定型与违法性特征

1. 保护法益

本罪的保护法益（即犯罪客体要件）是国家机关工作人员、全国人民代表大会和地方各级人民代表大会的代表、红十字会工作人员依法执行职务和履行职责的法秩序。

对于本罪的保护法益需要作实质理解，即对于国家机关工作人员、人大代表和红十字会工作人员依法执行职务和履行职责的法秩序是否真正被侵害的问题，应进行实质解释。比如，被阻碍的人员虽然是国家机关工作人员、全国人民代表大会和地方各级人民代表大会的代表、红十字会工作人员，但是如果这些人员不是正在执行职务或者正在履行职责，或者如果这些人员不是"依法"执行职务或者履行职责，那么，也不能说侵犯了本罪的保护法益。例如，湖南陈乐林拒绝警察强制传唤案中，"在未经同意即架设电线杆，在阻工已经停止，在陈乐林已经同意到派出所说明情况，在阻工的直接行为人是陈乐林而不是其妻的情况下"，民警"这一"强制传唤行为缺乏法律依据、丧失显而易见的合理性，在刑法解释论上就可以得出民警不是"依法"执行职务或者履行职责，那么就不能说侵犯了本罪的保护法益。

本罪的犯罪对象只能是国家机关工作人员、人大代表和红十字会工作人员，具体是指依法正在执行职务或者履行职责的国家机关工作人员、全国人民代表大会和地方各级人民代表大会的代表、红十字会工作人员。同时，依照《刑法》第368条的规定，阻碍军人执行职务的行为依法构成阻碍军人执行职务罪，因此，"军人"在逻辑上不能成为本罪的犯罪对象；当然，在刑法解释论上，或许也可以认为"军人"是特殊的国家机关工作人员，从而阻碍"军人"依法执行职务的行为构成法条竞合关系，法理上应当按照特别法排斥普通法原理而以阻碍军人执行职务罪定罪处罚。外国公务员以及联合国官员依法也不能成为本罪的犯罪对象。但是，当外国公务员以及联合国官员作为国家机关工作人员、人大代表和红十字会工作人员的"辅助人员"而履行职务时，是否可以解释为本罪的犯罪对象？这个问题值得研究，本书倾向于认为依法不应将外国公务员以及联合国官员解释为本罪的犯罪对象。

存在争议的问题是：在中国共产党的各级机关、中国人民政治协商会议的各级机关、国有企业及事业单位中依法从事公务的非国家机关工作人员，以及受国家机关委托从事公务的非国家机关工作人员，是否属于本罪的犯罪对象？笔者认为，按照我国宪法和刑法的明确规定，从

保守的实质刑法观立场而言，答案只能是否定的，即这些非国家机关工作人员依法不能成为本罪的犯罪对象。有学者认为：从现实出发并结合有关司法解释的规定来看，本罪的犯罪对象还应包括在中国共产党的各级机关、中国人民政治协商会议的各级机关、国有企业及事业单位中依法从事公务的非国家机关工作人员，以及受国家机关委托从事公务的非国家机关工作人员。① 笔者认为，这种学术观点值得进一步研究。

2. 行为定型

本罪的行为定型表现为行为人实施了以暴力、威胁方法阻碍国家机关工作人员依法执行职务，以暴力、威胁方法阻碍全国人民代表大会和地方各级人民代表大会代表依法执行代表职务，或者在自然灾害和突发事件中以暴力、威胁方法阻碍红十字会工作人员依法履行职责的行为。可见，其中的关键是“以暴力、威胁方法”进行“阻碍”。

一方面这里的“暴力”，是指对特定机关和单位的工作人员之人身、工作器械等施以武力打击或者强制，如殴打、捆绑、拘禁、扣留、抢夺、毁坏等方法。这里的“威胁”，是指对特定机关和单位的工作人员之精神和心理施以恐吓、强制，如以加害其本人及其亲属相威胁、以毁坏名誉或者毁损财产来恐吓等。应注意，这里的“以暴力、威胁方法”，仅限于对特定机关和单位的工作人员造成轻伤以下的伤害，如果造成了重伤或者死亡等严重后果，则超出了妨害公务罪的“以暴力、威胁方法”之限度，应依竞合理论而追究行为人故意伤害罪或者故意杀人罪的刑事责任。另一方面，如果行为人没有使用“以暴力、威胁方法”阻碍执行公务，而是仅仅采用谩骂、指责、吵闹等方法妨碍公务，那么也不能构成妨害公务罪。

这里的“阻碍”，是指阻止和妨碍。只要客观上致使特定机关和单位的工作人员无法正常有效地执行职务与履行职责，包括完全不能执行职务与履行职责、部分不能执行职务与履行职责、变更执行职务与履行职责等情形，均可以解释为“阻碍”。

刑法对本罪客观方面有一种特殊情况的规定值得特别注意，这就是《刑法》第 277 条第 4 款的特别规定，即故意阻碍国家安全机关、公安机关依法执行国家安全工作任务，未使用暴力、威胁方法，造成严重后果的，依照妨害公务罪定罪处罚。这一条款规定的特殊性表现为机关特殊、公务内容特殊、方法要求特殊、后果要求特殊，即只能是国家安全机关、公安机关依法执行国家安全工作任务，客观上可以是未使用暴力、威胁方法，但在后果上必须是造成严重后果的，依法应按照妨害公务罪定罪处罚。

此外，司法解释性规范文件的有关规定也值得注意。如 2007 年 8 月 30 日最高人民法院、最高人民检察院、公安部《关于依法严肃查处拒不执行判决、裁定和暴力抗拒法院执行犯罪行为有关问题的通知》第 2 条规定：“对下列暴力抗拒执行的行为，依照刑法第二百七十七条的规定，以妨害公务罪论处：（一）聚众哄闹、冲击执行现场，围困、扣押、殴打执行人员，致使执行工作无法进行的；（二）毁损、抢夺执行案件材料、执行公务车辆和其他执行器械、执行人员服装以及执行公务证件，造成严重后果的；（三）其他以暴力、威胁方法妨害或者抗拒执行，致使执行工作无法进行的。”这是针对妨害执行工作而构成妨害公务罪之情形的提示性解释。

本罪的行为主体即犯罪主体是一般主体，且只能是自然人犯罪。

二、妨害公务罪的有责性类型

本罪的犯罪主观方面要件只能是故意。即行为人明知是国家机关工作人员、全国人民代表大会和地方各级人民代表大会的代表、红十字会工作人员依法执行职务和履行职责，而故意以

---

① 张明楷．刑法学．4 版．北京：法律出版社，2011：915.

暴力、威胁方法予以阻碍，希望其不能执行职务与履行职责。如果行为人不是明知国家机关工作人员、全国人民代表大会和地方各级人民代表大会的代表、红十字会工作人员依法执行职务和履行职责，则不能成立本罪的故意。至于行为人动机如何，则不影响本罪主观方面的认定。

三、妨害公务罪的司法认定

（一）牵连犯与罪数论

妨害公务的行为可能成为其他犯罪的方法行为，构成牵连犯，在刑法没有明确规定的情况下，应按照牵连犯从一重罪处罚原则定罪处罚；同时，本罪方法行为之中的暴力行为如果构成其他犯罪，也可能成立牵连犯，如暴力行为致人重伤或者死亡而构成故意伤害罪或者故意杀人罪，暴力夺取枪支而构成抢夺枪支罪或者抢劫枪支罪，原则上也应从一重罪定罪处罚，即应分别以故意伤害罪、故意杀人罪、抢夺枪支罪或者抢劫枪支罪定罪处罚。

例如，行为人在偷越国（边）境的过程中又以暴力、威胁方法抗拒检查的，则应按照牵连犯原理从一重罪定罪处罚，即应以妨害公务罪定罪处罚。

再如，《刑法》第 242 条第 1 款规定，以暴力、威胁方法阻碍国家机关工作人员解救被收买的妇女、儿童的，依照妨害公务罪定罪处罚；该法条第 2 款规定，聚众阻碍国家机关工作人员解救被收买的妇女、儿童的首要分子，处 5 年以下有期徒刑或者拘役，其他参与者使用暴力、威胁方法的，则依照妨害公务罪定罪处罚。那么，在法解释论上，聚众阻碍国家机关工作人员解救被收买的妇女、儿童的首要分子，同时其本人又使用暴力、威胁方法的，或者其本人纵容或者指使其他参与者使用暴力、威胁方法的，该首要分子就同时构成了妨害公务罪与聚众阻碍解救被收买的妇女、儿童罪，构成牵连犯，应按照从一重罪处罚原则来处理，即以聚众阻碍解救被收买的妇女、儿童罪定罪处罚。

但是应注意，《刑法》第 157 条第 2 款特别规定，以暴力、威胁方法抗拒缉私的，以走私罪和妨害公务罪数罪并罚。

此外，如果先前的行为已经构成犯罪，其后在国家机关工作人员依法查处时，行为人对国家机关工作人员实施暴力、威胁行为构成妨害公务罪的，应当实行数罪并罚。[①] 例如，盗窃得手之后，在公安机关侦查人员抓捕同伙时实施暴力阻碍，构成盗窃罪和妨害公务罪，应以盗窃罪和妨害公务罪数罪并罚。

（二）妨害公务行为（本罪）与其他犯罪量刑情节之间存在的竞合关系

如果刑法明确将妨害公务行为（妨害公务罪）规定为其他犯罪的加重情节或者其他量刑情节，这种情况属于本罪（行为）与其他犯罪量刑情节之间存在的竞合关系，那么，应依刑法规定并按照其他犯罪的量刑情节来处理。例如，按照《刑法》第 318 条的规定，“以暴力、威胁方法抗拒检查的”被规定为组织他人偷越国（边）境罪的加重法定刑的一个情节，只构成组织他人偷越国（边）境罪一罪。再如，按照《刑法》第 321 条的规定，“有其他特别严重情节的”作为运送他人偷越国（边）境罪的加重法定刑的一个情节，在法解释论上其内容当然包括了以暴力、威胁方法妨害公务的行为在内。

四、妨害公务罪的刑罚处罚

根据《刑法》第 277 条的规定，犯本罪的，处 3 年以下有期徒刑、拘役、管制或者罚金。暴力袭击正在依法执行职务的人民警察的，从重处罚。

---

① 张明楷．刑法学．4 版．北京：法律出版社，2011：919.

第十四章　四川刘汉黑社会性质组织案

（组织、领导、参加黑社会性质组织罪，包庇、纵容黑社会性质组织罪）

案例　**四川刘汉黑社会性质组织案**[①]

1993年，被告人刘汉在四川省广汉市开办圣罗兰赌博游戏机厅，谋取非法利益。之后，刘汉与孙某某（另案处理）通过经营建筑材料、从事期货交易等业务，逐步积累经济实力。其间，被告人孙华某（孙某某的哥哥）先后网罗被告人缪某、李某、刘某、车某某等小弟混社会，并将缪某、刘某、车某某等人输送到刘汉、孙某某开办的经济实体工作。与此同时，以刘维（曾用名刘勇，刘汉的弟弟，另案处理）为首的另一股黑恶势力也在刘汉的扶持下不断发展壮大。1994年，刘汉将赌博游戏机厅交给刘维经营，并出资为刘维开办餐饮、娱乐场所。刘维有了经济基础后，开始带小弟混社会，发展成员多名，不断为刘汉、孙某某聚敛钱财、排除异己提供暴力支持。

刘汉、刘维兄弟与孙某某、孙华某兄弟以亲情为纽带，以合作经营为手段，以四川汉龙（集团）有限公司（以下简称“汉龙集团”）、四川省广汉市某实业发展有限公司（以下简称“某实业公司”）等经济实体为依托，互相支持，共同发展，逐步形成了以刘汉、刘维、孙某某为领导，被告人唐某某、孙华某、缪某和曾某某、文某某、旷某某、陈某某、詹某、旷晓某（均另案处理）等为骨干成员，被告人刘某、李某等二十余人（均另案处理）参加的犯罪组织。该组织内部分工明确，刘汉主要负责决策和指挥整个组织的运转，孙某某主要负责执行刘汉指示及汉龙集团日常经营管理，刘维亦开办了某实业公司等经济实体，通过汉龙集团、某实业公司及其关联企业的经营活动聚敛钱财，“以商养黑”；刘维还和孙华某各自带领一帮手下，充当打手或保镖，为该组织排挤、打击对手，铲除异己，“以黑护商”。该组织宣扬“为公司利益要敢打敢冲”“打架要打赢”“表现好的有重用”“小弟服从‘哥佬倌’（混社会的大哥）指挥”等不成文的规约和纪律；通过有组织地实施违法犯罪活动或者其他手段获取经济利益，具有很强的经济实力，所获利益部分用于购买枪支、弹药和车辆等作案工具，为组织成员提供逃跑经费、给予经济补偿、发放工资奖金、偿还赌债、购买住房等；大肆实施故意杀人、故意伤害、非法拘禁、非法买卖枪支、非法持有枪支弹药等违法犯罪活动，造成8人死亡，多人受伤等严重后果；通过实施违法犯罪活动及利用国家工作人员的包庇和纵容，为非作恶，欺压、残害群众，称霸一方，在四川省广汉市、绵阳市、什邡市等地形成重大影响，并对广汉市的赌博游戏机行业形成垄断，严重破坏了上述地区的经济秩序和社会生活秩序。

湖北省高级人民法院（二审）判决：刘汉犯骗取贷款、票据承兑、金融票证罪，判处有期徒刑4年，并处罚金人民币1 000万元，与原审判决对其犯组织、领导黑社会性质组织罪判处有期徒刑15年，并处没收个人全部财产；犯故意杀人罪判处死刑，剥夺政治权利终身；犯故意伤害罪判处有期徒刑13年；犯非法拘禁罪判处有期徒刑10年；犯非法买卖枪支罪判处有期

① 案例来源：湖北省高级人民法院刑事判决书，（2014）鄂刑一终字第76号.

徒刑3年；犯非法持有枪支、弹药罪判处有期徒刑5年；犯敲诈勒索罪判处有期徒刑5年；犯故意毁坏财物罪判处有期徒刑3年；犯妨害公务罪判处有期徒刑2年；犯开设赌场罪判处有期徒刑5年，并处罚金人民币200万元；犯寻衅滋事罪判处有期徒刑2年；犯窝藏罪判处有期徒刑2年并罚，决定执行死刑，剥夺政治权利终身，并处没收个人全部财产。（针对其他同案犯的判决内容省略）

法理问题 组织、领导、参加黑社会性质组织罪，包庇、纵容黑社会性质组织罪

本案列举刘汉犯组织、领导黑社会性质组织罪、故意杀人罪等13罪，最终对刘汉“决定执行死刑，剥夺政治权利终身，并处没收个人全部财产”，按照本书内容设置计划，这里重点讨论本案相关的两个罪名：组织、领导、参加黑社会性质组织罪和包庇、纵容黑社会性质组织罪。这两个罪名均涉及的一个重要概念是“黑社会性质组织”，对照刑法规定的“四个特征”进行审查，刘汉集团符合该“四个特征”，依法认定其为黑社会性质组织，故作出上列判决。

我国“涉黑犯罪”的主要罪名是指我国《刑法》第294条所规定的组织、领导、参加黑社会性质组织罪，入境发展黑社会组织罪，包庇、纵容黑社会性质组织罪等三个。从最近20余年司法审判和理论研究的基本情况看，我国“涉黑犯罪”解释适用中出现的一些争议问题，主要集中在黑社会性质组织①四个特征和涉黑犯罪行为人主观明知的具体认定上。② 进一步的问题意识还在于：这些争议问题的实质是什么，根源是什么？应当说目前理论界对此问题的观察、思考还不是很到位，远未达成应有的理论共识，从而也在一定程度上难以避免司法实践中出现混乱状况。笔者认为，涉黑犯罪解释适用上出现的重要争议问题实质上均属于刑法解释性争议范畴，在根源上部分是由我国涉黑犯罪的立法规定和司法解释性文本规定存在一些特殊性所决定的，部分是由于理论研究不到位、理论共识尚未形成所导致的。这些根源性问题可能具体表现在以下三方面：其一，我国刑法规定了“黑社会性质组织”“境外黑社会组织”等法定概念，但是刑法并没有明确而严格界定这些法定概念的具体内涵，而作为“准立法”形式的司法解释性文本规定中又出现了“恶势力”“恶势力犯罪集团”“黑恶势力”等非严格法定的政策性概念，形成了法定概念与政策性概念并存局面，又在一定程度上加剧了相关法定概念的解释性争议；其二，关于黑社会性质组织的法定特征尽管明文规定为四个，即组织特征、经济特征、行为特征、非法控制社会性特征（危害性特征），但是对四个特征之间的功能定位和逻辑关系均缺乏应有的关注和充分的研究，其在法条中的排序也明显具有随意性，这些特殊性在相当程度上决定了解释适用上不可避免地出现解释性争议；其三，关于黑社会性质组织的认定程序缺乏明确规定和规范指引，部分理论研究成果并没有引起立法者重视，立法上借鉴吸纳国外“扫黑”经验并不充分，加上国内少数学者和部分实务人员对于故意犯罪“明知”问题的误解误用，这些也成为解释适用中出现解释性争议的不可忽视的重要因素。

找准问题是解决问题的重要前提。笔者认为，围绕着我国涉黑犯罪立法规定和司法解释性文本规定的上列三方面特殊性，从理论上展开深入细致的立法论检讨、解释论分析和刑法教义学阐释，可以获得某种较为妥当的解决方案，能够为全国范围内开展的“扫黑除恶”专项斗争提供理论支撑和裁判指引。

---

① 本书在使用“黑社会性质组织”“黑社会性质的组织”的概念时，在同一意义上使用两个概念，除特定场合和特别声明外，二者含义相同。

② 蔡军．我国有组织犯罪刑法立法20年的回顾、反思与展望．河南大学学报（社会科学版），2017（6）；李勤．办理黑社会性质组织犯罪法律适用研究．北京：中国政法大学，2017：14－19.

一、涉黑犯罪中法定概念与政策性概念的立法论检讨

如前所述，我国立法上出现了“黑社会性质的组织”“境外黑社会组织”等法定概念（刑法概念）与“恶势力”“恶势力犯罪集团”“黑恶势力”等非严格法定的政策性概念并存局面，出现了黑社会性质组织四个特征简单列举而没有明确其内在逻辑关系和认定程序的立法缺位状况，从而立法现状影响甚至在相当程度上决定司法面貌，直接导致我国涉黑犯罪在司法实践中出现解释性争议，应当说这些观察检讨均是基于较为宏观的立法论立场所展开的。不可回避的问题是：这种立法论检讨有何价值？笔者认为，对黑社会性质组织犯罪的刑事立法论检讨主要有以下两方面的重大价值：其一，刑法解释论价值（司法论价值）。这是立法论检讨的最重要、最现实的价值，因为刑法解释是对刑事立法的解释，其解释对象是刑事立法（文本），所以刑法解释论必须以刑法立法论为基础和前提，只有把刑法立法原理搞清楚了，才可能合理解释刑法和公正司法；否则，刑事司法和刑事立法就可能脱节，就可能形成立法与司法的“两张皮”现象，而这样的刑事司法难说是公正合理的。其二，立法完善论价值（立法论价值）。这是立法论检讨的最深刻、最长远的价值。因为“良法之治”是我们最根本的法治理想，也是最深刻、最长远的法治建设目标，而“良法之治”的基础和前提是要有较为完备的立法（文本），一部漏洞百出的，甚至十分落后的立法（文本）是难以实现“良法之治”的，这里的因果关系是明确的。而立法论的基本任务就是分析现行立法的利弊得失，获得完善立法的良方，完善立法并使之成为“良法”。针对立法论检讨的以上两方面价值，我们在研究时可以有所侧重。就本书立场而言，应当说主要是侧重于挖掘和发挥其刑法解释论价值（司法论价值），为我们当前在办理涉黑犯罪案件中依法司法、公正司法提供更为充分的立法论依据。

（一）法定概念与政策性概念的关系论检讨

我国刑法明确规定了“黑社会性质的组织”“黑社会组织”法定概念（概念法定化），但是具体的问题意识在于：我国刑法并没有明确界定“黑社会性质的组织”“黑社会组织”的法定内涵（内涵界定缺位）；我国刑法明确规定了“黑社会性质的组织”的法定特征为四个，即组织特征、经济特征、行为特征、非法控制社会性特征/危害性特征①（特征法定化），但是并没有明确规定“黑社会组织”的法定特征（法定特征缺位），也没有明确规定“黑社会性质的组织”与“黑社会组织”之间的逻辑关系（组织逻辑关系缺位）；我国刑法在明确列举规定“黑社会性质的组织”的四个法定特征时，并没有明确规定四个特征之间的逻辑关系（特征逻辑关系缺位）。这些具体的问题意识可以简化为：“黑社会性质的组织”“黑社会组织”的法定内涵缺位与组织逻辑关系缺位、黑社会组织的法定特征缺位、黑社会性质组织的特征逻辑关系缺位。

由于“黑社会性质的组织”存在法定内涵缺位问题，理论上对“黑社会性质的组织”是否需要进行概念界定，以及如果需要概念界定的话应该如何界定还存在认识论上的分歧。对此，理论界有以下两种立场：一是在2011年《刑法修正案（八）》颁行之前，学术界比较一致的做法是结合刑法条文规定给出了概念，如高铭暄、马克昌主编《刑法学》（第二版）指出：“所谓黑社会性质组织，根据我国《刑法》第294条的规定，是指以暴力、威胁或者以其他手段，有组织地进行违法犯罪活动，称霸一方，为非作恶，欺压、残害群众，严重破坏经济、社会生活

---

① 特别说明：关于“黑社会性质组织”的四个特征，我国《刑法》第294条作出了明确规定，此外，我国2018年《指导意见》、2015年《座谈会纪要》和2009年《座谈会纪要》均反复多次明确规定了黑社会性质组织的“四个特征”，具体包括“组织特征”“经济特征”“行为特征”和“危害性特征”。

秩序的犯罪组织。”[1] 二是在2011年《刑法修正案（八）》通过之后，学术界比较多的做法是不给出概念（而只给出四个特征），如高铭暄、马克昌主编《刑法学》（第八版）[2]、张明楷《刑法学》（第五版）（下）[3] 均没有对“黑社会性质的组织”的概念界定而只有其四个特征的简单列举。仅有少数学者结合刑法修正内容给出了“黑社会性质组织”概念，如刘艳红主编的《刑法学》（第二版）（下）指出，“所谓黑社会性质组织，根据《刑法》第294条的规定，是指以暴力、威胁或者以其他手段有组织地进行违法犯罪活动，称霸一方，为非作恶，欺压、残害群众，严重破坏经济、社会生活秩序的犯罪组织”[4]。因此可以说，学术界在《刑法修正案（八）》颁行之前对“黑社会性质的组织”进行概念界定是比较通行的做法，其概念界定也是比较一致的，即其主要做法是结合《刑法修正案（八）》之前《刑法》第294条的规定对黑社会性质组织的概念进行界定。而在《刑法修正案（八）》颁行之后，我国较多学者不再研究、不再界定黑社会性质组织的概念。

那么，理论上还有无必要再研究、再界定黑社会性质组织的概念呢？笔者对此持肯定的观点，认为学术界有责任研究确立比较完备、合理的“黑社会性质的组织”的概念。结合我国《刑法》第294条的规定以及相关司法解释性规定，可以将“黑社会性质组织”的概念界定如下：所谓黑社会性质组织，即初步具备黑社会基本性质的犯罪组织，是指已经形成较大规模、较稳定、有明确组织者和领导者且骨干成员基本固定，具有一定经济实力，有组织地多次进行违法犯罪活动，在一定区域或者行业内形成非法控制或者重大影响的犯罪组织。这一概念界定，基本反映了我国《刑法》第294条和有关司法解释性规定的基本内容，在这个意义上讲，这是一个比较“接近法定”的概念；同时，这一概念界定也揭示了我国黑社会性质组织与国外黑社会（组织）的关联关系，因而是比较合理的。

但值得注意的是：黑社会性质组织的这一概念界定客观上并非刑法明确规定的概念，而是基于刑法规定的黑社会性质组织“四个特征”（法定特征）所作的归纳抽象，实际上理论界对黑社会性质组织的认识论还存在三个方面的模糊性。其一，我们还无法准确理解黑社会性质组织的重要内涵，亦即我们对“黑社会性质组织”本身的概念界定可能还存在一些模糊认识；其二，我国刑法规定中也出现了“黑社会（组织）”这一法定概念，但是刑法上同样也没有明确规定“黑社会”的确切内涵，那么，“黑社会性质的组织”与“黑社会（组织）”之间是一种什么样的关系可能还存有一些模糊认识；其三，司法解释性规定中还出现了“恶势力”“恶势力犯罪集团”与“黑恶势力”等政策性概念，那么，黑社会性质组织与这些政策性概念之间是一种什么样的关系，对此可能也存在一些模糊认识。因此，需要我们进一步审查关系论，即黑社会性质组织的名与实之间的关系问题。

而关于黑社会性质组织的名与实之间的关系论，首先需要具体审查的问题是黑社会（组织）的概念界定，只有界定清楚了黑社会（组织）的概念，才可能为讨论黑社会性质组织与黑社会（组织）之间的关系论问题提供一个参照标准。关于“黑社会（组织）”的概念界定问题，我国《刑法》第294条出现了“境外的黑社会组织”的概念，但是没有明确规定“黑社会（组织）”的具体内容。必须注意的是：我国学者对“境外的黑社会组织”的概念界定，通常只给出了一个形式主义的概念，即认为所谓“境外的黑社会组织”，是指被境外国家或者地区有关权威机关确定为黑社会的组织，包括外国的黑社会组织以及我国香港、澳门、台湾地区的黑社

---

① 高铭暄，马克昌．刑法学．2版．北京：北京大学出版社，2005：601.
② 高铭暄，马克昌．刑法学．8版．北京：北京大学出版社，2017：547-549.
③ 张明楷．刑法学．5版：下．北京：法律出版社，2016：1071-1072.
④ 刘艳红．刑法学．2版：下．北京：北京大学出版社，2016：370-371.

会组织。[①] 但是，问题很明显，这里实际上只界定了“境外的”（黑社会组织）这一修饰性概念，而没有界定“黑社会组织”这一关键概念，所以并没有从根本上解决“境外的黑社会组织”的概念界定问题。因此，理论上有必要具体讨论“黑社会（组织）”的概念界定问题。关于“黑社会（组织）”的概念界定，根据笔者的学术观察，理论界对“黑社会（组织）”的概念界定和特征描述大致有以下内容：所谓黑社会组织，是指以从事违法犯罪活动为基本手段、非法控制一定区域或行业并与主流社会相对抗，从而具有自己独特的文化传统和管理制度的较为稳定成熟的犯罪组织。黑社会的基本特征主要有以下诸方面：（1）非法控制社会性（这是其首要的、最本质的特征）；（2）稳定成熟的犯罪组织性；（3）地域性及地缘感；（4）不择手段地获取经济利益或者政治利益；（5）严苛的“黑色法制”、科层制和鲜明的犯罪亚文化。[②] 符合这一概念界定和基本特征的境外黑社会组织，典型的适例有意大利“黑手党”，日本“山口组”，美国“山本社”（即日本“山口组”美国分社），美国“三 K 党”（Ku Klux Klan，缩写为 KKK），我国台湾地区的“竹联帮”“四海帮”“天道盟”（并称为台湾三大黑帮），我国香港的“三合会”等。了解这些境外较为有名的黑社会（组织），有助于我们对照我国规定的黑社会性质组织，增强对相关法理的理解和阐释。

在基本界定清楚黑社会性质组织与黑社会的概念之后，才能够讨论黑社会性质组织与黑社会之间的关系。黑社会性质组织是我国有组织犯罪中最具备“黑社会（组织）”性质的最完备形态（有的称为“最高形态”）的犯罪组织，最接近于国外的黑社会（组织）；它既是黑社会（即基本具备黑社会的“稳定成熟的组织性”“多次进行违法犯罪活动性”“非法控制社会性”三个核心特征），又不是典型的黑社会（不完全具备黑社会的其他特征）。因此，二者的关系判断是：一是同质性，二者都属于“黑社会性质的”犯罪组织，尤其是在“稳定成熟的组织性”“多次进行违法犯罪活动性”“非法控制社会性”三个特征上，二者具备完全的一致性；二是差异性，黑社会（组织）是完全具备“黑社会性质的”犯罪组织，黑社会性质组织是基本具备“稳定成熟的组织性”“多次进行违法犯罪活动性”“非法控制社会性”三个核心特征，但是不完全具备其他特征（如经济特征）的犯罪组织，因此黑社会（组织）是比黑社会性质组织更为完备的“黑社会性质的”犯罪组织。由此还可以得出刑法解释结论：其一，黑社会（组织）在我国也可以解释为“黑社会性质的组织”，因为二者具有同质性。因此，我国刑法所规定的部分涉黑犯罪并不存在处罚漏洞，如，我国公民在境内组织、领导、参加黑社会（组织）的行为，完全可以直接解释为“组织、领导、参加黑社会性质组织罪”而予以定罪处罚，而不能说对此情形无法定罪；再如，我国的国家机关工作人员包庇、纵容黑社会（组织）的行为，完全可以直接解释为“包庇、纵容黑社会性质组织罪”，同样不能说对此情形无法定罪。笔者认为，这是正确认识黑社会性质组织与黑社会（组织）关系的一个最重要的刑法解释论价值。其二，黑社会性质组织与黑社会（组织）这种关系论判断所具有的另一个重要的刑法解释论价值在于，有利于我们在司法实践中正确认识和认定我国的黑社会性质组织，既要依法认定，又要防止扩大化地错误认定。一方面，我们应当把“黑社会性质的组织”作为具有中国特色的黑社会（组织）来看待、来对待和处置，以借鉴吸纳国外“扫黑”的斗争经验和法治成果，比如，要处罚组织、领导、参加黑社会组织的行为，要对黑社会（组织）实行特别的司法处遇制度、涉黑资产特别没收制度，严厉打击保护伞。另一方面，我们要在适当注意“中国特色”的前提下，把黑社会性质组织作为黑社会来认定，需要借鉴吸纳国外认定黑社会的实践经验和理论成

---

① 张明楷．刑法学．5 版：下．北京：法律出版社，2016：1072.

② 魏东．论黑社会的基本内涵与刑事政策．河南省政法管理干部学院学报，2004（3）.

果，人数众多并形成“地下社会”并且有能力同主流社会相对抗，存续时间较长甚至有较长久的历史，有相当的经济实力、行动能力、内部控制能力、非法控制社会能力等，可以说这些重要特征基本上已经被借鉴吸纳为我国法律规定的黑社会性质组织的法定特征（四个特征）。对于那些不具备这些显著特征，尤其是不具备“稳定成熟的组织性”“多次进行违法犯罪活动性”“非法控制社会性”等三个核心特征的犯罪组织，则依法不能作为黑社会论处，而只能依法作为一般的“有组织犯罪组织”予以刑法惩治。

如果说黑社会性质组织和黑社会组织是法定概念，那么，我国有关司法解释性文本规定的“恶势力”“恶势力犯罪集团”与“黑恶势力”就属于政策性概念。大致可以说，“恶势力”与“恶势力团伙”“恶势力违法犯罪团伙”属于同一概念，具有相同含义。所谓“恶势力”，又称为“恶势力团伙”“恶势力违法犯罪团伙”，是指 3 人以上经常纠集在一起并且纠集者相对固定，以暴力、威胁或者其他手段，在一定区域或者行业内多次实施违法犯罪活动，为非作恶，欺压百姓，扰乱经济、社会生活秩序，造成较为恶劣的社会影响，但尚未形成黑社会性质组织的违法犯罪组织。也就是说，“恶势力”（以及“恶势力”团伙、“恶势力”违法犯罪团伙），泛指违法犯罪势力、团伙，其可能构成犯罪，也可能只构成违法，因而可以广义地称为“恶势力”“恶势力团伙”“恶势力违法犯罪团伙”；如果其构成犯罪，则依照共同犯罪原理，甚至犯罪集团原理（若构成犯罪集团）进行定性处理，适当从严处理，但是均不得将其作为“黑社会性质组织”犯罪论处。

“恶势力犯罪集团”是“犯罪集团”中的一种具体类型，但是尚不构成“黑社会性质组织”。所谓“恶势力犯罪集团”，是指符合犯罪集团法定条件的恶势力犯罪组织，有 3 名以上的组织成员，有明显的首要分子，重要成员较为固定，组织成员经常纠集在一起，共同故意实施 3 次以上恶势力惯常实施的犯罪活动或者其他犯罪活动。所谓犯罪集团，其概念和处罚原则由我国《刑法》第 26 条作出了明确规定，即“三人以上为共同实施犯罪而组成的较为固定的犯罪组织，是犯罪集团”；“组织、领导犯罪集团进行犯罪活动的或者在共同犯罪中起主要作用的，是主犯”；“对于组织、领导犯罪集团的首要分子，按照集团所犯的全部罪行处罚”。可见，“恶势力犯罪集团”是“犯罪集团”中的一种特殊类型，对“恶势力犯罪集团”的处罚应当适当从严处理（相对于一般的犯罪集团而言），但是又不同于“黑社会性质组织”犯罪。

“黑恶势力”的含义具有模糊性。根据笔者对最高人民法院、最高人民检察院、公安部、司法部 2018 年 1 月 16 日发布的《关于办理黑恶势力犯罪案件若干问题的指导意见》（以下简称“2018 年《指导意见》”）相关规定的观察，可以发现“黑恶势力”是一个含义较为模糊的概念，其含义有以下几种可能：一是平义的含义与平义的理解，特指“黑社会性质组织”和已经构成犯罪的“恶势力”；二是最广义的含义与最广义的理解，是指“黑社会性质组织”（黑）和作为违法犯罪组织的“恶势力”的总称；三是最狭义的含义与最狭义的理解，特指“黑社会性质组织”，因为其已经“黑”了，那么“黑恶势力”就是指“黑社会性质组织”。从法理上讲，可能持有平义的理解较为合理，因为 2018 年《指导意见》毫无例外地规定了“黑恶势力”犯罪的定罪处罚问题，这些规定都表明“黑恶势力”特指“黑社会性质组织”和已经构成犯罪的“恶势力”。

通过上列分析，“黑社会性质的组织”这一法定概念与其他相关的政策性概念之间的关系可以界定如下：(1) 黑社会性质组织与“恶势力”“恶势力犯罪集团”的关系。由于“恶势力”是尚未形成黑社会性质组织的违法犯罪组织，其首先不是“黑社会性质的组织”，但是其既可能是一般违法组织形态（即“恶势力”违法组织），也可能是“恶势力”犯罪组织形态（即“恶势力”犯罪集团，是介于一般的犯罪集团与黑社会性质组织之间的有组织犯罪组织的中间状态)；尽管"恶势力""恶势力犯罪集团"具有逐步发展为"非法控制社会性"的明显趋势，但是其尚不具备黑社会（组织）所要求的"非法控制社会性"这一最本质特征。因此，在司法实践中，即使我们认定某个组织是"恶势力""恶势力犯罪集团"，但是依法都不得将"恶势力"直接认定为"黑社会性质的组织"。换言之，"恶势力""恶势力犯罪集团"是不能等同于"黑社会性质的组织"的，不能将其认定为黑社会性质组织；只不过应当依法严格处理"恶势力""恶势力犯罪集团"，尤其是对"恶势力犯罪集团"必须按照犯罪集团的法律规定依法予以严厉惩治（但是不能按照黑社会性质组织来定罪处罚），因为其有发展成为"黑社会性质的组织"的较为明显的趋向。所谓"有黑扫黑、无黑除恶、无恶治乱"，后面两句话就是指"恶势力""恶势力犯罪集团"，也就是说后面两句话本身就表明"恶势力""恶势力犯罪集团"不是黑社会性质组织（即不属于"有黑扫黑"的范畴）。(2) 黑社会性质组织与"黑恶势力"的关系。由于"黑恶势力"的含义具有模糊性，既可以是"黑"势力（即黑社会性质组织），也可以是"恶"势力（即包括"恶势力"违法组织与"恶势力"犯罪组织），因而黑社会性质组织与"黑恶势力"之间的关系是："黑社会性质的组织"是一个严格的法定概念（《刑法》第294条），而"黑恶势力"是一个非法定概念（但是其属于司法解释性文本规定的政策性概念），黑社会性质组织的范围小于"黑恶势力"的范围；相应的，"黑恶势力"可以包括"黑社会性质的组织"、非黑社会性质组织的其他"恶势力"违法组织、"恶势力"犯罪组织（即"恶势力"犯罪集团）等三种情形，从而"黑社会性质的组织"只是"黑恶势力"中一种情形。

（二）法定概念与政策性概念的刑事政策论检讨

对于作为法定概念的黑社会性质组织和黑社会组织，与作为政策性概念的"恶势力""恶势力犯罪集团"与"黑恶势力"，理论上需要进行刑事政策论检讨。具体内容包括以下三个方面。

1. 称谓问题：黑社会性质组织的名与实

关于"黑社会性质组织"的称谓问题，我国学术界存在一些认识上的分歧。多数学者认为，黑社会性质组织这一称谓是中国的首创，具有重要的历史意义、鲜明的中国特色和重大的现实意义。黑社会性质组织的存在根据主要表现在：一是黑社会性质组织与典型的黑社会组织相似但又有区别。二是黑社会性质组织与一般的犯罪集团相区别。三是明确界定并打击黑社会性质组织，可以将打击黑社会组织的时间提前推进到黑社会组织的发展初期，有利于阻止黑社会组织的最终形成。但是，也有少数学者认为，黑社会性质组织这种称谓既不科学也无必要，因而主张应取消"黑社会性质组织"这种称谓。① 其理由在于：其一，"黑社会性质组织"这种称谓存在名不符实的问题。在我国现阶段基本上还不存在典型的黑社会组织的历史条件下，刑法所规定的所谓"黑社会性质组织"的称谓就名不符实，其打黑政策依据不足（因为"打黑"中执行特别政策措施）。其二，"黑社会性质组织"这种称谓存在逻辑悖论的问题。因为"黑社会性质"应当是指其组织"在本质上"（因为"性质"属于"质的规定性"方面）就是黑社会，应当将"黑社会性质组织"与"黑社会（组织）"在同等意思上看待和理解，但是我国主流看法却将二者区别看待和理解，存在逻辑悖论。其三，"黑社会性质组织"这种称谓存在刑事政策正当性问题。比如，将"黑社会性质组织"直接当作"黑社会（组织）"进行刑事处遇和行政处置，将构成其他具体犯罪的人全部进行重复评价以及将不构成其他具体犯罪的人直接"抹黑"，以及在具体认定"黑社会性质组织"时存在较多模糊性和较为突出的刑事政策正当性问题。其四，"黑社会性质组织"这种称谓也不利于学术交流和国际刑事合作。因为在学

① 魏东．论黑社会的基本内涵与刑事政策．河南省政法管理干部学院学报，2004 (3).

术上，某种理论必须经得起逻辑推敲和法理论证，不应该容留太多模棱两可、似是而非的东西在里面，尤其是在强调刑事法治理性的当下，对“打黑”中所存在的刑法问题、人权保障问题必须严肃对待。在国际刑事合作上，打击有组织犯罪以及执行其他有关国际公约、其他国家的国内刑法规定，客观上都需要我国规范刑法用语、明确刑法规定，以消除不必要的法律障碍。

笔者认为，“少数学者”的看法可能过于极端，其主张取消“黑社会性质组织”这种称谓，而直接采纳“黑社会（组织）”这一称谓，可能欠妥当。应当正视我国刑法所明确规定的“黑社会性质组织”这一法定概念，应当保留我国“黑社会性质组织”这一法定概念和称谓。同时，承认“黑社会性质的组织”与“黑社会组织”之间在本质上的一致性（同质性），亦即，“黑社会性质的组织”在本质上就是具有中国特色的、非典型的“黑社会组织”，可以根据四个特征进行如下描述：一是“黑社会性质的组织”具备黑社会（组织）的三个核心特征/最本质特征，即在“较为稳定成熟的组织性”（组织特征）、“多次进行违法犯罪活动性”（行为特征）、“非法控制社会性”（危害性特征）上基本具备黑社会（组织）的特征，对这三个核心特征必须进行较为严格的限定，而且不可或缺；二是“黑社会性质的组织”在具备黑社会（组织）核心特征的基础上，初步具备了黑社会（组织）的经济特征，这里“初步具备”表明并非完全、完整地具备，因而在认定时可以有所宽松、缓和。总之，黑社会性质组织必须在“稳定成熟的组织性”“多次进行违法犯罪活动性”“非法控制社会性”等三个核心特征上基本具备与黑社会（组织）一样的特征，但是在其他附随性特征上（如经济特征）可以是并非完全、完整地具备。

2. 程序论问题：黑社会性质组织的身份确认程序（与国外扫黑比较）

从比较法学立场观察，黑社会（组织）的身份确认程序主要有两种做法：一种做法是“审判前”的独立确认程序，具体包括“审判前司法确认”和“审判前行政确认”两种；另一种做法是“审判时”依附型确认程序（仅限于司法确认）。我国对黑社会性质组织的（组织）身份的确认程序，通常仅限于案发后司法审判过程中（审判时）予以“依附型司法确认”（审判时依附型司法确认程序），是一种“行为后”的依附型司法确认，而不是“行为前”的独立确认。在这个问题上，境外立法上较为通行的做法是实行“审判前”的独立确认程序①，包括“审判前独立的司法确认程序”和“审判前独立的行政确认程序”，如前所述境外较为有名的黑社会（组织），如意大利“黑手党”，日本“山口组”，美国“山本社”（即日本“山口组”美国分社），美国“三K党”（缩写为KKK），我国台湾地区的“竹联帮”“四海帮”“天道盟”（并称为台湾三大黑帮），我国香港的“三合会”等黑社会（组织），都是“审判前”的独立确认程序，由国家权威部门予以认定、公布。在黑社会（组织）确认公布之后，任何人自称或者声称是其成员，或者以其成员身份出现，或者保管其账簿、旗帜、徽章等，都属于黑社会犯罪。可见，这种黑社会确认程序是很有意义的，特别是黑社会经过确认公布之后，自然可以孤立黑社会、警醒全社会。

相比较而言，我国实行的这种涉黑组织身份的“审判时依附型司法确认程序”存在一定的司法疑难问题：其一，对于行为人（尤其是“参加”行为人）而言，存在一定程度上的“不教而诛”性质。部分涉黑案件中，行为人（被告人）声称自己主观上并不明知其参加的犯罪组织是涉黑组织，在刑法理论上就涉及主观认识上的犯罪对象认识错误问题（或者犯罪事实认识错误问题）、违法性认识错误问题（或者法律性质认识错误问题），而且严格按照我国犯罪故意规定、犯罪故意理论、认识错误理论以及违法性认识理论来分析，依法、依理是可以影响定罪处

① 陈兴良．关于黑社会性质犯罪的理性思考．法学，2002（8）；魏东．论黑社会的基本内涵与刑事政策．河南省政法管理干部学院学报，2004（3）.

罚的。换言之，行为人（被告人）的犯罪事实辩护、法律定性辩护是具有相当的法理依据的，应当予以重视，需要我们在审理涉黑具体个案中慎重对待这种辩护理由并予以妥当处理，后面我将专门谈一谈这个问题。其二，我国应当借鉴吸纳国外扫黑的理论成果和法治经验，尽快研究制定涉黑组织身份的审判前确认程序（或者行为前确认程序），为依法“扫黑除恶”、有效“扫黑除恶”打下坚实基础。为此，我国理论界早就呼吁尽快研究制定涉黑组织身份的审判前独立确认程序（或者行为前独立确认程序），主张在认定黑社会性质组织的犯罪时，首先应建构一种黑社会性质组织的确认程序，确认以后予以公布①，而不能像目前所做的那样，在具体个案中认定犯罪的同时才确认黑社会性质组织。这种理论见解值得重视和认真对待。

3. 政策论问题：黑社会性质组织“打早打小”与“打准打实”的关系论

首先是“打早打小”与“打准打实”的关系问题。刑事政策上“打早打小”存在一定的法治底线、法治风险问题，所以必须进一步限定为“打准打实”。即是说，在刑事政策上贯彻“打早打小”精神，可能存在将并非真正的黑社会性质的犯罪组织直接当作“黑社会（组织）”进行刑事处遇和行政处置的正当性危机，因为一旦将某种组织认定为“黑社会性质的组织”，其组织体的全部资产将面临特殊的处置措施，其组织内人员的人身自由和刑罚处罚将面临“重复评价”，这种特别的刑事处遇和财产处置措施即使对于“真正的”黑社会性质组织具有合理性，但是对于“非真正的”黑社会性质组织而言，就可能存在法治底线问题和正当性危机。

其次是“重复评价”与“过度评价”问题。理论上认为，黑社会性质组织犯罪存在立法与司法上的重复评价和过度评价问题。关于重复评价问题，我国有学者指出，若可以把刑法上的禁止重复评价原则理解为“对同一事实的同一属性或侧面进行定性处罚上的二次或二次以上的法律评价”的话，则黑社会性质组织犯罪在定性和处罚上均存在三种类型“重复评价”（即“三次重复评价”）问题：一是数罪并罚型重复评价，表现为行为人实施的所有具体犯罪都需要与组织、领导、参加黑社会性质组织罪并罚；二是酌定从重型重复评价，表现为在数罪并罚等处罚基础上还要对其酌定从重处罚；三是实质累加型重复性评价，表现为在前述处罚基础上还要适用诸多贯彻从重处罚精神的处罚制度。涉黑犯罪存在“三次重复评价”问题，既缘于重刑主义观念下对刑事政策的片面理解和适用，也缘于立法技术问题造就黑社会性质组织犯罪相关规定的冲突。有效解决以上问题之对策，在立法上需基于罪责刑相适应原则对刑法相关规定进行系统性改造，在司法上要避免作出与罪责刑不相适应的定罪处罚。②“重复评价”问题的学术检讨是值得人们在司法审判中予以重视的，不但要求我们在具体处置“真正的”黑社会性质组织时适当谨慎地考虑“三次重复评价”问题的客观存在，而且要求我们在“扫黑除恶”斗争中特别要注意“打准打实”，切实防止将一般的有组织犯罪予以违法“抹黑”并予以过度评价。过度评价问题，是指将其他一般的有组织犯罪予以违法“抹黑”。这样就不但存在重复评价问题，而且存在过度评价问题甚至滥施刑罚问题。当被评价为“黑社会性质的组织”的人员实施了其他具体犯罪时，该被“抹黑”人员就面临着增加适用一个“组织、领导、参加黑社会性质组织罪”（对此问题有的学者同时认为“本罪具有重复评价的性质”③）；当被评价为“黑社会性质的组织”的人员没有实施其他任何犯罪时，该被“抹黑”人员仍然面临着因为被“抹黑”而额外承担“参加黑社会性质组织罪”这一罪名及其刑事责任，从而存在过度评价的疑问，可能严重危及司法公正和法治底线。可见，切实防止违法“抹黑”，是“扫黑除恶”“打准打实”

① 陈兴良．关于黑社会性质犯罪的理性思考．法学，2002（8）；魏东．论黑社会的基本内涵与刑事政策．河南省政法管理干部学院学报，2004（3）．

② 石经海．黑社会性质组织犯罪的重复评价问题研究．现代法学，2014（6）．

③ 张明楷．刑法学．5版：下．北京：法律出版社，2016：1072．

的基本要求，二者的基本精神是完全一致的。

二、“黑社会性质的组织”核心特征与附随性特征的解释论阐释

黑社会性质组织的四个特征（法定特征），即组织特征、经济特征、行为特征、非法控制社会性特征（又叫危害性特征），其解释适用表面上没有太多问题，而实际上在理论上和司法实务中均存在不少争议问题，需要仔细斟酌和谨慎认定。因此，在具体阐释四个特征的具体内容之前，有必要特别检讨四个特征之间的关系原理与解释原理。对此，理论界已有一些研究成果值得重视。大致可以2011年《刑法修正案（八）》为一个分水岭：（1）在2011年《刑法修正案（八）》颁行之前，刑法学界专门讨论过“黑社会性质组织”的基本特征与最本质特征问题。其一，基本特征问题。黑社会性质组织的基本特征是“四个特征”的理论共识已经基本形成，但是对“四个特征”的具体内容还是存在较大争议的，其中最为突出的争议是“保护伞”是否是必要特征的问题，当然这个问题现在已经没有争议了，即“保护伞”仅仅是选择性内容而非必要特征。其二，核心特征或者最本质特征问题。对此问题理论界争议较大，笔者归纳其主要看法有四种：一是认为其最本质特征是高度严密的组织性，二是认为其最本质特征是巨大的犯罪能量性，三是认为其最本质特征是通过各种手段非法获取经济利益性，四是认为其核心特征或者最本质特征是非法控制社会性。其中绝大多数学者认为“非法控制社会性”是黑社会（组织）与其他组织严密的犯罪组织之间的根本区分点。① 如阮方民教授在中国刑法学研究会2002年年会上指出，黑社会性质组织的重要特征具有两个层次性：其初级阶段的行为目的是经济性的，即非法地牟取经济利益，而其高级阶段的行为目的是政治性的，即非法获取对社会的全面控制；其行为方式也伴随着其行为目的的层次性而表现出阶段性的特点，在初级阶段，为实现最大化的非法经济利益其往往毫无顾忌地采取各种暴力、胁迫以及其他直接与主流社会相冲突和对抗的行为方式，而在高级阶段，为实现对社会的非法全面控制其对行为的方式力图应变，尽可能以非强制手段寻求与主流社会系统的“共存”并逐渐控制主流社会系统，因此，黑社会性质组织更多地实施走私、贩毒、贩运军火、组织非法移民、伪造货币、传播淫秽物品等现代型的违法犯罪活动，而且表现得更加内在化和隐蔽化。②（2）在2011年《刑法修正案（八）》颁行之后，随着国家刑法立法的逐步修订完善和理论研究的深化，理论界逐步形成更为明确具体的共识，即黑社会性质组织具有组织特征、经济特征、行为特征、非法控制社会性特征等四个特征，这四个特征是一个相互联系的有机整体。但是，理论界和实务界对于“四个特征”的相互关系问题和解释适用问题仍然存在一些争议，具有一定的模糊性，仍然需要深入研究。正如2018年《指导意见》指出：“由于实践中许多黑社会性质组织并非这‘四个特征’都很明显，在具体认定时，应根据立法本意，认真审查、分析黑社会性质组织‘四个特征’相互间的内在联系，准确评价涉案犯罪组织所造成的社会危害，做到不枉不纵。”那么，黑社会性质组织四个特征的关系原理与解释原理是什么？笔者认为还需要进一步思考和研究。

在此，笔者简单地提出一种观点供大家参考，其具体研究和法理论证有待今后进一步展开。笔者认为，黑社会性质组织四个特征的关系原理与解释原理可以归纳为两句话：其一，宏观上观察四个特征之间的关系，是核心特征（即根本特征）与附随性特征的关系。即组织特征、行为特征和非法控制社会性特征是三个核心特征/根本特征，“组织特征”限定其存在方式是强有力的较为稳固的犯罪组织性，“行为特征”限定其非法控制社会性特征所内含的行为方

---

① 魏东．论黑社会的基本内涵与刑事政策．河南省政法管理干部学院学报，2004（3）.

② 阮方民．惩治黑社会性质组织犯罪对策研究．中国法学会刑法学研究会2002年年会论文集：下．中国法学会刑法学研究会，西北政法学院编印，2002：994－1001.

式及其非法性，“非法控制社会性特征”限定其存在目标就是非法控制社会；经济特征仅仅是附随性特征，即经济特征仅仅是诠释其组织特征必须具有一定的经济基础。当然，微观上进一步观察三个核心特征/根本特征内部之间的关系，则是存在方式、行为方式与存在目标之间的关系，是相辅相成的关系。其二，刑法解释论上，核心特征/根本特征即组织特征、行为特征与非法控制社会性特征必须严格解释适用；附随性特征即经济特征可以宽松解释适用。法律解释学认为，所谓严格解释，是指按照法律规定的字面含义对法律规范所作的解释。① 严格解释的要求是，其解释结论与字面含义相同，并且“要实现这些解释结果，就必须借助于各种法律解释方法”②，即法律的文义解释、论理解释和社会学解释。所谓宽松解释，是指与严格解释相对的扩张解释和限缩解释。扩张解释，是指按照狭义法律解释方法确定的法律条文的含义，较之于其字面含义比较宽泛；限缩解释，是指按照狭义法律解释方法确定的法律条文的含义，较之于其字面含义比较狭窄。③ 宽松解释也跟严格解释一样必须借助于文义解释、论理解释和社会学解释等法律解释方法。可见，表面上看，严格解释与宽松解释的区别似乎仅仅在于是否是“其解释结论与字面含义相同”，严格解释是，而宽松解释不是。但是对于这种表面理解可能存在疑问。笔者认为，刑法解释论之严格解释，有三个方面的问题需要特别说明：一是当文义解释结论（即字面含义）存在多样性时，（刑法的）严格解释当然主张需要进一步进行论理解释和社会学解释，以选择确定其中“一种”更为合理的文义解释结论；二是当文义解释结论（即字面含义）存在歧义性时，基于语用论和实质刑事法治理性的要求，（刑法的）严格解释应当主张需要进一步进行论理解释和社会学解释以纠正其歧义，并确定其中“一种”更为合理的用语解释结论；三是当文义解释结论（即字面含义）存在常识性错误时，（刑法的）严格解释主张依据严格的刑法教义学原理和相关科学原理进行论理解释和社会学解释以纠正常识性错误，并确定“一种”更为科学合理的用语解释结论。

根据黑社会性质组织四个特征的关系原理与解释论原理，笔者下面依次探讨四个特征的解释适用问题。

（一）核心特征：组织特征、行为特征和非法控制社会性特征的严格解释

如前所述，黑社会性质组织的核心特征是组织特征、行为特征和非法控制社会性特征，在刑法解释论上必须是严格解释。

1. 黑社会性质组织的组织特征

我国《刑法》第 294 条规定黑社会性质组织的组织特征是“形成较稳定的犯罪组织，人数较多，有明确的组织者、领导者，骨干成员基本固定”。刑法解释论上对此规定进行严格解释时，应注意进行以下三方面底线标准的实质审查和形式审查（双重审查规则）：一是“形成较稳定的犯罪组织”，达到一定存续时间底线标准；二是组织成员“人数较多”，达到一定的犯罪组织规模底线标准；三是“有明确的组织者、领导者，骨干成员基本固定”，骨干成员必须达到一定数量底线标准。

（1）“形成较稳定的犯罪组织”，达到一定存续时间底线标准。

对“形成较稳定的犯罪组织”进行实质审查和形式审查（双重审查规则）的具体要求是：在实质上必须是“形成较稳定的犯罪组织”，并且在形式上还必须达到一定存续时间底线标准，必须同时具备上列实质和形式才能认定为“形成较稳定的犯罪组织”。因此，有以下两方面问

---

① 孔祥俊．法律方法论：第 2 卷．北京：人民法院出版社，2006：724.

② 王利明．法律解释学导论——以民法为视角．2 版．北京：群众出版社，2017：150－151.

③ 同② 150.

题需要具体研究。

其一，在实质上必须是“形成较稳定的犯罪组织”。

在实质上，“形成较稳定的犯罪组织”是指较长时间内有相当规模人数和骨干成员的情况下，有制度化的纪律约束机制和社会团结机制的犯罪组织，这是其在实质上所必须具备的文化制度性特征和社会学特征。因此，在审查黑社会性质组织作为一种“较稳定的”犯罪组织的组织特征时，必须透过现象看本质：组织程度较严密，组织“对内”控制程度较严格而残酷，形成了以暴力意识以及帮派思想为核心的鲜明的犯罪亚文化和群体凝聚力，而不能被一些表面现象所迷惑而作出错误判断。

黑社会性质组织作为一种接近最高级别的犯罪组织（理论上黑社会组织是最高级别的犯罪组织），可以根据社会团结理论、社会组织理论（次级群体理论）进行理论观察和诠释。(1)“社会团结理论”由法国社会学家涂尔干首次提出，将社会团结的类型划分为来源于个人之间相似性的机械团结（mechanical solidarity）与来源于社会劳动分工的有机团结（organic solidarity）两种基本类型。在机械团结社会中，个人无须中介直接系属于社会，社会在某种程度上由所有群体成员的共同感情和共同信仰来体现，“所有社会成员的共同观念和共同倾向在数量和强度上都超过了成员自身的观念和倾向”，“集体人格完全吸纳了个人人格”；在有机团结的社会中，个人通过构成社会的各个部分依赖于社会，与个体发生连带关系的社会是由一些特别而又不同的职能通过相互间的确定关系结合成的组织体、系统，从而“每个人都拥有自己的行动范围，都能够自臻其境，都有自己的人格”①。应当说，合法社会和黑社会（性质组织）都可以从“社会团结理论”中获得理论解释力。黑社会（性质组织）作为“形成较稳定的犯罪组织”，可能主要体现为有机团结同时兼有机械团结的社会团结特征。(2) 社会组织理论认为，社会组织是次级群体的表现形式，而次级群体（又叫间接群体或者次属群体）指的是其成员为了某种特定的目标集合在一起，通过明确的规章制度结成正规关系的社会群体，其区别于作为以感情为基础结成亲密关系的社会群体的初级群体（又叫直接群体或者首属群体）。社会组织理论中的次级群体理论认为，社会群体的结构模式中包含规范、地位、角色、权威及成员间的关系等要素，其中次级群体的群体凝聚力（又叫群体内聚力）主要是成员对规范的遵从并将群体的目标自觉地看成是自己的目标，通过分析“社网图”“轮型”和“Y 型”等集中式沟通网络可以确定核心人物（又叫中心人物）和群体凝聚力的形成机理。② 因此，根据社会组织理论中的次级群体理论，黑社会性质组织作为一种高层次的、“较稳定的”犯罪组织，其组织严密性、“对内”控制性和强大的群体凝聚力是其实质内核。

黑社会性质组织不同于普通犯罪集团的一个重要特点就是其具有更成熟的组织性和更加稳定的组织结构（组织程度最高）③，有其组织体内部的系统结构与“法律”。黑社会较稳定成熟的犯罪组织性最鲜明、最突出地表现在其具有细致严密的科层结构和严酷苛刻的“黑色法制”。如果说“非法控制社会性”是黑社会性质组织的“对外”核心特征——主要指的是黑社会性质组织“对外”社会面的控制，那么可以说，黑社会性质组织“对内”组织面进行严格而残酷的控制就是其“对内”核心特征，黑社会对外与对内都是以非法极端方法进行控制的。其控制手段可以简单地概括为两方面：一是严苛的“黑色法制”（包括对内对外）；二是科层制（仅仅对内而言）。所谓黑社会性质组织的“黑色法制”，具体体现为其所谓的行为习惯、“帮规”“家法”“规章制度”等，其内容主要是规定内部结构、行为方式和组织纪律等，例如，明确规定

① 涂尔干．社会分工论．渠东，译．北京：三联书店，2000：89－183.

② 郑杭生．社会学概论新修．3版．北京：中国人民大学出版社，2003：146－193.

③ 魏东，郭理蓉．论犯罪集团及其司法认定．犯罪与改造研究，2000（7）.

组织的宗旨、目标、纪律以及奖惩措施等内容；同时也可能涉及对外行动、对外部人员的处世方式等内容。黑社会所谓的“科层制”，是指作为一种“政治上层建筑”，其内部建立起了层次分明、等级有序并且自成一体的管理架构：在纵向上，整个组织系统如金字塔，其底部为绝对被支配的基本成员，而顶部则是最高权威和绝对领导者，中间层次为中层领导者，上下等级森严不可逾越，下级服从上级，上级拥有对下级的绝对权力；在横向上，黑社会内部组织分工严密，职能机构较为齐全，有权力机构和执行机构，严格实行分工负责、各司其职、各负其责，能够保证黑社会组织生存及其活动有效运转。①

黑社会性质组织结构具有更大的规模、更高的犯罪效率、更大的影响范围和更强的反追诉能力，它往往以企业、公司、宗教、团体、帮会等名义出现。在其内部，有至高无上的头目，上下等级森严，还有严格的“家法”，作为组织运行的规范。② 并且，黑社会组织还会形成共同的犯罪亚文化习俗。而普通犯罪集团虽有较强的组织性和相当的稳固性，但其内部不一定有制度规范，更谈不上形成共同的犯罪亚文化习俗。所谓犯罪亚文化，是指全体犯罪人（包括个人和团体）在日常生活与犯罪活动中逐渐形成的与主流文化相对立的价值观念、行为方式以及其他文化现象的总和。有学者认为，在我国，犯罪亚文化主要有两个方面：其一是中国传统的以游民文化为中心、以近代中国帮会文化为典型代表的犯罪亚文化。游民文化又称“江湖文化”，是指中国传统上由武侠、艺人、术士、强盗、绿林以及帮会、秘密教派等所谓游民或者江湖人物在其日常活动过程中所产生的犯罪亚文化。在中国传统文化观念上，“江湖人物”就是游民，而“江湖”则是游民生活奋斗的空间，并且往往含有“与主流社会相对立、相抗衡的地下社会或隐形社会”之意。近代中国帮会组织发展演变过程中形成了独具特色的帮会文化，帮会内部具有严密的等级制度、严格的入会手续、繁琐的帮规和严酷的惩罚制度③，帮会团体构成分为首领、骨干、一般成员和协从人员，组织结构模拟传统的封建家族制度，将旧式忠义孝悌伦理道德观念、宗法等级观念融入其中。④ 其二是以暴力和色情为中心的当代犯罪亚文化。暴力和色情是西方文化中最腐朽的部分，它主要通过电视电影和报纸杂志等大众媒体传播扩散。正如英国怀特豪夫人所说“充斥于大众传媒的也会充斥于人间”，暴力色情无疑会诱发、煽动人的淫秽和暴力的潜能。因此，大致可以说，犯罪亚文化的核心是暴力意识和帮派思想。黑社会组织之所以能够存在，是因为犯罪人从两种犯罪亚文化中意识到只有组织起来并且拥有暴力，才能形成一种与主流社会相抗衡的独立力量，并且只有凭借力量才能获得财富、权力和名誉，迅速提高自己的社会地位。正是这种意识，促使单个的犯罪人组成黑社会组织。因此可以说，暴力意识和帮派思想是黑社会组织存在和发展的决定性精神力量。⑤ 此外，这种犯罪亚文化还包括其独特的文化生活习俗，如沉溺于吃喝嫖赌和追求变态刺激的生活观念，以及经常性地使用“黑话”“隐语”等黑社会化的独特语言文化等。犯罪亚文化具有鲜明的反社会性和同化联结性特征。一方面，其反社会性造就了这样一种文化鼓动，即教唆犯罪亚群体对抗和否定社会主流文化所肯定的社会共同价值和规则，实施越轨行为甚至犯罪行为。另一方面，其同化联结性对犯罪亚群体极具凝聚力和感召力，极容易导致形成各种犯罪组织进而促使其团结巩

---

① 阮方民．惩治黑社会性质组织犯罪对策研究//中国法学会刑法学研究会2002年年会论文集：下．中国法学会刑法学研究会，西北政法学院编印，2002：994－1001.

② 高克强，孙义刚．黑社会犯罪概念辨析．中国刑事杂志，总第39期.

③ 江豪．漫谈旧上海的帮会//20世纪上海文史资料文库：第10辑．上海：上海书店出版社，1999：124.

④ 王牧，张凌，赵国玲．中国有组织犯罪实证研究．北京：中国检察出版社，2012：5.

⑤ 何秉松．有组织犯罪研究：第1卷．北京：中国法制出版社，2002：430－437.

固。[①] 显然，犯罪亚文化的这些特质，是黑社会性质组织得以存在和延续的重要保障。[②]

因此，最高人民法院于2015年发布的《全国部分法院审理黑社会性质组织犯罪案件工作座谈会纪要》（以下简称“2015年《座谈会纪要》”）强调对黑社会性质组织“组织纪律、活动规约”进行实质审查，即规定“对于黑社会性质组织的组织纪律、活动规约，应当结合制定、形成相关纪律、规约的目的与意图来进行审查判断。凡是为了增强实施违法犯罪活动的组织性、隐蔽性而制定或者自发形成，并用以明确组织内部人员管理、职责分工、行为规范、利益分配、行动准则等事项的成文或不成文的规定、约定，均可认定为黑社会性质组织的组织纪律、活动规约”；最高人民法院、最高人民检察院、公安部于2009年发布的《办理黑社会性质组织犯罪案件座谈会纪要》（以下简称“2009年《座谈会纪要》”）强调在具体审查时要注意不为其“人员频繁更替、组织结构松散”的假象所左右，即规定“当前，一些黑社会性质组织为了增强隐蔽性，往往采取各种手段制造‘人员频繁更替、组织结构松散’的假象。因此，在办案时，要特别注意审查组织者、领导者，以及对组织运行、活动起着突出作用的积极参加者等骨干成员是否基本固定、联系是否紧密，不要被其组织形式的表象所左右”。这些司法解释性规定从正反两面阐释了黑社会性质组织所具有的制度化纪律约束机制和社会团结机制的实质特征，为司法办案机关对“形成较稳定的犯罪组织”进行实质审查判断提供了规范标准，值得高度重视。

其二，在形式上必须达到一定存续时间底线标准。

关于黑社会性质组织在形式上是否必须达到了一定存续时间底线标准的问题，可以细化讨论三个具体问题：一是黑社会性质组织是否有存续时间长度的限制？二是存续时间底线标准是多长？三是组织形成时间/成立时间的起点如何确定？

问题一：黑社会性质组织是否有存续时间长度的限制？

对此问题，理论上有三种见解：第一种观点是“不必要说”，认为，组织存续时间底线标准不应限定，因为其仅仅是观察黑社会性质组织稳定性的参考性因素而不是决定性因素，其不便于法律适用的灵活性，其不符合“打早打小”的司法刑事政策；第二种观点是“必要说”，认为组织存续时间底线标准必须明确限定，因为黑社会性质组织的主要特征之一就是比其他犯罪集团更具有稳定性，这种稳定性应当体现为存续时间的长期性，“打早打小”政策执行也必须以准确认定和正确执法为前提[③]；第三种观点是“折中说”，如李勤法官（博士）在原则赞同“必要说”的基础上，进一步主张某种“必要说＋准许例外说”的立场。李勤法官认为，组织“存续期限应成为关注黑社会性质组织的着力点”，指出：其一，黑社会性质组织的稳定性不但从更加严密的组织性予以体现，还体现在犯罪组织存续的长期性上[④]，某一犯罪组织存续时间越短就越不可能被判定为黑社会性质组织；其二，黑社会性质组织持续时间为日本、德国、美国等国外立法所强调，如日本法律强调涉黑组织暴力性犯罪的长久持续性[⑤]，德国强调长期运用武力干预社会、经济、政治秩序[⑥]，美国刑法也规定黑社会组织具有存续时间的长期性特征[⑦]；其三，非法控制社会性难以在较短的存续时间内形成；其四，法律不对涉黑组织的

---

① 魏东．当前未成年人犯罪突出的原因分析．犯罪与改造研究，1997（1）．

② 魏东．论黑社会的基本内涵与刑事政策．河南省政法管理干部学院学报，2004（3）．

③ 范建伟．新时期我国黑社会性质犯罪组织的司法认定．苏州：苏州大学，2015：11．

④ 黄太云．现行刑事法律司法解释及其理解与适用．北京：中国民主法制出版社，2007：433．

⑤ 冯殿美．全球化语境中的有组织犯罪．北京：中国检察出版社，2004：15．

⑥ 李芳晓．国外有组织犯罪的概念与特征．国外社会科学，2007（1）．

⑦ 储槐植．美国刑法．北京：北京大学出版社，1996：165．

存续时间予以最低限度的设定，可能混淆其与其他一般犯罪组织的界限；其五，以 6 个月作为判断黑社会性质组织最低存续时间较为适宜，但是“为防止标准的机械化和绝对化”也有必要设定例外情况的认定规则，“即设定为案涉犯罪组织的存续时间在 6 个月以下的，人民法院对此类犯罪组织进行涉黑性判定时，除非此类犯罪组织的其他涉黑性特征特别突出，否则一般不宜将此类犯罪组织认定为黑社会性质组织”①。

笔者认为“必要说”是妥当的，即有必要明确限定黑社会性质组织的存续时间底线标准。如 2015 年《座谈会纪要》规定“存在、发展时间明显过短、犯罪活动尚不突出的，一般不应认定为黑社会性质组织”，再如 2018 年《指导意见》规定“组织形成后，在一定时期内持续存在，应当认定为‘形成较稳定的犯罪组织’”，这些规定都是很合理的，应当认为其坚持了“必要说”的基本立场。同时，笔者认为应当摒弃“必要说＋准许例外说”立场，这样有利于限定黑社会性质组织的形式标准，有利于在全国范围内确立统一的“扫黑除恶”司法认定标准和法治底线，有利于实现具体个案的司法公正。毕竟不能说黑社会性质组织认定得越多越好，只有在坚持“必要说”的立场下严格限定黑社会性质组织的数量才有利于突出打击重点，并且对于那些尚未达到存续时间底线标准的“恶势力”组织，仍然可以作为共同犯罪甚至犯罪集团予以依法打击，而不至于放纵犯罪。

问题二：黑社会性质组织的存续时间底线标准是多长？

据观察，目前理论界和司法实务部门比较认可黑社会性质组织的存续时间底线标准是 6 个月（即“6 个月标准说”）。理论上有学者主张，犯罪组织要被认定为黑社会性质组织一般持续时间应在 6 个月或者 1 年以上。② 司法实务部门比较认同黑社会性质组织的存续时间底线标准为 6 个月，如浙江省、四川省等省级司法机关出台的指导性文件均规定黑社会性质组织存续时间一般应在 6 个月以上；再如李勤法官根据其所收集的能够从刑事判决书内容分析出黑社会性质组织存续时间的案例 87 件中，黑社会性质组织的持续时间在 6 个月以上的案件数占比高达 97.7%；还有学者针对浙江省黑社会性质组织犯罪案件涉黑人员 139 名的分析结论，也是参加黑社会性质组织时间超过 6 个月的人数占比高达 96.4%。③

显然，尽管可以说我国司法实践中绝大多数判例坚持了黑社会性质组织的存续时间底线标准“6 个月标准说”，但是仍有接近 3%至 5%的司法判例没有坚持“6 个月标准说”，而将组织存续时间尚未达到 6 个月的犯罪组织认定为黑社会性质组织，这是值得反思和警惕的现象。2018 年《指导意见》第 6 条规定“黑社会性质组织一般在短时间内难以形成，而且成员人数较多，但鉴于‘恶势力’团伙和犯罪集团向黑社会性质组织发展是一个渐进的过程，没有明显的性质转变的节点，故对黑社会性质组织存在时间、成员人数问题不宜作出‘一刀切’的规定”，其中所明确提出的“对黑社会性质组织存在时间、成员人数问题不宜作出‘一刀切’的规定”值得研究，其出发点是好的，但是其可能带来的法律效果和社会效果有待进一步观察，尤其是其客观上不可避免地会导致出现某种程度上的个案随意司法和司法混乱。因此，需要理论上和行动上未雨绸缪，早做研究并尽快解决。

因此，笔者认为可以将黑社会性质组织的存续时间底线标准限定为 6 个月。按照前述“必要说”的立场，应在明确要求限定黑社会性质组织的存续时间底线标准的前提下，严格执行组织存续时间达到 6 个月这一存续时间底线标准，方能成立黑社会性质组织；对于没有达到存续时间底线标准 6 个月的，依法不认定为黑社会性质组织（但可以依法认定为犯罪集团），不留

---

① 李勤．办理黑社会性质组织犯罪法律适用研究．北京：中国政法大学，2017：38－40.

② 陈世伟．黑社会性质组织基本特征的实践展开．河南大学学报（社会科学版），2012（1）.

③ 同① 39－40.

余地。

问题三：组织形成时间/成立时间的起点如何确定？

这个问题应当说我国已有司法解释性文本作出了较为明确的规定，如2018年《指导意见》第6条规定“黑社会性质组织未举行成立仪式或者进行类似活动的，成立时间可以按照足以反映其初步形成非法影响的标志性事件的发生时间认定。没有标志性事件的，可以按照本意见中黑社会性质组织违法犯罪活动认定范围的规定，将组织者、领导者与其他组织成员首次共同实施该组织犯罪活动的时间认定为该组织的形成时间。该组织者、领导者因未到案或因死亡等法定情形未被起诉的，不影响认定”；再如2015年《座谈会纪要》规定：黑社会性质组织存续时间的起点，可以根据涉案犯罪组织举行成立仪式或者进行类似活动的时间来认定。没有前述活动的，可以根据足以反映其初步形成核心利益或强势地位的重大事件发生时间进行审查判断。没有明显标志性事件的，也可以根据涉案犯罪组织为维护、扩大组织势力、实力、影响、经济基础或按照组织惯例、纪律、活动规约而首次实施有组织的犯罪活动的时间进行审查判断。存在、发展时间明显过短、犯罪活动尚不突出的，一般不应认定为“黑社会性质组织”。

从理论观察可以发现，上列规定实质上采用了“三标准说”，这是比较合理的。一是以组织举行成立仪式的时间为组织形成时间/成立时间的起点标准，即“黑社会性质组织举行成立仪式或者进行类似活动的，以成立仪式举行之日确定其组织形成时间”；二是以组织发生标志性事件的时间为组织形成时间/成立时间的起点标准，即“黑社会性质组织未举行成立仪式或者进行类似活动的，成立时间可以按照足以反映其初步形成非法影响的标志性事件的发生时间认定”；三是以组织首次共同实施该组织犯罪活动的时间为组织形成时间/成立时间的起点标准，即“没有标志性事件的，可以按照本意见中黑社会性质组织违法犯罪活动认定范围的规定，将组织者、领导者与其他组织成员首次共同实施该组织犯罪活动的时间认定为该组织的形成时间”。需要特别强调的是，在运用“三标准说”确定组织形成时间/成立时间的起点时必须注意进行实质审查判断，即对“组织举行成立仪式的时间”进行实质审查，应当将作为次级群体的社会组织为达成团结社会所举行的成立仪式——无论在形式上简单还是复杂，“正式”还是非“正式”，甚至可能仅在聚会上说了诸如“我们大伙儿在一起干”，“我们组织今天就算成立了”之类的三言两语——之日，认定为“组织举行成立仪式的时间”；对“组织发生标志性事件的时间”进行实质审查，应当将作为次级群体的社会组织确定某种特定标识、特定“黑话”、特定行动方式或者举行某种聚会与宣示活动之日，认定为“组织发生标志性事件的时间”；对“组织首次共同实施该组织犯罪活动的时间”进行实质审查，应当将作为次级群体的社会组织所组织实施的首次犯罪活动——无论在形式上是组织成员中一个人实施还是数人实施，无论是已经司法审判定罪处罚还是未经司法审判定罪处罚（如有的犯罪可能已过追诉时效而未经司法审判定罪处罚）——之日，认定为“组织首次共同实施该组织犯罪活动的时间”。按照“三标准说”，如果上列三个标准所规定的要素均存在，则以最早的标准要素发生时间作为组织形成时间/成立时间的起点。

但是理论上还是有人对此“三标准说”提出了质疑，认为2015年《座谈会纪要》对黑社会性质组织形成时间的界定标准存在一定的逻辑矛盾，确有需完善之处，应以初步形成核心利益或强势地位重大事件的发生时间为核心标准（单一标准说）。① 对此应当如何认识？笔者认为，质疑者观点（单一标准说）实质上是只主张以组织发生标志性事件的时间为标准，而遗漏了另外两个时间标准（组织举行成立仪式的时间、组织首次共同实施该组织犯罪活动的时间），

① 李勤．办理黑社会性质组织犯罪法律适用研究．北京：中国政法大学，2017：37－38.

从而不利于客观、全面地认定组织形成时间/成立时间的起点，有所不当。

（2）组织成员“人数较多”，达到一定的犯罪组织规模底线标准。

这里主要是对组织成员“人数较多”进行形式审查，同时也需要对“组织成员”进行实质审查，因而仍然必须坚持形式和实质的双重审查规则。这里有两个具体问题需要特别讨论：一是“人数较多”的下限应当是多少？二是“组织成员”人数的实质审查。

其一，“人数较多”的下限应当是多少？

对此问题，理论界和实务中主要有三种观点：一是“三人说”，认为黑社会性质组织是典型的有组织犯罪，属于犯罪集团的一种，因此黑社会性质组织人数规模的下限是3人。① 二是“十人说”，认为黑社会性质组织是有组织犯罪的高级形式，应当与一般犯罪集团有所区别，仅仅有3人的犯罪集团是难以在某一区域或者某一行业对不特定公众形成非法控制，因此应当将黑社会性质组织的人数规模下限设定为10人以上。② 三是无下限说，认为黑社会性质组织的发展与形成须经历相当长的时间才得以最终形成，其很可能从犯罪团伙、恶势力团伙逐步发展演变而最终铸成，不能确定组织在最终形成时人数规模的具体节点，因此，很难对其确定一个明确的人数规模下限，而应当结合其他涉黑特征综合评定与把控。③

应当说，2015年《座谈会纪要》大体立场采用了“十人说”，但是其中又留有尾巴，其中指出“‘四个特征’中其他构成要素均已具备，仅在成员人数、经济实力规模方面未达到本纪要提出的一般性要求，但已较为接近，且在非法控制特征（危害性特征）方面同时具有2009年《座谈会纪要》相关规定中的多种情形，其中至少有一种情形已明显超出认定标准的，也可以认定为黑社会性质组织”。此外，某些省级法院主张将人数规模下限规定为10人以下，如《湖北指导意见》即规定对涉黑组织人数规模下限标准规定为5人以上；从重庆市、四川省、贵州省、云南省等地的判决情况看，将组织成员（包括尚未归案的组织成员）仅为不足10人（但均在5人以上）的案件认定为黑社会性质组织的判决在黑社会性质组织犯罪案件判决总数中的比例竟高达5.3%④，并且李勤院长也认为“应当允许未达10人以上人数规模的犯罪组织存有被认定为黑社会性质组织的例外情形，其条件即为人数较为接近10人，且其他涉黑性质的特征突出明显”⑤。应当说这是值得警惕的见解和做法！国外黑社会组织的人数规模通常都很大，少则数十人，多则上千上万人，而我国司法解释性文件规定的黑社会性质组织的人数规模仅规定为10人，已经接近突破刑事政策底线了，而实务中仍然存在不少突破10人底线的判例，实在堪忧。实事求是地讲，在刑事政策上贯彻“打早打小”精神，稍有不慎即可能存在将并非真正的黑社会（即我国的“黑社会性质组织”）直接当作“黑社会（组织）”进行刑事处遇和行政处置的正当性危机，因为一旦将某种组织认定为“黑社会（组织）”，其组织体的全部资产将面临特殊的处置措施，其组织内人员的人身自由和刑罚处罚将面临“重复评价”（即参加行为和其他犯罪行为的重复评价），这种特别的刑事处遇和财产处置措施即使对于“真正的”黑社会组织具有合理性，但是对于“非真正的”黑社会性质组织而言就可能存在法治底线问题和正当性危机，必须特别慎重。

那么，黑社会性质组织的成员人数规模下限到底确定为多少更合理？这是一个需要运用刑法社科法学方法进行“科学”审查的重要问题。社会学原理认为，“一般而言，群体成员不超

---

① 徐锋．组织、领导、参加黑社会性质组织罪的司法认定研究．北京：中国政法大学，2010.

② 刘洪峰．黑社会性质犯罪的现状、认定及量刑．北京：中国政法大学，2010.

③ 宋洋．我国黑社会性质组织犯罪若干问题研究．北京：中国政法大学，2011.

④ 王牧，张凌，赵国玲．中国有组织犯罪实证研究．北京：中国检察出版社，2012：299.

⑤ 李勤．办理黑社会性质组织犯罪法律适用研究．北京：中国政法大学，2017：23.

过 12 人，他们之间有可能保持极其密切的相互关系。如果成员继续增多，不仅使成员间非常深入的了解发生困难，还会导致群体成员出现各种复杂的联合，群体内派别也就由此发生。对大群体种数量庞大的潜在关系，不能用通常的方法来处理。大群体不可能依赖于自发的或随意的协约，它需要有具体的、明确的任务分工和责任规定。规模巨大意味着具有正式的组织、权力层、管理人员以及广泛的次级群体关系。”① 依据这一原理，笔者认为，为进一步明确刑事法治底线、统一规范司法审判并确保司法公正，同时也为更加突出打击重点，我国黑社会性质组织“人数较多”这一犯罪组织规模底线标准应当适当提高，将这个犯罪组织成员人数规模的底线标准确定为 12 人以上（即“十二人说”）。只有在犯罪组织成员人数达到或者超过 12 人的，才可以结合其他法定特征依法确认为黑社会性质组织；否则，一律不得认定为黑社会性质组织，而只能依法认定为一般的犯罪集团或者一般的共同犯罪形式。

不过，基于一种务实的学术立场，鉴于我国 2015 年《座谈会纪要》明确规定“黑社会性质组织应当具有一定规模，人数较多，组织成员一般在 10 人以上”，笔者认为可以适当考虑我国有关司法解释性文本规定和“扫黑除恶”的实际情况，目前仍然执行“十人说”并且不再突破 10 人底线，在此基础上逐步研究制定新的、更加科学合理的司法解释性文本，并采用“十二人说”，尽快实现将黑社会性质组织的组织人数规模底线标准规定为 12 人以上，以有效限定黑社会性质组织的认定范围，切实实现“扫黑除恶”专项斗争“打准打实”的刑事政策目标。

其二，“组织成员”人数的实质审查。

组织成员既包括组织者、领导者、骨干成员、积极参加者、一般参加者，这些组织成员通常构成了组织、领导、参加黑社会性质组织罪；还包括被裹挟参加组织的未成年人或者其他因为情节轻微而尚未以犯罪论处的参加人员，以及其他因为尚未归案而未被处理但是确有确实、充分的证据证实其属于组织成员的人员，因此必须强调对“组织成员”及其人数的实质审查。

依据上述实质审查规则，2018 年《指导意见》规定“黑社会性质组织成员既包括已有充分证据证明但尚未到案的组织成员，也包括虽有参加黑社会性质组织的行为但因尚未达到刑事责任年龄或因其他法定情形而未被起诉，或者根据具体情节不作为犯罪处理的组织成员”，以及 2015 年《座谈会纪要》规定黑社会性质组织成员“既包括已有充分证据证明但尚未归案的组织成员，也包括虽有参加黑社会性质组织的行为但因尚未达到刑事责任年龄或因其他法定情形而未被起诉，或者根据具体情节不作为犯罪处理的组织成员”，这两个司法解释性规定的基本内容是正确的、合理的，这里不再赘述。

(3)“有明确的组织者、领导者，骨干成员基本固定”，骨干成员必须达到一定数量底线标准。

这里仍然应注意对“有明确的组织者、领导者，骨干成员基本固定”进行实质审查和形式审查（双重审查规则）：总体上看，组织者、领导者、骨干成员“必须有”一个明确的数量底线标准（形式审查），而不能认为这个标准仅仅是“可以有”，因为“这个可以有”的反对解释结论是“这个可以没有”，并且应当对组织者、领导者、骨干成员的组织身份进行实事求是的审查（实质审查）。在此前提下，有四个具体问题值得研究：一是组织者、领导者的数量底线标准是多少（形式审查），组织者、领导者的具体认定有何实质标准（实质审查）？二是骨干成员的数量底线标准是多少（形式审查），骨干成员的具体认定有何实质标准（实质审查）？三是在对于组织者、领导者、骨干成员“基本固定”的具体审查中如何处理好形式审查和实质审查的关系？四是与骨干成员判断相关联，积极参加者与一般参加者的界限如何划分？

---

① 郑杭生．社会学概论新修．3 版．北京：中国人民大学出版社，2003：154.

其一，组织者、领导者的数量底线标准是多少（形式审查），组织者、领导者的具体认定有何实质标准（实质审查）？

组织者、领导者“必须有”一个以上，因此其数量底线标准不必作更多讨论。这里的问题意识在于：如何认定组织者、领导者的组织身份？对此问题，2018 年《指导意见》、最高人民法院于 2000 年发布的《关于审理黑社会性质组织犯罪的案件具体应用法律若干问题的解释》（以下简称“2000 年《解释》”）、2009 年《座谈会纪要》和 2015 年《座谈会纪要》应当说有比较明确的规定。2018 年《指导意见》第 4 条规定：“发起、创建黑社会性质组织，或者对黑社会性质组织进行合并、分立、重组的行为，应当认定为‘组织黑社会性质组织’；实际对整个组织的发展、运行、活动进行决策、指挥、协调、管理的行为，应当认定为‘领导黑社会性质组织’。黑社会性质组织的组织者、领导者，既包括通过一定形式产生的有明确职务、称谓的组织者、领导者，也包括在黑社会性质组织中被公认的事实上的组织者、领导者。”根据上列规定可以认为，所谓组织者、领导者，是指针对黑社会性质组织实施发起、筹划、创建、召集、合并、分立、扩大、重组等组织行为的人员（即组织者），或者实施决策、指挥、协调、控制管理等领导行为的人员（即领导者）。

理论上，我国有学者对组织者、领导者具体列举了以下七类人员：第一类是犯罪组织的创建者或扩大者；第二类为犯罪组织的组织纪律、活动规约的发起人或者制定人；第三类为涉黑组织成立和运转的资金筹措人或者出资人；第四类是对涉黑犯罪组织的日常运行活动具有直接或间接的管理、决定权的人员；第五类为具体违法犯罪活动的组织、策划、指挥人；第六类是对涉黑组织犯罪利益具有分配和掌控能力的人员；第七类为案发后涉黑组织成员公认的涉黑组织的核心人员。① 笔者认为这个归纳基本上是合理的，但是，其一，其对第一类组织行为人的范围归纳可能不周全而有所遗漏，需要在实质审查的基础上进一步作出更加周全的归纳；其二，其最后一类强调“案发后涉黑组织成员公认的涉黑组织的核心人员”也可能有所不当，这可能涉及证据是否确实充分的疑问（即证据法疑问），因为在实体法上“案发后涉黑组织成员公认的核心人员”也可能仅仅是骨干或者积极参加者，但是其是否能够被认定为组织者、领导者仍然需要进行实质审查，即审查其实质上是否是组织者和领导者（而不仅仅是骨干或者积极参加者）。

因此笔者认为，从实质审查的立场看，黑社会性质组织的组织者、领导者具体包括以下两类人员：一是组织者，即黑社会性质组织的发起人、筹划人、创建人、召集人、合并人、分立人、扩大人、重组人；二是领导者，即在黑社会性质组织犯罪活动中的决策人、指挥人、协调人、控制管理人。

其二，骨干成员的数量底线标准是多少（形式审查），骨干成员的具体认定有何实质标准（实质审查）？

骨干数量底线必须有所规定，有学者提出“骨干成员应有 3 名以上”，骨干成员相对稳定而可以有所变动更替（但是不能少于 3 名）的观点。② 笔者认为这种观点基本上是合理的，但是略显机械和苛刻。因此，笔者认为，可以采取骨干成员、领导者、组织者总和人数 3 人以上（包含 3 人在内）的数额底线标准，把骨干人员的人数标准与领导者和组织者联系起来一起加以考虑，并将其总和人数 3 人以上作为底线标准是比较合理的。尽管 2018 年《指导意见》、2000 年《解释》和两个《座谈会纪要》均没有明确规定“骨干成员应有 3 名以上”，但是从黑

① 李勤．办理黑社会性质组织犯罪法律适用研究．北京：中国政法大学，2017：24－26．

② 同① 26－28．

社会性质组织的组织特征是“形成较稳定的犯罪组织，人数较多，有明确的组织者、领导者，骨干成员基本固定”的基本精神来判断，是可以推导出“骨干成员、领导者、组织者总和人数3人以上”这一结论的。

进一步的问题意识在于：如何确定骨干成员与积极参加者（以及参加者）之间的界限？对此问题，学术界有以下研讨：(1) 完全等同说。即认为骨干成员等同于积极参加者，积极参加者即为骨干成员，二者之间并无本质区别，对二者应当进行相同的定罪量刑。① (2) 部分等同说。即认为涉黑组织的骨干成员是听命于组织者、领导者安排指示，接受其布置的任务，直接带领、指挥一般参加者进行违法犯罪活动的积极参加者，因此骨干成员在犯罪组织中发挥着承上启下的重要功能，其是积极参加者中的一种类型，在骨干成员之外还存在其他积极参加者。②

应当说，2015年《座谈会纪要》采用了部分等同说，其中规定“黑社会性质组织应有明确的组织者、领导者，骨干成员基本固定，并有比较明确的层级和职责分工，一般有三种类型的组织成员，即：组织者、领导者与积极参加者、一般参加者（也即‘其他参加者’）。骨干成员，是指直接听命于组织者、领导者，并多次指挥或积极参与实施有组织的违法犯罪活动或者其他长时间在犯罪组织中起重要作用的犯罪分子，属于积极参加者的一部分”。笔者在基本赞成部分等同说的基础上，认为还应注意准确界定骨干成员与其他积极参加者之间的界限，按照对司法解释性规定的理解，笔者认为应当将“部分等同说”进一步具体化为“起积极协助组织和领导职能作用的积极参加者说”，即应当认为：骨干成员，是指直接听命于组织者、领导者，起积极协助组织和领导职能作用，并多次指挥或积极参与实施有组织的违法犯罪活动或者其他长时间在犯罪组织中起重要作用的犯罪分子。

因此可以认为，骨干成员区别于其他积极参加者的关键在于三点：一是骨干成员直接听命于组织者、领导者，而其他积极参加者通常并不直接听命于组织者、领导者；二是骨干成员起积极协助组织和领导职能作用，而其他积极参加者无论是否偶然直接听命于组织者、领导者，通常都不是起积极协助组织和领导职能作用；三是骨干成员通常是多次指挥或积极参与实施有组织的违法犯罪活动或者其他长时间在犯罪组织中起重要作用的犯罪分子，而其他积极参加者只要积极参加违法犯罪活动即可。

其三，在对于组织者、领导者、骨干成员“基本固定”的具体审查中如何处理好形式审查和实质审查的关系？

在对于组织者、领导者、骨干成员“基本固定”的具体审查中，首先应当进行形式审查。黑社会性质组织中的组织者、领导者是明确的并且有1名以上是长期固定的，骨干成员是明确的并且有1名以上是长期固定的，而且“骨干成员、领导者、组织者总和人数3人以上”是长期固定的，这些组织者、领导者、骨干成员必须是可以点名道姓并且长期实实在在存在于此的。其次还应注意进行实质审查。黑社会性质组织在发展过程中的某个具体时间段里或者时间点上组织者、领导者、骨干成员因为生老病死或者其他特殊原因而偶有变化，或者是组织者、领导者、骨干成员为规避打击而人为地制造“人员频繁更替、组织结构松散”的假象，而出现某个具体时间段里或者时间点上组织者、领导者、骨干成员偶有变化，但是对黑社会性质组织的长期存在过程进行综合判断和实质审查仍然可以得出其组织者、领导者、骨干成员“基本固定”的结论的，则应实事求是地认定“有明确的组织者、领导者，骨干成员基本固定”。

---

① 刘丽芬．当前办理黑社会性质组织犯罪案件若干问题探讨．江西公安专科学校学报，2007 (5)；李高峰．黑社会性质组织成员的认定探究．江西公安专科学校学报，2010 (5).

② 李勤．办理黑社会性质组织犯罪法律适用研究．北京：中国政法大学，2017：28－29.

正是基于以上原理，2009年《座谈会纪要》规定，“当前，一些黑社会性质组织为了增强隐蔽性，往往采取各种手段制造‘人员频繁更替、组织结构松散’的假象。因此，在办案时，要特别注意审查组织者、领导者，以及对组织运行、活动起着突出作用的积极参加者等骨干成员是否基本固定、联系是否紧密，不要被其组织形式的表象所左右”。笔者认为这里强调对组织者、领导者、骨干成员“基本固定”进行实质审查，并且提示要注意其不为“人员频繁更替、组织结构松散”的假象所左右是十分必要的。

其四，与骨干成员判断相关联，积极参加者与一般参加者的界限如何划分？

所谓参加，是指针对黑社会性质的组织进行加入组织确认、接受组织管理、参加组织活动等行为。根据这个概念界定，参加者的类型有两种划分：(1) 从参加行为的具体方式看，可以区分为三种情况：一是进行加入组织确认；二是接受组织管理；三是参加组织活动。(2) 从参加行为的具体作用看，可以区分为两种：一是起主要作用的参加，即积极参加；二是起次要和辅助作用的参加，即一般参加。

这里需要研究积极参加与一般参加的区分问题。理论界对于积极参加者与一般参加者的界限划分，主要有四种观点：一是行为说，认为凡是参加黑社会性质组织并参与其具体违法犯罪行为的，即可认定为积极参加行为①；二是主观说，认为凡是主观上积极主动地加入涉黑组织的行为，即为积极参加行为②；三是结合说，认为判定行为人是否属于黑社会性质组织的积极参加者，要从主观和客观两方面综合考虑，即客观上要考察是否参加黑社会性质组织并参加该组织具体违法犯罪活动，主观上考察行为人在加入黑社会性质组织时是否积极主动，凡主观、客观要件均具备的，即为积极参加者③；四是作用说，认为判断是否属于涉黑组织的积极参加者，主要以行为人在该组织中所发挥的作用大小为标准进行判断，对组织作用大的为积极参加者。④

笔者认为第四种观点（作用说）较为可取，因为其符合共同犯罪原理中的主从犯原理，将那些在有组织犯罪中起主要作用的人依法认定为积极参加者（主犯），将起次要或者辅助作用的人依法认定为一般参加者（从犯）。从这个意义上说，可以认为作用说也是“主犯从犯说”，堪称精当。

2. 黑社会性质组织的行为特征

我国《刑法》第294条规定黑社会性质组织的行为特征是“以暴力、威胁或者其他手段，有组织地多次进行违法犯罪活动，为非作恶，欺压、残害群众”。

笔者认为，对黑社会性质组织的行为特征应当严格解释适用，对其审查认定时应注意进行以下几个方面内容的实质审查和形式审查（双重审查规则）：一是“以暴力、威胁或者其他手段”的解释适用；二是“有组织地多次进行违法犯罪活动”的解释适用。

(1)“以暴力、威胁或者其他手段”的解释适用

对“以暴力、威胁或者其他手段”的含义，理论界存在一定争议。主要有两种见解：其一，暴力必备说，认为“主动性的暴力行为是黑社会性质组织的必备行为方式，仅采取非暴力性质的威胁或者其他手段，难以形成黑社会性质组织”⑤；其二，暴力、威胁或者其他手段三手段择取其一说，认为“暴力手段不是黑社会性质组织行为方式的必要手段，其行为方式不影

---

① 高一飞．有组织犯罪问题专论．北京：中国政法大学出版社，2000：142.
② 高铭暄．新编中国刑法学．北京：中国人民大学出版社，1998：837.
③ 赵秉志．扰乱公共秩序罪．北京：中国人民公安大学出版社，2003：323.
④ 陈明华．组织、领导、参加黑社会性质组织罪研究．中国刑事法杂志，2000（4）：52.
⑤ 许又德．黑社会性质组织司法认定研究．长沙：湖南师范大学，2016.

响黑社会性质组织的成立”①，或者主张坚持“暴力性手段为原则，非暴力性手段为例外”的处理原则，未实施暴力性犯罪的犯罪组织在一定条件下有被认定为黑社会性质组织的空间和余地。②

笔者认为，对“以暴力、威胁或者其他手段”的解释适用应当换思路，应当坚持“以暴力性威胁为底线的三手段包容说”，即最低限度必须有一次以上违法犯罪是暴力性威胁手段（其中当然可以包括暴力犯罪），而其他两次以上违法犯罪可以是“以暴力、威胁或者其他手段”，三种手段均可以包容在内。理由在于：其一，如果某种犯罪组织一次暴力威胁性犯罪（以及暴力性犯罪）都没有，客观上难以形成非法控制社会性的黑社会性质组织，依法不应认定为黑社会性质组织，因此必须坚持以暴力性威胁为底线；其二，尽管从“以暴力、威胁或者其他手段”的文义解释看，表面上“三手段择取其一说”好像符合法条文义，但是这种文义解释结论在法理上和刑事政策上并不具有合理性和可行性，因而应当对其文义解释结论进行适当限缩，运用语用解释、实质解释方法，这种限缩解释之后的语用解释结论必然是“以暴力性威胁为底线的三手段包容说”；其三，2018年《指导意见》规定“黑社会性质组织实施的违法犯罪活动包括非暴力性的违法犯罪活动，但暴力或以暴力相威胁始终是黑社会性质组织实施违法犯罪活动的基本手段，并随时可能付诸实施。暴力、威胁色彩虽不明显，但实际是以组织的势力、影响和犯罪能力为依托，以暴力、威胁的现实可能性为基础，足以使他人产生恐惧、恐慌进而形成心理强制或者足以影响、限制人身自由、危及人身财产安全或者影响正常生产、工作、生活的手段，属于《刑法》第二百九十四条第五款第（三）项中的‘其他手段’，包括但不限于所谓的‘谈判’‘协商’‘调节’以及滋扰、纠缠、哄闹、聚众造势等手段”，其实质上采用了“以暴力性威胁为底线的三手段包容说”；其四，在司法实践中，还找不到仅仅实施了非暴力违法犯罪但是尚未实施暴力性违法犯罪的黑社会性质组织的任何一起判例，并且湖南长沙唐某某等人涉黑案的审判结果也能够印证“以暴力性威胁为底线的三手段包容说”③。

案例　湖南长沙唐某某等人涉黑案④

唐某某等人成立的赌博公司主要采取租赁场地后对外发包赌场，并为他人开设赌场提供外围保护的方式，收取外围保护费。该犯罪组织提供外围保护的方式主要有：一是向有关人员行贿，防止相关职能部门主动查处。二是通过非法渠道打听公安机关查处赌场的行动计划，临时转移或者停开赌场以逃避打击。三是通过外围保安人员望风、及时通知赌场内人员疏散以逃避查处等方式为赌场提供外围保护。赌博公司进行外围保护期间所涉及的三次暴力犯罪行为与开设赌场的关系不大。

检察机关指控：赌博公司的上述行为，属于黑社会性质组织行为方式中的“其他手段”，指控唐某某等人的赌博公司系黑社会性质组织。

审判机关认定：该犯罪组织在为赌场实施外围保护的过程中，没有明显的暴力行为，通过政治势力提供保护，及时获取政府部门查处消息以逃避打击的方式，不符合黑社会性质组织的行为特征相关标准。

唐某某等人涉黑案的审判结果，应当说是坚持了“以暴力性威胁为底线的三手段包容说”的基本立场，由于唐某某等人组成的犯罪组织尚没有任何一次暴力性威胁违法犯罪，依法不认

---

① 何荣功．关于黑社会性质组织“经济特征”的认定．中国审判新闻月刊，2012（10）.

② 李勤．办理黑社会性质组织犯罪法律适用研究．北京：中国政法大学，2017：45－46.

③ 同② 45.

④ 案例来源：李勤．办理黑社会性质组织犯罪法律适用研究．北京：中国政法大学，2017：45.

定其构成黑社会性质组织，这种判决结果是依法、公正的，值得充分肯定。

此外，对“其他手段”的解释，应当限定为非暴力性、非暴力威胁性的其他手段，否则就存在逻辑悖论。“软暴力”问题，如 2018 年《指导意见》规定“黑恶势力为谋取不法利益或形成非法影响，有组织地采用滋扰、纠缠、哄闹、聚众造势等手段侵犯人身权利、财产权利，破坏经济秩序、社会秩序”的违法犯罪行为，一般都认为其属于利用软暴力实施的违法犯罪，这种看法基本上是成立的，因为其暴力威胁性特点不明显；但是，严格分析的话，其中部分情形客观上是以暴力或者暴力性威胁为基础、为背景的，其实质仍然带有暴力威胁性。因此，有的学者将“其他手段”解释为其他暴力性威胁手段、以暴力手段为支撑的长期性滋扰①、以暴力性手段为强大后盾的非暴力型行为②的解释结论也是不严谨、不符合逻辑的，因为这种解释结论或者造成同语反复，或者过度限缩了语义范围，反而不利于依法认定黑社会性质组织。

（2）“有组织地多次进行违法犯罪活动”的解释适用

对“有组织地多次进行违法犯罪活动”的含义，主要有以下两个方面的问题需要研究：其一，“有组织地”（多次进行违法犯罪活动）的含义；其二，“（有组织地）多次进行违法犯罪活动”的含义。对于这些内容，有的问题在理论界存在一定争议，需要检讨。

其一，“有组织地”（多次进行违法犯罪活动）是指哪些情形？

2018 年《指导意见》规定“有组织地”（多次进行违法犯罪活动）的内容是：“为确立、维护、扩大组织的势力、影响、利益或者按照纪律规约、组织惯例多次实施违法犯罪活动，侵犯不特定多人的人身权利、民主权利、财产权利，破坏经济秩序、社会秩序，应当认定为‘有组织地多次进行违法犯罪活动，为非作恶，欺压、残害群众’。符合以下情形之一的，应当认定为是黑社会性质组织实施的违法犯罪活动：（1）为该组织争夺势力范围、打击竞争对手、形成强势地位、谋取经济利益、树立非法权威、扩大非法影响、寻求非法保护、增强犯罪能力等实施的；（2）按照该组织的纪律规约、组织惯例实施的；（3）组织者、领导者直接组织、策划、指挥、参与实施的；（4）由组织成员以组织名义实施，并得到组织者、领导者认可或者默许的；（5）多名组织成员为逞强争霸、插手纠纷、报复他人、替人行凶、非法敛财而共同实施，并得到组织者、领导者认可或者默许的；（6）其他应当认定为黑社会性质组织实施的。”

2009 年《座谈会纪要》规定“有组织地”（多次进行违法犯罪活动）的内容是：“‘黑社会性质组织实施的违法犯罪活动’主要包括以下情形：由组织者、领导者直接组织、策划、指挥、参与实施的违法犯罪活动；由组织成员以组织名义实施，并得到组织者、领导者认可或者默许的违法犯罪活动；多名组织成员为逞强争霸、插手纠纷、报复他人、替人行凶、非法敛财而共同实施，并得到组织者、领导者认可或者默许的违法犯罪活动；组织成员为组织争夺势力范围、排除竞争对手、确立强势地位、谋取经济利益、维护非法权威或者按照组织的纪律、惯例、共同遵守的约定而实施的违法犯罪活动；由黑社会性质组织实施的其他违法犯罪活动。”

其二，“（有组织地）多次进行违法犯罪活动”是否可以仅有“违法”而无须有“犯罪”？

这里的“多次”是指“3 次以上”（包括 3 次），应当说争议不大。这里的问题意识在于：“（有组织地多次）进行违法犯罪活动”是否可以仅有“违法”而无须有“犯罪”？

这个问题在 2018 年《指导意见》中没有专门规定，但是 2009 年《座谈会纪要》规定“黑社会性质组织实施犯罪活动过程中，往往伴随着大量的违法活动，对此均应作为黑社会性质组织的违法犯罪事实予以认定。但如果仅实施了违法活动，而没有实施犯罪活动的，则不能认定

---

① 陈世伟．黑社会性质组织基本特征的实践展开．河南大学学报（社会科学版），2012（1）：41.

② 李勤．办理黑社会性质组织犯罪法律适用研究．北京：中国政法大学，2017：46.

为黑社会性质组织”。在理论界，这个问题在解释适用上存在一些争议。

有的学者认为，仅有违法行为的犯罪组织也可以被认定为黑社会性质组织，主张“多次宜理解为3起以上的违法犯罪行为，即可以是3次以上的违法行为或者犯罪行为”①，并且此前湖北省、陕西省等地省级司法机关发布的内部性指导文件也规定了违法犯罪活动不少于3次，但不需要每次活动均构成犯罪，即可以判定为黑社会性质组织的内容。②

而有的学者认为，必须有一次以上犯罪行为的犯罪组织才可以被认定为黑社会性质组织。从司法实践的统计数据看，迄今为止还未发现一例仅实施违法行为即被判定为黑社会性质组织的案例。③

我认为，“多次进行违法犯罪活动”的解释适用，必须采取“一次以上犯罪的多次违法犯罪说”，即必须有一次以上犯罪行为的犯罪组织才可以被认定为黑社会性质组织。最为重要的理由在于：黑社会性质组织是有组织犯罪（犯罪集团）中的最高级别犯罪组织，必须具备犯罪集团的全部特征，一次犯罪活动都没有的组织连犯罪集团都不构成，更何谈构成黑社会性质组织呢？可以说这是一个常识性问题、不容争议的问题。因此，在2018年《指导意见》没有明确规定的情况下，应当适用2009年《座谈会议纪要》的规定。

3. 黑社会性质组织的非法控制社会性特征

我国《刑法》第294条规定黑社会性质组织的非法控制社会性特征是“通过实施违法犯罪活动，或者利用国家工作人员的包庇或者纵容，称霸一方，在一定区域或者行业内，形成非法控制或者重大影响，严重破坏经济、社会生活秩序”。

笔者认为，黑社会性质组织的非法控制社会性特征必须严格解释适用，对其审查认定时应注意进行以下几方面底线标准的实质审查和形式审查（双重审查规则）：一是非法控制社会的方式方法特定性，只能是“通过实施违法犯罪活动，或者利用国家工作人员的包庇或者纵容”；二是非法控制社会的实体内容特定性，只能是“称霸一方，在一定区域或者行业内，形成非法控制或者重大影响，严重破坏经济、社会生活秩序”。

（1）非法控制社会的方式方法特定性，只能是“通过实施违法犯罪活动，或者利用国家工作人员的包庇或者纵容”。

这方面的内容现在已有明确的法律规定和司法解释性规定，“通过实施违法犯罪活动，或者利用国家工作人员的包庇或者纵容”二者择一即可，换句话讲就是“保护伞”特征（即“利用国家工作人员的包庇或者纵容”）并非必备要素，在这一点上是不存在争议的。

但是值得注意的问题是：“利用国家工作人员的包庇或者纵容”在刑法解释论上是应当有所限制的，即只能是利用国家工作人员对有关犯罪组织及其成员的违法犯罪活动的包庇或者纵容。换言之，“包庇或者纵容”的对象内容只能是违法犯罪活动，而不能作出过度的扩大解释，不能将一些合法经营行为、正常的民事行为也纳入对象内容。

（2）非法控制社会的实体内容特定性，只能是“称霸一方，在一定区域或者行业内，形成非法控制或者重大影响，严重破坏经济、社会生活秩序”。

这方面内容的解释适用还存在一些争议，尤其是其中“在一定区域或者行业内”“形成非法控制或者重大影响”两句话需要仔细探讨。

其一，对于“在一定区域或者行业内”必须进行形式和实质的双重审查。

---

① 陈世伟．黑社会性质组织基本特征的实践展开．河南大学学报（社会科学版），2012（1）：41－48.

② 《湖北指导意见》和《陕西指导意见》均提出，违法犯罪活动不少于3次，且不需要每次活动均构成犯罪，即可以判定为黑社会性质组织。

③ 李勤．办理黑社会性质组织犯罪法律适用研究．北京：中国政法大学，2017：44－45.

在一定区域或者行业内，其中“一定行业内”比较好理解，如建筑行业、采矿行业、运输行业、渔业市场、赌博以及色情行业等，争议问题较少；但是，“一定区域”的解释适用可能存在一些争议性问题。为此，2018年《指导意见》指出，“鉴于黑社会性质组织非法控制和影响的‘一定区域’的大小具有相对性，不能简单地要求‘一定区域’必须达到某一特定的空间范围，而应当根据具体案情，并结合黑社会性质组织对经济、社会生活秩序的危害程度加以综合分析判断”。这一规定是很合理的，强调“一定区域”的实在性与相对性，如农村的村镇、集市或者农贸市场，城市的居民生活小区、购物城或者某些特定片区，城郊结合部的特定片区，以及特定行政区域等实实在在的一定区域空间，同时承认一定区域空间在客观上具有其大小相对性和合理性，均可以解释为“一定区域”。

但是，理论上对“一定区域”的解释适用必须注意防止两种较为极端的观点。

一是“乡镇一级以上说”。有论者认为，“一定区域”至少应在乡镇一级以上，其给出的理由是：将黑社会性质组织的非法控制的“一定区域”限定在乡镇以上，主要基于乡镇以上的行政区域才能保证一定的区域面积、人口数量与流量、经济规模，才能保障真正黑社会性质组织得以生存与发展；“一定区域”应当与一定的行政管理区划范围相匹配。《地方各级人民代表大会和地方各级人民政府组织法》第1条规定：“省、自治区、直辖市、自治州、县、自治县、市、市辖区、乡、民族乡、镇设立人民代表大会和人民政府。”据上述规定可知，我国行政区划标准的最低行政级别为乡镇一级，黑社会性质组织非法控制的“一定区域”也应达到行政区划的最低行政级别，即至少应在乡镇一级达到一定的影响力和控制度。①

笔者认为，“乡镇一级以上说”这种看法并不妥当，其突出的问题是过于机械、过于限缩了区域范围，并且缺乏可操作性。1）过于机械、过于限缩了区域范围。农村地区乡镇一级以下还有村社一级群众性自治组织，其地域范围大小不一、人口密集程度差异较大，村社及其群众性自治组织在社会学上恰恰是一个“小社会”，是一个重要的地域概念和社会组织单元，具备形成黑社会性质组织的空间条件，应该解释为“一定区域”。除了农村以外，还有城区的“一定区域”在社会学上也是一个“小社会”，但是城区的“一定区域”也无法被包括在“乡镇一级以上”，因此，城区的“一定区域”实质上也具备形成黑社会性质组织的空间条件，应该解释为“一定区域”。2）缺乏可操作性。按照“乡镇一级以上说”，对于那些仅限于乡镇内部的部分村社区域内而并非完整的乡镇一级以上行政区域，以及那些仅在数个乡镇之间的部分村社区域内，是否可以解释为“一定区域”就存在疑问，不但其实体上的合理性存疑，而且取证、举证、实务认定等方面均缺乏可操作性。

二是“单位内部与单位间区域说”。有的同志认为，“一定区域”包括单位内部区域、单位间区域，均可以认定为黑社会性质组织的“一定区域”。有些涉黑案中的公诉人可能就坚持了“单位内部与单位间区域说”，这时尤其需要人民法院把好依法司法、公正司法的最终关口。例如，韦某甲等人涉黑案。在重庆市南川区韦某甲犯参加黑社会性质组织罪、敲诈勒索罪一案中，人民法院认为，被告人韦某甲受邀约而参加的违法犯罪活动，均是围绕邀约人王某甲、韦某乙所非法开设的小煤窑的经济利益，不符合非法控制特征所要求的在一定区域的相应要求。又如：邓某茂等人涉黑案。广东省茂名市邓某茂等人组织、领导、参加黑社会性质组织罪一案中，人民法院认为，“邓某茂等人的犯罪行为侵犯的范围只是针对到胜利水泥公司运输水泥的司机和胜利水泥公司的职工，影响范围较小，不符合上述法律规定中的‘一定区域’的

① 李勤．办理黑社会性质组织犯罪法律适用研究．北京：中国政法大学，2017：48-49.

范畴”①。

笔者认为，如果说“乡镇一级以上说”过于限缩了“一定区域”的适用范围，那么“单位内部与单位间区域说”则过分扩大了“一定区域”的适用范围，因而也是不妥当的。上列“韦某甲等人涉黑案”，公诉人将王某甲、韦某乙、韦某甲三人的小煤窑解释为“一定区域”明显不当，这个区域范围太具体、太小，对象和人员数目十分有限，依法不应认定为黑社会性质组织的“一定区域”这一要素。当然，王某甲、韦某乙、韦某甲三人的小煤窑是否可以解释为“在一定行业内”是值得讨论的，但是应当说针对两个自然的小煤窑而言同样很难解释为“在一定行业内”。“邓某茂等人涉黑案”也存在类似问题，一个公司内部也是不宜解释为“一定区域”的。

其二，“形成非法控制或者重大影响”的解释适用。

2018年《指导意见》对此规定了八种情形（其中最后一种情形是兜底性规定）：“通过实施违法犯罪活动，或者利用国家工作人员的包庇或者不依法履行职责，放纵黑社会性质组织进行违法犯罪活动的行为，称霸一方，并具有以下情形之一的，可认定为‘在一定区域或者行业内，形成非法控制或者重大影响，严重破坏经济、社会生活秩序’：(1) 致使在一定区域内生活或者在一定行业内从事生产、经营的多名群众，合法权利遭受犯罪或严重违法活动侵害后，不敢通过正当途径举报、控告的；(2) 对一定行业的生产、经营形成垄断，或者对涉及一定行业的准入、经营、竞争等经济活动形成重要影响的；(3) 插手民间纠纷、经济纠纷，在相关区域或者行业内造成严重影响的；(4) 干扰、破坏他人正常生产、经营、生活，并在相关区域或者行业内造成严重影响的；(5) 干扰、破坏公司、企业、事业单位以及社会团体的正常生产、经营、工作秩序，在相关区域、行业内造成严重影响，或者致使其不能正常生产、经营、工作的；(6) 多次干扰、破坏党和国家机关、行业管理部门以及村委会、居委会等基层群众自治组织的工作秩序，或者致使上述单位、组织的职能不能正常行使的；(7) 利用组织的势力、影响，帮助组织成员或他人获取政治地位，或者在党政机关、基层群众自治组织中担任一定职务的；(8) 其他形成非法控制或者重大影响，严重破坏经济、社会生活秩序的情形。”

我认为，“形成非法控制或者重大影响”的解释适用应当注意以下几个方面的问题。

一是“形成非法控制或者重大影响”的实质解释。“形成非法控制或者重大影响”，是指在实质上在一定区域或者行业内形成了非法控制或者重大影响，如2018年《指导意见》规定的“对一定行业的生产、经营形成垄断，或者对涉及一定行业的准入、经营、竞争等经济活动形成重要影响的”，“干扰、破坏公司、企业、事业单位以及社会团体的正常生产、经营、工作秩序，在相关区域、行业内造成严重影响，或者致使其不能正常生产、经营、工作的”，“多次干扰、破坏党和国家机关、行业管理部门以及村委会、居委会等基层群众自治组织的工作秩序，或者致使上述单位、组织的职能不能正常行使的”等，这些规定都是从实质审查立场作出的规定和判断，这里不作一一列举。

其中，“重大影响”的解释适用问题需要进行重点讨论。李勤指出，“非法控制”强调黑社会性质组织在某一区域或行业中对人、财、物形成的一定支配力和控制力，而“重大影响”更注重黑社会性质组织对某一区域或行业的群众因摄于对黑社会性质组织的恐惧所形成的心理强制；重大影响一般会在某一区域或行业内形成社会影响，但是有社会影响的案件不一定对某一区域或行业的群众形成心理强制的重大影响，其不应等同于某一或一系列恶性案件所产生的社会影响。例如，某一惊天盗窃案，可能因盗窃金额巨大而引起强大的社会轰动效应，但是不会

① 详见广东省茂名市茂南区人民法院（2014）茂南法刑初字第1号刑事判决书。

对某一区域或行业内的群众形成恐惧的心理强制。① 李勤院长指出不能简单地将“重大影响”等同于重大恶性案件所具有的“重大社会影响”，是十分精当的！

我认为，“重大影响”在这里确实有特殊含义，其是与“形成非法控制”相对应、相关联的一个概念，换言之，“重大影响”是指有利于形成非法控制，甚至已经促进形成了非法控制的重大社会影响，也就是李勤院长所说的“更注重黑社会性质组织对某一区域或行业的群众因摄于对黑社会性质组织的恐惧所形成的心理强制”的重大影响，而不是一般性的重大社会影响。因此，人民法院在审判涉黑案件时，对其中“形成非法控制或者重大影响”进行审理裁判时，如果认定其形成“重大影响”，应当重点审理和裁判其是否是有利于形成非法控制，甚至已经促进形成了非法控制的重大社会影响，而不能简单地认定“重大社会影响”。

二是兜底性规定“其他形成非法控制或者重大影响”的实质解释。

学术界对这个兜底性规定研究并不多，目前有论者讨论过“打击同为黑恶势力的竞争对手”、多名群众举报无门或者举报不能的问题。

关于“打击同为黑恶势力的竞争对手”的问题。一种观点认为，我国法律条文要求受黑社会性质组织欺压、残害的对象为“群众”，不包括同为黑恶势力的犯罪分子，因此，某一犯罪组织对同为黑恶势力的打击对象不属于法律条文界定的欺压、残害对象，不应当属于黑社会性质组织的非法控制特征的表现形式之一；在审判实践中，如孙某某等 18 人组织、领导、参加黑社会性质组织罪一案，辩护人提出的辩护意见是，孙某某等人与其他同样在当地从事违法犯罪行为的团伙因为收债纠纷而斗殴，砍伤对方成员多人，受害对象非法律所设定的群众，故不符合犯罪组织涉黑性关于非法控制特征之规定，其所在犯罪组织不具有涉黑性质。② 另一种观点认为，对同为黑恶势力予以打击，一定程度上容易导致在一定区域或者行业内形成非法垄断，特别是对经营类行业的正常经济秩序造成冲击和影响，也应属于涉黑犯罪非法控制的范畴③；犯罪组织打击同为黑恶势力的竞争对手，有利于扫除自身发展扩张的内部障碍，增强在某一区域或行业的支配力和影响力，特别是在毒品、色情、赌博等竞争激烈的非法行业内，更易出现黑恶势力之间相互厮杀、火拼的情形，这必然有利于获胜方提升其在该行业的控制力和影响力，因此应当将“打击同为黑恶势力的竞争对手”解释为非法控制的表现形式之一。④

关于多名群众举报无门或者举报不能的问题。有论者指出，我国 2018 年《指导意见》和 2009 年《座谈会纪要》均只规定了多名群众不敢举报、控告的情形可以解释为“形成非法控制或者重大影响”，但是没有规定“多名群众举报无门或者举报不能”的情形，并认为黑社会性质组织的非法控制的形成不仅可以通过实施违法犯罪予以实现，还可以通过腐蚀地方官员的方式获取非法保护而逐渐形成，使得部分被害人向有关部门举报无门、举报不能，其所在犯罪组织的非法控制得以形成并强化，因此应当将“多名群众举报无门或者举报不能”解释为非法控制的表现形式之一。⑤

笔者认为，将“打击同为黑恶势力的竞争对手”、多名群众举报无门或者举报不能，解释为兜底性规定“其他形成非法控制或者重大影响，严重破坏经济、社会生活秩序的情形”，完全符合刑法解释论原理，值得人们在司法审判时予以重视。

---

① 李勤．办理黑社会性质组织犯罪法律适用研究．北京：中国政法大学，2017：51.

② 同① 50.

③ 徐伟．论黑社会性质组织犯罪的界定．犯罪研究，2010（1）.

④ 同① 50－51.

⑤ 同① 49－50.

(二) 附随性特征：经济特征的宽松解释

黑社会性质组织的附随性特征，即黑社会性质组织的经济特征，在刑法解释论上对此可以进行宽松解释。

我国《刑法》第294条规定黑社会性质组织的经济特征是“有组织地通过违法犯罪活动或者其他手段获取经济利益，具有一定的经济实力，以支持该组织的活动”。这一法律规定分别规定了三个方面的内容：一是经济利益的获取手段（即获取途径），二是经济实力（即经济规模），三是支持功能（即用途方向）。理论界的研讨大致也是围绕这三个方面来展开的[①]，2000年《司法解释》、2009年《座谈会纪要》、2015年《座谈会纪要》、2018年《指导意见》也基本上是围绕这三个方面进行规定。其中理论上存在一定争议的问题是经济实力（即经济规模）问题。

笔者认为，黑社会性质组织的经济特征可以宽松解释适用，对其审查认定时应注意进行以下两个方面内容。

1. 经济利益的获取手段、支持功能

经济利益的获取手段（即获取途径），包括通过合法的与非法的手段，也就是说既可以是从事毒品交易、赌博、色情业、走私犯罪以及敲诈勒索、抢劫等违法犯罪活动，也可以是从事表面上合法的工商业活动、筹集资金和接受捐赠，无所限制；经济利益的支持功能（即用途方向），是指用于违法犯罪活动或者维系犯罪组织的生存、发展。在这个方面，理论界和实务界均不存在太大争议，按照经济特征的宽松解释原理也不应该存在太大争议。如：

2009年《座谈会纪要》规定，黑社会性质组织的敛财方式也具有多样性。实践中，黑社会性质组织不仅会通过实施赌博、敲诈、贩毒等违法犯罪活动攫取经济利益，而且往往会通过开办公司、企业等方式“以商养黑”“以黑护商”。因此，无论其财产是通过非法手段聚敛，还是通过合法的方式获取，只要将其中部分或全部用于违法犯罪活动或者维系犯罪组织的生存、发展即可。

“用于违法犯罪活动或者维系犯罪组织的生存、发展”，一般是指购买作案工具、提供作案经费，为受伤、死亡的组织成员提供医疗费、丧葬费，为组织成员及其家属提供工资、奖励、福利、生活费用，为组织寻求非法保护以及其他与实施有组织的违法犯罪活动有关的费用支出等。

2015年《座谈会纪要》规定，“一定的经济实力”，是指黑社会性质组织在形成、发展过程中获取的，足以支持该组织运行、发展以及实施违法犯罪活动的经济利益。包括：(1) 有组织地通过违法犯罪活动或其他不正当手段聚敛的资产；(2) 有组织地通过合法的生产、经营活动获取的资产；(3) 组织成员以及其他单位、个人资助黑社会性质组织的资产。通过上述方式获取的经济利益，即使是由部分组织成员个人掌控，也应计入黑社会性质组织的“经济实力”。

是否将所获经济利益全部或部分用于违法犯罪活动或者维系犯罪组织的生存、发展，是认定经济特征的重要依据。无论获利后的分配与使用形式如何变化，只要在客观上能够起到豢养组织成员、维护组织稳定、壮大组织势力的作用即可认定。

2018年《指导意见》规定，在组织的形成、发展过程中通过以下方式获取经济利益的，应当认定为“有组织地通过违法犯罪活动或者其他手段获取经济利益”：(1) 有组织地通过违法犯罪活动或其他不正当手段聚敛；(2) 有组织地以投资、控股、参股、合伙等方式通过合法的生产、经营活动获取；(3) 由组织成员提供或通过其他单位、组织、个人资助取得。

---

① 陈佳佳．论黑社会性质组织犯罪的司法认定．重庆：西南政法大学，2011.

组织成员主动将个人或者家庭资产中的一部分用以支持该组织活动，其个人或者家庭资产可全部计入“一定的经济实力”。

2. 经济实力（即经济规模）

在这个方面，过去理论界和实务界存有一些争议，但在2018年《指导意见》出台以后，实务界对这个问题应当说就不应该再出现争议。

2015年《座谈会纪要》规定（应注意对“具有一定的经济实力，以支持该组织的活动”进行实质审查），“一定的经济实力”，是指黑社会性质组织在形成、发展过程中获取的，足以支持该组织运行、发展以及实施违法犯罪活动的经济利益。

各高级人民法院可以根据本地区的实际情况，对黑社会性质组织所应具有的“经济实力”在20万～50万元幅度内，自行划定一般掌握的最低数额标准。

2018年《指导意见》已经对经济实力（即经济规模）作出的明确规定是：通过上述方式获得一定数量的经济利益，应当认定为“具有一定的经济实力”，同时也包括调动一定规模的经济资源用以支持该组织活动的能力。通过上述方式获取的经济利益，即使是由部分组织成员个人掌控，也应计入黑社会性质组织的“经济实力”。组织成员主动将个人或者家庭资产中的一部分用以支持该组织活动，其个人或者家庭资产可全部计入“一定的经济实力”，但数额明显较小或仅提供动产、不动产使用权的除外。

由于不同地区的经济发展水平、不同行业的利润空间均存在很大差异，加之黑社会性质组织存在、发展的时间也各有不同，在办案时不能一般性地要求黑社会性质组织所具有的经济实力必须达到特定规模或特定数额。

我认为，按照经济特征的宽松解释适用原理，现在司法实践中应当执行2018年《指导意见》的规定，即不再执行此前2015年《座谈会纪要》设定的经济实力“在20万～50万元幅度内”这个最低数额标准；在此前提下，司法实践中还应注意2018年《指导意见》的“除外”规定，即规定“组织成员主动将个人或者家庭资产中的一部分用以支持该组织活动，其个人或者家庭资产可全部计入‘一定的经济实力’，但数额明显较小或仅提供动产、不动产使用权的除外”。

三、涉黑犯罪中“明知”的刑法教义学重申

关于涉黑犯罪中行为人主观“明知”问题，理论界主要针对作为犯罪对象的“黑社会性质组织”是否需要行为人“明知”出现了一些学术争议：（1）明知不要说。认为涉黑犯罪不需要行为人明确认识、知晓其犯罪对象是黑社会性质组织，只要参加者知道该组织从事违法犯罪活动，欺压残害群众，依然自愿加入即可。[①]（2）明知必要说。认为黑社会犯罪需要行为人明确认识、知晓其犯罪对象是黑社会性质组织，行为人明确认识、知晓属于黑社会性质组织依然予以加入的行为（才可以认定为涉黑犯罪）。[②] 应当说，国内绝大多数学者是支持“明知必要说”的。现代刑法原理毫无例外地坚持“责任主义”“罪刑法定主义”，毫无例外地反对“客观归罪”“罪刑擅断主义”，这是一个基本常识，是罪刑法定原则和依法治国的最低底线，是刑法教义学的基本立场。张明楷教授不但认为“没有责任就没有刑罚”（消极的责任主义）是现代刑法的一个基本原理，而且是宪法原则，刑事立法上不应存在违反责任主义的规定，刑法理论不

---

① 陈明华．刑法学．北京：中国政法大学出版社，1999：648.

② 周振想．刑法学教程．北京：中国人民公安大学出版社，1997：590.

得作出违反责任主义的解释[①]；陈忠林教授指出，责任条件是“以对犯罪行为的故意和过失为内容”[②]。这些论述都是责任主义刑法观的基本表达。完全可以说，“责任主义”“罪刑法定主义”当然也是我们讨论涉黑犯罪中“明知”问题的出发点和基本原则，按理说不应当出现理论争议！因为“明知”是故意犯罪中必备的主观要素，我国《刑法》第14条规定：“明知自己的行为会发生危害社会的结果，希望或者放任这种结果发生，因而构成犯罪的，是故意犯罪。故意犯罪，应当负刑事责任。”可见，根据责任主义刑法原理和我国《刑法》第14条规定，涉黑犯罪作为故意犯，其应当以“明知”故犯为前提，这是一个常识性的、共识性的刑法教义学原理，正是在此意义上笔者认为，这里仅仅是涉黑犯罪中“明知”的刑法教义学重申，而并非“创新”论证某种非同凡响的刑法理论。

但是应当认识到，“重申”涉黑犯罪中行为人主观“明知”这一刑法教义学立场的必要性乃至紧迫性在于：在“扫黑除恶”这个问题上，我国极个别学者和部分实务人员可能在一定程度上忽略了“责任主义”和“罪刑法定原则”刑法原理的基本立场，其提出的“明知不要说”观点在基本立场上并不妥当，在“扫黑除恶”专项斗争中可能产生（从而需要警惕）的灾难性的法治后果。因此，我们在“扫黑除恶”司法实践中应当坚持“明知必要说”，在此前提下，尚需要进一步正确认识“明知”的内容（对象）与程度问题。

（一）“明知”的内容

理论界和实务界对于涉黑犯罪中“明知”的内容（对象）均可能存在一定争议，其突出表现在：对于作为涉黑犯罪之犯罪对象的“黑社会性质的组织”四个特征是需要全部认识（四特征全部认识说），还是仅需要部分认识（部分特征认识说）？从实务界的做法看，我国有关司法解释规定可能采用了“部分特征认识说”。如2009年《座谈会纪要》规定：“关于黑社会性质组织成员的主观明知问题。在认定黑社会性质组织的成员时，并不要求其主观上认为自己参加的是黑社会性质组织，只要其知道或者应当知道该组织具有一定规模，且是以实施违法犯罪为主要活动的，即可认定。”再如2018年《指导意见》第5条规定：“知道或者应当知道是以实施违法犯罪为基本活动内容的组织，仍加入并接受其领导和管理的行为，应当认定为‘参加黑社会性质组织’。”可见，2009年《座谈会议纪要》和2018年《指导意见》的规定实质上都坚持“部分特征认识说”的基本立场，即规定行为人只需要认识“该组织具有一定规模，且是以实施违法犯罪为主要活动的”或者“是以实施违法犯罪为基本活动内容的组织”即可，而不要求行为人全面认识黑社会性质组织的“组织特征”“行为特征”“经济特征”“危害性特征”，尤其是2009年《座谈会议纪要》还明确规定，“并不要求其主观上认为自己参加的是黑社会性质组织”，就可以认定行为人具有参加黑社会性质组织的主观故意。从理论界的观点看，我国有论者也鲜明主张采用“部分特征认识说”[③]。这些论者提出的主要理由是：难以搜集直接相关的证据对行为人主观方面进行支撑，为了不枉纵犯罪就不能严苛参与人对黑社会性质组织的性质明知[④]，其中包括不能“枉纵该类组织成立之前的早期参加者”[⑤]。毋庸讳言，关于涉黑犯罪中“明知”的内容（对象）到底应该如何确定这个问题，实务界所采用的“部分特征认识说”应当说是公然违反了“明知”的法律规定和刑法原理，应当说是不合法、不合理的，也是十分危险的。而理论界对此问题的研究总体上存在论说不到位，甚至存在较为严重的“论说缺位”

---

① 张明楷．责任论的基本问题．比较法研究，2018（3）．

② 陈忠林．刑法散得集（Ⅱ）．重庆：重庆大学出版社，2012：133．

③ 赵秉志．刑法新教程．4版．北京：中国人民大学出版社，2012：524－531．

④ 于天敏．黑社会性质组织犯罪理论与实务问题研究．北京：中国检察出版社，2010：82．

⑤ 李勤．办理黑社会性质组织犯罪法律适用研究．北京：中国政法大学，2017：74．

现象，较多学者仅仅指出涉黑犯罪主观上是“故意”①，多数情况下是“直接故意”而在少数情况下是“间接故意”②，但是多数学者没有针对“明知”内容提出可资司法实践参考、采纳的明确建议，而少数学者给出了“部分特征认识说”这一错误答案，值得理论界深刻反思检讨。

刑法教义学原理的共识性立场主张：从责任刑法的基本法理上讲，行为人主观上认识的内容（对象）应当是“构成要件事实”和“规范的构成要件要素”③。陈兴良教授指出，明知是对构成要件要素的事实性认识，这是由构成要件的故意规制机能所决定的，并且对于不同构成要件类型的犯罪，其明知的内容是有所不同的。④ 因此，笔者认为，从刑法教义学原理的共识性立场出发，涉黑犯罪中行为人主观上“明知”的内容（对象）必须是黑社会性质组织的“规范的构成要件要素”整体，即包括“黑社会性质组织”及其四个特征整体的基本内容（四特征全面认识说），而不能是仅仅对“四个特征”中部分特征有所认识（部分特征认识说），而对其他部分特征根本就没有认识。若行为人主观上对“黑社会性质组织”及其四个特征整体的基本内容没有认识，则依法不能认定为“涉黑”犯罪，否则就可能陷入“客观归罪”的非法状态。

也许有人会问：要求行为人全面认识黑社会性质组织“四个特征”是不是太困难了？其实，这个“困难”可以放在认识程度中去解决，而不应放在认识内容中来“忽悠”，因为这是责任刑法（责任主义）的基本要求，也是刑法理性的基本底线（反对客观归罪），此其一。其二，这个“困难”对于组织者、领导者来说通常都不存在，而是主要是针对“参加者”而言的，也就是说主要是防止司法实践中将太多的普通百姓（参加者）“忽悠”成为涉黑人员。将无辜者“抹黑”是最为可怕的司法效果，过去部分地区“打黑”斗争中就有这个教训。因为相当部分打工者、农民工很难找到就业机会，思想认识也很不到位，如果法律和司法解释明确规定“并不要求其主观上认为自己参加的是黑社会性质组织（四个特征）”，就会轻率地将部分打工者稀里糊涂地“抹黑”，这样做的后果难说不是悲剧，也根本不符合司法公正和“三个效果”统一的基本要求。所以，笔者坚决主张行为人主观上需要认识的内容必须是黑社会性质组织“四个特征”的全面认识（四特征全面认识说），否则不能将行为人的行为认定为“参加”“积极参加”黑社会性质组织的行为。

也许有人还会问：要求行为人全面认识黑社会性质组织“四个特征”是不是举证责任太重了？公诉人和法官一般都有这个疑问，那么如何看待这个举证责任问题呢？笔者的回答是：兹事体大，必须举证，而且必须“证据确实、充分”“事实清楚”，否则不能“抹黑”！对举证难问题，笔者认为可以话分两头说：其一，举证困难有相对性，即对“参加”黑社会性质组织的举证可能存在较多困难，但是对于“组织、领导”黑社会性质组织的举证并不困难（如果客观上是“本来黑”的话），这样就会有一个很好的效果，就是“组织、领导”者仍然难逃涉黑的应然命运，而“参加”者较多的人可能“脱黑”，或者说参加者被“抹黑”的可能性大大减小，何乐而不为呢！其二，正如后文笔者要论述的问题是通过适当确定“明知的程度”来部分解决

---

① 赵秉志．刑法新教程．4版．北京：中国人民大学出版社，2012：524-531；张明楷．刑法学．5版：下．北京：法律出版社，2016：1071-1073。张明楷教授在其该第五版教材中仅指出包庇、纵容黑社会性质组织罪“本罪的责任形式为故意”，“只要行为人认识到对方可能是黑社会性质的组织即可”，甚至没有正面指出其他涉黑犯罪的主观明知问题。

② 王志祥．论黑社会性质犯罪构成特征的界定．法治研究，2010（10）。该文指出：组织、领导、参加黑社会性质组织罪的罪过形式只能是直接故意，入境发展黑社会组织罪的罪过形式也只能是直接故意，包庇黑社会性质组织罪的罪过形式只能是直接故意，纵容黑社会性质组织罪则既可以出自直接故意，也可以出自间接故意。

③ 张明楷．刑法学．5版：上．北京：法律出版社，2016：257-261.

④ 陈兴良．刑法中的故意及其构造．法治研究，2010（6）.

这个问题。

值得注意的是，2018年《指导意见》和2015年《座谈会纪要》的相关规定尽管也采用了“部分特征认识说”的基本立场——这一点如前所述当然需要进行谨慎的学术检讨——但是其中将若干特定情形作为“排除性规定”予以特别规定的做法，应当说相较于过去的做法是有所进步的。2018年《指导意见》第5条规定，“没有加入黑社会性质组织的意愿，受雇到黑社会性质组织开办的公司、企业、社团工作，未参与黑社会性质组织违法犯罪活动的，不应认定为‘参加黑社会性质组织’。参加黑社会性质组织并具有以下情形之一的，一般应当认定为‘积极参加黑社会性质组织’：多次积极参与黑社会性质组织的违法犯罪活动，或者积极参与较严重的黑社会性质组织的犯罪活动且作用突出，以及其他在组织中起重要作用的情形，如具体主管黑社会性质组织的财务、人员管理等事项”；2015年《座谈会纪要》规定，“对于参加黑社会性质组织，没有实施其他违法犯罪活动，或者受蒙蔽、威胁参加黑社会性质组织，情节轻微的，可以不作为犯罪处理。对于参加黑社会性质组织后仅参与少量情节轻微的违法活动的，也可以不作为犯罪处理。以下人员不属于黑社会性质组织的成员：1. 主观上没有加入黑社会性质组织的意愿，受雇到黑社会性质组织开办的公司、企业、社团工作，未参与或者仅参与少量黑社会性质组织的违法犯罪活动的人员；2. 因临时被纠集、雇佣或受蒙蔽为黑社会性质组织实施违法犯罪活动或者提供帮助、支持、服务的人员；3. 为维护或扩大自身利益而临时雇佣、收买、利用黑社会性质组织实施违法犯罪活动的人员。上述人员构成其他犯罪的，按照具体犯罪处理。对于被起诉的组织成员主要为未成年人的案件，定性时应当结合‘四个特征’审慎把握”。这些“排除性规定”弥足珍贵，值得重视，其为理论上论证“四特征全部认识说”奠定了基础。

（二）“明知”的程度

“明知”的程度，又叫认识程度，是指行为人主观上对于犯罪构成中的客观违法性要素的认识程度，理论上有确定明知与不确定明知（即可能明知、推定明知、应当知道），对于可能明知采用推定但准许反证原则。可见，“明知”的程度，理论上通常认为其包括“明知”（即明确知道）和“应当知道”（即推定明知）两种情况。因此，行为人对黑社会性质组织的“明知”的程度，正如2018年《指导意见》规定的“知道或者应当知道”即为已足，这种规定本身是正确的。

那么，如何认识这里的“应当知道”？有人对此可能存在误解，认为根据我国《刑法》第15条过失犯罪的规定，只能将“应当知道”但是没有认识到的情形解释为“过失”，这是不能成立的。事实上，这里的“应当知道”是指“知道”（明知）的一种，是“推定知道”“推定故意”的意思（准许反证）。陈兴良教授指出，明知是行为人的一种主观心理状态，对明知如何认定，目前在我国司法解释中，往往把明知解释为知道或者应当知道。① 我国还有学者指出，“应当认识到”（应当知道），同时具有行为人在“法律上有义务认识到”“主观上有能力认识到”和“客观上有可能认识到”三个方面的含义，如果缺少其中任何一个方面的内容，不论是行为人没有义务认识到，还是没有能力认识到，抑或客观上没有可能认识到，“违法性认识”这个因素就不可能存在，相应的犯罪故意也就不可能成立。② 由此可知，行为人主观上对黑社会性质组织及其四个特征“明知”的程度是“知道或者应当知道”即为已足。

（三）涉黑犯罪“明知”与责任限定的基本结论

涉黑犯罪中，作为涉黑犯罪的组织者、领导者，其在主观上对黑社会性质组织的“明知”

① 陈兴良．刑法中的故意及其构造．法治研究，2010（6）．

② 陈可倩．论犯罪故意的对象因素．法学，2015（12）．

采用“四特征全部认识说”一般不存在太大疑问，在具体定罪量刑时对其采用“组织体全部责任规则＋行为时责任规则”即可符合责任刑法的基本原理。对于作为涉黑犯罪的参加者——具体包括“积极参加的”人和“其他参加的”人——则需要在具体个案中适当谨慎地采用“四特征全部认识说”进行主观故意中“明知”的内容和程度的规范审查，谨慎确定其是否涉黑和定罪，对其采用“参加部分责任规则＋行为时责任规则”定罪量刑，谨慎注意责任刑法的基本要求。

包庇、纵容黑社会性质组织罪“明知”与责任限定的基本原理，尽管其与组织、领导、参加黑社会性质组织罪的相关原理在实质上是一样的，但是也有一定特殊性需要专门讨论。理论界对于包庇、纵容行为人主观上是否需要对其包庇、纵容对象黑社会性质组织“明知”的问题，出现了三种观点：(1) 明知涉黑组织说。其认为，需明知为黑社会性质组织。如国家机关工作人员在从事包庇、纵容涉黑组织及其实施的违法犯罪活动时，仅在明知状态下方能构成此类型犯罪。① (2) 明知犯罪组织说。其认为，此罪不要求国家机关工作人员明知其包庇、纵容对象为黑社会性质组织，只需要其认识到所包庇、纵容对象为一定规模的犯罪组织或犯罪组织的成员即可②，2009年《座谈会纪要》即持有类似观点。(3) 明知涉黑组织可能性说。其认为，应当融合、借鉴两种观点的合理性，即此罪要求行为人在包庇、纵容黑社会性质组织时可以非明知，但是应当知晓其具有涉黑的可能性。③ 应当说，“明知涉黑组织可能性说”，在实质立场上是与“明知涉黑组织说”一致的，其特点是进一步限定了“明知”(涉黑组织) 的程度，包括“推定明知”。

笔者认为，包庇、纵容黑社会性质组织罪中“明知”的内容(对象) 必须坚持“明知涉黑组织说”，其具体要求仍然是行为人主观上对“黑社会性质的组织”及其四个特征必须具有认识(即“四特征全部认识说”)，包括知道或者应当知道。其法理在于：“明知犯罪组织说”过于降低了包庇、纵容行为人主观上“明知”的要求，混淆了一般犯罪组织的包庇、纵容行为人与涉黑犯罪组织的包庇、纵容行为人的主观认识之间的界限，既违反了法律的明确规定，也违反了罪责原理，显失妥当。如张明楷教授认为，“本罪的责任形式为故意，即明知是黑社会性质的组织、黑社会性质的组织所进行的违法犯罪活动，而故意予以包庇、纵容，但不要求像司法工作人员那样确切地认识到对方属于刑法意义上的黑社会性质的组织。换言之，只要行为人认识到对方可能是黑社会性质的组织即可”④，其基本立场就是“明知涉黑组织说”“四特征全部认识说”。因此，在具体个案中将“包庇、纵容者”认定为包庇、纵容黑社会性质组织罪时，需要适当谨慎地采用“明知涉黑组织说”“四特征全部认识说”，对其主观故意中“明知”的内容和程度进行规范审查，谨慎确定行为人(被告人) 是否明知其包庇、纵容的对象是黑社会性质组织，对其采用“包庇、纵容行为责任规则＋行为时责任规则”定罪量刑。其中“包庇、纵容行为责任”应当具体审查其包庇、纵容行为的对象是整个黑社会性质组织、组织者、领导者、参加者，还是具体的若干犯罪行为，“行为时责任”应当具体审查其行为时所应承担的责任以及跨时犯责任等，谨慎认定量刑情节是一般情节还是“情节严重”，谨慎注意责任刑法的基本要求。

---

① 张明楷．刑法学．北京：法律出版社，2003：816.

② 在笔者收集的162件涉及黑社会性质组织犯罪的案例样本中，涉及包庇、纵容黑社会性质组织罪的案件仅为4件，且这4件案例中，判决书对国家机关工作人员是否明知其所包庇、纵容的是黑社会性质组织的问题没有明确阐释，故在笔者收集的裁判文书样本中未找到相关的司法实践案例。

③ 李勤．办理黑社会性质组织犯罪法律适用研究．北京：中国政法大学，2017：78.

④ 张明楷．刑法学．5版：下．北京：法律出版社，2016：1073.

基于“明知涉黑组织说”“四特征全部认识说”的基本立场，在具体审查包庇、纵容黑社会性质组织罪的主观“明知”时还有两个特殊问题值得注意：其一，行为人作为国家工作人员在主观上起先不知包庇、纵容的对象是黑社会性质组织，后来在明知对象是黑社会性质组织时仍然继续予以包庇、纵容的行为，如何定性处理？对此，理论界有两种观点：一种观点认为，基于前后两种心态的不同，应当对两种行为予以数罪并罚的犯罪评价，应以一般包庇类犯罪与包庇、纵容黑社会性质组织罪实行数罪并罚。① 另一种观点认为，基于前后两种心态的变化，对同一黑社会性质组织进行包庇、纵容的行为属于一个连续行为，应考虑择一重罪处断，即应以包庇、纵容黑性质组织罪一罪论处。② 对此，笔者认为第二种观点更为适当，因为其更符合一个连续行为的处断规则，以包庇、纵容黑社会性质组织罪一罪论处即可。其二，行为人作为国家工作人员在主观认识上错误地以为其所包庇、纵容的对象为黑社会性质组织，但实际上并非如此，如何定性处理？对此，理论界也有两种观点：一种观点认为，应当以包庇、纵容黑社会性质组织罪（未遂）定罪处罚③；另一种观点认为应当以普通包庇罪、窝藏罪或者其他渎职犯罪定罪处罚更为合理。④ 对此，笔者认为第二种观点更恰当，因为包庇、纵容黑社会性质组织罪是一种违法性更严重、责任性更大的特殊犯罪，按照概括的故意理论，对此情形按照普通包庇罪、窝藏罪或者其他渎职犯罪定性处罚即可。

结语：“扫黑除恶”必须处理好讲政治与讲法治的关系

当前我国在全国范围内开展“扫黑除恶”专项斗争，按照我国最高人民法院、最高人民检察院、公安部、司法部的要求（即 2018 年《指导意见》），要认真“贯彻落实《中共中央、国务院关于开展扫黑除恶专项斗争的通知》精神，统一执法思想，提高执法效能，依法、准确、有力惩处黑恶势力犯罪，严厉打击‘村霸’、宗族恶势力、‘保护伞’以及‘软暴力’等犯罪”，要严格“坚持依法办案、坚持法定标准、坚持以审判为中心，加强法律监督，强化程序意识和证据意识，正确把握‘打早打小’与‘打准打实’的关系，贯彻落实宽严相济刑事政策，切实做到宽严有据，罚当其罪，实现政治效果、法律效果和社会效果的统一”。对此，我认为可以浓缩概括为一句话：“扫黑除恶”必须处理好讲政治与讲法治的关系。

讲政治中包含了讲法治，讲法治中也包含了讲政治，甚至可以说讲法治是依法治国大局中最大的政治。因此，司法机关要从依法治国政治立场的高度重视“扫黑除恶”，有所作为，依法作为，切实实现政治效果、法律效果和社会效果的统一。

---

① 田宏杰．包庇、纵容黑社会性质组织罪研究．湖南公安高等专科学校学报，2001（4）．

② 刘志伟．包庇、纵容黑社会性质组织罪中疑难问题研析．国家检察官学院学报，2002（1）；李勤．办理黑社会性质组织犯罪法律适用研究．北京：中国政法大学，2017：80．

③ 刘志伟．包庇、纵容黑社会性质组织罪主体与主观方面疑难问题研析．国家检察官学院学报，2002（1）．

④ 李勤．办理黑社会性质组织犯罪法律适用研究．北京：中国政法大学，2017：80．

第十五章　重庆宋某某购买毒品案

（走私、贩卖、运输、制造毒品罪，非法持有毒品罪，行为犯，既遂标准）

案例

重庆宋某某购买毒品案①

被告人宋某某因贩卖毒品罪被判刑，于1998年10月刑满释放。宋某某于2003年9月14日在重庆长城宾馆407房间向江某、徐某莉购买高纯度海洛因900克，并当场取走其中586克藏匿于自己家中，当日下午宋某某在长城宾馆附近公路上从徐某莉手中拿到海洛因314克时，二人同时被公安机关当场抓获。宋某某归案后自称购买毒品是用于自己和儿子吸食，公安机关按照其主动交代又到其家中查获海洛因586克，并从其住处搜查出千斤顶、天平秤、搅拌器和铁器具等物品。一审、二审法院均判决认定宋某某贩卖毒品海洛因900克构成贩卖毒品罪，判处其死刑；最高人民法院采信宋某某自称购买毒品是为了自己吸食自用的辩解理由。"最高人民法院经复核认为，鉴于被告人 及其子均系吸毒成瘾者，且查获的其藏匿铁器具已锈蚀严重，现有证据尚不足以证明其购买毒品的目的是贩卖。宋某某购买大量海洛因并非法持有的行为，已构成非法持有毒品罪"，即"判决被告人宋国华犯非法持有毒品罪，判处无期徒刑"。

法理问题　走私、贩卖、运输、制造毒品罪，非法持有毒品罪，行为犯，既遂标准

针对重庆宋某某购买毒品案，笔者认为该案的判决认定情况值得分析：宋某某作为具有贩毒判刑经历的吸毒者（以贩养毒者），最高人民法院并没有将所查货的全部毒品数量作为贩卖毒品罪的量刑数量（改判罪名为非法持有毒品罪），其适用依据表面上符合2015年《全国法院毒品犯罪审判工作座谈会纪要》（以下简称《武汉会议纪要》）规定的"确有证据证明其购买的部分毒品并非用于贩卖的，不应计入其贩毒数量"。这里可能还涉及证据问题。但是我认为，在已有证据情况下，这种案件到底应该如何认定贩卖毒品数量，值得思考。

我个人意见是：本案中，根据吸毒者购买毒品行为定性处理的上述情形进行法律审查，作为以贩养吸的吸毒成瘾者宋某某，其购买毒品海洛因900克已达到毒品数量"特别巨大"（第四种情形），而远远超出其自己吸食的合理范围（即远远超出了"毒品数量大"的范围），其自称是自己吸食的辩解理由因为达不到"确有证据证明其购买的部分毒品并非用于贩卖的"证据标准而不能成立，尤其是还"从其住处搜查出千斤顶、天平秤、搅拌器和铁器具等物品"的证据和案情事实，足以证明其具有贩卖毒品的客观事实和主观意思，依法应认定其行为构成贩卖毒品罪，应将现场查获的全部毒品数量依法认定为贩卖毒品数量，按照"量刑时酌情考虑其吸食毒品的情节"，对其判处死刑，可不立即执行。

我国刑法分则第六章第七节所规定的毒品犯罪，是指自然人或者单位故意走私、贩卖、运输、制造毒品或者实施与走私、贩卖、运输、制造毒品相关联的行为，共有11个具体罪名。

---

① 陈兴良．判例刑法教程．北京：北京大学出版社，2015：166－167．

从毒品犯罪的司法适用和理论研究情况看，毒品犯罪的刑法解释中存在较多疑难问题，其中较为突出的解释性疑难问题主要有以下三类：一是吸毒者实施涉毒行为的定性处理，二是代购毒品与居间介绍毒品交易行为的定性处理，三是走私、贩卖、运输、制造毒品罪的既遂标准问题。针对毒品罪案此三类解释性疑难问题，此前笔者在《毒品犯罪的解释性疑难问题》① 一文中已进行过研讨，其中提出的解释结论的基本内容是正确的，但是也有个别解释结论的周全性和法理论证需要再审查，因此本章再次针对这些司法疑难问题进行更加系统的研讨论述，以期获得更加公正合理的解决方案。

一、吸毒者实施涉毒行为的定性处理

吸毒者实施走私、贩卖、运输、制造毒品及其他相关联的行为可能构成走私、贩卖、运输、制造毒品罪及其他关联犯罪，但是其中存在一些特别情形需要进行刑法解释论审查，在具体定性处理时必须结合刑法规定、司法解释和相关法理进行精准研判。

吸毒者实施涉毒行为通常分为五种情况来讨论：一是吸毒者以贩养吸的行为；二是吸毒者购买、储存、运输毒品的行为；三是吸毒者接收毒品或者委托他人代收毒品的行为；四是吸毒者委托代购毒品的行为；五是吸毒者请求或者接受他人居间介绍购买毒品的行为。其中后两种行为情况更为复杂，除了吸毒者委托代购、请求或者接受他人居间介绍购买毒品的情形外，还牵涉到非吸毒者委托代购、请求或者接受他人居间介绍购买毒品的情形，因而可以将其合并在后面“代购毒品与居间介绍毒品交易行为的定性处理”中进行讨论。因此，这一部分重点谈一下前三种情况的定性处理问题。

（一）吸毒者以贩养吸的行为

吸毒者以贩养吸的行为通常应当构成贩卖毒品罪。这一表述换个说法就是：吸毒者如果实施了贩卖毒品的行为，依法应当构成贩卖毒品罪。这个结论应该是没有任何争议和疑难问题的。

但是，问题可能就出在这样一种情况：吸毒者在购买毒品时被抓获，而在被抓获时吸毒者却声称其购买毒品的动机和目的是仅供自己吸食，那么，吸毒者购买毒品的行为如何定性处理？对此，2015 年《武汉会议纪要》和 2008 年《全国部分法院审理毒品犯罪案件工作座谈会纪要》（下文简称《大连会议纪要》）都作出了明确规定。

《武汉会议纪要》规定：“对于有吸毒情节的贩毒人员，一般应当按照其购买的毒品数量认定其贩卖毒品的数量，量刑时酌情考虑其吸食毒品的情节；购买的毒品数量无法查明的，按照能够证明的贩卖数量及查获的毒品数量认定其贩毒数量；确有证据证明其购买的部分毒品并非用于贩卖的，不应计入其贩毒数量。”

值得注意的是，《大连会议纪要》的下列规定与《武汉会议纪要》有所不同：“对于以贩养吸的被告人，其被查获的毒品数量应认定为其犯罪的数量，但是量刑时应考虑被告人吸食毒品的情节，酌情处理；被告人购买了一定数量的毒品后，部分已被其吸食的，应当按照能够证明的贩卖数量及查获的毒品数量认定其贩毒的数量，已被吸食部分不计入在内。”

两相对比，吸毒者以贩养吸行为的定性处理可以明确两点。

其一，基本司法规则：贩毒定罪，酌情量刑。即对于有吸毒情节的贩毒人员，一般应当按照其购买的毒品数量认定其贩卖毒品的数量，量刑时酌情考虑其吸食毒品的情节。

其二，补充司法规则：吸毒扣减，分别定性。即“确有证据证明其购买的部分毒品并非用

① 魏东．毒品犯罪的解释性疑难问题．政法论丛，2017（2）．

于贩卖的，不应计入其贩毒数量”。两个纪要中有两种表述，即“确有证据证明其购买的部分毒品并非用于贩卖的，不应计入其贩毒数量”（2015年《武汉会议纪要》）、“已被吸食部分不计入在内”（2008年《大连会议纪要》）。

笔者认为：对于2008年《大连会议纪要》规定的“已被吸食部分不计入在内”，无争议；但对于2015年《武汉会议纪要》规定的“确有证据证明其购买的部分毒品并非用于贩卖的，不应计入其贩毒数量”，应严格审查其中“确有证据”的问题。

如何理解适用“确有证据”证明其购买的部分毒品并非用于贩卖的？笔者认为，以下四种情形可以认定为“确有证据”证明其购买的部分毒品并非用于贩卖的。

第一种情形，毒品数量较小、单独存放的情形，即将声称自用的尚未达到“毒品数量较大”的毒品单独存放，确有证据证明其并非用于贩卖的毒品，可以认定为“不应计入其贩毒数量”。

第二种情形，毒品数量较大、单独存放的情形，即将声称自用的达到“毒品数量较大”以上但尚未达到“毒品数量巨大”的毒品单独存放，确有证人证言及其他相关证据证实其并非用于贩卖的毒品，可以认定为“不应计入其贩毒数量”。对于“不应计入其贩毒数量”，应依法作出非法持有毒品罪的定性处理，而不能出现处罚漏洞，放纵犯罪分子。如我国有学者指出：在认定以贩养吸贩毒者贩卖毒品后留有一定数量毒品，达到《刑法》第348条规定数量最低标准，并有证据证明确实是为自己吸食毒品而留下，不会再将这部分毒品贩卖的，对该部分毒品应以非法持有毒品罪论处，与贩卖毒品罪实行并罚。[①] 这种见解是正确的，公诉人和法官都必须注意。

但是，我认为这里还是必须强调：如果仅有吸毒者自己声称自用的达到“毒品数量较大”以上但尚未达到“毒品数量巨大”的毒品（并且单独存放），但没有证人证言及其他相关证据证实其并非用于贩卖的毒品，应认定为其贩毒数量。

第三种情形，“毒品数量巨大”以上的情形，即将声称自用的达到“毒品数量巨大”以上的毒品，无论是否单独存放、是否有证人证言证明其自用，均应认定为其贩毒数量。总体理由是：指控其贩毒的证据达到了“证据确实、充分”并且能够“排除合理怀疑”的法定标准。具体理由是：（1）从证据法原理看，以贩养吸者的身份本身、“毒品数量巨大”本身就是十分重要的指控证据。即其购买毒品行为不宜简单地认定为无罪或者非法持有毒品罪，而应尽量周全地审查其购买毒品的前因后果、毒品数量大小以及在案证据等情况进行谨慎判断，对那些购买毒品的数量明显超出个人吸食范围、有证据证实其有贩卖毒品动机和条件的以贩养吸者，应尽量依法认定其行为构成贩卖毒品罪（或者走私毒品罪与运输毒品罪等）。（2）从严厉禁毒刑事政策上看，可以防止以贩养吸人员寻找借口逃脱法律严惩，因为狡猾的以贩养吸人员均可能声称被发现的毒品“准备用于吸食”或者“准备无偿用于亲友吸食”，如果不计入贩毒数量就可能导致无法严厉打击贩毒。（3）从司法解释规定看，两个纪要均已对此特殊情况作出了考虑和规定，即“一般应当按照其购买的毒品数量认定其贩卖毒品的数量，量刑时酌情考虑其吸食毒品的情节”，将其认定为贩毒数量具有合法性。

第四种情形，毒品合并存放或者混同一起的情形，即将声称自用的毒品没有单独存放，而是同其他贩卖的毒品合并存放或者混同一起，无论达到“毒品数量较大”还是“毒品数量巨大”，也无论是否有证人证言及其他相关证据证实其并非用于贩卖的毒品，均应认定为其贩毒数量。理由在于：毒品合并存放或者混同一起的情形本身，就已经排除了“确有证据”证明其

---

① 梅传强，胡江，赵亮．走私、贩卖、运输、制造毒品罪立案追诉标准与司法认定实务．北京：中国人民公安大学出版社，2010：88.

购买的部分毒品并非用于贩卖的条件。如本章开篇所列“重庆宋某某购买毒品案”，宋某某购买毒品海洛因900克已达到毒品数量“特别巨大”（第四种情形），而远远超出其自己吸食的合理范围（即远远超出了“毒品数量大”的范围），其自称是自己吸食的辩解理由因为达不到“确有证据证明其购买的部分毒品并非用于贩卖的”证据标准而不能成立，尤其是还“从其住处搜查出千斤顶、天平秤、搅拌器和铁器具等物品”的证据和案情事实，足以证明其具有贩卖毒品的客观事实和主观意思，依法应认定其行为构成贩卖毒品罪，应将现场查获的全部毒品数量依法认定为贩卖毒品数量，按照“量刑时酌情考虑其吸食毒品的情节”，对其判处死刑，可不立即执行。

（二）吸毒者购买、储存、运输毒品的行为

关于吸毒者购买、储存、运输毒品的行为（其预设前提是“没有证据证明其是为了实施贩卖毒品等其他犯罪”），两个会议纪要都有规定，但是有些特殊问题值得进一步研究。

2015年《武汉会议纪要》规定：“吸毒者在购买、存储毒品过程中被查获，没有证据证明其是为了实施贩卖毒品等其他犯罪，毒品数量达到刑法第三百四十八条规定的最低数量标准的，以非法持有毒品罪定罪处罚。吸毒者在运输毒品过程中被查获，没有证据证明其是为了实施贩卖毒品等其他犯罪，毒品数量达到较大以上的，以运输毒品罪定罪处罚。”

而2008年《大连会议纪要》规定：“吸毒者在购买、运输、储存毒品过程中被查获的，如没有证据证明其是为了实施贩卖等其他毒品犯罪行为，毒品数量未超过刑法第三百四十八条规定的最低数量标准的，一般不定罪处罚；查获毒品数量达到较大以上的，应以其实际实施的毒品犯罪行为定罪处罚。”

对比两个纪要的规定，吸毒者购买、储存、运输毒品行为在刑法解释论上有以下几个问题值得研究。

其一，如果毒品数量未超过刑法第348条规定的最低数量标准的（即毒品数量没有达到较大以上的），如何定性处理？

对此问题，2015年《武汉会议纪要》中没有明确规定，而2008年《大连会议纪要》中规定“一般不定罪处罚”。

笔者认为，吸毒者在运输毒品过程中被查获，没有证据证明其是为了实施贩卖毒品等其他犯罪，毒品数量没有达到较大以上的，原则上应当依照2008年《大连会议纪要》“一般不定罪处罚”的规定进行处理，因为吸毒者这种行为具有供自己吸食毒品而非法持有毒品的可信度和合理性，并且由于达不到非法持有毒品数量较大以上的标准，依法可以不定罪（包括不定运输毒品罪）。这种处理意见完全符合2008年《大连会议纪要》的规定，同时也没有明显违反2015年《武汉会议纪要》的明确规定，具有合法性。

需要说明的是，如果按照运输毒品罪的司法逻辑，《刑法》第347条明确规定了“走私、贩卖、运输、制造毒品，无论数量多少，都应当追究刑事责任，予以刑事处罚”，那么，运输毒品即使是毒品数量未超过《刑法》第348条规定的最低数量标准的，似乎也应该定罪处罚（以运输毒品罪处罚）。但是，应当承认“吸毒者在运输毒品过程中被查获”的情况比较特殊，当其“没有证据证明其是为了实施贩卖毒品等其他犯罪，毒品数量没有达到较大以上的”之时，吸毒者的“运输”毒品行为同其“购买、储存”毒品行为客观上是大致相当的，并且均具有供自己吸食毒品而非法持有毒品的可信度和合理性，在其达不到非法持有毒品数量较大以上的标准时均应当作出相同处理，即均应按照“一般不定罪处罚”原则进行处理。

其二，关于2015年《武汉会议纪要》规定“吸毒者在购买、存储毒品过程中被查获，没有证据证明其是为了实施贩卖毒品等其他犯罪，毒品数量达到刑法第三百四十八条规定的最低数量标准的，以非法持有毒品罪定罪处罚”，应当如何理解适用？

我认为，这一条规定本身是十分明确的，即对于“吸毒者在购买、存储毒品过程中被查获，没有证据证明其是为了实施贩卖毒品等其他犯罪，毒品数量达到刑法第三百四十八条规定的最低数量标准的，以非法持有毒品罪定罪处罚”；但是，对于有证据证明其是为了实施贩卖毒品等其他犯罪的，无论毒品数量大小，均应定性为贩卖毒品罪等其他犯罪。

其三，关于 2015 年《武汉会议纪要》规定“吸毒者在运输毒品过程中被查获，没有证据证明其是为了实施贩卖毒品等其他犯罪，毒品数量达到较大以上的，以运输毒品罪定罪处罚”，以及 2008 年《大连会议纪要》规定“查获毒品数量达到较大以上的，应以其实际实施的毒品犯罪行为定罪处罚”，应当如何理解适用？

应当说，2015 年《武汉会议纪要》对此情形已有明确规定，而 2008 年《大连会议纪要》对此规定并不明确，因而现在办案时必须依照 2015 年《武汉会议纪要》的明确规定进行定性处理。

即对于“吸毒者在运输毒品过程中被查获，没有证据证明其是为了实施贩卖毒品等其他犯罪，毒品数量达到较大以上的”行为，依法应定性为运输毒品罪、酌情从轻处罚，并且原则上没有构成非法持有毒品罪的空间。

案例

佟波携带毒品案①

被告人佟波于 2003 年 10 月 27 日乘坐合肥至北京西的 1410 次旅客列车，因其携带 3 包塑料袋里装有可疑物品被抓获。经鉴定：其蓝色塑料袋内装有褐色粉末状物品 66.8 克，检测含有海洛因；其黄色塑料袋里装有棕色粉末状物品 115 克，检测含有咖啡因和巴比妥；其白色塑料袋里装有褐色粉末状物品 1.3 克，检测含有海洛因、咖啡因和巴比妥。佟波归案后所进行的尿样检验呈阳性，且有戒断反应。本案公诉机关指控：佟波犯运输毒品罪。本案一二审法院判决：佟波作为吸毒人员在列车上携带毒品的行为“不能证明佟波具有牟利的目的和有贩卖、运输毒品的故意”，判决其犯非法持有毒品罪，有期徒刑 7 年，并处罚金人民币 2 万元。

本案审判发生在 2015 年之前，定性为非法持有毒品罪，从当时的法律规定和司法解释规定来看是正确的。但是，若按照 2015 年《武汉会议纪要》的明确规定，本案定性可能就只能定为运输毒品罪。这种定性处理的“时间差”，具有法律效力，值得公诉人和法官在办案时注意。

这里需要说明的是，此前笔者曾经提出以下定性处理意见：对于“吸毒者在运输毒品过程中被查获，没有证据证明其是为了实施贩卖毒品等其他犯罪，毒品数量达到较大以上的”行为，例如吸毒者非法持有毒品并处于运送回家的途中被抓获的，如同购买、储存毒品一样，可能应认定为非法持有毒品罪更为合适。因为有较为充分的证据证实其不是为他人走私、贩卖毒品而“运输”毒品的行为，其违法性质与“走私、贩卖、运输、制造毒品罪”之间不具有等值性，其危害程度和主观罪过都不同于运输毒品罪，故而依法不应定性为运输毒品罪；但作为补救性规定，可以将吸毒者运送毒品到回家以外的其他地方去的行为解释为（认定为）运输毒品罪，即使运毒者借口“绕道运输”运送回家也可以不予采纳，这里不予采纳的理由可以根据具体路径和毒品数量等综合因素来判断。得出此种刑法解释结论的根本理由在于：运输毒品罪是作为“走私、贩卖、运输、制作毒品罪”的选择性罪名，其相互之间应当具有违法性等值性、罪过（责任性）等值性，比如运输毒品罪必须同走私毒品罪、贩卖毒品罪和制造毒品罪在违法

① 陈兴良．判例刑法教程分则篇．北京：北京大学出版社，2015：168－169.

与罪责上具有等值性，因而吸毒者不是出于走私、贩卖、运输等目的而“运送毒品回家”的行为，显然不宜被评价为运输毒品罪（同贩卖毒品罪一样严重的罪名）。吸毒者非法持有毒品并处于运送回家的途中被抓获的行为，应当与涉嫌为贩卖而自行运输毒品、单纯地受指使为他人运输毒品的行为相区别：对于前者（即吸毒者非法持有毒品并处于运送回家的途中被抓获的行为）通常应当认定为非法持有毒品罪（而不认定为运输毒品罪），而对于后者（即涉嫌为贩卖而自行运输毒品、单纯地受指使为他人运输毒品的行为）应当依法认定为运输毒品罪（其中“涉嫌为贩卖而自行运输毒品”的证据确实充分时，应当认定为贩卖毒品罪）。吸毒者运送毒品到回家以外的其他地方去的行为，以及运送毒品数量远远超出“数量较大”的范围（即远远超出个人吸食毒品的数量）的行为，应解释为（认定为）运输毒品罪。当然，这个问题应当针对案件的具体情形进行周全分析，尤其要注意在案证据的严格审查。① 但是经过一段时间思考，笔者认为原先的定性处理意见存在较为明显的欠妥性，尤其是违背了刑法解释的融贯性要求，也违反了司法解释规定的权威性和明确性要求，应予以适当修正，即依法不应认定为非法持有毒品罪，而应依法认定为运输毒品罪。

（三）吸毒者接收毒品或者委托他人代收毒品的行为

关于这个问题 2015 年《武汉会议纪要》有明确规定：“购毒者接收贩毒者通过物流寄递方式交付的毒品，没有证据证明其是为了实施贩卖毒品等其他犯罪，毒品数量达到刑法第三百四十八条规定的最低数量标准的，一般以非法持有毒品罪定罪处罚。代收者明知是物流寄递的毒品而代购毒者接收，没有证据证明其与购毒者有实施贩卖、运输毒品等犯罪的共同故意，毒品数量达到刑法第三百四十八条规定的最低数量标准的，对代收者以非法持有毒品罪定罪处罚。”对此，在刑法解释论上应明确以下两点。

其一，购毒者及其代收者，如果“没有证据证明其是为了实施贩卖毒品等其他犯罪”，毒品数量上没有达到《刑法》第 348 条规定的最低数量标准的，一般不作为犯罪论处（即不构成非法持有毒品罪）。

吸毒者单纯出于自己吸毒的动机和目的通常需要购买毒品，其中包括接收贩毒者通过物流寄递方式交付的毒品，这时吸毒者就是单纯的购毒者，亦即并非出于走私、贩卖、运输、制造毒品等其他犯罪动机和主观故意的购毒者，从证据上审查其就属于“没有证据证明其是为了实施贩卖毒品等其他犯罪”的情况，如果毒品数量上没有达到《刑法》第 348 条规定的最低数量标准的，一般不作为犯罪论处（即不构成非法持有毒品罪）；如果毒品数量上达到《刑法》第 348 条规定的最低数量标准的，则依法构成非法持有毒品罪。同理，代收者出于单纯的代为他人接收毒品的动机和目的，亦即代收者并非出于走私、贩卖、运输、制造毒品等其他犯罪动机和主观故意，从证据上审查其属于“没有证据证明其是为了实施贩卖毒品等其他犯罪”的情况，如果毒品数量上没有达到《刑法》第 348 条规定的最低数量标准的，一般不作为犯罪论处（即不构成非法持有毒品罪）；如果毒品数量上达到《刑法》第 348 条规定的最低数量标准的，则依法构成非法持有毒品罪。可见，在刑法解释论上，作为吸毒者的购毒者及其代收者，如果从主观故意内容上审查其不是出于走私、贩卖、运输、制造毒品等其他犯罪动机和主观故意的，从证据上审查其属于“没有证据证明其是为了实施贩卖毒品等其他犯罪”的，如果毒品数量上没有达到《刑法》第 348 条规定的最低数量标准的，一般不作为犯罪论处（即不构成非法持有毒品罪）；如果毒品数量上达到《刑法》第 348 条规定的最低数量标准的，则依法构成非法持有毒品罪（但不构成走私、贩卖、运输、制造毒品罪等其他犯罪）。

---

① 魏东．毒品犯罪的解释性疑难问题．政法论丛，2017（2）．

其二，购毒者及其代收者，如果“有证据证明其是为了实施贩卖毒品等其他犯罪”的，无论是否达到毒品数量较大，均应按照贩卖毒品罪等其他犯罪定罪处理。

这一解释结论的形成机理与前述第一点解释结论的形成机理是一脉相承的，即购毒者（无论是作为吸毒者的购毒者还是其他类型的购毒者）及其代收者，如果从主观故意内容上审查其是出于走私、贩卖、运输、制造毒品等其他犯罪动机和主观故意的，从证据上审查其属于具有确实、充分的证据“证明其是为了实施贩卖毒品等其他犯罪”的，则无论是否达到毒品数量较大，均应依法按照贩卖毒品罪等其他犯罪定罪处罚。

二、代购毒品与居间介绍毒品交易行为的定性处理

行为人为贩毒者等代购毒品与居间介绍毒品交易的行为通常可以认定为（解释为）走私、贩卖、运输、制造毒品罪或者其他相关联的毒品犯罪，但是这与为吸毒者代购毒品与居间介绍毒品交易的具体情况还存在较大差异，在具体解释适用法律时应当进一步作出分门别类的分析处理。此外，与代购毒品和居间介绍毒品交易行为相关联，陪同贩毒行为的定性处理也值得研究。

（一）代购毒品行为的定性处理

这个问题在两个会议纪要中均有规定。

一是2015年《武汉会议纪要》规定：行为人为吸毒者代购毒品，在运输过程中被查获，没有证据证明托购者、代购者是为了实施贩卖毒品等其他犯罪，毒品数量达到较大以上的，对托购者、代购者以运输毒品罪的共犯论处。行为人为他人代购仅用于吸食的毒品，在交通、食宿等必要开销之外收取“介绍费”“劳务费”，或者以贩卖为目的收取部分毒品作为酬劳的，应视为从中牟利，属于变相加价贩卖毒品，以贩卖毒品罪定罪处罚。

二是2008年《大连会议纪要》规定：有证据证明行为人不以牟利为目的，为他人代购仅用于吸食的毒品，毒品数量超过《刑法》第348条规定的最低数量标准的，对托购者、代购者应以非法持有毒品罪定罪。代购者从中牟利，变相加价贩卖毒品的，对代购者应以贩卖毒品罪定罪。明知他人实施毒品犯罪而为其居间介绍、代购代卖的，无论是否牟利，都应以相关毒品犯罪的共犯论处。

对照两个会议纪要，司法实践中到底应当如何理解适用？笔者认为，代购毒品行为在刑法解释论上应当区分为以下四种情况进行定性处理。

其一，行为人为吸毒者代购毒品，在运输过程中被查获，没有证据证明托购者、代购者是为了实施贩卖毒品等其他犯罪，毒品数量尚未达到较大以上的，对托购者（吸毒者）和代购者不以犯罪论处（因为其尚未达到非法持有毒品罪的数量标准、同类处理规则）。

其理由在于：代购者与吸毒者（托购者）在实施相同行为时应作出相同处理，因为吸毒者实施相同行为“一般不定罪处罚”（2008年《大连会议纪要》规定），所以代购者实施相同行为也应当“一般不定罪处罚”。

这里需要说明的是，此前笔者曾经主张：对代购者（代购运输者）而言，即使毒品数量尚未达到较大以上的，也应以运输毒品罪对代购者（代购运输者）定罪处罚，并且无论是否查证属实，“托购者”（即吸毒者）是否真正存在，均应对代购者（代购运输者）以运输毒品罪定性处罚（同时应适当考虑其代购情节予以从宽处罚）。对代购者（代购运输者）应以运输毒品罪定罪处罚的重要原因，在于防范其他运输毒品的行为人均可能以“代购运输者”作为借口以逃

脱法律制裁，亦即得出这种解释结论，部分原因就是出于犯罪防控政策上的考虑。① 对于笔者过去提出的这一解释结论，经过笔者后来的斟酌考虑，笔者现在发现其欠缺妥当性，应予以纠正。

其二，行为人为吸毒者代购毒品，在运输过程中被查获，没有证据证明托购者、代购者是为了实施贩卖毒品等其他犯罪，毒品数量达到较大以上的，对托购者、代购者以运输毒品罪的共犯论处（同时应当适当考虑“为吸毒者代购毒品”的情节酌情从轻处罚）。

这里需要强调指出的问题是：实务中应当注意区分“为吸毒者代购毒品”而运输毒品的情况与不是“为吸毒者代购毒品”而运输毒品的情况（如为毒枭运输毒品等情况），后者的违法性和责任性均严重大于前者，应当在量刑时予以适当考虑（即应注意 2008 年《大连会议纪要》明确规定了“涉嫌为贩卖而自行运输毒品，由于认定贩卖毒品罪的证据不足，因而认定为运输毒品罪的，不同于单纯的受指使为他人运输毒品行为，其量刑标准应当与单纯的运输毒品行为有所区别”）。

这里还需要指出的是，此前笔者认为还要注意区分吸毒者（托购者）自己购买少量毒品后运送回家与吸毒者运送毒品到回家以外的其他地方去的行为，以及运送毒品数量远远超出“数量较大”的范围（即远远超出个人吸食毒品的数量）的行为，对于吸毒者自己购买少量毒品后运送回家的行为应定性为非法持有毒品罪更为合适，而对于吸毒者运送毒品到回家以外的其他地方去的行为以及运送毒品数量远远超出“数量较大”的范围（即远远超出个人吸食毒品的数量）的行为应认定为运输毒品罪。② 应当说笔者过去提出的这一解释结论欠缺妥当性，应予以纠正，即应当对托购者、代购者以运输毒品罪的共犯论处，而不应对吸毒者（托购者）单独区分情形作出其他定性处理。

其三，行为人为他人代购仅用于吸食的毒品，在交通、食宿等必要开销之外收取“介绍费”或者“劳务费”，或者以贩卖为目的收取部分毒品作为酬劳的，应视为行为人从中牟利，属于变相加价贩卖毒品，应以贩卖毒品罪定罪处罚。

其四，代购毒品者明知他人实施毒品犯罪（如走私、贩卖、运输、制造毒品等犯罪）而为其代购代卖的，无论是否牟利，都应以相关毒品犯罪的共犯论处。

（二）居间介绍买卖毒品行为的定性处理

居间介绍买卖毒品行为如何定性处理这个问题，在两个会议纪要中均有规定。

一是 2015 年《武汉会议纪要》规定：“居间介绍者在毒品交易中处于中间人地位，发挥介绍联络作用，通常与交易一方构成共同犯罪，但不以牟利为要件……居间介绍者受贩毒者委托，为其介绍联络购毒者的，与贩毒者构成贩卖毒品罪的共同犯罪；明知购毒者以贩卖为目的购买毒品，受委托为其介绍联络贩毒者的，与购毒者构成贩卖毒品罪的共同犯罪；受以吸食为目的的购毒者委托，为其介绍联络贩毒者，毒品数量达到刑法第三百四十八条规定的最低数量标准的，一般与购毒者构成非法持有毒品罪的共同犯罪；同时与贩毒者、购毒者共谋，联络促成双方交易的，通常认定与贩毒者构成贩卖毒品罪的共同犯罪。居间介绍者实施为毒品交易主体提供交易信息、介绍交易对象等帮助行为，对促成交易起次要、辅助作用的，应当认定为从犯；对于以居间介绍者的身份介入毒品交易，但在交易中超出居间介绍者的地位，对交易的发起和达成起重要作用的被告人，可以认定为主犯。”

二是 2008 年《大连会议纪要》规定：明知他人实施毒品犯罪而为其居间介绍、代购代卖

---

① 魏东．毒品犯罪的解释性疑难问题．政法论丛，2017（2）.

② 同①.

的，无论是否牟利，都应以相关毒品犯罪的共犯论处。

对于上述两个会议纪要的规定如何理解适用？

有学者指出，居间介绍买卖毒品的情况比较复杂，可将其依据不同的标准划分为以下三组六种：贩毒居间介绍行为与贩毒居间实行行为、购毒居间行为与卖毒居间行为、获利的贩毒居间行为与不获利的贩毒居间行为。① 这种理论分类可能具有一定理论意义，但是严格审查却没有太多实用价值。

笔者认为，居间介绍买卖毒品行为在刑法解释论上可以区分为以下四种情况进行定性处理。

其一，受以吸食毒品为目的的购毒者委托，为其介绍联络贩毒者，毒品数量达到《刑法》第 348 条规定的最低数量标准的，一般与购毒者构成非法持有毒品罪的共同犯罪。

这是 2015 年《武汉会议纪要》的明确规定，即“受以吸食为目的的购毒者委托，为其介绍联络贩毒者，毒品数量达到刑法第三百四十八条规定的最低数量标准的，一般与购毒者构成非法持有毒品罪的共同犯罪”。

但是这里将“介绍联络”合在一起规定可能存在问题：如果居间介绍者实施了“联络”贩毒者的行为（仅限于“受以吸食为目的的购毒者委托”），依据 2015 年《武汉会议纪要》规定仍然只能将居间介绍者定性为非法持有毒品罪，其可能的理由是：因为吸毒者（购毒者）只构成非法持有毒品罪，对居间介绍者与购毒者应当采取相同行为相同处理，所以对居间介绍者也只能定性为非法持有毒品罪。

但是，“联络”贩毒者的行为到底应当定性为非法持有毒品罪还是贩卖毒品罪的共同犯罪（从犯）？这是一个值得研究的问题。

所谓“联络”贩毒者的行为，应当说最低限度意指向贩毒者传递购毒者及其购买毒品等信息，这种“联络”贩毒者的行为依法、依理均应当认定为贩毒行为的帮助犯，从而应当将实施了“联络”行为的居间介绍者定性为贩卖毒品罪的帮助犯（从犯）。这种解释结论应当说完全符合共同犯罪的立法规定和基本原理，并且有利于从严惩处居间介绍买卖毒品行为（以及行为者）。但是，这种解释结论可能存在以下一些矛盾：（1）从法理上讲，居间介绍者直接向贩毒者代为购买毒品的行为（代购毒品行为），可能只构成非法持有毒品罪（与托购者构成非法持有毒品罪共犯），为何性质更轻的“联络”贩毒者的行为反而构成了贩卖毒品罪（共犯），这似乎是一种逻辑悖论。（2）从司法解释规定看，2015 年《武汉会议纪要》规定“同时与贩毒者、购毒者共谋，联络促成双方交易的，通常认定与贩毒者构成贩卖毒品罪的共同犯罪。居间介绍者实施为毒品交易主体提供交易信息、介绍交易对象等帮助行为，对促成交易起次要、辅助作用的，应当认定为从犯”，这个规定中又明确将“联络”并“促成双方交易的”行为、“居间介绍者实施为毒品交易主体提供交易信息、介绍交易对象等帮助行为，对促成交易起次要、辅助作用的”行为均认定为贩卖毒品罪的共同犯罪（从犯），这一规定显然又与前段规定“受以吸食为目的的购毒者委托，为其介绍联络贩毒者，毒品数量达到刑法第三百四十八条规定的最低数量标准的，一般与购毒者构成非法持有毒品罪的共同犯罪”自相矛盾，这种矛盾规定应当说也是一种逻辑悖论。

那么，司法实践中如何处理居间介绍者“联络”贩毒者的行为？我的意见是：（1）当前由于 2015 年《武汉会议纪要》的明确规定是“受以吸食为目的的购毒者委托，为其介绍联络贩毒者，毒品数量达到刑法第三百四十八条规定的最低数量标准的，一般与购毒者构成非法持有

① 黄伟，周银坤．浅谈贩毒居间行为的法律定性问题．新疆警官高等专科学校学报，2008（3）．

毒品罪的共同犯罪"，因而从有利于被告人的角度出发，依法将居间介绍者"联络"贩毒者的行为（仅限于"受以吸食为目的的购毒者委托"）定性为非法持有毒品罪。(2) 应当承认 2015 年《武汉会议纪要》关于"居间介绍"与"居间介绍联络"的定性规定中存在明显矛盾，必须予以适当修改和解决。(3) 从长远看，应当将居间介绍者"联络"贩毒者的行为明确规定为贩卖毒品罪的共同犯罪（从犯）；同时，应当修改"受以吸食为目的的购毒者委托，为其介绍联络贩毒者，毒品数量达到刑法第三百四十八条规定的最低数量标准的，一般与购毒者构成非法持有毒品罪的共同犯罪"这一规定，将其中"介绍联络贩毒者"修改为"介绍贩毒者"。亦即应当将"联络贩毒者"的行为规定为一律构成贩卖毒品罪的共同犯罪（从犯）。

其二，居间介绍者受贩毒者委托，为其介绍联络购毒者的，与贩毒者构成贩卖毒品罪的共同犯罪；明知购毒者以贩卖为目的购买毒品，受委托为其介绍联络贩毒者的，与购毒者构成贩卖毒品罪的共同犯罪；同时与贩毒者、购毒者共谋，联络促成双方交易的，通常认定与贩毒者构成贩卖毒品罪的共同犯罪。

这一规定很明确，应当说没有歧义。需要补充说明的问题是，这些情况下，居间介绍者通常处于帮助犯、从犯的地位，应作为贩卖毒品罪共同犯罪中的从犯对待。

其三，居间介绍者在毒品共同犯罪中的地位和作用通常是从犯。

但是，对于以居间介绍者的身份介入毒品交易，并且在交易中超出居间介绍者的地位，对交易的发起和达成起重要作用的被告人，应当依法认定其为毒品共同犯罪的主犯。

其四，对于居间介绍者与购毒者、贩毒者的行为与责任需要具体审查，要注意特别谨慎地审查居间介绍者与购毒者、贩毒者之间的行为关系与责任关系。

对于构成毒品犯罪共犯关系的居间介绍者应当依法予以定性处理，但对于不构成毒品犯罪共犯关系的居间介绍者依法不得作为毒品共犯论处。对此，可以陆某居间介绍购毒案为例进行说明。

案例　陆某居间介绍购毒案[①]

2005 年 1 月初，被告人章某与唐某商量购买海洛因用于个人吸食，二人商定由唐某出资 1 万元、章某负责联系购买，章某找到被告人陆某并让其帮助购买海洛因。陆某则找到刘某（另案处理）购买了海洛因 40 克，并将海洛因送到章某家中交给章某、唐某供二人吸食。同年 3 月的一天，王某打传呼找章某欲购买海洛因，章某、唐某商议之后同意将吸食剩余的海洛因卖给王某，当章某、唐某携带海洛因与王某交易毒品时，被公安人员当场抓获并缴获海洛因 13 克。

本案定性处理时有两个问题值得研讨：(1) 关于居间介绍者陆某的行为定性，是非法持有毒品罪还是贩卖毒品罪（共犯）？陆某居间介绍购买毒品的行为，一方面由于其属于"受以吸食为目的的购毒者委托"，且其居间介绍购毒行为属于"毒品数量达到刑法第 348 条规定的最低数量标准的，一般与购毒者构成非法持有毒品罪的共同犯罪"的情形，因而陆某的行为应依法定性为非法持有毒品罪。但是另一方面，陆某的居间介绍购毒行为与其后购毒者章某和唐某所实施的贩卖毒品行为之间没有主观联系（共犯脱离），且陆某主观上也没有贩卖毒品的主观故意（责任性要件缺乏）、没有贩卖毒品的客观行为（违法性要件缺乏），因而，陆某依法不构成贩卖毒品罪（共犯）。(2) 章某与唐某贩卖毒品罪的毒品数量如何确定？从案情介绍看，章某

---

① 王明，王运声．以案说法丛书（第三辑）危害公共安全妨害社会管理秩序犯罪案例．北京：人民法院出版社，2006：397.

与唐某贩卖毒品数量仅有 13 克（现场缴获毒品数量），由于其余 27 克已被二人吸食（换句话讲，没有证据证明不是已被二人吸食），依法应当只认定贩卖毒品的数量为 13 克（而不是 40 克）。

（三）陪同贩毒行为的定性处理

陪同贩毒行为在生活中确实发生过，有些当事人也以“陪同贩毒”为借口进行辩解，需要认真审查、准确定性处理。从法律定性上看，陪同贩毒行为通常应当以贩卖毒品罪的共犯处理，而不可能以非法持有毒品罪定性处理。例如：如果陪同人帮助持有毒品、帮助购票、联络、用其身份证帮助开房住宿、帮助照看毒品、帮助接收钱款、通风报信等，当然是贩卖毒品罪的帮助犯；如果陪同人以获得少量毒品或者其他物质性利益作为陪同报酬的，应当认定陪同人因陪同贩毒并获得了报酬，均应定性为贩卖毒品罪。但是个别特殊情况下，陪同人可能无罪。

案例

王某陪同贩毒案①

2007 年 9 月 20 日，李某以 500 元作酬资，雇王某（女）陪同贩毒。9 月 24 日，在王某的陪同下，李某从云南大理将毒品运回南京和下家交易时，被南京警方当场抓获，缴获 K 粉 1 500 余克、麻古 800 余粒。

分歧：该案中，对李某的行为构成贩卖毒品罪没有异议，但是对王某是否构成犯罪存在分歧。

第一种意见认为，王某陪同贩毒实为帮助或者为毒贩充当掩护，已经具备了刑事归责的主观基础，加之客观上与毒贩形成事实上的利益共同体，所以，应当构成贩卖毒品罪的共犯。

第二种意见认为，王某陪伴李某只是贪图免费的吃喝玩乐，虽然明知李某是毒贩，但是没有实施任何与贩毒有关联的行为，为纯粹的“陪同贩毒”，不构成犯罪。

江苏省高级人民法院评析认为：王某的行为是否构成犯罪，应当坚持主客观相统一原则。主观上，要看王某是否明知李某在实施贩毒；客观上，要看王某是否实施了贩卖毒品的帮助行为，或者与贩卖毒品有牵连而使贩毒行为容易实现的关联行为，如帮助购票、联络、用其身份证开房住宿、照看毒品、接收钱款、通风报信等。只要有证据证实王某有主观故意和客观上实施的关联行为，王某就应当承担贩卖毒品罪共犯的刑事责任。但如果王某偶尔陪伴毒贩，即使得到少许收益，也应将那些与毒贩长期同居，以毒资或者毒赃作为生活主要来源的情形区别开来，因为认定王某构成贩卖毒品罪的共犯还缺乏客观事实依据（即法院倾向于作无罪处理）。

还有人提出，即使认定王某构成贩卖毒品罪的共犯证据不足，但符合非法持有毒品罪共犯的构成要件。但是，郇习顶法官认为，陪同者虽然明知毒贩非法持有毒品，然而陪同者对该毒品不存在事实上的控制和支配关系，因此，王某的行为不构成非法持有毒品罪。那么，从郇习顶法官的分析意见来看，陪同贩毒案的证据审查中应注意以下问题。

其一，必须正面讯问（询问）王某的主观意思。一是讯问（询问）王某：是否对李某贩毒知情？具体的想法是什么、为什么要陪同李某？二是讯问（询问）李某：其同王某沟通交谈的具体细节？三是获取其他证人证言：王某和李某沟通交流的具体细节？

其二，必须正面讯问（询问）王某、李某及其他证人关于陪同行为的具体细节。重点内容是：王某是否实施了贩卖毒品的帮助行为，或者与贩卖毒品有牵连而使贩毒行为容易实现的关

---

① 本案例及其分析意见，参见郇习顶．陪同贩毒的司法认定．人民法院报．[2009-03-06]．京师刑事法治网．http：//www.criminallawbnu.cn/criminal/info/showpage.asp?ProgramID=&pkID=22116&keyword=%C5%E3%CD%AC%B7%B7%B6%BE.

联行为，如帮助购票、联络、用其身份证开房住宿、照看毒品、接收钱款、通风报信等。

只有查清了陪同者的主观意思和客观行为均符合贩卖毒品罪或者非法持有毒品罪的法定条件，才可以对陪同贩毒者依法定罪。

三、走私、贩卖、运输、制造毒品罪的既遂形态认定

在罪名原理上，走私、贩卖、运输、制造毒品罪是一个选择性罪名，可以细分为四个“单一罪名”，即走私毒品罪、贩卖毒品罪、运输毒品罪、制造毒品罪，而且每个单一罪名均有其对应的单一行为类型，每种单一行为类型应当说各有其特殊性，因此，为便于阐述这个选择性罪名的停止形态问题，理论逻辑上可以分四个单一罪名分别阐述其各自的既遂形态。① 因而在具体案例中，若行为人实施了两个或者两个以上行为并触犯相应的选择性罪名时，可以依照单一罪名的既遂形态原理进行综合性的分析认定。

在犯罪的理论分类上，本罪属于行为犯（过程行为犯）。② 因此，刑法解释论在讨论本罪的既遂形态认定问题时，还必须讨论一些共通性与前提性的基础理论问题，如过程行为犯的既遂原理等问题，然后再具体讨论本罪的既遂形态问题。

（一）过程行为犯的既遂原理

行为犯之既遂标准，必须符合犯罪既遂标准理论的体系性安排。关于犯罪既遂标准问题，我国理论界有既遂的结果说、既遂的目的说、既遂的构成要件说等多种学说，其中通说是既遂的构成要件说。我们认为，犯罪既遂的通说标准基本上是正确的，应以行为人所实施的行为具备了刑法分则所规定的某一犯罪的构成要件意义上的“完整行为”“实然危害”并成立完整犯罪的典型形态为标准。结果犯的犯罪既遂，必须是行为人所实施的行为具备了刑法分则所规定的某一犯罪的构成要件意义上的“完整行为”，并具备了相应的物质性危害结果这一“实然危害”而成立完整犯罪的典型形态。如故意杀人罪的既遂标准，要求行为人实施了故意杀人行为这一“完整行为”，并具备了被害人生命被剥夺这一“实然危害”而成立完整的故意杀人罪的典型形态，否则不成立故意杀人罪的既遂。行为犯的犯罪既遂，必须是行为人所实施的行为具备了刑法分则所规定的某一犯罪的构成要件意义上的“完整行为”，并具备了相应的精神上的或者制度上的危害结果（即非物质性危害结果）这一“实然危害”而成立完整犯罪的典型形态。

关于过程行为犯的犯罪既遂形态，应准确把握该过程行为“完整行为”所达到的特定的精神上的或者制度上的危害结果（即相应的非物质性危害结果）这一“实然危害”的基本内容。如果过程行为尚未达到刑法分则规定的犯罪构成客观方面要件意义上的“完整行为”，或者相应行为过程尚未达到特定的精神上的或者制度上的危害结果（即相应的非物质性危害结果）这一“实然危害”，则仍然不能构成犯罪既遂。以强奸罪既遂为例，在阐释强奸之性侵入行为这一“完整行为”及其所达到的充分侵害被害女性之性权利这一“实然危害”时，应将“性侵入行为”这一过程实施完整从而达到“充分侵害被害女性之性权利”的特点作为基本内容。因此，若强奸行为尚未将性侵入行为这一过程实施完整（而只是刚刚达到性器官之表面接触），从而并未达到“充分侵害被害女性之性权利”这一特定的非物质性危害结果（但是并非没有任何非物质性危害结果），因缺乏行为完整性和精神上实然危害的充分性，仍然不能成立强奸罪

---

① 本书所采用的此种分析方法借鉴了下列论著的相关分析思路：梅传强，胡江，赵亮．走私、贩卖、运输、制造毒品罪立案追诉标准与司法认定实务．北京：中国人民公安大学出版社，2010：91-95.

② 行为犯的具体类型可以分为以下五类：预备行为犯、举动行为犯、过程行为犯、持有行为犯、危险状态犯。魏东．行为犯原理的新诠释．人民检察，2015（5）.

的犯罪既遂。至于我国传统刑法理论认为，奸淫幼女型强奸罪的既遂标准采“性接触说”，实质上是基于特别保护未成年女性性权利之刑事政策立场而进行的某种理论上的犯罪既遂“拟制”，并非犯罪既遂标准的“真相”的阐释；而从更为周全的刑事政策立场看，奸淫幼女型强奸罪的既遂标准根本上不宜采“性接触说”，而应统一采用强奸罪既遂标准的“性侵入说”①。可见，过程行为“性侵入行为”这一过程是否实施完整、“实然危害”是否达到“充分侵害被害女性之性权利”的特点，二者是相互联系的，对于那种“性侵入行为”过程没有实施完整，从而没有达到“充分侵害被害女性之性权利”之情形，尽管存在非物质性危害结果（即被害女性之性权利客观上已有一定程度的侵害），仍然不能构成强奸罪既遂。走私、贩卖、运输、制造毒品罪作为过程行为犯，其既遂形态的认定，同强奸罪（过程行为犯）一样，必须遵守过程行为犯的既遂形态原理，后面详细讨论。

（二）走私毒品罪的既遂形态认定

走私毒品罪，是指违反海关法规，逃避海关监管，非法运输、携带、邮寄毒品进出国（边）境的行为。走私毒品具体包括三种情况：一是绕关走私，即不通过海关、边卡检查站非法运输、携带毒品进出国（边）境；二是通关走私，即虽经海关、边卡检查站，但通过藏匿、伪装、伪报等方法逃避海关监管，运输、携带、邮寄毒品进出国（边）境；三是闯关走私，即使用暴力冲闯并逃避海关监管。此外，根据《刑法》第155条之规定，直接向走私人非法收购走私进口的毒品，或者在我国内海、领海、界河、界湖运输、收购、贩卖毒品的，也应以走私毒品罪论处。② 这是走私毒品罪的基本法理。

从理论上讲，作为过程行为犯的走私毒品罪的既遂标准，应当是行为人所实施的走私毒品行为具备了刑法分则所规定的本罪的构成要件意义上的“完整行为”，并具备了相应的精神上的或者制度上的危害结果（即非物质性危害结果）这一“实然危害”而成立完整犯罪的典型形态；否则，不能构成走私毒品罪的既遂（而只能是未完成形态或者无罪）。但是这种描述仅仅是一种简单判断，还需要详细研讨。理论上，对于走私毒品罪还需要根据其具体情形来判断既遂标准。比如，有学者认为，走私毒品必须区分陆路输入与海空路输入两种情形来审查犯罪既遂标准：陆路输入毒品应当以偷越国边境线作为判断标准（即成功逾越国边境线时为既遂），而海空路输入毒品应当以“到达说”为标准（即装载毒品的船舶到达本国港口或者航空器到达本国领土内时为既遂）。国外刑法理论上还有进入领海领空说（过于超前）、登陆说、关税线说、搬出可能说（过于滞后）等见解。③

笔者认为，从理论逻辑上讲，按照走私毒品罪的“走私方向”，我国的走私毒品罪可以分为输入毒品、输出毒品、“准走私”毒品三种情形，其犯罪既遂的标准可以作如下界定和解释。

其一，输入/输出毒品型的走私毒品罪的既遂标准。总体上，输入/输出毒品型的走私毒品罪应当以毒品进出国边境的行为是否已经完成为其既遂与否的判断标准。在设立海关或者边卡的地点，以通关验关或者毒品越过国边境线为既遂；在未设立海关或者边卡的陆地边境或者以海路运输方式偷运毒品的，以毒品进出国边境线或者领海为既遂；以空中运输方式走私毒品

---

① 魏东，蒋春林．论奸淫幼女犯罪既遂的认定标准．政法论丛，2007（4）.

② 魏东．刑法各论．北京：法律出版社，2015：285.

③ 赵秉志，于志刚．毒品犯罪．北京：中国人民公安大学出版社，2003：186－187.

的，以飞机着陆为既遂[①]；以谎报、藏匿、伪装等手段逃避邮检和海关查验非法邮寄毒品进出境的，毒品一旦交寄成功并通过邮寄地所在国家/地区的海关查验即为既遂；否则，可能构成犯罪的未遂、预备、中止。

案例 **董某、孟某走私毒品案**[②]

董某于2002年12月赴日本打工，于2003年5月打电话要求其丈夫孟某从国内邮寄毒品到日本供其吸食，并提供了其在日本的地址及虚构的姓名。孟某于2003年6月2日、8日、21日分三次到邮电所将16.4克、9.2克、6.04克海洛因夹藏在国际特快专递邮包内寄往日本，后均被海关查获。

本案中，孟某三次到邮电所将海洛因夹藏在国际特快专递邮包内寄往日本的行为，已经着手实施走私毒品行为，但是因被邮寄地所在国家海关查获而未能顺利通关，属于由于行为人意志以外的原因未能完成走私毒品的情形（即未能顺利寄出到达境外），因而构成走私毒品罪的未遂。

其二，“准走私”毒品型的走私毒品罪的既遂标准。基于“准走私”毒品型的走私毒品罪的特殊性，其既遂标准应为：直接向走私人非法收购走私进口的毒品，或者在我国内海、领海、界河、界湖运输、收购、贩卖毒品的，一经完成毒品交接的行为即为既遂；否则，可能构成犯罪的未遂、预备、中止。

（三）贩卖毒品罪的既遂形态认定

贩卖毒品罪，是指在境内非法转手倒卖毒品、销售毒品或者以贩卖为目的非法购买毒品的行为。在贩卖毒品罪的既遂与未遂的认定标准问题上，理论上有三种不同的观点：（1）契约说。认为当贩卖毒品的买卖双方意思达成一致，也即双方达成毒品买卖协议的，就应当认为构成既遂。[③]（2）实际交付说与转移占有说。“实际交付说”主张以毒品实际上转移给买方为既遂，如果行为人没有实际交付毒品，而仅与他人达成协议，不能认为贩卖毒品行为人构成贩卖毒品罪的既遂[④]；“转移占有说”主张只能将那些已经进入交易并且完成转移占有毒品的行为认定为既遂。[⑤]（3）进入交易说。认为贩卖毒品罪的既遂与否，应以毒品是否进入交易环节为准，该罪是行为犯，只要贩卖的合意达成，即构成既遂。[⑥] 司法实践中往往以第三种观点“进入交易说”为既遂标准，因此以下几种情况均认定为贩卖毒品罪既遂：第一，以贩卖为目的实施了购买毒品的行为；第二，有证据证明以贩卖为目的而持有毒品的行为；第三，有证据证明以贩卖为目的购进或持有毒品的行为人与购毒者已达成毒品交易合意，并正在交易而尚未转移毒品的行为或者已经转移了毒品的行为。但是，司法实践中采用“进入交易说”这种认定标准可能并不妥当[⑦]，不符合过程行为犯原理与犯罪既遂、未遂原理，值得研究。

---

① 梅传强，胡江，赵亮．走私、贩卖、运输、制造毒品罪立案追诉标准与司法认定实务．北京：中国人民公安大学出版社，2010：92。本书指出，以谎报、藏匿、伪装等手段逃避邮检和海关查验非法邮寄毒品进出境的，毒品一旦交寄即为既遂；对此，笔者认为“毒品一旦交寄即为既遂”有所不当，而应当进一步限定为“毒品一旦交寄成功并通过邮寄地所在国家/地区的海关查验即为既遂”。

② 案例来源参见陈忠林．刑事案例诉辩审——贩卖制造毒品罪．北京：中国检察出版社，2005：63-64.

③ 于志刚．毒品犯罪及相关犯罪认定处理．北京：中国方正出版社，1999：130.

④ 王作富．刑法分则实务研究：下．北京：中国方正出版社，2010：1575.

⑤ 魏东．毒品犯罪与律师刑事辩护技巧．北京：法律出版社，2017：91.

⑥ 张穹．刑法各罪司法精要．修订版．北京：中国检察出版社，2002：751.

⑦ 张建，俞小海．贩卖毒品罪未遂标准的正本清源．法学，2011（3）.

案例

苏永清贩卖毒品案[①]

2001年4月29日，为贩卖毒品牟利，被告人苏永清找到公安机关特情人员许某，要求许代其联系购买毒品甲基苯丙胺。许某向公安机关汇报这一情况后，经公安机关研究，决定由公安人员以“卖主”身份与苏永清接触。随后许某带上由公安机关提供的少量甲基苯丙胺作为样品交给苏永清验货。苏永清看过样品后，决定以每千克人民币2.35万元的价格购买甲基苯丙胺35千克，一次性支付“货”款，并约定于同年5月11日进行交易。5月10日晚，苏永清带被告人黄斯斌到晋江市帝豪酒店与许某会面，告知许某届时将由黄斯斌代表其携款前来与“卖主”进行毒品交易。5月11日中午12时许，黄斯斌携带人民币818 400元到晋江市帝豪酒店702室与“卖主”交易。其间，苏永清为交易事项与黄斯斌多次电话联系，并于下午3时许赶到交易地点催促尽快交易。随后，公安机关将苏永清、黄斯斌当场抓获。泉州市中级人民法院经审理认为，被告人苏永清、黄斯斌为出售毒品牟利，而积极联系购买甲基苯丙胺，其行为均已构成贩卖毒品罪。二被告人为贩卖而积极购买毒品，数量特别巨大，本应从严惩处，但因意志以外的原因未能得逞，系犯罪未遂，可比照既遂犯从轻处罚。其中，被告人苏永清是主犯；被告人黄斯斌是从犯。判处苏永清无期徒刑，剥夺政治权利终身，并处没收个人全部财产；判处黄斯斌有期徒刑12年，并处罚金人民币7万元。一审判决后，二被告人不服上诉，福建省高级人民法院经二审裁定驳回上诉，维持原判。

本案的核心问题在于，被告人是在毒品交易过程中被当场抓获的，如果按照司法实践中对于贩卖毒品罪既遂标准的“进入交易说”，本案应当认定为既遂，所以，本案被告人“被当场抓获”不是导致未遂的“意志以外的原因”；本案之所以认定为未遂，原因在于许某系公安机关特情人员，本案在公安机关控制下发生，许某不可能真正将毒品销售给被告人，毒品交易实际上无法完成，毒品交易对方系特情人员这一因素才是被告人“意志以外的原因”[②]。但是，笔者认为，若按照贩卖毒品罪既遂标准的“实际交付说”与“转移占有说”，本案无论是否有公安机关特情人员介入，均只能认定为贩卖毒品罪未遂。

因此笔者认为，贩卖毒品罪是过程行为犯，根据过程行为犯的既遂原理，应当以贩卖毒品行为的完整完成为标准，即以“行为人依贩卖毒品的意思将毒品转移占有”为标准（即“实际交付说”与“转移占有说”），只有贩毒者与购毒者基于买卖的一致意思完成了毒品转移占有的行为，才应认定为犯罪既遂。转移占有，包括将毒品转移给购毒者本人及其指定的代理人，即购毒者既可以是直接占有也可以是间接占有。因此，对于行为人已经基于贩卖毒品的意思实际收取了购毒款、但是尚未实际交付毒品给购毒者即被查处的情形，应当认定为贩卖毒品罪的未遂；对于行为人将其非法持有的毒品（包括继承、受赠、盗窃等方式获得的毒品）基于贩卖毒品的意思进行贩卖、但是尚未实际卖出时被查处的情形，应当认定为贩卖毒品罪的未遂；对于行为人基于贩卖毒品的意思，向他人购买毒品并完成了交易毒品的转移占有时即被查处的情形，应当认定为毒品交易双方（上下家）均构成了贩卖毒品罪的既遂（这是一种比较特殊的情形，可以运用共犯原理进行解释）。

对于最后一种既遂情形，2015年《武汉会议纪要》明确规定：“对于贩卖毒品案件中的上下家，要结合其贩毒数量、次数及对象范围，犯罪的主动性，对促成交易所发挥的作用，犯罪行为的危害后果等因素，综合考虑其主观恶性和人身危险性，慎重、稳妥地决定死刑适用。对

---

① 王洪斌．苏永清贩卖毒品案——为贩卖毒品向公安特情人员购买毒品的应如何处理//最高人民法院刑事审判第一庭，第二庭．刑事审判参考：总第28辑．北京：法律出版社，2003：70.

② 魏东．毒品犯罪与律师刑事辩护技巧．北京：法律出版社，2017：91－92.

于买卖同宗毒品的上下家，涉案毒品数量刚超过实际掌握的死刑数量标准的，一般不能同时判处死刑；上家主动联络销售毒品，积极促成毒品交易的，通常可以判处上家死刑；下家积极筹资，主动向上家约购毒品，对促成毒品交易起更大作用的，可以考虑判处下家死刑。涉案毒品数量达到巨大以上的，也要综合上述因素决定死刑适用，同时判处上下家死刑符合罪刑相适应原则，并有利于全案量刑平衡的，可以依法判处。”这一规定尽管是针对毒品共同犯罪、上下家犯罪的死刑适用问题而作出的，但是，其“隐含”的贩卖毒品罪既遂原理可以明确解释为：毒品交易的上下家在本质上构成了贩卖毒品罪的共同犯罪，只要毒品交易的上下家基于买卖的一致意思完成了毒品转移占有的行为即应认定为犯罪既遂，即应依照共同犯罪原理同时认定毒品交易的上下家均构成贩卖毒品罪的既遂。

（四）运输毒品罪的既遂形态认定

运输毒品罪，是指利用交通工具、自身或者他人携带，或者伪装后交给邮政、交通单位邮寄、托运毒品的行为。关于运输毒品罪的既遂标准，理论上有“起运说”（举动犯）、“到达目的地说”（过程行为犯）的争论。① 应当说，起运说在犯罪既遂标准的认定上过于提前（基于举动犯原理），不符合过程行为犯的既遂原理（因为其错误地基于举动犯原理）；到达目的地说在犯罪既遂标准的认定上过于滞后，尤其是到达目的地说可能会导致司法实践中大量的运输毒品罪既遂被“解释为”犯罪未遂处理，不完全符合过程行为犯既遂原理。

因此，笔者认为，运输毒品罪的既遂标准，应当按照过程行为犯既遂原理并根据具体的运输方式进行适当折中：如果是行为人以自己身体运输、自己使用交通运输工具运输、亲自押运等方式实施运输毒品的行为，则应以已经实际启动运输行为并到达终点或者途中某个站点（如毒品检查站点）为既遂标准；如果通过他人携带、邮寄、托运等方式实施运输毒品的行为，则以行为人实际交付他人、办理完毕邮寄与托运手续，并且他人已经实际启动运输行为、邮寄与托运已经起运并到达终点或者途中某个站点（如毒品检查站点）为既遂标准。

案例

周某运输毒品案②

2001年7月6日，被告人周某、白某（因犯罪中止作酌定不起诉处理）采用吞服毒品于体内的方式乘坐汽车运输毒品，本想从云南畹町携带毒品运往广州市，但是当二人乘车行至云南省龙陵县黑山门时被畹町边防检查站工作人员抓获，从周某的体内排出海洛因290克。

本案中，周某运输毒品的终极目的地是广州，其从云南省畹町出发起运毒品至黑门山被查获，尽管其尚未到达预定的终极目的地广州，但是应当依法认定其已经实施完毕了运输毒品行为，依法应当认定为运输毒品罪既遂。

（五）制造毒品罪的既遂形态认定

制造毒品罪，是指非法从毒品原植物中提炼毒品，或者用化学合成方法加工、配制毒品的行为。关于制造毒品罪的既遂标准，两个会议纪要中有比较明确的规定。如，2008年《大连会议纪要》规定：“已经制造出粗制毒品或者半成品的，以制造毒品罪的既遂论处。购进制造毒品的设备和原材料，开始着手制造毒品，但尚未制造出粗制毒品或者半成品的，以制造毒品罪的未遂论处。”再如，2015年《武汉会议纪要》也有相类似的规定：“制造毒品案件中，毒品成品、半成品的数量应当全部认定为制造毒品的数量，对于无法再加工出成品、半成品的废

---

① 梅传强，胡江，赵亮．走私、贩卖、运输、制造毒品罪立案追诉标准与司法认定实务．北京：中国人民公安大学出版社，2010：93.

② 案例来源参见陈忠林．刑事案例诉辩审——贩卖制造毒品罪．北京：中国检察出版社，2005：48.

液、废料则不应计入制造毒品的数量。对于废液、废料的认定，可以根据其毒品成分的含量、外观形态，结合被告人对制毒过程的供述等证据进行分析判断，必要时可以听取鉴定机构的意见。”对比两个会议纪要的相关规定，根据过程行为犯既遂原理，在具体解释认定制造毒品罪的既遂形态时需要明确以下几点。

其一，行为人已经制造出粗制毒品或者半成品的，应解释认定为制造毒品罪的既遂，毒品成品、半成品的数量应当全部认定为制造毒品的数量。但是应注意审查和认定的问题是：(1)“对于无法再加工出成品、半成品的废液、废料则不应计入制造毒品的数量”(2015 年《武汉会议纪要》)；(2)“为便于隐蔽运输、销售、使用、欺骗购买者，或者为了增重，对毒品掺杂使假，添加或者去除其他非毒品物质，不属于制造毒品的行为”(2008 年《大连会议纪要》)。

其二，行为人以为自己所使用的原料与配料能够制造出毒品，但是事实上未能制造出毒品的行为，理论上需要审查具体行为的客观归责性（客观归责原理）、法益保护原则、迷信不能犯原理，分别情况作出如下解释认定：(1) 如果行为人是因为愚昧无知而实施上述行为，客观上根本就没有制造出毒品的可能性的，依法不能以犯罪论处（迷信犯）；(2) 如果行为人的行为客观上有制造出毒品的现实可能性，但是因为行为人方法不当、技术不过关、被提前抓获等意志以外的原因而没有制造出毒品成品或者半成品的，则应依法解释认定为不构成制造毒品罪的既遂（即仅构成制造毒品罪的未遂）。

案例

周某制造毒品案[①]

2013 年 8 月，被告人邱某、邓某共谋制造毒品冰毒，邱某准备了制毒工具和辅料，并通过邓某以 28 000 余元人民币的价格从他人处购买制毒原料麻黄素 1 千余克；被告人邱某指使被告人王某、张某、周某在其居住的成都市龙泉驿区某小区房间制造毒品，其中邱某负责具体操作，王某、张某、周某则按照邱某安排负责搬运制毒工具、熬制制毒液体，以及清洗制毒工具等辅助性工作。后公安机关在邱某住处查获大量制毒工具，以及含甲基苯丙胺成分的固体晶体 364.3 克（其中 361.6 克甲基苯丙胺含量在 40%～41%之间），以及含甲基苯丙胺成分的液体 61.683 千克（经鉴定甲基苯丙胺含量在 0.07%～15.63%之间，其中周某承认直接参与的含甲基苯丙胺成分的液体 54.492 千克中甲基苯丙胺含量仅为 0.07%～0.08%）。起诉书指控被告人周某违反国家对毒品的管理规定，制造含甲基苯丙胺成分毒品的行为，已触犯《中华人民共和国刑法》第 347 条之规定，构成制造毒品罪，且数量特别巨大。

本案中，争议点主要集中于：周某承认直接参与的含甲基苯丙胺成分含量仅为 0.07%～0.08%的液体 54.492 千克是否应认定为毒品的“成品或者半成品”，从而是否将该液体 54.492 千克认定为制造毒品罪（既遂）的毒品数量？

对此问题，辩护人提出：案涉 54.492 千克液体中甲基苯丙胺的含量极低（0.07%～0.08%），结合液体系用大塑料桶盛装且摆放在清洗制毒工具的卫生间等细节，应依法认定为废水，不应计入毒品数量；该液体 54.492 千克在功用上，并非用于人吸食，并非被告人邱某、周某等制造毒品的目标物；客观上，也不能从中再提炼出毒品，根本无法扩散并对社会造成危害，如果本案没有被公安机关发现，其最终的情况应该是被倒掉；本案亦缺乏相关鉴定机构关于这批制毒废水系毒品成品、半成品或粗制品的科学鉴定结论。因此，律师认为 54.492 千克液体不应认定为制造毒品罪中的“毒品”，不能作为对被告人量刑的依据。

---

① 魏东．毒品犯罪与律师刑事辩护技巧．北京：法律出版社，2017：131－132.

最终，成都市中级人民法院完全采纳了辩护人提出的辩护意见，认为案涉 54.492 千克液体中甲基苯丙胺的含量极低（0.07%～0.08%），结合液体系用大塑料桶盛装且摆放在清洗制毒工具的卫生间等细节，认为其系废水，不应计入制毒数量；本案于 2015 年 2 月判决被告人邱某犯制造毒品罪，处无期徒刑，剥夺政治权利终身，并处没收个人全部财产；判决被告人周某犯制造毒品罪，处有期徒刑 8 年，并处罚金人民币 5 万元。

尤其值得充分肯定和令人欣慰的是：本案于 2015 年 2 月宣判后不久，2015 年 5 月《全国法院毒品犯罪审判工作座谈会纪要》才就司法实践中废液、废料的认定问题作出明确规定："对于无法再加工出成品、半成品的废液、废料则不应计入制造毒品的数量。对于废液、废料的认定，可以根据其毒品成分的含量、外观形态，结合被告人对制毒过程的供述等证据进行分析判断，必要时可以听取鉴定机构的意见。"可以说，本案辩护律师对制毒"废液"的把握和辩护以及成都市中级人民法院法官的依法认定均具有一定的前瞻性，尤其是法官的依法公正判决令人钦佩。

四、毒品罪案的诉讼策略

知己知彼才能百战百胜，因此，了解毒品犯罪案件的刑事辩护，可能有利于公诉工作的顺利进行。这方面，我们的许多公诉人身经百战，可能已经对毒品犯罪案件的刑事辩护有了较为深入的认识，也有了较好的应对经验。但是，据我观察和了解（我亲身参加了数十件毒品犯罪案件的刑事辩护），可能有一些"内幕性"的刑事辩护策略，值得公诉人学习、借鉴，并采取有针对性的公诉策略予以化解。

（一）先谈一谈毒品犯罪案件的刑事辩护策略

关于毒品犯罪案件的刑事辩护策略，我用六个字来概括，就是：目标、策略、辩点。

目标：无罪、罪轻、免死。（实际上，不少毒品犯罪案件的辩护"目标"就是免死！）

策略（方法）：证据辩护与实体性定罪量刑辩护。

关于辩护策略（方法）。其中有一个现象，除非无罪辩护与免死辩护，成熟的刑辩律师一般不会太多进行"程序性辩护"（除非这个程序性辩护能够完全颠覆全案指控，或者有助于争取"免死"或者"无罪"判决结果）；而不紧紧抓住证据辩护和实体性辩护的刑辩律师通常不是"刑辩高手"。（个别刑辩律师总是在程序瑕疵上"找茬"，但是忽略了证据辩护和实体性辩护，那是公诉人的福气、当事人的灾难！因为根据法律规定，"程序瑕疵"是可以依法补救的，且通常是不会影响定罪量刑的，而且一旦被告人也跟着"瞎起哄"并进行无罪辩解，则被告人因为认罪态度不好、因为法官厌恶而通常会被判重刑。）因此，刑事辩护的根本策略通常集中于两个问题：证据辩护与实体性定罪量刑辩护（其中证据辩护中通常要关照全部程序内容的审查辩护）。

辩点：证据（证据结构与证据链条，突破口可能出在司法鉴定意见上）；程序（非法证据排除与证据采信）；定罪；犯罪形态；共犯地位和作用；量刑。

（二）再谈一谈毒品犯罪案件的公诉策略

针对毒品犯罪案件的刑事辩护策略，公诉工作应当如何应对？我认为仍然可以用六个字来概括，就是：目标、策略、诉点。

目标：依法定罪（重中之重）、公正量刑。

策略（方法）：举证与法律解释。

诉点：证据结构与证据链条（完善证据结构，严密证据链条，坐实司法鉴定）；程序把关；侧重依法定罪、兼顾公正量刑，切忌被辩护人"扰乱方阵、攻破底线"（尤其是在辩护人强力进行无罪辩护和“免死”辩护时，公诉人要切实抓住“依法定罪”这一底线，在必要时“挑明”辩护人意图并提示合议庭注意）。

公诉案件中的举证是关键环节、重要策略（方法），必须特别重视以下三个证据原理的审查运用。

其一，证据结构的基本原理。[①] 理论上，证据结构类型可以分为星型结构、链型结构与混合型结构三类：星型结构，适合用于被告人有有罪供述的情况（以被告人稳定的认罪供述为中心证据）；链型结构，适合用于以间接证据确定被告人有罪的场合（一般的证据链条应当包含的内容至少应当由犯罪过程和犯罪结果两部分组成，至少要达到证明某人在某地实施了某行为的程度）；混合型结构，是指既具备了链型结构的某种特征，也具备了星型结构的某种特征的证据结构（具体细分为：以星型结构为主的链式结构、树形结构、串式结构）。

其二，证据分类的基本原理。[②] 较新的证据分类，是主张按照证据内容和证明力大小而将证据分为两类（二分法）或者三类（三分法）：基本证据（又可分为主要证据和重要证据）、辅助证据。主要证据，是指只要一个证据能够证明“何人”“何时”“在何地”“用何手段”，“为何行为”“因何原因”“造成何结果”这7个要素中的何人、何为、何结果这三个要素的，即为主要证据。重要证据，处于证据结构中的重要位置，一般来说是指证明何时、在何地、因何原因、用何手段这四类证据。辅助证据，即所谓的“证据的证据”，处于证据结构中的外围位置，主要是证明主要证据和重要证据合法性、关联性、客观性的证据。

其三，“证据二力”原理。即由传统证据原理的“证据三性”（真实性、合法性、关联性），转换为“证据二力”（证据能力、证明力）。现在的举证、质证、证据采信及其法庭辩论环节，一般来说都应当紧紧围绕“证据二力”来展开。

死刑案件的证据审查中，公诉人（以及法官）在把握证据体系的构造时必须遵循的最基本原则是：主要证据、重要证据等位原则。即公诉人在审查刑事案件（尤其是死刑案件）的证据、构造证据体系的过程中，均必须将上述的事实七要素全部查实予以证明，而不是如同审查起诉阶段只要达到基本事实清楚、基本证据确实充分就满足了。尤其是死刑是针对“罪行极其严重”（即“罪大恶极”）的犯罪分子而判处的刑罚，在我们搜集和审查证据的过程中，证明被告人犯罪行为的社会危害性的“罪大”证据和证明其主观恶性的“恶极”证据与定罪证据同等重要，有所欠缺时依法不得判处死刑（含死刑缓期执行和死刑立即执行）。

我举几个实例供大家分析、参考。

案例　陈某制造含有甲基苯丙胺的毒品14 285.6克案（成都市）[③]

2013年2月3日3时许，被告人陈某在金堂县某服务区取走张某某（另案处理）从厦门托运至成都、用纸箱包装的麻黄素，随后将该麻黄素运至二人出租屋地点，即该市武侯区某小区4栋2单元1102号房间。同日民警分别在该市金牛区某火锅店内、新都区某学院门前将被告人陈某、黄某某抓获归案。后根据二人交代，民警在某小区4栋2单元1102号房间内查获大量制毒工具及甲基苯丙胺成分的固体1 860.8克，其中1 103.2克黄色晶体的甲基苯丙胺含量为53.1%和56.8%；在该房厨房、洗衣间、右手房间阳台等处查获含甲基苯丙胺的褐色液体、固液混合物11 717.3克，其中10 232.1克褐色液体的甲基苯丙胺含量分别为12.07%、34.86%、

① 于学飞，赵鸣镝．浅析证据结构．[2016-02-15]．中国论文网．http://www.xzbu.com/2/view-3881772.htm.

② 同①.

③ 案例来源：魏东．毒品犯罪与律师刑事辩护技巧．北京：法律出版社，2017：115-119.

35.08%；在该房洗衣间查获含甲基苯丙胺、麻黄碱成分的褐色固体 707.5 克，其甲基苯丙胺含量为 12.3%；在该房右手房间地面一纸箱内查获麻黄碱成分的白色粉末 24 932 克。

起诉书指控被告人陈某、黄某某制造毒品的行为，已触犯《中华人民共和国刑法》第 347 条之规定，应当以制造毒品罪追究被告人的刑事责任。

争议焦点：陈某是否构成制造毒品罪？陈某是否应被判处死刑立即执行？

法院判决：成都市中级人民法院部分采纳了辩护人的观点，判决被告人陈某犯制造毒品罪，判处死刑，缓期两年执行，剥夺政治权利终身，并处没收个人全部财产。

针对此案，辩方和控方的策略值得重视。

——辩方策略与辩点：证据辩护，寻找证据结构链条上的断裂要素，加以"依法放大"，促使人民法院"依法不敢"判处死刑立即执行。

——公诉策略与诉点：针对辩护策略和辩点，公诉人紧紧扣住"陈某'主导性参与'了制造毒品的全过程，陈某是主要的主犯"这个中心（底线），系统组织证据链条和指控意见。

其一，证据结构类型的运用。由于陈某稳定供述中始终没有认罪笔录，因而公诉策略中的证据原理就只能选择链性结构（陈某案）。即以间接证据确定被告人陈某有罪，证据链条上要尽量细密、周全（至少达到了证明某人在某地实施了某行为并造成了某结果的程度）。显然，陈某案的举证和证据结构类型不能选择星型结构，因为陈某自始至终都不认罪。（学者龙宗智认为，聂树斌案由于存在被告人"认罪"的较多证据，因而聂树斌案在证据结构类型上选择了星型结构，只是聂树斌案的证据结构显得十分脆弱。）

其二，诉点与辩点恰当地注意策略性"避让"。证据达到证明某人在某地实施了某行为并造成了某结果的程度（陈某案）。由于辩点主要在于"免死"、否定死刑案件的证据标准，公诉人必须进行策略性避让，即不将死刑案件的证据标准作为重点，而将证明被告人主导性参与了"犯罪过程和犯罪结果两部分"的证据链条作为重点，即主要指控证据周全列举：(1) 公安机关在"×××小区"4 栋 2 单元 1102 号房间查获疑似毒品（14 285.6 克），经检测含甲基苯丙胺；(2) 公安机关在该房查获装有褐色液体编号 1、2 的黄色搪瓷容器上提取四枚指纹，经鉴定系黄某某所留；(3) 房间内查获纸箱两个，其中一个纸箱装有 25 千克麻黄素，该纸箱系陈某和黄某某从淮口某长途汽车上取来；(4) 证人凌某某证实该房屋是其承租，其后由陈某、凌某某、黄某某偶尔居住；(5) 陈某与黄某某银行卡账户中有转账给张某某的记录，陈某和黄某某等人之间有多次通话记录。

针对上列指控证据，明眼人一看就知道陈某难以脱罪，法官更是"不敢"宣判被告人无罪：因为公诉人举证应当说较为确实充分地证明了"何人""何时""在何地""用何手段""为何行为""因何原因""造成何结果"这 7 个要素。

至于辩护人强调指出"综合归纳全案证据，本案存在五个'硬伤'：第一是物证上无陈某的指纹；第二是无张某某的证言；第三是无在案 5 名证人的直接指控；第四是两名到案被告人均否认有制造毒品的行为；第五是无任何证据证实陈某掌握制毒方法和技术"，这些可能导致法院"不敢"宣判被告人陈某死刑立即执行（陈某被宣判为犯制造毒品罪、是主要的主犯、判处死刑缓期两年执行），公诉人只能进行策略性避让；但是，公诉人恰当选择证据链性结构（陈某案）和策略性避让，应当说取得了公诉成功。

其三，公诉人恰当掌握、选择运用证据结构，诉点与辩点恰当地保持策略性避让，具有重要意义。突出的有两点：(1) 只有把握证据结构，才能够利用目前的证据构造什么样的证据结构；只有明确这种证据结构需要何种证据来对自身进行完善，才能够及时地提出补充侦查的意见，甚至在提前介入侦查的阶段，我们心中必须有一个理想的证据结构，这样才能够对于公安机关如何取证进行指导。(2) 只有把握和恰当运用证据结构，才能及时发现法院、公安机关在事实认定方面的错误，并予以纠正和监督。这对于我们提高认识、完善刑事诉讼中的各个环节、提高司法效率有重要的意义。①

案例 **李刚、李飞涉嫌贩卖毒品案②**

2012年4月1日，韦可发（另案处理）打电话给被告人李刚，要求购买200克海洛因，李刚表示同意，并和韦可发商定交易毒品的价格和地点。李刚在家中用黑色塑料袋把海洛因包好后，把被告人李飞喊来，让李飞把装有海洛因的黑色塑料袋送到临泉县瓦店东侧路边一大棚子处，交给韦可发。李飞在按李刚的要求将装有毒品的黑色塑料袋送到指定地点时，被公安人员抓获，毒品被当场查获。经鉴定，毒品中检验出海洛因成分，海洛因含量为51.37%，重量为199.7克。

韦可发还供称：2012年3月20日左右，他从李刚处购买20克海洛因；同月28日，他从李刚处购买219.94克海洛因，毒品卖给王秀起了。

李刚对其贩卖199.7克海洛因的事实不持异议，对韦可发指供其还贩卖219.94克海洛因的事实予以否认。其辩护人还提出，李刚贩卖199.7克海洛因系侦查机关控制下实施，建议对李刚从轻处罚。

李飞及其辩护人提出，李刚安排其把塑料袋交给韦可发时，其不知道袋子里是毒品，其审判前所作有罪供述系侦查人员刑讯逼供所致，其行为不构成贩卖毒品罪。

裁判结果：阜阳市中级人民法院于2013年4月1日作出（2013）阜刑初字第00021号刑事判决，认定李刚贩卖419.64克海洛因，以贩卖毒品罪判处被告人李刚死刑，缓期二年执行，剥夺政治权利终身，并处没收个人全部财产；被告人李飞无罪；查获的毒品海洛因199.7克依法予以没收。宣判后，阜阳市人民检察院对判决李飞无罪提出抗诉；李刚不服，提出上诉。二审期间，安徽省人民检察院认为阜阳市人民检察院抗诉不当，向安徽省高级人民法院撤回抗诉，安徽省高级人民法院同意安徽省人民检察院撤回抗诉。安徽省高级人民法院于2013年10月8日作出（2013）皖刑终字第00297号刑事裁定，认定上诉人李刚贩卖毒品199.7克海洛因，驳回上诉，维持原判，并核准一审以贩卖毒品罪判处被告人李刚死刑，缓期二年执行，剥夺政治权利终身，并处没收个人全部财产的刑事判决。

关于本案的法理与诉讼策略问题，有以下几点值得重视。

其一，李刚贩卖毒品199.7克海洛因的行为，依法应当被认定为贩卖毒品罪未遂（即“实际交付说”或者“转移占有说”）。

人民法院在“裁判理由”中没有认定其犯罪未遂有所欠当，但是强调以下内容有理：“李刚曾因犯贩卖毒品罪被判处有期徒刑十五年，刑满释放后五年之内，再犯应当判处有期徒刑以上刑罚的毒品犯罪，系累犯和毒品再犯，依法应从重处罚。李刚贩卖毒品虽然是在公安机关控制下实施，毒品未流入社会，但鉴于其主观恶性深，社会危害性大，对其不予从宽处罚。”换句话讲，即使认定李刚构成贩卖毒品罪未遂，依法仍然可以“对其不予从宽处罚”。这种说理才更符合案情真相和法理。

其二，李飞无罪判决的合理性在于，本案证据可能系非法取证、公安侦查人员不出庭作证

---

① 于学飞，赵鸣镝．浅析证据结构．[2016-02-15]．中国论文网．http://www.xzbu.com/2/view-3881772.htm.

② 案情简介与“裁判理由”均参见白春子．李刚、李飞贩卖毒品案——如何审查未查获毒品实物的指控事实，以及在毒品案件中如何运用非法证据排除规则//最高人民法院刑事审判第一至第五庭．刑事审判参考：总第97辑．北京：法律出版社，2014：90.

所致，因为证明证据合法性的法定标准仍然是“证据确实、充分”并且“排除合理怀疑”。

人民法院在“裁判理由”中强调指出以下三方面理由：(1) 关于被告人李飞及其辩护人提出申请排除非法证据的辩护意见。经查，李飞在一、二审期间，始终称其在侦查机关的有罪供述是遭受刑讯逼供而作出的。对李飞提出排除其审判前有罪供述的申请，人民法院召开庭前会议，听取控辩双方对非法证据排除的意见，归纳双方争议焦点。开庭审理时，检察机关通过宣读李飞在侦查机关的供述，出示看守所收押登记表及侦查机关依法办案的情况说明等材料，以证明侦查人员没有对李飞进行刑讯逼供，但是对侦查人员讯问结束后，于4月2日凌晨带李飞到医院检查身体的原因没有作出说明。根据公安部关于加强看守所在押人员管理的有关规定，公安机关将犯罪嫌疑人送看守所羁押前，例行健康检查。法庭经审理查明：侦查机关于2012年4月1日下午将李飞抓获，当晚20时3分至22时19分对李飞第一次讯问；4月2日凌晨1时，办案人员带李飞到临泉县人民医院，进行B超、心电图、血液、双下肢外伤等检查，但是进行健康检查后，侦查人员并未将李飞送看守所羁押；4月3日，李飞被送看守所羁押后，看守所对李飞再次进行健康检查，体检结果为李飞身体健康，无外伤。为查明侦查人员在临泉县人民医院对李飞进行健康检查的原因，法庭要求侦查机关对李飞在临泉县人民医院的检查情况进行说明，侦查机关没有回应；法庭依法通知办案人员出庭说明情况，但办案人员无合适理由拒绝出庭。(2) 最高人民法院、最高人民检察院、公安部、国家安全部、司法部《关于办理刑事案件排除非法证据若干问题的规定》第7条规定：对被告人审判前供述取得的合法性有疑问的，公诉人应当向法庭提供讯问笔录、原始的讯问过程的录音录像或者其他证据，提请法庭通知讯问时其他在场人员或者其他证人出庭作证；仍不能排除刑讯逼供嫌疑的，提请法庭通知讯问人员出庭作证，对该供述取得的合法性予以证明。本案中，检察机关在开庭审理时虽然出示李飞的有罪供述笔录、在押人员体检登记表以及侦查机关依法办案的情况说明，但是对李飞两次健康检查没有作出合理解释，侦查机关对可能判处无期徒刑以上刑罚的李飞在讯问时也没有按照法律规定进行同步录音或录像，在现有证据材料尚不能排除李飞审判前有罪供述系非法取得的情况下，法庭通知侦查办案人员出庭说明情况，办案人员无合适理由拒绝出庭。法庭经调查认为，李飞的审判前有罪供述不能排除系采取非法方法收集的合理怀疑，依照《中华人民共和国刑事诉讼法》第58条的规定，李飞在审判前的有罪供述不能作为定案的根据，应当予以排除。(3) 关于被告人李飞及其辩护人提出李飞的行为不构成犯罪的辩护意见。经查，检察机关指控李飞犯贩卖毒品罪，主要根据侦查人员在李飞携带的塑料袋里查获毒品，以及李飞在侦查阶段关于事前知道袋子里可能是毒品的有罪供述。经法庭调查，李飞审判前的有罪供述因不能排除系侦查机关采取非法方法收集的合理怀疑，被依法排除。李刚供称，他安排李飞把塑料袋送交给韦可发时，没有告诉李飞塑料袋里装的是毒品。李飞在开庭审理时辩称，李刚让他把塑料袋送交韦可发时没有告诉他袋子里是什么东西，他也不知道塑料袋里装的是什么东西。根据现有在卷证据，检察机关指控李飞犯贩卖毒品罪的证据不足，一审判决李飞无罪正确。

从上述“裁判理由”可以看出，公诉人必须审查排除非法证据，必须要求侦查人员出庭作证，因为“排非”审查中，证明证据合法性的法定标准仍然是“证据确实、充分”并且“排除合理怀疑”，这是值得公诉人高度重视和保持清醒认识的。

案例　吸毒者某甲曾经持有冰毒300克案①

吸毒者某甲供称其数次向某乙购买冰毒300克用于贩毒（以贩养吸），并已卖给某丙、某

① 这是S省高级人民法院刑二庭法官通过电话和邮件进行法律咨询的案件，特此说明。

丁等数人，在案证据有某甲的供述、某乙的证言相印证，证明某甲曾购买冰毒300克，但是某丙、某丁等人一个都未找到，并未查获毒品（冰毒）和毒资，因此检察机关拟以非法持有毒品罪指控某甲。

S省高院法官介绍说，基层法官有三种意见：一是可以宣判某甲犯贩卖毒品罪，理由是2008年《大连会议纪要》规定："有些毒品犯罪案件，往往由于毒品、毒资等证据已不存在，导致审查证据和认定事实困难。在处理这类案件时，只有被告人的口供与同案其他被告人供述吻合，并且完全排除诱供、逼供、串供等情形，被告人的口供与同案被告人的供述才可以作为定案的证据。仅有被告人口供与同案被告人供述作为定案证据的，对被告人判处死刑立即执行要特别慎重"；二是可以宣判某甲犯非法持有毒品罪（因为定贩卖毒品罪证据不足）；三是应宣判某甲无罪（因为证据不足）。

我认为（在S省高院法官征求我的意见时提出）：本案某甲定罪的证据不足，依法不应定罪。理由在于：一是从证据结构类型分析，无论是星型结构、链型结构还是混合型结构中的哪一种，本案证据都无法分析下去，因为本案尤其缺乏基本证据（毒品、毒资、关联行为的证人证言），某甲购买的东西是不是冰毒本身就缺乏基本证据；二是《大连会议纪要》的原话值得仔细斟酌，其不但不符合刑事诉讼法规定的"证据确实、充分"的法定标准，而且其规定"才可以作为定案的证据"的含义并非"才可以定罪"。

因此，像本案一样的证据状况的案子，对于指控证据明显不足的案件，哪怕吸毒者/贩毒者供述十分明确，仍然应依法作出无罪处理，检察机关不宜提起公诉，人民法院依法也不能判决有罪。

第十六章　重庆李庄被控辩护人妨害作证案

（辩护人、诉讼代理人毁灭证据、伪造证据、妨害作证罪）

案例　重庆李庄被控辩护人妨害作证案[①]

李庄系北京市康达律师事务所执业律师。2009年11月22日、25日，北京市康达律师事务所接受龚刚模的妻子程琪、堂兄龚云飞的委托，指派李庄与马晓军担任龚刚模被控犯组织、领导黑社会性质组织等罪一案的一审辩护人。同年11月24日、26日、12月4日，李庄、马晓军先后三次在重庆市江北区看守所会见龚刚模。李庄在会见过程中，唆使龚刚模在法庭审理时谎称被公安机关刑讯逼供，向龚刚模宣读同案被告人樊奇杭的部分供述，以配合龚刚模推翻以前在公安机关的供述。李庄又指使重庆克雷特律师事务所律师吴家友贿买警察，以证明龚刚模被公安机关刑讯逼供的虚假事实。2009年11月底至12月初，李庄引诱程琪作龚刚模被樊奇杭等人敲诈的虚假证言，并要求程琪出庭作证。同年11月24日，李庄指使龚刚模之兄龚刚华安排重庆保利天源娱乐有限公司（下称“保利公司”）员工作伪证，否认龚刚模系保利公司的实际出资人和控制者。龚刚华遂授意保利公司员工汪凌、陈进喜、李小琴向公安机关提供虚假证言。同年12月10日，龚刚模向公安机关检举李庄的行为。同月12日，李庄被公安机关捉获。

重庆市江北区人民法院认为，被告人李庄在担任龚刚模的辩护人期间，利用会见龚刚模之机，向龚刚模宣读同案人供述，教唆龚刚模编造被公安机关刑讯逼供的供述，指使吴家友贿买警察证明龚刚模被刑讯逼供；引诱龚刚模的妻子程琪作龚刚模被敲诈的虚假证言，指使龚刚华安排保利公司员工作虚假证言，并向重庆市第一中级人民法院提交通知龚云飞、龚刚华、程琪等证人出庭作证的申请，其行为妨害了司法机关正常的诉讼秩序，已构成辩护人伪造证据、妨害作证罪。依照《中华人民共和国刑法》第306条第1款的规定，认定被告人李庄犯辩护人伪造证据、妨害作证罪，判处有期徒刑2年6个月。

李庄因不服一审判决而提出上诉。上诉人李庄上诉提出，龚刚模关于被刑讯逼供的供述并非受其诱导或唆使，龚刚模手腕有伤及其被审讯的时间等现有证据显示该供述有可能成立；其未指使吴家友贿买警察作伪证，吴家友及龚云飞就此情节的证言相互矛盾，即使有此想法也未实施和影响审判；其未诱导龚刚模夫妇作关于龚刚模被樊奇杭敲诈的陈述；未指使龚刚华安排保利公司员工作伪证；其向龚刚模宣读同案人供述的行为是合法行为；其未向相关司法机关提交任何证据；龚刚模系被告人，而非证人。综上，其行为不构成辩护人伪造证据、妨害作证罪。同时，李庄上诉认为，证人均被羁押，其证言的收集程序不合法；一审法院不采纳其辩护人举示的中央电视台采访龚刚模的录像资料违法，对其回避申请、申请证人出庭、调取新证据、延期开庭等申请未给予书面答复，程序违法。在法院庭审中，上诉人李庄明确表示一审判决认定事实清楚，证据确实、充分，定性准确，程序合法，撤回上诉理由，请求二审慎重对待其上诉。

二审法院重庆市第一中级人民法院以李庄犯辩护人伪造证据、妨害作证罪，判处有期徒刑

---

① 案例来源：重庆市第一中级人民法院刑事判决书，（2010）渝一中法刑终字第13号.

1年6个月。

法理问题 辩护人、诉讼代理人毁灭证据、伪造证据、妨害作证罪

本案不但涉及辩护人、诉讼代理人毁灭证据、伪造证据、妨害作证罪的司法认定，而且涉及一系列基础理论性的犯罪论问题。李庄“利用会见龚刚模之机，向龚刚模宣读同案人供述，教唆龚刚模编造被公安机关刑讯逼供的供述”的行为，不能毫无例外地简单地被认定为辩护人帮助伪造证据的行为；同时，不能将一般的“引诱”证人违背事实改变证言或者作伪证的行为认定为犯罪，而应明确限制为“以暴力、威胁、贿买等方法”指使证人违背事实改变证言或者作伪证的行为才能构成犯罪。辩护人伪造证据、妨害作证罪兼备行为犯与结果犯的双重特征，以辩护人伪造证据、妨害作证罪是结果犯作为李庄无罪辩护的实体法理论依据本身，缺乏充分的刑法规范依据和刑法理论支撑。①

李庄律师最终被重庆市司法机关认定构成“辩护人伪造证据、妨害作证罪”②，被判处有期徒刑1年6个月。笔者注意到，李庄案控辩审三方关于本案的有关实体法问题、程序法问题及证据问题均存在尖锐分歧，深感本案值得展开深入的学理研讨。其中，李庄被控的辩护人伪造证据、妨害作证罪，到底是行为犯还是结果犯？这是李庄案控辩审三方均正面提出的一个重大理论问题，控方和审判方认为本罪是行为犯，而辩方认为本罪是结果犯。③ 应当说，行为犯与结果犯理论问题确实是本案所涉犯罪论问题之一。

笔者认为，李庄案中的犯罪论问题综合起来至少涉及以下三个方面：一是辩护人伪造证据、妨害作证罪的行为特征问题，二是辩护人伪造证据、妨害作证罪的犯罪形态问题，三是标准的犯罪构成与犯罪成立最低规格标准之间的逻辑关系问题。本章就此三个犯罪论问题展开学理研究，供学界同仁参考。

一、辩护人伪造证据、妨害作证罪的行为特征

行为（危害行为）是犯罪客观方面要件中不可或缺的基本要素。我国犯罪构成理论认为，犯罪客观方面要件必然具备一定的行为要素，此外还可能包括行为伴随状态、行为结果或者危害结果、因果关系等要素。行为特征，是指具体行为的具体内容与本质特性。

从我国《刑法》第306条的规定来看，辩护人伪造证据、妨害作证罪的客观方面要件是，行为人实施了在刑事诉讼中，伪造证据、帮助当事人伪造证据，威胁、引诱证人违背事实改变证言或者作伪证的行为。因此，从规范分析的立场来看，辩护人伪造证据、妨害作证罪的行为特征是：其一，在刑事诉讼中实施，这是本罪成立的时间条件和前提条件，因而，如果某种行为不是实施于刑事诉讼中而是于民事诉讼或者行政诉讼中，或者是在非诉讼过程中，则断无成立本罪的前提条件。当然，在刑事诉讼中，包括了刑事案件的立案侦查、审查起诉和审判过程中，同时既包括公诉案件也包括刑事自诉案件的诉讼过程中。其二，实施了伪造证据、帮助当事人伪造证据，威胁、引诱证人违背事实改变证言或者作伪证的行为。其第二个行为特征又具

---

① 魏东．论辩护人伪造证据、妨害作证罪的三个问题——以李庄案为例．北方法学，2010（6）.

② 《刑法》第306条规定的罪名全称是“辩护人、诉讼代理人毁灭证据、伪造证据、妨害作证罪”，这是一个选择性罪名，而李庄案的被控罪名仅为“辩护人伪造证据、妨害作证罪”。

③ 重庆市江北区人民法院（2009）江法刑初字第711号刑事判决书认定：“关于被告人李庄及其辩护人提出辩护人提出辩护人伪造证据、妨害作证罪应以实际发生后果为构成要件的辩解、辩护意见。本院认为，从犯罪构成上讲，该罪属于行为犯，不是结果犯。”李庄被判辩护人伪造证据、妨害作证罪案．［2010-02-20］．四川刑事律师与刑法专家网．http：//www.cncdrc.com/Container.aspx?l=zh&c=ynxa&d=1002.

体包括以下三种情形。

第一种情形：辩护人伪造证据，即辩护人本人直接制造虚假的证据。这里的证据（下同），具体包括以下七类：物证、书证，证人证言，被害人陈述，犯罪嫌疑人、被告人供述和辩解，鉴定意见，勘验、检查笔录，视听资料。

第二种情形：辩护人帮助当事人伪造证据，即辩护人本人并不亲自直接制造虚假的证据，而是为当事人制造虚假的证据提供各种精神帮助或者物质帮助。但是，这里有两个问题值得仔细斟酌：一是帮助行为的内容是否应作广义的理解，即是否包含教唆、引诱、煽动、谋划等广义的精神帮助行为？二是帮助行为的对象是否应作一定限制，即是否只能是针对"当事人制造虚假的证据"提供帮助行为？对于这样两个问题，表面上看应当说都只能作肯定回答，但是可能还需要进一步分析。(1) 其中第一个问题，从应然的立场看应当还有更进一步的限制，我国刑法不宜将单纯的"引诱"行为（这里指引诱犯罪嫌疑人或者被告人作虚假供述和辩解，以及后面将讨论的引诱证人违背事实改变证言或者作伪证的行为）规定为犯罪，而只宜将"以暴力、威胁、贿买等方法"帮助犯罪嫌疑人或者被告人作虚假供述和辩解的行为规定为犯罪（辩护人帮助当事人伪造证据)。这正如我国《刑法》第 307 条第 1 款就仅仅规定"以暴力、威胁、贿买等方法"阻止证人作证或者指使他人作伪证的行为才构成犯罪（妨害作证罪）一样的道理；也正如《刑法》第 307 条第 2 款所规定的帮助毁灭、伪造证据罪（司法工作人员犯此罪的则从重处罚），如果将其中的"帮助"行为理解为可以包括"精神帮助"在内的话，也只能将其理解为仅仅限于"以暴力、威胁、贿买等方法"帮助当事人毁灭、伪造证据且"情节严重"的行为才能构成犯罪一样的道理。为什么说将一般的"引诱"证人违背事实改变证言或者作伪证的行为，以及将一般的"引诱"（提供精神帮助）当事人毁灭、伪造证据的行为规定为犯罪不合理、不公正呢？对此，我国有学者指出是因为：第一，证言是由证人自己作出的，而证人是有独立人格和行为能力的，能够独立负责，证人应如实作证而不应接受"引诱"；第二，"引诱"是一种询问证人的技术，不仅古今中外都不同程度地使用引诱方法，不仅侦查人员、检察人员、法官和律师等都不同程度地使用引诱方法，而且在法律规范上、在技术操作上没有办法作出明确统一的界定，且这种技术到底该怎样运用，何为适当、何为不适当本身十分复杂难辨，不能用刑法直接加以禁止；第三，"引诱"证人改变证言与伪造、毁灭证据、威胁证人是性质完全不同的行为，不应将其并列并同样施以刑事处罚；第四，"引诱"证人改变证言之性质及严重程度，在实践中难以把握，势必造成法律适用之混乱，尤其是造成对律师的滥抓滥捕。① 应当说，从第 306 条和第 307 条之间的法条平衡之比较，从律师与司法工作人员之间的主体行为能力之比较，也能找到进一步的理由。因此很明显，我国《刑法》第 306 条中所规定的"帮助"，即使可以作广义的理解包括"精神帮助"行为在内，也不能认为就包含一般的教唆、引诱、煽动、谋划等广义的精神帮助行为，而应当进一步限制为仅包括"以暴力、威胁、贿买等方法"提供精神上的帮助，帮助当事人毁灭、伪造证据且"情节严重"的行为才能构成犯罪，以体现公正性与合理性。(2) 其中第二个问题，即帮助行为的对象只能限制为针对"当事人制造虚假的证据"的问题，可能主要与行为人的主观认识和判断有关系，因而本应当在本罪的犯罪主观方面要件中详加探讨；但是，这种探讨放在客观行为认定的场合仍然很有必要，从辩护人角度看，辩护人本人明确认识到"当事人制造虚假的证据"（包括当事人明确告诉辩护人以及辩护人自己亲历全案发生过程或者明确掌握了全案真相之后所产生的认识）并且为其提供帮助行为，才属于辩护人帮助当事人伪造证据的行为。换句话说，如果不是当事人明确告

---

① 王丽．律师刑事责任比较研究．北京：法律出版社，2002：100－101.

诉辩护人，不是辩护人自己亲历全案发生过程，或者不是辩护人自己明确掌握了全案真相，就不应当认定为辩护人针对"当事人制造虚假的证据"提供帮助行为的情形，即不能认定为辩护人帮助当事人伪造证据。这样从严掌握并且严格解释尤其具有重大法治意义，既可以避免个别当事人投机取巧换取"立功赎罪"，甚至"立功免死"，可以避免司法迫害，也有利于贯彻刑事法治的人权保障理性。与此相呼应，我国有学者早在刑法修订后不久就明确指出：应将本罪的主观方面限定为一种典型的直接故意心态；而那种认为本罪在主观方面可以是出于间接故意的观点，在理论上是不符合故意犯罪的分类及其本质特征的，在司法实践中会不恰当地扩大刑事责任的范围，是相当有害的。①

第三种情形：辩护人威胁、引诱证人违背事实改变证言或者作伪证。一般认为，威胁方法是指以实施暴力、揭露他人个人隐私等方式恫吓、胁迫证人，对其进行精神强制；引诱方法是指以金钱、物质或者其他利益相诱惑。因此，所谓威胁证人违背事实改变证言，是指以实施暴力、揭露他人个人隐私等方式恫吓、胁迫证人，使证人因惧怕而将自己已经作出的证言予以改变；所谓威胁证人作伪证，是指以实施暴力、揭露他人个人隐私等方式恫吓、胁迫证人，使证人因惧怕而作出虚假的证言；所谓引诱证人违背事实改变证言，是指以金钱、物质或者其他利益相诱惑，而诱使证人违背事实改变自己已经作出的证言；所谓引诱证人作伪证，是指以金钱、物质或者其他利益相诱惑而诱使证人作虚假的证言。② 但是，如前所述，将单纯的、一般的"引诱"证人违背事实改变证言或者作伪证的行为规定为犯罪并不合理也不公正，而应明确限制为"以暴力、威胁、贿买等方法"诱使证人违背事实改变证言或者作伪证的行为才能构成犯罪，其理由同前不再赘述。

就李庄案而言，一审人民法院认定被告人李庄实施了以下行为："被告人李庄在担任龚刚模的辩护人期间，利用会见龚刚模之机，向龚刚模宣读同案人供述，教唆龚刚模编造被公安机关刑讯逼供的供述，指使吴家友贿买警察证明龚刚模被刑讯逼供；引诱龚刚模的妻子程琪作龚刚模被敲诈的虚假证言，指使龚刚华安排保利公司员工作虚假证言，并向重庆市第一中级人民法院提交通知龚云飞、龚刚华、程琪等证人出庭作证的申请，其行为妨害了司法机关正常的诉讼秩序，已构成辩护人伪造证据、妨害作证罪，依法应予处罚。公诉机关指控被告人李庄犯罪的事实清楚，证据确实充分，指控的罪名成立。"③ 二审人民法院再次确认了一审判决书所认定的基本事实："本院认为，上诉人李庄在担任龚刚模的辩护人期间，教唆龚刚模作被刑讯逼供的虚假供述，引诱、指使证人作伪证，指使他人贿买警察作伪证，其行为妨害了司法机关正常的诉讼秩序，已构成辩护人伪造证据、妨害作证罪。"④

可见，重庆市两级人民法院实际上认定了李庄实施的以下两个行为属于符合辩护人伪造证据、妨害作证罪的行为特征的"适格"行为（本章这里不考虑证据采信是否恰当的问题）⑤：

---

① 赵秉志．妨害司法罪．北京：中国人民大学出版社，1999：77.

② 同① 74.

③ 重庆市江北区人民法院（2009）江法刑初字第 711 号刑事判决书.

④ 重庆市第一中级人民法院（2010）渝一中法刑终字第 13 号刑事判决书．［2010－02－27］．陈有西学术网．http：// wq.zfwlxt.com/newlawyersite/BlogShow.aspx？itemTypeID ＝ 147b3043-95bc-4824-9f02-9bf0010d25e7&itemID＝be4ad355-b8c5-41b3-9c50-9d29015825ae&user＝10420。

⑤ 事实上，李庄案的控辩审三方在本案证据采信与事实认定问题上均存在一定争议，辩方认为证据采信违法或者证据采信存在疑问，进而认为本案事实认定存在问题。而本章基于学术研究"前提假定"之需要，并不探讨本案证据采信和事实认定方面是否存在疑问的问题，仅以人民法院所作出的证据采信和事实认定为前提基础。因此，本章并非针对李庄在全案法律真实层面上是否该定罪来发表观点，仅是假定人民法院证据采信和事实认定正确而对犯罪构成要件的行为要素作出一般性的学理论证而已，即本章并非论证人民法院证据采信和事实认定本身是否正确的问题。

(1) 将李庄“利用会见龚刚模之机，向龚刚模宣读同案人供述，教唆龚刚模编造被公安机关刑讯逼供的供述”的行为，认定为李庄实施了辩护人帮助伪造证据的行为（以下简称第一个行为认定）；(2) 将李庄“指使吴家友贿买警察证明龚刚模被刑讯逼供”以及“引诱龚刚模的妻子程琪作龚刚模被敲诈的虚假证言，指使龚刚华安排保利公司员工作虚假证言，并向重庆市第一中级人民法院提交通知龚云飞、龚刚华、程琪等证人出庭作证的申请”的行为，认定为李庄实施了辩护人威胁、引诱证人违背事实改变证言或者作伪证的行为（以下简称第二个行为认定）。

但是，重庆市两级人民法院认定李庄实施的上列两个行为是否在法理上属于符合辩护人伪造证据、妨害作证罪的行为特征的“适格”行为呢？笔者认为，即使不考虑本案证据采信上的所有疑问，上列问题在法理上仍然有必要深入分析。

尤其是就第一个行为认定而言，李庄“利用会见龚刚模之机，向龚刚模宣读同案人供述，教唆龚刚模编造被公安机关刑讯逼供的供述”的行为，是否可以毫无例外地被认定为辩护人帮助伪造证据的行为？笔者认为，对此需要考虑法治上的价值权衡，需要区分不同情况作出不同认定。假使李庄因为亲历了案发全过程而明确知道“龚刚模一定没有被刑讯逼供”，或者李庄因为龚刚模明确告诉了本案真相而明确知道“龚刚模一定没有被刑讯逼供”，在这两种情况下，人民法院才可以依法认定李庄“教唆龚刚模编造被公安机关刑讯逼供的供述”的行为属于辩护人帮助伪造证据的行为（其中一般的“教唆”如同一般的“引诱”一样，不能简单地认定为本罪客观行为之适格行为，但这里不专门展开论述，下同）。但是，在此外的其他情况下，比如在李庄没有亲历案发全过程且龚刚模也没有明确告诉李庄本案真相的情况下，人民法院依法不应认定、也无法认定李庄“教唆龚刚模编造被公安机关刑讯逼供的供述”的行为属于辩护人帮助伪造证据的行为，因为无法知道案件真相的辩护人也无法知道假象，真相、假象均由龚刚模向辩护人道来，即便李庄带着探问的口气，以倾向性的态度对龚刚模说“你只有说被刑讯逼供了才可能免死”并以此来征求龚刚模的意见，最终也只能由龚刚模自己说出，辩护人根本无法准确判断是真是假的“意见”，何来“教唆龚刚模编造”？如果龚刚模对李庄说“我被刑讯逼供了”（不管是否是因为“会意了”李庄各种暗示并接受启发），这时李庄就告诉龚刚模要大声强调“我被刑讯逼供了”，这种情况下仍然无法认定为李庄“教唆龚刚模编造”，因为真相、假象均由龚刚模向辩护人道来，何来“教唆龚刚模编造”。当然，如果龚刚模明确回答李庄说真相是“我没有被刑讯逼供”，假象是“我被刑讯逼供了”，在这种情况下李庄仍然告诉龚刚模要大声强调“我被刑讯逼供了”，则这种情况下才可以认定为李庄“教唆龚刚模编造”（被公安机关刑讯逼供的供述），才可能存在辩护人帮助伪造证据（从精神上帮助被告人制造出内容虚假的供述和辩解）的空间。因此，李庄案的辩护人提出的“（辩护人）对被告的言词影响根本不构成犯罪”的观点①，在相当的场合是可以成立的，但是也可能说得过于绝对了，有违《刑法》第 306 条规定之精神。

同时还需要指出，李庄“利用会见龚刚模之机，向龚刚模宣读同案人供述”作为一种合法行为（合乎刑事诉讼法和律师法规定），逻辑上不能成为证明李庄“教唆龚刚模编造被公安机关刑讯逼供的供述”的证据或者理由，断无成立刑法意义上的“伪造证据”（或者帮助伪造证据）之任何空间。

---

① 原文更多的表述是：“（第）306 条第一款，有三种不同的行为对象，对辩护人、对被告、对证人。只有对证人，规定了言辞影响也有罪，对前两者，必须有形的证据的影响，如把证言笔录烧毁了才有罪。对被告的言词影响根本不构成犯罪。”陈有西．就南都报道复忠林教授（第六）．[2010-03-21]．陈有西学术网．http://wq.zfwlxt.com/newLawyerSite/BlogShow.aspx?itemTypeID=147b3043-95bc-4824-9f02-9bf0010d25e7&itemID=e81db847-5603-448a-9ed2-9d380165b918&user=10420.

二、辩护人伪造证据、妨害作证罪的犯罪形态

辩护人伪造证据、妨害作证罪的犯罪形态问题大致涉及四个方面：一是行为犯与结果犯理论，二是犯罪的完成形态与未完成形态理论，三是共同犯罪理论，四是罪数理论。由于其中第一、第二两个方面虽然本质上仍然是两个不同的问题，但往往存在交叉关联，因而，本章这里重点探讨行为犯与结果犯理论，难免顺带谈及犯罪的完成形态与未完成形态理论。

笔者认为，李庄案控辩审三方“一刀切”地认定辩护人伪造证据、妨害作证罪是行为犯或者结果犯的观点可能均有失偏颇。一般而言，认定一个具体犯罪是行为犯还是结果犯，需要结合刑法理论对行为犯与结果犯的学理界定、刑法规范对该具体犯罪的明确规定来分析。

应当承认，中国刑法理论一般是在犯罪既遂的类型之下来讨论行为犯与结果犯问题。例如，高铭暄教授主编的《刑法学原理》一书认为：根据中国刑法分则对各种直接故意犯罪构成要件的不同规定，犯罪既遂主要有结果犯、行为犯、危险犯与举动犯四种类型。① 所谓行为犯，是指以法定的犯罪行为的完成作为既遂标志的犯罪，这类犯罪的既遂并不要求造成物质性的和有形的犯罪结果，而是以行为完成为标志，但是这些行为又不是一着手即告完成的，按照法律的要求，这种行为要有一个实行过程，要达到一定程度，才能视为行为的完成。所谓结果犯，是指不仅要实施具体犯罪构成客观要件的行为，而且必须发生法定的犯罪结果，才能构成既遂的犯罪，即以法定的犯罪结果的发生作为犯罪既遂的标志。如盗窃罪和故意杀人罪等是结果犯，而强奸罪和伪证罪等是行为犯。

但是应当注意的是，中国也有学者在“作为犯罪的类型”“故意犯罪与过失犯罪相比较”等意义上研讨行为犯与结果犯。前者认为②：作为犯罪的类型包括行为犯、结果犯、结果加重犯三种；不过，其对行为犯和结果犯的概念解释基本上仍然是回归到犯罪既遂形态类型之下所作的解释。后者认为③：过失犯罪通称为“非行为犯”，只有当过失行为造成了严重的危害结果时，其行为才构成犯罪，故又称过失犯罪为“结果犯”，即过失犯罪只能是结果犯，危害结果是过失犯罪客观方面的必要要素；而故意犯罪由于“行为即使没有造成实际的危害后果，但只要存在着造成某种危害后果的危险，就构成犯罪（危险犯），而且行为的预备、未遂和中止都同样构成犯罪，故称故意犯罪为‘行为犯’”。应当说，后者实际上是将结果犯界定为过失犯罪之犯罪成立意义上的结果犯，我们可以称之为犯罪成立上的结果犯，并相应地将作为犯罪既遂形态类型（尤其包括故意犯罪既遂类型）意义上的结果犯称为犯罪既遂形态上的结果犯。即是说，结果犯还应当进一步区分为犯罪成立上的结果犯与犯罪既遂形态上的结果犯。

我国有学者明确强调应区分犯罪成立上的结果犯与犯罪既遂形态上的结果犯（但在具体用语上表述为构成结果犯与形态结果犯）。如有学者指出：在犯罪构成基本要件的阐述中使用“结果犯”一术语，是指不符合该结果要件的规定性则行为不构成犯罪，即无结果则无犯罪，是在罪与非罪的意义上理解概念，如过失犯罪的成立一般均以实害结果的出现为必备条件，因此，对该意义上的结果犯可称其为“构成结果犯”（即犯罪成立上的结果犯）。而在犯罪的终了形态的讨论中使用“结果犯”一术语，则是指在已经构成犯罪的前提下确定犯罪属于何种形态的问题，是在犯罪的形态层面上理解概念——为了同前一概念区别，可表述为“形态结果犯”（即犯罪既遂形态上的结果犯）。④

---

① 高铭暄．刑法学原理：第2卷．北京：中国人民大学出版社，1993：296-299.

② 陈兴良．刑法哲学．北京：中国政法大学出版社，1992：214-220.

③ 侯国云．过失犯罪论．北京：人民出版社，1993：77-78，126-127.

④ 冯亚东．罪与罚的探索之道．北京：中国检察出版社，2005：248-249.

再如有学者言：实害结果犯包括两类犯罪：一类是以实害结果为犯罪构成要件的犯罪，如交通肇事罪、过失致人死亡罪等，这类犯罪属于结果要件犯，是不存在犯罪进程形态划分的；另一类是以实害结果为犯罪既遂条件的犯罪，所谓实害结果犯的既遂是就后一类犯罪而言的。[①] 可见，这里确实存在部分学者和司法实务界人士容易混淆的一个理论概念问题，值得引起高度注意。但是需要指出的是，冯亚东教授认为“既然数额是构成盗窃罪的必要条件，因此，盗窃罪是构成结果犯，而非形态结果犯，因此盗窃罪原则上不存在未遂问题——只对达到一定数额的完成形态定罪处罚”，不但由于现行刑法规定了“多次盗窃的”可以构成盗窃罪（尽管冯亚东教授在语境中突出了“数额”的前置性限制条件），规定了故意犯罪未完成形态仍然“成立犯罪”之故，也不仅仅由于刑法理论上对结果犯之“结果”的基本界定之故[②]，而且由于司法实践中比较常见地对盗窃罪未完成形态犯予以定罪量刑的基本判断之故，笔者认为冯亚东教授关于“盗窃罪是构成结果犯而非形态结果犯”的结论是说不通的。观察犯罪成立上的结果犯，包括全部过失犯罪、全部间接故意犯罪及部分直接故意犯罪（如侵占罪等），特定的危害结果是特定犯罪成立的必要条件，并且只有“既遂形态”[③]；但是，观察犯罪形态上的结果犯，如盗窃罪（数额犯的场合），危害结果仅仅是盗窃罪成立犯罪既遂形态的必要条件，而不是盗窃行为成立犯罪（如犯罪未完成形态）的必要条件，换句话讲，即使没有出现危害结果因而不能成立犯罪既遂形态，也仍然可以成立犯罪（犯罪的未完成形态）。而这一点，是无法单纯依据我国刑法分则条文的规定来判断的，即使刑法分则条文明确将某种危害结果规定为某种具体犯罪的客观条件，如贪污罪、受贿罪、盗窃罪（数额较大的场合）等，但在逻辑上，甚至在司法实务中均无法将这些故意犯罪判断为“是构成结果犯而非形态结果犯”。道理很简单：因为我国刑法总则及我国刑法学原理于犯罪形态论上均承认“普适性的”犯罪未完成形态（几乎适用于所有可能存在未完成形态的故意犯罪），而不是如西方相当部分国家只承认“个别性的”犯罪未完成形态（即只在分则中对具体犯罪作出“本罪之未遂亦处罚”之类的特别规定），从而，我国刑法分则中所规定的所有可能存在未完成形态的故意犯罪只能是犯罪形态上的结果犯（形态结果犯），而不能是犯罪成立上的结果犯（构成结果犯）。

就李庄被控的辩护人伪造证据、妨害作证罪而言，其到底是行为犯还是结果犯？如前所述，李庄案的控方和审判方认为本罪是行为犯，而李庄案的辩方认为本罪是结果犯。此外，学术界确有学者认为，本罪是行为犯，并且本罪可以存在犯罪的未遂形态。[④] 不过，笔者认为：

---

① 刘之雄．犯罪既遂论．北京：中国人民公安大学出版社，2003：113.

② 关于结果犯之“结果”（犯罪结果或者危害结果），我国刑法理论通说将其界定为实际损害（实害结果）和现实危险状态（危险结果），认为实害结果是指犯罪行为对犯罪客体造成的现实侵害的事实，危险结果则是指犯罪行为对犯罪客体造成的现实具体危险的事实（通常仅限于具体危险犯）。但是，近年来刑法理论更加倾向于将结果界定为实害结果，认为“将危害结果未发生的危险状态理解为一种结果，在逻辑上难以成立”。陈兴良．本体刑法学．北京：商务印书馆，2001：270-276.

③ 这里也有一些理论争议问题。第一，理论上是否承认“过失危险犯”概念，就关涉“全部过失犯罪是否都是结果犯”“危险状态是否是危害结果”等理论判断。对前者的不同立场，将直接影响对后者的不同判断或者理论假设。我国有学者认为危险状态犯只能是故意犯罪，过失行为不属于危险状态犯，这种判断具有代表性（姜伟．犯罪形态通论．北京：法律出版社，1994：119）。第二，间接故意犯罪是否存在犯罪未遂等未完成形态？“既遂形态”称谓是否仅能局限于存在犯罪未完成形态可能的直接故意犯罪？有学者认为，间接故意和过失犯罪一样，都只有当犯罪构成要件结果发生后犯罪才能成立，而不存在从阶段上进行划分的余地，因而也就无犯罪既遂与犯罪的未完成形态而言（冯亚东．罪与罚的探索之道．北京：中国检察出版社，2005：88）。第三，侵占罪等部分直接故意犯罪是否可以成立犯罪未完成形态？对此，世界各国的刑法规定和理论见解均存在差异，关于我国《刑法》第270条规定的侵占罪是否存在犯罪未遂的问题也各有不同看法（刘志伟．侵占犯罪的理论与司法适用．北京：中国检察出版社，2000：130-131）。

④ 王丽．律师刑事责任比较研究．北京：法律出版社，2002：85-86.

辩护人伪造证据、妨害作证罪兼备行为犯与结果犯的双重特征。理由是：

第一，辩护人伪造证据、妨害作证罪实际上包含两个相对独立的犯罪行为和可以拆分的罪名。罪名本身可以拆分，是选择性罪名的基本特性。选择罪名是与单一罪名和概括罪名相对的一种罪名分类，是指罪名所包含的犯罪构成的具体内容复杂，反映出多种犯罪行为，既可以概括地作为一个罪名使用，也可以根据情况分解拆分作为数个罪名使用（但不实行数罪并罚）的罪名。可见，选择罪名的特点是可以包括许多具体犯罪，同时又能避免具体罪名的繁杂累赘，但概括罪名和单一罪名均不能分解拆开使用，而只能作为一个罪名整体使用。① 因而，辩护人伪造证据、妨害作证罪可以进一步拆分为辩护人伪造证据罪与辩护人妨害作证罪两个罪名，如果行为人仅实施了其中一种行为（辩护人伪造证据行为或者辩护人妨害作证行为），就可以单独定一个罪名（辩护人伪造证据罪或者辩护人妨害作证罪），如果行为人同时实施了两种行为，则仍然只定一个罪名（辩护人伪造证据、妨害作证罪）。

第二，就其中辩护人“伪造证据”行为所触犯的辩护人伪造证据罪而言，本罪（辩护人伪造证据罪）属于犯罪形态上的结果犯，而非行为犯。这种判断的法律依据在于，《刑法》第 306 条第 2 款明确规定了伪造证据的结果甄别规范：“辩护人、诉讼代理人提供、出示、引用的证人证言或者其他证据失实，不是有意伪造的，不属于伪造证据。”这说明，当伪造证据的结果出现时，本罪才能达到既遂。

第三，就其中辩护人“妨害作证”行为所触犯的辩护人妨害作证罪而言，本罪（辩护人妨害作证罪）属于行为犯，而非结果犯。因为，“妨害作证”包括一系列行为，只要实施完毕即可达到既遂，而并非需要出现某种危害结果时才能达到既遂。

第四，在行为人（辩护人）同时实施了“伪造证据”和“妨害作证”两个行为因而触犯了“辩护人伪造证据、妨害作证罪”的场合，应当认为辩护人伪造证据、妨害作证罪兼备行为犯与结果犯的双重特征，其既遂判断标准内在地包含两个，既可以以一定的危害结果出现为既遂标准，也可以以一定的行为实施完毕为既遂标准，只要符合其中一个既遂标准或者同时符合其中两个标准，那么本罪就可以成立犯罪既遂。“辩护人伪造证据、妨害作证罪”在符合其中一个既遂标准而被认定为犯罪既遂的场合，可以将另一个未达既遂标准的行为作为一个量刑情节加以适用。

一个具体犯罪兼备行为犯与结果犯的特征并非本罪独有特色，在许多选择性罪名、主要是行为选择性犯罪的罪名中比较多地存在这种现象。如《刑法》第 347 条规定的走私、贩卖、运输、制造毒品罪，是可以兼备行为犯与结果犯双重特征的适例，其既遂判断标准内在地包含两个，既可以以一定的危害结果出现为既遂标准（制造毒品部分），也可以以一定的行为实施完毕为既遂标准（走私、贩卖、运输毒品部分），只要符合其中一个既遂标准或者同时符合其中两个标准，那么本罪就可以成立犯罪既遂。

从以上分析可以看出，李庄案的辩护人主张辩护人伪造证据、妨害作证罪是结果犯，并以此作为李庄无罪辩护的实体法理论依据，至少存在两点不足：第一，缺乏充分的刑法规范依据和刑法理论支撑；第二，不足以支持无罪辩护立场，论点与论据错位。

而李庄案的审判方认定辩护人伪造证据、妨害作证罪是行为犯②，虽然同样缺乏充分的刑

① 魏东．刑法各论若干前沿问题要论．北京：人民法院出版社，2005：14－15.

② 重庆市江北区人民法院（2009）江法刑初字第 711 号刑事判决书认定：“关于被告人李庄及其辩护人提出辩护人伪造证据、妨害作证罪应以实际发生后果为构成要件的辩解、辩护意见。本院认为，从犯罪构成上讲，该罪属于行为犯，不是结果犯。故李庄及其辩护人提出的该辩解、辩护意见不能成立，不予采纳。”［2010－01－11］. 法律界. http：//news. mylegist. com/1605/2010-01-09/18889. html.

法规范依据和刑法理论支撑，但是法院判决书关于行为犯与结果犯的特性不足以影响本案定罪的认定理由，是十分中肯、恰当的。正如二审判决所陈法理：其辩护人提出李庄未实际伪造出有形证据和妨害证人作证，未造成妨害司法机关正常诉讼活动的后果，不构成辩护人伪造证据、妨害作证罪等辩护意见未被采纳。① 换句话说，即使辩护人伪造证据、妨害作证罪是结果犯，但只是犯罪形态上的结果犯，犯罪结果（危害结果）仅仅是构成犯罪既遂形态意义上的要素，而非犯罪成立条件意义上的要素，因而不影响辩护人伪造证据、妨害作证罪（未遂或者中止）的定罪（但可以影响量刑）。正如盗窃罪之盗窃结果一样，针对数额较大的财物实施盗窃行为，即使因为意志以外或者意志以内的原因而没有出现实际获得财物的结果，但是不影响盗窃罪（未遂或者中止）的认定。陈忠林教授曾经指出："李庄在法庭上一再说伪造证据是'结果犯'，他没有向法庭提交一个烟头、一个纸片作为证据，因此指控他伪造证据罪不成立。这显然是对相关刑法理论的错误理解。故意杀人罪是典型的结果犯。某甲基于杀人的故意瞄准某乙的胸口射击，结果打偏了。法院不能因为某乙没有流一滴血、皮没有一点伤，甚至头发都没掉一根，就认定某甲的故意杀人罪不成立。事实上，对于故意犯罪来说，犯罪结果是否出现，原则上只会影响犯罪是否既遂，不会影响犯罪的成立。""李庄和他的辩护律师说，在李庄案发之前，他所在的律师事务所和他本人都给重庆法院发了电报、短信，表示他们要从龚刚模案撤出来，不再为龚刚模辩护。如果这种情况真的存在，李庄的行为在法律上就应当属于犯罪中止。"② 应当说，陈忠林教授对结果犯理论、犯罪成立理论、犯罪完成形态与未完成形态理论等刑法理论本身的阐述是十分精当的；但对李庄案本身是否应当定罪处罚，还应主要考虑证据事实情况，因而应另当别论。值得提及的是，李庄案的辩护人对陈忠林教授提出了以下辩驳："你这个问题涉及的是故意杀人犯罪的既遂和未遂问题，不是行为犯、结果犯之间的区分。而这个行为不是主观的中止，是意外的客观原因的未遂。这是两个概念，你偷换了法律概念，对一般网民和青年学生会引起误导。而'辩护人伪证罪'不同，它不仅是结果犯，要求'伪造的证据必须有物质载体'，而且行为人实施了'出示、提供'行为，影响到了法庭审理，妨碍了司法，这个罪才能构成。这不是法律理解问题，而是 306 条第 2 款的明确规定。你是引用了彼结果犯的罪名，去说明此结果犯的具体犯罪构成。"③

相比较而言，应当说，李庄案的辩护律师所提出的这种反驳意见与行为犯和结果犯的基本原理、与《刑法》第 306 条立法规定的基本含义、与陈忠林教授表达的基本观点等均存在一定偏差，尚需要搭建对话平台。

三、标准的犯罪构成与犯罪成立最低规格标准之间的逻辑关系

同行为犯与结果犯相关的另外一个刑法理论问题，是标准的犯罪构成与犯罪成立最低规格标准二者之间的关系是怎样的？笔者认为，这种关系的理论逻辑梳理十分重要，而目前我国理论界对此问题的认识存在较大偏差。同时，这种认识偏差也反映在李庄案的辩护逻辑之中，成

---

① 中国法院网．李庄伪造证据、妨害作证案二审被判一年六个月．[2010-02-19]. http://www.chinacourt.org/public/detail.php?id=394956；四川刑事律师与刑法专家网．李庄律师二审被判一年六个月．[2010-02-19]. http://www.cncdrc.com/Container.aspx?l=zh&c=mscgal&d=978.

② 南方报业网．重庆大学法学院长陈忠林：我所看到的李庄案．[2010-03-21]．陈有西学术网．http://wq.zfwlxt.com/newLawyerSite/BlogShow.aspx?itemTypeID=147b3043-95bc-4824-9f02-9bf0010d25e7&itemID=e81db847-5603-448a-9ed2-9d380165b918&user=10420.

③ 陈有西．就南都报道复忠林教授（第六）．[2010-03-21]．陈有西学术网．http://wq.zfwlxt.com/newLawyerSite/BlogShow.aspx?itemTypeID=147b3043-95bc-4824-9f02-9bf0010d25e7&itemID=e81db847-5603-448a-9ed2-9d380165b918&user=10420.

为李庄案中的一个重要的犯罪论问题。

我国有学者指出传统刑法理论没有解决好标准的犯罪构成（或称为标本的犯罪构成与基本的犯罪构成，下同）与犯罪成立最低规格标准二者之间的逻辑自洽问题。该学者指出：传统犯罪构成理论认为，刑法学对犯罪构成的叙述，不管是总论对一般犯罪构成的阐述还是分论对具体犯罪构成的讨论，均是以完成形态为标本的；那么，如果说犯罪构成是以完成形态为标本的，那行为的未完成形态显然并不符合“标本的犯罪构成”，而标本的犯罪构成其意义就在于是对行为成立犯罪之最低度、最基本条件的概括——既然未完成形态在成罪之起码条件上都有缺损，那又如何能够成立犯罪呢？这是在中国犯罪论体系构造中一个十分棘手的逻辑自洽问题。同时他又进一步指出：在中国刑法语境下，由于犯罪构成只是对刑法条文的一种解说性理论，而分则条文中又均未规定修正的罪状，故并不能直接由分则罪状产生“修正的犯罪构成”的提法；国内许多著述之所以作如此分类，纯属学者们在观念中假设有这么一类与日本刑法相同的条文存在，而生搬硬套他国刑法理论的产物。事实上我国刑法对犯罪的未完成形态，只是在总则中作了原则性规定，并没有明确规定可以适用于哪些个罪；如果一定要强调我国刑法理论中也存在“修正的犯罪构成”，那便只能是一个存在于刑法学总论中、没有明确的分则条文依据、没有明确具体犯罪可指涉的“犯罪构成”。在此意义上若强调“修正的犯罪构成”，纯属理论务虚而没有任何司法指导价值。尤其是中国学者至今在各种著述中都未能开列出一个符合中国国情的、有充分说服力的须处罚未完成形态的罪名清单，而且，尽管犯罪的未完成形态同犯罪构成之间存在体系方面的“脱节”问题，但对立法及司法实际上并无影响，应该说基本上是属于犯罪论之理论构造的务虚性问题。① 这种论述应当说还是十分深刻的，但是笔者认为，这种论述可能也忽略了一些比较重要的因素，其提出的解决方案也需要进一步斟酌权衡。

笔者认为，中国传统犯罪构成论体系本身在解释论上存在的上述问题可能仅仅是“技术上”（解释论技术）的问题，而不完全是“体系上”（解释论体系）存在的问题，标准的犯罪构成与犯罪成立最低规格标准二者之间关系的混乱局面，并非不可以在通说犯罪论体系内解决。事实上，标准的犯罪构成与犯罪成立最低规格标准二者之间并不存在水火不容的矛盾，而是学理上缺乏逻辑梳理所致。因而，理论界需要研究的问题是：传统刑法解释论如何适应中国刑法立法规范，并在“体系内”解决标准的犯罪构成与犯罪成立最低规格标准二者之间的矛盾关系。为此，笔者提出以下拙见。

第一，中国传统犯罪构成，应当说是一种适应中国刑法立法规范（犯罪规范）的理论解释方法论。应当说，所有国别的犯罪论内容，无论是大陆法系国家的犯罪论、俄罗斯的犯罪论，还是英美法系国家的犯罪论，都与该国刑法立法规范相关联，并成为可以匹配其刑法立法规范的理论解释方法论。比如，刑法典对犯罪构成论体系的形成可能产生影响，刑法典通过法文化传统对入罪规范体系与出罪超规范体系进行系统化整合，并形成一定的刑法规范体系，最终对犯罪构成论体系之特色化选择产生重要影响。德日犯罪论体系为何是递进式三性论，笔者认为，这可以从德日刑法典和德日法文化传统中综合归纳出一些根据；同理，中国犯罪构成论体系为何是平面耦合式四要件论，也可以从中国刑法典和法文化传统（苏联法文化意识形态的亲近传统）中综合归纳出一些根据，也即是说不同国别的犯罪构成论体系总体上是与该国刑法立法相适应的刑法解释方法论。

第二，从逻辑上分析，中国传统犯罪构成理论所言之犯罪构成，在没有特别加以限制说明的情况下实质上意指“标准的犯罪构成”，而非《修正的犯罪构成》。这可能只是一个语言表达

① 冯亚东．犯罪构成与诸特殊形态之关系辨析．法学研究，2009（5）．

习惯的问题，标准的犯罪构成与修正的犯罪构成即使在中国传统犯罪构成理论中也是一种比较科学合理的类型划分，而不是一个真实的理论逻辑矛盾问题。

第三，中国语境下的犯罪成立最低规格标准是否存在？若存在，是什么？笔者认为，在规范逻辑和理论逻辑上，中国语境下的犯罪成立最低规格标准是存在的，但是中国语境下的犯罪成立最低规格标准不可能被“一刀切”地认为是标准的犯罪构成，而是应结合刑法总则和分则的具体规定来具体确定。中国刑法规范中的犯罪之犯罪成立最低规格标准大致可以分为以下两种情况：(1) 第一种情况是，犯罪成立上的结果犯、阴谋犯，其犯罪成立最低规格标准可以认为就是标准的犯罪构成。如过失犯罪、部分故意犯罪即是适例（我国现行刑法未规定阴谋犯），它们要么就没有成立预备犯、未遂犯与中止犯的任何空间，要么它们本来就是预备犯被独立罪名化（犯罪预备行为本身被独立犯罪化或者被独立罪名化）。(2) 第二种情况是，除犯罪成立上的结果犯、阴谋犯以外的其他所有犯罪（犯罪形态上的结果犯、行为犯、危险犯等）之犯罪成立最低规格标准，只能是犯罪预备的犯罪构成（修正的犯罪构成），而不是标准的犯罪构成，甚至也不是犯罪未遂的犯罪构成。为什么呢？因为我国刑法总则明确规定了故意犯罪的未完成形态，包括预备犯、未遂犯、中止犯等三种修正的犯罪形态，其中最低限度的成罪形态就是犯罪预备，而且更为重要的是，我国《刑法》总则并未对预备犯的犯罪构成有任何除外规定（更不用说犯罪未遂和犯罪中止的犯罪构成中也没有任何除外规定）。我国《刑法》第 22 条规定：“为了犯罪，准备工具、制造条件的，是犯罪预备。对于预备犯，可以比较既遂犯从轻、减轻处罚或者免除处罚。”我国《刑法》第 23 条关于犯罪未遂的规定、第 24 条关于犯罪中止的规定均表明了类似于犯罪预备的刑法立法政策：犯罪预备、犯罪未遂和犯罪中止都是“犯罪”（预备犯、未遂犯与中止犯），理应定罪，仅是处罚从宽（可以或者应当免除处罚、减轻处罚或者从轻处罚）。虽然我国司法实务上确实客观存在对于一些预备犯、中止犯甚至未遂犯没有定罪处罚的现象，虽然也有《刑法》第 13 条但书规定可以作为对一些预备阶段的预备或者中止行为、实行阶段的未遂或者中止行为等作无罪定性处理的“法规范依据”，但是应当说，这不是我国刑法规范所表达的“常态”处置方式，而只是司法处理上的合理做法，并不能否定对于犯罪预备行为等予以定罪处罚（尤其是定罪）的做法具有符合实在法规范的性质，也不能否认理论上关于第二种情况“除犯罪成立上的结果犯、阴谋犯以外的其他所有犯罪（犯罪形态上的结果犯、行为犯、危险犯等）之犯罪成立最低规格标准只能是犯罪预备的犯罪构成（修正的犯罪构成）”的理论正确性与逻辑正确性。

第四，中国语境下的刑法立法与犯罪构成论体系之逻辑建构。综合上列论述，理论上还应当检讨的问题是我国的刑法立法政策（主要涉及对于犯罪预备行为、犯罪未遂行为与犯罪中止行为的刑法规制政策）与立法技术（主要涉及对于预备犯与未遂犯是采用总则性一般规范，还是采用分则性特别规范的立法技术选择）。

从刑法立法政策和立法技术的立场观察，我国现行刑法对犯罪的规定存在犯罪扩张化、严密化的特征，尤其是《刑法》第 13 条对犯罪概念的规定，甚至被部分学者和司法实务人员尊奉为认定犯罪的第一层次标准（相应地将犯罪构成作为认定犯罪的第二层次标准），形成一种具有中国特色的“先定性”（实质是先定犯罪性质但可能并无具体罪名）、“再定名”（寻找具体的适当的罪名），无论在程序法上还是在刑法实体法上这均有违罪刑法定原则的基本立场，此其一。其二，我国刑法对犯罪未完成形态均只有总则性一般规定，而在刑法分则中没有具体规定，给人一种十分深刻的法情感影响甚至思维定势就是：所谓存在犯罪未完成形态可能的故意犯罪，其犯罪未完成形态都应当依法定罪处罚。应当说，这样两个特点，使得我国现行刑法对犯罪的规定十分突出地存在犯罪扩张化、严密化的特征，也十分深刻地影响了我国刑法司法实践，有些场合甚至出现了比较严重的司法无序状态。

从刑法司法实务立场观察，为什么我国司法实践中又能够在某些情况下做到不处罚犯罪未完成形态？通过经验做法的观察总结可以发现，刑法司法实务中往往在以下几种情况下不处罚犯罪未完成形态：一是适用《刑法》第13条但书的规定，司法者认为综合全案看“但是情节显著轻微危害不大的，不认为是犯罪”；二是根据刑法谦抑主义或者宽严相济刑事政策精神，对部分犯罪未完成形态不予以定罪处理；三是由于证据事实与法情感等特殊因素的综合作用，而对部分犯罪未完成形态不予以定罪处理。这样三种情况，其实都具有较大的随意性、模糊性与偶然性，且在部分情况下会使人感到困惑。

笔者认为，通过上列两种立场观察和分析，我国对于犯罪预备行为、犯罪未遂行为和犯罪中止行为的立法政策和立法技术均需要反思调整，相应的，我国的犯罪构成论体系也需要重新进行逻辑构建。笔者认为以下具体思路是适当可行的。

一是采取明确限缩犯罪成立最低规格的立法政策和立法技术。即刑法立法上，不但继续保留规定犯罪成立上的结果犯，明确规定其犯罪成立最低规格标准就是标准的犯罪构成，而且将预备犯、未遂犯与中止犯仅有总则性一般规定的做法改变为“总则分则双重规范”，即保留刑法总则对预备犯、未遂犯与中止犯的一般性规定，但同时规定成立犯罪的范围“以分则的明确规定为限”，切实改变现行刑法的“分则条文中又均未规定修正的罪状”之状况，实现预备犯、未遂犯与中止犯的分则明确规范化。这样，只有在刑法分则对具体犯罪之预备犯、未遂犯与中止犯有明确规定的场合，其犯罪成立最低规格标准才是修正的犯罪构成而不是标准的犯罪构成，如犯罪预备的犯罪构成（在刑法分则规定处罚其预备犯的场合）、未遂犯的犯罪构成（在刑法分则规定处罚其未遂犯但是不处罚其预备犯的场合）。那么，在刑法分则没有明确规定处罚其预备犯或者未遂犯的犯罪中，就不存在犯罪预备、犯罪未遂与犯罪中止遭受刑事追究的任何风险，也不存在无法准确确定犯罪成立最低规格标准的问题。

二是重新构建中国犯罪构成理论体系，在中国犯罪构成论体系内将标准的犯罪构成、修正的犯罪构成与犯罪成立最低规格标准等犯罪论关系范畴进行周延的逻辑梳理，实现中国犯罪构成论体系逻辑自洽。中国犯罪构成论体系的重新建构是一个系统复杂的理论问题，尽管中国学者目前还存在较大分歧，但是我们有理由相信中国学者的理论创新力，并期待尽快得到合理解决，这一点需要中国学界共同努力。逻辑上，在刑法分则对具体犯罪之预备犯、未遂犯与中止犯没有明确规定的场合，就应当认为该具体犯罪只有犯罪成立与否的问题，而不存在预备犯、未遂犯或者中止犯的问题，在犯罪构成论体系上就只存在标准的犯罪构成与犯罪成立最低规格标准之犯罪论关系范畴，即其犯罪成立最低规格标准就是相应的标准的犯罪构成，而不存在修正的犯罪构成问题；反之，在刑法分则对具体犯罪之预备犯、未遂犯与中止犯有明确规定的场合，在犯罪构成论体系上就全面存在标准的犯罪构成（既遂犯）、修正的犯罪构成（非既遂犯）与犯罪成立最低规格标准（预备犯或者未遂犯之修正的犯罪构成）等犯罪论关系范畴，即其犯罪成立最低规格标准就是相应的修正的犯罪构成而不是标准的犯罪构成，如犯罪预备的犯罪构成（在刑法分则规定处罚其预备犯的场合）、未遂犯的犯罪构成（在刑法分则规定处罚其未遂犯但是不处罚其预备犯的场合）。

就李庄案所涉辩护人伪造证据、妨害作证罪而言，由于本罪在现行刑法逻辑上存在预备犯、未遂犯及中止犯的空间，因而本罪在犯罪构成论体系上存在标准的犯罪构成、修正的犯罪构成（即预备犯的犯罪构成、未遂犯的犯罪构成即中止犯的犯罪构成）与犯罪成立最低规格标准的范畴体系，其犯罪成立最低规格标准应当是预备犯的犯罪构成。但是，司法实务中（刑事司法政策上）是否实际对辩护人伪造证据、妨害作证罪的预备犯进行定罪处理则是另外一个问题。

第十七章　北京肖某某殴打打假人员案

（寻衅滋事罪）

案例

北京肖某某殴打打假人员案[①]

被告人肖某某因对被害人方某甲、方某乙等人在互联网和其他媒体上质疑其学术成果不满，遂接受被告人戴某某找人殴打两名被害人的提议。后戴某某找到被告人许某某，并将肖某某提供的二被害人照片、住址等信息及部分资金交给许某某。2010 年 5 月间，被告人许某某纠集被告人龙某某来京伺机对二被害人实施殴打。6 月 24 日 22 时许，许某某、龙某某在北京市海淀区增光路，持铁管殴打方某乙，致其头皮血肿、多处软组织挫伤、头皮裂伤，经鉴定为轻微伤。同年 7 月间，被告人许某某纠集被告人龙某某、康某某到北京市石景山区七星园小区附近，持铁管、铁锤寻找机会殴打被害人方某甲。8 月 29 日 17 时许，许某某、龙某某在该小区北门附近，持铁管、铁锤、喷射防卫器殴打方某甲，致其腰骶部皮肤挫伤。后五被告人分别被公安机关查获，部分作案工具已起获。人民法院以寻衅滋事罪判处肖某某拘役 5 个半月，判决其他 4 名被告人拘役 5 个半月到 1 个半月不等刑期。

法理问题　寻衅滋事罪

本案被告人肖某某系某高校教师，被害人方某甲系知名“打假”人员，加之本案在定性上从一开始就存在重大争议和全国范围内的广泛影响，所以本案属于有重大影响力案件。对于肖某某等五人的行为定性问题，主要有以下几种观点：其一，有人认为涉嫌寻衅滋事罪，办案机关采纳这一观点并且人民法院最终以寻衅滋事罪对肖某某等人定罪处罚；其二，肖某某及其辩护人认为涉嫌故意伤害，但是尚未达到轻伤以上程度从而不应定罪；其三，方某乙认为涉嫌故意伤害罪（重伤、未遂）；其四，方某甲认为，肖某某涉嫌故意杀人罪（未遂）。

本书认为，北京肖某某殴打打假人员案涉及寻衅滋事罪、故意伤害罪、故意杀人罪等罪名的刑法解释适用问题，尤其是涉及《刑法》第 293 条第 1 款第 1 项“随意殴打他人，情节恶劣的”解释适用。从刑法解释的保守性立场看，肖某某出于报复伤害动机指使多人、多次殴打二名被害人，造成了较为严重的社会影响，应当予以治安管理处罚，但是依法不宜定寻衅滋事罪。其中主要法理在于，“随意殴打他人”不得以随意解释代替规范解释。如果按照本案判决逻辑，则我国应当取消故意伤害罪，因为除防卫过当以外的其他情形性的故意伤害行为几乎都可以像本案一样地解释为“随意殴打他人”，显然不具有合理性。当然，尽管本书不赞同将肖某某的故意伤害行为解释为寻衅滋事罪，但是并非支持对肖某某殴打他人的行为不处罚，而是应当对肖某某予以适当处罚，如给予治安管理处罚就比较适当（即只是不赞同定罪而已）。

寻衅滋事罪，是指随意殴打、追逐、拦截、辱骂、恐吓他人，强拿硬要或者任意毁损、占

---

① 案例来源：北京市第一中级人民法院（2010）一中刑终字第 3377 号刑事裁定书。

用公私财物，或者在公共场所起哄闹事，破坏社会秩序，情节恶劣或者严重的行为。

本罪的保护法益（即犯罪客体）是社会秩序。本罪的行为定型（即客观方面要件）表现为下列四项寻衅滋事而破坏社会秩序的行为：（1）随意殴打他人，情节恶劣的；（2）追逐、拦截、辱骂、恐吓他人，情节恶劣的；（3）强拿硬要或者任意损毁、占用公私财物，情节严重的；（4）在公共场所起哄闹事，造成公共场所秩序严重混乱的。

根据2013年7月22日起施行《关于办理寻衅滋事刑事案件适用法律若干问题的解释》（以下简称"《解释》"）第2条的规定，"随意殴打他人"中的"情节恶劣"，是指具有下列情形之一：（1）致一人以上轻伤或者二人以上轻微伤的；（2）引起他人精神失常、自杀等严重后果的；（3）多次随意殴打他人的；（4）持凶器随意殴打他人的；（5）随意殴打精神病人、残疾人、流浪乞讨人员、老年人、孕妇、未成年人，造成恶劣社会影响的；（6）在公共场所随意殴打他人，造成公共场所秩序严重混乱的；（7）其他情节恶劣的情形。

根据《解释》第3条的规定，"追逐、拦截、辱骂、恐吓他人"中的"情节恶劣"，是指具有下列情形之一：（1）多次追逐、拦截、辱骂、恐吓他人，造成恶劣社会影响的；（2）持凶器追逐、拦截、辱骂、恐吓他人的；（3）追逐、拦截、辱骂、恐吓精神病人、残疾人、流浪乞讨人员、老年人、孕妇、未成年人，造成恶劣社会影响的；（4）引起他人精神失常、自杀等严重后果的；（5）严重影响他人的工作、生活、生产、经营的；（6）其他情节恶劣的情形。

根据《解释》第4条的规定，"强拿硬要或者任意损毁、占用公私财物"中的"情节严重"是指具有下列情形之一：（1）强拿硬要公私财物价值1 000元以上，或者任意损毁、占用公私财物价值2 000元以上的；（2）多次强拿硬要或者任意损毁、占用公私财物，造成恶劣社会影响的；（3）强拿硬要或者任意损毁、占用精神病人、残疾人、流浪乞讨人员、老年人、孕妇、未成年人的财物，造成恶劣社会影响的；（4）引起他人精神失常、自杀等严重后果的；（5）严重影响他人的工作、生活、生产、经营的；（6）其他情节严重的情形。

根据《解释》第5条的规定，对于"在公共场所起哄闹事造成公共场所秩序严重混乱"的认定，应当根据公共场所的性质、公共活动的重要程度、公共场所的人数、起哄闹事的时间、公共场所受影响的范围与程度等因素，综合判断是否"造成公共场所秩序严重混乱"。

本罪的有责性类型（即主观方面要件）是故意。其动机通常是逞强取乐、寻求刺激、发泄不满等，该种情形通常被称为"无事生非型"寻衅滋事。行为人因日常生活中的偶发矛盾纠纷，借故生非，实施前述行为的，亦应当认定为"寻衅滋事"，但矛盾系由被害人故意引发或者被害人对矛盾激化负有主要责任的除外。这种情形在实践中被称为"小题大做型"寻衅滋事。① 行为人因婚恋、家庭、邻里、债务等纠纷，实施殴打、辱骂、恐吓他人或者损毁、占用他人财物等行为的，一般不认定为"寻衅滋事"，但经有关部门批评制止或者处理处罚后，继续实施前列行为，破坏社会秩序的除外。

犯本罪的，依照《刑法》第293条的规定处罚，即处5年以下有期徒刑、拘役或者管制；纠集他人多次实施寻衅滋事行为，严重破坏社会秩序的，处5年以上10年以下有期徒刑，可以并处罚金。根据《解释》第6条的规定，"纠集他人多次实施寻衅滋事行为，严重破坏社会秩序"，应当同时满足以下两个条件：一是每次实施的寻衅滋事行为均构成犯罪。二是每次寻衅滋事行为未经处理，包括行政处理和刑事处理。

本书重点讨论《刑法》第293条第1款第1项"随意殴打他人，情节恶劣的"、第4项"在

---

① 周加海，喻海松．《关于办理寻衅滋事刑事案件适用法律若干问题的解释》的理解与适用．人民司法，2013（23）．

公共场所起哄闹事，造成公共场所秩序严重混乱的”的解释适用问题。

一、《刑法》第 293 条第 1 款第 1 项“随意殴打他人，情节恶劣的”[①]

在司法实务中，对《刑法》第 293 条第 1 款第 1 项“随意殴打他人，情节恶劣的”犯罪类型的认定，存在诸多争议。本书通过曾经轰动一时的肖某某案对“随意殴打他人”行为之定性加以分析。

“北京肖某某殴打打假人员案”案情介绍已如前所述，其中存在的重要争议问题是，“随意殴打型”寻衅滋事罪（以下简称“殴打型寻衅滋事罪”）和故意伤害罪的区分。肖某某认为，自己的行为就是针对方某甲等人的故意伤害，而不是寻衅滋事。故意伤害罪是结果犯，司法实践以出现轻伤以上的损害结果作为故意伤害罪的既遂标准。如果认定肖某某的行为是故意伤害，由于方某甲和方某乙被害人均未达到轻伤程度，对于肖某某只能按照治安管理条例处罚，不构成犯罪。那么，被告人肖某某基于个人私怨对被害人实施多次报复，造成轻微伤的行为是否符合殴打型寻衅滋事罪的构成要件？殴打型寻衅滋事罪和故意伤害罪是否存在补充关系，当伤害结果未达到故意伤害罪的入刑门槛时能否以寻衅滋事罪定罪量刑？这需要对“随意殴打他人”的犯罪构成要件加以具体的解释适用。

在解释适用殴打型寻衅滋事罪的犯罪构成要件之前，需要确立一个总体的解释原则。从本罪的立法沿革上来看，寻衅滋事罪是从 1979 年《刑法》中规定的流氓罪中分离出来的。[②] 因流氓罪具有口袋罪的性质受到不少的质疑，1997 年《刑法》修订时，将聚众斗殴、寻衅滋事、侮辱妇女这三种行为进行了分解。1997 年《刑法》就原流氓罪中的一种行为寻衅滋事，设置了单独的罪名，包括四种行为。遗憾的是，这四种行为方式仍然存在性质模糊的缺陷——如殴打型寻衅滋事罪的“随意”，何为“随意”，“随意”的体系地位和判断指标是什么，均不清晰。因此寻衅滋事罪仍然具有小口袋罪的性质，在司法实践中易产生认定上的差错，导致随意出入罪。对于具有口袋罪性质的罪名，在具体的解释适用上应当把握一个总体原则——限制解释。根据刑法设置本罪的目的对犯罪构成要件进行限缩的解释，尽量缩小犯罪的外延，明确其含义。

（一）“随意殴打”型寻衅滋事罪的保护法益再检讨

寻衅滋事罪的保护法益是社会秩序。然而，什么是“社会秩序”，立法和司法解释并没有进行明确的规定。考察本罪在我国《刑法》中的规定，寻衅滋事罪是规定在刑法分则第六章“妨害社会管理秩序罪”的第一节“扰乱公共秩序罪”中的；同时，刑法第 293 条前规定，“破坏社会秩序”的行为才成立寻衅滋事罪。[③]

“社会管理秩序”“公共秩序”“社会秩序”原本都是十分抽象的概念。从词语的拆分来说，社会管理秩序既包括社会秩序也包括管理秩序。社会管理秩序的社会性与管理性处于一种融合的状态，两者不可分离。公共秩序应该包括公共场所秩序与社会秩序。[④] “社会”的汉字本意是特定土地上人的集合。社会秩序是人类生存与发展的保障，是人们获得安宁生活的基础，遍布人们生活的全部空间和时间，人们在社会生活中必须要遵守相应的行为规则、道德规范、法

---

① 本部分内容系笔者和悦洋讲师合作研究成果，原文参见魏东，悦洋．寻衅滋事罪“随意殴打他人”的法教义学分析．四川师范大学学报（社会科学版），2017（4）：56－63.

② 1979 年《刑法》第 260 条规定：“聚众斗殴，寻衅滋事，侮辱妇女或者进行其他流氓活动，破坏公共秩序，情节恶劣的，处七年以下有期徒刑、拘役或者管制。流氓集团的首要分子，处七年以上有期徒刑。”

③ 张明楷．刑法学．5 版．北京：法律出版社，2016：1063.

④ 陈兴良．寻衅滋事罪的法教义学形象——以起哄闹事为中心展开．中国法学，2015（3）.

律法规。在这个意义上，任何犯罪都可以说是侵害了社会秩序。因此，以“社会秩序”作为寻衅滋事罪的保护法益抽象程度太高，必然导致对构成要件的解释缺乏限制，不利于罪刑法定原则的贯彻。因此，需要对社会秩序进行限制解释，否则本罪所保护的法益将等同虚设。

公共秩序或社会秩序是一种社会法益，而社会法益是由个人法益组成的，是个人法益的集合体。社会法益必须能够还原为个人法益。[①] 联系本罪的四种行为类型来考察，其中的殴打型寻衅滋事的“随意殴打他人”指向的是个人的人身权利，具体保护的是他人的身体安全。因此，殴打型寻衅滋事罪保护的是双重法益，社会秩序和他人的身体安全，且两类法益处于主次地位，社会秩序排在第一位，他人的身体安全为第二位。基于这种主次关系的安排，殴打型寻衅滋事罪是通过侵害他人的身体安全进而侵害社会秩序的。那么在什么情况下，社会秩序会因为殴打行为被侵害呢?

历史上“两高”1984 年 11 月 2 日《关于当前办理流氓案件中具体应用法律的若干问题的解答》列举了四种构成流氓罪的寻衅滋事类型，其中，“以打人取乐，随意殴打群众，或多次向人身、车辆、住宅抛投石块、污物等，造成后果，引起公愤的”，是现行《刑法》规定“随意殴打他人”行为的来源。[②] 这种行为方式的特点在于，行为人是在漠视社会秩序的心理状态下对社会一般群众的寻隙挑衅惹事，破坏了群众安宁的生活状态，引起了社会群众的愤怒。虽然本条司法解释随着流氓罪的取消也随之失效，但是，作为殴打型寻衅滋事罪的“前身”，形象地勾勒出了本罪保护法益的观念形象，与社会秩序相关联的一般的非特定人的人身安全。因此，在判断本罪的法益时，无论行为人殴打的对象是谁，始终要考量这种殴打行为是否侵害了与社会秩序相关联的一般的非特定人的人身安全。

进而，关于殴打型寻衅滋事罪的认识与理解都必须建立在一个最基本的观念上，司法机关在区分殴打型寻衅滋事罪与故意伤害罪时，应当在脑海中进行价值衡量，犯罪人的行为是更多地侵犯了与社会秩序相关联的一般的非特定人的人身安全，还是更多地侵犯了公民个人人身健康权[③]，两罪的设置目的和保护法益并不相同。“刑法问题最后解决的标准，并不是在学说或判例的本身，也不是在法律的形式，而是在我们生活利益的衡量”[④]。

（二）“随意殴打”型寻衅滋事罪的行为分析

寻衅滋事罪是行为犯，构成要件行为的定型化并不依赖于结果，而是由其行为自身所决定的，构成要件行为以评价性要素为根据，定型化程度较低。[⑤] 这也是导致司法实践中对于该罪认定困难的主要原因。

1.“随意”的解释适用

（1）“随意”的体系地位

“随意”的字面意思是任凭自己的意愿，是殴打他人构成寻衅滋事罪的一个必备要件。在刑事审判实践中，究竟如何认定“随意”，并没有明确的标准。

学界对于“随意”的解释主要有三种，一是动机说，二是内心倾向说，三是双重置换原则说。动机说认为“随意”是对主观流氓动机的标示。行为人是出于故意违反社会的公序良俗，逞强斗狠、抖威争霸、发泄不满、寻求刺激、打人取乐等不健康的流氓动机实施的殴打行为。内心倾向说认为“随意”是行为时的心理倾向，是否“随意”要从行为发生的时间、事由、动

---

① 李勇．论寻衅滋事罪的性质、特征及相近罪名之界限．刑事司法指南，2009（3）.

② 张明楷．寻衅滋事罪探究．政治与法律，2008（2）.

③ 戴羽，汪耕云．浅谈“随意殴打型”寻衅滋事罪之界定．法制与经济，2011（11）.

④ 同①.

⑤ 陈兴良．寻衅滋事罪的法教义学形象——以起哄闹事为中心展开．中国法学，2015（3）.

机、地点等方面进行综合的考察。双重置换原则说认为“随意”是指殴打的理由、对象、方式等明显异常，将行为人和被害人置换为一般人来判断，行为人的行为都是不能接受的。① 以上几说的分歧涉及“随意”到底是主观要素还是客观要素的问题。

前两说认为“随意”是一种主观要素。如陈兴良教授认为，“随意”是非法定的主观违法要素，具有罪与非罪的区分功能，行为人只是在客观上实施了殴打行为，并不足以构成寻衅滋事罪，还需要具备主观上的流氓动机②，属于动机说。张明楷教授则认为，“随意”是主观的超过要素，行为人主观上是否具有流氓动机，考察主观上是否随意是没有多大必要的，“随意”更多的是基于客观事实做出的判断。主要原因在于：其一，流氓动机是什么，难以界定，说不清、道不明。其二，即使没有流氓动机也可能侵害本罪的法益，出于流氓动机殴打他人和出于报复动机殴打他人对于他人身体安全和社会秩序的侵犯没有任何区别。其三，完全可以从客观上判断是否是寻衅滋事行为。其四，不将流氓动机作为主观要素，也不会扩大本罪的处罚范围。其五，流氓动机是主观的超过要素，没有流氓动机，也依然可能有寻衅滋事的故意。其六，本罪和故意伤害罪等并不是对立关系，运用想象竞合犯就可以解决定罪问题。其七，流氓动机是对客观事实的归纳，但是刑法学是规范学而不是事实学。③ 在具体考察何为“随意”时，倾向于双重置换原则的方法。

笔者认为，“随意”既是主观要素——流氓动机，也是客观要素——随意殴打的行为。原因如下。

第一，从语义解释来说，“随意”是一个修辞词语，修辞的对象可以是主观心理，也可以是客观行为。如果指向的是主观心理，那么可以概括为学界通常所说的“流氓动机”。如果指向的是客观行为，则是说行为超越了正常的限度。当我们在日常生活中说“这个人太随意了”，表达的意思可以是该人的思想自由散漫，也可以是该人的行为毫无约束。因此，从语词性质上看，“随意”既可以指流氓动机，也可以指客观行为。

第二，结合历史解释和司法解释，最高人民法院、最高人民检察院 1984 年 11 月 2 日《关于当前办理流氓案件中具体应用法律的若干问题的解答》列举了四种构成流氓罪的寻衅滋事类型，其中，“以打人取乐，随意殴打群众，或多次向人身、车辆、住宅抛投石块、污物等，造成后果，引起公愤的”，是现行刑法规定“随意殴打他人”行为的来源。④ 同时，“两高”2013 年 5 月《关于办理寻衅滋事刑事案件适用法律若干问题的解释》第 1 条也对“随意”进行了描述，是出于“寻求刺激、发泄情绪、逞强耍横”的心理状态，无事生非、借故生非。从流氓罪到寻衅滋事罪是一个历史的传承，尽管取消了流氓罪分解为四个罪，但是流氓动机并没有取消，得到了司法解释的确认。同时，这些规定中对“随意”的描述既有主观心理状态，也有客观行为事实。“寻求刺激、发泄情绪、逞强耍横”是对随意的心理状态的描述，“无事生非、借故生非”是对随意行为的描述。

第三，从本罪的解释原则来说，认为“随意”既是主观要素也是客观要素，能够加强限缩解释的力度。主观的违法要素也即主观的构成要件，是相对于客观的构成要件而言的。我国刑法条文的罪状大多是对客观要素的描述，在少数情况下涉及主观要素，除故意和过失外，包括成文的“明知”和“目的”以及不成文的主观构成要件要素。主观的违法要素的主要功能是为

① 王蓉．浅析寻衅滋事罪中的“随意殴打他人——从肖传国案说起”．西昌学院学报（社会科学版），2011（12）．

② 陈兴良．寻衅滋事罪的法教义学形象——以起哄闹事为中心展开．中国法学，2015（3）．

③ 张明楷．刑法学．5 版．北京：法律出版社，2016：1068-1069．

④ 张明楷．寻衅滋事罪探究．政治与法律，2008（2）．

违法性的判断提供事实基础，对构成要件进一步起到限缩的作用。主观的超过要素是与客观要素不相符的构成要件，没有与之相对应的客观要素，是“溢出”的要素，如短缩的二行为犯的第二个目的，对证明的要求更高。[①] 根据对本罪的解释原则，首先考察客观上行为人的行为是否是“随意殴打”，再考察主观上行为人是否有“随意”的动机，将“随意”同时作为主观的违法要素进行主、客观的两次认定能够起到限定构成要件要素成立的作用。

第四，从体系解释的角度来看，和故意伤害罪的法定刑相比，如果殴打行为造成被害人轻伤，法定刑是5年以下有期徒刑、拘役或管制；而故意伤害罪中，如果伤害结果是轻伤，法定刑是3年以下有期徒刑、拘役或管制。同样是造成轻伤的结果，寻衅滋事罪的法定刑是高于故意伤害罪的，说明在造成轻伤结果的情况下，寻衅滋事罪的入罪门槛是要高于故意伤害罪的，高出的原因正是在于行为人主观上的流氓动机。

因此，笔者不同意因为成立寻衅滋事罪需要有流氓动机，反过来就认为故意伤害罪不需要有流氓动机，这实际上是人为地给故意伤害罪添加了一个消极要素，成立故意伤害罪不得出于流氓动机。笔者认为，如果有证据证明行为人没有流氓动机，那么即使侵害了本罪的法益，也不能认为是寻衅滋事罪。而且，寻衅滋事罪要求流氓动机，并不表示故意伤害罪不能够有流氓动机。在构成轻伤结果的情况下，对于流氓动机的判断的主要目的是限制寻衅滋事罪的成立，而不是排除故意伤害罪。毕竟在轻伤害的档次上，寻衅滋事罪的法定刑是高于故意伤害罪的。对于没有流氓动机造成轻伤的，不宜以寻衅滋事罪定罪处罚。因此，“随意”的判断对于随意殴打型寻衅滋事罪的认定至关重要，不可虚置。将“随意”同时作为客观要素和主观要素进行两次判断，有助于进一步限缩本罪的成立，提高准确度。

通过以上分析认为，随意既是一个主观违法要素，起到限定构成要件要素成立的作用，具有限制寻衅滋事罪成立的功能，意指行为人主观上具有随意殴打的动机，或者说具有“流氓动机”（尽管“流氓动机”的说法带有旧时代的烙印，且具体含义不清受人诟病，但相关司法解释对“流氓动机”的描述——“寻求刺激、发泄情绪、逞强耍横、打人取乐”依然能够为本罪的主观随意提供一个大致的观念形象，有助于认定主观随意，在下文的分析中，“流氓动机”和“主观随意”可以互换，意义相同），同时，随意也是一个客观构成要件要素，意指行为人的行为在客观上符合随意殴打的特征。

（2）对随意的判断

随意既是一个主观要素，也是一个客观要素，对于随意的判断需要从客观上确定行为是否随意，从主观上认定行为人是否有流氓动机。

其一，客观随意的判断。

司法实践中对于“随意”的判断主要有几个指标：（1）场合，是否发生在公共场所；（2）对象，殴打的对象是否特定；（3）起因，是否无事生非或借故生事[②]；（4）工具，是否使用特定的犯罪工具。[③]

一是关于场合。据前所析，是否侵害了社会秩序并不必然等于公共场所的社会秩序。社会秩序既有公共场所的社会秩序也有非公共场所的社会秩序，但公共场所和社会秩序的联系非常紧密，实践中绝大多数的寻衅滋事行为也是发生在公共场所的。根据黄华生教授的实证分析，2013年12月1日到2014年2月1日之间判决的随意殴打型寻衅滋事罪和故意伤害罪的100个样本案例中，对于殴打行为发生在公共场所的69个样本案例，司法机关认定为寻衅滋事罪的

① 陈兴良．教义刑法学．2版．北京：中国人民大学出版社，2014：175－179.

② 徐剑锋．殴打型寻衅滋事罪与故意伤害罪的边界甄别．中国检察官，2015（8）.

③ 何庆仁．寻衅滋事罪研究．中国刑事法杂志，2003（4）.

有17个，占比例24.6%。对于殴打行为发生在非公共场所的31个样本案例，司法机关认定为寻衅滋事罪的数量有3个，所占比例为9.7%。在以寻衅滋事罪定罪的20个样本案件中，发生在公共场所的案件数量有17件，所占比例达85%，而发生在非公共场所的案件数量只有3个，所占比例为15%。[①] 因此，殴打行为是否发生在公共场所，对于法院认定为寻衅滋事罪还是故意伤害罪是有较大影响的。[②]

需要注意的是，判断在公共场所发生的殴打行为是否符合寻衅滋事罪时，始终要紧扣本罪保护的法益，与社会秩序相关联的一般的非特定人的人身安全。发生在公共场所的殴打行为如果没有侵害到与社会秩序相关联的一般的非特定人的人身安全，也不构成寻衅滋事罪。简言之，有公众则有秩序，无公众则虽为公共场所也未必一定有秩序。

二是关于对象。和前述关于场合的分析一样，殴打对象是否特定对于判断行为是寻衅滋事还是故意伤害并无决定性影响。同其他侵害人身权利的犯罪相比，寻衅滋事的对象多数是不特定的，这里的不特定，一是行为对象并不是行为人在行为前预谋好的，二是在对象的选择上，有更多的随机性和偶然性，是可以替代的，换为另一个人也可能成为被害人。在很多情况下，行为对象还可能是行为人并不认识的，双方之间并没有利害关系。但是，这也只是多数的情况，并不能断然否定特定对象也是本罪的犯罪对象。

笔者认为，殴打的直接对象是否特定不需要进行过多的讨论。殴打型寻衅滋事罪保护的是双重法益，当主要法益——社会秩序还原为个人法益时，是与社会秩序相关联的一般的非特定人的人身安全。殴打行为的对象除了直接的殴打对象以外，还有因为殴打行为被影响的间接对象——社会非特定一般人。因此，殴打的直接对象是否特定并不重要，重要的是间接对象，受殴打行为影响的间接对象应当是不特定的。只有当不特定的社会一般群众生活的安宁被破坏时，殴打行为才能和社会秩序相关联。

三是关于起因。结合“两高”2013年5月《关于办理寻衅滋事刑事案件适用法律若干问题的解释》第1条的规定，行为人为寻求刺激、发泄情绪、逞强耍横等，无事生非，实施《刑法》第293条规定的行为的，应当认定为“寻衅滋事”。行为人因日常生活中的偶发矛盾纠纷，借故生非，实施《刑法》第293条规定的行为的，应当认定为“寻衅滋事”，但矛盾系由被害人故意引发或者被害人对矛盾激化负有主要责任的除外。行为人因婚恋、家庭、邻里、债务等纠纷，实施殴打、辱骂、恐吓他人或者损毁、占用他人财物等行为的，一般不认定为“寻衅滋事”，但经有关部门批评制止或者处理处罚后，继续实施前列行为，破坏社会秩序的除外。

其中，“行为人为寻求刺激、发泄情绪、逞强耍横等，无事生非”的可以概括为“无事生非”。“行为人因日常生活中的偶发矛盾纠纷，借故生非”的可以概括为“借故生非”。“行为人因婚恋、家庭、邻里、债务等纠纷，实施殴打、辱骂、恐吓他人或者损毁、占用他人财物等行为的，一般不认定为寻衅滋事，但经有关部门批评制止或者处理处罚后，继续实施前列行为，破坏社会秩序的除外”也可以纳入“借故生非”的范畴，在有关部门制止或者处理处罚了未达到犯罪行为的一般纠纷或违法行为后，行为人仍然借此发挥，继续生事，也可能构成寻衅滋事。

据此，随意殴打型寻衅滋事主要有两种类型，无事生非和借故生非。前者是事出无因、无缘无故殴打他人，后者是行为人因一些偶发矛盾等借题发挥、小题大做殴打他人。但是，正如张明楷教授所指出的，任何故意犯罪行为都不可能是无缘无故的，换言之，任何故意犯罪行为

---

① 黄华生．随意殴打型寻衅滋事罪司法认定之实证分析．社会科学家，2015（6）．

② 同①．

都有其产生的主观原因或动机。[①] 那么应当如何理解无故生事和借故生非呢？笔者认为，对于无故生事和借故生非的理解不能从行为人角度解释为“没有任何原因实施殴打行为”，而应当结合本罪的保护法益从社会一般人的角度来看，行为人实施的行为是否严重超越了限度。

四是关于工具。笔者认为，是否使用特定的犯罪工具对本罪的判断影响不大。寻衅滋事行为多数情况下是随机的、偶发的，所使用的犯罪工具有时候是随手选取，现场找到什么工具就使用，也可以是徒手攻击。

笔者认为，判断客观随意的指标主要有三个：场合、对象、起因。在结合这三个指标进行分析时，要始终紧扣本罪的保护法益——与社会秩序相关联的一般的非特定人的人身安全——是否被侵害，来进行综合的认定。

其二，主观随意（流氓动机）的判断。

在判断了客观行为后，作为主观违法要素的“随意”需要得到再次的确认，需要再次考察行为人在主观上是否有流氓动机。主观随意的判断通常也要结合客观事实来进行推定，如行为诱因、实施方式、有无惯常性、行为发生的地点和时间、行为对社会秩序的威胁、不回避第三者、有恃无恐等。[②] 或者说根据客观行为事实推断出行为人的主观随意动机后，如果有其他证据足以推翻这一推定，在主观随意的判断上仍然有出罪的可能性。

在司法实践中，法官多是基于客观行为事实的规范判断是否客观随意，不会再进行主观随意的评价。根据黄华生教授的实证分析，从2013年12月1日到2014年2月1日之间判决的随意殴打型寻衅滋事罪和故意伤害罪的100个样本案例来看，司法机关基本上不考虑行为人主观上是否出于“为寻求刺激、发泄情绪、逞强耍横等”特定动机。在以寻衅滋事罪定罪的20个案例中，只有一份判决书认定被告人出于“逞强好胜”的动机实施随意殴打行为，即“被告人胡某某伙同他人，为争抢生意，逞强好胜，在公共场合随意殴打他人，致一人轻伤，情节恶劣，其行为已构成寻衅滋事犯罪”。其余19份以寻衅滋事罪定罪的判决书均未明确叙述被告人的特定动机。[③]

笔者认为，抛弃流氓动机的判断并不合适，流氓动机的判断有助于紧缩构成要件、合理认定本罪。当殴打行为造成轻伤的伤害结果同时也侵害了与社会秩序相关联的一般的非特定人的人身安全时，从行为的外观上来看，既符合寻衅滋事罪也符合故意伤害罪。前者的法定刑是要高于后者的。此时主观流氓动机的判断就成为了关键。法官在判断时始终要在脑海里权衡，殴打行为是否体现出了行为人“寻求刺激、发泄情绪、逞强耍横、打人取乐”的主观形象，是否征表了行为人漠视社会秩序、挑衅社会一般人的不健康心理。只有在这种主观心理状态下实施的殴打行为才符合寻衅滋事的本意。尽管流氓动机语义不清，但是当我们将这种相对模糊的观念形象和故意伤害罪两相比较时，仍然是不同的。在无法形成内心确认的情况下，不应当草率地认为具有流氓动机。

2. “殴打他人”的解释适用

本罪的直接殴打对象——“他人”可能是特定的对象，也可能是不特定的对象，前文已析，不再赘述。本段讨论何为“殴打”。

（1）殴打不以造成轻伤为后果

根据“两高”2013年5月《关于办理寻衅滋事刑事案件适用法律若干问题的解释》第2

---

① 张明楷．刑法学．5版．北京：法律出版社，2016：1064.

② 高维俭，余萍．“强拿硬要”的寻衅滋事与抢劫的区分与构建．河北法学，2016（1）.

③ 黄华生．随意殴打型寻衅滋事罪司法认定之实证分析．社会科学家，2015（6）.

条的规定，随意殴打他人，破坏社会秩序，具有下列情形之一的，应当认定为《刑法》第293条第1款第1项规定的“情节恶劣”：1）致一人以上轻伤或者二人以上轻微伤的；2）引起他人精神失常、自杀等严重后果的；3）多次随意殴打他人的；4）持凶器随意殴打他人的；5）随意殴打精神病人、残疾人、流浪乞讨人员、老年人、孕妇、未成年人，造成恶劣社会影响的；6）在公共场所随意殴打他人，造成公共场所秩序严重混乱的；7）其他情节恶劣的情形。

从以上司法解释可以看出，殴打型寻衅滋事罪的“殴打”不以造成轻伤为后果，殴打的轻伤以下的伤害结果、殴打的间接后果、殴打的次数、是否使用凶器、殴打的对象、殴打的场所等均是作为本罪“情节是否恶劣”的评价指标。

（2）殴打是一种没有达到重伤程度的暴力打击行为

同样是打击行为，我国《刑法》对于寻衅滋事罪的打击行为和故意伤害罪的打击行为的表述并不相同。前者采用的是“殴打”，后者采用的是“伤害”。因此，对于本罪的殴打，宜运用体系解释的方法来进行分析。

殴打型寻衅滋事罪造成被害人轻伤，法定刑是5年以下有期徒刑、拘役或管制；故意伤害罪中，如果伤害结果是轻伤，法定刑是3年以下有期徒刑、拘役或管制；如果伤害结果是重伤，法定刑是3年以上10年以下有期徒刑；如果致人死亡或者以特别残忍手段致人重伤造成严重残疾的，法定刑是10年以上有期徒刑、无期徒刑或者死刑。两相比较，在轻伤后果的情形下，寻衅滋事罪的法定刑是高于故意伤害罪的，在造成重伤结果的情形下，故意伤害罪的最高法定刑已超过寻衅滋事罪。

由此带来的问题是，殴打是否包含重伤结果？笔者的意见是，对“殴打”进行限制解释，不包括重伤害和死亡，原因如下：

殴打型寻衅滋事罪的法定最高刑期是5年有期徒刑，以伤害结果为情节恶劣的条件，公式是量刑基准＝流氓动机＋轻伤结果。故意伤害罪的伤害结果是轻伤，法定最高刑期是3年有期徒刑，公式是量刑基准＝轻伤结果。流氓动机是两罪的分水岭。如果殴打型寻衅滋事罪包括重伤结果，那么公式是量刑基准＝流氓动机＋重伤结果，举轻以明重，既然流氓动机＋轻伤结果已可达到5年有期徒刑，那么流氓动机＋重伤结果将超过法定量刑范围，这显然是不合适的。因此，对于造成了重伤结果的殴打型寻衅滋事行为在造成重伤结果的情况下，应当考虑和故意伤害罪的想象竞合。

寻衅滋事罪要求流氓动机，并不代表故意伤害罪不可以有流氓动机，寻衅滋事罪要求侵害与社会秩序相关联的一般的非特定人的人身安全，并不代表故意伤害罪不可以侵害与社会秩序相关联的一般的非特定人的人身安全。当寻衅滋事罪造成了重伤、死亡等结果时，应当采用想象竞合犯的处理办法，从一重罪处断。因此，根据罪刑相适应的要求，寻衅滋事罪的殴打只宜解释为一种没有达到重伤程度的暴力打击行为。

（三）“随意殴打他人”的解释结论

综上分析，对殴打型寻衅滋事罪的“随意殴打他人”的解释适用应当把握以下几点。

1. 行为的侵害法益是与社会秩序相关联的一般的非特定人的人身安全。

2. 对于“随意”的判断分为客观随意的判断和主观随意的判断。判断客观随意的指标主要有三个，场合、对象、起因。在结合这三个指标进行分析时，要始终紧扣本罪的保护法益——与社会秩序相关联的一般的非特定人的人身安全——是否被侵害，来进行综合的认定。在判断了客观随意后，作为主观违法要素的“随意”需要得到再次的确认，再次考察行为人在主观上是否有流氓动机。如果没有流氓动机的，不宜定为寻衅滋事罪。

3. 殴打不以造成轻伤为后果，是一种没有达到重伤程度的暴力打击行为。如果殴打造成了重伤、死亡等结果，应当采用想象竞合犯的处理办法，从一重罪处断。

（四）案例评析

根据以上分析，殴打型寻衅滋事罪和故意伤害罪的不同点主要是，殴打型寻衅滋事罪侵害的法益是与社会秩序相关联的一般的非特定人的人身安全，故意伤害罪的侵害法益是他人人身权利。殴打型寻衅滋事罪要求主观上有流氓动机，故意伤害罪主观上不要求有流氓动机。

反过来看，寻衅滋事罪要求流氓动机，并不表示故意伤害罪的主观方面不能有流氓动机，寻衅滋事罪要求侵害与社会秩序相关联的一般的非特定人的人身安全，并不表示故意伤害罪不可以侵害与社会秩序相关联的一般的非特定人的人身安全。故意伤害罪也可以是出于流氓动机。流氓动机作为主观违法要素，能够限制寻衅滋事罪成立的范围，但并不是殴打型寻衅滋事罪与故意伤害罪构成要件相区分的边界。流氓动机作为寻衅滋事罪的主观违法要素，只是限制本罪的成立，故意伤害罪虽不要求具有流氓动机，但司法案例表明，行为人出于流氓动机对他人采用严重暴力打击的故意伤害案件大量存在。同样的，在犯罪动机中，不少殴打型寻衅滋事罪的行为人同样具有侵害他人身体健康的主观动机与主观目的。因此，两罪并不是相互排斥的，存在一定的交叉和融合。事实上，寻衅滋事罪规定的四种行为本身在我国《刑法》中都有对应的其他罪名，这种补充性质就决定了寻衅滋事罪与故意伤害、敲诈勒索、抢劫、故意伤害等罪存在交叉与重合。① 寻衅滋事罪规制的是够不上其他罪名，但又具有流氓动机、情节恶劣的行为。

笔者认为，区分殴打型寻衅滋事罪和故意伤害罪应当以侵害与社会秩序相关联的一般的非特定人的人身安全为前提，从犯罪结果入手进行反推。(1) 当殴打行为没有造成伤害结果或造成轻微伤害结果时，如果不能证明主观上的流氓动机，也没有情节恶劣的情况，一般不构成犯罪；出于流氓动机的殴打行为，如果达到情节恶劣，构成寻衅滋事罪。(2) 当殴打行为造成被害人轻伤的犯罪结果时，如果能够证明主观上的流氓动机，宜以寻衅滋事罪定罪处罚；如果不能证明主观上的流氓动机，则宜以故意伤害罪定罪处罚，不构成故意伤害罪的，不宜作为犯罪处理。(3) 当殴打行为造成重伤或死亡的结果时，如果能够证明主观上的流氓动机，运用想象竞合犯的处断原则，从一重罪处断；如果不能证明主观上的流氓动机，以故意伤害罪定罪处罚。

现在反观北京肖某某殴打打假人员案，根据了解到的有关本案的情况，笔者认为，法院的判决并不妥当。

第一，从客观上看，肖某某所雇二人作案的时间地点都比较隐秘，现场并无他人，因而除了方某甲等人的人身受到侵害外，并无其他群众受到侵害，没有造成与社会秩序相关联的一般的非特定人的人身安全。打击对象非常明确，锁定了方某甲和方某乙，起因明确，不是无事找事，借势发挥。以上均不符合客观随意的特征。

有人主张，"在本案中，受到伤害的不仅是方某甲，还有其背后的维护学术纯洁，敢于打击学术造假和不端的社会群体，也唯有这样一个社会群体作为社会公共秩序的物质承载者才能够作为适格的犯罪对象与寻衅滋事罪的犯罪客体相对应"②。根据前文的分析，如果不对社会秩序进行限制解释，那么任何犯罪行为都可以说是侵害了社会秩序，本罪的法益将等同虚设。在认定行为是否侵害了与社会秩序相关联的一般的非特定人的人身安全时，进行法益的精神化

---

① 李勇．论寻衅滋事罪的性质、特征及相近罪名之界限．刑事司法指南，2009 (3).

② 聂立泽，胡洋．寻衅滋事罪与故意伤害罪之关系新探．政治与法律，2011 (3).

和抽象化是非常危险的。社会法益必须还原于个人法益，现实地考量行为是否侵害到了社会一般人的生活安宁。刑法规定寻衅滋事罪的目的，绝不单纯是保护人身权，而是与人身权相联系的社会生活的安宁、有序。① 肖某某的殴打行为并没有造成在场第三人或一般群众的不安，并没有破坏社会生活的安宁有序，仅仅因为行为双方的社会影响导致该案的渲染进而抽象出侵害了学术打假群体的不安太过抽象。此案在社会上曝光后，引起公众哗然的原因也主要是肖某某的教授身份以及方某甲“打假斗士”的社会影响，并不是殴打行为本身严重超过了社会限度。在客观方面，肖某某的行为并不符合随意的特征。

第二，从肖某某主观上是否具有流氓动机来考察，肖某某对于方某甲对其在学术上的行为进行的质疑不满，双方积怨日深，有达十年之久的矛盾，肖某某雇凶打人，凶手使用足以造成身体伤害的器具，且打击对象非常明确，可以看出本案有明显的针对特定人的故意伤害动机，而不是“寻求刺激、发泄情绪、逞强耍横、打人取乐”。

第三，殴打行为造成一名被害人轻微伤，另一名被害人够不上轻微伤。司法惯例是以出现轻伤以上的损害结果作为故意伤害罪的既遂标准的，可以直接排除故意伤害罪的构成。

因此，笔者认为，法院最后的判决并不妥当，肖某某的行为既不符合寻衅滋事罪的主客观特征，也不构成故意伤害罪，是达不到犯罪构成要件的故意伤害行为，应根据《治安管理处罚法》，由公安机关作出治安管理处罚。

二、《刑法》第293条第1款第4项“在公共场所起哄闹事，造成公共场所秩序严重混乱的”

这一项的解释适用在过去尚不存在太大分歧，但是在网络社会针对网络造谣的行为是否适用这一项的问题出现了较大争议。我国《刑法修正案（九）》新增规定了“编造、故意传播虚假信息罪”这一罪名，作为《刑法》第291条之一第2款，原文如下：“编造虚假的险情、疫情、灾情、警情，在信息网络或者其他媒体上传播，或者明知是上述虚假信息，故意在信息网络或者其他媒体上传播，严重扰乱社会秩序的，处三年以下有期徒刑、拘役或者管制；造成严重后果的，处三年以上七年以下有期徒刑。”根据上列规定，网络造谣行为通常不宜解释为寻衅滋事罪之“在公共场所起哄闹事，造成公共场所秩序严重混乱的”情形；如果其符合编造、故意传播虚假信息罪的规定则依法可以定为该罪。但是本书认为，网络造谣入罪问题尚值得展开法理检讨。

（一）网络造谣入罪关涉的刑法解释论与立法论问题

网络造谣，是指在网络上编造并散布虚假信息的行为。网络造谣现象在当下网络时代对社会产生了深远影响，引起了较为广泛的关注，呼吁加强网络言论规范和完善相关立法的意见成为时代强音，不少人提出了强化运用刑法手段制裁网络造谣行为的观点。如有学者指出，治理网络谣言可以多种方法并行，用刑法制裁的手段必不可少，但是目前刑法涉及网络谣言的罪名种类及法定刑的设计上存在一定的局限，必须尽快完善当前刑法规定，扩大当前罪名的适用范围、适当提高法定刑及增加法定刑种类。② 另有学者指出，在当前“双层社会”日渐形成的背景下，首当其冲进入网络空间的传统法律肯定是刑法，要推动传统刑法的罪名体系向网络空间的延伸适用，集中力量针对“常见多发”的网络犯罪罪名制定、颁行一批司法解释，是解决网

① 戴羽，汪耕云．浅谈“随意殴打型”寻衅滋事罪之界定．法制与经济，2011（11）．

② 郭敏峰．网络谣言的刑法规制．福建江夏学院学报，2013（5）．

络犯罪问题的当务之急。[①] 与此相呼应，我国最高司法机关在2013年9月6日发布了《关于办理利用信息网络实施诽谤等刑事案件适用法律若干问题的解释》（简称《网络诽谤解释》）。对于该解释，我国较多学者认为，其针对网络造谣诽谤等行为的刑法适用做了较为详尽而合理的规定（解释），网络造谣诽谤行为依法可能构成寻衅滋事罪、编造、故意传播虚假恐怖信息罪、战时造谣惑众罪（现役军人）、战时造谣扰乱军心罪（非现役军人）、侮辱罪、诽谤罪、敲诈勒索罪、损害商业信誉、商品声誉罪、编造并传播证券、期货交易虚假信息罪等。[②] 应当说，我们必须承认，网络造谣行为本身具有相当严重的社会危害性，对于那些触犯刑法规定的网络造谣行为应当依法予以定罪处罚。

从刑法立法论上观察，在现有刑法已经将编造和传播虚假恐怖信息、战时造谣惑众与战时造谣扰乱军心的虚假信息、侮辱和诽谤他人的虚假信息、敲诈勒索他人的虚假信息、损害商业信誉和商品声誉的虚假信息、证券和期货交易的虚假信息、煽动暴力抗拒法律实施的虚假信息等入罪的情况下（但是敲诈勒索等不限于虚假信息），其他不针对具体个体的网络造谣行为通常不宜立法入罪，以此适当权衡保护宪法上公民言论自由、舆论监督与维护社会秩序之间的价值关系，确保刑法立法公正合理。

从刑法解释论观察，网络造谣入罪之刑法解释是一个应当理性对待的问题，不可无限放大，否则，可能形成某种过度的刑法解释而违反罪刑法定原则，出现网络时代特有的、其实并不应该存在的“司法犯罪化”现象，进而严重侵蚀人权并堵塞言论自由和舆论监督，难免催生灾难性的政治后果并危及现代法治理性。就此而论，《网络诽谤解释》第5条第1款关于“利用信息网络辱骂、恐吓他人，情节恶劣，破坏社会秩序的，依照刑法第二百九十三条第一款第（二）项的规定，以寻衅滋事罪定罪处罚”的规定，应当说具有一定合理性，正如通过张贴大字报以及在报纸、杂志、电视等媒体上大张旗鼓地“辱骂、恐吓”具体的个体而破坏社会秩序的行为可以被依法解释为寻衅滋事罪一样，在网络上造谣而针对具体的个体进行“辱骂、恐吓”的行为当然也可以被依法解释为寻衅滋事罪。但是，突出的问题，可能在于《网络诽谤解释》第5条第2款的规定：“编造虚假信息，或者明知是编造的虚假信息，在信息网络上散布，或者组织、指使人员在信息网络上散布，起哄闹事，造成公共秩序严重混乱的，依照刑法第二百九十三条第一款第（四）项的规定，以寻衅滋事罪定罪处罚。”审查这一解释性规定，对照《刑法》第293条第1款第4项“在公共场所起哄闹事，造成公共场所秩序严重混乱的”之文本原文，我们不难发现，《网络诽谤解释》显然是将“网络”解释为“公共场所”，并将“网络秩序”解释为“公共（场所）秩序”。“两高”有关部门负责人在答记者问中强调指出：“网络空间属于公共空间，网络秩序也是社会公共秩序的重要组成部分。随着信息技术的快速发展，信息网络与人们的现实生活已经融为一体，密不可分。维护社会公共秩序是全体网民的共同责任。一些不法分子利用信息网络恶意编造、散布虚假信息，起哄闹事，引发社会公共秩序严重混乱，具有现实的社会危害性，应以寻衅滋事罪追究刑事责任。”[③] 那么，《网络诽谤解释》第5条第2款的这一解释是否符合《刑法》第293条第1款第4项的文本原意？是否具有妥当性？

---

① 于志刚．“双层社会”中传统刑法的适用空间——以“两高”《网络诽谤解释》的发布为背景．法学，2013（10）．

② 赵秉志，袁彬．网络诽谤入罪标准的细化科学合理．检察日报，2013-09-18（3）；于志刚．“双层社会”中传统刑法的适用空间——以“两高”《网络诽谤解释》的发布为背景．法学，2013（10）．

③ 戴佳．保护公民合法权益　促进网络健康发展——最高人民法院、最高人民检察院有关部门负责人就《最高人民法院、最高人民检察院关于办理利用信息网络实施诽谤等刑事案件适用法律若干问题的解释》答记者问．检察日报，2013-09-10（3）．

以及刑法立法上应当如何周全而妥当地应对网络造谣行为呢？这是我们身处当下网络时代的法律人所必须认真思考和恰当回应的重大理论问题。

（二）《刑法》第293条第1款第4项的文本原意及其保守解释

刑法解释论上之文本原意，是指刑法典文本原意，而非司法解释文本原意。具体而言，本章所讨论的寻衅滋事罪之文本原意，具体指《刑法》第293条第1款第4项所规定的“在公共场所起哄闹事，造成公共场所秩序严重混乱的”之文本原意（立法原意），其中重点是“公共场所”和“公共场所秩序”这两个关键词的文本原意。

就我国《刑法》第293条第1款第4项之文本原意而言，应当说我国现实社会经验能够使得刑法解释者（尤其司法者）明白，其中“公共场所”与“公共场所秩序”之“文本原意”仅限于现实生活中“现实空间意义”上的公共场所及其秩序。如我国学者一般认为，所谓“在公共场所起哄闹事，造成公共场所秩序严重混乱的”，是指在车站、码头、广场、交通要道等现实生活与工作场所“无事生非，制造恐慌，引起群众惊恐逃离等混乱局面的情况”①。这一点，其实在2013年5月27日通过的最高人民法院、最高人民检察院《关于办理寻衅滋事刑事案件适用法律若干问题的解释》（简称《寻衅滋事解释》）第5条已有明确规定：“在车站、码头、机场、医院、商场、公园、影剧院、展览会、运动场或者其他公共场所起哄闹事，应当根据公共场所的性质、公共活动的重要程度、公共场所的人数、起哄闹事的时间、公共场所受影响的范围与程度等因素，综合判断是否‘造成公共场所秩序严重混乱’。”可以看出，《寻衅滋事解释》第5条的解释性规定是明显不包括网络虚拟空间在内的，这种解释性规定是完全符合《刑法》第293条第1款第4项之“在公共场所起哄闹事，造成公共场所秩序严重混乱的”之立法原意的。亦即，《刑法》第293条第1款第4项之文本原意强调的是，在“现实空间意义”上之“公共场所”起哄闹事并致该现场及相关之“公共场所秩序”的严重混乱之行为，才构成寻衅滋事罪。可能还存在某种较为特殊的情形是，行为人在“公共场所”现场起哄闹事，同时还通过网络传输或者电视与报纸等媒体报道并引发某种相关的另一处“公共场所秩序”的严重混乱之行为，此种情形我们姑且称之为“媒体起哄闹事”，并且该“媒体起哄闹事”行为可能与某种现实公共场所秩序混乱结果之间存在因果关系，则仍然只能针对在“公共场所”现场起哄闹事的“那个”行为人以寻衅滋事罪论处，而通常不能针对“媒体起哄闹事”之“这个”媒介行为人（媒体起哄闹事人）论以寻衅滋事罪，因为“这个”媒介行为人本身并没有实施“在公共场所起哄闹事，造成公共场所秩序严重混乱的”行为，而只是实施了媒介报道（媒体手段意义）之行为；即使在“那个”行为人和“这个”媒介行为人之间具有共同寻衅滋事犯罪故意的场合之下，“这个”媒介行为人由于具有共同寻衅滋事之故意且具有教唆、组织、策划、指挥或者帮助“那个”行为人实施“在公共场所起哄闹事，造成公共场所秩序严重混乱的”行为而被论以寻衅滋事罪，其前提和基础仍然是“那个”行为人在“现实空间意义”上之“公共场所”现场起哄闹事，而不可能是仅仅因为存在单纯的“媒体起哄闹事”、但是没有同时实施“在公共场所起哄闹事，造成公共场所秩序严重混乱的”行为及其加功行为就针对“这个”媒介行为人论以寻衅滋事罪。或者换句话讲，单纯的“媒体起哄闹事”行为依法不得被解释为在“现实空间意义”上之“公共场所”起哄闹事之行为并被论以寻衅滋事罪。因而，寻衅滋事罪之“公共场所”的“文本原意”不可能指涉仅具有“媒体手段意义”之“在网络上”，正如在报纸、杂志、图书、电视、电影、录音录像等媒体自身之上不可能被解释为寻衅滋事罪之“公共场所”一样；进而可以发现，寻衅滋事罪之“公共场所秩序”的“文本原意”不可能包括网

① 赵秉志．刑法新教程．北京：中国人民大学出版社，2012：525.

络上的社会秩序，就像在报纸、杂志、图书、电视、电影、录音录像等媒体自身表达思想情感方面的社会秩序断不可以被解释为寻衅滋事罪之“公共场所秩序”一样，因为表达思想情感方面的社会秩序通常只在其已然物化为某种严重侵害法益（如国家安全或者个人人格等）的特定情况下才具备了成为某种公共场所秩序的条件，进而才可能构成传授犯罪方法罪、煽动分裂国家罪等其他相关犯罪，但是断不可能构成寻衅滋事罪。综合观察比较还可以发现，只要在报纸、杂志、图书、电视、电影、录音录像等媒体自身之上自由发表言论和交流意见（哪怕造谣）的行为不可能被解释为寻衅滋事罪（但不排除可以被解释为传授犯罪方法罪、煽动分裂国家罪等其他相关罪），那么，相同类型和性质之“在网络上”发表言论和交流意见（即使网络造谣）的行为就不应当被解释为寻衅滋事罪。当然，如前所述，在针对具体的个人实施网络造谣并“辱骂、恐吓他人”且情节恶劣的行为，是可以解释为寻衅滋事罪的（《刑法》第 293 条第 1 款第 2 项与《网络诽谤解释》第 5 条第 1 款）；但是应注意，此种解释的正当性并非是针对《刑法》第 293 条第 1 款第 4 项而言，而是针对《刑法》第 293 条第 1 款第 2 项而论，并且是在网络造谣已经物化为“现实生活”中的法益侵害之下而言，不能在逻辑上偷梁换柱。

需要进一步说明的是：其一，应将刑法规范语词“公共场所”及其秩序之“媒体手段意义”与“现实空间意义”区分开。尽管我们不否认在某种特定生活语境之下可以将网络等媒体与网络秩序等媒体报道秩序视为（解释为）某种意义上的“公共场所”与“公共场所秩序”，比如我国刑法中所规定的部分犯罪，如《刑法》第 246 条所规定的侮辱罪和诽谤罪，此类犯罪所要求的“公然”要素，即可以表现为在网络、电视、报纸等媒体上“公然”实施而符合此类犯罪所要求的“公然”要素，此种情形之下，似乎可以特别地将网络、电视、报纸等媒体解释为某种意义上的“公共场所”与“公共场所秩序”（而侮辱罪、诽谤罪所侵害的法益其实不是“公共场所秩序”）；但是，“这种”公共场所及其秩序仅具有“媒体手段意义”（亦即“通过媒介、媒体及其文字、图表、声音、动画之手段”），而非“现实空间意义”之公共场所（现实空间）及其秩序（现实空间秩序），根本就不能等同于《刑法》第 293 条第 1 款第 4 项所规定的寻衅滋事罪之“法定”的“现实空间意义”的公共场所及其秩序，解释者（司法者）仍然只能以我国现行刑法规定的寻衅滋事罪之“文本原意”来解释适用刑法，而不能采用超规范的客观解释立场将宽泛的网络造谣行为解释为司法裁判上的寻衅滋事罪。我国有学者提出网络犯罪发展三个阶段的理论界说，认为网络犯罪经历了“以网络作为手段之网络犯罪”“以网络作为对象之网络犯罪”“以网络作为空间之网络犯罪”等三个发展阶段，从而得出结论说网络起哄闹事入罪（入寻衅滋事罪）属于较为典型的第三阶段网络犯罪（即“以网络作为空间之网络犯罪”）。① 但是，该理论无法逻辑自洽地论证网络空间能够成为寻衅滋事罪之“公共场所”，也无法逻辑自洽地论证网络空间秩序能够成为寻衅滋事罪之“公共场所秩序”，正如该理论无法逻辑自洽地论证电视、报纸等媒体及其秩序能够成为寻衅滋事罪之“公共场所”与“公共场所秩序”。其二，我国台湾地区“刑法”第 266 条第 1 项所规定的普通赌博罪有一些特殊性②，其明确限定“行为人在公共场所或者公众得出入之场所赌博财物者”即构成普通赌博罪。依此规定，在网络、电视、报纸等媒体上赌博财物的行为（网络赌博）通常可以解释为普通赌博罪，那么，刑法解释论上存在的疑问在于，为何可以将在网络、电视、报纸等媒体解释为我国台湾

---

① 于志刚．“双层社会”中传统刑法的适用空间——以“两高”《网络诽谤解释》的发布为背景．法学，2013（10）.

② 台湾辅仁大学法学院靳宗立先生在香港大学法律学院举行的“第六届两岸四地刑事法论坛——全媒体时代的刑法调整：反思与对策”之研讨会上，针对笔者所作本专题发言提出了这个问题。此处论述的问题因应靳宗立先生的提问，受到靳宗立先生启发，在此特向靳宗立先生致谢。

地区“刑法”第266条所规定的普通赌博罪之“公共场所”与“公众得出入之场所”呢？我们认为，答案可能在于，通过作为公共媒介的网络进行赌博并在网络上（或者现实场所）逻辑自洽地独立完成支付赌资（财物或者财产性利益），虽然可以解释为我国台湾地区“刑法”第266条第1项之普通赌博罪，但是其解释机理在于，我国台湾地区“刑法”第266条第1项之赌博罪所保护的法益是“不得公然赌博”之特定的善良风俗（而非一般意义上的公共场所秩序）①，此种善良风俗之法益根本就不同于“公共场所秩序”之法益，善良风俗之法益是可以在作为“媒体手段意义”之网络上逻辑自洽地独立完成侵害的（还因为网络赌博之“财物”要素可以解释为包括虚拟财产等“财产性利益”，其可以在“媒体手段意义”之网络上逻辑自洽地独立完成交付）②；而这一点恰恰是完全不同于我国寻衅滋事罪之现实公共场所秩序的，因为“媒体手段意义”之网络上是不可能逻辑自洽地独立完成侵害现实公共场所秩序之法益的（但“媒体手段意义”之网络上是可以逻辑自洽地独立完成侵害善良风俗之法益）。因此，我们仍然不能以我国台湾地区“刑法”第266条第1项所规定的普通赌博罪为由，来否定我国《刑法》第293条第1款第4项规定中的“公共场所”与“公共场所秩序”之“文本原意”仅限于现实生活中的“空间意义”上的公共场所及其秩序这一解释结论。

以此审查《网络诽谤解释》第5条第2款之规定以及部分网络造谣涉嫌寻衅滋事罪案之定性处理，笔者不得不说其合法性与正当性均十分令人担忧。另外，笔者发现学术界的混乱认识尤其是部分学者的“独到”解释和论述更令人担忧，其造成的不利后果不仅仅是刑法解释论上的方向迷失，而且还无助于网络时代防范司法犯罪化现象的发生。比如，针对《网络诽谤解释》第5条第2款关于不针对具体个人的网络造谣行为以寻衅滋事罪论处的规定，有部分刑法学者就明确对此表示认同，认为此种网络造谣“散布虚假信息，起哄闹事的行为则应当具有煽动性、蔓延性、演化性，所编造的信息往往与广大公民的合法利益和社会秩序密切相关，一旦发布出去、延伸开来，极易引发社会恐慌，造成公共秩序严重混乱，应当予以严惩”③；认为“通过语言方式在公共场所起哄闹事扰乱公共秩序。而这样的行为手段，通过信息网络也可以实施……这个司法解释并没有创制法律，而是在刑法规定的框架内总结、提炼了以往司法实务的经验”④；称赞“司法解释规定，编造虚假信息或者明知是编造的虚假信息，在信息网络上散布或者组织、指使人员在信息网络上散布，起哄闹事，造成公共秩序严重混乱的，适用《刑法》第293条第4项的规定，以寻衅滋事罪定罪处罚，兼顾了人权保障与保护社会，是一个较为科学合理的刑法解释”⑤，从而赞成将该种网络造谣入罪解释。再如，针对北京市公安机关对于“秦火火”等人以寻衅滋事罪定性之做法，有学者就笼统地肯定“网络空间也是公共场所”，并认为这是一种尝试并且称之为“司法实践的一次突破”⑥，这种解释观点和学术立场较为明显地存在脱离刑法立法文本原意的倾向，值得警惕和反思。

我国有学者否定“文本原意”之客观存在，强调“解释者应当懂得，生活事实在不断变化，刑法用语的含义也在不断变化”，“解释者应当正视法律文本的开放性，不断接受经由生活

---

① 我国台湾地区学者认为：“赌博在表面上虽然只是造成参与赌博者个人之财产损失，但是实质上，其所造成之损害，则为社会安全与善良风俗之危害。”林山田．刑法特论：中册．台北：三民书局，1979：797.

② 林山田指出：“行为人之赌博标的仅限于财物。称‘财物’包括金钱、有经济价值之物以及财产上之利益。”林山田．刑法特论：中册．台北：三民书局，1979：799.

③ 莫洪宪．打击犯罪与保护言论自由并不冲突．检察日报，2013-09-16（3）。

④ 周光权．为惩治网络诽谤等提供法律标尺．检察日报，2013-09-12（3）.

⑤ 曲新久．一个较为科学合理的刑法解释．法制日报，2013-09-12（学术版）．[2013-09-16]．中国共产党新闻网．http：//theory.people.com.cn/n/2013/0912/c40531-22898784.html.

⑥ 佚名．网络空间也是公共场所．法制时报，2013-08-23（4）.

事实所发现的法律含义，从而实现刑法理念”①，并且在刑法方法论和刑法解释论上反对探求文本原意、反对动辄研究修改刑法，这是值得反思的。

从刑法解释的保守性立场出发，刑事司法审判和刑法解释论均有必要承认“文本原意”之客观存在，并以此作为刑法解释论上追求法律客观性和确定性、法律诠释的客观性和确定性之法治意旨。从法解释论立场观察，立法“文本原意”获得了刑法解释论的充分确认，并将其作为入罪解释时不可逾越的刚性底线，以有效杜绝司法犯罪化现象。② 从而，即使特定“刑法规范用语”在现实社会生活中获得了“新的含义”并且实现了语言学扩容，但是，只要解释者（尤其司法者）能够有效确认该刑法规范用语之既有的“文本原意”，则在刑法解释论上仍然应禁止入罪时的过度的客观解释与扩张解释（但出罪时的客观解释和扩张解释则另当别论）。法理学的新近研究成果也表明，“文本原意”应当获得新的法解释论确认，其标识了一种反思后现代主义法哲学解释学而回归现代主义法哲学解释学、反思哲学诠释学而回归传统解释学（古典解释学）、反思本体论法解释学而回归方法论法解释学之法解释论范式的立场转变，宣示了现代刑法解释论返朴归真的重大转向③，法治意义特别重大。法解释论进而还强调，“法律诠释的客观性包含两个方面，一是法律本身应具有客观性，二是诠释者理解法律时应有追求客观性的方法”，并且由于“对法律诠释的客观性的追求，表达了人们希望法治愿望能够实现”④，因而，在法解释论上确认“文本原意”是核心和关键。现代法解释论的发展，是承认并探求立法者本意（作者原意）、立法本意（文本原意）与法解释者领悟之意（领悟之原意与新意）三者（三要素）及其相互关系，其中“文本原意”（立法本意）无可置疑地成为了刑法解释论追求法律客观性的核心目标。因而，现代法解释论并不同于艺术解释论，其所秉持的是认识论与方法论诠释学，而非本体论诠释学。⑤ 可能还需要注意的问题是，尽管现代法解释论并不否认法解释者领悟之“新意”，但是并不主张将此种“新意”作为消解立法文本原意和法律客观性的合法手段。尤其是刑法解释论上，不应当简单承认法解释者领悟之“新意”的合法性，除非这种“新意”已经以新的立法规范予以确认之后，但是“这时”其在相对意义上而言又已经是法解释者领悟之“文本原意”了。因而，刑法解释论上通常不应以过度的实质解释论或者客观解释论为据，或者以语言辐射边界论、语义射程所及论、“心中充满正义”解释目标论等各种理论，针对特定刑法规范用语的明确文义（含义）予以刑法解释论扩张，更不能过度地消解特定刑法规范用语的通常文义，随机性地制造出一个“同质性的”或者“类似性的”可能文义。

可见，在我国当下乃至将来，寻衅滋事罪之“公共场所”与“公共场所秩序”是一个明确的刑法规范用语，其文本原意只能限定为现实生活中的车站、码头、广场、交通要道等公共场所及其秩序（即现实空间意义上的公共场所及其秩序），并不包括网络上以及其他媒体上表达和交流思想情感的秩序。从而，《网络诽谤解释》第 5 条第 2 款关于“编造虚假信息，或者明知是编造的虚假信息，在信息网络上散布，或者组织、指使人员在信息网络上散布，起哄闹事，造成公共秩序严重混乱的，依照刑法第二百九十三条第一款第（四）项的规定，以寻衅滋事罪定罪处罚”之规定，其从刑法解释的保守性立场审查来看是有失妥当的。

笔者这一解释论观察结论，应当说也得到了部分“非刑法学”学者如童之伟、张千帆、毛立新等的认同，他们都明确表示反对将不针对具体个体的网络造谣入罪的解释结论，值得欣

① 张明楷．刑法学者如何为削减死刑作贡献．当代法学，2005（1）．

② 参见魏东．保守的实质刑法观与现代刑事政策立场．北京：中国民主法制出版社，2011：9．

③ 姜福东．法律解释的范式批判．济南：山东人民出版社，2010：128－129．

④ 谢晖，陈金钊．法律：诠释与应用——法律诠释学．上海：上海译文出版社，2002：108－109．

⑤ 同③ 107－108．

慰。如童之伟教授指认为："完全没必要改变《刑法》第 293 条中'公共场所'的含义将原本仅适用于实体空间的寻衅滋事罪扩大到虚拟空间。在目前言论自由度不算高的背景下，如此扩大对言论发表行为的刑罚惩治范围，很不合适。"① 再如毛立新教授指出："另外一个危险之处，是对于寻衅滋事罪的解释。之前对该罪的法理通说，及相关司法解释，仅把'破坏社会秩序'理解是对现实秩序的破坏，而此次司法解释将其扩大到'信息网络'的'虚拟空间'。'虚拟空间'自然也需要秩序，但是否构成刑法意义上的'公共场所'，是否有必要对扰乱'虚拟空间'的行为纳入刑事处罚，这确是个关乎'罪刑法定'原则及公民基本权利保障的大问题，值得商榷！无论如何，该解释将'网络信息空间'纳入刑法意义上的'公共场所'，是对已有法律概念的一种突破。"②

不过，值得反思的现象是，刑法学者中较多的人似乎对此不以为然，目前仅有少数刑法学者明确持有这种保守的刑法解释结论。如孙万怀教授指出："公共场所实际上是一个空间范畴的概念，尽管许多人将空间区分为物理空间和虚拟空间，但实际上只是将'空间'一词虚拟化理解，网络虚拟空间不具有空间的基本属性。公共秩序是指公众生活的平稳和安宁，公共秩序严重混乱是指公众日常生活被迫中断或不能正常进行的状况。网络空间不是公共场所，网络空间秩序、道德秩序以及国家形象都不属于公共秩序。""以寻衅滋事罪处理网络谣言则是一个突破，寻衅滋事罪所具有的口袋性特征使其能对网络谣言无所不包地一网打尽，导致刑法的规范性、协调性进一步丧失，致使公民的言论表达权已经受到实质的损害，也导致司法实践处理程序和处理结果的飘忽不定。"③ 另有赵秉志教授、袁彬副教授明确提出下一步应增设新罪名来规范网络造谣行为，大致可以表明赵秉志教授和袁彬副教授均不赞同在现行刑法规定之下将不针对具体个体之网络造谣行为直接解释为寻衅滋事罪，其中袁彬副教授还明确批评《网络诽谤解释》第 5 条第 2 款在具体内容上"存在解释过度的嫌疑"乃至"有违罪刑法定"④。还有胡云腾博士此前（在《网络诽谤解释》第 5 条第 2 款出台之前）所归纳的网络造谣入罪所涉罪名中没有列举寻衅滋事罪，似乎可以认为胡云腾博士至少在撰文当时是没有明确主张将不针对具体个体的网络造谣入罪解释的。胡云腾博士指出，根据《刑法》和 2000 年第九届全国人大常委会第 19 次会议审议通过的《关于维护互联网安全的决定》的有关规定，"对利用网络造谣传谣，并对他人利益、公共利益或者国家利益造成特定程度损害的，可以依法追究刑事责任；对于利用网络造谣或者传播危害国家安全，煽动颠覆国家政权、推翻社会主义制度，或者煽动分裂国家、破坏国家统一的，可以分别依照《刑法》第 103 条和第 105 条的规定，以煽动分裂国家罪或者煽动颠覆国家政权罪定罪处罚；对于利用网络编造或者故意传播虚假的恐怖信息，危害公共安全的，可以依照《刑法》第 291 条之一的规定，以编造、故意传播虚假恐怖信息罪定罪处罚；对于利用网络造谣传谣损害他人商业信誉和商品信誉的，可以依照《刑法》第 221 条的规定，以损害商业信誉、商品信誉罪定罪处罚；对于利用网络侮辱他人或者捏造事实诽谤他人的，可以依照《刑法》第 246 条的规定，以侮辱罪或者诽谤罪定罪处罚；对于成立网络公司，专门以造谣传谣谋取非法利益的，可以依照《刑法》第 225 条的规定，以非法经营罪定罪

---

① 童之伟．网谣治理须循法治路径．财经，2013-10-14（学术版）．

② 毛立新．危险在哪里？——评两高关于网络诽谤的司法解释．[2013-09-16]．正义网法律博客．http：//police.fyfz.cn/b/769933.

③ 孙万怀，卢恒飞．刑法应当理性应对网络谣言——对网络造谣司法解释的实证评估．法学，2013（11）．

④ 赵秉志，徐文文．论我国内地编造、传播虚假信息的刑法规制//第六届两岸四地刑事法论坛——全媒体时代的刑法调整：反思与对策：第八节"谣言与刑罚"．香港：香港大学法律学院，2014：1-21；袁彬．编造、传播虚假信息犯罪的刑法治理模式探讨//第六届两岸四地刑事法论坛——全媒体时代的刑法调整：反思与对策：第八节"谣言与刑罚"．香港：香港大学法律学院，2014：77-92.

处罚；对于利用网络制造谣言勒索公私财物的，可以依照《刑法》第274条的规定，以敲诈勒索罪定罪处罚；对于造谣传谣构成数罪或者同时触犯多个罪名的，可以按照数罪并罚或者从一重罪处罚；对于构成单位犯罪的，也要依法追究单位的刑事责任等。此外，对于尚未构成犯罪的网络造谣传谣行为，可以依照有关民商事法律和行政法律法规处罚”。当然，在《网络诽谤解释》第5条第2款出台之后，胡云腾博士对此问题是否有新的见解还有待观察。

（三）《刑法》第293条第1款第4项之立法论反观

刑法解释论与刑法立法论是紧密相连、相互呼应的，并且可以说刑法解释论根本上就无法脱离刑法立法论，如刑法立法的政策依据、法理依据、价值理念、立法体系性设置与立法技术处理等各方面均对于刑法解释具有至为重要的意义。例如，对侵犯财产罪的刑法解释，就必须结合刑法立法论才可能妥当进行，原因在于“由于各国的具体情况不同，其对于侵犯财产罪的规定也大不相同”①。我国刑法立法规定的侵犯财产罪体系性设置中，取得罪包括盗窃罪、抢劫罪、诈骗罪、敲诈勒索罪、抢夺罪、侵占罪等，而日本刑法立法规定的侵犯财产罪体系性设置中，其取得罪之中并未设置“抢夺罪”。由此，中日学者在对作为侵犯财产罪具体类型的盗窃罪的刑法解释论上就出现了明显分野，中国学者绝大多数在盗窃罪的刑法解释中，强调了盗窃罪之窃取行为的“秘密性”②，其解释论根据正在于中国刑法立法关于盗窃罪和抢夺罪之立法体系性设置（立法论问题），“中国刑法典和刑法理论均认为，盗窃罪是指以非法占有为目的，秘密窃取数额较大的公私财物或者多次盗窃公私财物的行为”③；而日本学者在盗窃罪的刑法解释中，就明确强调了盗窃罪之窃取行为的广泛性，即“窃取不要求是偷偷地拿，也可以是公然地侵害占有”，且“关于窃取的方法、手段，没有限制”④，其解释论根据也在于日本刑法立法关于盗窃罪与其他侵犯财产罪具体罪名之间的体系性设置（即日本刑法立法上将“公然地侵害占有”财物的行为类型归入盗窃罪之中）。中日刑法立法两相比较可以得出结论，“公然地侵害占有”他人财物的行为（但不针对受害人之人身使用暴力或者威胁方法）在中国刑法解释论上只能解释为抢夺罪，但在日本刑法解释论上只能解释为盗窃罪。可见，刑法解释论离不开刑法立法论的指引和印证。这一原理同样适用于寻衅滋事罪的刑法解释，亦即，寻衅滋事罪的刑法解释论离不开寻衅滋事罪的立法论之指引和印证。

应当说，立法之文本原意的阐释本身既是对法律适用原理的“法解释”（法解释论），也是对立法原理的立法论阐释（立法论）。前述从刑法解释论上阐述了网络造谣入罪（入寻衅滋事罪）解释的合法性与正当性问题，更进一步，从刑法立法论上也有讨论网络造谣入罪立法的合法性与正当性问题的余地，其不但关涉宪法上言论自由与刑法立法正当性之间的价值权衡问题之立法原理，而且这种刑法立法论上的价值权衡及其技术审查对于网络造谣入罪的刑法解释适用也具有十分重要的意义。

言论自由是宪法赋予公民的一项基本权利，公民得依法自由行使，不得违法滥用，因而刑法立法原理上必须特别审慎地在保障公民言论自由权利与制裁滥用公民言论自由权利之间进行权衡。言论自由的目的是限制政府对公民自由表达愿望进行任何恣意限制，没有言论自由，公民的其他各项政治权利就不可能得以实现；言论自由的实质是表达观点、接收信息与思想，即有主张和发表意见的权利，法律既保护思想表达与信息表达的内容，也保护表达的传播形式与

---

① 周光权．刑法各论讲义．北京：清华大学出版社，2003：93.

② 中国学者中亦有部分学者主张盗窃罪之窃取行为不限于“秘密”窃取而包括了公然取得、公开窃取、公开盗窃。张明楷．盗窃与抢夺的界限．法学家，2006（2）；张明楷．刑法学．4版．北京：法律出版社，2011：877-878.

③ 赵秉志．刑法分则问题专论．北京：法律出版社，2004：359.

④ 黎宏．日本刑法精义．北京：中国检察出版社，2004：352.

表达的方式。① 正因为如此，针对言论自由的制裁必须尽量少而轻，尤其不得轻易动用刑法。在国外宪法言论自由实践保护中，政治言论自由的保护最强，几乎对与公共利益有关的政治言论都不进行限制，对艺术表达的保护则要弱一些，而对商业言论的保护最弱。② 在我国，全国最高权力机关强调了任何言论自由只要没有违反国家的法律，均应做到，“第一，不受党和国家政策的限制……第二，不应因对党政机关及其工作人员提出批评意见而受到打击报复；第三，不受是非、真假的限制；第四，不受社会道德的限制”③。中国宪法学界也主张对于散布虚假的、淫秽的言论通常以道德标准加以评判，但为了社会利益有时可受到法律的限制④，其基本精神也是对公民言论自由不得过度地加以刑法制裁。

应当承认，网络造谣是一种滥用言论自由的违法行为，行为人应当对网络造谣行为承担应有的道德责任和法律责任，其中法律责任包括民事责任、行政责任与刑事责任等诸种责任，而不一定必须是刑事责任。由此，由于从刑法立法论上而言，不宜将轻微违法的网络造谣入罪，而只能将那些具有严重社会危害性的网络造谣入罪。从而，寻衅滋事罪这一刑法立法原理在指引和印证刑法解释上所具有的重大意义在于：

其一，在刑法解释论上应当依据这一刑法立法原理而将轻微违法性质的网络造谣行为排除在刑法处置范围之外，以防止在制裁滥用公民言论自由权利的行为之时不当地侵蚀了公民言论自由权利本身。尤其需要特别审查的问题还有，在比较多的场合，人类理性难于精确区分出网络造谣与网络舆论监督之间的界限，也难于杜绝部分情形下公权力被恶意利用于打压言论自由和舆论监督的恶性事件发生，因而，作为一种较为理性的刑法解释论立场应当是尽力克制甚至杜绝动用刑法手段打击轻微违法性质的公民言论自由行为，其中包括网络造谣行为。

其二，寻衅滋事罪本身具有“口袋罪”恶名且其容易将较多违法行为通过“过度的刑法解释”入罪的特点，因而当其涉入密切关涉公民言论自由权利的网络领域时更需保守解释和谨慎从事。正如有学者所形象地指出的那样：“为了保障公众知情权，诸如雷锋等公众人物的名誉必须在言论自由面前退让，尽管不是退让得一无所有；如果稍有失实即被当作‘网络谣言’或‘寻衅滋事’治罪，还有谁敢讲话?”⑤ 由此，从寻衅滋事罪之刑法立法论立场考察也可以得出结论，《网络诽谤解释》第 5 条第 2 款的规定不具有合法性与正当性，建议司法机关对该条款停止适用并加以废止。尤其在《刑法修正案（九）》明确规定了编造、故意传播虚假信息罪之后，《网络诽谤解释》第 5 条第 2 款可谓是自动失效，依法不得将所谓的网络造谣行为解释为《刑法》第 293 条第 1 款第 4 项所规定的“在公共场所起哄闹事，造成公共场所秩序严重混乱的”情形，即依法不得将网络造谣行为解释为“起哄闹事”型寻衅滋事罪。

---

① 周伟．宪法基本权利——原理、规范、应用．北京：法律出版社，2006：205.
② 陈欣新．表达自由的法律保障．北京：中国社会科学出版社，2003：4-5.
③ 全国人大常委会办公厅研究室政治组．中国宪法精释．北京：中国民主法制出版社，1996：155.
④ 蔡定剑．宪法精解．北京：法律出版社，2004：222.
⑤ 张千帆．把属于言论的还给言论．[2013-08-26]．正义网法律博客．http：//const123.fyfz.cn/b/766582.

第十八章　乐山官某收受干股案

（受贿罪，约定受贿，犯罪既遂）

案例　　**乐山官某收受干股案**①

2002年，在四川某电力国有股权进行转让和改制过程中，四川省某集团公司老总王某某（另处）与官某约定若成功收购国有“川犍电力”股份后将给官某20%的股份（干股）。王某某顺利低价收购国有股权后，按协议将其中时值1 300余万元的3 000余股“川犍电力”股份送给官某，乐山产权交易中心在申请手续不全的情况下违规将该股份过户到官某个人账户上，并同时将划转股权冻结。2005年1月，因“川犍电力”国有股协议转让给四川省某集团公司的批复未获批准，上述股权的过户被撤销并被还原到过户前账户，其后案发。

成都市中级人民法院判决认定，官某收受“川犍电力”股份价值1 300余万元（以及他人所送现金共计265万元），其行为已构成受贿罪；因该案中某电力集团不能提供完整有效的手续使过户行为合法，官某所收受的“川犍电力”股份实际一直处于冻结状态而不能处置，后上述股权过户又被撤销，故其收受“川犍电力”股份的犯罪行为并未得逞，应系犯罪未遂。

法理问题　受贿罪，约定受贿，犯罪既遂

官某约定收受干股尽管尚未实际取得股权，但是已经“着手”实施股权转让登记的行为，因被告人意志以外的原因而使其收受“川犍电力”股份的犯罪行为并未得逞，因而法院判决其构成受贿罪（受贿数额为1 300余万元）的犯罪未遂，这一判决认定是正确的。

一、受贿罪的保护法益：“职务廉洁性说”的内涵界定

受贿罪的违法性特征表现为，其保护法益是国家工作人员的“职务廉洁性”，其行为定型是“权钱交易”。因此，对受贿罪的刑法解释适用，必须依据刑法条文规定，紧紧围绕受贿罪的违法性特征进行规范阐释，才能够有效化解受贿罪其他所有问题理论上的纷争和实践中的困惑。

关于受贿罪的保护法益亦即受贿罪的直接客体究竟是什么，我国刑法学界存在着多种争议，归纳起来主要有“单一客体说”“双重客体说”“三重客体说”和“选择客体说”等四种基本立场。(1)“单一客体说”认为受贿罪所侵犯的是单一的社会主义社会关系。如认为受贿罪的客体是国家机关的正常活动，即国家机关对内、对外的有序的职能活动，或者认为受贿罪的客体是公私财物的所有权，或者认为受贿罪的客体是国家的经济管理活动，也有人认为受贿罪的客体是职务行为的廉洁性（“职务行为廉洁”说）。(2)“双重客体说”认为受贿罪侵犯的是

---

① 新华网报道．行贿田玉飞　四川省犍为电力原老总被判无期．[2007-04-29]．新华网．http://www.sc.xinhuanet.com/content/2007-04/29/content_9924236.htm.

双重的社会主义社会关系。如有的认为受贿罪既侵犯了国家和社会管理公务的正常活动，又损害了国家公务活动的形象；有的认为受贿罪既侵犯了国家机关的正常活动，又侵犯了公私财产的所有权；还有的认为受贿罪既侵犯了国家机关的正常活动，又侵犯了社会主义经济秩序。(3)“三重客体说”认为受贿罪的客体，包括了国家机关的正常活动、公私财产的所有权关系以及社会主义经济秩序在内的三重客体。(4)“选择客体说”认为“受贿罪的客体是一个以基本客体为核心与兼及客体选择组合的结构性客体”，具体来讲是以国家机关、集体经济组织和其他社会团体公务活动（简述为“国家和社会管理公务”）的正常进行以及公务的声誉为基本客体，与社会经济管理秩序和公私财产所有权选择组合这样一个结构性客体。①

笔者倾向于同意单一客体说中的“职务行为廉洁说”，但是同时又认为应当将受贿罪所侵害的具体法益进一步更加准确地限定为国家工作人员的公共职务廉洁性或者简单称为公职廉洁性、职务廉洁性，因此应当将“职务行为廉洁说”修正为“职务廉洁性说”。应当说“职务廉洁性说”已经逐步成为我国现在的通说②，但是也有学者认为，“廉洁性说究竟是以不可收买性说为立场、还是以纯洁性说为立场，尚不明确”③，对于其合理性的根据仍然需要进行法理上和刑事政策上的进一步论证。④

张明楷指出：

关于受贿罪的立法形式，一直存在两种立场：起源于罗马法的立场是，受贿罪的保护法益是职务行为的不可收买性。根据这一立场，不管公务员所实施的职务行为是否正当合法，只要他要求、约定或者收受与职务行为有关的不正当报酬，就构成受贿罪。起源于日耳曼法的立场是，受贿罪的保护法益是职务行为的纯洁性或公正性、职务行为的不可侵犯性。根据这一立场，只有当公务员实施违法或者不正当的职务行为，从而要求、约定或者收受不正当报酬时，才构成受贿罪。刑法理论以这两种立场为基础，形成了诸多学说。

信赖说有不同的内容。德国的信赖说认为，受贿罪的法益是国民对职务行为的公正性的信赖，而不包括职务行为的公正性本身，因为刑法处罚对过去的职务行为的贿赂和对正当的职务行为的贿赂。换言之，即使职务行为是公正的，贿赂行为也会使国民对职务行为的公正性产生怀疑。日本的信赖说认为，受贿罪的法益是职务行为的公正性以及国民对职务行为的公正性的信赖。其基本理由是，职务行为的公正性本身无疑是值得保护的。不仅如此，如果国民认为公务员的职务行为都是被贿赂所左右的，就会导致国民的失望与不安，导致对政府的不信任、对国家政权的不信任。而且，对正当的职务行为、过去的职务行为的贿赂，也使国民对职务行为的公正性产生怀疑。所以，国民对职务行为的公正性的信赖作为保护法益，也能说明对正当的职务行为、对过去的职务行为的贿赂的可罚性根据。⑤

笔者认为，职务廉洁性说在本质上是坚持了起源于罗马法的不可收买性说的立场，其超越了起源于日耳曼法的纯洁性说立场；同时，德国的信赖说与日本的信赖说仍然仅仅是从“国民对职务行为的公正性的信赖”这一特殊视角对不可收买性说的进一步扩张，其实质是基于刑事政策而对防控受贿犯罪的防御性扩张，因而在受贿罪保护法益的法教义学构建中有必要引入刑

---

① 魏东．当代刑法重要问题研究．成都：四川大学出版社，2008：391；张明楷．刑法学．5版：下．北京：法律出版社，2016：1201.

② 高铭暄．刑法专论：下编．北京：高等教育出版社，2003：808；张明楷．刑法学．5版：下．北京：法律出版社，2016：1201.

③ 张明楷．刑法学．5版：下．北京：法律出版社，2016：1201.

④ 魏东．当代刑法重要问题研究．成都：四川大学出版社，2008：391.

⑤ 同③ 1199－1200.

事政策学原理，才能“有效阐释”职务廉洁性说（以及不可收买性说）的深刻内涵。

从法理上分析，受贿罪与其他渎职性犯罪在犯罪客体上的区别就在于，受贿罪不是一般的玩忽职守或者滥用职权，甚至它不一定玩忽职守或者滥用职权，而是只侵害了公职的廉洁性、非经济性、不可收买性，仅此而已。在侵害了职务廉洁性这一点上，受贿罪与贪污罪完全一样，当然，贪污罪还侵害了他人（包括国家集体个人）的财产所有权，主要是公共财物所有权（贪污罪的犯罪客体与犯罪对象、行为对象都是需要检讨的问题）。二者的根本区分，也在于行为方式之不同，受贿罪的客观行为方式是利用职务之便“非法收受”行为本身，贪污罪的客观行为方式则是利用职务之便“非法占有”行为，例如国家工作人员在对外公务活动中“收受（礼物）”行为可能在并不违法不构成受贿的情况下进一步发展至“非法占有”行为时就构成贪污。那种认为受贿罪所侵害的法益是公职廉洁性与他人财产所有权的观点是不妥当的，因为他人财产所有权在一般情况下是可以由他人随意处分的，既然在行为人受贿时的财产所有权是由财产所有人自己处分的（尤其在行贿人主动行贿的情况下如此），那就谈不上受贿行为人侵犯他人财产所有权了，这说明他人财产所有权不能成为受贿罪所侵害的法益。当然，在索贿型受贿罪所侵害的法益中，也可能包括了他人财产所有权。但是作为受贿罪自身毫无例外的个性特征则只能是职务廉洁性，不应将他人财产所有权作为受贿罪所侵害的法益。

从刑事政策的视角来分析，只要是国家工作人员故意利用职务之便主动敲诈勒索或者诈骗“相对人财物”（与成为贪污行为对象的“公共财物”“本单位财物”“应交公的礼物”“保险金”四类财物相区分，下同），或者被动收受“相对人财物”，都应当构成受贿罪，因为它们的共同点都是侵害了国家工作人员的职务廉洁性，或者因为它们是“观念上的”权钱交易行为而具有刑事政策上所必须防范的侵害国家工作人员的职务廉洁性的重大风险，因而都具有刑事政策上的犯罪化正当根据。这一点，从《刑法》第 385 条第 1 款和第 2 款的法条分析就可以看出。一般认为，第 385 条第 1 款规定“国家工作人员利用职务上的便利，索取他人财物的”就构成受贿罪，它没有明确规定“为他人谋取利益”的要件要素（以下简称“谋利要素”）。索贿行为中没有法律规定的谋利要素，是否应当解释为“权钱交易”行为呢？笔者认为答案是肯定的，其一，从索贿人立场看，索贿人通过利用职务上的便利而向他人索贿，使得“权”“钱”发生了勾连关系，当然应当解释为“权钱交易”；其二，从被索贿人立场看，国家工作人员在我办事时找我索贿，我被迫向索贿人送财物，自然是索贿人和我搞“权钱交易”；其三，从公共政策和法律上看，国家工作人员的索贿行为是毋庸置疑的“观念上的”权钱交易行为。由此可见，受贿行为即使没有法律规定谋利要素，但是索贿行为仍然表现出受贿所特有的“权钱交易”的行为本质，包括了收受人（索贿人）立场的权钱交易、相对人（被索贿人）立场的权钱交易、观念上的权钱交易。当然，《刑法》第 385 条第 1 款规定国家工作人员利用职务上的便利“非法收受他人财物，为他人谋取利益的”，其具有“权钱交易”的行为本质是更加显而易见的，无须赘述。同样，该条第 2 款规定，“国家工作人员在经济往来中，违法国家规定，收受各种名义的回扣、手续费，归个人所有的，以受贿论”，从行为人立场看，行为人（国家工作人员）通过利用职务上的便利“收受各种名义的回扣、手续费，归个人所有的”，其行为也使得“权”“钱”发生了勾连关系，当然也应当解释为“权钱交易”。因为，国家工作人员在经济往来中完全可能是不徇私情，秉公办事，而相对人给予什么回扣和手续费完全可能纯粹是出于“感谢”或者“敬仰之情”，但是从行为人立场上或者从公共政策和法律上看其仍然具有“权钱交易”的行为本质。

《刑法》第 388 条所规定的斡旋受贿行为，不但没有排除谋利要素，而且还明确规定必须是“为请托人谋取不正当利益”，这在刑法立法论上是存在较大争议的。从立法论上讲，斡旋受贿终究不是国家工作人员直接利用职务上的便利为请托人谋取利益，而是间接地"通过其他国家工作人员职务上的行为"为请托人谋取利益，因此表面上看是有一定区别的。但是严格讲，这种区别在立法论上并不能获得充分的正当性，需要将来适当事后修订这一法条的规定。在现有立法规定的条件下，作为一种"解释论补救"措施，我们认为应当对"为请托人谋取不正当利益"作出宽松解释，即只要是不符合法律实体性规定的利益、不符合法律程序性规定的利益、不符合公平合理民法精神的利益，均应当解释为"为请托人谋取不正当利益"，从而依法惩治斡旋受贿这一受贿犯罪行为。

二、约定受贿[①]行为的定性处理

关于约定受贿定性处理问题，最高人民法院和最高人民检察院在相关司法解释性文本（以下简称"两高文本"）[②] 中有三次规定，依其发布时间先后顺序是：(1) 2000 年 7 月 13 日最高人民法院《关于国家工作人员利用职务上的便利为他人谋取利益退休后收受财物行为如何处理问题的批复》（以下简称《批复》，自 2000 年 7 月 21 日起施行），规定："国家工作人员利用职务上的便利为请托人谋取利益，并与请托人事先约定，在其离退休后收受请托人财物，构成犯罪的，以受贿罪定罪处罚。"(2) 2003 年 11 月 13 日最高人民法院《全国法院审理经济犯罪案件工作座谈会纪要》（以下简称《纪要》）第 3 条第 4 项，规定："参照《最高人民法院关于国家工作人员利用职务上的便利为他人谋取利益退休后收受财物行为如何处理问题的批复》规定的精神，国家工作人员利用职务上的便利为请托人谋取利益，并与请托人事先约定，在其离职后收受请托人财物，构成犯罪的，以受贿罪定罪处罚。"(3) 2007 年 7 月 8 日最高人民法院、最高人民检察院《关于办理受贿刑事案件适用法律若干问题的意见》（以下简称《意见》）第 10 条规定："国家工作人员利用职务上的便利为请托人谋取利益之前或者之后，约定在其离职后收受请托人财物，并在离职后收受的，以受贿论处。"当然，笔者注意到刑法典和 2016 年"两高"《关于办理贪污贿赂刑事案件适用法律若干问题的解释》（以下简称《解释》，自 2016 年 4 月 18 起施行）均没有对约定受贿问题作出"明文规定"[③]。

从以上列举可以看出，两高文本对约定受贿的文字表述既有一些共通性，也存在一定差异性。其共通性表现在，三个文本都强调约定受贿是国家工作人员利用职务上的便利为请托人谋取利益，并与请托人"事先约定"或者"之前或者之后"有"约定"，"在其离退休后"或者"在其离职后"收受请托人财物。其差异性在于，前两个文本比较笼统地规定"构成犯罪的，以受贿罪定罪处罚"，其含义应当是若属于"构成犯罪的"、则"以受贿罪定罪处罚"，若不属于"构成犯罪的"、则不"以受贿罪定罪处罚"，因而在约定受贿行为"构成犯罪的"判断标准上具有一定模糊性；而第三个文本则明确规定了"并在离职后收受的，以受贿论处"，显然尽管其在"并在离职后收受的，以受贿论处"这一点上具有定罪处罚的确定性，但是并没有明确

---

① "约定受贿"也可以称为"承诺受贿"，本章为行文方便而统一使用"约定受贿"这一说法。

② 根据 2007 年《最高人民法院发布关于司法解释工作的规定》第 6 条规定，司法解释的形式分为"解释""规定""批复"和"决定"四种。而本章此处及后文引介的"两高"文本，既有"解释""规定""批复"和"决定"四种形式的文本，也有"意见""纪要""答复"等形式的文本，因此本章是在广义和实质意义上使用了司法解释性文本这一概念；同时，鉴于本章研究的重心和特点，本章不对司法解释性文本形式的法理问题展开检讨。有关司法解释性文本形式的法理问题，参见李立众．刑法一本通．11 版．北京：法律出版社，2015：1"第十一版前言"；孟庆华，王法．"意见"是否属于刑法司法解释表现形式问题探析．临忻市师范学院学报，2010 (5).

③ "两高"《解释》第 15 条第 2 款规定："国家工作人员利用职务上的便利为请托人谋取利益前后多次收受请托人财物，受请托之前收受的财物数额在一万元以上的，应当一并计入受贿数额。"该条款规定中尽管也出现了"为请托人谋取利益前后""受请托之前"等语句，但其实质上并没有规定"约定受贿"问题。

规定若只有约定受贿之约定行为但是没有“并在离职后收受的”行为——此种行为可以概括性地简称为“有约定受贿但尚未实际收受贿赂的行为”——应当如何定性处理的问题，因而约定受贿在其表现为“有约定受贿但尚未实际收受贿赂的行为”时是否构成受贿罪就具有一定或然性。可以说，两高文本对约定受贿行为的定性处理的规定，或者在总体上对约定受贿行为是否一律定受贿罪的规定具有一定模糊性（如前两个文本），或者在其具体表现为“有约定受贿但尚未实际收受贿赂的行为”时是否定受贿罪的规定具有一定或然性（如第三个文本），这种司法解释性文本规定的模糊性与或然性直接导致司法实践中出现了对“有约定受贿但尚未实际收受贿赂的行为”有时定罪而有时不定罪的分歧。

案例

雅安姚某某约定受贿案①

2010年上半年的一个周末，在成都市某西餐厅，卢某某对被告人姚某某说，我这几年在雅安市人民医院做了一些业务，也赚了一些钱，我心里一直想对你表达感谢，我记着还要给你160万元，等你不当国家公职人员或者你急需用钱的时候，我再给你。姚某某说“我现在也不需要钱，先放在你那里”，姚某某对卢某某的承诺表示认可。对此事实，雅安市中级人民法院一审判决认定被告人姚某某构成受贿罪（未遂）。被告人姚某某不服此判决而向四川省高级人民法院提出上诉。

二审判决认为，行贿人卢某某与被告人姚某某事前虽有约定，姚某某也利用其职务便利为卢某某谋取了利益，但姚未实际收受或者控制就已经案发，且在案证据证实该款项仅属于卢某某对姚某某的承诺，并未以任何形式单独存放。根据2007年“两高”《关于办理受贿刑事案件适用法律若干问题的意见》第10条“国家工作人员利用职务上的便利为请托人谋取利益之前或者之后，约定在其离职收受请托人财物，并在离职后收受的，以受贿论处”、第9条“国家工作人员收受请托人财物后及时退还或者上交的不是受贿”的规定，本院认为，原判认定该160万元受贿（未遂）的证据不足，不应计入姚某某受贿的总数额。

本案一审和二审均认定姚某某有“约定受贿”、但没有“并在离职后收受的”这一案情事实，但是在是否对该约定受贿行为定罪问题上出现了分歧。一审法院认为，对于姚某某仅有约定受贿、但没有“并在离职后收受的”行为也应定罪（受贿罪未遂），其文本依据可能是最高人民法院的《批复》和《纪要》；而二审法院认为，对于姚某某仅有约定受贿、但没有“并在离职后收受的”行为不应定罪，其文本依据应当说是“两高”《意见》。那么，就姚某某案适用两高文本的选择与解释结论而言，二审法院选择适用了发布时间更晚（“新法”取代“旧法”）、规范内容更加有利于被告人（“轻法”优于“重法”）所得出的解释结论可能更具有合法性和正当性。但是，仅限于此而得出二审法院的判决结果优于一审法院的判决结果的结论可能并不充分，尤其是作为司法解释规范形式之一的《批复》在规范效力上可能比《意见》更高（因为《意见》并非规范意义上的司法解释文本形式），那么本案二审法院不适用规范形式更严格且规范效力更高的《批复》、反而要适用规范形式不严格且规范效力更弱的《意见》就可能存在“规范适用是否正确”的疑问，并使得这个判决说理在规范层面上似乎并非“理直气壮”。那么，在现行刑法典和司法解释规范文本形式之内，姚某某的约定受贿行为是否可以解释为受贿罪（未遂）的问题，可能还需要进一步展开法理学和解释论上的判决说理。

我们认为，基于保守的刑法解释立场，综合前述三个司法解释性文本规定的实质精神来看，“有约定受贿但尚未实际收受贿赂的行为”既不能一律定罪，也不能一律不定罪，应当进

① 案例来源：四川省高级人民法院（2013）川刑终字第391号刑事判决书.

一步区分两种不同情形分别作出定性处理。“有约定受贿但尚未实际收受贿赂的行为”之第一种情形，是受贿人已经“着手”实施收受贿赂行为（但是最终尚未实际收受贿赂），那么依法应定受贿罪（未遂或者中止）；“有约定受贿但尚未实际收受贿赂的行为”之第二种情形，是受贿人尚未“着手”实施收受贿赂行为，那么依法不应定受贿罪（包括不构成受贿罪的未遂与中止）。也就是说，“有约定受贿但尚未实际收受贿赂的行为”是否定罪的临界点/区分点在于“着手”（即“着手”实施收受贿赂行为），有着手即有罪，无着手即无罪。

尽管按照刑法典文本关于预备犯和受贿罪的规定是“可以依法”（甚或“应当依法”）处罚受贿的预备犯的，但是，我国司法解释性文本作为一种“活的法”① 和我国当下反腐败刑事“司法政策”，实质上进一步限缩解释了刑法典文本的处罚范围并形成了“有着手即有罪，无着手即无罪”的司法裁判规则。亦即，这种判断的基本依据在于我国前述三个司法解释性文本的明确规定，属于比较典型的司法上非犯罪化现象。两高《意见》第 10 条关于“国家工作人员利用职务上的便利为请托人谋取利益之前或者之后，约定在其离职后收受请托人财物，并在离职后收受的，以受贿论处”之规定，即明确要求约定受贿定罪的必备条件是“并在离职后收受的”，按照刑法的客观解释立场，“并在离职后收受的”之“收受”行为的解释，必须以“着手”实施收受行为为最低限度，其含义中并不包括收受财物的单纯的犯意流露或者犯罪预备。应当说，与此相当的刑法解释结论，将某种特定情形下的行为限定解释为“着手”实施该行为，在我国刑法中还有很多。例如，关于《刑法》第 29 条第 2 款“被教唆的人没有犯被教唆的罪”的解释适用，我国有学者指出，其只能解释为教唆犯教唆他人犯罪，被教唆人已经“着手”实行犯罪、但没有达到既遂状态。② 还有如，关于《刑法》第 263 条规定“犯盗窃、诈骗、抢夺罪”（即转化型抢劫罪之前提条件）的解释适用，刑法理论通说认为，其是指已经“着手”实施盗窃、诈骗、抢夺行为，才具备了向抢劫罪转化的前提条件，因而“应理解为不包括预备行为”③。再如，两高《解释》第 15 条第 2 款规定，“国家工作人员利用职务上的便利为请托人谋取利益前后多次收受请托人财物，受请托之前收受的财物数额在一万元以上的，应当一并计入受贿数额”。那么根据该条款规定，“多次收受请托人财物”的含义应当是仅限于实际收受、而不包括约定收受但是尚未实际收受的情形，“受请托之前收受的财物数额在一万元以上”的含义也只能是仅限于实际收受、而不包括约定收受但是尚未实际收受的情形。由此可见，两高《意见》第 10 条规定“并在离职后收受的”之“收受”行为的解释，必须以“着手”实施收受行为为最低限度，其含义中并不包括收受财物的单纯的犯意流露或者犯罪预备，亦即其中包含了“不处罚受贿的预备”这一司法裁判规则。更为重要、更为突出的是，两高《意见》第 9 条还明确规定了“国家工作人员收受请托人财物后及时退还或者上交的，不是受贿”，尽管理论上对该规定的适用条件存在争议，有人主张只能将该情形限定为行为人主观上没有受

① “活的法”又叫“行为中的法”“事实上的法”，是指支配生活本身的法律，如庞德所谓的法官法、判例法，或者如弗兰克所指称的司法活动中当事人或其律师对其案件判决所依据的法律的预测和法院的判决。严存生．西方法哲学问题史研究．北京：中国法制出版社，2013：32－33；博登海默．法理学——法哲学及其方法．邓正来，译．北京：华夏出版社，1987：148－151.

② 周光权．“被教唆的人没有犯被教唆的罪”之理解——兼与刘明祥教授商榷．法学研究，2013（4）. 但是需要指出的是，周光权教授对这一问题的表述似乎存在一些模糊性，在前面指出“只能解释为教唆犯教唆他人犯罪，被教唆人已经着手实行犯罪，但没有达到既遂状态”之后，又在后面补充说明“被教唆人虽接受教唆但尚未开始实施预备行为等情形，教唆行为对法益的危险仅仅停留在教唆者内心，不能成立非共同犯罪的教唆未遂”，那么，到底是以被教唆人已经“着手”实行犯罪为条件、还是以被教唆人“开始实施预备行为”为条件呢，周光权教授的前后表述似乎缺乏一致性。

③ 王作富．刑法分则实务研究：中．北京：中国方正出版社，2010：1044－1045.

贿故意，若有受贿故意而收受请托人财物后退还或者上交的，仍然应当成立受贿罪[①]；而另有人主张不排除行为人主观上有受贿故意，只要符合“收受请托人财物后及时退还或者上交的”条件，均应作出“不是受贿”的认定[②]，储槐植教授甚至据此还得出了受贿“‘既遂之后不出罪’是存在例外情况的”解释结论。[③] 应当承认，两高《意见》第9条“国家工作人员收受请托人财物后及时退还或者上交的，不是受贿”的这一规定，按照刑法的客观解释立场和体系解释方法，按照前述“收受”行为的解释必须以“着手”实施收受财物行为为最低限度、其含义中并不包括收受财物的单纯的犯意流露或者犯罪预备的解释结论，客观上直接导致在我国司法实践中形成了“不处罚受贿的预备”的实践理性和裁判规则。[④] 换言之，由于“不处罚受贿的预备”是我国受贿罪司法裁判中业已形成的一个裁判规则，因而约定受贿而尚未“着手”实施收受财物的行为，依法不认定为受贿罪。

综上所述，“有约定受贿但尚未实际收受贿赂的行为”之定性处理规则（司法裁判规则）可以概括为相互关联印证的两句话，一是受贿“有着手即有罪，无着手即无罪”，二是“不处罚受贿的预备”。

客观而论，从刑法原理和解释论上观察，约定受贿定性处理所涉法理问题可能远不止于“雅安姚某某约定受贿案”中两级人民法院裁判文书所列举的意见分歧和判决说理。体系化、精致化地梳理约定受贿所涉疑难法理问题，可能还有下列“问题意识”必须予以关注和研讨：其一，约定受贿是否应该、进而是否可以进行概念界定与类型化研究？其二，约定受贿是否存在，进而如何确定其犯罪未完成形态及犯罪数额？其三，约定收受干股和约定收受投资收益的行为如何定性处理？本章对此展开具体研讨并提出个人拙见，以期抛砖引玉，供学界和司法实务部门参考。

（一）约定受贿的概念界定与类型划分

约定受贿是约定贿赂之中与约定行贿相对应的一个概念。从字面含义上进行粗略描述，约定贿赂是指贿赂双方就行贿受贿事宜进行邀约、商定，基于受贿人立场观察可谓约定受贿，基于行贿人立场观察可谓约定行贿。约定受贿与约定行贿相互对应（对向犯）并共同型构约定贿赂。

从严谨的形式逻辑和刑法规范分析，约定受贿的概念定义中至少应包括以下要素的审查界定。

其一，就约定受贿的犯罪对象而言，由于贿赂对象的通常解释结论是财物（即货币和物品），因而普通的约定受贿是指约定收受财物；又由于贿赂对象的客观解释结论中除了财物之外，还可以包括财产性利益（即可以折算为货币的物质性利益和需要支付货币的其他利益），因而约定受贿的对象还包括财产性利益。[⑤] 关于受贿对象，两高《解释》第12条对此进行了明确规定：“贿赂犯罪中的‘财物’，包括货币、物品和财产性利益。财产性利益包括可以折算为货币的物质利益如房屋装修、债务免除等，以及需要支付货币的其他利益如会员服务、旅游等。后者的犯罪数额，以实际支付后者应当支付的数额计算。”两高《意见》第2条、第3条

① 张明楷．受贿罪中收受财物后及时退交的问题分析．法学，2012（4）．

② 李建明．收受他人财物后退还或者上交对受贿罪构成的影响．人民检察，2007（16）．

③ 储槐植，闫雨．“赎罪”——既遂后不出罪存在例外．检察日报，2014－08－12（3）．

④ 但有学者指出“在司法实践中，对于单纯利用职务上的便利索要贿赂，而没有现实取得贿赂的行为，一般都没有认定为受贿罪，或者仅认定为受贿未遂”。张明楷．刑法学．4版．北京：法律出版社，2011：1077－1078．

⑤ 张明楷．刑法学．4版．北京：法律出版社，2011：1066；赵秉志，刘志伟，彭新林．努力完善惩治腐败犯罪立法建设——“我国惩治腐败犯罪的立法完善问题学术座谈会”研讨综述．法制日报，2015－04－08（9）．

还分别规定了收受干股及其收益、投资及其收益等形式的财产性利益也可以构成受贿，因而较为特殊的约定受贿还包括约定收受干股、约定收受投资收益等财产性利益。

其二，就约定受贿的受贿条件而言，可以是约定离退休之后或者离职之后，也可以是在并非离退休之后或者离职之后的某个时间点或者某个特定条件之下。如在上述案例中其约定的受贿条件是“等你不当国家公职人员或者你急需用钱的时候”。这里可以发现，两高文本的规定中仅将约定受贿条件限定为“离退休之后”或者“离职之后”（后者比前者的涵摄范围更广泛），并不周全，需要将约定的受贿条件进一步抽象为“在其离职后或者在其他某种条件下”。

其三，就约定受贿的发生学机理而言，可以是国家工作人员利用职务上的便利为请托人谋取利益“之前或者之后”，当然还可以是发生在国家工作人员利用职务上的便利为请托人谋取利益“之中”。两高文本关于约定受贿仅限定为“之前或者之后”的规定，因其遗漏了“之中”的可能情形，也有违逻辑周延性，因而需要将约定受贿的发生时间进一步周全规定为国家工作人员利用职务上的便利为请托人谋取利益“之前、之中或者之后”。

关于约定受贿的发生学机理的审查，还有学者指出，在约定受贿人与约定行贿人之间考察“以谁提出为标准，将其归入索取与收受：国家工作人员先提出约定的，属于索取；对方先提出约定的，国家工作人员属于收受”①。应当说，这里强调“以谁提出为标准”而对约定受贿所作的类型划分，即将约定受贿进一步划分为索取型的约定受贿与收受型的约定受贿，对于确定具体个案中受贿罪是否成立以及是否具有“索贿”的量刑情节均具有意义，因而应当予以关注。

其四，就约定受贿的犯罪学发展轨迹与犯罪过程规范审查而言，约定受贿可以是犯意流露、犯罪预备行为、着手实施收受财物行为乃至完成收受财物行为等诸种样态。如果说《批复》和《纪要》笼统地规定约定受贿“构成犯罪的，以受贿罪定罪处罚”，其包含了可以惩处受贿的犯罪预备、犯罪未遂、犯罪中止和犯罪既遂等诸种犯罪形态；那么就可以说，《意见》仅规定约定受贿“并在离职后收受的，以受贿论处”，这里“并”字的限定意义十分明确，即仅规定了实际完成收受财物的行为以受贿（既遂）论处、已经着手实施收受财物但未实际完成收受财物的行为以受贿（未遂）论处，但是难说其包含了将预备收受财物而尚未着手实施收受财物的行为以受贿（预备）论处的含义，因而可以说《意见》的规范实质是限定了约定受贿的处罚范围，亦即确立了“不处罚受贿的预备”司法裁判规则（后文详述理由）。两高文本关于约定受贿的处罚范围的限定规范尽管具有刑法解释论意义，但是基于概念界定的逻辑周延性要求，约定受贿的概念界定应当周延地涵摄约定受贿的全部外延即犯意流露、犯罪预备行为、着手实施收受财物行为乃至完成收受财物行为等诸种样态。

基于以上形式逻辑的分析，笔者认为应将约定受贿的概念界定为：约定受贿，是指国家工作人员在利用职务上的便利为请托人谋取利益过程之中、之前或者之后，与请托人约定或者承诺在其离职后或者在其他某种条件下收受请托人财物的行为。

那么，在明确了约定受贿的概念之后，约定受贿的类型划分应当如何确定？我们认为，从有利于确认约定受贿行为的违法性与责任性的刑法规范价值上考察，约定受贿行为中约定的受贿条件（即“在其离职后或者在其他某种条件下”）、约定受贿的发生学机理中“之中、之前或者之后”（即国家工作人员在利用职务上的便利为请托人谋取利益过程“之中、之前或者之后”）等通常不具有刑法规范评价的意义（尽管其对于约定受贿的概念界定具有形式逻辑价值），基本上不能影响约定受贿行为的定罪量刑，因而其在约定受贿的违法性和责任性类型化

① 张明楷．刑法学．4版．北京：法律出版社，2011：1066-1067.

审查上缺失刑法规范评价功用，无须特别考量。

当然这里还需要明确两点：其一，约定受贿的发生学机理中“以谁提出为标准”对约定受贿所作的类型划分，即将约定受贿划分为索取型的约定受贿与收受型的约定受贿，对于确定具体个案中受贿罪是否成立以及是否具有“索贿”的量刑情节均具有意义。即此种类型划分的刑法规范价值在于，对于索取型的约定受贿，只要有着手收取贿赂或者实际收取贿赂的行为，无论其是否具有“为他人谋取利益的”要素，均可以构成受贿罪（未遂或者既遂），并且适用“索贿的从重处罚”这一规定；对于收受型的约定受贿，则要在有着手收取贿赂或者实际收取贿赂的行为的同时，还必须具有“为他人谋取利益的”要素，方可以构成受贿罪（未遂或者既遂）。本章由于将约定受贿的概念作出了“国家工作人员在利用职务上的便利为请托人谋取利益过程之中、之前或者之后”这一限定，因而对索取型的约定受贿与收受型的约定受贿的类型划分及其刑法规范意义不予特别研讨。其二，约定受贿的发生学机理中，约定受财（约定受贿）可以发生在“为请托人谋取利益过程之中、之前或者之后”，这是我国刑法理论通说的观点。① 但是，对于约定受财发生在为他人谋取利益“之后”的情形可以解释为受贿罪的结论，我国部分刑法学者在刑法解释论上对此持质疑态度，其突出表现在针对最高人民法院公布的陈晓受贿案的理论研讨中。② 陈兴良教授从探求立法本意的立场出发指出，“对于国家工作人员来说，在正常行使职务行为的时候，没有约定收受财物，即使事后受财，并且明知是对事前职务行为的报答，也不能认为是在出卖权力，因为在职务行为实施时并无此意图”，并认为由此并不能直接得出事前没有约定的事后受财行为构成受贿罪的结论。③ 对此，笔者认为，通说主张对于约定受财即使发生在国家工作人员利用职务之便为他人谋取利益“之后”的情形也应当解释为受贿罪的观点可取，其具有逻辑自洽性和实践合理性，也能够获得刑法解释结论的正当性。两高文本的解释性规定中，实质上暗含此处“之后”这一约定受贿意思表示的时间范围应当限定为在国家工作人员离职之前或者离退休之前，从而不完全等同于日本刑法对“事后受贿罪”的规定④；换言之，如果国家工作人员在利用职务之便为他人谋取利益“之后”直到离职之前或者离退休之前均没有约定受贿意思表示，而是在其离职之后或者离退休之后才做出约定受财的意思表示，则不符合两高文本的解释性规定所规定的约定受贿条件。因此可以说，两高文本关于约定受贿的解释性规定，既有扩张解释刑法典关于受贿罪的构成要件要素的内容，即将受贿行为延伸至国家工作人员离职之后和离退休之后，将国家工作人员主体身份延伸至离职之后和离退休之后的“前国家工作人员”，又有适当限缩“之后”这一约定受贿意思表示的时间范围的意蕴，即国家工作人员在利用职务之便为他人谋取利益“之后”限定为国家工作人员离职之前或者离退休之前有约定受贿意思表示，但是不包括国家工作人员在其离职之后或者离退休之后才做出约定受财的意思表示的情形。两高文本关于约定受贿中“之后”的这一限定应当说是合理的，尤其是在我国刑法典没有明确规定“事后受贿罪”的情况下这一司法解释性规

① 王作富．刑法分则实务研究：下．北京：中国方正出版社，2010：1782－1783；张明楷．刑法学．4版．北京：法律出版社，2011：1072－1073.

② 裴显鼎．陈晓受贿案——事后收受财物能否构成受贿罪//最高人民法院刑事审判第一庭．刑事审判参考：2000年第3辑．北京：法律出版社，2000：47－54；储槐植，杨建民．“事后受贿能否构成受贿罪”——析陈晓受贿案和徐德臣受贿案//姜伟．刑事司法指南：2000年第2辑．北京：法律出版社，2000：167－177；陈兴良．判例刑法学（教学版）．北京：中国人民大学出版社，2012：334－343.

③ 陈兴良．判例刑法学（教学版）．北京：中国人民大学出版社，2012：334－343.

④ 日本刑法中“事后受贿罪”，是指曾任公务员或者仲裁人的人，就其在职期间接受请托人请托而在职务上曾实施不正当行为，或者未曾实施适当行为，而收受、要求或者约定贿赂的行为。西田典之．日本刑法各论．刘明祥，王昭武，译．武汉：武汉大学出版社，2005：353.

定具有突出的实践合理性。从法理上讲，受贿的故意可以产生于为他人谋取利益之前、之中或者之后，因而审查受贿的故意与为他人谋取利益的时间先后之间的关系事实并不具有刑法规范评价的意义，因为这种关系事实并不能影响约定受贿行为的违法性与责任性、从而也不能影响对约定受贿行为的定罪量刑；关键点应在于审查受贿的故意与受财行为是否具有“同时性”，受贿的故意是否是受财“行为时故意”，如果是，哪怕受财行为人（国家工作人员）已经离职，则此种受财行为仍然符合权钱交易的受贿行为特征，从而可以构成受贿罪。此即行为时罪过规则，亦即罪过只能是行为时的心理态度。① 从语言学分析可以发现，《刑法》第 385 条规定的“非法收受他人财物，为他人谋取利益”，语言形式上表现为“非法收受他人财物”和“为他人谋取利益”两个限定要素，但是并不能得出限定要素存在先后排序的解释结论，亦即两个限定要素的先后排序完全可以进行调换并且调换语言表述顺序后其规范含义仍然确定不变，完全符合该法条的法规范目的（即职务廉洁性），完全契合刑法目的解释所得出的解释结论。因此，约定受贿的发生学机理中“之中、之前或者之后”（即国家工作人员在利用职务上的便利为请托人谋取利益过程“之中、之前或者之后”）不具有刑法规范评价的意义，无须以此为据对约定受贿进行类型划分。

对约定受贿的犯罪学发展轨迹与犯罪过程规范审查，有利于精确判定其行为样态和犯罪形态，从而其对于约定受贿行为的违法性与责任性的判定具有十分重要的刑法规范价值，如犯意流露样态的约定受贿就依法不应定罪处罚，犯罪预备形态的约定受贿通常也不具有定罪处罚的条件（理由后文详述），而犯罪未遂形态的约定受贿和犯罪既遂形态的约定受贿依法应当定罪处罚。因而，从有利于确认约定受贿行为的违法性与责任性的刑法规范价值上考察，有必要根据约定受贿的犯罪学发展轨迹与犯罪过程规范审查来对约定受贿（行为）进行类型划分，依次可以分为犯意流露阶段的约定受贿、犯罪预备阶段的约定受贿、犯罪未遂形态的约定受贿、犯罪既遂形态的约定受贿等类型。此种类型划分的刑法规范价值在于，对于犯意流露阶段的约定受贿、犯罪预备阶段的约定受贿，依法不定罪处罚，对于犯罪未遂形态的约定受贿、犯罪既遂形态的约定受贿均应予以依法定罪处罚，前者以受贿罪未遂论处，后者以受贿罪既遂论处。

此外，如前所述，约定受贿的犯罪对象既包括普通财物，也包括干股及其收益、投资收益等特殊的财产性利益，而约定收受干股及其收益、投资收益等特殊的财产性利益在具体个案中对于约定受贿行为的违法性与责任性的刑法规范评价上均具有一定的特殊性，因而亦有必要区分约定受贿的犯罪对象的不同类型而将约定受贿具体区分为约定收受普通财物、约定收受干股及其收益、约定收受投资收益等不同类型，以利于展开具体研讨。

（二）约定受贿但未实际收受贿赂的定性处理

从司法实践情况看，约定受贿并实际收受财物的行为依法构成受贿罪（既遂），尽管其中有“约定受贿”因素，但是其在受贿行为的违法性和责任性评价中并无区别于普通受贿罪的任何特殊性和特别的疑难性，甚至可以说任何受贿行为的实际完成均存在或明或暗的“约定受贿”因素（无论是收受型的受贿还是索贿型的受贿的有效完成，其中都必定内含“约定受贿”因素），因而对此情形没有展开特别讨论的必要。从而，普通的约定收受财物行为中，值得展开理论研讨的主要问题可能在于，约定收受但未实际收受财物的行为应当如何定性处理？对此问题，司法实践中应当说存在对立的不同见解，例如在前述“雅安姚某某约定受贿案”中，雅安市中级人民法院给出的答案是，姚某某具有约定受贿但未实际收受财物的行为构成受贿罪未遂；四川省高级人民法院给出的答案则正好相反，认为姚某某具有约定受贿但未实际收受财物

① 张明楷．诈骗罪与金融诈骗罪研究．北京：清华大学出版社，2006：410－415.

的行为不构成受贿罪（包括不构成受贿罪未遂）。那么，约定受贿但未实际收受财物的行为到底是应当认定为受贿罪（未遂或者中止）还是应当认定为不构成受贿罪呢？如前所述，约定受贿但未实际收受财物的行为定性处理，一刀切地认定为构成受贿罪（未遂或者中止）或者一刀切地认定为不构成受贿罪（包括不认定为受贿罪未遂或者中止）都不恰当，其中至为关键的"点"在于审查其中约定受贿人是否存在"着手"实施收受财物的行为，如果约定受贿人业已存在"着手"实施收受财物（但未实际收受财物）的行为，则约定受贿人依法应认定为受贿罪（未遂或者中止）；如果约定受贿人尚不存在"着手"实施收受财物的行为，则约定受贿人依法应认定为不构成受贿罪（包括不构成受贿罪未遂或者中止）。因此，约定受贿但未实际收受贿赂的行为应具体区分以下两种情形进行定性处理：一是约定受贿而尚未"着手"实施收受财物的行为，依法不认定为受贿罪；二是约定受贿而"着手"实施收受财物、但是尚未完成实际收受财物的行为，依法应认定为受贿罪（未遂）。

1. 约定受贿而尚未"着手"实施收受财物行为的定性处理

我们认为，由于"不处罚受贿的预备"是我国受贿罪司法裁判中业已形成的一个裁判规则，约定受贿而尚未"着手"实施收受财物的行为，依法不认定为受贿罪。我国之所以存在"不处罚受贿的预备"司法裁判规则，其主要理由除前述已论及的我国现有司法解释性文本规定之外，还在于以下可能的法理依据，我国的刑法典本文规定本身也有一些特殊性。《刑法》第 22 条规定"为了犯罪，准备工具、制造条件的，是犯罪预备"，那么，约定受贿人在"约定"贿赂而尚未着手实施收受贿赂之际到底是受贿的犯意流露还是为受贿"制造条件"，是一个存在疑问的问题。有人认为这是受贿的犯意流露（即表达了受贿意思），也有人会认为这是受贿的犯罪预备（即为了受贿犯罪而制造条件），应当说这时难于准确区分犯意流露与犯罪预备的界限，而只是在尚未"着手"实施收受财物这一点上才是可以明确肯定的。可以说，约定受贿人的犯意流露与犯罪预备难于区分，这是我国不处罚受贿预备行为的法理依据之一。例如，如果仅仅是行贿人主动向国家工作人员表示行贿意思（单方的约定行贿），而国家工作人员对此不置可否，是否可以认定为国家工作人员默许的"约定受贿"，实难判断；反过来，如果仅仅是国家工作人员主动向对方表示收受贿赂的意思（单方的约定受贿、索贿），而被索要方对此不置可否，是否可以认定为被索要方默许的"约定受贿"，也难于下定论。我们可能可以谨慎地认定单方的约定行贿和单方的约定受贿的行为样态，将这样两种行为解释为仅仅是犯意流露或者并非是典型的约定受贿，从而将其排除在犯罪圈之外；问题是，如果我们肯定了其中一方存在"默许"（指有证据证实其中一方存在默许），这种"默许"行为可能仍然只能解释为仅仅是犯意流露，而仍然难于将这种"默许"行为解释为犯罪预备。由此，只要约定受贿人尚未"着手"实施收受贿赂行为，司法上均不予定罪处罚，并形成了"不处罚受贿的预备"的司法裁判规则。贿赂双方尽管在逻辑上是对向犯（或者对合犯、对行犯、对应犯、对立犯），但受贿行为的有效实施完成其实更重要的通常是需要依赖于行贿人的单方决意和单方行动，只要行贿人单方面放弃决意和行动就可能导致受贿不能，哪怕受贿人"索贿"也是如此。我国有学者指出，"在中国刑法中，虽然处罚预备犯、未遂犯是刑法总则的规定，但现实生活中，贿赂犯罪的预备和未遂事实上很少受到处罚"①。相类似的学术见解还有，认为就行贿行为而言"对许诺给予、提议给予以其他非刑罚方法规制，无疑是较为明智的选择"②，其表达的学术观点应当说也包含了赞同"不处罚受贿的预备"的立场。因此，法理上仍然没有必要惩治受贿的

① 孙国祥，魏昌东．联合国反腐败公约与贪污贿赂犯罪立法研究．北京：法律出版社，2011：433.
② 赵秉志，杨诚．《联合国反腐败公约》在中国的贯彻．北京：法律出版社，2011：79.

预备行为，受贿罪的最低入罪门槛可以是约定受贿行为人存在“着手”实施收受贿赂（在行贿人“着手”实施行贿行为的基础上）的行为，此时方能认定约定受贿行为人构成犯罪未遂。

这里需要说明的是，我国有学者指出，“在司法实践中，对于单纯利用职务上的便利索要贿赂，而没有现实取得贿赂的行为，一般都没有认定为受贿罪，或者仅认定为受贿未遂”，而张明楷教授主张“在索取贿赂的情况下，应当以实施了索要行为作为受贿既遂标准”[①]。这里出现的争议点是，“对于单纯利用职务上的便利索要贿赂，而没有现实取得贿赂的行为”，是“一般都没有认定为受贿罪”合理，还是“仅认定为受贿未遂”合理，还是如张明楷教授所主张的认定为受贿罪既遂（即“应当以实施了索要行为作为受贿既遂标准”）合理？我们认为，根据《刑法》第386条关于“索贿的从重处罚”的规定，索贿型受贿罪仅仅是作为相对于收受型受贿罪而言进行“从重处罚”，其在犯罪构成要素上仅仅是不以“为他人谋取利益”为必要条件，但是其在犯罪生成机理上仍然没有超出“权钱交易”并侵犯国家工作人员职务廉洁性的基本范畴，因而在审查判断受贿的犯意流露、受贿预备行为、着手实施受贿行为以至实际完成受贿行为的标准上应当统一，其中最为关键的“着手”实施受贿行为的判断仍然应当坚持以“着手实施收受贿赂”作为统一标准，而不能想当然地将索贿型受贿的“着手”实施受贿行为的判断标准提前到“着手实施索要”，否则将会混淆受贿的犯意流露、受贿预备行为与实行行为之间的规范界限。例如，国家工作人员主动向相对方（被索要方）提出索要财物的意思表示，那么是否可以不管被索要方是否同意，而一律将该行为人认定为已经“着手实施索要”并进而认定为受贿罪、甚至认定为受贿罪既遂呢（依张明楷教授观点）？我们认为，肯定的观点有失妥当，因为行为人（国家工作人员）主动向相对方（被索要方）提出索要财物的意思表示，仅属于犯意流露或者受贿预备，即使被索要方同意并与索要方达成了贿赂的一致意思（包括单纯的口头或者书面约定），仍然也只属于约定受贿而尚未着手实施收受贿赂行为，依法也只能认定为犯意流露，对此应依法不认定为受贿罪；只有在行为人主动索要并且进而“着手”实施收受财物之时及其之后，方可以依法认定行为人构成受贿罪并视情认定为受贿罪的未遂（当尚未实际收受财物时）或者受贿罪的既遂（当实际收受财物时）。因此，“对于单纯利用职务上的便利索要贿赂，而没有现实取得贿赂的行为”，应区分两种情况进行定性处理，如果行为人已经“着手”实施收受贿赂，依法认定为受贿罪的未遂；如果行为人尚未“着手”实施收受贿赂，依法认定为不构成受贿罪（包括不构成受贿罪的未遂）。

客观上，我国司法实践中鲜有认定受贿的预备行为构成受贿罪（预备）的判例。司法实践中，下列约定受贿而尚未“着手”实施收受贿赂的情形通常没有被认定为受贿罪：(1) 贿赂双方只实施了单纯“约定”行为；(2) 在“约定”行为之外，行贿人单方面实施了准备财物的行为；(3) 在“约定”行为之外，行贿人单方面实施了准备财物并告知受贿人的行为；(4) 在“约定”行为之外，行贿人单方面实施了“着手”行贿行为、但受贿人在看到或者接触到贿赂时明确表示犹豫或者拒绝收受的行为。此处列举的最后一种情形，之所以也应认定为约定受贿而尚未“着手”实施收受贿赂的行为，是因为从受贿人的角度审查是否“着手”实施收受贿赂行为，应该也只能以受贿人的行为样态为准，而行贿人单方面是否“着手”实施行贿行为（送财物的行为）并不是受贿人所能控制的，因而在行贿人即使有“着手”实施行贿行为之时，如果受贿人有明确表示犹豫或者拒绝收受的，仍然应当认定为受贿人尚未“着手”实施收受财物行为。

就“雅安姚某某约定受贿案”中姚某某的行为而言，四川省高级人民法院所作出的无罪判

---

① 张明楷．刑法学．4版．北京：法律出版社，2011：1077－1078.

决结论是正确的，但是其判决说理尚值得进一步斟酌。四川省高级人民法院给出的无罪判决说理在于，“行贿人卢某某与被告人姚某某事前虽有约定，姚某某也利用其职务便利为卢某某谋取了利益，但姚未实际收受或者控制就已经案发，且在案证据证实该款项仅属于卢某某对姚某某的承诺，并未以任何形式单独存放”，所以姚某某不构成受贿罪（未遂）。应当说，四川省高级人民法院的“判决说理”其实还有深意值得推敲。(1) 关于“行贿人卢某某与被告人姚某某事前虽有约定”以及“仅属于卢某某对姚某某的承诺”而对姚某某不定罪之说理，是否意味着仅有行贿人“事前约定”或者仅有行贿人的“承诺”（承诺贿赂），才能依法不应对被告人（被承诺受贿的行为人）定罪？相应地，若有被告人（约定收受财物的行为人）的主动提议并约定，依法是否应对被告人定罪？从上文分析来看，即使有被告人的主动提议并约定（而不是仅限于行贿人的主动提议并承诺），如果受贿人尚未“着手”实施收受贿赂的行为，则仍然应当认定为仅有约定但是尚未着手实施收受贿赂的行为，仅属于犯意流露与犯罪预备，依法不应认定为受贿罪（包括不认定为受贿预备或者未遂）。(2) 关于在约定收受贿赂的双方已经达成“约定”意见的一致性，在卢某某“并未有任何形式单独存放”时依法不应对姚某某定罪之说理，是否意味着若约定行贿人已“有任何形式单独存在”约定财物的情形就应对被告人定罪？对此问题，我们认为可以做出比较确定的回答，仅有贿赂双方“事前约定”贿赂（约定受贿和约定行贿），依法仍然不应对约定收受贿赂的行为人定罪，其文本依据是“两高”《意见》的明确规定，其法理依据在于此种行为仅属于贿赂双方的“犯意流露”，而非“犯罪预备”；即使进一步，若约定行贿人已“有任何形式单独存放”约定的贿赂财物、或者已经由行贿人将约定的贿赂财物交给第三方保存并做好行贿准备、或者已经由行贿人正式通知受贿人领取等行动，仍然只可以认定为行贿犯罪进入了行贿预备阶段并有行贿预备行为，但是，一方面由于行贿预备并不一定当然能够成为约定受贿人的受贿预备，并且“不处罚受贿的预备”是一项司法裁判规则，另一方面由于约定受贿人客观上尚未“着手”实施收受贿赂的行为，因而依法仍然不应对此种情形下的约定受贿人认定为受贿罪（包括不认定为受贿罪未遂）。所以，即使存在约定行贿人已“有任何形式单独存放”约定财物的行为，也不得仅仅以此为据而对约定受贿人认定为受贿罪（包括不认定为受贿罪未遂）。

作为一种理论反思和检讨，这里笔者必须指出，我国形成“不处罚受贿的预备”司法裁判规则，不完全符合《联合国反腐败公约》的规定以及部分国家的刑法实践①，其深层次原因同样值得反思检讨。我国《刑法》第 22 条规定了预备犯的普遍处罚原则，即“对于预备犯，可以比照既遂犯从轻、减轻处罚或者免除处罚”，但是反而在性质严重的受贿罪司法实践中形成了“不处罚受贿的预备”这一司法裁判规则，这可能是一种十分奇葩的特殊现象。这一特殊现象的出现，既有刑法规范形式方面存在缺陷的影响，没有在刑法分则中明确限定具体罪的预备犯予以处罚的特别规定，直接导致部分预备犯被司法机关和人员错误解释为无罪，也有“两高”司法解释性文本的影响，如“两高”《意见》第 9 条和第 10 条对于我国司法实践中形成“不处罚受贿的预备”司法裁判规则可以说是“功不可没”。此外，我国反腐败政策也值得反思，有关机关在办理腐败案件中较为普遍地存在违法侦查取证现象，也可能使得“不处罚受贿的预备”成为消解“毒树之果”的一剂良药。可以说，只要刑法不改变在刑法总则中规定预备犯的普遍处罚原则、反而不在刑法分则中具体规定预备犯的特别处罚规定，只要“两高”《意

---

① 例如，《联合国反腐败公约》第 27 条规定各缔约国均可以“将为实施根据本公约确立的犯罪进行预备的行为规定为犯罪”。赵秉志，王志祥，郭理蓉．《联合国反腐败公约》暨相关重要文献资料．北京：中国人民公安大学出版社，2004：15. 再如，《日本刑法典》第 197 条第 1 款前段规定，公务员或者仲裁人有关其职务收受、要求或者约定贿赂的，处 5 年以下惩役。西田典之．日本刑法各论．刘明祥，王昭武，译．武汉：武汉大学出版社，2005：349.

见》第9条和第10条等司法解释规范仍然泛滥性地有效存在，“不处罚受贿的预备”必将成为司法常态。这一学术批评之中蕴涵了我国刑法立法修正和刑事司法改革的应有方向，从反腐败长远目标和治本立场看我国应当对约定受贿行为予以全面犯罪化处置、规范的司法化处理，应当说这是不言自明的。

2. 约定受贿而“着手”实施收受财物行为的定性处理

理论上讲，受贿人如果与行贿人约定贿赂并且约定受贿人“着手”实施了收受财物的行为、但是尚未完成实际收受财物的行为的情形，依法可以认定为受贿罪未遂。这种情形的关键“点”在于审查其中约定受贿人是否存在“着手”实施收受财物的行为，如果约定受贿人业已存在“着手”实施收受财物的行为，即使其尚未完成实际收受财物的行为，依法也应认定约定受贿人为受贿罪未遂。但是，实践中下列几种情形下约定受贿人应当如何定性处理值得研究。

第一种情形：行贿人根据约定而“着手”实施行贿行为（送财物的行为）、并且获得约定受贿人的明确认可或者同意的，是否认定为约定受贿人已经“着手”实施收受财物？

我们认为，此种情形，因为约定受贿人已经“明确认可或者同意”约定行贿人“着手”实施行贿行为，应当认定为约定受贿人已经实际“着手”实施收受财物，从而可以认定约定受贿人构成受贿罪未遂。但是，如前所述，如果约定受贿人并没有“明确认可或者同意”约定行贿人“着手”实施行贿行为，或者约定受贿人对于约定行贿人“着手”实施行贿行为不知情、态度犹豫甚至明确反对的，则依法不应认定约定受贿人“着手”实施收受财物，从而约定受贿人不能构成受贿罪未遂，例如下面这一案例：

案例　**绵阳安某某涉嫌收受房屋案①**

2005年某一天，杨某某向国家工作人员安某某提出并承诺要送一套价值53万元的房屋给安某某，安某某没有明确表态；次年7月份，杨某某妻子将房屋钥匙交给安某某妻子，安某某得知这一情况时立即明确表示不要此房屋，并多次明确向杨某某表达了退还房屋钥匙的意愿，并且安某某在得知杨某某妻子赌博输了很多钱的时候还主动给杨某某打电话明确要求其把房屋卖了拿钱去还债。案发后查明，该房屋已被杨某某用于抵押贷款，该房屋钥匙仍然放在安某某家中，但是安某某始终没有占用该房屋。

四川省绵阳市人民检察院经审查后决定，依法不指控该房屋价值53万元为安某某涉嫌受贿数额。

本案中，杨某某向安某某提出并承诺送一套房屋给安某某的行为可以解释为约定贿赂（约定行贿、承诺行贿），安某某没有明确表态的行为也曾经被有关人员“解释为”安某某已经默许同意，从而可以将安某某认定为约定受贿人。尽管约定行贿人杨某某已经着手实施送房屋的行贿行为，但是，约定受贿人安某某在得知约定行贿人“着手”实施行贿行为之时，不但没有“明确认可或者同意”约定行贿人“着手”实施行贿行为，而且态度是明确反对的，因而依法不应认定约定受贿人“着手”实施收受财物，安某某依法不能构成受贿罪（包括不构成受贿罪未遂）。四川省绵阳市人民检察院依法不指控该房屋价值53万元为安某某受贿数额的决定是正确的。

第二种情形：行贿人根据约定而实施了向约定受贿人“打借条”或者同约定受贿人“签订书面承诺”、并且约定受贿人实际接受了收条或者书面承诺的，是否应认定约定受贿人已经

① 案例来源：四川省绵阳市人民检察院起诉意见书（绵检反贪移诉〔2014〕4号），四川省绵阳市人民检察院起诉书（绵市检刑诉〔2015〕1号）。

"着手"实施收受财物?

笔者认为，此种情形仍然属于"约定受贿"范畴，约定受贿人接受收条或者书面承诺的行为仍然仅具有"约定受贿"的性质、不具有"着手"实施收受财物的实质，只不过此时约定受贿人是将口头约定转化为了书面约定，充其量也只是具备受贿预备行为的性质，按照"不处罚受贿的预备"的裁判规则，对此行为依法不应认定为受贿罪（未遂），例如"成都贾某某受贿案"。

案例 **成都贾某某受贿案**①

贾某某在担任四川省成都市某县政法委书记期间，在 2009 年负责协调解决某公司开发建设楼盘的有关债务清偿、产权办理等相关事宜时，经该县政法委副书记余某某介绍认识该公司老总张某，接受张某请托并为张某提供帮助。张某承诺在办好请托事项之后送给贾某某 300 万元，书写了一份向贾某某借款 300 万元的借条（借条中的人名是虚假的），通过余某某将该借条转交给贾某某，案发后查明张某实际送给贾某某现金 42 万元。

四川省高级人民法院和成都市中级人民法院通过总共四次审理（其中发回重审一次），最终仅认定贾某某收受张某现金 42 万元的行为构成受贿罪（即认定其受贿数额为 42 万元）。

本案中，人民法院最终仅认定贾某某受贿数额 42 万元，没有认定借条所明示的 300 万元为受贿数额，除了证据不足的因素之外，在实体法上也是符合法理的。因为书面的"借条""承诺"等，在实质上与口头约定一样都只是约定受贿的表现形式，在约定受贿人尚未"着手"实施收受财物之前，其仍然只具有犯意流露或者受贿预备的性质，依法不应认定为受贿罪（包括不应认定为受贿未遂或者受贿罪预备）。至于贾某某已经实际收受现金 42 万元的事实，依法不能将其作为约定受贿人已经"着手"实施收受该约定受贿 300 万元的认定理由，因而不能将约定受贿的 300 万元认定为受贿数额。基于同样的法理，介绍贿赂人余某某对该约定贿赂 300 万元的介绍贿赂行为依法也不构成介绍贿赂罪。

第三种情形：行贿人根据约定而将部分财物送给受贿人，但约定受贿人在实际收受部分财物后即案发，那么对于约定而尚未实际收到的另一部分财物而言是否应认定约定受贿人已经"着手"实施收受财物?

对此问题，实务中有两种认识，一是主张将约定而尚未实际收到的另一部分财物不认定为受贿数额，其法理根据在于否定约定受贿人已经"着手"实施收受财物；二是主张将约定而尚未实际收到的另一部分财物认定为受贿数额（受贿未遂的数额），其法理根据在于肯定约定受贿人已经"着手"实施收受财物（指约定受贿中所约定收受的全部财物）。典型案例如"郭某某、全某某约定受贿案"。

案例 **郭某某、全某某约定受贿案**②

2004 年年底，某市政府成立了治江围涂工程指挥部，由该市副市长郭某某任总指挥，该市水利局局长全某某任副总指挥。2005 年年初，某市集团公司董事长张某某及其控股公司总经理沈某某为承接该市治江围涂工程，请求郭某某、全某某二人帮忙。郭、全二人利用担任工程指挥部领导的职务之便，促成该公司与市政府签订了合作开发协议，之后，郭、全二人还应张某某、沈某某请求为该公司在融资、税收优惠等方面谋取利益。期间，张某某和沈某某估

---

① 案例来源：四川省高级人民法院（2013）川刑终字第 156 号刑事裁定书.

② 中国监察．约定受贿后尚未兑现应怎样定性．[2016 - 07 - 05]. 中华人民共和国监察部．http://www.ccdi.gov.cn/djfg/ywgw/201308/t20130822_46486.html.

算，治江围涂工程利润约为1 000万元，二人商定后向郭、全二人表示要将工程利润的10%、计100万元送给他们，郭、全二人表示同意。为掩人耳目，郭、全二人商定待离职后再收取上述款项。之后为防止约定贿赂款落空，郭、全二人商定可先少拿一部分，待离职后再拿其余部分。2005年8月，郭、全二人以借款名义向张某某支取30万元用于购房。2008年案发时，该公司承揽的治江围涂工程尚未完工。

本案中对郭某某、全某某利用职务之便为请托人谋取利益，收受他人钱款的行为构成受贿没有异议，但在受贿数额的认定上有两种不同意见。第一种意见认为，郭某某、全某某受贿数额为30万元，对于虽有约定但未能实现的70万元不能认定为受贿数额。第二种意见认为，受贿数额应认定为100万元，其中70万元认定为受贿未遂数额。

我们认为，一般而言，行贿人根据约定而将部分财物送给受贿人，但约定受贿人在实际收受部分财物后，对于约定而尚未实际收到的另一部分财物通常不应认定为约定受贿人已经“着手”实施收受财物，从而不应将约定收受而尚未实际收到的另一部分财物认定为受贿数额（即受贿罪未遂的数额）。主要理由在于，对于约定受贿的贿赂对象财物本身属于可分之物的情形，如果约定受贿人客观上只“着手”实施收受部分财物的行为，依法只能就该种行为进行刑法评价，并根据其行为样态依法认定为受贿罪的既遂或者未遂；但是，对于约定收受而尚未实际收到的另一部分财物而言，并没有改变其处于约定受贿人有“约定受贿”而尚未“着手”实施收受财物的行为状态，从而不应将约定收受而尚未实际收到的另一部分财物认定为受贿数额（即受贿罪未遂的数额）。就上述案例而言，被告人已经“着手”实施并且已经实际收到30万元的财物，依法应当认定约定受贿人“着手”实施了收受该30万元、并且已经实际收到该30万元，从而约定受贿人构成受贿罪（受贿数额为30万元）；但是，对于被告人未能按约定予以收受的70万元，其原因固然可能包括了被告人意志以外的因素，但是客观上也缺乏认定被告人已经“着手”实施收受该70万元的充分证据和法理依据，因而依法不应将该70万元认定为受贿数额（即受贿未遂的数额）。

因此，在行贿人根据约定而将部分财物送给受贿人，但约定受贿人在实际收受部分财物后即案发的，对于约定收受而尚未实际收到的另一部分财物，应当具体审查约定受贿人是否已经“着手”实施收受该另一部分财物，分为以下两种情形加以区别认定，如果有证据证实约定受贿人已经“着手”实施收受该另一部分财物的，依法应该将约定收受而尚未实际收到的另一部分财物认定为受贿数额（即受贿罪未遂的数额）；如果没有证据证实约定受贿人已经“着手”实施收受该另一部分财物的，则依法应该将约定收受而尚未实际收到的另一部分财物不认定为受贿数额（包括不认定为受贿罪未遂的受贿数额）。

再如，约定受贿人约定收受财物为100万元现金、100万元银行卡和一套房屋（价值100万元），如果约定受贿人已经“着手”实施收受约定收受的全部财物（总的受贿数额300万元）的行为，则即使其中由于约定受贿人意志以外的原因而未得逞的，依法应认定约定受贿人构成受贿数额为300万元的受贿罪（未遂）；但是，如果在案证据只能证实约定受贿人“着手”实施收受其中30万元现金，尚无证据证实约定受贿人业已“着手”实施收受其余的约定贿赂对象财物（即70万元现金、100万元银行卡和一套房屋价值100万元）的，则依法只能认定约定受贿人构成受贿数额为30万元的受贿罪（既遂或者未遂），而不能将约定收受而尚未实际收到的另一部分财物（即70万元现金、100万元银行卡和一套房屋价值100万元）认定为受贿数额（包括不认定为受贿罪未遂的数额）。

三、收受干股型受贿行为的定性处理

如前所述，实践中有些新类型受贿案中的约定受贿情况更为特别，如约定收受干股行为，在具体定性处理、尤其在是否定罪以及如何确定犯罪形态和如何确定受贿数额等方面存在一些较为特殊的疑难杂症，需要专门研讨。

结合前面对约定受贿的概念界定，约定收受干股是指国家工作人员利用职务上的便利，为请托人谋取利益过程之中、之前或者之后，约定在其离职后或者在其他某种条件下收受请托人给予干股的行为。根据“两高”《意见》第2条规定，“干股是指未出资而获得的股份。国家工作人员利用职务上的便利为请托人谋取利益，收受请托人提供的干股的，以受贿论处。进行了股权转让登记，或者相关证据证明股份发生了实际转让的，受贿数额按转让行为时股份价值计算，所分红利按受贿孳息处理。股份未实际转让，以股份分红名义获取利益的，实际获利数额应当认定为受贿数额”。约定收受干股的行为，表面上看只有以下两种情形，第一种情形是“进行了股权转让登记，或者相关证据证明股份发生了实际转让的”，应认定为受贿罪，其受贿数额“按转让行为时股份价值计算，所分红利按受贿孳息处理”。这里顺便需要指出，作为一种学术见解，“两高”《意见》将此种情形下“所分红利按受贿孳息处理”的规定有所不当，笔者认为行为人因收受干股而实际分得的红利应作为受贿数额计算在内，即此处应规定为“进行了股权转让登记，或者相关证据证明股份发生了实际转让的，受贿数额按转让行为时股份价值和所分红利价值二者相加所得数额计算”①。第二种情形是“股份未实际转让，以股份分红名义获取利益的”，应认定为受贿罪，其受贿数额的确定方式是“实际获利数额应当认定为受贿数额”。

但是，司法实践中约定收受干股案件经常出现一些更为特殊的情况，在是否定罪（尤其是是否认定为受贿罪的未遂）、如何确定受贿数额等问题上存在较大争议。例如本章开篇所列的“乐山官某收受干股案”，以及如下所列的“成都毛某某收受干股案”。

案例

成都毛某某收受干股案②

成都市中级人民法院认定（《刑事判决书》原文摘录），被告人毛某某在担任四川省某市银行股份有限公司董事长期间，与三家公司法定代表人约定收受该三家公司所有的该银行股份有限公司股份622.33万股（行为时价值人民币1 866.99万元）。以上股权实际登记在行贿人所在公司名下，没有也不可能变更在毛某某或其指定的第三方名下，故双方约定的股权并未由毛某某实际占有和支配，且股权在将来何时以何种方式、价值向毛某某兑现尚不明确……行贿人多次向毛某某支付现金或转账，即是在按照双方的约定给付部分贿赂款，毛某某已实际着手实施收受这622.33万股股权收益的犯罪行为，已实际获得的部分应当认定为受贿金额，未实际获得的部分是因为案发这一意志以外的原因未能得逞，应当认定为犯罪未遂构成受贿罪，其中已经取得的款项金额认定为股权分得的红利……本院认为，应当将毛某某实际获取的现金认定为受贿既遂的犯罪金额（700余万元），将622.33万股股权价值扣除这部分现金价值的其余部分，认定为受贿未遂。

“乐山官某收受干股案”和“成都毛某某收受干股案”都是真实判例，都是由四川省成都市中级人民法院审判，都是认定被告人约定收受干股而构成受贿未遂（后一案例中因被告人毛某某上诉而判决尚未生效③）。恰恰值得注意的问题是，约定收受干股的受贿未遂到底应该如

① “两高”《意见》第2条规定对于“进行了股权转让登记，或者相关证据证明股份发生了实际转让的”行为，仅将其中干股价值认定为受贿数额、反而不将红利认定为受贿数额，此种规定应当说存在不妥，在实践中可能造成严重失当。详见魏东．“收受干股型”受贿罪的刑法解释适用．法学论坛，2015（1）.

② 参见四川省成都市中级人民法院刑事判决书（2014）成刑初字第195号。

③ 特别声明：本案被告人毛某某上诉后，笔者担任了上诉人毛某某（原一审被告人）二审的辩护人。

何认定?

就“乐山官某收受干股案”而言，官某约定收受干股，尽管尚未实际取得股权，但是已经“着手”实施股权转让登记的行为，因被告人意志以外的原因而使其收受“川犍电力”股份的犯罪行为并未得逞，因而法院判决其构成受贿罪（受贿数额为1 300余万元）的犯罪未遂，这一判决认定是正确的。

就“成都毛某某收受干股案”而言，既然法院认定本案事实是“以上股权实际登记在行贿人所在公司名下，没有也不可能变更在毛某某或其指定的第三方名下，故双方约定的股权并未由毛某某实际占有和支配，且股权在将来何时以何种方式、价值向毛某某兑现尚不明确”，那么，法院认为毛某某“实际获取的现金认定为受贿既遂的犯罪金额（即人民币725万元、港币20万元、美元2万元），将622.33万股股权价值（价值人民币1 866.99万元）扣除这部分现金价值的其余部分，认定为受贿未遂”，就存在疑问。这种疑问何在？我们认为，即使法院认定被告人毛某某因约定收受干股而实际收到干股红利700余万元（暂且不考虑被告人认为该700余万元系借款而非受贿的事实和定性争议），也只能按照“两高”《意见》第2条所规定的约定收受干股的第二种情形定性处理，即“股份未实际转让，以股份分红名义获取利益的”，应认定为受贿罪，其受贿数额的确定方式是“实际获利数额应当认定为受贿数额”，亦即将其“实际获利数额”700余万元认定为受贿数额。换言之，此种情形下被告人的受贿数额只能认定为“实际获利数额”700余万元，而不能将被告人的受贿数额认定为干股价值1 866.99万元（即622.33万股价值），这两个受贿数额对于量刑影响的差距巨大（即使其中扣除实际收到干股红利700余万元为受贿既遂数额之后的数额为受贿未遂数额），这是从“两高”《意见》第2条规定的第二种情形所得出的解释结论。那么，从法理上分析，毛某某约定收受干股622.33万股（价值人民币1 866.99万元）的行为之所以不能认定为受贿罪（指受贿罪的未遂），是因为其着手实施收取“实际获利数额”700余万元的行为并且已经实际收到该700余万元，但是毛某某尚未着手实施收受干股622.33万股（价值人民币1 866.99万元）的股权转让行为。

可见，“乐山官某收受干股案”中被告人官某的行为与“成都毛某某收受干股案”中被告人毛某某的行为相区别的关键点在于，“乐山官某收受干股案”中，官某已经“着手”实施收受干股的行为（虽然最终“股份未实际转让”），因而官某构成收受干股型受贿罪未遂（受贿数额为转让行为时股份价值1 300余万元）；“成都毛某某收受干股案”中，毛某某尚未“着手”实施收受干股的行为（虽然已经着手实施收受“以股份分红名义获取利益”），因而毛某某不构成收受干股型受贿罪未遂（即指不能认定受贿数额为转让行为时股份价值1 866.99万元）。

综上所述，约定收受干股具有特殊性，其成立受贿罪未遂的关键点在于审查约定受贿人“着手”的具体内容，约定受贿人已经“着手”实施收受干股的行为（虽然最终“股份未实际转让”成功）的，构成收受干股型受贿罪未遂（并且“受贿数额按转让行为时股份价值计算”）；约定受贿人尚未“着手”实施收受干股的行为（即使已经着手实施收受“以股份分红名义获取利益”）的，依法不构成收受干股型受贿罪未遂（即指不能认定“受贿数额按转让行为时股份价值计算”）。由此，约定收受干股的行为，在法理上应具体细分为以下四种情形进行定性处理：

第一种情形：约定收受干股并“进行了股权转让登记，或者相关证据证明股份发生了实际转让的”，应认定为受贿罪，其受贿数额按转让行为时股份价值和所分红利价值二者相加所得数额计算。这是笔者提出的学理分析意见，需要说明的是，笔者这一分析意见不同于“两高”《意见》第2条关于“进行了股权转让登记，或者相关证据证明股份发生了实际转让的，受贿数额按转让行为时股份价值计算，所分红利按受贿孳息处理”的相关规定，因而在相关司法解释未对此规定进行修改时，司法实践中还是应依照“两高”《意见》第2条规定执行。

第二种情形：约定收受干股而尚未着手实施股权转让行为、“股份未实际转让，以股份分红名义获取利益的”，应认定为受贿罪，只能是“实际获利数额应当认定为受贿数额”，而不能将干股价值认定为受贿数额（包括不能认定为受贿未遂的数额）。如“成都毛某某收受干股案”中被告人毛某某的行为定性处理即是如此。

第三种情形：约定收受干股而着手实施股权转让行为、但是“股权未实际转让”成功（未得逞）的，应认定为受贿罪未遂，将着手转让行为时股份价值认定为受贿犯罪未遂的受贿数额。如“乐山官某收受干股案”中被告人官某的行为定性处理即是如此。

第四种情形：约定收受干股而着手实施股权转让行为、但是“股权未实际转让”成功（未得逞），如果已经“以股份分红名义获取利益的”，应将转让行为时股份价值认定为受贿罪未遂的受贿数额，同时将已经“以股份分红名义获取利益的”数额认定为受贿罪既遂的受贿数额，亦即，应将转让行为时股份价值（受贿罪未遂的受贿数额）和所分红利价值（受贿罪既遂的受贿数额）二者相加所得数额认定为受贿数额。当然这也只是笔者提出的学理分析意见，需要说明的是，笔者这一分析意见不同于“两高”《意见》第2条关于“股份未实际转让，以股份分红名义获取利益的，实际获利数额应当认定为受贿数额”的相关规定，在相关司法解释未对此规定进行修改时，司法实践中仍然应依照“两高”《意见》第2条规定执行。

四、收受投资收益型受贿行为的定性处理

约定投资收益的具体情形，包括约定投资土地整理并获得收益（参见“宜宾胡某某受贿案”），约定由官员放高利贷并获得收益（参见“南充邱某某受贿案”），约定由官员享有股东市场份额并获得收益（参见“绵阳张某受贿案”）等，是否可以认定为约定受贿？官员因此获得实际收益的，是否应当认定为受贿数额？

对这个问题的回答，“两高”2007年《关于办理受贿刑事案件适用法律若干问题的意见》（以下简称《受贿案件意见》）第3条第1款规定：“国家工作人员利用职务上的便利为请托人谋取利益，由请托人出资，‘合作’开办公司或者进行其他‘合作’投资的，以受贿论处。受贿数额为请托人给国家工作人员的出资额。”第2款规定：“国家工作人员利用职务上的便利为请托人谋取利益，以合作开办公司或者其他合作投资的名义获取‘利润’，没有实际出资和参与管理、经营的，以受贿论处。”

可见，《受贿案件意见》的规定还是比较明确的。即是说，约定官员投资收益的行为，只要官员有实际投资，依法不应认定为约定受贿；即使官员已约定获得了实际收益的（并且投资与收益符合经营收益的一般规律），依法不应认定为受贿罪。典型案例如“宜宾胡某某受贿案”“南充邱某某受贿案”和“绵阳张某受贿案”。

案例　**宜宾胡某某受贿案**①

2007年年初，张某某在做四川省安岳县从事土地整理工程时，让被告人胡某某家属准备20万元工程保证金参加投标，共同参与工程竞标活动和前期准备活动，但后来具体开展土地整理工作时，都是张某某安排资金、设备、人员在做，胡某某及其家属均没有参与。当年年底，张某某就给胡某某家属说工程已经完了，赚了100万元，把这100万元连同保证金20万元交给了胡某某家属。2013年年底，胡某某让家属把这100万元退给了张某某。

---

① 案例来源：四川省宜宾市中级人民法院刑事判决书，（2015）宜刑初字第2号.

宜宾市中级人民法院经审理后认为（除真名隐去外其他表述都是原话），被告人胡某某将20万元以投资款名义交给张某某，但该20万元与张某某在工程中的巨大投入相比，作用微乎其微，事实上张某某也未将胡某某一方作为投资合伙人来对待，而是基于还胡某某人情以分红款名义送钱给胡某某，故该款应认定为胡某某所得受贿款。

这个判决说理中所强调的理由是，“被告人胡某某将20万元以投资款名义交给张某某，但该20万元与张某某在工程中的巨大投入相比，作用微乎其微，事实上张某某也未将胡某某一方作为投资合伙人来对待”。

这一判决说理可能直接违背了《受贿案件意见》第3条的规定，具体说存在以下一些问题。

其一，这一段说理在事实认定上是前后矛盾的。一方面说“被告人胡某某将20万元以投资款名义交给张某某”，而另一方面又说“事实上张某某也未将胡某某一方作为投资合伙人来对待”。那么，到底这20万元是不是投资款呢？判决书开始说是，后面又说不是，这种说理是前后矛盾的。

其二，这一段说理也是不符合客观事实的。判决书认定“被告人胡某将20万元以投资款名义交给张某某，但该20万元与张某某在工程中的巨大投入相比，作用微乎其微”；但是，客观上土地整理通常花费并不一定很大，这个是有很多事例可查的。就本案而言，应当举证证实，到底张某某全部投资是多少，实际收益是多少，只有查清查这些事实之后，才可以得出该20万元投资“作用微乎其微”这个结论。

其三，回到本点，约定官员投资20万元土地整理项目并获得收益100万元的行为，能否认定为约定受贿？我个人认为，约定投资20万元土地整理项目并获得收益100万元的行为，由于存在国家工作人员实际投资20万元这一既定事实，从而其既不属于“由请托人出资”的情形也不属于国家工作人员“没有实际出资”的情形，因而依法不应认定为约定受贿，不构成受贿罪。

案例

南充邱某某受贿案①

被告人邱某某于2009年1月至2013年1月期间陆续借款给商人禹某某合计600万元本金，约定借款月息3%，邱某某于2013年1月结算时获得该借贷利息收益500余万元。据此，省人民检察院反贪局《起诉意见书》认定邱某某构成受贿500余万元。

邱某某受贿案是2014年四川省反腐斗争中由最高检直接进行侦查监督的唯一一个“厅官”案，由四川省人民检察院反贪局直接侦查，起先批准指定监视居住也是由最高人民检察院直接批准的，后来由四川省人民检察院指定由南充市人民检察院审查起诉，由南充市中级人民法院审判并于2016年9月宣判。在本案审查起诉环节，当时针对邱某某放高利贷获得的500余万元收益问题，我担任辩护人并且明确提出了依法不应定性为受贿罪的辩护意见，应当说开始还是比较难以令人接受的一个看法，承办检察官和南充市人民检察院也觉得“压力山大”，后来通过我作为辩护人反复多次同南充市人民检察院、四川省人民检察院进行情况反映、沟通协调，最终取得了两级人民检察院的充分理解并采纳了我的意见，公诉机关才没有在起诉书中指控这一笔500余万元受贿数额。我认为，这是检察机关依法公正履行公诉职责的体现，值得充分肯定和赞扬！

从法理上讲，为何约定由官员放高利贷并获得收益的行为，依法不应认定为约定受贿、不

① 案例来源：四川省人民检察院起诉意见书，川检反侦移诉（2014）2号.

应指控为受贿罪呢？我认为，其核心理由在于，民间借贷收取利息具有合法性、有比较充分的法律依据和司法判例，因而对于官员约定放贷收取利息的行为依法不应认定为约定受贿（违法犯罪行为）。

当时我和检察官沟通意见时，检察官提出了一个特殊的问题，高利贷不违法吗？官员约定收取高额利息难道也不是受贿吗？对此，我提出的答案是，说民间借贷收取高息违法缺乏法律依据，是因为银行法只调整银行以及金融机构的金融行为（民间借贷不是银行的金融行为）；当时的有关司法解释说民间借贷利息“超过银行同类贷款利率的四倍”的不予支持，以及相关判例，也只是说“不予支持”，但是并没有说“违法”，更没有说是犯罪，这是一个重要点！因此，我的意见是，原则上民间借贷收取适当高于银行同期贷款利息的行为也不能认定为受贿，民间借贷利息有 3 分、4 分、5 分，甚至高达 8 分的，只要官员收取的借款利息与普通的民间借贷利息不是高得离谱，均不宜认定为受贿。在案证据表明，当时禹某某客观上真的是十分缺钱、到处借钱，找其他商人借钱的利率高达 6 分，而找邱某某借钱一律只有 3 分，这也表明当时禹某某找邱某某借钱的主观故意内容并没有行贿受贿的动机目的，这也是本案的客观真相。应当说这些客观事实和案情真相还是打动了检察官。

再者，如果说官员借钱给他人而收取利息，可以看作是投资收益的话，那么，按照《受贿案件意见》第 3 条的规定，约定投资收益并且有真实投资的话，依法也不应认定为约定受贿，更不能认定为受贿罪。

案例

德阳张某受贿案①

德阳市人民检察院起诉书指控（此处摘录中隐去被告人真名）：“2007 年，被告人张某利用其担任某央企风电事业部副总经理兼市场部部长的职务之便，帮助四川某公司（张某是该公司实际投资人和股东）向该央企销售导电轨，并在该央企同业主单位签订风机采购合同中，大量推荐、指定业主单位使用某公司产品。2008 年 2 月，被告人张某离开该央企风电事业部后，风电事业部按惯例继续大量采购某公司导电轨。为此，张某向刘某（该公司股东）索要向该央企销售导电轨的溢价提成款的 50%。2008 年至 2014 年 8 月，刘某以支付调试费的名义向张某实际控制的另一公司转款共计 1 310.336 7 万元。”同时还查明，书证“董事会决议”上用手写方式载明“张某和刘某各分某央企销售溢价收益的 50%”，该“董事会决议”从公司财务部门收集提取（但是对手写形式存在争议）；该 1 310 万余元（数额有争议）都是 7 年来由公司财务人员从公司对公账户上数十次直接转账到张某个人控股公司账上，财务凭证和记账都是比较明确的（部分凭证丢失和数额不完全吻合）；张某直到案发前仍然没有从其控股公司中提取该 1 310 万余元（没有张某提取的证据）。为此，起诉书指控张某收受该 1 310 万余元的行为构成受贿罪。一审判决采纳了指控意见（但认定受贿数额为 1 282 万余元）。

笔者这里仅基于学术立场来讨论其中涉及的刑法理论问题。按照前述“约定官员投资收益的行为，只要官员有实际投资，依法不应认定为约定受贿”这一法理，笔者认为可以得出以下刑法解释结论。

其一，被告人张某获得该 1 310 万余元（该数额尚有争议）的客观依据，在于张某有实际投资，进而这一客观依据的法律意义在于该 1 310 万余元依法只能认定为张某实际投资的收益，即该 1 310 万余元在性质上属于有真实投资的收益。根据《受贿案件意见》第 3 条的规定，

① 案例来源：四川省德阳市人民检察院起诉书，德检公刑诉（2015）45 号．（特别声明：笔者担任本案被告人张某的辩护人。）

张某获得该 1 310 万余元的行为依法不应认定为张某受贿。

其二，在案书证“董事会决议”尽管有一些股东否定，但是该书证多年来一直放置于公司并由公司财务人员保管（其中有一名股东还当过多年的财务人员）、使用并以此为依据向张某的控股公司转账，最低限度不能排除被告人张某获得该 1 310 万余元是公司依约依规分配给张某的投资收益的合理怀疑。

其三，在案书证“财务记账凭证”和“转账记录”等证实被告人张某所获该 1 310 万余元系由公司向张某的控股公司数十次转账所形成的案情事实，并且这些转账都是由公司、公司财务人员多年来直接从公司账户转账到张某的控股公司账户上，依法只能认定这是公司行为，而非股东个人行为。

其四，被告人张某所获该 1 310 万余元中，没有任何一次转账或者支付是由刘某个人转账给张某的控股公司，更不是从刘某私人账户转账或者私人拿出现金交给张某的，因而指控张某向刘某索取贿赂 1 310 万余元的基本证据缺乏，更谈不上证据确实、充分。

其五，被告人张某对该 1 310 万余元的供述始终稳定，而且能够得到在案书证的全部印证，也能得到部分证人证言的印证，辩护证据（即无罪证据）在质量和数量上均优于指控证据（即定罪证据）。

其六，被告人张某获得该 1 310 万余元的行为是否应作为张某受贿进行指控，在公诉机关审查起诉阶段本来就存在重大争议（证据事实与定性方面均存在争议），这一现象本身也值得合议庭充分考虑。

因此，根据本案在案证据事实和《受贿案件意见》第 3 条规定，被告人张某获取 1 310 万余元的行为依法不能成立受贿罪。这一刑法解释结论的基本法理在于，被告人张某有真实投资，其获取的 1 310 万余元是其投资收益，其约定投资收益的行为依法不能认定为约定受贿，依法不应认定为受贿罪。

后　记

编辑出版教材《案例刑法学》是我跨入刑法学大门以来长达数十年的学术梦想，现在梦想成真，甚感欣慰。

尽管本书内容上还存在许多粗疏之处，但是正如我在本书“前言”所言，本书在学术特色上是有所追求的，即勉励自己并引导学生特别重视案例刑法学研究的解释性、深刻性和语境性。应当说，这是一种十分值得推崇的刑法教学、理论研究和学术写作的方法，尤其值得新入门的刑法学子借鉴学习。近年来，我从事刑法学教学和写作指导时，经常对学生说的一句话就是，当你写不来学术论文时，当你今后工作中办不来案时，请你读一读赵秉志、陈兴良、张明楷、陈忠林等著名学者的论文和专著，你就肯定会了，你就会写作学术论文了，你就会办案了。尤其是中国人民大学出版社，2012年2月出版的陈兴良《判例刑法学（教学版）》（第二版），其收录的30篇（章）案例刑法学研究文章，可谓篇篇精华，堪称楷模。尽管我不完全赞同陈兴良教授在该书中得出的部分解释结论（如“邵建国故意杀人案”），但是我非常赞同并认真学习借鉴陈兴良教授的案例刑法学研究方法和写作技术，并在本书中予以认真贯彻执行。

我编辑出版本教材，就是希望以身作则地借鉴学习刑法学前辈的理论研究和学术风格，教育学生如何认真对待案例刑法学研究和学术写作，希望给青年刑法学人提供一种研究和写作范例。我真心希望本教材能够起到点燃学生学习和写作的“希望之火”，当你写不来学术论文时，当你今后工作中办不来案时，希望你阅读本书，希望本书能够给予你会写作会办案之希望、灵感和启迪。不管我的这种希望能在多大程度上实现，我都愿意尽力而为，但凡有疏漏之处，我都将在今后继续努力并在本书再版时尽力予以改进和完善。

魏　东

2019年5月10日谨记于四川大学

图书在版编目（CIP）数据

案例刑法学 / 魏东著 . —北京：中国人民大学出版社，2019.9
21 世纪高等院校法学系列精品教材
ISBN 978-7-300-27384-6

Ⅰ.①案… Ⅱ.①魏… Ⅲ.①刑法-案例-中国-高等学校-教材 Ⅳ.①D924.05

中国版本图书馆 CIP 数据核字（2019）第 186779 号

21 世纪高等院校法学系列精品教材
案例刑法学
魏　东　著
Anli Xingfaxue

出版发行	中国人民大学出版社		
社　　址	北京中关村大街 31 号	**邮政编码**	100080
电　　话	010－62511242（总编室）		010－62511770（质管部）
	010－82501766（邮购部）		010－62514148（门市部）
	010－62515195（发行公司）		010－62515275（盗版举报）
网　　址	http://www.crup.com.cn		
经　　销	新华书店		
印　　刷	北京溢漾印刷有限公司		
规　　格	185 mm×260 mm　16 开本	**版　　次**	2019 年 9 月第 1 版
印　　张	21.5 插页 2	**印　　次**	2019 年 9 月第 1 次印刷
字　　数	566 000	**定　　价**	46.00 元

《　　　　　　　》※任课教师调查问卷

为了能更好地为您提供优秀的教材及良好的服务，也为了进一步提高我社法学教材出版的质量，希望您能协助我们完成本次小问卷，完成后您可以在我社网站中选择与您教学相关的1本教材作为今后的备选教材，我们会及时为您邮寄送达！如果您不方便邮寄，也可以申请加入我社的**法学教师QQ群：83961183（申请时请注明法学教师）**，然后下载本问卷填写，并发往我们指定的邮箱（cruplaw@163.com）。

邮寄地址：北京市海淀区中关村大街31号中国人民大学出版社411室收

邮　　编：100080

再次感谢您在百忙中抽出时间为我们填写这份调查问卷，您的举手之劳，将使我们获益匪浅！

基本信息及联系方式：※

姓名：＿＿＿＿＿＿ 性别：＿＿＿＿＿＿ 课程：＿＿＿＿＿＿＿＿＿＿

任教学校：＿＿＿＿＿＿＿＿＿＿＿＿ 院系（所）：＿＿＿＿＿＿＿

邮寄地址：＿＿＿＿＿＿＿＿＿＿＿＿ 邮编：＿＿＿＿＿＿＿＿＿

电话（办公）：＿＿＿＿＿＿ 手机：＿＿＿＿＿＿ 电子邮件：＿＿＿＿＿＿

调查问卷：※

1. 您认为图书的哪类特性对您使用教材最有影响力？（　　）（可多选，按重要性排序）
   A. 各级规划教材、获奖教材　　B. 知名作者教材
   C. 完善的配套资源　　D. 自编教材
   E. 行政命令
2. 在教材配套资源中，您最需要哪些？（　　）（可多选，按重要性排序）
   A. 电子教案　　B. 教学案例
   C. 教学视频　　D. 配套习题、模拟试卷
3. 您对于本书的评价如何？（　　）
   A. 该书目前仍符合教学要求，表现不错将继续采用。
   B. 该书的配套资源需要改进，才会继续使用。
   C. 该书需要在内容或实例更新再版后才能满足我的教学，才会继续使用。
   D. 该书与同类教材差距很大，不准备继续采用了。
4. 从您的教学出发，谈谈对本书的改进建议：＿＿＿＿＿＿＿＿＿＿

＿＿＿＿＿＿＿＿＿＿＿＿＿＿＿＿＿＿＿＿＿＿＿＿＿＿＿＿＿＿＿＿

＿＿＿＿＿＿＿＿＿＿＿＿＿＿＿＿＿＿＿＿＿＿＿＿＿＿＿＿＿＿＿＿

选题征集：如果您有好的选题或出版需求，欢迎您联系我们：

联系人：黄　强　联系电话：010-62515955

索取样书：书名：＿＿＿＿＿＿＿＿＿＿＿＿＿＿＿＿＿＿＿＿＿＿

书号：＿＿＿＿＿＿＿＿＿＿＿＿＿＿＿＿＿＿＿＿＿＿＿＿＿＿

备注：※为必填项。